CONTROLADORIA

ARMANDO CATELLI
(COORDENADOR)

CONTROLADORIA

Uma abordagem da Gestão Econômica – GECON

2ª Edição

SÃO PAULO
EDITORA ATLAS S.A. – 2015

1. ed. 1999; 2. ed. 2001; 12. reimpressão 2015

Capa: Aldo Catelli
Composição: Style Up

Dados Internacionais de Catalogação na Publicação (CIP)
(Câmara Brasileira do Livro, SP, Brasil)

Controladoria : uma abordagem da gestão econômica – GECON / Armando Catelli (coordenador) – 2. ed. – 12. reimpr. – São Paulo : Atlas, 2015.

Vários autores.
Bibliografia.
ISBN 978-85-224-2910-3

1. Controladoria 2. Empresas – Brasil I. Título.

98-5221 CDD-658.151

Índices para catálogo sistemático:

1. Controladoria : Empresas : Administração financeira 658.151
2. Controle financeiro : Administração de empresas 658.151

Depósito legal na Biblioteca Nacional conforme Lei nº 10.994, de 14 de dezembro de 2004.

Impresso no Brasil/*Printed in Brazil*

atlas

Editora Atlas S.A.
Rua Conselheiro Nébias, 1384 (Campos Elísios)
01203-904 São Paulo (SP)
Tel.: (011) 3357-9144
www.EditoraAtlas.com.br

Sumário

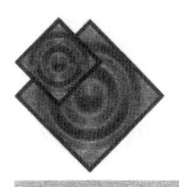

Nota Sobre os Autores

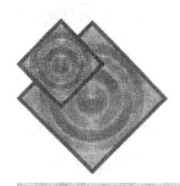

ALMEIDA, Lauro Brito de. *Doutorando e Mestre em Controladoria e Contabilidade pela Universidade de São Paulo. Consultor e Pesquisador do Núcleo de Pesquisas GECON – Fipecafi/FEA/USP.*

CATELLI, Armando. *Professor Doutor do Programa de Pós-Graduação (Mestrado e Doutorado) em Controladoria e Contabilidade pela FEA/USP. Consultor e Coordenador do Núcleo de Pesquisas GECON – Fipecafi/FEA/USP.*

CORNACHIONE JR., Edgard Bruno. *Doutor e Mestre em Controladoria e Contabilidade pela Universidade de São Paulo. Professor do Departamento de Contabilidade da FEA/USP. Professor do Curso MBA Controller – Fipecafi/FEA/USP. Consultor e Pesquisador do Núcleo de Pesquisas GECON – Fipecafi/FEA/USP. Autor do livro* Informática para as áreas de contabilidade, administração e economia *(texto e exercícios) e participante do livro* Aprendendo contabilidade em moeda constante *(Fipecafi), editados pela Atlas.*

GUERREIRO, Reinaldo. *Livre-docente em Controladoria e Contabilidade pela Universidade de São Paulo. Professor do Programa de Pós-Graduação (Mestrado e Doutorado) em Controladoria e Contabilidade da FEA/USP. Consultor e Pesquisador do Núcleo de Pesquisas GECON – Fipecafi/FEA/USP. Autor do livro* A meta da empresa, *editado pela Atlas.*

LEMES, Sirlei. *Doutora e Mestra em Controladoria e Contabilidade pela Universidade de São Paulo. Professora da Universidade Federal de Uberlândia.*

LIMA, Iran Siqueira. *Professor Doutor do Programa de Pós-Graduação (Mestrado e Doutorado) em Controladoria e Contabilidade. Consultor e Pesquisador da Fipecafi/FEA/USP.*

NOBRE, Waldir de Jesus. *Doutor e Mestre em Controladoria e Contabilidade pela Universidade de São Paulo. Gerente de Acompanhamento de Mercado/SP, CVM – Comissão de Valores Mobiliários.*

OLIVEIRA, Antonio Benedito Silva. *Doutor e Mestre em Controladoria e Contabilidade pela Universidade de São Paulo. Professor do Curso MBA Controller Fipecafi/FEA/USP. Consultor e Pesquisador do Núcleo de Pesquisas GECON – Fipecafi/FEA/USP.*

PACCEZ, João Domiracci. *Doutorando e Mestre em Controladoria e Contabilidade pela Universidade de São Paulo. Professor do Departamento de Contabilidade da FEA/USP, do Curso MBA Controller – Fipecafi/FEA/USP e CEA – Fipecafi/FEA/USP. Consultor e Pesquisador da Fipecafi/FEA/USP.*

PARISI, Claudio. *Doutor e Mestre em Controladoria e Contabilidade pela Universidade de São Paulo. Professor do Curso MBA Controller – Fipecafi/FEA/USP. Consultor e Pesquisador do Núcleo de Pesquisas GECON – Fipecafi/FEA/USP.*

PEREIRA, Carlos Alberto. *Doutor e Mestre em Controladoria e Contabilidade pela Universidade de São Paulo. Professor do Curso MBA Controller – Fipecafi/FEA/USP. Consultor e Pesquisador do Núcleo de Pesquisas GECON – Fipecafi/FEA/USP.*

REIS, Helvécio Luíz. *Doutorando em Engenharia de Produção pela USP, Mestre pela COPPEAD/UFRJ.*

VASCONCELOS, Marco Tullio de Castro. *Doutor e Mestre em Controladoria e Contabilidade pela Universidade de São Paulo. Professor do Curso MBA Controller – Fipecafi/FEA/USP, Consultor e Pesquisador do Núcleo de Pesquisas GECON – Fipecafi/FEA/USP.*

Apresentação

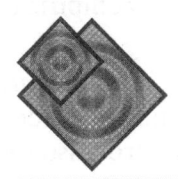

Esta obra é um marco importante para o campo da Controladoria e, em particular, para a disseminação do modelo de Gestão Econômica – GECON. Trata-se de mais um passo em nossa jornada intelectual para o desenvolvimento e consolidação do GECON como proposta de solução para as empresas no tocante a seus problemas de gestão e de sistemas de informações de Controladoria.

O GECON é um modelo baseado na visão de gestão por resultado econômico e compreende um sistema de informação de Controladoria estruturado dentro de uma concepção "holística".

Ele começou a ser concebido no final dos anos 70 pelo Professor Armando Catelli, que já constatava a necessidade de adequação dos modelos de administração das organizações à realidade empresarial e também a ineficácia dos sistemas de contabilidade e de custos para apoio ao processo decisório. Com o passar do tempo e, conseqüentemente, com as transformações ocorridas no ambiente socioeconômico, tornou-se evidente e imperativa às organizações a necessidade de mudanças para garantir sua própria sobrevivência.

Atualmente, o que chamamos de Gestão Econômica é uma linha de pesquisa do Departamento de Contabilidade e Atuária da Faculdade de Economia, Administração e Contabilidade da Universidade de São Paulo, que tem contribuído sistematicamente com o aperfeiçoamento do ensino e para a evolução da Contabilidade e da Controladoria como áreas de conhecimento científico por meio da formação de mestres e doutores.

São inúmeros os trabalhos de pesquisa acadêmica já publicados, envolvendo teses de doutorado e livre-docência, dissertações de mestrado e artigos apresentados em congressos nacionais e internacionais.

O modelo de Gestão Econômica é também ensinado e difundido nos programas de MBA (*Master Business Administration*) da Fipecafi – Fundação Instituto de Pesquisas Contábeis Atuariais e Financeiras – da FEA/USP, por meio da aplicação dos mais diferentes métodos e meios de transmissão de conhecimento (aulas presenciais, videoconferências, jogos de empresas, estudos de casos etc.), contribuindo com o contínuo aperfeiçoamento de executivos de Controladoria, Contabilidade e Finanças.

No final da década de 80, e com o apoio da Fipecafi, surgiu o Núcleo de Pesquisa GECON. Além de alavancar as atividades acadêmicas, organizando simpósios de Controladoria e apoiando pesquisadores na realização de seus trabalhos, o núcleo vem participando, com as grandes organizações do Brasil, de projetos na busca de soluções práticas para gestão e sistema de informação, permitindo testar empiricamente os conceitos de nosso modelo.

Atualmente muitas empresas e organizações privadas e públicas já aplicaram os conceitos de Gestão Econômica para solução de problemas relacionados a: adequação de modelos de gestão à gestão por resultados, adaptação do processo de planejamento e controle à nova realidade empresarial, implantação de Controladoria, implantação de sistemas de informações gerenciais (orçamento, custos e contabilidade), implantação de sistemas de simulação de transações (modelos de decisão), avaliação de desempenho de unidades de negócio, formação de preços e mensuração de ativos.

Para ilustrar a nossa relação com a sociedade e não sendo exaustivo, destacamos por setor alguns de nossos parceiros, são eles: indústria – Vale do Rio Doce, Tigre e Petrobrás; serviços – SESCON; instituição financeira – Banco do Brasil e Caixa Econômica Federal.

Apesar de todo o esforço já realizado, sentimos a necessidade de estender de uma forma mais ampla o resultado de nossas atividades. Primeiro, implantamos uma página na Internet (www.gecon.com.br) para divulgar todos os fatos e eventos relacionados à Gestão Econômica. Mas, ainda hoje, nada melhor que um livro para atingir o grande público.

Assim, em 1996, o professor Reinaldo Guerreiro publicou por esta Editora o livro *A meta da empresa: seu alcance sem mistérios*, integrando o modelo GECON com a Teoria das Restrições propostas por Goldrat.

O livro que ora apresentamos é um compêndio de assuntos relacionados à Gestão Econômica na forma de artigos, elaborado pelos professores e doutorandos em Controladoria e Contabilidade da USP.

Esperamos que nosso objetivo seja alcançado. E que esta obra seja de extrema utilidade para professores, alunos, executivos e demais profissionais que precisam desenvolver trabalhos teóricos ou práticos em suas atividades relacionadas com a área de Controladoria.

Gostaríamos de agradecer a todas as pessoas que participaram do projeto para publicação dessa obra, congratular a Fipecafi e a Editora Atlas por mais essa iniciativa e desejar a você, entusiasmado leitor, profícuas horas de leitura e reflexão.

Claudio Parisi
Setembro de 1998

Prefácio

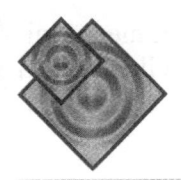

É inegável a crescente ênfase dada aos mais diversos aspectos relacionados à área contábil, em geral e à controladoria especificamente, entre estudiosos e profissionais relacionados de alguma forma às empresas. No mundo dos negócios a linguagem é muito específica, requerendo das pessoas nele inseridas efetiva proficiência sobre as variáveis mais relevantes de seu contexto. Tanto isso é verdade que, na formação dos profissionais, existem grandes esforços para oferecer subsídios que venham permitir dar-lhes condições de lidar adequadamente com essas variáveis.

Nesse sentido, a Ciência Contábil está cumprindo seu papel, como corpo de conhecimento humano, via controladoria. A controladoria vem consolidando-se como ramo dessa área do conhecimento humano. É a controladoria que está oferecendo aos envolvidos nesse contexto uma série de modelos aprimorados e mesmo respostas às mais variadas questões suscitadas pela realidade turbulenta do mundo dos negócios.

Assim, nesse cenário, se encontra um conjunto, bem delimitado, de conceitos, modelos e respostas já amplamente discutido e testado tanto em termos acadêmicos quanto empresariais: o GECON.

Difundido e reconhecido nacionalmente e em diversos países, o GECON propõe-se a contribuir com a Ciência Contábil e, obviamente, com a comunidade empresarial, por meio das reflexões e até mesmo das aplicações das soluções propostas.

Este livro representa muito mais que apenas mais um livro técnico dessa área. Representa o compilar de toda uma tecnologia desenvolvida no Brasil, ao longo de várias décadas, até então restrita à divulgação por outras mídias: congressos, teses, dissertações, artigos etc. Possui este livro o objetivo de preencher uma lacuna; objetivo este já solicitado há tempos: disseminar entre uma comunidade muito maior a referida tecnologia contida nessa linha de pesquisa chamada GECON.

Este livro pretende servir como material de apoio ao estudante e também como material de consulta ao profissional da área contábil-financeira, preocupado em geral com os aspectos gerenciais das empresas, ou especificamente com a controladoria.

Nesse sentido, houve preocupação em dar adequada abrangência ao conteúdo do livro, de forma a abordar diversos ângulos dos problemas mais freqüentes enfrentados em controladoria.

Assim, este livro aborda o tema de maneira simples e acessível aos menos iniciados, desde a revisão sobre os principais conceitos envolvidos, para lidar com a controladoria na empresa, passando por aspectos de gestão e sistemas de informações, atingindo até mesmo alguns exemplos de aplicações do GECON.

Como se poderá observar, o livro foi produzido com o conceito de reunir materiais mais expressivos sobre cada tema relevante da controladoria. Desde a introdução ao GECON, propriamente dita, passando pelas principais variáveis envolvidas na construção desse modelo: (a) Sistema Empresa, (b) Gestão e Processo de Gestão, (c) Sistema de Informações e (d) Controladoria. Além disso, oferece condições ao leitor de visualizar algumas formas práticas de aplicações do GECON:

- avaliação de resultados e desempenhos em instituições financeiras;
- ensaio sobre o uso de padrões em instituições financeiras;
- preço de transferência: uma aplicação do conceito de custo de oportunidade;
- gestão econômica e teoria das restrições.

SUGESTÃO PARA USO

O material contido neste livro concentra reflexões profundas sobre vários temas relacionados à controladoria. A forma como a obra foi concebida admite múltiplas maneiras de utilização, uma vez que os textos foram produzidos de forma a permitir uma leitura conclusiva, mesmo quando lidos e estudados individualmente.

No caso de uso como material de apoio para cursos de iniciação (graduação), este livro servirá para dois semestres. Caso haja necessidade de se tratar o tema em apenas um semestre, pode-se dar menor prioridade às Partes 2, 4 e 5, focalizando, mais detidamente as Partes 1 e 3, que se preocupam com a introdução "prática" ao uso da referida tecnologia.

Em se tratando de uso para um nível de estudo mais avançado (cursos de especialização, mestrado ou doutorado), a sugestão é que todos os temas sejam tratados mais profundamente, tendo como base a leitura e reflexão sobre cada texto componente deste livro, culminando com a geração de trabalhos seguidos de exposição e discussão das reflexões realizadas.

Muito apreciadas serão as críticas e sugestões dos leitores sobre esta obra, a fim de se poder aprimorar seu conteúdo futuramente. Constantemente, estamos atualizando nossos dois *sites* na Internet[1] no sentido de melhor divulgar os mais variados aspectos relacionados com o GECON.

Prof. Edgard Bruno Cornachione Júnior
edgardbc@usp.br

1. **http://www.gecon.fea.usp.br** e também **http://www.gecon.com.br**

Agradecimentos

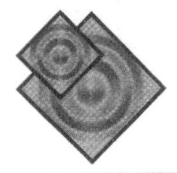

Vivemos um momento no qual as ações isoladas das pessoas têm sido destacadas e extremamente valorizadas. É claro que as crenças, os valores, os ideais que movem e impulsionam as pessoas não podem, de maneira alguma, deixar de estar presentes naqueles que lideram os grandes acontecimentos. No entanto, "uma andorinha só não faz verão". Somos parte de um grande sistema em todos os aspectos de nossas vidas. Este livro é a prova concreta disso.

Sua materialização só foi possível graças ao envolvimento de muitas pessoas: os alunos do Programa de Pós-graduação em Controladoria e Contabilidade da FEA/USP, doutorado, turma de 1995, a quem inicialmente, foi exposta a idéia do livro e solicitados artigos; os pesquisadores do Núcleo de Pesquisas em Gestão Econômica – GECON –; a Editora Atlas, cuja relação é de uma parceria que permitiu gratificante convivência com sua paciente, dedicada e competente Editoria.

Agradecemos também à ***FIPECAFI – Fundação Instituto de Pesquisas Contábeis, Atuariais e Financeiras*** –, que, fiel a sua *missão*, acreditou no projeto e proviu os recursos necessários a sua viabilização.

Certamente, como acontece nessas ocasiões, estamos correndo o risco de não lembrar de todas as pessoas que, em diversas circunstâncias, deram sua contribuição a este texto.

A todos, o *NOSSO MUITO OBRIGADO*.

Armando Catelli
Coordenador

Introdução: O Que é o Gecon

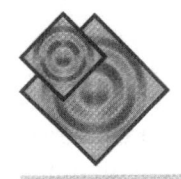

Armando Catelli

MUDANÇAS AMBIENTAIS E IMPACTOS NA GESTÃO

O ambiente internacional em seus diversos aspectos vem-se modificando e tornando-se mais competitivo e exigente. As empresas, em resposta às novas exigências ambientais, estão passando por mudanças profundas, e como não poderia deixar de acontecer, os processos de mudança têm impactado a economia brasileira e as empresas de forma geral.

Nesse intenso movimento de mudanças, o processo de gestão empresarial passa por novos desafios e os gestores passam a trabalhar com novos modelos de decisão.

Um grande volume de métodos, técnicas, abordagens e preocupações desafiam a capacidade dos gestores no que diz respeito ao entendimento dessas questões, ao discernimento do que é ou não relevante, e principalmente, a como implementar as mudanças e obter resultados concretos.

Uma série de questões que merecem uma análise cuidadosa é atualmente "resolvida" por meio de definições prontas, tais como: o estoque deve tender a zero, a qualidade deve ser total, o defeito zero, serviços que não se constituem na atividade principal da empresa precisam ser terceirizados, devem ser implementadas células de produção em todos os ambientes de produção etc.

As preocupações "de nosso mundo moderno" de certa forma sempre existiram, todavia o ambiente as tornou mais agudas e o estágio atual de avanço tecnológico tem propiciado o desenvolvimento de instrumentos e métodos operacionais mais eficientes.

Muito mais do que fórmulas mágicas para resolver problemas, as empresas necessitam de uma abordagem "holística" para fazer face a seus desafios, devendo implementar metodologias/tecnologias adequadas nos diversos subsistemas do ambiente empresarial, como na organização, no modelo de gestão, no sistema de gestão, no sistema de informação, nos processos operacionais e fundamentalmente fomentar a competência das pessoas e estimulá-las ao atingimento dos objetivos da empresa.

ENTENDENDO O QUE É O GECON

O sistema de gestão econômica – GECON – tem sido desenvolvido por uma equipe de pesquisadores do NÚCLEO GECON com apoio da Fipecafi, uma fundação ligada à Faculdade de Economia, Administração e Contabilidade da Universidade de São Paulo. É um modelo gerencial de vanguarda já testado em algumas grandes empresas do país, contemplando o sistema de gestão e o sistema de informações que lhe dá o necessário suporte.

O sistema de gestão no modelo GECON diz respeito ao processo de planejamento, execução e controle operacional das atividades e é estruturado com base na missão da empresa, em suas crenças e valores, em sua filosofia administrativa e em um processo de planejamento estratégico que busca em última instância a excelência empresarial e a otimização do desempenho econômico da empresa.

No sistema de informações, o sistema GECON utiliza fundamentalmente conceitos e critérios que atendem às necessidades informativas dos diversos gestores da empresa para seu processo de tomada de decisão específico e que impulsionam as diversas áreas a implementar ações que otimizam o resultado global da companhia.

Uma preocupação básica do sistema é espelhar em termos econômico-financeiros o que ocorre nas atividades operacionais da empresa. O sistema é decomposto em diversos módulos, tais como Vendas, Produção, Compras, Manutenção, Investimento, Finanças, Serviços de Apoio, Estocagem etc.

O sistema está voltado não só para a eficiência, mas sobretudo para a eficácia empresarial. Dessa forma, os eventos das atividades relevantes da empresa são mensurados por receitas e custos e geram resultados econômicos.

A figura do tradicional centro de custo é substituída pelo centro de resultado e área de responsabilidade.

Os relatórios do sistema voltam-se, portanto, para a avaliação de resultados de produtos/serviços gerados pelas diversas atividades, e para a avaliação de desempenho das áreas organizacionais que executam tais atividades. Nesse processo, o sistema utiliza conceitos gerenciais fortes, tais como resultado econômico, custo de reposição, custo de oportunidade, preço de transferência, margem de contribuição e outros. Inclui, também, a caracterização da gestão operacional e de gestão financeira de cada atividade, com a conseqüente apuração de resultados operacionais (valores a vista) segregados dos resultados financeiros (decorrentes dos prazos das operações de compras/vendas e das estocagens/imobilizações) etc.

A avaliação de desempenho das áreas propiciada pelo GECON é efetuada de forma a permitir a identificação e análise das variações e objetiva demonstrar as verdadeiras causas dos desvios (inflação, mudanças de planos, volumes, eficiência e preços). O modelo contempla os diversos modelos de decisão tanto da fase de planejamento quanto da fase de execução e controle.

DEFINIÇÃO DE GECON

O modelo GECON estrutura-se com base em um entendimento da missão da empresa, do conjunto de crenças e valores da organização, da estrutura organizacional, da realidade operacional e das características dos gestores empresariais. Com base nesse entendimento, o modelo orienta uma seqüência de etapas do processo de Gestão Empresarial e materializa os diversos impactos dos subsistemas empresariais no sistema de informações gerenciais com soluções em processamento de dados.

Definição: GECON – Gestão Econômica, significa Administração por Resultado.

Objetivo: O GECON objetiva a otimização dos resultados por meio da melhoria da produtividade e de eficiência operacionais.

Escopo: O GECON é inteiramente voltado para a eficácia empresarial, cuja concretização se verifica pela otimização do resultado econômico.

Composição: O GECON compreende:

- um sistema de gestão; e
- um sistema de informações.

Princípios de Gestão: O GECON adota um sistema de gestão diferenciado em relação aos modelos existentes. Alguns dos princípios utilizados são:

- a eficácia da empresa é a função da eficácia das áreas. O resultado da empresa é igual a soma dos resultados das áreas;
- as áreas somente são debitadas/creditadas por eventos sobre os quais tenham responsabilidade, as eficiências/ineficiências não são transferíveis para outras áreas e nem repassadas aos produtos/serviços;
- as áreas tratadas como empresa, seus gestores como os respectivos "donos" e a avaliação dos mesmos envolvem não só os recursos consumidos (custos), como também os produtos/serviços gerados (receitas). Assim sendo, objetiva-se destacar e valorizar posturas empreendedoras – fazer acontecer sem desculpas;

- a função/missão definida para cada área, mais do que um "clichê" organizacional, é a base para a avaliação da gestão e, principalmente, um implementador da eficácia da empresa. Por exemplo, se a função da Manutenção for consertar equipamentos, seu resultado será apurado com base no valor do reparo e, nesse caso, quanto pior o serviço executado, mais os equipamentos quebrarão e mais essa atividade lucrará, enquanto a empresa perderá. Se for manter os equipamentos disponíveis para uso, cobrará os serviços pelo valor do aluguel por hora e seu resultado dependerá da produtividade e da eficiência operacional, contribuindo e assegurando, também, a eficácia da empresa;
- os resultados das decisões financeiras tomadas pelos diversos gestores operacionais (investidores, condições de vendas a prazo, condições de compras a prazo, tempo de estocagem, tempo de processamento de produtos/serviços etc.) são imputados às áreas respectivas, separadamente dos resultados das decisões operacionais;
- a área financeira é o "banco" interno, financiando/captando os recursos requeridos/gerados pelas áreas. Seu resultado decorrerá do valor de seus serviços menos os custos financeiros efetivamente incorridos.

BENEFÍCIOS DO SISTEMA

Os benefícios gerados pelo sistema são inúmeros, principalmente pela consistência, confiabilidade e oportunidade das informações, que permitem maior nível de delegação de autoridade sem perda de controle.

Ele promove, ainda, uma transparência maior e um envolvimento efetivo dos gestores, que se sentem donos de suas áreas, e uma monitoração eficaz dos processos de gestão com a conseqüente minimização dos riscos. Elimina "áreas cinzentas" da organização e envolve todas as áreas nos objetivos maiores da empresa, articulando e estimulando os gestores a buscar o melhor para a companhia. Os gestores passam a ser avaliados por sua contribuição efetiva para a empresa e por parâmetros lógicos obtidos das variáveis que estão sob sua esfera de ação.

Também o sistema estimula a criatividade dos gestores, evidenciando que os resultados podem ser melhorados não só pela diminuição de despesas, mas sobretudo pelo incremento de volumes, pela otimização do *mix* de produtos, pela diminuição de prazos de estocagem, pela utilização eficiente de recursos e pela administração dos aspectos financeiros (prazo de pagamentos/recebimentos e taxas de custo financeiro de oportunidade) dos eventos que envolvam terceiros.

Parte I

SISTEMA EMPRESA

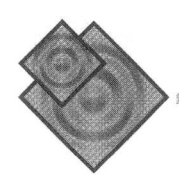

1

Ambiente, Empresa, Gestão e Eficácia

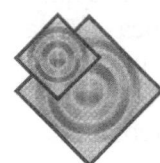

Carlos Alberto Pereira

1.1 INTRODUÇÃO

O quadro ambiental revela-nos como os homens se organizam para a satisfação de suas necessidades: constituem diversos organismos sob a forma de entidades industriais, comerciais, financeiras, recreativas, desportivas, religiosas, familiares, entre outras.

Os benefícios gerados por essas entidades tanto podem ser de natureza material (bens, serviços, riqueza), quanto não material (de ordem afetiva, intelectual, moral, religiosa etc.), mas sempre revertem ao próprio homem – o que as caracteriza como organizações sociais.

Ao mesmo tempo, todas essas organizações podem ser consideradas entidades econômicas, tendo em vista que, para o atendimento dos propósitos para que foram constituídas, realizam atividade econômica, isto é, adquirem, consomem, produzem e distribuem bens e serviços.

Neste trabalho, analisamos a empresa como um *sistema organizacional* que exerce alguma atividade econômica, não sendo relevante a forma jurídica como se constitui, nem a natureza dos benefícios gerados.

1.1.1 *Teoria dos sistemas*

A exemplo do que vem ocorrendo em diversos ramos do conhecimento, as idéias de "sistemas" têm influenciado, de forma positiva, a compreensão de vários assuntos no contexto das organizações empresariais, inclusive quanto a sua própria definição.

A Teoria dos Sistemas, sob a ótica do seu fundador, Von Bertalanffy,

> *"(...) é uma nova visão da realidade que transcende os problemas tecnológicos, exige uma reorientação das ciências, atinge uma ampla gama de ciências desde a física até as ciências sociais e é operativa com vários graus de sucesso" (In: Lodi, 1987:199).*

De fato, verifica-se, atualmente, um grande número de referências, nos mais variados ramos do conhecimento, à denominada "abordagem sistêmica". Essa abordagem refere-se a uma metodologia de estudo que permite tanto uma visão mais abrangente sobre determinado objeto do que se considerado isoladamente, quanto uma delimitação desse objeto e do seu estudo num determinado contexto.

Lodi (1987:199), ao resumir a Teoria dos Sistemas, conclui que ela

> *"(...) elabora princípios gerais, sejam físicos, biológicos ou sociológicos, e modelos gerais para qualquer das ciências envolvidas. (...) Ela também veio a preencher o vazio entre elas, pois há sistemas que não podem ser entendidos pela investigação separada e disciplinar de cada uma de suas partes. Só o todo possibilita uma explicação. Por isso também se diz que a Teoria de Sistemas é uma ciência da Totalidade".*

A despeito da complexidade que normalmente caracteriza o tratamento de diversos assuntos relacionados à empresa e à gestão empresarial, entendemos que a *abordagem sistêmica* constitui uma metodologia apropriada para a delimitação, a estruturação, o estudo e a compreensão deles.

Sob essa abordagem, procuramos caracterizar a empresa como um *sistema*, com base no estudo de suas relações com o ambiente em que se insere, bem como das relações existentes entre os elementos que a compõem.

1.1.2 *Conceito e características dos sistemas*

Beer (1969:25) apresenta-nos uma definição genérica de *sistema*: "qualquer coisa que consiste em partes unidas entre si pode ser chamada de sistema", citando, como exemplo, um carro, uma tesoura ou uma economia. Todas essas "coisas", segundo o autor,

> *"podem ser apontadas como agregados de pedaços e peças: mas começam a ser entendidas somente quando as conexões entre os pedaços e peças, as interações de todo o organismo, tornam-se o objeto de estudo".*

Admite, assim, que, embora conceitualmente existam sistemas com base na simples reunião de dois elementos, somente com o estudo das "conexões" ou relações entre as suas partes e das interações de todo o sistema (organismo) como um todo torna-se possível um entendimento a seu respeito.

Destacando a interação entre seus componentes, Chiavenato (1979:383) entende que sistemas são "conjuntos de elementos inter-relacionados desenvolvendo uma função para atingir um ou mais objetivos ou propósitos".

Bio (1985:18) considera sistema como "um conjunto de elementos interdependentes, ou um todo organizado, ou partes que interagem formando um todo unitário e complexo" – destacando que

> *"uma empresa excede a 'soma' de atividades isoladas, tais como: vender, comprar, controlar pessoal, produzir, pagar e receber. (...) Ela deve ser considerada como algo mais do que meros componentes reunidos, de forma estática, através de uma estrutura de organização. É necessário conceituá-la como um sistema de partes estreitamente relacionadas, com fluidez dinâmica".*

Realçando a inter-relação entre os elementos que compõem um sistema, as definições desses autores destacam a existência de certa ordem e dinâmica nos sistemas, que os conduzem para algum objetivo. Ao direcionar a atuação do sistema, esse objetivo integra dinamicamente suas partes.

Essas partes constituem *subsistemas* do sistema principal, assim como este compõe, em conjunto com outros sistemas, um sistema maior.

Utilizando-nos de um exemplo de Beer (1969:25), é válido chamar uma tesoura de sistema. Alguém se utilizando de uma tesoura para cortar tecidos pode também ser denominado um sistema de cortar, que pode igualmente integrar um sistema de manufatura – e assim por diante. Se tomarmos a tesoura como um sistema mínimo, veremos que ainda poderá ser desdobrada em subsistemas. Uma de suas lâminas poderia ser considerada um sistema de componentes metalúrgicos, que interagem de formas especiais, dependendo, por exemplo, das condições de temperatura a que estiverem sendo submetidos. Os componentes desse sistema são diferentes variedades de moléculas de aço, que poderiam individualmente também ser consideradas como sistemas de átomos.

São comuns aos sistemas, portanto, as seguintes características:

- compõem-se de partes ou elementos que se relacionam de forma a constituir um todo;
- possuem um objetivo ou uma razão que integra e justifica a reunião de suas partes; e
- delimitam-se em determinado contexto, apesar da possibilidade de serem decompostos ou compostos de forma a permitir o estudo de suas interações com elementos externos ou entre elementos internos.

Por outro lado, os sistemas podem diferenciar-se quanto a sua capacidade de interação com o ambiente em que se inserem, bem como quanto a sua capacidade de modificar suas características por meio da realização de atividade.

Em relação a sua capacidade de interação com o ambiente, os sistemas classificam-se em:

a. *abertos* – são capazes de interagir com seu ambiente, influenciando-o e ao mesmo tempo sendo por ele influenciado. Exemplo: seres vivos; e
b. *fechados* – não são capazes de interagir com o ambiente, não realizando transações de trocas externas. Exemplo: relógio.

O processamento de *inputs*, extraídos do ambiente em que se insere o sistema, produzindo determinados *outputs*, que retornam ao ambiente, diferencia os sistemas *abertos* dos sistemas *fechados*.

Em relação a sua capacidade de modificar suas características por meio da realização de atividade, os sistemas podem ser:

a. *estáticos* – não realizam atividade e, portanto, não modificam suas características ou estruturas e independem da ocorrência de eventos. Exemplo: sistema métrico;
b. *dinâmicos* – realizam atividade e, portanto, têm suas características alteradas conforme a ocorrência de eventos. Esses eventos tanto podem decorrer de atividades realizadas internamente quanto de suas interações com seu ambiente. Exemplo: seres vivos; e
c. *homeostáticos* – dispõem de um mecanismo que os caracteriza como estáticos em relação a seu ambiente externo, mas dinâmicos em relação a seu funcionamento. Exemplo: refrigerador.

O estudo de um objeto qualquer sob uma abordagem sistêmica requer, portanto, a delimitação de sua amplitude em determinado contexto, a identificação de seus objetivos, a caracterização de seu ambiente externo e interno, reconhecendo-se as interações entre todos esses elementos.

1.1.3 *Empresa como sistema aberto e dinâmico*

Sob o enfoque da Teoria dos Sistemas, a empresa caracteriza-se como um sistema *aberto* e essencialmente *dinâmico*, isto é, como *um conjunto de elementos interdependentes que interagem entre si para a consecução de um fim comum, em constante inter-relação com seu ambiente.*

Como um sistema aberto, a empresa encontra-se permanentemente interagindo com seu ambiente. Como um sistema dinâmico, realiza uma atividade ou um conjunto de atividades, que a mantém em constante mutação e requerem seja constantemente orientadas ou reorientadas para sua finalidade principal.

A empresa pode ser visualizada como um processo de transformação de *recursos* (materiais, humanos, financeiros, tecnológicos etc.) em *produtos* e *serviços*, composto de diversos processos menores, interdependentes, que são suas atividades (Figura 1.1).

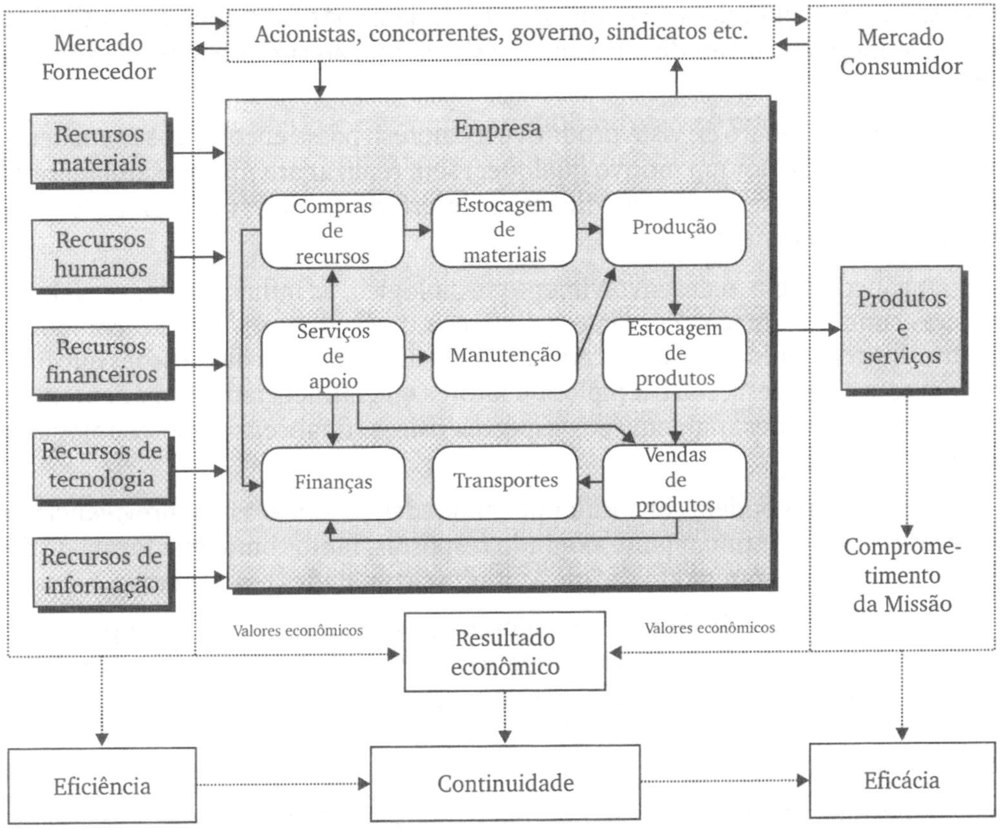

Figura 1.1 *Visão sistêmica da empresa.*

Numa empresa industrial, essas atividades poderiam ser, entre outras: compra de insumos, recebimento e estocagem de materiais, consumo de recursos, transformação, manutenção, vendas, captação e aplicação de recursos financeiros etc.

Assim como algumas atividades internas geram produtos ou serviços que objetivam atender a necessidades externas à empresa, outras atividades podem voltar-se para o atendimento de necessidades internas. Ou seja, produtos e serviços de uma atividade podem constituir-se em recursos para outras atividades desenvolvidas internamente à empresa.

Por serem escassos, os recursos consumidos pelas atividades empresariais possuem valor econômico e requerem que sejam utilizados de forma eficiente. Da mesma forma, os produtos e serviços gerados, por atenderem a necessidades ambientais, possuem valor econômico.

A continuidade da empresa requer, portanto, que o valor econômico dos produtos e serviços gerados (receitas) seja suficiente para repor, no mínimo, o valor econômico (custos) dos recursos consumidos para a realização de suas atividades. Os resultados econômicos da empresa determinam suas condições de continuidade, refletindo seus níveis de eficácia, que se referem ao cumprimento de sua missão.

Embora do ponto de vista produtivo a empresa possa encontrar-se (em determinado período e por um motivo qualquer) sem realizar atividade, o ambiente do qual participa é essencialmente dinâmico, interferindo, de várias formas, em seu estado e funcionamento.

A concorrência, o desenvolvimento tecnológico, as influências governamentais, as condições macroeconômicas (inflação, taxas de juros etc.), o comportamento dos consumidores e fornecedores, bem como a cultura das pessoas que interagem com a empresa, são exemplos de fatores que influenciam permanentemente a situação empresarial, em seus aspectos físicos, financeiros, mercadológicos, patrimoniais etc.

Esses fatores podem constituir oportunidades ou ameaças à sobrevivência da empresa e estão continuamente exigindo respostas, tanto como uma forma de defesa, quanto como um modo de aproveitar oportunidades e prosperar.

A sobrevivência da empresa é um pressuposto intrínseco a sua própria natureza. Ao ser constituída, já se pressupõe sua continuidade, mesmo que por determinado período. Entretanto, para garantir sua sobrevivência, é necessário que a empresa mantenha uma capacidade de adaptação e mudança em relação a seu mundo exterior.

Ao estudar essa questão, Bio (1985:18) observa que

> *"uma das implicações críticas dos conceitos de sistema na Administração é justamente a concepção da empresa como um sistema aberto, pois tal visão ressalta que o ambiente em que vive a empresa é essencialmente dinâmico, fazendo com que um sistema organizacional, para sobreviver, tenha de responder* eficazmente *às pressões exercidas pelas mudanças contínuas e rápidas do ambiente". (grifo nosso).*

Desse ponto de vista, entendemos que respostas são necessárias, mas não suficientes para garantir a sobrevivência da empresa. O fato de não se manifestar já se constitui numa resposta. É necessário que suas respostas sejam *eficazes*, conduzindo-a ao alcance de seus propósitos.

Esse fato leva-nos a concluir que um comportamento reativo nem sempre é suficiente para garantir a continuidade de uma organização, sendo necessária uma atuação proativa, antecipando-se às mudanças do ambiente de que participa incondicionalmente.

1.2 AMBIENTE, SEGMENTO E CONTINUIDADE

O *ambiente externo* da empresa compõe-se de um conjunto de entidades que, direta ou indiretamente, impactam ou são impactados por sua atuação.

Esses impactos ocorrem tanto por um processo de troca de produtos/recursos, dinheiro, informação, tecnologia, quanto pela influência dessas entidades sobre variáveis políticas, sociais, econômicas, ecológicas, regulatórias etc.

Ao estudar o ambiente externo da empresa, Catelli (1997) propõe a caracterização de seu *ambiente remoto* e de seu *ambiente próximo*, realçando a visão de *segmento* e as *variáveis* que determinam a amplitude da gestão empresarial, conforme apresentado na Figura 1.2.

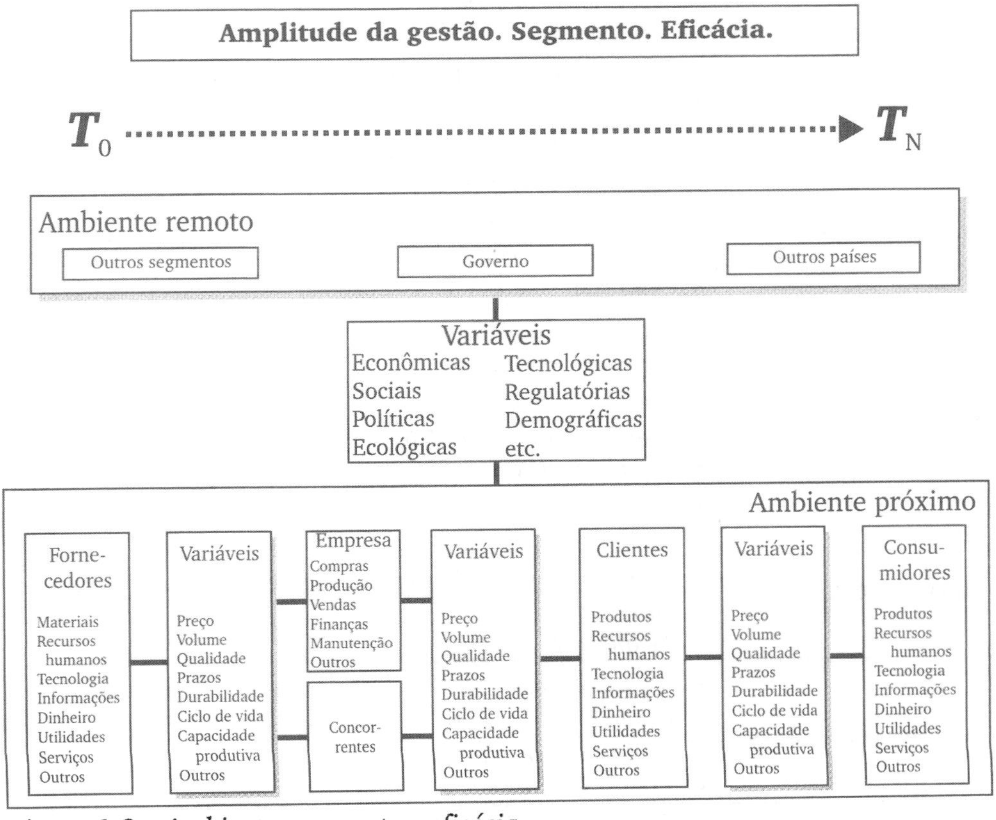

Figura 1.2 *Ambiente, segmento e eficácia.*

1.2.1 *Ambiente remoto*

O *ambiente remoto* de uma empresa compõe-se de entidades que, embora possam não se relacionar diretamente com ela, possuem autoridade, domínio ou influência suficientes para definir variáveis conjunturais, regulamentares e outras condicionantes da sua atuação. Exemplos dessas entidades são: governos, entidades regulatórias e fiscalizadoras, entidades de classe, associações empresariais, entidades de outros segmentos, governos de outros países.

Essas entidades normalmente desempenham papéis significativos na determinação de variáveis relevantes para a atuação da empresa, tais como as apresentadas no Quadro 1.1.

Quadro 1.1 *Ambiente remoto e variáveis.*

Variáveis políticas	• *Regime de governo* • *Governo atual/futuro* • *Relacionamentos com outros países*
Variáveis econômicas	• *PIB* • *Inflação* • *Distribuição de renda* • *Taxas de juros* • *Prazo de operações financeiras* • *Crédito* • *Inadimplência*
Variáveis sociais	• *Mercado de trabalho* • *Mudanças culturais* • *Capacitação técnica* • *Educação*
Variáveis tecnológicas	• *Tecnologia de produção* • *Tecnologia de vendas* • *Tecnologia de transportes* • *Tecnologia de administração* • *Tecnologia de comunicações* • *Tecnologia de informática*
Variáveis ecológicas	• *Restrições de exploração* • *Comprometimento da empresa com reposição e/ou restauração* • *Fiscalização*
Variáveis regulatórias	• *Limites operacionais* • *Tributos* • *Prazos de financiamentos* • *Incentivos fiscais*

Essas variáveis caracterizam o quadro atual e os cenários em que a empresa deverá atuar, influenciando tanto suas condições de sobrevivência e desenvolvimento quanto as das demais entidades que integram o ambiente global.

Na maioria dos casos, essas variáveis não são controláveis pela empresa, mas impactam outras variáveis que, contrariamente, podem estar sob sua influência direta, como, por exemplo, as que representam seus relacionamentos com as diversas entidades do *ambiente próximo*.

1.2.2 *Ambiente próximo*

O *ambiente próximo* da empresa compõe-se de entidades que compõem o *segmento* em que atua e compete, tais como: fornecedores, concorrentes, clientes, consumidores.

As *variáveis* que determinam a amplitude da gestão de cada uma dessas entidades referem-se aos preços, volumes, qualidade, prazos de entrega, prazos de pagamento, taxas de financiamento etc., e caracterizam as transações realizadas entre as mesmas.

1.2.2.1 **Segmento**

Segmento pode ser definido como um conjunto de atividades que constituem determinado estágio de um *ciclo econômico*, que vai desde a obtenção dos insumos necessários às atividades dos participantes desse ciclo até o consumo final dos produtos e serviços gerados.

Por exemplo, a indústria automobilística constitui um ciclo econômico que agrega uma imensa variedade de recursos, que são oferecidos por diversas empresas às montadoras, as quais repassam seus produtos às concessionárias, e estas, por sua vez, distribuem-nos até os consumidores finais. Cada uma dessas entidades atua em determinado estágio desse ciclo, ou seja, no *segmento* de autopeças, de montadoras, de concessionárias etc.

Em determinado *segmento*, são identificadas claramente as entidades que o compõem, seus relacionamentos, suas atividades e respectivos recursos/produtos. Em relação a uma empresa, que atua em determinado estágio desse ciclo, essas entidades se caracterizam como:

- *fornecedores* – disponibilizam recursos necessários às atividades da empresa, sejam esses recursos materiais, humanos, tecnológicos, financeiros, informação etc.;
- *clientes* – demandam produtos e serviços ofertados pela empresa;
- *concorrentes* – concorrem com a empresa tanto na obtenção de recursos (concorrentes-recursos) quanto na colocação de produtos e serviços para

os clientes (concorrentes-produtos). Os *concorrentes-recursos* possuem usos alternativos para os recursos demandados pela empresa, assim como os *concorrentes-produtos* possuem formas alternativas de atenderem às necessidades dos clientes;

- *consumidores* – utilizam o produto final do ciclo econômico para o atendimento de suas necessidades.

Nos diversos estágios do ciclo econômico, essas entidades configuram-se como clientes/fornecedoras umas das outras, formando uma *cadeia de relacionamentos*. Analogamente a uma "corrente", que é formada por diversos "elos", um ciclo econômico compõe-se de diversos segmentos (Figura 1.3).

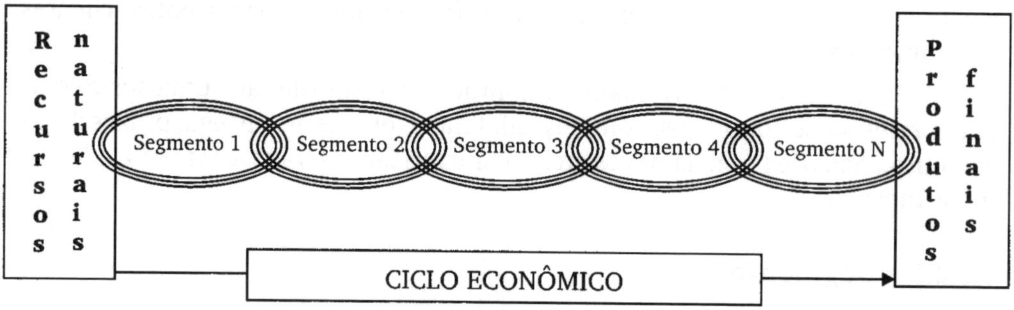

Figura 1.3 *Ciclo Econômico e Segmentos*

Desse modo, a eficácia de um ciclo econômico, que se refere ao atendimento de necessidades dos consumidores de seus produtos/serviços, depende fundamentalmente da eficácia de cada segmento, assim como a eficácia de um segmento é determinada pela eficácia das entidades que o compõem, bem como das demais entidades com que estas se relacionam. Assim como numa corrente, o enfraquecimento de um de seus "elos" pode comprometer a eficácia de todos os outros.

A maximização dos resultados de determinado segmento, em detrimento de outro, pode não conduzir o todo a um nível maior de eficácia – o que requer considerar-se a noção de otimização de resultados.

A competência de uma empresa em fazer uso eficiente e eficaz dos recursos necessários a suas atividades, otimizando seus resultados, reflete-se tanto em suas condições de sobrevivência quanto nas de seu segmento e do respectivo ciclo econômico em que atua.

A satisfação de seus clientes e fornecedores determina, em última instância, a fluidez de recursos e produtos necessários para a continuidade do empreendimento, tendo em vista que a existência de *mercados alternativos* nos diversos estágios do ciclo econômico requer certo grau de *competitividade* da empresa.

1.2.2.2 Mercados alternativos e competitividade

Assim como uma empresa possui alternativas diferentes para obtenção e uso de recursos e colocação de seus produtos/serviços, outras entidades que compõem o ambiente também podem dispor de alternativas diversas para obtenção e uso de seus recursos. Esse fato mostra-nos que uma empresa concorre tanto na obtenção de recursos quanto na colocação de seus produtos e serviços a seus clientes.

Ao competir por recursos, sejam financeiros, humanos, tecnológicos etc., a empresa depara com as alternativas disponíveis em outras entidades para o emprego desses recursos. Fornecedores de recursos financeiros, como, por exemplo, proprietários, investidores, bancos etc., exigem um retorno mínimo do capital investido no empreendimento. Caso não sejam atendidos, provavelmente encontrarão um uso diferente para seus recursos.

Por outro lado, a empresa compete também na colocação de seus produtos. Além das ofertas de seus concorrentes diretos, que diferenciam condições de preço, qualidade, prazo de entrega, prazo de pagamento etc. para produtos semelhantes aos da empresa, a utilidade marginal desses produtos caracteriza uma espécie de "concorrência permanente" com outras alternativas que os consumidores possuem para a satisfação de suas necessidades ou o uso de seus recursos.

Considerando que tais recursos são escassos, existiria um preço máximo que as entidades econômicas estariam dispostas a pagar por eles, dependendo de suas necessidades, alternativas de uso, preferências individuais etc.

Desse ponto de vista, mesmo nos mercados denominados "monopolistas", os produtos/serviços da empresa concorrem com as alternativas de que dispõem os consumidores para aplicação de seus recursos. Também nesses mercados, existe um preço máximo que o consumidor estaria disposto a pagar pelos produtos ou serviços da empresa.

Sob tal abordagem, podemos caracterizar a competitividade de uma empresa como *o grau em que ela é capaz de concorrer com as condições e alternativas oferecidas pelo mercado.*

A competitividade da empresa pode ser caracterizada, portanto, tanto sob a ótica do mercado consumidor (ou cliente) de seus produtos, quanto sob a ótica do mercado fornecedor dos recursos necessários a suas atividades.

Sob esse enfoque, as atividades internas de uma empresa, como compras, produção, vendas, finanças, embora voltadas ao atendimento de necessidades internas, encontram-se permanentemente concorrendo com fornecedores/clientes alternativos.

Uma empresa, como um conjunto de atividades interligadas, possui mercados alternativos não apenas para seus produtos finais, mas também – e, talvez, principalmente – para os produtos e serviços demandados ou produzidos internamente, nas diversas áreas e atividades da organização.

A existência de mercados alternativos requer da empresa uma ampliação da sua visão de negócios, desenvolvendo sua competitividade não apenas em relação aos seus produtos finais, mas também em todas as atividades que desenvolve internamente ou sejam requeridas para seu negócio principal.

A visão de segmento desperta a atenção da empresa para as oportunidades e ameaças que possam surgir em mercados alternativos de recursos/produtos demandados/gerados internamente, evidenciando que a capacidade de competição da empresa determina tanto suas condições de continuidade quanto das atividades internas.

Todas as atividades mantidas internamente devem ser competitivas, contribuindo favoravelmente para os resultados globais da empresa. Caso contrário, não se justifica mantê-las no ambiente interno da empresa, tendo em vista a existência de alternativas de mercado mais interessantes para a obtenção dos produtos gerados por essas atividades.

1.2.3 *Pressuposto da continuidade*

Um dos pressupostos básicos da criação de uma empresa é sua continuidade. No entanto, na prática das organizações, essa questão assume extrema complexidade. Trata-se simplesmente da grande preocupação da administração das empresas.

A despeito da complexidade e abrangência que caracterizam o estudo desse tema, limitamo-nos a abordá-lo com o objetivo de sustentar a caracterização de um modelo conceitual do sistema empresa e da eficácia empresarial, conforme apresentados nas seções seguintes.

1.2.3.1 **Adaptabilidade**

Considerando que o ambiente em que atuam as organizações é essencialmente dinâmico, e que suas relações com esse ambiente devem proporcionar-lhe condições de sobrevivência, é necessário que o sistema mantenha certa capacidade de adaptação às exigências ambientais.

A ocorrência de eventos externos e internos à empresa determina sua situação patrimonial, econômica, financeira, mercadológica, influenciando suas condições de sobrevivência.

Assim, para garantir a sua continuidade, é necessário que o sistema mantenha certo equilíbrio, ajustando-se a novas exigências ambientais, bem como conservando algumas de suas características, que se alteram com a ocorrência desses eventos.

Marcovith (1972:44) identifica dois tipos de equilíbrio em relação aos sistemas:

- *equilíbrio estacionário* – permite o retorno do sistema a suas características e estrutura anteriores à ocorrência de um evento que as havia alterado; e
- *equilíbrio dinâmico* – dá ao sistema uma condição de funcionamento harmônico, após a ocorrência de um evento, com novas características e estrutura.

Relativamente ao sistema organizacional, Marcovith (1972:44) afirma existir esses dois tipos de equilíbrio: o *estacionário*, que se verifica em seu âmbito interno, e o *dinâmico*, que decorre de suas relações com o ambiente externo.

> *"Enquanto que no nível de atividade de rotina, deve-se ter um equilíbrio estacionário, no nível das decisões estratégicas, como por exemplo o lançamento de um novo produto ou a compra de uma nova fábrica, deve-se manter um equilíbrio dinâmico."*

O equilíbrio da empresa refere-se a determinado "estado" desse sistema, em que suas condições internas, balanceadas com as condições externas, proporcionam-lhe meios de sobrevivência e desenvolvimento. Esse "estado" do sistema evidencia-se por um conjunto de variáveis que indicam sua:

- *situação mercadológica* – participação de mercado, vantagens/desvantagens competitivas de seus produtos ou da empresa;
- *situação social* – imagem, emprego, pagamento de impostos, fiscalização;
- *situação política* – grau de influência, nível de responsabilidade, comprometimento;
- *situação financeira* – estrutura de capital, liquidez, prazos de pagamentos/recebimentos;
- *situação econômica* – capacidade de geração de benefícios futuros, de remuneração do capital investido;
- *situação patrimonial* – estrutura e composição de seus ativos, passivos e patrimônio líquido, valor da empresa.

O equilíbrio de toda a empresa decorre tanto do equilíbrio de cada um desses fatores quanto do equilíbrio resultante do conjunto deles. É preciso considerar, no entanto, as relações entre os mesmos. Por exemplo: a situação econômica da empresa é influenciada por sua situação financeira; ambas influenciam sua situação em relação ao mercado, ao governo e à sociedade.

Destacando a necessidade de que a empresa desenvolva meios de sobrevivência, Beer (1969:33) faz uma interessante correlação entre a empresa e um organismo vivo:

> *"A Empresa certamente não tem vida, mas tem de se* comportar *de maneira bastante semelhante a um organismo vivo. É essencial que a Empresa desenvolva técnicas de sobrevivência num ambiente econômico, comercial, social e político, devendo aprender pela experiência."*

Sob esse enfoque, entendemos que entre as "técnicas de sobrevivência" que uma empresa precisa desenvolver, estão os mecanismos de *autocontrole* e *feedback*, como meios que lhe permitam conhecer e responder às exigências ambientais de forma adequada.

1.2.3.2 Autocontrole, informação e *feedback*

Brisola (1990:19) considera que os sistemas possuem uma propriedade comum, definida como *homeostase*, que se refere a sua capacidade de

> *"(...) auto-regular-se através do autocontrole para manter certas variáveis dentro dos limites da normalidade. É a tendência natural para o equilíbrio, própria dos sistemas".*

Complementando, afirma que a busca natural desse "equilíbrio" dá-se por um processo definido como *retroalimentação* ou *feedback*, que pode produzir dois efeitos distintos no sistema, em relação a suas atividades:

a. redução dos níveis de desvios de uma variável controlada, segundo um padrão previamente definido;
b. ampliação dos resultados de sua atividade.

Gibson et al. (1988:79) consideram que o ajustamento da empresa às exigências ambientais ocorre através de "canais de informação que possibilitam à organização reconhecer essas exigências", como um importante mecanismo de *feedback*.

Feedback é definido por esses autores como um "(...) processo dinâmico pelo qual o organismo aprende através de sua experiência com o meio ambiente" e que se refere à "informação que reflete o resultado de um ato ou de um conjunto de atos do indivíduo, do grupo ou da organização" .

Em relação ao sistema empresa, entendemos que o processo de *autocontrole* corresponde ao *processo de gestão*, e seus efeitos sobre o sistema decorrem das decisões que são tomadas pelos gestores, nas fases de planejamento, execução e controle de suas atividades. O *processo de gestão* é apoiado pelo *sistema de informações* da empresa, que se constitui num mecanismo de *feedback*.

Mecanismos de *feedback* evidenciam as necessidades de ajustes do sistema empresa tanto para mantê-lo no rumo de seus objetivos – durante a fase de realização (execução) de suas atividades – quanto para o estabelecimento de objetivos que o conduzam efetivamente e da melhor forma à continuidade (planejamento).

Entretanto, o estabelecimento de objetivos para a empresa só faz sentido se concomitantemente existirem meios de avaliação do grau em que os mesmos vêm sendo alcançados, de modo a assegurar a implementação tempestiva de ajustes necessários (controle).

Os *sistemas de informações* da empresa devem, portanto, ser estruturados de forma a suprir a necessidade de *feedback* do *processo de gestão* da empresa, nas fases de planejamento, execução e controle de suas atividades, conforme será estudado mais adiante.

1.2.3.3 **Aspectos econômicos**

Catelli & Guerreiro (1992:11) observam que

> *"a garantia da continuidade da empresa só é obtida quando as atividades realizadas geram um resultado líquido no mínimo suficiente para assegurar a reposição de todos os seus ativos consumidos no processo de realização de tais atividades".*

Se as atividades empresariais não forem capazes de gerar um resultado suficiente para assegurar a reposição do capital investido na empresa, elas estariam consumindo seu próprio potencial de geração de benefícios. Sem dúvida, a manutenção dessa situação ao longo do tempo acabaria por afetar a continuidade da organização.

Cruz (1991:91), citando Gray & Johnston, afirma existir um resultado mínimo que deve assegurar a obtenção e manutenção do capital necessário às operações da empresa:

> *"Em vista da intensa concorrência por parte de outros usuários de capital, o lucro deve ser pelo menos suficiente para atrair o volume de capital exigido para que continuem a ser alcançados os objetivos dos proprietários, permitindo a obtenção e manutenção dos outros recursos."*

Os investidores possuem diferentes usos para o capital e sua aplicação na empresa deve-se a suas expectativas em relação aos retornos esperados no empreendimento.

O lucro representa também uma fonte de autofinanciamento da empresa, permitindo o reinvestimento no próprio empreendimento. Assim, não só a continuidade como também seu desenvolvimento dependem dos resultados gerados em suas atividades.

Os resultados globais de uma empresa determinam sua continuidade, evidenciando o grau em que ela cumpre sua missão, satisfaz necessidades ambientais, atende às expectativas dos investidores e de seus empregados. Enfim, demonstram sua capacidade de adaptação ao ambiente e, portanto, de sobrevivência e desenvolvimento.

1.3 MODELO CONCEITUAL DO SISTEMA EMPRESA

Nesta seção, é caracterizado o *ambiente interno* da empresa, em que se destacam sua *missão*, seus *objetivos* fundamentais e seus *subsistemas* componentes. Ao final, analisamos as interações entre o *modelo de gestão*, o *processo de gestão* e os *sistemas de informações*, como elementos que visam orientar a atuação da empresa no sentido do cumprimento de sua missão.

Para o estudo desses conceitos e de suas inter-relações, Catelli (1997) propõe a seguinte estrutura, enfatizando as relações entre o sistema de gestão, a eficácia e os resultados da empresa (Figura 1.4).

1.3.1 *Missão*

Uma característica fundamental de um sistema é a existência de um objetivo comum a suas partes, que as integra de forma a constituir o "todo".

Guerreiro (1989:155) observa que

> *"os objetivos de uma empresa podem ser diversos e uns mais importantes do que outros: uns podem ser atingidos em prazos mais curtos do que outros; além de ser possível que se refiram a atividades específicas como suprimentos, marketing, produção".*

No entanto, o autor destaca a existência de

> *"(...) um objetivo fundamental do sistema empresa, que se constitui na verdadeira razão de uma existência, que caracteriza e direciona o seu modo de atuação, que independe das condições ambientais do momento, bem como de suas condições internas, e assume um caráter permanente: é a sua missão."*

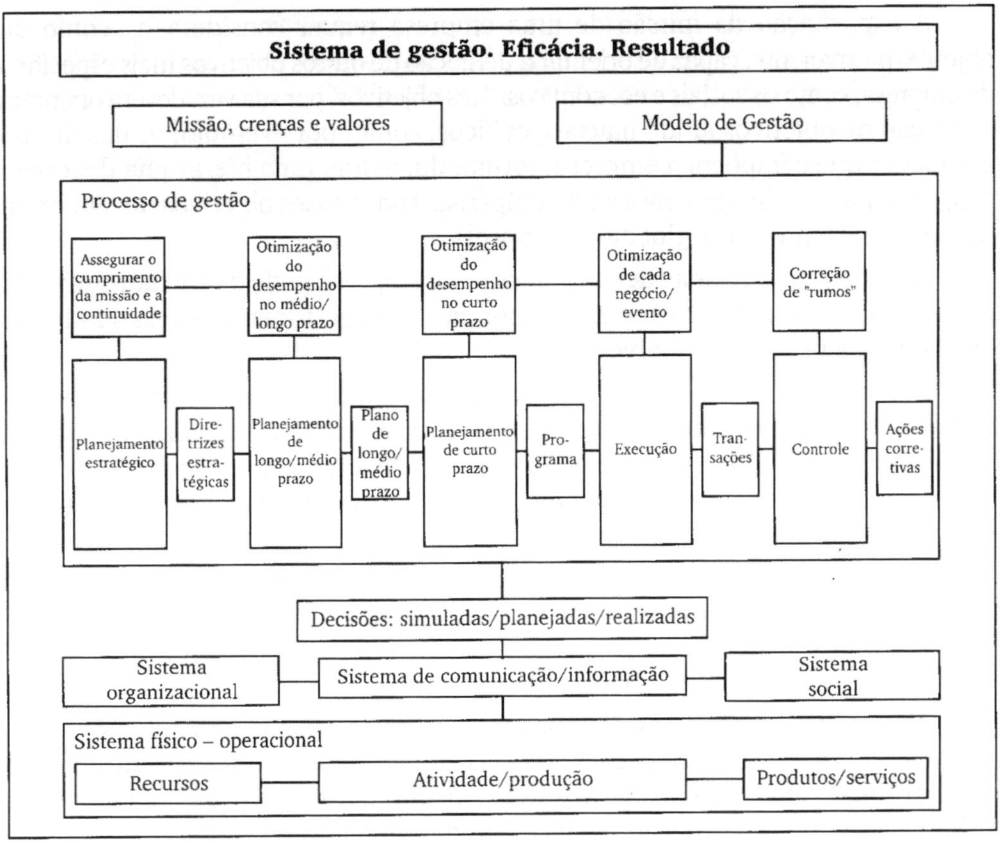

Figura 1.4 *Sistema de gestão, eficácia e resultados*

Ressalta, ainda, que a missão da empresa decorre do papel que pretende desempenhar no cenário social e das crenças e valores das pessoas que a dirigem, e contempla os seguintes pontos: valores fundamentais da entidade; produtos e serviços oferecidos; mercado de atuação e clientela a ser atendida. Destaca que esses pontos

> *"(...) devem ser caracterizados de forma ampla, genérica e flexível, tendo em vista que a missão constitui-se em um objetivo permanente do sistema empresa" (Guerreiro, 1989:156).*

Dessa forma, entendemos que a missão da empresa, que se refere à razão de sua existência, caracteriza-se como o elemento que orienta e integra suas partes (subsistemas), constituindo-se num objetivo permanente e fundamental para sua atuação.

Qualquer empresa possui uma missão, que pode ou não ter sido explicitada. Tendo em vista que a missão da empresa constitui seu principal objetivo e condiciona fortemente sua atuação, há necessidade de explicitá-la adequadamente.

A explicitação da missão de uma empresa requer considerá-la como um objetivo permanente, capaz de orientar a definição de outros objetivos mais específicos da empresa, como os sociais e econômicos. Tais objetivos, por sua vez, devem orientar a definição de objetivos ainda mais específicos, como, por exemplo, os das áreas e atividades que compõem a empresa, formando, assim, uma hierarquia de objetivos, em cujo topo figura a missão da empresa. Todos esses objetivos devem orientar-se para os interesses globais da empresa.

A inadequada evidenciação da missão da empresa pode desvirtuar seus reais propósitos, impedindo a visualização, por parte dos gestores, da necessidade de a empresa se ajustar a seu ambiente.

Kotler (1980:83) considera que a missão de uma empresa se relaciona à satisfação de uma necessidade de seu ambiente externo: a decisão de fazer determinado produto, ou prestar um determinado serviço, é um meio de satisfazer necessidades no ambiente externo e, portanto, uma forma de sobrevivência e continuidade, ou seja, de a empresa cumprir sua missão.

A definição da missão da empresa como "fabricar determinados produtos" ou "prestar determinados serviços" não é adequada, podendo tornar-se rapidamente obsoleta, à medida que esses produtos ou serviços não mais satisfaçam, por qualquer motivo, necessidades ambientais.

Além disso, os produtos de uma empresa estão, freqüentemente, sujeitos a mudanças (em suas especificações técnicas, *design*), em virtude de muitos fatores (concorrência, alteração dos gostos dos consumidores, evolução tecnológica), e voltam-se sempre à satisfação de necessidades ambientais.

Assim, entendemos que a caracterização da missão de uma empresa é fundamental para sua atuação eficaz, devendo mesmo partir da satisfação de necessidades externas. Sob essa ótica, produtos e serviços devem ser considerados tão somente como "meios" de que a empresa se utiliza para o atendimento dessas necessidades e, conseqüentemente, para o cumprimento de sua missão.

1.3.2 *Objetivos sociais e econômicos*

Ansoff (1977:32) salienta que objetivos "(...) são regras de decisão que habilitam a administração a orientar e medir o desempenho da empresa no sentido da consecução dos seus propósitos" e destaca os objetivos empresariais como sendo os econômicos e os sociais (ou não econômicos).Os primeiros, voltados à maximização da eficiência do seu processo global de conversão de recursos; os segundos, decorrentes da interação dos objetivos de cada participante nas atividades empresariais.

Nessa proposição, o autor evidencia uma questão polêmica no ambiente teórico e prático das organizações: as crescentes exigências sociais em relação às empresas – envolvendo questões ecológicas, relações entre empregados e empregadores, regulamentos de defesa aos consumidores etc. – têm promovido um debate sobre os *objetivos sociais* da empresa em contraposição a seus *objetivos econômicos*.

Sob uma abordagem sistêmica da empresa, que permite compreendê-la como parte de um sistema maior, podemos extrair algumas considerações a respeito dessa questão.

Assim como a empresa compõem-se de partes (subsistemas), ela também constitui parte de um sistema maior, denominado sistema ambiental. Ou seja, integra-se ao ambiente ao lado de outras organizações, entidades e pessoas, com as quais interage satisfazendo necessidades. A organização existe porque atende a necessidades e expectativas das entidades que compõem seu ambiente, sejam elas seus proprietários, consumidores, fornecedores, empregados, bancos, governo etc.

Do ponto de vista social, é indiscutível que se espera da empresa: emprego, renda, desenvolvimento social, uso eficiente de recursos naturais, respeito às leis e normas sociais, tributárias, ecológicas, humanitárias etc.

Gibson et al. (1988:27 *ss*) defendem que as considerações ambientais devem ser levadas em conta no estabelecimento de metas e objetivos das organizações, pois

> *"nenhuma organização existe no vácuo. Cada uma delas deve tratar diariamente com seu ambiente. Qualquer organização está continuamente interagindo com outras organizações e com outros indivíduos deste ambiente – o público (consumidores, estudantes, pacientes, cidadãos), fornecedores, credores, acionistas, instituições governamentais e com muitíssimas outras categorias. Cada uma dessas categorias tem algo a reclamar da organização, ou tem um conjunto de expectativas, e cada uma delas é afetada diferentemente pelos diferentes problemas".*

Kwasnicka (1981:233) destaca três razões para que os gestores considerem os aspectos sociais entre os objetivos da empresa:

- a sociedade mais bem informada e mais exigente de seus direitos e de leis que assegurem o bem-estar social e sua sobrevivência;
- a participação ou influência da empresa no desenvolvimento de atitudes e valores na sociedade, que, retornando, influenciam a empresa; e
- o próprio desenvolvimento de teorias modernas, como "ecologia de empresas", influenciando naturalmente o trabalho administrativo na manutenção da sobrevivência da empresa.

Como integrante do sistema ambiental, uma empresa sobrevive porque atende a expectativas dos participantes desse sistema. Nada significaria para a empresa o não-atendimento dessas expectativas se, a partir dessa constatação, não lhe fossem aplicadas "sanções", seja sob a forma de multas fiscais, não-aquisição de seus produtos pelo mercado, interferências governamentais etc.

Desse ponto de vista, os objetivos sociais da empresa realçam a interdependência empresa-ambiente, requerendo uma preocupação permanente na condução de suas atividades.

Por outro lado, a empresa realiza suas atividades por meio do uso dos fatores de produção, obtidos em seu ambiente externo, retornando produtos e/ou serviços que satisfaçam alguma necessidade do ambiente. Esse é o meio básico pelo qual a empresa procura garantir sua continuidade.

Qualquer atividade empresarial, em sua essência, é uma atividade econômica. O caráter econômico de uma atividade decorre do consumo de recursos que, por serem escassos, possuem valor econômico, e da geração de produtos/serviços, que também o possuem, por causa da utilidade ou satisfação que proporcionam a seus clientes.

Ao repassar seus produtos a seus clientes, a empresa deve aumentar sua capacidade de adquirir novos insumos e gerar novos produtos, de forma que não só recupere o capital investido na atividade produtiva e continue produzindo, mas também gere um excedente que remunere esse capital.

Sob essas considerações, entendemos que interessa à sociedade as empresas "lucrativas", isto é, que agreguem valor aos recursos consumidos em suas atividades, demonstrando sua capacidade de lidar com esses fatores e aumentar a riqueza econômica da sociedade.

A responsabilidade social da empresa em relação ao uso adequado desses fatores evidencia-se em seus resultados, caracterizando-se como uma das preocupações necessárias a sua sobrevivência.

Kwasnicka (1981:233), ao se referir a obra *The organizational society*, de Robert Presthus, coloca que a grande maioria das realizações na sociedade moderna só ocorrem porque "as pessoas em grupo" se envolvem em "projetos comuns", ressaltando em seguida que a

> *"(...) primeira justificativa para a existência de organizações é a de que certas metas só podem ser alcançadas mediante ação convergente de grupos de pessoas".*

"Metas" poderiam ser entendidas como expectativas da sociedade ou da empresa. Do ponto de vista da sociedade, o atingimento de metas sociais somente seria possível a partir da existência de organizações, enquanto o atingimento das "metas" das organizações só seria possível por meio da "ação convergente de grupos de pessoas".

Assim, lucros e suas expectativas são requisitos não somente para a sobrevivência da empresa, mas também para o desenvolvimento econômico da sociedade, por meio da realização de atividades que agreguem valor econômico aos recursos consumidos.

Mesmo as entidades denominadas públicas, sociais ou juridicamente tratadas como "sem fins lucrativos" necessitam de determinado nível de resultados em suas atividades, de modo a garantir sua continuidade. A sua viabilidade econômica associam-se decisões de investimento em suas próprias atividades ou em outras, assim como a possibilidade de praticar preços mais acessíveis à sociedade.

Ao tempo em que objetivos sociais devem ser considerados pela empresa, orientando sua atuação e a de suas partes, de forma integrada a seu ambiente e garantindo-lhe certa harmonia em relação às expectativas sociais, lucros são imprescindíveis para a continuidade de qualquer atividade econômica – que também interessa à sociedade, ao permitir alcançar-se metas sociais que não seriam possíveis senão pela atuação dessas entidades.

1.3.3 *Subsistemas empresariais*

Guerreiro (1989:165 ss) identifica seis subsistemas componentes do sistema empresa, que interagem no sentido do cumprimento de sua missão: subsistema institucional, subsistema físico, subsistema social, subsistema organizacional, subsistema de gestão e subsistema de informações.

1.3.3.1 **Subsistema institucional**

Formado por um conjunto de crenças, valores e expectativas dos proprietários da empresa, que se evidencia ao constituírem-na ou posteriormente nas decisões relacionadas a sua sobrevivência e desenvolvimento.

Esse conjunto de crenças, valores e expectativas converte-se em diretrizes que orientam todos os demais componentes do sistema empresa aos resultados desejados e referem-se aos princípios que norteiam o comportamento diante de seus clientes, fornecedores, empregados, comunidade, governo, segmento, tais como: ética, imagem no ambiente externo, credibilidade, confiança em seus produtos etc.

O subsistema institucional relaciona-se aos propósitos do sistema empresa e à filosofia que orienta sua atuação em geral. Engloba o *modelo de gestão* da empresa, que se refere ao conjunto de crenças e valores especificamente relacionados à forma de administrá-la, tais como: grau de participação e autonomia dos gestores, critérios de avaliação de desempenho, postura gerencial etc.

Sua importância releva-se ao tempo em que influencia todos os subsistemas da empresa e condiciona a interação da empresa com os demais sistemas que compõem seu ambiente externo.

1.3.3.2 Subsistema físico

Compreende todos os elementos materiais do sistema empresa, tais como: imóveis, instalações, máquinas, veículos, estoques etc., e os processos físicos das operações, que se materializam nas diversas atividades que utilizam recursos para a geração de produtos/serviços.

Não inclui o elemento humano, que compõe o subsistema social, mas sim todos os recursos físicos que as pessoas utilizam para desempenhar suas funções na empresa.

1.3.3.3 Subsistema social

Refere-se ao conjunto dos elementos humanos na organização, bem como às características próprias dos indivíduos, tais como: necessidades, criatividade, objetivos pessoais, motivação, liderança etc. O nível de motivação e satisfação das pessoas reflete-se diretamente no desempenho da empresa, por meio de absenteísmo, *turnover*, paralisações, reclamações trabalhistas.

Da mesma forma, o nível de capacitação técnica e competência gerencial determina a qualidade das decisões, requerendo desenvolvimento e treinamento de pessoal.

1.3.3.4 Subsistema organizacional

Refere-se à organização formal da empresa, ou seja, à forma como são agrupadas suas diversas atividades em departamentos (departamentalização), aos níveis hierárquicos, às definições de amplitude e responsabilidade, ao grau de descentralização das decisões e à delegação de autoridade.

1.3.3.5 Subsistema de gestão

Refere-se ao processo que orienta a realização das atividades da empresa a seus propósitos, ou seja, é responsável pela dinâmica do sistema. Justifica-se pela necessidade de planejamento, execução e controle das atividades empresariais, para que a empresa alcance seus propósitos. Requer um conhecimento adequado da realidade, obtido por meio das informações geradas pelo subsistema de informação.

1.3.3.6 Subsistema de informação

É constituído de atividades de obtenção, processamento e geração de informações necessárias à execução e gestão das atividades da empresa, incluindo informações ambientais, operacionais e econômico-financeiras.

1.3.4 *Gestão, processo de gestão e sistemas de informações*

Nas seções anteriores, enfatizamos a necessidade de a empresa estar continuamente respondendo às pressões ambientais, como requisito para sua sobrevivência. Com esse propósito, destacamos a necessidade de manter certo equilíbrio em suas relações com o ambiente, bem como entre as partes (subsistemas) que a compõem, de modo a lhe garantir sua continuidade e o cumprimento de sua missão. Nesse contexto, ressaltamos a importância de um correto entendimento da missão e dos objetivos da empresa.

Com base nessas colocações, evidencia-se a existência de alguma energia no sistema empresa que o impulsiona em todas as suas atividades. Comparativamente a um organismo vivo, essa energia seria mesmo responsável pela "vida" do sistema.

Trata-se da gestão empresarial, responsável por sua dinâmica, pela qualidade de suas respostas ao ambiente, pela manutenção de um equilíbrio em sua estrutura, bem como pela definição de seus objetivos. Enfim, a gestão empresa é responsável pela eficácia do sistema empresa.

A gestão caracteriza-se pela atuação em nível interno da empresa que procura otimizar as relações recursos-operação-produtos/serviços, considerando as variáveis dos ambientes externo e interno que impactam as atividades da empresa, em seus aspectos operacionais, financeiros, econômicos e patrimoniais.

Uma gestão eficaz configura-se com base na garantia da continuidade da empresa, proporcionando-lhe seu desenvolvimento e a otimização de seus resultados, sob quaisquer circunstâncias que influenciem seu desempenho hoje e no futuro (Guerreiro, 1989:229).

Nesse sentido, destacamos as interações entre o *modelo de gestão*, o *processo de gestão* e os *sistemas de informações* da empresa, como elementos que desempenham papel fundamental para assegurar a eficácia dos gestores e, consequentemente, da empresa.

1.3.4.1 **Modelo de gestão**

O modelo de gestão integra o subsistema institucional de uma empresa, e pode ser entendido como um

> *"conjunto de normas, princípios e conceitos que têm por finalidade orientar o processo administrativo de uma organização, para que esta cumpra a missão para a qual foi constituída" (Cruz 1991:39).*

Toda empresa possui um modelo de gestão, que se constitui de um conjunto de crenças e valores sobre a maneira de administrá-la. O modelo de gestão é fortemente influenciado pelas crenças e valores dos principais executivos da empresa, principalmente de seus proprietários e da alta administração.

Guerreiro (1989:230) observa que são inúmeras as diferenças

> *"em relação ao enfoque dado pelas diversas empresas ao processo de planejamento, às preocupações quanto ao controle das operações, às características dos instrumentos de controle, aos recursos humanos, organizacionais, materiais e às variáveis ambientais",*

atribuindo a causa dessas diferenças às crenças, aos valores e às convicções dos empreendedores e dos administradores da empresa, integrantes de seu subsistema institucional.

Do modelo de gestão da empresa decorre uma série de diretrizes que impactam os demais subsistemas empresariais e o comportamento de todo o sistema, como, por exemplo:

- a existência ou não de planejamento e controle, bem como suas definições básicas;
- o grau de participação dos gestores nas decisões;
- o grau de autonomia dos gestores;
- os critérios de avaliação de desempenhos;
- os papéis e posturas gerenciais.

Assim como as áreas operacionais de uma empresa possuem uma missão específica, também possuem um modelo de gestão específico. Apesar de bastante influenciado pelo modelo de gestão da empresa em sua totalidade, o modelo de gestão de uma área compreende crenças, valores e definições próprias das atividades especializadas que desenvolve.

1.3.4.2 **Processo de gestão**

O processo de gestão configura-se com base nas definições do modelo de gestão da organização e, por isso, assume diversas formas na realidade das empresas.

Essencialmente, o processo de gestão deve assegurar que a dinâmica das decisões tomadas na empresa conduzam-na efetivamente ao cumprimento de sua missão, garantindo-lhe a adaptabilidade e o equilíbrio necessários para sua continuidade.

Com esse propósito, o processo de gestão deve:

- ser estruturado com base na lógica do processo decisório (identificação, avaliação e escolha de alternativas);

- contemplar, analiticamente, as fases de planejamento, execução e controle das atividades da empresa;
- ser suportado por sistemas de informações que subsidiem as decisões que ocorrem em cada uma dessas fases.

Nesse sentido, o processo de gestão econômica (Catelli et al., 1997) estrutura-se nas fases de planejamento estratégico, planejamento operacional, execução e controle, contemplando um conjunto de definições básicas sobre os objetivos, os produtos e os requisitos de cada uma dessas fases.

1.3.4.2.1 *Planejamento estratégico*

A fase de planejamento estratégico tem como premissa fundamental assegurar o cumprimento da missão e da continuidade da empresa. Essa fase do processo de gestão gera um conjunto de diretrizes estratégicas de caráter qualitativo que visa orientar a etapa de planejamento operacional.

O processo de planejamento estratégico contempla o estabelecimento de cenários, a análise das variáveis do ambiente externo (identificação das oportunidades e ameaças) e do ambiente interno da empresa (identificação de seus pontos fortes e fracos) e a determinação das diretrizes estratégicas.

As diretrizes estratégicas objetivam aproveitar as oportunidades, evitar as ameaças, utilizar os pontos fortes e superar as deficiências dos pontos fracos.

Para tanto, são pré-requisitos clara definição da missão da empresa, envolvimento e a participação dos gestores, e o apoio de sistema de informações sobre variáveis ambientais, que gerem informações sobre os desempenhos passados e propiciem o conhecimento das variáveis atuais dos ambientes interno e externo.

1.3.4.2.2 *Planejamento operacional*

O planejamento operacional divide-se em pré-planejamento, planejamento de médio/longo prazos e planejamento de curto prazo, com objetivos, processos, produtos e requisitos específicos.

1.3.4.2.2.1 Pré-planejamento Operacional

A fase de pré-planejamento objetiva assegurar a escolha das melhores alternativas operacionais que viabilizem as diretrizes estratégicas.

O processo de pré-planejamento contempla estabelecimento de objetivos e metas operacionais, identificação de alternativas de ação operacionais, simulação das alternativas disponíveis, análise e escolha das melhores alternativas simuladas nas diversas áreas, consolidação e harmonização das alternativas.

O produto dessa fase do processo gerencial é o conjunto de alternativas de ação selecionadas.

Os pré-requisitos são: um conjunto de diretrizes estratégicas, envolvimento e participação dos gestores e apoio de sistema de simulação de resultados econômicos.

1.3.4.2.2.2 Planejamento Operacional – Médio e Longo Prazos

Essa fase do processo gerencial objetiva otimizar o desempenho da empresa em determinada perspectiva temporal considerada pela empresa como médio e longo prazos (um ano, por exemplo).

O processo caracteriza-se pelo detalhamento das alternativas selecionadas na fase de pré-planejamento, quantificando-se analiticamente recursos, volumes, preços, prazos, investimentos e demais variáveis planejadas. Envolve a definição do horizonte de planejamento e dos módulos temporais de planejamento, a determinação dos recursos necessários ao atingimento dos objetivos e metas e das etapas e prazos para o cumprimento das metas.

O produto desse processo é o plano operacional de médio/longo prazos aprovado.

Os pré-requisitos são: conjunto de alternativas operacionais aprovadas, envolvimento e participação dos gestores e apoio de um sistema de orçamentação.

1.3.4.2.2.3 Planejamento Operacional – Curto Prazo

Essa fase corresponde a um replanejamento efetuado em momento mais próximo à realização dos eventos e à luz do conhecimento mais seguro das variáveis envolvidas, visando assegurar a otimização do desempenho no curto prazo.

Para tal fim, o processo contempla identificação das variáveis internas e externas de curto prazo, análise da adequação do plano operacional de médio/longo prazos à realidade operacional do curto prazo, decisão quanto à manutenção ou revisão dos planos originais para o curto prazo e, por fim, consolidação e harmonização das alternativas.

O produto dessa fase é o programa operacional para um módulo no horizonte temporal de curto prazo do planejamento operacional (por exemplo: um mês), envolvendo um plano operacional de curto prazo, cujo detalhamento consiste na programação das transações a serem efetivadas.

O conjunto de pré-requisitos compõe-se de: plano operacional de médio/longo prazos aprovado, apoio de sistema de simulação de resultados econômicos e envolvimento e participação dos gestores.

1.3.4.2.3 *Execução*

É exatamente na fase de execução que as ações são implementadas e surgem as transações realizadas. Nessa etapa, procura-se alcançar os objetivos e metas estabelecidos no planejamento operacional de curto prazo, de forma a otimizar cada negócio/evento.

Com esse propósito, o processo de execução envolve a identificação, a simulação e a escolha de alternativas para o cumprimento das metas, bem como a implementação das ações.

O produto dessa fase são as transações realizadas.

São pré-requisitos: plano operacional de curto prazo aprovado e sistemas de apoio à execução das operações.

1.3.4.2.4 *Controle*

O controle visa assegurar, por meio da correção de "rumos", que os resultados planejados sejam efetivamente realizados, apoiando-se na avaliação de resultados e desempenhos.

O processo de controle compreende a comparação entre os resultados realizados e os planejados, a identificação de desvios e suas respectivas causas, e a decisão quanto às ações a serem implementadas.

O produto do processo de controle consiste em ações corretivas, tanto no desempenho que vem sendo realizado quanto em programas de curto prazo, planos de médio e longo prazos e diretrizes estratégicas, se for o caso.

São pré-requisitos para sua implementação: apoio de um sistema de apuração de resultados realizados comparativamente aos planejados, envolvimento e participação dos gestores.

1.3.4.3 **Sistemas de informações**

O processo de gestão constitui-se num processo decisório. Decisões requerem informações. Os sistemas de informações devem apoiar as decisões dos gestores em todas as fases do processo de gestão, que requerem informações específicas.

A integração dos sistemas de informações ao processo de gestão determina a eficácia dos mecanismos de autocontrole e *feedback*, os quais, conforme estudados anteriormente, constituem requisitos para que o sistema empresa mantenha-se no rumo dos resultados desejados.

A efetivação dos resultados desejados é alcançada por meio de informações gerenciais. Nesse sentido, é necessário o desenvolvimento de sistemas de informações gerenciais que garantam o suporte requerido à atuação gerencial preconizada.

Assim, para cada fase do processo de gestão, é necessário um subsistema de informação – conforme delineado na Figura 1.5 – que atenda as características específicas da tomada de decisão.

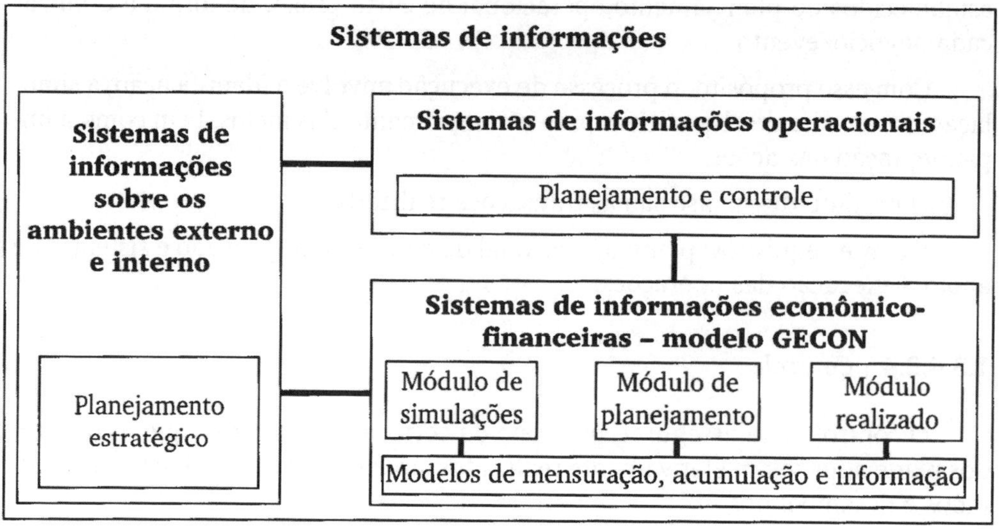

Figura 1.5 *Sistemas de Informações*

1.3.4.3.1 *Sistema de informações sobre os ambientes externo e interno*

O papel desse sistema é subsidiar os gestores durante a fase de planejamento estratégico com informações sobre os ambientes externo e interno.

Suas características dizem respeito à utilização de banco de dados, onde são armazenadas as informações de diversas naturezas sobre o ambiente externo, que por sua própria natureza é altamente flexível e, portanto, pouco estruturado quanto às fontes (revistas especializadas, jornais, vídeos, pesquisa de mercado etc.).

1.3.4.3.2 *Sistema de informações operacionais*

Os sistemas de informações operacionais têm o papel de processar as transações planejadas e realizadas no processo físico-operacional, bem como permitir o controle físico do patrimônio da empresa.

Caracterizam-se por um banco de dados que compreende as variáveis das transações, tais como: datas, volumes, prazos, taxas, vencimentos etc. Essas variáveis são utilizadas pelo sistema de informações econômico-financeiras, para a mensuração, o planejamento e o controle de resultados.

1.3.4.3.3 *Sistema de informações econômico-financeiras – Modelo GECON*

O sistema de informações econômico-financeiras, conforme preconizado no modelo GECON, objetiva subsidiar os gestores com informações sobre os resultados das alternativas simuladas, planejadas e realizadas, em todas as fases do processo de gestão.

1.3.4.3.3.1 Integração Sistêmica

O sistema de informações GECON estrutura-se nos seguintes módulos integrados entre si e ao processo de gestão da empresa:

a. *módulo de simulações* – visa subsidiar os gestores durante a fase de pré-planejamento, gerando informações sobre os resultados das alternativas simuladas, buscando identificar as alternativas que otimizam os resultados;
b. *módulo de planejamento* – visa subsidiar os gestores durante a fase de planejamento operacional de curto, médio e longo prazos, gerando informações detalhadas sobre os resultados dos eventos planejados;
c. *módulo do realizado* – visa subsidiar os gestores durante a fase de controle, gerando informações detalhadas sobre os resultados dos eventos realizados, comparativamente aos dos eventos planejados.

1.3.4.3.3.2 Integração Conceitual

Os módulos do sistema GECON sustentam-se numa mesma base conceitual, que é dada pelos seguintes modelos:

a. *modelo de decisão* – compreende as variáveis associadas aos eventos que impactam a situação patrimonial da entidade (eventos econômicos) e que se encontram sob a responsabilidade de determinado gestor;
b. *modelo de mensuração* – compreende um conjunto de conceitos que permitem a correta mensuração dos resultados proporcionados pelos eventos econômicos;
c. *modelo de identificação e acumulação* – compreende a identificação de quando, como, onde e sob a responsabilidade de quem ocorrem os resultados da organização, permitindo a acumulação desses resultados de acordo com os eventos, as atividades, os produtos e as áreas que os geraram;
d. *modelo de informação* – compreende os requisitos que as informações geradas devem atender, visando subsidiar o processo de avaliação de resultados e desempenhos, intrínseco ao processo de gestão da empresa, por meio da comparação entre os resultados planejados e realizados. As informações são vistas como facilitadoras e indutoras das ações gerenciais para a otimização dos resultados.

1.4 EFICÁCIA DA EMPRESA

A literatura a respeito da eficácia empresarial estende-se desde breves comentários até complexos modelos matemáticos voltados à mensuração da eficácia da empresa. Com base em proposições de alguns autores, analisaremos os conceitos de eficácia e eficiência, discutindo também aspectos relacionados a sua mensuração. Ao final, analisamos o conceito de resultado econômico como indicador da eficácia empresarial, concluindo sobre sua qualidade tanto para expressá-la quanto para subsidiar as decisões dos gestores da empresa, no sentido da otimização de seus níveis de eficácia.

1.4.1 *Definições de eficácia e eficiência*

Considerando a empresa como um sistema aberto, diversos autores têm estudado os conceitos de eficácia e eficiência.

Marcovith (1972:35 ss), num estudo específico sobre a eficácia organizacional, apresenta-nos algumas de suas conclusões:

1. a noção de eficácia é multidimensional e inclui, entre outras, as noções de produtividade e eficiência;
2. inclui uma preocupação no sentido de ver o homem como membro da organização, não exclusivamente como meio de produção que deve ser mais bem aproveitado, mas como um fim, isto é, ele deve produzir num ambiente desprovido de excesso de tensões e conflitos, de forma que possa ter uma vida psíquica saudável, o que resultará em benefícios para a organização;
3. considera tanto a estrutura interna da organização quanto o ambiente em que opera, fatores não contemplados por outras medidas do êxito organizacional, como a produtividade e a eficiência.

Gibson et al. (1988:77) entendem que

> *"do ponto de vista da sociedade, a eficácia é o grau segundo o qual as organizações atingem suas missões, metas e objetivos – dentro das restrições de recursos limitados".*

Diferenciando-a do conceito de eficiência, dizem que esta se refere ao "(...) processo pelo qual a organização maximiza seus fins com um uso mínimo de recursos". Ressaltam que a consecução de fins desejáveis é uma condição necessária para o desempenho eficaz; entretanto o uso eficiente de recursos é uma condição necessária, mas não suficiente para a eficácia.

Bio (1985:20 ss), reforçando que a visão sistêmica da empresa facilita a compreensão dos conceitos de eficiência e eficácia, discorre:

> *"Eficácia diz respeito a resultados, a produtos decorrentes de uma atividade qualquer. Trata-se da escolha da solução certa para determinado problema ou necessidade. A eficácia é definida pela relação entre resultados pretendidos/resultados obtidos. Uma empresa eficaz coloca no mercado o volume pretendido do produto certo para determinada necessidade. Eficiência diz respeito a método, a modo certo de fazer as coisas. É definida pela relação entre volumes produzidos/recursos consumidos. Uma empresa eficiente é aquela que consegue o seu volume de produção com o menor dispêndio possível de recursos."*
>
> *"Ao se considerar a empresa como um sistema aberto, a sua eficácia como um todo é entendida como a capacidade de atender quantitativa e qualitativamente e determinada necessidade do ambiente. A eficiência refere-se à quantidade de recursos despendidos no processamento interno ao sistema para produzir um volume de produtos, bens ou serviços" (Bio, 1985:21).*

Admite, ainda, o autor que a eficácia da empresa depende, além de ações "acertadas" em seu ambiente externo, do seu nível de eficiência.

Nakagawa (1987:34) considera que

> *"a eficácia está associada diretamente com a idéia de 'resultados' e 'produtos' decorrentes da atividade principal de uma empresa, à realização de suas metas e objetivos com vistas ao atendimento do que ela considera sua missão e propósitos básicos",*

e surge da comparação entre resultados desejados (planejados) e resultados obtidos. Entende que eficiência

> *"é um conceito relacionado a método, processo, operação, enfim, ao modo certo de se fazer as coisas e pode ser definida pela relação entre quantidade produzida e recurso(s)"*

As definições apresentadas por esses autores destacam a eficácia da empresa como um conceito estritamente relacionado ao contexto ambiental em que se insere, considerando para sua caracterização as relações que ela mantém com elementos que também integram esse ambiente.

A atividade empresarial, para que possa ser considerada eficaz, deve voltar-se essencialmente ao atendimento dessas expectativas e necessidades como fatores determinantes da continuidade da empresa. Investidores, proprietários, acionistas, consumidores, governo, sociedade etc., determinam a existência da empresa, mediante o atendimento de suas expectativas e necessidades (retorno do investimento, contribuições sociais, consumo dos produtos etc.).

Desconsiderar o contexto ambiental, em que se situam as premissas para a caracterização da eficácia da empresa, seria o mesmo que julgar eficaz um tratamento que cura um paciente, causando-lhe, porém, efeitos colaterais mais graves do que o mal combatido. Se desconsiderado o fator ambiental que se refere ao desejo de sobrevivência e bem-estar do paciente, poderia dizer-se que o tratamento teria sido eficaz. Entretanto, consideradas as expectativas do paciente, de seus familiares, do médico, dos cientistas, dos hospitais, enfim, da sociedade, o tratamento não somente teria sido ineficaz como também repugnante. No contexto social, há um pressuposto pela expectativa de sobrevivência e bem-estar das pessoas, que caracteriza os objetivos e, portanto, a eficácia de um tratamento médico.

Analogamente, numa empresa, há expectativas de sobrevivência, de desenvolvimento, de satisfação de seus clientes, empregados etc., que desejam ver suas necessidades atendidas.

Considerando que a missão da empresa constitui sua razão de ser e decorre da satisfação de necessidades no ambiente externo, uma empresa pode ser considerada eficaz quando cumpre sua missão e, para esse propósito, deve garantir sua continuidade (sobrevivência).

No entanto, medir a eficácia empresarial pelo atendimento de sua missão ou por sua continuidade é tão complexo quanto conduzi-la a tais propósitos.

Entendemos que o conceito em si não tem valor se, paralelamente, não forem desenvolvidos modelos ou medidas que permitam aferir o grau de eficácia de uma empresa. Iríamos ainda um pouco mais além, afirmando que não seria suficiente a aferição de seu grau de eficácia; seria mesmo necessário que um modelo de mensuração da eficácia atendesse às necessidades da gestão da empresa, como um instrumento que permitisse conduzi-la nesse sentido.

1.4.2 *Medidas da eficácia empresarial*

Considerando-se que a eficácia se refere à relação resultados desejados/resultados obtidos, um modelo voltado à aferição da eficácia do sistema empresa deverá constituir um mecanismo de *feedback*, por meio do qual o sistema receberá informação suficiente para se ajustar (em relação ao meio) ou ajustar suas partes (em relação ao todo), mantendo um equilíbrio (dinâmico e estacionário) que lhe assegure sua continuidade.

Mauro (1991:40 ss), analisando diversos modelos existentes para a mensuração da eficácia, conclui que

> *"(...) todos os modelos operam três conceitos básicos e fundamentais que em determinados pontos acabam por nivelá-los, apesar de seus enfoques partirem de pressupostos tão diferenciados".*

Esses três conceitos a que se refere são:

- *missão* – esse conceito aparece em todos os modelos quando consideram que todas as organizações perseguem um objetivo maior;
- *continuidade* – facilmente identificável esse conceito é tratado pelos modelos como um pré-requisito para a consecução da missão. Os modelos consideram também que o amadurecimento da organização cria fatores adicionais à probabilidade de sobrevivência das organizações, tais como: capacidade de inovação dinamismo, níveis de produtividade, eficiência e desenvolvimento técnico-mercadológico;
- *resultados* – como originários das relações que a organização mantém com seu meio. À medida que são realizados, os resultados da empresa revelam a proporção de seu êxito na busca de equilíbrio saudável nessas relações, bem como demonstram estar ou não estruturalmente adaptada a seu ambiente.

Gibson et al. (1988:77 ss), partindo de uma visão sistêmica sobre a empresa, incluem a variável "tempo" entre algumas proposições de medidas da eficácia organizacional, considerando

> *"(...) a organização como elemento de um sistema mais amplo (o ambiente) que, ao longo do tempo, usa os recursos, processa-os e devolve-os ao meio ambiente",*

definindo o que denominam de "critérios" de eficácia organizacional:

- *Sobrevivência* – o teste último da eficácia de uma organização e sua capacidade de se manter no ambiente. Considerando as turbulências ambientais a que está sujeita, o fato de conseguir manter-se e sobreviver revela-se como uma medida de longo prazo da eficácia da empresa. No entanto, em termos práticos, essa medida deve apenas orientar a definição de outros indicadores, de curto e médio prazos, que mostrem a probabilidade de sobrevivência da empresa.
- *Adaptabilidade* – é o mecanismo pelo qual a organização pode responder às mudanças induzidas de fora para dentro. É uma medida intermediária, mais abstrata do que as de curto prazo e menos abstrata do que as de longo prazo. Refere-se à capacidade da administração da empresa em perceber as mudanças internas e externas da organização. A ineficácia observada por meio das medidas de curto prazo pode sinalizar a necessidade de

adaptações das práticas ou políticas administrativas internas à empresa: ou o ambiente estaria exigindo *outputs* diferentes dos gerados pela empresa, ou estaria fornecendo *inputs* diferentes – em ambos os casos exigem mudanças (adaptações) na empresa. Se a empresa não se adapta a tais exigências, aumenta-se o risco de não sobreviver ao longo do tempo. Embora não seja possível o estabelecimento de medidas que indiquem a capacidade de adaptabilidade de uma empresa, existem políticas administrativas que encorajam o senso de prontidão para mudança, facilitando futuras adaptações.

- *Desenvolvimento* – a organização deve investir em si mesma para garantir sua capacidade de sobrevivência a longo prazo. Normalmente, os esforços de desenvolvimento nas organizações revelam-se por meio de programas de desenvolvimento profissional, treinamento de pessoal, investimentos em novas tecnologias de produção, de administração, de comunicações etc.

- *Produção* – reflete a capacidade de a organização produzir a quantidade e a qualidade de *outputs* exigidos pelo meio. Exclui-se desse critério qualquer consideração à eficiência (que é tratada como um critério à parte). As medidas relacionadas a esses critérios podem ser: lucro, vendas, participações de mercado, graduação de estudantes, cura de pacientes, processamento de papéis, atendimento de clientes etc. Referem-se às saídas ou aos resultados do sistema e relacionam-se diretamente aos produtos/serviços consumidos pelos clientes da organização.

- *Eficiência* – indica a relação entre *output* e *input*. Fixa-se no ciclo completo *input*-processamento-*output, mas enfatiza os elementos input* e "processamento". Algumas das medidas de eficiência, propostas pelos autores, são: taxa de retorno sobre o capital ou os ativos, custo unitário, restos e desperdícios, tempos de parada, custo por paciente, custo por estudante, custo por cliente, taxas de ocupação etc. As medidas de eficiência devem ser expressas sempre em termos percentuais ou de índices, tais como: índices de custo-benefício, custo-produto, custo-tempo etc.

- *Satisfação* – enfatiza o atendimento às necessidades das entidades que se relacionam com a organização, interna e externamente. A conceituação da organização como sistema social exige que se considerem os benefícios que proporciona às entidades que a integram e que com ela se relacionam, como, por exemplo, seus clientes e consumidores. Com relação à satisfação das necessidades de seus empregados, as medidas de satisfação referem-se às atitudes dos empregados em relação aos índices de *turnover*, absenteísmo, atrasos, queixas etc.

Referindo-se à relação entre esses critérios e medidas, os autores destacam:

- a necessidade de se estabelecer um equilíbrio ótimo entre os critérios de curto, médio e longo prazos, balanceando-se o desempenho da organização ao longo do tempo;
- a necessidade de se determinar as relações potenciais entre os critérios, antes de implantar políticas que a afetem; e
- a necessidade de uma atenção especial aos critérios e medidas de curto prazo, por serem mais "concretas, específicas, verificáveis e objetivas".

Com relação ao primeiro aspecto, destacam o exemplo de um fabricante de "romisetas" que poderia ser extremamente eficaz, considerando-se os critérios de curto prazo (produção, eficiência e satisfação), mas que, a longo prazo, teria poucas chances de sobrevivência.

Sobre o segundo aspecto, ressaltam a não-existência de relações fixas entre os critérios, destacando que quaisquer medidas podem mover-se no mesmo sentido ou em sentidos contrários. Entendem que necessariamente não há, por exemplo, relações positivas entre produção e satisfação ou entre eficiência e sobrevivência.

Relativamente ao último aspecto, baseiam-se na condição de previsibilidade em relação ao tempo, sob a hipótese de que quanto mais distante o futuro, mais incertos são os indicadores. A princípio, consideram que a previsão de eventos para o dia seguinte reveste-se de um grau de incerteza menor do que a previsão de eventos para os próximos anos. Assim, a probabilidade de acerto quanto à previsibilidade da eficácia organizacional seria maior quando utilizados critérios e medidas de curto prazo.

1.4.3 *Modelo econômico de mensuração da eficácia*

Observamos que a sobrevivência é um requisito e uma medida última e de longo prazo da eficácia organizacional. Verificamos também que para a empresa sobreviver e evidentemente cumprir sua missão é necessário que mantenha certo equilíbrio interno e externo, bem como entre seus objetivos sociais e econômicos.

Todas as definições estudadas sobre eficácia enfatizam a questão do atingimento dos resultados desejados como requisito de um desempenho eficaz. Nesse sentido, Gibson et al. (1988:82) incluem o "lucro" como uma medida de curto prazo da eficácia organizacional integrante dos critérios de "produção", ao lado dos critérios de "eficiência" e de "satisfação". Embora esses autores considerem o lucro como uma medida da eficácia empresarial, não realçam as qualidades dessa medida e também não se reportam a seus aspectos de mensuração.

O *modelo de gestão econômica* é um modelo gerencial baseado em resultados econômicos, que busca a excelência empresarial e a otimização do resultado econômico da empresa. Contempla, portanto, um modelo de mensuração da eficácia da empresa, de modo a operacionalizar o conceito de eficácia no dia-a-dia dos gestores. Ao se preocupar com a mensuração correta dos resultados da empresa e propor instrumentos gerenciais voltados à promoção da eficácia empresarial, o modelo de gestão econômica estrutura e propõe o que denominamos de *modelo econômico de mensuração da eficácia*, que tem como indicador o resultado econômico.

1.4.3.1 Resultado econômico: conceito e dimensões

O resultado econômico corresponde à variação patrimonial da empresa, mensurada com base em conceitos econômicos, em determinado período. Corresponde à variação da riqueza da empresa e, portanto, a sua capacidade de gerar produtos e serviços cujo valor econômico seja suficiente para repor, no mínimo, os recursos consumidos em determinado período.

Ao espelhar os efeitos das decisões, a mensuração do resultado econômico viabiliza a implementação do conceito de autocontrole, já que os gestores não podem ser cobrados por variáveis que não estão sob seu efetivo controle (controlabilidade).

O resultado econômico reflete as dimensões operacional, econômica, financeira e patrimonial da gestão, que se associam, respectivamente, aos fluxos físicos, econômicos, financeiros e patrimoniais dos eventos econômicos, conforme evidencia-se na Figura 1.6 (Catelli et al., 1997).

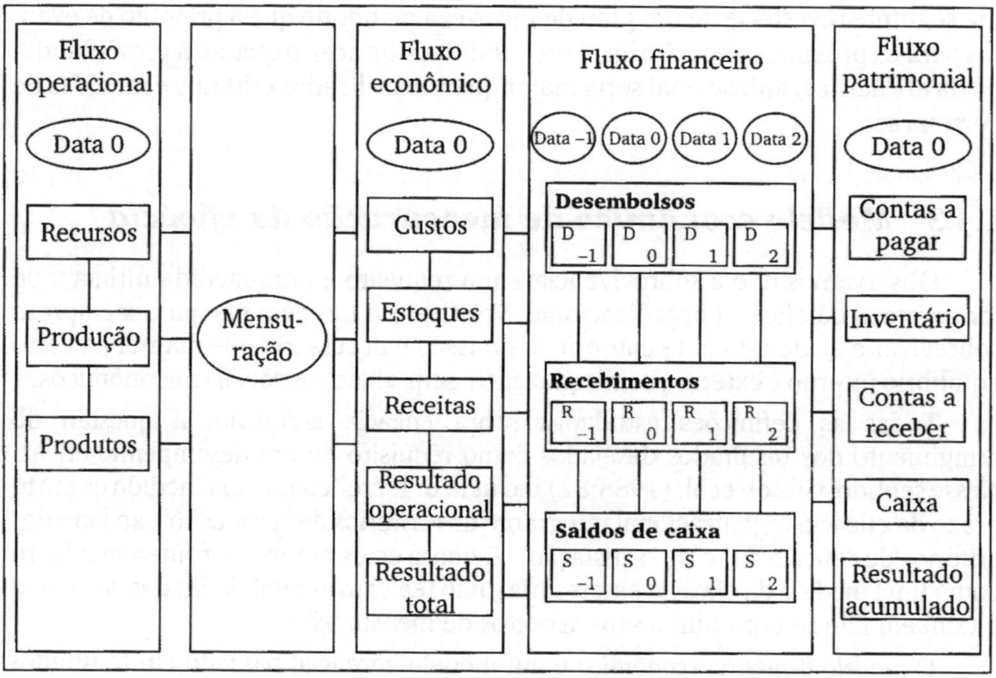

Figura 1.6 *Dimensões operacional, econômica, financeira e patrimonial.*

Dimensão operacional

O fluxo operacional diz respeito aos aspectos físicos dos eventos, ou seja, quantidade de serviços e produtos gerados, quantidade de recursos consumidos, qualidade e cumprimento de prazos.

Conforme pode ser observado na Figura 1.6, a materialização de determinado evento em uma data gera um fluxo físico-operacional, onde determinados recursos sofrem um processo de transformação, gerando produtos e serviços.

Dimensão econômica

A quantidade física de recursos consumidos, bem como a quantidade física de produtos gerados, são submetidas a um processo de mensuração econômica, que se caracteriza pela utilização de valores de mercado na condição de pagamento a vista.

Os valores econômicos dos recursos consumidos correspondem aos custos e os valores econômicos dos produtos e serviços gerados correspondem às receitas. Toda atividade apresenta, portanto, um resultado econômico-operacional.

Dimensão financeira

Na Figura 1.6, observa-se que toda atividade gera um fluxo de caixa. Os valores dos recursos consumidos no processo de execução da atividade devem ser desembolsados em determinado prazo. O prazo pode ser nulo, ou seja, o desembolso relativo ao pagamento do recurso pode ser efetuado na data em que se realiza o consumo, ou o pagamento pode ocorrer no futuro (por exemplo, 30 dias), ou, ainda, o pagamento pode ter sido efetuado antecipadamente.

O mesmo ocorre com os produtos gerados, ou seja, a receita pode ser recebida à vista, em data futura ou antecipadamente.

Quaisquer que sejam os prazos, toda atividade apresenta um fluxo de recebimentos e pagamentos. Tendo em vista o conceito econômico clássico de "valor do dinheiro no tempo", esse fluxo financeiro da atividade produz receitas e custos financeiros, caracterizando o resultado econômico-financeiro da atividade.

Dimensão patrimonial

O fluxo patrimonial evidencia a mutação nas contas patrimoniais entre os instantes de tempo t_0 e t_1, em decorrência dos impactos financeiros e econômicos relativos aos eventos/transações econômicas.

Dado que os eventos estão corretamente mensurados, quanto ao momento de ocorrência e impactos tempo-conjunturais, a variação apurada no patrimônio líquido estará identificando o resultado econômico auferido no período. O patrimônio líquido resultante em t_1, decorrente do reflexo dos eventos (transações) ocorridos no fluxo patrimonial, expressa o valor de custo da empresa.

Nesse sentido, o fluxo patrimonial espelha o resultado das decisões tomadas e implementadas pelos gestores e, graças à sinergia de fatores intangíveis, o patrimômio líquido é o quanto vale a empresa para seus donos. Já o resultado econômico, cuja formação é explicada pela equação de resultados, mostra o real incremento de riqueza em termos monetários, no intervalo de tempo considerado.

1.4.3.2 **Por que resultado econômico?**

Tendo em vista que a empresa é constituída sob o pressuposto da continuidade e que esta depende dos resultados gerados em suas atividades, Catelli & Guerreiro (1992:11) concluem que "o lucro corretamente mensurado (...) é a melhor e a mais consistente medida da eficácia da organização".

Considerando que o lucro corretamente mensurado refere-se, conceitualmente, ao resultado econômico, destacamos os seguintes pontos que reforçam sua validade como medida da eficácia da empresa:

O resultado econômico representa o incremento da riqueza da empresa, de seu patrimônio ou de seu valor.

O resultado econômico de uma empresa pode ser entendido como variação positiva de sua riqueza entre dois momentos. Isto é, refere-se ao incremento de sua riqueza e espelha, portanto, o aumento de seu patrimônio, em determinado período.

O valor de seu patrimônio representa uma medida estática do valor da empresa e, se corretamente mensurado, espelha sua riqueza ou situação patrimonial, em determinado momento.

A riqueza da empresa varia em função de diversos fatores (internos e externos) que impactam seu patrimônio em determinado período: participação de mercado, nível de tecnologia empregada na produção, preços de seus produtos, imagem etc.

Assim, seu resultado econômico – calculado pela variação da riqueza em determinado período – representa uma medida dinâmica do incremento no patrimônio da empresa, evidenciando sua capacidade de lidar com as mais diversas formas de pressão e riscos inerentes à atividade empresarial.

O resultado econômico expressa todos os esforços e benefícios obtidos pela empresa no sentido de cumprir sua missão, quantificando o impacto econômico de todos os eventos que alteram seu patrimônio, sejam esses eventos decorrentes das decisões internas ou de fatores tempo-conjunturais.

O resultado econômico reflete as condições de sobrevivência, desenvolvimento, adaptabilidade, produção, eficiência e satisfação.

Com relação aos critérios apresentados por Gibson et al., (1988) estudados anteriormente, entendemos que os lucros da empresa refletem os níveis de eficácia não somente do ponto de vista da "produção", conforme sugerido pelos respectivos autores. Se corretamente mensurado, o lucro espelha as condições de sobrevivência, desenvolvimento, adaptabilidade, produção, eficiência e satisfação das entidades com que a empresa se relaciona:

- *sobrevivência* – a sobrevivência da empresa a longo prazo depende de sua capacidade de obtenção de resultados, que, por sua vez, depende de sua situação mercadológica, social, política etc., atual e futura;
- *desenvolvimento* – o desenvolvimento da empresa pode ser entendido como um investimento permanente em suas próprias condições de sobrevivência em relação à absorção de novas tecnologias, à qualificação de seus recursos humanos etc. Um investimento em suas próprias atividades requer, pelo menos, a manutenção do capital investido, o que, conforme estudamos anteriormente, depende de resultados positivos. Do ponto de vista do investidor, os investimentos são efetuados em função de suas expectativas de lucro. Além de remunerar o capital investido, o lucro pode ser entendido como uma fonte de autofinanciamento da própria atividade empresarial e, portanto, necessário para seu desenvolvimento;
- *adaptação* – a capacidade de adaptação da empresa a seu ambiente também acaba por interferir em seus resultados. Utilizando o próprio exemplo de Gibson et al. (1988), em que consideram que a ineficácia verificada nos critérios de curto prazo (produção, eficiência e satisfação) pode revelar uma necessidade de adaptação da empresa quando o ambiente estaria pedindo *outputs* diferentes ou, então, estaria fornecendo *inputs* diferentes, entendemos que os resultados da empresa são influenciados por esses fatores, demonstrando se a empresa está ou não adaptada a seu meio;
- *satisfação* – o nível de satisfação dos clientes ou consumidores de seus produtos afeta as quantidades por eles consumidas, impacta diretamente as receitas obtidas pelas vendas desses produtos e, por sua vez, interfere nos resultados obtidos pela empresa. Por outro lado, a satisfação dos participantes (empregados) da empresa reflete-se em sua motivação e em atitudes como *turnover*, absenteísmo, atrasos etc – variáveis que determinam os desempenhos individuais e, por sua vez, influenciam o desempenho do sistema global, impactando seus resultados;
- *eficiência* – os níveis de eficiência alcançados pela empresa interferem diretamente em seus resultados. Referindo-se à relação recursos consumi-

dos/produtos gerados e considerando que tais recursos e produtos possuem valor econômico, expressos na forma de custos e receitas, os níveis de eficiência em determinada atividade impactam os resultados econômicos da empresa.

Entendemos, assim, que os resultados econômicos da empresa refletem os diversos indicadores da eficácia da empresa, preservando inclusive a temporalidade das medidas (curto, médio e longo prazos).

Além de serem impactados por todos esses fatores, os resultados econômicos da empresa expressam a sinergia existente entre os mesmos, assim como as limitações da empresa em busca de melhores níveis de eficácia.

Os resultados econômicos possuem caráter preditivo da eficácia.

Os resultados da empresa decorrem de sua atuação em determinado período, bem como de sua capacidade de geração de fluxos de caixa futuros, revelando, ao longo do tempo, se a empresa terá ou não condições de sobrevivência e desenvolvimento.

Ao longo do tempo, os lucros são melhores indicadores da eficácia da empresa do que até mesmo sua própria sobrevivência. A sobrevivência da empresa, como indicador de sua eficácia, pouco ajuda seus gestores em sua árdua tarefa de conduzi-la a seus propósitos. Por outro lado, os resultados econômicos podem revelar deficiências que estão consumindo seu potencial de geração de benefícios, comprometendo sua continuidade a longo prazo.

Além disso, o conceito não se restringe a uma base de tempo, sendo possível expressar tanto eventos passados, presentes ou futuros, em determinado horizonte temporal. Ou seja, pode ser utilizado como modelo preditivo da eficácia organizacional, como indicador da probabilidade de sobrevivência da empresa, considerando-se, evidentemente, a previsão da ocorrência de certos eventos externos (cenários) e internos (decisões).

Os resultados econômicos evidenciam a responsabilidade da empresa no uso de recursos escassos de forma eficiente e eficaz.

Do ponto de vista social, em que a eficácia da empresa se refere aos benefícios que proporciona à sociedade, os resultados econômicos de uma empresa demonstram sua capacidade de administrar fatores de produção (escassos) de forma a gerar produtos/serviços cujo valor econômico seja superior ao valor dos recursos consumidos, satisfazendo necessidades que não seriam atendidas por tais fatores isoladamente.

A eficiência na utilização dos recursos naturais, humanos e financeiros produz benefícios não somente à empresa, mas também ao contexto social. Por serem escassos, tais recursos devem ser utilizados de forma eficiente e eficaz.

Expressa a contribuição das atividades e áreas que as desenvolvem à eficácia empresarial.

O lucro global obtido por uma empresa refere-se ao resultado econômico de uma macroatividade realizada em determinado período, que altera seu patrimônio ou riqueza e resulta da realização de diversas atividades menores.

Se considerássemos uma dessas atividades menores, ou seja, a menor atividade de transformação de recursos em produto, a diferença entre o valor dos recursos consumidos e o valor do produto gerado representaria a contribuição dessa atividade aos resultados globais da empresa.

A atividade produtiva deve agregar valor aos recursos, garantindo, assim, a manutenção da riqueza da empresa. Caso contrário, seu próprio potencial de geração de riqueza estaria sendo reduzido e a manutenção de uma situação desse tipo tenderia a consumir todo o seu patrimônio.

Assim, a eficácia da empresa está relacionada também às diversas atividades que nela desenvolve, em suas diversas operações.

O lucro, proveniente da realização desse conjunto de atividades, se reconhecido e com elas identificado individualmente, permite expressar sua contribuição à eficácia da empresa – assim como expressa, nesse sentido, a contribuição da área que a desenvolve.

Permite constituir modelos flexíveis de análise e decisão econômicas.

Um fator importante relacionado ao conceito de resultado econômico refere-se a sua unidade de mensuração. O resultado expressa-se monetariamente, permitindo a comparação, numa base comum, de objetos ou eventos diferentes em seus atributos. Torna possível, assim, que sejam operados matematicamente, constituindo modelos de análise ou de decisão econômicas – o que não ocorre com outras medidas da eficácia da empresa, como, por exemplo, os indicadores de eficiência e produtividade.

1.4.3.3 **Formação do resultado econômico**

O resultado econômico da empresa é formado pelos resultados econômicos das áreas que a compõem. Essas áreas são definidas como "centros de responsabilidade", ou seja, possuem um gestor específico com responsabilidade sobre determinadas atividades. Os resultados das áreas, portanto, são formados pelos resultados proporcionados pelas atividades que gerenciam.

O resultado de uma atividade, por sua vez, é formado pelo resultado dos eventos necessários para realizá-la, como, por exemplo: compras, produção, estocagem, vendas, captação, aplicação etc. Por impactarem a situação patrimonial da empresa, esses eventos são denominados eventos econômicos.

Um evento econômico refere-se a um conjunto de transações de mesma natureza, cujo impacto econômico pode ser mensurado da mesma forma (modelo de mensuração econômica dos eventos). A transação consiste, portanto, no menor nível em que pode ser identificado o resultado econômico.

Os resultados econômicos das transações podem ser acumulados por eventos, produtos, atividades, áreas e empresa. Desse modo, evidencia-se onde, quando e como são formados os resultados da empresa, capacitando seus gestores à otimização dos resultados de suas decisões.

1.4.3.4 **Otimização do resultado econômico**

Para garantir a continuidade da empresa, essas atividades deveriam ser geridas de forma eficiente e eficaz, gerando um valor que permitisse, pelo menos, a reposição dos recursos consumidos. Dessa forma, os gestores, por meio de suas decisões, deveriam procurar otimizar as contribuições das atividades sob sua responsabilidade para o resultado global da empresa. Mesmo a decisão de se manter uma atividade deficitária deve levar em conta a necessidade de que as demais atividades gerem resultados suficientes para garantir a continuidade da organização ao longo do tempo.

O papel dos gestores engloba, portanto, duas responsabilidades: uma em relação à área sob seu controle e outra em relação à empresa em sua totalidade.

Ao decidirem sobre os eventos econômicos (compras, produção, estocagem, vendas, captação, aplicação etc.), os gestores devem identificar as melhores alternativas econômicas para a empresa, de modo que as atividades sob sua responsabilidade contribuam favoravelmente para o resultado global da empresa.

Tendo em vista que a maximização das contribuições individuais das áreas não garante os melhores resultados para toda a empresa, deve-se trabalhar com a noção de otimização de resultados.

A otimização dos resultados globais da empresa decorre da otimização dos resultados de cada decisão, que ocorre sobre os eventos econômicos.

Todas as atividades da empresa devem contribuir positivamente para seu resultado. A gestão deve ser voltada para a rentabilidade, o que requer a existência de sistemas de informações que apóiem adequadamente as decisões dos gestores, com informações sobre resultados econômicos das operações, atividades, clientes e segmentos relacionados à área sob sua responsabilidade, permitindo que atuem permanentemente em busca da eficiência e eficácia de suas atividades.

1.5 CONCLUSÕES

A empresa pode ser entendida como um sistema aberto e essencialmente dinâmico, ou seja, como um conjunto de elementos interdependentes (subsistemas institucional, físico, social, organizacional, de gestão e de informações) que interagem na consecução de um fim comum, em permanente inter-relação com seu ambiente.

Com base no estudo das inter-relações da empresa com seu *ambiente externo*, caracterizamos a visão de *segmento* e o pressuposto de *continuidade*, como aspectos determinantes da eficácia da empresa.

Sob a ótica de segmento, a empresa participa de uma cadeia de relacionamentos entre diversas entidades que buscam satisfazer necessidades num ambiente competitivo e dinâmico.

A maximização dos resultados de um segmento não conduz necessariamente a um maior nível de eficácia do todo, o que requer que os resultados sejam otimizados.

A continuidade da empresa é pressuposto intrínseco a sua própria natureza e decorre de suas relações internas e externas, evidenciando a necessidade de manter uma capacidade de competição, adaptação e mudança em relação a seu mundo exterior. A adaptação da empresa a seu ambiente ocorre por meio de mecanismos de autocontrole, informação e *feedback*, que devem enfatizar os aspectos econômicos intrínsecos às atividades da empresa, de modo a assegurar o cumprimento de sua missão.

Em relação a seu *ambiente interno*, destacam-se a missão, os objetivos fundamentais e os subsistemas componentes do sistema empresa.

A missão da empresa refere-se à razão de sua existência e se caracteriza como um objetivo permanente e comum a suas partes. Constitui, portanto, um elemento orientador e integrador de suas atividades, devendo ser clara e adequadamente definida.

Os objetivos da empresa devem ser formulados com base em sua missão, a fim de orientar sua atuação, visando alcançá-la. Entre os objetivos mais gerais de uma empresa, destacam-se os sociais e econômicos, que devem ser conciliados, por serem fundamentais para que a empresa mantenha certo equilíbrio em sua estrutura interna e em relação a seu ambiente.

Entre os elementos que compõem os subsistemas empresariais, destacam-se as interações entre o modelo de gestão, o processo de gestão e os sistemas de informações, no sentido de orientar a atuação do sistema empresa ao cumprimento de sua missão.

O conceito de "eficácia" da empresa refere-se ao cumprimento de sua missão, considera os aspectos ambientais, inclui o conceito de eficiência e não se confunde com suas medidas.

Modelos de mensuração da eficácia empresarial devem não somente constatá-la, mas também, principalmente, constituir instrumento capaz de orientar a atuação do sistema nesse sentido, evidenciando os elementos que impactam os resultados desejados em sua atividade e permitindo a definição de modelos decisórios adequados aos propósitos da empresa.

Entre as diversas medidas da eficácia empresarial estudadas, o resultado econômico constitui-se na melhor delas, tanto por evidenciá-la, como por permitir um tratamento adequado da realidade da empresa, no sentido de conduzi-la a melhores níveis de eficácia.

A flexibilidade e a capacidade de adaptação da empresa a seu ambiente refletem-se diretamente em seus resultados, que espelham e determinam suas condições de continuidade num ambiente essencialmente dinâmico.

Se mensurados corretamente, os lucros constituem a melhor medida da eficácia da empresa. Além dos níveis de eficácia da empresa, expressam as contribuições de suas áreas, atividades, eventos e transações para os resultados globais. Permite, desse modo, a implementação de instrumentos gerenciais que possibilitem a atuação dos gestores no sentido dos interesses da organização em sua totalidade.

REFERÊNCIAS BIBLIOGRÁFICAS

ANSOFF, Russel L. *Planejamento empresarial.* São Paulo : McGraw-Hill do Brasil, 1977.

BEER, Stafford. *Cibernética e administração industrial.* Rio de Janeiro : Zahar, 1969.

BIO, Sérgio R. *Sistemas de informação*: um enfoque gerencial. São Paulo : Atlas, 1985.

BRISOLA, Josué. *Uma contribuição ao estudo do controle aplicado às organizações.* Dissertação (Mestrado) – FEA. São Paulo : USP, 1990.

CATELLI, Armando. Apontamentos de aula. Curso de Doutorado em Controladoria e Contabilidade. Material não publicado. São Paulo : FEA/USP, 1997.

_______, GUERREIRO, Reinaldo. GECON – gestão econômica: administração por resultados econômicos para otimização da eficácia empresarial. *Anais do XVII Congresso Argentino de Profesores Universitarios de Costos – 1as Jornadas Iberoamericanas de Costos y Contabilidad de Gestión*. Argentina, 1994.

_______. *GECON – sistema de informação de gestão econômica*: uma proposta para mensuração contábil do resultado das atividades empresariais. São Paulo : Conselho Regional de Contabilidade-SP, Ano 30, set. 1992.

_______, PEREIRA, Carlos Alberto, ALMEIDA, Lauro Brito de. Sistema de gestão econômica – GECON: um instrumento para mensuração, otimização e avaliação de resultados e desempenhos. *Anais do V Congreso Internacional de Costos*. Acapulco, 1997.

CHIAVENATO, Ildebrando. *Teoria geral da administração*. São Paulo : McGraw-Hill do Brasil, 1979.

CRUZ, Rozany Ipaves. *Uma contribuição à definição de um modelo conceitual para a gestão econômica*. Dissertação (Mestrado) – FEA. São Paulo : USP, 1991.

GIBSON, James L., IVANCEVICH, John M., DONNELLY, James H. *Organizações*: comportamento, estrutura e processos. São Paulo : Atlas, 1988.

GUERREIRO, Reinaldo. *Modelo conceitual de sistema de informação de gestão econômica*: uma contribuição à teoria da comunicação da contabilidade. Tese (Doutoramento) – FEA. São Paulo : USP, 1989.

KOTLER, Philip. *Marketing*. São Paulo : Atlas, 1980.

KWASNICKA, Eunice L. *Introdução à administração*. 3. ed. São Paulo : Atlas, 1981.

LODI, João Bosco. *História da administração*. 9. ed. São Paulo : Pioneira, 1987.

MARCOVITH, Jacques. *Contribuição ao estudo da eficácia organizacional*. Tese (Doutoramento) – FEA. São Paulo: USP, 1972.

MAURO, Carlos Alberto. *Preço de transferência baseado no custo de oportunidade*: um instrumento para promoção da eficácia empresarial. Dissertação (Mestrado) – FEA. São Paulo : USP, 1991.

NAKAGAWA, Masayuki. *Estudo de alguns aspectos de controladoria que contribuem para a eficácia gerencial*. Tese (Doutoramento) – FEA. São Paulo : USP, 1987.

PEREIRA, Carlos Alberto. Estudo de um modelo conceitual de avaliação de *desempenhos para gestão econômica*. Dissertação (Mestrado) – FEA. São Paulo : USP, 1993.

________, OLIVEIRA, Antonio Benedito Silva. Preço de transferência no sistema de gestão econômica: uma aplicação do conceito de custo de oportunidade. *Anais do 20º ENANPAD*. Angra dos Reis, 1996.

VON BERTALANFFY. In: LODI, João Bosco. *História da administração*. 9. ed. São Paulo : Pioneira, 1987.

2

Mensuração do Resultado Econômico

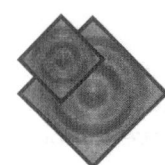

Armando Catelli
Reinaldo Guerreiro

Há quarenta anos, Solomons (1961:383), em seu ensaio "Economic and accounting concepts of income", conclui que

> *"por minha própria suposição e pela referência histórica da contabilidade, os próximos 25 anos subseqüentes podem ser vistos como o crespúsculo da mensuração do lucro".*

Moonitz rebate as colocações de Solomons em seu artigo "Should we discard the income concept?", criticando acidamente o conceito de lucro econômico de Hicks no qual Solomons se apóia, porém reconhecendo que a importância do conceito de lucro tem decrescido em função de causas ambientais (rápidas mudanças tecnológicas, inflação e deflação, aumento no poder da administração interna) e da utilização de critérios contábeis que deveriam ser melhorados (regra para reconhecimento da receita e do lucro, classificação de custos fixos e variáveis, alocação de custos conjuntos, pouca ênfase no demonstrativo de origem e aplicação de recursos, na análise de fluxo de caixa e nos orçamentos). Moonitz conclui sua argumentação afirmando: *"não estou convicto de que um declínio na importância relativa ou absoluta do conceito de lucro seja causa suficiente para seu declínio ou abandono"* (Moonitz, 1962:180).

Na mesma data do artigo de Solomons, Bomeli, em seu ensaio "The accountant's function in determination of net income", demonstra preocupação semelhante, afirmando:

> *"Em minha opinião, as etapas apropriadas para a mensuração da lucratividade não têm sido universal ou cuidadosamente delineadas e, como resultado, padrões para a avaliação da eficácia gerencial não estão disponíveis, investidores e credores ficam confusos à medida que eles tentam comparar o potencial de lucratividade de várias empresas, e o cálculo do retorno dos*

> *proprietários sobre seus investimentos é ilusório. Como tenho insistido, os demonstrativos do lucro nos conteúdos dos livros-textos devem 'conectar' balanços patrimoniais sucessivos ou, em outras palavras, a partida dobrada deve ser refletida nos demonstrativos assim como nos livros; dessa forma, seremos capazes de reconciliar nossa definição do lucro com aquela aceita pelos economistas, a qual certamente não deixa de ter mérito"* (Bomeli, 1961:458).

Passados mais que os 25 anos prognosticados por Solomons, não se verificou nenhuma constatação efetiva do declínio ou abandono do conceito de lucro. O que podemos observar é que, em nível teórico ou doutrinário, não houve avanço significativo na clarificação das principais questões conceituais relativas ao tema e que, em nível prático, são utilizados os mesmos princípios e conceitos "objetivos", porém de relevância extremamente limitada no processo de mensuração do lucro.

2.1 UMA BREVE DISCUSSÃO DO CONCEITO DE LUCRO

Neste contexto, apresenta-se como muito oportuna a obra de Johnson e Kaplan (1987), pela qual é efetuada uma ampla revisão da evolução contábil e uma análise crítica da eficácia da Contabilidade como supridora de informações para o processo de gerenciamento das atividades empresariais. Nessa obra de reflexão sobre o "estado de coisas" da Contabilidade, não se observa nenhuma indicação relativa ao abandono do conceito de lucro; pelo contrário, os autores concluem que é necessário repensar os conceitos e procedimentos atualmente em uso pela Contabilidade e implementar novas soluções conceituais compatíveis com as novas realidades do meio ambiente onde a empresa se situa e que atendam de forma eficaz às necessidades informativas de gestão empresarial, sob novas condições ambientais e operacionais.

O conceito de lucro contábil, independentemente da forma como é aplicado, possui suas raízes filosóficas nos conceitos econômicos de lucro, capital e manutenção do capital ou da riqueza. Neste contexto, Hendriksen reporta-se à obra de Irving Fisher, *The nature of capital and income* (1906), mencionando que

> *"nos termos do economista Irving Fisher, capital é um estoque de riqueza num instante de tempo. Lucro é um fluxo de serviço através do tempo... Quanto esses termos estão relacionados à empresa de negócios, no entanto, eles tomam um sentido levemente diferente. Na definição acima, lucro é o prazer pelo uso do capital; no entanto, uma empresa de negócios não existe para essa finalidade. Seu propósito é proporcionar um fluxo de riqueza para o benefício de seus proprietários. Enquanto capital ainda é um estoque de riqueza que pode gerar serviços futuros, lucro é imaginado como o fluxo de riqueza ou serviços em*

excesso em relação àquele necessário para manter o capital constante" (Hendriksen, 1997:144-145).

Na obra citada, Hendriksen afirma que, entre os economistas, Adam Smith foi o primeiro a definir lucro como a quantia que pode ser consumida sem prejudicar o capital, incluindo tanto o capital fixo quanto o capital circulante. No ensaio de Chang, "Business income in accounting and economics", a autora reporta-se à obra de Adam Smith, *The wealth of nations* (1937), relatando que

> *"renda bruta era o produto anual total da terra e do trabalho, e renda líquida era o que restava após deduzir as despesas de manter primeiramente o capital fixo e em seguida o capital circulante"* (Chang, 1962:638-639).

A caracterização do lucro no contexto da manutenção da riqueza ou do capital da entidade, desenvolvida por diversos estudiosos, especialmente na área contábil, apóia-se na definição de lucro de um indivíduo efetuada por J. R. Hicks em sua obra *Value and capital* (1946). Hicks diz que o lucro é a quantia que uma pessoa pode consumir durante um período de tempo, estando essa pessoa tão bem no final do período como estava no início.

Chang, na obra citada (1962:639), menciona:

> *"A partir dessa noção central, derivamos a definição do lucro da empresa como a quantia máxima que a firma pode distribuir como dividendos e ainda esperar estar tão bem no final do período como ela estava no começo."*

Na mesma linha de raciocínio, Solomons (1961:376) afirma que

> *"para usar a definição de lucro de Hicks para uma entidade de negócio em vez de para um indivíduo, precisamos somente modificá-la levemente; o lucro do negócio, se ele é incorporado como uma entidade legal, separada ou não, é a quantia pela qual seu patrimônio líquido aumentou durante o período, com os devidos ajustes sendo feitos para qualquer novo aporte de capital contribuído por seus donos ou para qualquer distribuição feita pela empresa para seus proprietários. Essa forma de expressar-se serviria também para definir lucro contábil, na forma que o lucro contábil é a figura que liga o patrimônio líquido da empresa, como demonstrado por seu balanço no começo do período contábil, com seu patrimônio líquido demonstrado no seu balanço no final do período. A correspondência entre as duas idéias de incremento no patrimônio líquido é, no entanto, puramente verbal: o lucro hicksiano demanda que, na avaliação do patrimônio líquido, capitalizemos os recebimentos líquidos futuros esperados, enquanto que o lucro contábil requer somente que avaliemos os ativos com base em seus custos não expirados".*

Nessa extensa citação de Solomons, destacam-se, a nosso ver, três pontos fundamentais: (1) o conceito de lucro econômico apurado pelo incremento no patrimônio líquido, (2) a idéia de que para a determinação do lucro econômico, o patrimônio líquido é mensurado pela capitalização dos recebimentos líquidos futuros e (3) que o lucro contábil não guarda nenhuma relação com o lucro econômico, sendo os ativos avaliados tão-somente por seus custos não expirados.

A definição de lucro e seu modelo de mensuração têm sido discutidos pelos economistas e pelos contadores, que não chegam a um denominador comum. Chang, em seu ensaio, observa que os contadores queixam-se que os economistas são muito idealistas e que seus conceitos são impraticáveis, e os economistas, por sua vez, afirmam que os contadores são muito mecânicos e seus procedimentos não são baseados em princípios sólidos.

Conforme observa Solomons, defendendo seu conceito próprio de lucro, os economistas têm normalmente argüido que o incremento no patrimônio líquido da empresa, que constitui o lucro, deve ser obtido por meio da valorização de toda a empresa no início e no final de um período cujo lucro deseja-se mensurar. Essas valorizações, dizem eles, devem ser feitas descontando-se, em cada data, o fluxo de recebimentos esperados menos o fluxo de pagamentos esperados, para se obter o valor presente do fluxo líquido. Qualquer quantia distribuída pela empresa para seus proprietários durante o período deve ser, evidentemente, adicionada de volta para se apurar o incremento no patrimônio líquido, ou seja, o lucro econômico.

Em termos econômicos, o lucro é visto como a quantia máxima que a empresa pode distribuir como dividendos e ainda continuar tão bem ao final do período como estava no começo. Continuar tão bem, economicamente falando, é interpretado como manter o capital intacto em termos do valor descontado do fluxo de recebimentos líquidos futuros. O lucro econômico é gerado, portanto, assim que exista um aumento no patrimônio líquido. Por outro lado, para mensurar o lucro como incremento do patrimônio líquido é necessária a avaliação de todos os ativos da empresa com base nos recebimentos líquidos futuros esperados. O lucro é mensurado pelo crescimento do patrimônio líquido originado pela manipulação dos ativos. Sob esse prisma, os ativos de qualquer natureza são "recebíveis" esperados para fluir para a empresa período a período.

2.2 MENSURAÇÃO DO LUCRO: UMA REFLEXÃO

A principal tarefa na mensuração do lucro econômico consiste em comparar o valor capitalizado dos recebimentos líquidos futuros no início e no final do período. O lucro somente aparece quando existe um incremento do valor capitalizado. O lucro, medido dessa forma, corresponde à quantia máxima que o proprietário da empresa pode retirar para consumo e ainda manter o capital do empreendimento intacto. O problema da mensuração do lucro é, portanto, inseparável da avaliação do ativo, conforme observa Solomons em seu ensaio já mencionado: há muito, a relação entre o lucro e o capital é parecida com a relação entre o fruto e a árvore. Como não existe dificuldade em separar o produto da árvore, então não há dificuldade em distinguir o lucro do capital que o produziu.

Em termos contábeis, o lucro corresponde ao resíduo derivado do confronto entre a receita realizada e o custo consumido. A receita é reconhecida normalmente no momento da venda. Algumas naturezas de custo são reconhecidas como consumidas à medida que ocorrem, sendo automaticamente confrontadas com a receita do período em que ocorreram. Outros tipos de custos são acumulados, à medida que ocorrem, durante o período e no final deste; após a determinação da receita, esse montante de custos é segregado em duas partes, uma que pertence ao presente e outra que pertence ao futuro. A que é atribuída ao presente torna-se despesa ou custo consumido, sendo confrontada com a receita, aparecendo na demonstração de resultado do período. A parte que é diferida para o futuro permanece como ativo, aparecendo no balanço patrimonial.

Para o processamento desse mecanismo é necessária uma série de regras, que em última instância deriva das "crenças e valores" dos indivíduos que manipulam esse mecanismo. Neste contexto, Chang (1962:637) cita uma frase de J. B. Canning: "*o lucro então mensurado é simplesmente a figura que resulta quando o contador termina de aplicar o procedimento que ele adota*".

Centrando a atenção em resultado da realização de ativos e ignorando todas as demais mudanças de valores, as regras e procedimentos utilizados podem conduzir a resultados ridículos, conforme observa Solomons (1961:377-378), citando um exemplo descrito por Kenneth McNeal em "What's wrong with accounting" (*The Nation*, oct. 1939):

> *"Dois investidores possuem cada qual $ 1.000 para investir. O primeiro compra $ 1.000 de estoque A, e o outro compra $ 1.000 de estoque B. No fim do ano, ambos os estoques dobraram de preço. O primeiro investidor vende antes de 31 de dezembro o seu estoque de A e reinveste $ 2.000 que conseguiu na venda em estoque B. O segundo investidor continua com o mesmo estoque, o qual também vale $ 2.000 no final do ano. Portanto, ambos começaram igualmente com $ 1.000 cada um em dinheiro e terminaram da mesma forma, ambos detendo igual quantidade de estoque B cujo valor é de $ 2.000. É impossível dizer que um investidor teve mais sucesso que o outro. No entanto, um deles demonstra um resultado contábil de $ 1.000 como resultado da realização, enquanto o outro não apresenta lucro algum."*

Pela teoria da entidade do patrimônio líquido, podem ser deduzidas algumas diferentes interpretações em nível da mensuração do patrimônio e do lucro. Uma dessas interpretações é relatada por Bomeli (1961:458), reportando-se a uma menção efetuada por William J. Vatter em *Handbook of modern accounting theory* (1955):

> *"Embora as participações das diversas partes no empreendimento sejam preservadas, não há nenhum esforço para mensurar o valor líquido, em termos dos interesses dos proprietários. O lado direito do balanço, portanto, representa responsabilidade (não valores, ou mesmo computações precisas) por interesses legais ou de eqüidade. O lado esquerdo do balanço representa ativos em termos de custos, não valores, porque são os custos aos quais as responsabilidades devem ser relacionadas. O lucro então medido pelo confronto de receitas com custos expirados é lucro da entidade, e a disposição do lucro é uma obrigação da empresa, sujeito somente à preservação dos interesses legais ou de eqüidade entre os quais as ações ordinárias é apenas mais um. Toda a idéia de valor líquido é realmente abandonada, e a equação contábil é simplesmente o padrão de responsabilidade, Ativos iguais aos Passivos."*

Evidentemente, essa visão da Contabilidade elimina a discussão entre o conceito de lucro contábil e o lucro econômico, uma vez que as premissas de cada um são totalmente diferentes. Reabre, não entanto, outra questão fundamental, em relação aos próprios objetivos da Contabilidade.

Não concordamos que a interpretação da teoria da entidade do patrimônio líquido deva conduzir a essa visão restrita de "responsabilidade" representada na igualdade contábil. Entendemos que não existe incompatibilidade entre a teoria da entidade do patrimônio líquido e os enfoques mais modernos dos objetivos da Contabilidade, que podemos sintetizar em fornecer informações adequadas aos modelos decisórios dos diversos tipos de usuários.

Um dos usuários mais importantes da informação contábil é o investidor, responsável pela própria existência da entidade. Esse usuário especial não está preocupado com custos, mas sim com valores, não está interessado prioritariamente no confronto entre receitas realizadas com custos expirados, mas sim com o incremento em sua parcela de riqueza alocada nessa entidade, não está preocupado com quanto foi seu investimento, mas sim com quanto vale seu capital.

Um dos argumentos a favor do conceito de lucro é que o lucro é a melhor medida do sucesso da administração de uma entidade de negócios em uma economia competitiva. Do ponto de vista dos detentores de capital, o lucro serve como guia para uma política de investimento. Os investidores previdentes procuram otimizar os retornos de seus investimentos, e suas decisões são guiadas pelos lucros proporcionados pelos investimentos existentes.

O investimento mais atrativo é aquele que oferece o maior valor presente dos futuros recebimentos por unidade monetária investida, descontados a dada taxa de juros. O administrador de sucesso é aquele que, em determinado período, aumenta o valor presente da empresa a ele confiada em termos de determinados parâmetros preestabelecidos. Nesse contexto, só existe um conceito relevante de lucro para a avaliação do sucesso do investimento e para a avaliação do desempenho do administrador: o incremento do valor presente da entidade.

2.3 FUNDAMENTOS CONCEITUAIS DO RESULTADO ECONÔMICO

Fundamentalmente, todos os problemas de mensuração do lucro derivam do desejo ou necessidade de atribuir o lucro a determinados períodos curtos de tempo. Evidentemente que, considerando-se a vida toda de uma entidade, não existe diferença entre o lucro econômico e o lucro contábil ortodoxo.

Dois parâmetros são especialmente importantes no processo de avaliação do conceito de lucro: Utilidade (Relevância) e Praticabilidade (Objetividade). O lucro contábil enfatiza a objetividade e o lucro econômico demanda uma dose considerável de subjetividade, ou seja, de expectativa acerca do futuro. Por outro lado, o lucro econômico constitui-se numa informação que supre adequadamente os modelos de decisão de pelo menos dois importantes usuários da informação contábil: o proprietário do capital e o administrador do capital. O lucro contábil ortodoxo, por sua vez, constitui-se em informação extremamente pobre para ambos os tipos de usuários.

Com relação ao aspecto da subjetividade inerente à determinação do lucro econômico, Bodenhorn em seu ensaio "An economist looks at industrial accounting and depreciation" (1961:585-586), afirma:

> *"Minha proposta é descontar todos os projetos à mesma taxa de juros, reconhecendo ganhos e perdas de capital tão logo a administração reconheça que eles ocorreram. O contador pode objetar que isso é uma coisa excessivamente difícil de fazer (altamente 'subjetiva'), uma vez que envolve uma estimativa contínua dos retornos futuros, os quais serão obtidos em cada projeto. Posso argüir somente que é o negócio da administração fazer tais estimativas, e tais estimativas são também continuamente feitas pelos investidores... O objetivo do contador de um valor estável para os ativos da firma é, na melhor das hipóteses, uma miragem. O fato é que o valor da firma, e o valor dos ativos da firma, flutuam constantemente através do tempo, assim que os lucros futuros pareçam ser maiores ou menores. Um procedimento contábil que ignora esse fato óbvio é simplesmente um exercício contábil que não teria interesse para o homem de negócios."*

O lucro econômico e o lucro contábil apurados de acordo com os princípios de contabilidade geralmente aceitos possuem as seguintes diferenças fundamentais:

Lucro	
Contábil	**Econômico**
1. Maior objetividade.	1. Maior subjetividade.
2. Apurado pelo confronto entre receitas realizadas pelas vendas e custos consumidos (ativos expirados).	2. Apuração pelo incremento no valor presente do patrimônio líquido.
3. Os ativos são avaliados na base de custos originais.	3. Os ativos são avaliados pelo valor presente do fluxo de benefícios futuros.
4. O patrimônio líquido aumenta pelo lucro.	4. O lucro deriva do aumento do patrimônio líquido da entidade.
5. Ênfase em custos.	5. Ênfase em valores.
6. Não reconhece ganhos não realizados.	6. Reconhecimento de ganhos realizados e não realizados.
7. Não se efetuam ajustes em função de mudanças nos níveis de preços dos bens.	7. São efetuados ajustes devido a mudanças nos níveis de preços dos bens na economia.
8. "Amarração" do lucro à condição de distribuição de dividendos.	8. "Amarração" do lucro à condição de aumento da riqueza, independentemente da condição de distribuição de dividendos.
9. Não reconhecimento do *goodwill*.	9. Reconhecimento do *goodwill*.
10. Utilização de regras e critérios dogmáticos.	10. Utilização de regras e critérios econômicos.

Hendriksen, em sua obra sobre teoria contábil, menciona que algumas das críticas ao lucro contábil, em sua forma tradicional, são: (1) o conceito de lucro contábil não tem sido ainda claramente formulado; (2) não existe base teórica de longo alcance para o cálculo e a apresentação do lucro contábil; (3) as práticas contábeis geralmente aceitas permitem inconsistências na mensuração do lucro periódico de empresas diferentes e mesmo entre diferentes períodos para a mesma empresa; (4) mudanças nos níveis gerais de preços têm modificado o significado do lucro mensurado em termos de valores históricos; (5) outra informação pode ser mais útil para investidores e acionistas para a tomada de decisão de investimento.

Reconhecendo-se que a mensuração do lucro apresenta consideráveis problemas práticos e conceituais, diversas sugestões têm sido apresentadas para solucionar essas questões. Entre as diversas "correntes" de sugestões relativas ao problema de mensuração do lucro, Hendriksen observa que:

1. Muito da discussão hoje concentra-se no esforço para melhorar o reporte do que pode ser chamado de lucro contábil, enfocando dados de transação e eventos operacionais.
2. Outros defendem um único conceito operacional de lucro, que possa ser utilizado como um indicativo da habilidade da empresa em pagar dividendos.
3. Uma crença é que o progresso futuro da teoria contábil depende do acordo em torno de um único conceito de lucro, que deve estar muito próximo do conceito de lucro econômico.
4. Alguns autores defendem a idéia de que diversos conceitos de lucro deveriam ser mensurados e reportados para diferentes propósitos.
5. Mais recentemente, diversas observações têm sido feitas no sentido de que todas as mensurações de lucro são deficientes e que deveriam ser substituídas por outras medidas da atividade econômica.

Somos de opinião que a teoria e a prática contábil deveriam caminhar para um consenso em torno de um único conceito de lucro que estivesse o mais próximo possível do conceito de lucro econômico.

Além do conceito tradicional de lucro, ou seja, apurado de acordo com os princípios de contabilidade geralmente aceitos, a teoria contábil contempla outros métodos de mensuração do patrimônio e do lucro. Iudícibus (1980:107) observa que

> *"no âmago de todas as teorias para a mensuração dos ativos, se encontra a vontade de que a avaliação represente a melhor quantificação possível dos potenciais de serviços que o ativo apresenta para a entidade".*

Os critérios de avaliação de ativos contemplados na teoria de contabilidade são segregados em valores de saída e valores de entrada:

Valores de Saída

- Valores descontados das entradas de caixa futuras.
- Preços correntes de venda.
- Equivalentes correntes de caixa.
- Valores de liquidação.

Valores de Entrada

- Custo histórico.
- Custos correntes de reposição.
- Custos históricos corrigidos pelas variações do poder aquisitivo médio geral da moeda.
- Custo corrente corrigido pelas variações do poder aquisitivo médio geral da moeda.

Nas análises do conceito de ativo, desenvolvidas pelos pesquisadores e cientistas da contabilidade, observam-se diversas terminologias utilizadas para exprimir a essência do significado de ativo, entre as quais se destacam:

➢ benefícios futuros esperados;
➢ recursos econômicos possuídos;
➢ valor para a empresa;
➢ direito específico a benefícios futuros;
➢ potencialidade de serviços futuros.

A questão fundamental que se coloca é qual o significado e como se mensuram os "benefícios futuros" e "serviços futuros", considerando-se as diversas naturezas de ativos, tais como caixa, valores a receber, estoques de produtos acabados, estoques de produtos em processo, estoques de matérias-primas, máquinas, equipamentos produtivos e investimentos.

Entendemos que a busca por um conceito de lucro, que em nível teórico e prático mais se aproxime do conceito do lucro econômico, e a avaliação dos ativos a ele associada devem pautar-se pelas seguintes premissas fundamentais:

✓ O mercado é o validador do "potencial de serviços" dos diversos ativos.
✓ Deve ser levado em consideração o valor do dinheiro no tempo.
✓ A empresa opera de acordo com o postulado da continuidade.
✓ A empresa, na hipótese da descontinuidade, deve avaliar seus ativos a valores de realização.
✓ Do ponto de vista econômico, "potencial de serviços", "serviços futuros", "benefícios futuros" dizem respeito ao montante de riqueza que o ativo pode gerar para a empresa.
✓ O potencial de serviço de cada natureza de ativo deve ser analisado à luz da sua função dentro da empresa, na continuidade de suas operações.
✓ O potencial de serviço do ativo independe da forma como ele é financiado.

- ✓ Determinado ativo pode possuir um potencial de serviço diferente, dependendo da empresa que o possui.
- ✓ Um ativo cuja função é totalmente dissociada das operações da empresa em sua continuidade normal deve ser avaliado por valor de venda.
- ✓ A riqueza de uma empresa aumenta à medida que o mercado reconhece um maior ou menor valor para os bens e serviços que ela possui.
- ✓ A riqueza de uma empresa aumenta pela agregação de valor proporcionado por seu processo de transformação de insumos em produtos e serviços.
- ✓ O modelo de decisão do proprietário, do ponto de vista racional-econômico, ou seja, independentemente de valores sociais ou não econômicos, considera: (1) a continuidade do investimento no empreendimento é preservada, se o montante de riqueza a ser produzido pelo mesmo é superior a seu valor de venda; (2) a continuidade do investimento no empreendimento é preservada, se o montante de riqueza a ser produzido pelo mesmo é superior ao montante de riqueza a ser produzido por outro tipo de investimento com o mesmo nível de risco.

O modelo de decisão do administrador, do ponto de vista racional-econômico, considera a otimização do resultado econômico da atividade sob sua responsabilidade. A otimização do resultado econômico dá-se: (1) em nível do processo de transformação de insumos em produtos e serviços (agregação de valor) e (2) em nível do aproveitamento das oportunidades de ganhos pela valorização de determinados tipos de ativos, proporcionadas pelo mercado.

Os ativos devem ser avaliados de forma que o patrimônio líquido da empresa represente efetivamente o quanto vale a empresa em determinado momento. O patrimônio líquido da empresa deve representar seu custo de oportunidade, ou seja, o quanto seus proprietários deixarão de ganhar em uma tomada de decisão alternativa à continuidade da empresa. O patrimônio líquido deve representar, portanto, o valor atual mínimo pelo qual a empresa, sendo negociada, não alteraria o nível de riqueza de seus proprietários.

O quanto vale a empresa em determinado momento do tempo é a base ideal para o cálculo do custo de oportunidade, a ser cobrada pelos proprietários dos responsáveis pelos resultados globais da empresa. É também a base de cálculo ideal para a cobrança da responsabilidade dos diversos gestores pela parcela de riqueza da empresa que está sob seu gerenciamento.

À luz dessas premissas consideradas, no processo de mensuração dos ativos, ou seja, na "tradução" dos potenciais de serviços em unidades monetárias equivalentes, no contexto da determinação do lucro econômico, devem ser observados os seguintes princípios básicos:

- É irrelevante a discussão se a avaliação dos ativos deve ser efetuada com base em valores de entrada ou com base em valores de saída. A avaliação deve expressar o valor do bem para a empresa, consoante validação pelo mercado do seu fluxo de serviço. No ensaio de Shank, "The income determination under uncertainty: an application of Markov Chains" (1971:57), observamos um *statement* de 1957 da American Accounting Association que expressa claramente essa idéia:

  "O valor de um ativo é o dinheiro equivalente de seus serviços potenciais. Conceitualmente, isto é a soma dos preços de mercado futuro de todo o fluxo de serviço a ser gerado, descontado pela probabilidade e fator de juro a seu valor presente."

- O potencial de serviço do ativo independe da forma como é financiado; o ativo possui em determinado momento um único valor, que é seu valor presente. Para todos os ativos, exceto os ativos fixos, o valor presente do fluxo de benefícios futuros corresponde a seu valor na condição de pagamento a vista.

- Cada espécie de ativo, de acordo com sua natureza e de acordo com a utilidade que proporciona à empresa, está sujeita a um critério próprio de mensuração que expresse seu valor econômico.

- A mensuração do ativo deve espelhar seu valor econômico em determinado momento. Deve espelhar o quanto vale "hoje", não quanto valia quando foi adquirido. Portanto, custos históricos não são relevantes à luz do modelo de decisão definido.

- A mensuração do ativo deve estar de acordo com o postulado da continuidade da entidade. O valor do ativo deve ser estabelecido considerando o benefício que pode proporcionar para a empresa na continuidade de suas operações. Portanto, valores de venda são relevantes somente para determinadas espécies de ativo. Valor de venda para todas as espécies de ativos é critério relevante somente na decisão de descontinuidade.

- O enfoque de depreciação do ativo altera-se: de alocação de custos para reconhecimento da perda de potencial de serviços futuros. Nesse contexto, Bodenhorn (1961:587) observa que

  "do ponto de vista da determinação do custo econômico e dos ganhos econômicos de uma empresa, a depreciação de qualquer ativo ou projeto, durante um ano, é a diferença entre o valor presente dos ganhos futuros do ativo no começo e no fim do ano".

- Tendo em vista o modelo de decisão adotado como parâmetro, a informação "quanto custaria repor hoje o ativo" não é a questão relevante. A informação necessária é "quanto vale o ativo". Dessa forma, custo corrente de reposição não deve ser o critério único aplicável a toda espécie de ativo, embora muitos autores, como Revsine, em seu ensaio "On the correspondence between replacement cost income and economic income", defendam que em determinadas condições o lucro a custos correntes é um substituto para o conceito de lucro econômico. Revsine (1970-513) menciona que

"contudo, é possível reconstruir a partir da literatura a justificativa para a disseminação de relatórios a custos de reposição para investidores. Essa justificativa é baseada no pressuposto de que o lucro a custo de reposição é um substituto para o lucro econômico".

- Tendo em vista que o potencial de serviço do ativo é validado pelo mercado, e que o mercado, em sua dinâmica modifica, de momento a momento, o valor que atribui aos bens e serviços, a riqueza de uma empresa oscila constantemente no tempo. O lucro como diferença do tempo, deve, portanto, incorporar os ganhos e perdas decorrentes das valorizações e desvalorizações dos ativos que a empresa possui. Dessa forma, a prática contábil de não-reconhecimento de ganhos "não realizados" na determinação do lucro não é relevante.

- Tendo em vista que a empresa, como entidade econômica, tem a condição de agregar valor aos fatores de produção e dessa forma aumentar sua riqueza, o conceito ortodoxo de realização de receita pela venda para efeito da determinação do lucro não é relevante. O aumento da riqueza origina-se pela adição de valor durante o processo de transformação, portanto a receita deve ser reconhecida no momento da produção (processo de transformação de insumos em bens e serviços). A essa receita devem ser contrapostos os custos correspondentes para efeito de determinação do lucro. Nesse contexto, Fess e Ferrara, em seu ensaio "The period cost concept for income measurement – can it be defended?" (1961:598-599), fazem a seguinte consideração:

  "Quando o lucro é ganho? Ele é ganho somente em um único ponto do tempo, que é o ponto de venda como na prática corrente de mensuração do lucro, ou o lucro é ganho todo o tempo, isto é, durante todo o processo de produção e venda? Mesmo uma breve reflexão seria suficiente para alguém compreender que o lucro é ganho assim que utilidade, e, portanto, valores são adicionados aos fatores de produção... A adição de utilidade através do processo de produção e venda é na realidade um 'approach *de valor agregado' para a mensuração do lucro. De outro ponto de vista, pode ser dito que lucro é o ganho pela totalidade das operações do negócio, isto é, todas as atividades necessárias da empresa contribuem para ganho final do lucro ou prejuí-*

zo de um negócio. Todos os esforços da empresa como um todo, desde a aquisição da matéria-prima até a produção e venda do produto acabado, são essenciais para a operação do negócio."

- Deve ser considerado que, em ambiente econômico inflacionário, a apuração do lucro à luz dos conceitos expostos deve contemplar a correção dos valores do patrimônio líquido inicial e das transações do período para moeda da data da apuração do resultado, por meio da utilização de índices gerais de preços da economia.
- Finalmente, deve ser reconhecido o valor do *goodwill* da empresa. Para isso, deve ser observada a metodologia proposta por Martins (1972). Em síntese, o valor do *goodwill* corresponderá à diferença entre o valor presente dos fluxos de benefício futuros produzidos pela empresa (valor econômico global da empresa) e o valor da soma dos valores econômicos individuais dos ativos da empresa.

Entendemos que esses conceitos são fundamentais porque o modelo de decisão do administrador e do proprietário requer um tipo de informação contábil fundamentada nos conceitos de mensuração propostos.

Entre as diversas publicações que tivemos a oportunidade de pesquisar, destacamos dois ensaios de G. Edward Philips: "The accretion concept of income" e "The revolution in accounting theory" (1963). Analisando os trabalhos de Philips, observamos que, em linhas gerais, os conceitos propostos por esse autor são muito semelhantes aos que defendemos para o sistema de informação contábil. É interessante notar que Philips critica o conceito de lucro econômico, não do ponto de vista teórico, mas do ponto de vista operacional, e propõe novo conceito de lucro, que ele denomina de *accretion income*, que significa um incremento no poder econômico que possa ser mensurado com objetividade.

Os pontos básicos propostos por Philips são:

1. ênfase em um único conceito de lucro;
2. crítica ao conceito de realização da receita e confronto da despesa na forma proposta pelos princípios contábeis em nível teórico e prático;
3. ênfase em valores de mercado e não somente em custos para a valorização dos ativos;
4. ênfase na "mensurabilidade" e crítica ao conceito de lucro econômico em nível prático.

No que diz respeito aos primeiros dois pontos, o autor menciona em "The accretion concept of income" que

> *"o progresso da teoria contábil tem sido dificultado por duas idéias que têm causado muita confusão. São elas: (1) que devem existir diferentes conceitos de lucro para diferentes propósitos e (2) que o princípio da realização da receita e confronto da despesa constitui, ou estabelece a base para a teoria do lucro. Ambas as idéias necessitam ser reexaminadas e clarificadas, e talvez devam ser cerimoniosamente descartadas"* (Philips, 1963:15).

O autor reconhece que qualquer conceito de lucro envolve um confronto periódico; a objeção não é a essa noção geral, mas à idéia de que uma teoria de lucro possa ser construída em torno da associação de custos específicos com receitas específicas. O confronto de receitas e despesas é necessário por ser correntemente aceito o conceito de realização, e não porque o confronto em si mesmo seja um conceito de lucro. O confronto pode ser descrito mais como um expediente necessário, em função da arbitrária definição de realização, do que como um fundamento para a teoria do lucro.

A ênfase em valores de mercado, e não somente em custos para a valorização dos ativos, é observada em "The revolution in accounting theory":

> *"A revolução da teoria contábil consiste essencialmente em um esforço para acabar com a ênfase tradicional em custos na teoria contábil e mudá-la para uma estrutura lógica centrada em valores"* (Philips, 1963:707).

Neste ensaio, no que diz respeito à controvérsia em utilizar custeio variável ou custeio por absorção, o autor menciona que "a revolução da teoria contábil" resolve esse problema atirando fora todos os métodos de custeio e enfatizando a valorização. Isso se aplica, naturalmente, ao custeio variável como um método de mensuração do lucro e não como um método de compilar dados para determinadas decisões gerenciais.

Em "The accretion concept of income", Philips menciona que de acordo com o conceito de *accretion*, qualquer mudança no valor do estoque (ou valor de qualquer outro ativo ou exigibilidade) que possa ser mensurável com razoável objetividade seria refletida nas contas. Sendo esse conceito aceito, se valores de custo ou de mercado deveriam ser usados, não é uma questão de teoria, mas uma questão de praticabilidade. Valores de mercado deveriam ser utilizados a menos que não fossem mensuráveis com suficiente objetividade.

2.4 UMA APLICAÇÃO

Na seção precedente, aspectos conceituais que constituem a base fundamental quanto a mensuração correta do resultado econômico foram discutidos e estabelecidos. O objetivo é exemplificar alguns dos principais conceitos discutidos nos tópicos precedentes, sem considerar o cálculo do valor do *goodwill*. Para tanto, estaremos abstraindo a questão dos investimentos em ativo fixo, mão-de-obra e capital inicial. Os eventos que serão tratados são: (a) compra a prazo; (b) tempo-conjuntural; (c) produção e (d) venda a prazo.

Na Figura 2.1, cada evento será resolvido pelo modelo Gecon – que mensura os resultados econômicos corretamente – e o ortodoxo, em conformidade com os princípios de contabilidade geralmente aceitos.

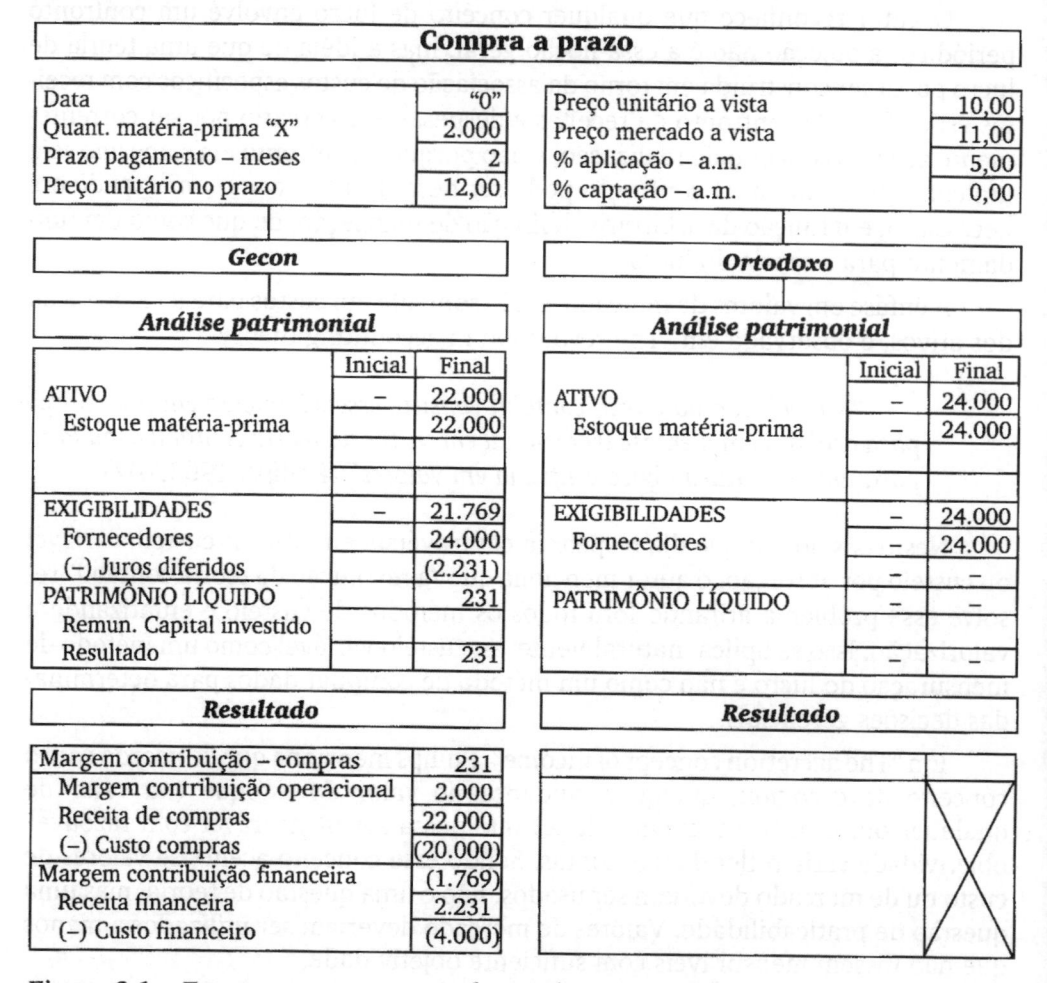

Compra a prazo

Data	"0"
Quant. matéria-prima "X"	2.000
Prazo pagamento – meses	2
Preço unitário no prazo	12,00

Preço unitário a vista	10,00
Preço mercado a vista	11,00
% aplicação – a.m.	5,00
% captação – a.m.	0,00

Gecon

Análise patrimonial

	Inicial	Final
ATIVO	–	22.000
Estoque matéria-prima		22.000
EXIGIBILIDADES	–	21.769
Fornecedores		24.000
(–) Juros diferidos		(2.231)
PATRIMÔNIO LÍQUIDO		231
Remun. Capital investido		
Resultado		231

Resultado

Margem contribuição – compras	231
Margem contribuição operacional	2.000
Receita de compras	22.000
(–) Custo compras	(20.000)
Margem contribuição financeira	(1.769)
Receita financeira	2.231
(–) Custo financeiro	(4.000)

Ortodoxo

Análise patrimonial

	Inicial	Final
ATIVO	–	24.000
Estoque matéria-prima	–	24.000
EXIGIBILIDADES	–	24.000
Fornecedores	–	24.000
	–	–
PATRIMÔNIO LÍQUIDO	–	–
	–	–

Resultado

Figura 2.1 *Evento compra a prazo da matéria-prima "X".*

Evento 1: compra a prazo de matéria-prima "X"

Verificamos que no sistema ortodoxo, o estoque de matéria-prima é mensurado por seu custo histórico utilizando o valor nominal da compra ($ 24.000 = 2.000 un. $ 12/un.). Como não há a ocorrência de vendas, inexiste receita para a confrontação com os custos já incorridos e, portanto, não há resultado.

Com base no modelo Gecon, o valor correto do estoque da matéria-prima adquirida não decorre do montante a ser desembolsado, mas do valor de mercado (o menor) baseado no conceito de custo de oportunidade. A matéria-prima é mensurada pelo menor preço vigente no mercado na condição a vista ($ 22.000 = 2000 un. $ 11/un.).

Além do uso do conceito de custo de oportunidade para avaliar os estoques e do conceito de valor presente para apropriar o montante da dívida no tempo, o modelo Gecon reconhece o resultado do evento no momento de sua ocorrência, segregando os *efeitos operacionais* dos *financeiros*. Qualquer transação que tenha prazo para pagamento ou recebimento, envolve, na verdade, duas operações: (a) compra ou venda do bem, de *natureza operacional*, e (b) financiamento da compra ou venda do bem, de *natureza financeira*. Essa separação permite identificar o resultado da decisão de adquirir determinado recurso na condição a vista e do resultado de seu financiamento.

A *margem de contribuição operacional* ($ 2.000) da transação de compra de matéria-prima "A" é a diferença entre o valor a vista do *fornecedor* ($ 20.000) e o valor pelo qual o mercado valida a matéria-prima estocada ($ 22.000). A *margem de contribuição operacional* fornece o critério para avaliar o **desempenho operacional** da área de compras[1]. A *margem de contribuição financeira* (–$ 1.769) é a diferença entre a *receita financeira* obtida com a aplicação financeira possibilitada pela postergação do pagamento da matéria-prima ($ 2.231) em T_0 e o *custo financeiro* devido ao fornecedor pelo financiamento concedido ($ 4.000 = $ 24.000 – $ 20.000). A *margem de contribuição – compras* no montante de $ 231 é formada pela *margem de contribuição operacional* de $ 2.000 e *margem de contribuição financeira* de –$ 1.769.

A transação de compra de matéria-prima modifica a situação patrimonial da empresa que, inicialmente zero, passa a deter um estoque de matéria-prima e de uma dívida. Essa primeira transação gera um resultado que impacta o valor da empresa, devendo, portanto, estar contemplado no modelo de decisão do gestor de compras, no momento da decisão de comprar.

O mesmo não acontece no Sistema Ortodoxo, cujo procedimento de mensuração e registro, no caso do estoque de matéria-prima, é pelo valor total de aquisição. Não segrega o custo de financiamento reconhecendo o valor de estoque de matéria-prima em $ 24.000, e não os $ 22.000 que o mercado pagaria caso a empresa fosse negociá-los. O sistema tradicional, além disso, não apura resultado e conseqüentemente, evidencia um patrimônio líquido igual a zero, apesar de a empresa, em T_0, à luz das condições de mercado, possuir um estoque de $ 22.000 e uma dívida de $ 21.769.

---

1. O ponto a ser ressaltado é que esse desempenho só pode ser obtido com a comparação de preços a vista, de valores na mesma data, sem o impacto financeiro dos fornecedores ou do mercado.

Ativos e passivos, no modelo Gecon, refletem o que valem, no instante na análise. A diferença entre eles, desse modo, expressa o resultado do esforço dos gestores. No exemplo, a diferença entre o quanto vale o estoque adquirido ($ 22.000) e a dívida contraída ($ 21.769) expressa a riqueza da empresa, gerada pela área de compras ($ 231).

Evento 2: tempo-conjuntural (1)

A simples passagem do tempo gera impactos financeiros e patrimoniais. Esses impactos podem ocorrer em função dos prazos de financiamentos (compra a prazo, venda a prazo, empréstimos etc.), alterando o valor presente destes e de alterações de preços, taxa de inflação, taxa de juros, taxa de câmbio. Esses impactos são denominados tempo-conjunturais (ver Figura 2.2).

Tempo-conjuntural (1)

Data (30 dias após)	1
Quant. matéria-prima "X"	2.000
Prazo pagamento – meses	1
% Remuneração capital investido	5,00

% Inflação – a.m.	0,00
Preço mercado a vista (fim mês)	13,00
% aplicação – a.m.	5,00
% captação – a.m.	10,00

Gecon

Análise patrimonial

	Inicial	Final
ATIVO	22.000	26.000
Estoque matéria-prima	22.000	26.000
EXIGIBILIDADES	21.769	22.857
Fornecedores	24.000	24.000
(–) Juros diferidos	(2.231)	(1.143)
PATRIMÔNIO LÍQUIDO	231	3.143
Remun. Capital investido	–	12
Resultado	231	3.131

Resultado

Margem contribuição – total	2.900
Margem contribuição estocagem	1.800
Ganho de estocagem	4.000
(–) Custo financeiro estoque	(2.200)
Margem contribuição finanças	1.100
Receita financiamento estoques	2.200
(–) Custo financeiro exigibilidades	1.088
(–) Custo capital investido	(12)

Ortodoxo

Análise patrimonial

	Inicial	Final
ATIVO	24.000	24.000
Estoque matéria-prima	24.000	24.000
EXIGIBILIDADES	24.000	24.000
Fornecedores	24.000	24.000
	–	–
PATRIMÔNIO LÍQUIDO	–	–
	–	–

Resultado

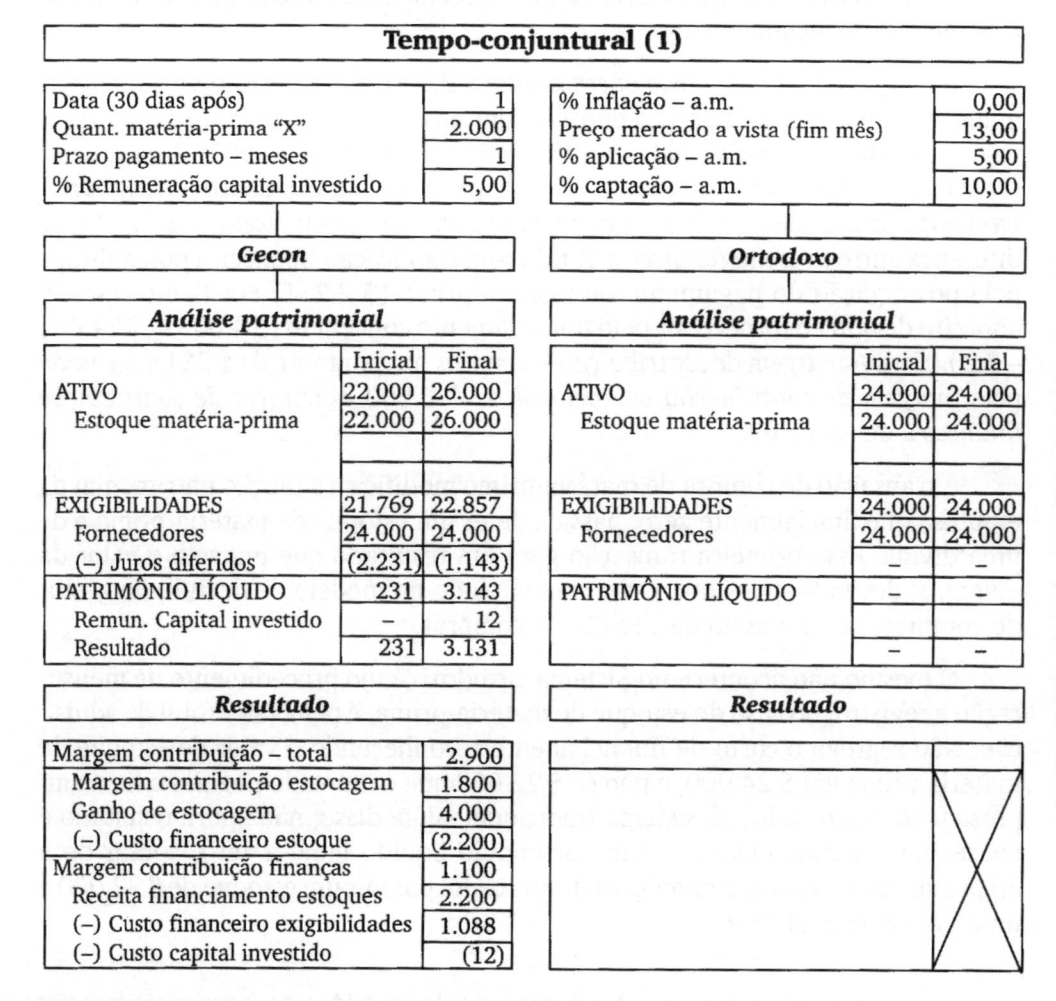

Figura 2.2 *Evento tempo-conjuntural (1).*

A Figura 2.2 evidencia que a decisão sobre a transação de compra da matéria-prima "X" tem desdobramentos no tempo, ocorrendo alterações patrimoniais que não são captadas pelo sistema tradicional.

Uma vez que o estoque deve ser avaliado pelo valor de mercado baseado no conceito de custo de oportunidade, ocorrendo qualquer alteração no valor de mercado deste item, *ele deve ser considerado*. A alteração do preço de mercado da matéria-prima "X", de $ 11,00 em T_0 para $ 13,00 em T_1, modifica o valor do estoque de $ 22.000 para $ 26.000. Esta alteração gera um *acréscimo patrimonial* de $ 4.000. Em contrapartida, o valor presente da exigibilidade, decorrido um mês, tem seu valor ajustado de $ 21.769 em T_0 para $ 22.857 em T_1, produzindo um *decréscimo patrimonial* de $ 1.088.

O patrimônio líquido que em T_0 era de $ 231, é de $ 3.143 em T_1, decorrente de um *acréscimo líquido* de $ 2.912, cuja composição é a seguinte: (a) $ 12 da remuneração do capital investido, e (b) $ 2.900 da *margem de contribuição total*, formada pela *margem de contribuição da área de Estocagem* ($ 1.800) mais *margem de contribuição da área de Finanças* ($ 1.100), decorrente dos impactos tempo-conjunturais. A remuneração do capital investido, no valor de $ 12, é obtida aplicando ao patrimônio líquido inicial ($ 231) a taxa de aplicação, que representa o custo de oportunidade desse investimento (5% a.m.) para os sócios. Não se pode confundir *remuneração do capital investido* com lucro e, portanto, ambos devem ser apresentados separadamente no balanço.

A decisão de comprar 30 dias antes da produção efetiva é também uma decisão de estocagem dessa matéria-prima, incorrendo em impactos tempo-conjunturais. Daí decorre a geração da *margem de contribuição – estocagem* no montante de $ 1.800, composta por: (a) um *ganho de estocagem* no montante de $ 4.000 (2.000 un. × $ 13/un. – 2.000 un. × $ 11/un.), e (b) *custo de financiamento – estocagem*, devido a área financeira – por esta ter fornecido os recursos necessários – de $ 2.200 ($ 22.000 a 10% a.m., que é a taxa de captação do dinheiro no mercado).

A área de Finanças, no modelo Gecon, é vista como um banco interno que capta dinheiro por um preço, e empresta-o às demais áreas, por outro preço. A diferença entre esses preços, o *spread*, é a margem de contribuição da área financeira. O financiamento do estoque de matéria-prima gera um *custo financeiro* para a área de Estocagem que, em contrapartida, é *receita financeira* para a área de Finanças. Esta área, assim, tem uma receita de $ 2.200 (10% a.m. sobre $ 22.000 que é o preço a vista da matéria-prima). Os investidores (donos, acionistas) da empresa entregaram, à área de Finanças, um capital ($ 231) para ser gerido e, por conseguinte, devem ser remunerados à taxa de mercado (5% a.m.). Significa que em T_1 Finanças será impactada pelo *custo financeiro* de obtenção de recursos no montante de $ 12.

Como pode ser observado na Figura 2.2, o efeito tempo-conjuntural altera o patrimônio à medida que atualiza o valor de seus componentes. O modelo Gecon, além de captar tais alterações, as apropria de acordo com as responsabilidades definidas. A decisão de estocar, por exemplo, gera impacto financeiro que deve ser apropriado à área que tomou a decisão de estocar. No modelo Gecon, o patrimônio reflete com maior precisão e de forma tempestiva o que a empresa gerou de riqueza até aquele momento.

Evento 3: produção

Ainda em T_1 [2] ocorre o *evento de produção*. O sistema tradicional não apura resultado ante a inexistência de venda a terceiros fora da empresa, apenas registra a alteração nos grupos de estoque pelo consumo de matérias-primas. O valor dos produtos acabados e estocados tem registro efetuado a valores históricos da matéria-prima constante da transação original de compra (ver Figura 2.3).

Produção

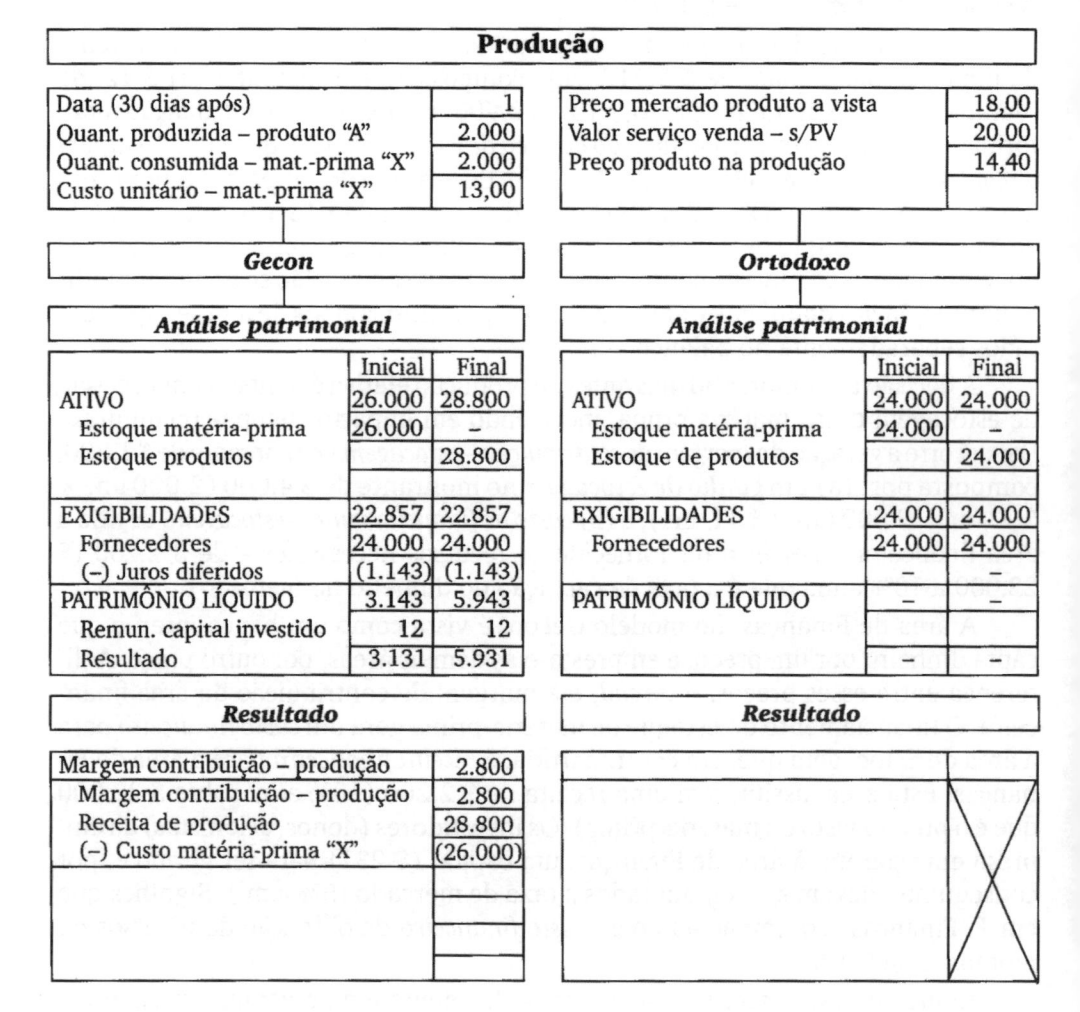

Data (30 dias após)	1
Quant. produzida – produto "A"	2.000
Quant. consumida – mat.-prima "X"	2.000
Custo unitário – mat.-prima "X"	13,00

Preço mercado produto a vista	18,00
Valor serviço venda – s/PV	20,00
Preço produto na produção	14,40

Gecon

Análise patrimonial

	Inicial	Final
ATIVO	26.000	28.800
Estoque matéria-prima	26.000	–
Estoque produtos		28.800
EXIGIBILIDADES	22.857	22.857
Fornecedores	24.000	24.000
(–) Juros diferidos	(1.143)	(1.143)
PATRIMÔNIO LÍQUIDO	3.143	5.943
Remun. capital investido	12	12
Resultado	3.131	5.931

Resultado

Margem contribuição – produção	2.800
Margem contribuição – produção	2.800
Receita de produção	28.800
(–) Custo matéria-prima "X"	(26.000)

Ortodoxo

Análise patrimonial

	Inicial	Final
ATIVO	24.000	24.000
Estoque matéria-prima	24.000	–
Estoque de produtos		24.000
EXIGIBILIDADES	24.000	24.000
Fornecedores	24.000	24.000
	–	–
PATRIMÔNIO LÍQUIDO	–	–
	–	–

Resultado

	X

Figura 2.3 *Evento produção.*

2. O efeito patrimonial e o evento de produção ocorrem no mesmo período T_1. No entanto, para facilitar a análise e a evidenciação dos diferentes impactos, foram tratados separadamente.

No modelo Gecon, o estoque de *produtos acabados* tem seu valor independente de seu custo de produção, neste exemplo simplificado, do estoque de matéria-prima utilizado. O valor do estoque de produto é o de mercado e baseado no conceito do custo de oportunidade, devidamente ajustado pelo valor dos serviços de vendas ($ 18 × (100% – 20%) = $ 14,40), seja, $ 28.800 (2.000 un. × $ 14,40/un.). Novamente verifica-se uma variação patrimonial, no caso, refletindo um acréscimo no patrimônio líquido no valor de $ 2.800, cujo acumulado é $ 5.943. Esta variação de $ 2.800 é explicada/demonstrada na *margem de contribuição – produção*, composta pela *receita de produção* ($ 28.800) deduzida do *custo da matéria-prima* "X" ($ 26.000).

Conforme exposto na Figura 2.3, as decisões sobre os eventos de compra de matéria-prima, de produção e de estocagem têm desdobramentos no tempo ocorrendo alterações patrimoniais que não são captadas pelo sistema tradicional.

Evento 4: tempo-conjuntural (2)

A Figura 2.4, demonstra, decorridos mais 30 dias, em T_2, as alterações patrimoniais decorrentes do 2º impacto tempo-conjuntural. O estoque de produto "A" é alterado de $ 28.800 para $ 32.000 em decorrência de aumento em seu preço na condição a vista, no mercado, de $ 14,40 para $ 16,00. Com o vencimento do prazo para pagamento das exigibilidades deixam de existir juros diferidos, sendo seu valor atual $ 24.000. O *capital remunerado* é acrescido de $ 297 (5% sobre $ 5.943) sendo seu acumulado $ 309. O patrimônio líquido passa de $ 5.943 para $ 8.000, acrescido de $ 297 de remuneração do capital e $ 1.760 da margem de contribuição total formado pelas margens de contribuição da área de Estocagem e Finanças.

A *margem de contribuição total* de $ 1.760 é formada por: (a) margem de contribuição-estocagem, composta pelo *ganho de estocagem* de $ 3.200 ($ 32.000 – $ 28.800) deduzido do *custo de financiamento de estocagem* no montante de $ 2.880 ($ 28.800 × 10% a.m.) devido a área financeira, e (b) *margem de contribuição – finanças* –, que tem em sua composição *receita financeira* de 2.880 – obtida com o financiamento de estoques –, deduzida dos *custos financeiros* incorridos com os fornecedores de $ 1.143 e a remuneração devida a investidores – *custo de capital investido* –, $ 297.

Retomando, decorridos 60 dias, ocorreram os eventos de compra de matéria-prima a prazo, estocagem de matéria-prima, produção e estocagem de produtos acabados. Neste intervalo temporal ocorreram impactos tempo-conjunturais. O modelo Gecon, a cada evento, evidencia as mutações patrimoniais à luz das condições ambientais, o que não acontece com os sistemas tradicionais. Para os sistemas tradicionais, tudo se passa como se as alterações de preços de seus ativos e passivos não impactassem em nada o valor da empresa.

Tempo conjuntural (2)

Data (30 dias após)	2
Preço do produto na produção	16,00
Valor serviço de venda – % s/PV	20,00
% Remuneração capital investido	5,00

% Inflação – a.m.	0,00
Preço mercado produto a vista	20,00
% Aplicação – a.m.	5,00
% Captação – a.m.	10,00

Gecon

Análise patrimonial

	Inicial	Final
ATIVO	28.800	32.000
Estoque matéria-prima	–	–
Estoque de produtos	28.800	32.000
EXIGIBILIDADES	22.857	24.000
Fornecedores	24.000	24.000
(–) Juros diferidos	(1.143)	–
PATRIMÔNIO LÍQUIDO	5.943	8.000
Remun. capital investido	12	309
Resultado	5.931	7.691

Resultado

Margem contribuição – total	1.760
Margem contribuição – estocagem	320
Ganho de estocagem	3.200
(–) Custo financiamento estoque	(2.880)
Margem contribuição – finanças	1.440
Receita financiamento estoques	2.880
(–) Custo financ. exigibilidades	(1.143)
(–) Custo capital investido	(297)

Ortodoxo

Análise patrimonial

	Inicial	Final
ATIVO	24.000	24.000
Estoque matéria-prima	–	–
Estoque de produtos	24.000	24.000
EXIGIBILIDADES	24.000	24.000
Fornecedores	24.000	24.000
	–	–
PATRIMÔNIO LÍQUIDO	–	–
	–	–

Resultado

Figura 2.4 *Evento tempo-conjuntural (2).*

Considere, agora, em T_2 – conforme Figura 2.4 – a venda de metade das unidades produzidas, na condição de produtos acabados, relativa ao último evento neste exemplo simplificado. O evento vendas de produtos acabados na condição a prazo ocorre no momento em que os sistemas tradicionais reconhecem a receita e apuram o resultado. O modelo de mensuração dos sistemas tradicionais, na apuração do resultado, vale-se do custo histórico, além de não segregar os efeitos financeiros decorrentes de uma transação na condição a prazo. O estoque é baixado por seu custo histórico ($ 12.000). Os clientes são contabilizados pelo valor nominal total ($ 23.000) sem segregar o aspecto financeiro, a semelhança do acontecido com fornecedores na aquisição de matéria-prima na condição a prazo.

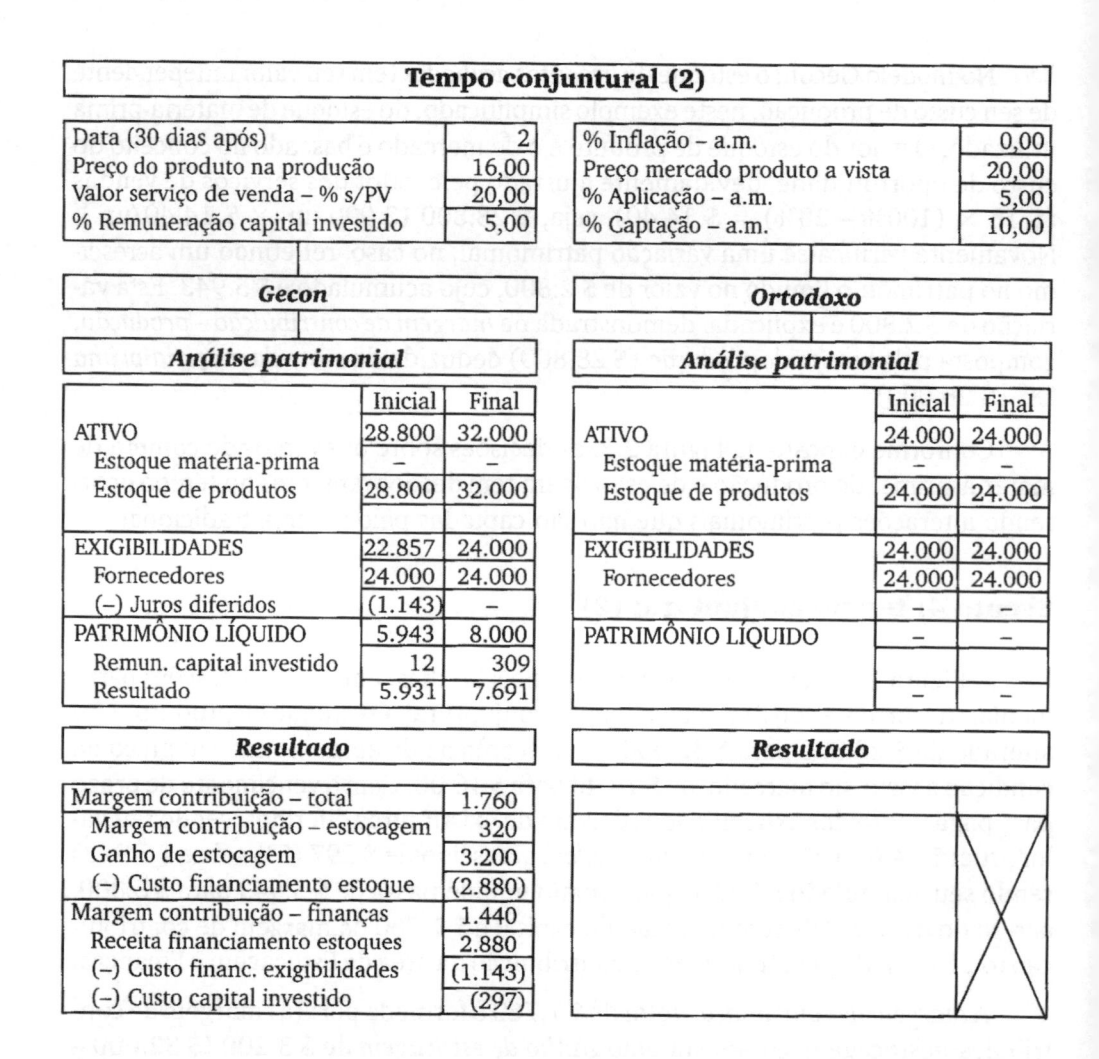

Evento 5: venda a prazo

Por fim, conforme visto na Figura 2.5, pelo sistema tradicional, com a ocorrência da venda, apura-se um resultado de $ 11.000, que é a margem bruta entre $ 23.000 de receita de vendas e $ 12.000 de custo do produto vendido. Conseqüentemente, o patrimônio líquido é de $ 11.000.

Pelo modelo Gecon, o procedimento adotado quanto ao tratamento do *evento de venda a prazo* é o mesmo dado ao evento de compra a prazo. Desdobra-se a apuração da *margem de contribuição total* do evento de venda a prazo em seus aspectos *operacionais* e *financeiros*. No ativo – conta clientes – é registrado o valor nominal ($ 23.000) que os clientes irão pagar no futuro, ajustado pelos juros diferidos (– $ 2.091). Os estoques são baixados não pelo seu custo histórico, mas pelo que valem no momento da venda ($ 16.000 = 1.000 un. × $ 16,00/un.).

Venda a prazo

Data (30 dias após)	2
Quantidade vendida – produto "A"	1.000
Prazo – meses	1
Preço produto. "A" na condição a prazo	23,00

% Inflação – a.m.	0,00
Preço a vista proposto – produto "A"	20,00
% Aplicação – a.m.	10,00
Custo do produto por unidade	16,00

Gecon

Análise patrimonial

	Inicial	Final
ATIVO	32.000	36.909
Clientes	–	23.000
(–) Juros diferidos	–	(2.091)
Estoque de produtos	32.000	16.000
EXIGIBILIDADES	24.000	24.000
Fornecedores	24.000	24.000
(–) Juros diferidos	–	–
PATRIMÔNIO LÍQUIDO	8.000	12.909
Remun. capital investido	309	309
Resultado	7.691	12.600

Resultado

Margem contribuição – venda	4.909
Margem contribuição – operacional	4.000
Receita de vendas	20.000
(–) Custo das vendas	(16.000)
Margem contribuição – finançeira	909
Receita financeira	3.000
(–) Custo financeiro	(2.091)

Ortodoxo

Análise patrimonial

	Inicial	Final
ATIVO	24.000	35.000
Clientes	–	23.00
Estoque de produtos	24.000	12.000
EXIGIBILIDADES	24.000	24.000
Fornecedores	24.000	24.000
	–	–
PATRIMÔNIO LÍQUIDO	–	11.000
Resultado	–	11.000

Resultado

Margem bruta	11.000
Receita de vendas	23.000
(–) Custo de vendas	12.000

Figura 2.5 *Evento venda a prazo.*

O patrimônio líquido é alterado; no caso, há um acréscimo em razão do evento de venda. Como o **resultado econômico** de cada fase anterior do processo produtivo já foi reconhecido, em T_2, registra-se apenas o resultado econômico que efetivamente cabe à área de vendas ($ 4.909). O patrimônio líquido evolui de $ 7.691 para $ 12.600.

Retomando o evento de venda a prazo, a *margem de contribuição operacional* de $ 4.000 é obtida pela diferença entre a *receita* com o preço de venda na condição a vista ($ 20,00 × 1.000 un.) e o *custo de vendas* do produto em estoque ($16,00 × 1.000 un.). A *margem de contribuição financeira* de $ 909 é formada pela *receita financeira* decorrente do financiamento ao cliente ($ 23.000 – $ 20.000), o *custo financeiro* incorrido pelo não-recebimento deste dinheiro em T_2, e do *custo do capital investido* ($ 297) relativo à remuneração dos acionistas por seu custo de oportunidade, à taxa de 5% ao período.

Na Figura 2.5, evidenciamos que o sistema tradicional, apesar de apurar o resultado, o faz de maneira incompleta, gerando informações defasadas, viesadas e que não refletem valores validados pelo mercado. Caso a empresa resolvesse vender seu ativo "clientes" em T_2, teria que fazê-lo por $ 20.909 (que é seu valor presente em T_2) e não por $ 23.000 (que é seu valor futuro). Portanto, em T_2, o valor correto da conta de clientes, e que expressa adequadamente o quanto a empresa tem como haveres é $ 20.909.

O estoque de produtos acabados, pela mesma lógica, em T_2, não corresponde a um montante de $ 12.000. O problema de mensuração do estoque de produtos acabados é agravado, visto estar avaliado pelo custo de aquisição histórico dos insumos utilizados em sua fabricação. Indo a empresa ao mercado negociar esses produtos em estoque, obteria um valor de mercado no montante de $ 16.000, superior em $ 4.000 ao informado pelo modelo tradicional com base no custo histórico. A adoção desses critérios pelos sistemas tradicionais implica a divulgação de valores distorcidos do resultado e do patrimônio da empresa. Diferentemente do sistema tradicional, o modelo Gecon expressa a eficiência da empresa em relação ao mercado, ou seja, o que ela efetivamente ganhou. Em última instância, o resultado expressa a eficácia da empresa.

O conjunto de figuras apresentadas até o momento serviu para mostrar que: (a) com o método tradicional, somente ao final do processo[3] os impactos patrimoniais são parcialmente (os impactos financeiros não são apurados) e incorretamente mensurados; (b) de acordo com o modelo Gecon, os impactos patrimoniais, operacionais, financeiros e econômicos são apurados por eventos ao longo do processo.

3. Vale ressaltar que mesmo no ato da venda o impacto patrimonial apurado pelo sistema tradicional não reflete o valor correto do impacto nessa data.

2.4.1 Formação, análise dos resultados, do patrimônio e análise de desempenhos

A Figura 2.6 mostra que o modelo Gecon, ao final do período, permite análises da *formação do resultado*, do *patrimônio* e dos *desempenhos das áreas*, o que não ocorre nos sistemas tradicionais.

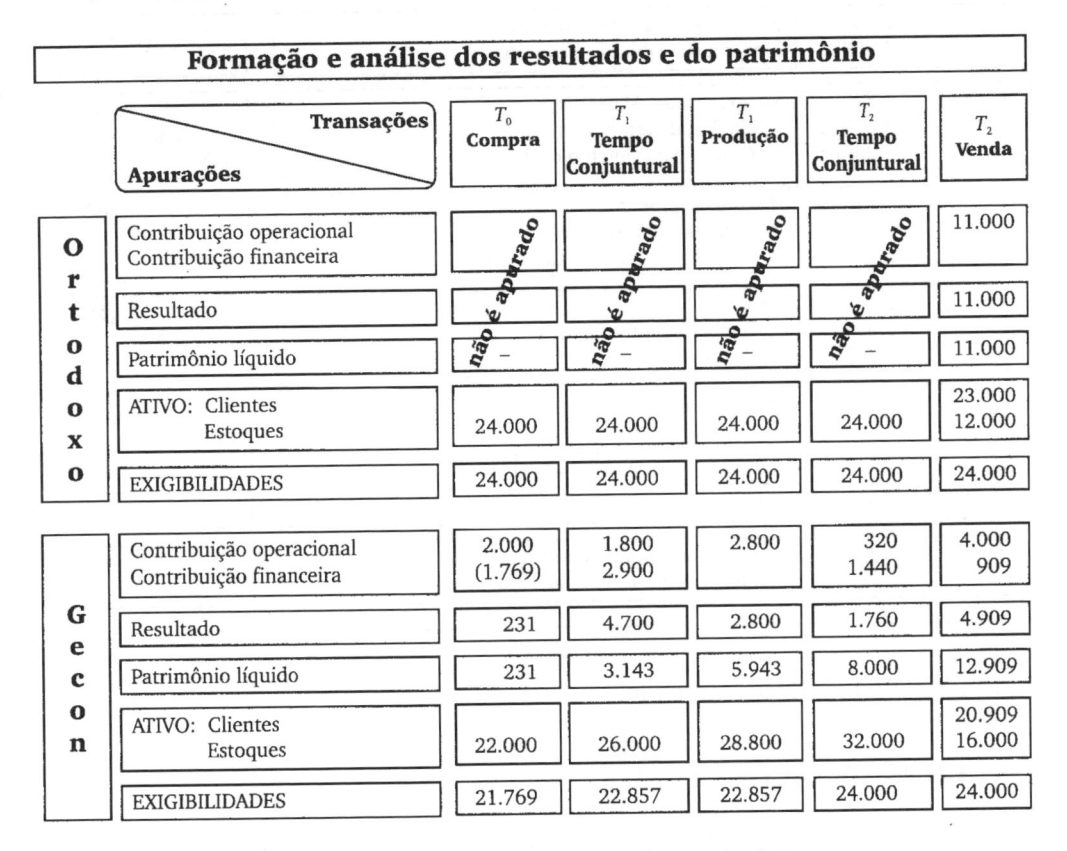

Formação e análise dos resultados e do patrimônio

	Transações / Apurações	T_0 Compra	T_1 Tempo Conjuntural	T_1 Produção	T_2 Tempo Conjuntural	T_2 Venda
Ortodoxo	Contribuição operacional Contribuição financeira	não é apurado	não é apurado	não é apurado	não é apurado	11.000
	Resultado	não é apurado	não é apurado	não é apurado	não é apurado	11.000
	Patrimônio líquido	–	–	–	–	11.000
	ATIVO: Clientes Estoques	 24.000	 24.000	 24.000	 24.000	23.000 12.000
	EXIGIBILIDADES	24.000	24.000	24.000	24.000	24.000
Gecon	Contribuição operacional Contribuição financeira	2.000 (1.769)	1.800 2.900	2.800	320 1.440	4.000 909
	Resultado	231	4.700	2.800	1.760	4.909
	Patrimônio líquido	231	3.143	5.943	8.000	12.909
	ATIVO: Clientes Estoques	 22.000	 26.000	 28.800	 32.000	20.909 16.000
	EXIGIBILIDADES	21.769	22.857	22.857	24.000	24.000

Figura 2.6 *Formação e análise dos resultados e do patrimônio.*

Utilizando o sistema tradicional, é preciso esperar o final de um período para apurar o resultado das decisões tomadas ao longo da "gestão" e o *quantum* da alteração do patrimônio e, ainda assim, incorretamente mensurados. As decisões tomadas pelo gestor têm que estar de acordo com o planejamento de resultado da empresa, necessitando (o gestor) de informações quanto ao desempenho para implementar ações corretivas que se fizerem necessárias. Assim, os sistemas tradicionais conduzem a um paradoxo na gestão, pois se os impactos no patrimônio (ainda que mensurados incorretamente) somente serão conhecidos no final de um período, não sendo as decisões tomadas ao longo deste período, "geridas"!

Análise de desempenho

Gecon	Departamentos	Ortodoxo
12.600	**Resultado da empresa**	**11.000**
231	*Compras*	
2.000 (1.769)	Margem contribuição operacional Margem contribuição financeira	**não é apurado**
1.800 4.000 (2.200)	*Almoxarifado – Materiais* Ganhos de estocagem Custo financiamento de estoques	**não é apurado**
320 3.200 (2.880)	*Depósito de produtos* Ganhos de estocagem Custo financiamento de estoques	**não é apurado**
2.540 5.080 (2.540)	*Finanças* Ganhos de estocagem Custo financiamento de estoques	**não é apurado**
2.800 28.800 (26.000)	*Produção* Ganhos de estocagem Custo financiamento de estoques	**não é apurado**
4.909	*Vendas*	11.000
4.000 909	Margem contribuição operacional Margem contribuição financeira	11.000

Figura 2.7 *Análise de desempenhos.*

2.5 CONSIDERAÇÕES FINAIS

Os procedimentos aplicados para a obtenção das peças contábeis são simples, lógicos e seguem uma premissa fundamental: demonstrar a riqueza da empresa, ou seja, o quanto vale a empresa em determinado momento, considerando os valores de mercado para mensuração dos potenciais de serviços dos ativos que possui, e considerando o valor do dinheiro no tempo, em que o lucro de um período corresponde simplesmente ao incremento no estoque de riqueza que ocorreu nesse período.

O modelo Gecon apura o resultado de cada área, identificando os resultados operacionais e financeiros no momento da ocorrência de cada transação. A *formação e análise dos resultados e patrimônio*, conforme evidenciado na Figura 2.6, ocorre ao longo dos períodos T_0, T_1 e T_2, evento por evento. A soma de todas as margens de contribuição, apuradas no período analisado, constitui a margem de contribuição total da empresa. O ***resultado econômico da empresa*** como um todo é apurado deduzindo da *contribuição total* os *custos fixos* do período analisado (no exemplo não ocorrem custos fixos no período, por simplificação).

Na Figura 2.7, *análise de desempenho*, são demonstradas as *margens de contribuição das atividades* segregadas em seus aspectos *operacionais, financeiros* e os decorrentes dos *impactos tempo-conjunturais*. Dessa forma, avalia-se cada atividade quanto a sua *performance* operacional e financeira. A utilização do método de custeio direto assegura que nenhum gestor será cobrado, nem o resultado pelo qual é avaliado estará incluindo custos e/ou receitas pelos quais não tenha responsabilidade.

Finalizando, em resumo, as principais ***decorrências*** resultantes das diferenças de objeto/foco entre os sistemas tradicionais e o Gecon, na mensuração do resultado econômico e suporte a atuação dos gestores e na apuração do valor patrimonial da empresa, são as seguintes:

		Tradicionais	Gecon
(a)	Atendimento aos modelos de decisão dos gestores e a apuração da evolução patrimonial efetiva: ➢ os sistemas tradicionais não refletem o valor do dinheiro no tempo (valor futuro, ao invés de valor presente), nem o valor efetivo dos recursos/produtos existentes.	**Não**	**Sim**
(b)	Reconhecimento dos impactos tempo-conjunturais: ➢ os sistemas tradicionais não registram as variações no patrimônio decorrentes da passagem do tempo (mudanças nos valores presentes e incorrência do custo do capital investido) e da conjuntura (flutuações de preços dos recursos existentes e do *goodwill*).	**Não**	**Sim**
(c)	Momento do reconhecimento dos impactos tempo-conjunturais	**Atrasado**	**Na ocorrência**
(d)	Avaliação de resultados de produtos: ➢ pelos sistemas tradicionais os produtos acabam "pagando" pelos erros introduzidos por meio de rateios de custos fixos/indiretos realizados.	**Incorreta**	**Correta**

		Tradicionais	Gecon
(e)	Avaliação de desempenhos: ➤ pelos sistemas tradicionais as áreas/atividades são avaliadas por seus custos e não por suas contribuições (todo resultado é atribuído a área de Vendas) e os rateios utilizados promovem o repasse de eficiências/ineficiências e comprometem a controlabilidade das gestões.	**Injusta e ineficaz**	**Correta**
(f)	Motivação gerencial e adequação às preocupações com a competitividade e eficácia.	**Baixa – centro de custos**	**Alta – unidades de negócios**

REFERÊNCIAS BIBLIOGRÁFICAS

BODENHORN, Diran. An economist looks at industrial accounting and depreciation. *The Accounting Review*, Oct. 1961.

BOMELI, Edwin C. The accountant's functions in determination of net income. *The Accounting Review*, July 1961.

CATELLI, Armando, COSTA, Ana Paula Paulino da, ALMEIDA, Lauro Brito de. Transações como objeto de gestão: uma análise da abordagem Gecon e dos sistemas tradicionais. VI CONGRESSO BRASILEIRO DE CUSTOS – São Paulo, Jun./Jul. 1999.

CHANG, Emily Chen. Business income in accounting and economics. *The Accounting Review*, Oct. 1962.

FESS, Philipe, FERRARA, William L. The period cost concept measurement: cant it be defended? *The Accounting Review*, Oct. 1961.

HENDRIKSEN, Eldon S. Accounting theory. 31. ed. Homewood, Ill. : Richard D. Irwin, 1977.

IUDÍCIBUS, Sérgio de. *Teoria da contabilidade*. São Paulo : Atlas, 1980.

JOHNSON, H. Thomas, KAPLAN, Robert S. *Relevance lost*. Boston : Harvard Business School Press, 1987.

MARTINS, Eliseu. *Contribuição à avaliação do ativo intangível*. Tese (Doutorado Contabilidade) – FEA. São Paulo : Universidade de São Paulo, 1972.

MOONITZ, Maurice. Should we discard the income concept? *The Accounting Review*, Apr. 1962.

PHILIPS, G. Edward. The accreation concept of income. *The Accounting Review*, Jan. 1963.

______. The revolution in accounting theory. *The Accounting Review*, Oct. 1963.

REVSINE, Lawrence. On the correspondence between replacement cost income and economic income. *The Accounting Review*, July 1970.

SHANK, John K. Income determination under uncertainty: un aplication of Markov Chains. *The Accounting Review*, Jan. 1971.

SOLOMONS, David. Economic and accounting concepts of income. *The Accounting Review*, June 1961.

3

Eventos, Gestão e Modelos de Decisão

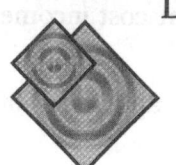

Claudio Parisi
Waldir de Jesus Nobre

3.1 INTRODUÇÃO

A realidade empresarial que ora se apresenta, marcada por globalização dos mercados, acirramento da competição, reforma dos Estados e rápido avanço tecnológico, vem provocando questionamentos e reflexões sobre conceitos de gestão empresarial que eram antes aceitos como verdade absoluta.

Em particular, o campo de atuação de Contabilidade sofreu, durante a década de 80, críticas no que se referia às soluções ditas gerenciais defendidas por muitos contadores e que eram e, em muitos casos, ainda são adotadas por muitas empresas.

Como exemplo, Kaplan atestou a perda da relevância das informações geradas pelos sistemas de custos tradicionais. Todavia, Goldratt, além de afirmar que a Contabilidade é a "inimiga nº 1" da competitividade, concluiu sobre a inutilidade da solução desenvolvida por Kaplan (ABC) como resposta aos anseios dos gestores por soluções adequadas ao novo ambiente empresarial.

Observamos empiricamente as seguintes críticas quanto à utilização de sistemas de informações contábeis gerenciais: (a) não refletem as ocorrências físicas; (b) têm como paradigma o custo; (c) não medem corretamente o patrimônio da empresa; e (d) promovem informações obscuras e inoportunas para avaliação de desempenho.

No entanto, visualizamos também uma oportunidade única para a área de conhecimento de Controladoria[1] dar sua valiosa contribuição para a gestão empresarial.

---

1. Catelli ensina que a Controladoria, além de incorporar os objetivos da Contabilidade, como área de conhecimento, de identificação, mensuração e informação, tem como objetivo maior a Gestão Econômica dos eventos.

Nos últimos anos, vários foram os estudos sobre Controladoria, tendo os pesquisadores contribuído em diversos temas, tais como: modelo de gestão, processo de gestão, modelo organizacional, modelos de decisão, modelos de informações e modelos de mensuração e identificação.

Este capítulo apresenta os principais conceitos a respeito de modelos de gestão e de decisão desenvolvidos por professores e pesquisadores de Controladoria da USP – Universidade de São Paulo –, sob a ótica da Gestão Econômica (GECON).

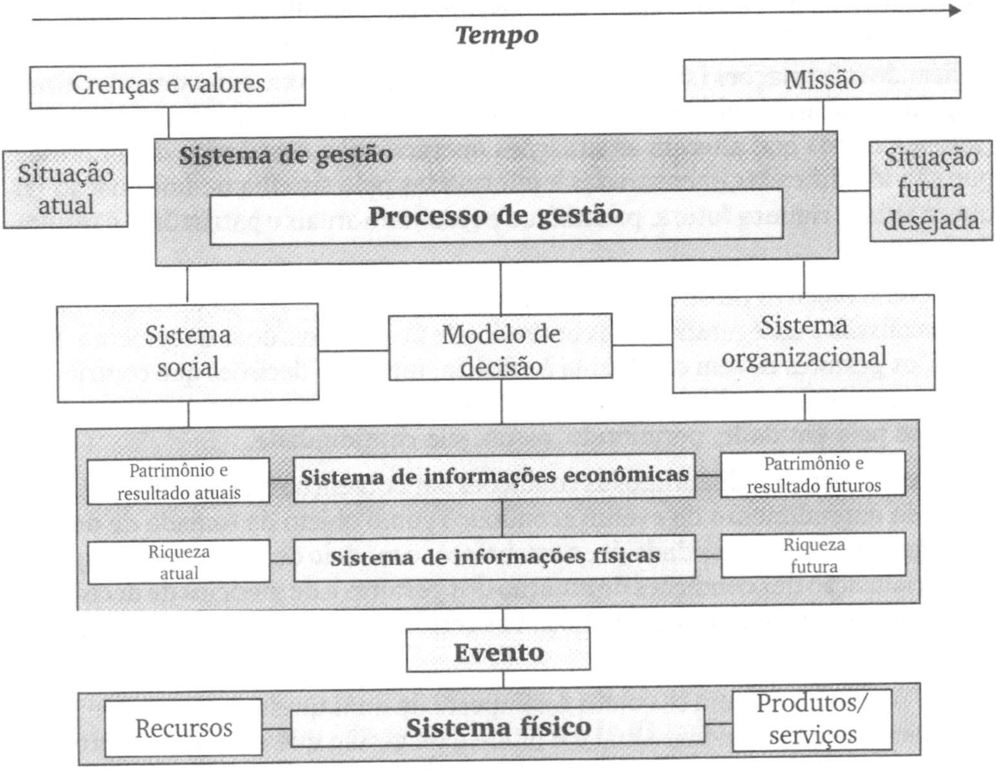

Figura 3.1 *Visão da empresa.*

A Gestão Econômica, aplicando a Teoria dos Sistemas, expressa a empresa como um sistema aberto, e como tal tem um objetivo maior a ser alcançado, que representa sua razão de existir (missão). A empresa, enquanto sistema aberto, é composta pelos seguintes elementos (Guerreiro,1989:54):

- ✓ Sistema institucional (crenças, valores e princípios);
- ✓ Sistema de gestão (processo de gestão);
- ✓ Sistema social (pessoas);

✓ Sistema organizacional (estrutura da organização);
✓ Sistema de informações (informações físicas, qualitativas e econômicas); e
✓ Sistema físico (recursos físicos e tecnológicos).

Conforme a Figura 3.1 mostra, a empresa está em constante mutação decorrente da interação com o meio ambiente, desejando sair de uma situação atual já conhecida para uma situação futura objetivada. Dessa maneira, os gestores (sistema social) orientados pelos princípios de gestão (sistema institucional) tomam decisões (sistema de gestão), sobre as quais têm responsabilidade e autoridade previamente definidas (sistema organizacional), baseados em modelos de decisão e utilizando informações (sistema de informação); por sua vez, essas decisões dizem respeito às ocorrências (evento) relacionadas aos recursos, produtos e serviços (sistema físico) que alteram as situações operacional e econômica da empresa e que são identificadas, mensuradas e informadas pelo sistema de informação (riqueza atual e riqueza futura, patrimônio e resultado atuais e patrimônio e resultado futuros).

Como objetivo desse sistema, temos que a empresa deve ser eficaz, cumprindo sua missão e assegurando sua continuidade no contexto de seu segmento. Para tanto, os gestores devem conduzi-la à eficácia, tomando decisões que contribuam com a geração de resultados econômicos para, pelo menos, repor os recursos consumidos pela entidade, permitindo, assim, sua continuidade.

Dessa maneira, discutimos as condições para obtenção da eficácia desejada, a partir do entendimento do evento econômico como objeto da tomada de decisão pelos gestores, da necessidade de se estabelecer o modelo de gestão que assegure a potencialização das condições de atuação dos gestores e de modelos de decisão sobre os eventos econômicos que induzam os gestores à otimização do resultado econômico da empresa.

O problema que ora se coloca é composto de duas questões que julgamos serem fundamentais, a saber: Qual é o modelo de gestão que conduz a empresa ao grau de eficácia desejado? Qual é o modelo de decisão que leva à otimização do resultado econômico?

Entendemos que a contribuição deste capítulo para nossa área de conhecimento está aderente ao próprio objetivo da Controladoria de estudar não apenas os processos de identificação, mensuração e informação dos eventos econômicos, mas também a gestão econômica desses eventos.

Assumimos as seguintes premissas para o desenvolvimento de nossas argumentações:

- a empresa está em constante interação com o ambiente externo, sendo impactada pelo comportamento das variáveis ambientais por meio dos eventos econômicos;

- os gestores da empresa são competentes e estão interessados na busca dos melhores resultados para a empresa cumprir sua missão e ter continuidade;
- os acionistas da empresa interagem, de forma direta ou indireta, com os gestores, delegando poderes e cobrando desempenhos;
- os modelos de decisão devem refletir a realidade físico-operacional em termos econômicos;
- o sistema de informação deve gerar informações com base nos modelos de decisão dos gestores.

Apresentamos e discutimos nossa solução adotando a seguinte seqüência: evento, gestão e modelos de decisão. Nossas conclusões são apresentadas por tópicos.

3.2 EVENTO

Segundo Hendriksen [1989:16]:

> *"um evento é uma ocorrência, um fenômeno ou uma transação, o qual é separado para ser observado e ter uma melhor interpretação semântica do que a mensuração de ativos e passivos. No entanto, somente certas características dos eventos podem ser mensuradas e reportadas; na abordagem contábil do evento, mudanças de preços são assumidas por serem observáveis, verificáveis e relevantes".*

Do conceito adotado por Hendriksen podemos concluir que um evento pode ter diversas características ou propriedades, sendo que somente algumas dessas características são passíveis de mensuração ou mesmo de uma única interpretação.

Evento pode ser entendido como um conjunto de transações, cujos atributos lhe dão forma e consistência, ou seja, um conjunto de transações da mesma natureza ou classe que pode envolver uma ou mais entidades e estar relacionado com um produto, com um serviço, ou ainda com um lote de produtos e/ou com o centro de responsabilidade que o causou.

O termo *evento*, conforme conceituado anteriormente, por estar genérico ainda não possibilita a utilização de um critério de seleção de quais informações devem fazer parte do sistema; torna-se necessária a busca de um atributo visando restringir esse conceito.

Segundo Guerreiro [1989:248]:

"As atividades desenvolvidas pelas empresas assumem o caráter de eventos econômicos, uma vez que se caracterizam como processos de transformação de recursos em produtos e serviços. Os recursos possuem valores econômicos por serem escassos; por sua vez, os serviços e produtos também possuem valores econômicos porque trazem satisfação no atendimento de necessidades."

O termo *econômico* diz respeito a valores validados pelo mercado em determinada data, levando-se em consideração o valor do dinheiro no tempo, dos recursos e dos produtos de uma atividade.

Podemos concluir que se os gestores tomam decisões sobre recursos econômicos visando à produção de bens e/ou serviços que também possuem valor econômico, então estes estão tomando decisões sobre eventos econômicos, os quais impactam o valor patrimonial da empresa, uma vez que geram um resultado econômico,[2] daí decorre a necessidade de mensurar e acumular receitas e custos por eventos, ou ainda, num sentido mais restrito, apurar o resultado econômico por transação.

O sistema de apuração do resultado por evento diferencia-se dos sistemas de informações tradicionais, que estão voltados para a acumulação dos custos, não atendendo, assim, a todas as necessidades do modelo decisório do usuário, uma vez que esse sistema de informação não contempla o benefício de cada evento, ou seja, a receita, e, desse modo, impossibilita a apuração do resultado daquele evento específico ou, ainda, de quais transações dentro de determinado evento contribuíram de forma mais eficaz para o resultado do evento em estudo.

Corroborando nossa afirmação da necessidade de acumular receitas por evento, Guerreiro [1989:206-207] cita:

"tendo em vista que a empresa como entidade econômica tem a condição de agregar valor aos fatores de produção e dessa forma aumentar a sua riqueza, o conceito ortodoxo de realização da receita pela venda para efeito de determinação do lucro não é relevante. O aumento da riqueza origina-se pela adição de valor durante o processo de transformação, portanto a receita deve ser reconhecida no momento da produção (processo de produção de bens e serviços). A essa receita devem ser contrapostos os custos correspondentes para efeito de determinação do lucro".

Os principais eventos estão relacionados com os objetivos-fim das atividades empresariais, tais como compras, produção, vendas, finanças etc.

---

2. Sobre resultado econômico, vide GUERREIRO, Reinaldo (1989: Cap. 5, p. 184).

Nesse contexto, os eventos econômicos são dotados dos seguintes atributos, a saber:

1. alteram a situação patrimonial da empresa;
2. seus efeitos são mensuráveis monetariamente;
3. são previsíveis e, portanto, podem ser estruturados num sistema de informação;
4. dizem respeito à *performance* da organização e acabam refletindo os modelos de decisão restritos dos gestores.

Ainda, os eventos podem ser divididos em:

✓ *evento provocado* – ocorre devido ao processo de tomada de decisão por parte do gestor responsável por determinada atividade, podendo ser previsível, estruturado e controlado, por exemplo, o evento de compra de matéria-prima;

✓ *evento não provocado* – ocorre independentemente do processo de tomada de decisão por parte do gestor responsável por aquela atividade, no entanto, pode ser previsível, estruturado e controlado quanto a seu possível efeito, devendo o gestor responsável tomar alguma medida preventiva quanto a seus efeitos no patrimônio da empresa; por exemplo, num caso extremo, na ocorrência do evento econômico sinistro, o qual poderá acarretar grande impacto no resultado da empresa, o gestor deverá adotar alguma medida preventiva, como a compra de um seguro contra aquele tipo de sinistro.

Portanto, cabe ao gestor tomar decisões sobre o consumo de recursos econômicos, humanos e tecnológicos, os quais serão processados ou transformados por um processo físico [atividade], visando à produção de bens ou serviços, ou seja, o gestor toma as decisões sobre todos os eventos relacionados com os recursos consumidos e os produtos e serviços prestados por sua atividade, os quais ocorrem dentro de determinado processo físico, conforme demonstra a Figura 3.2.

Após o gestor ter tomado uma decisão e iniciado o processo, este não consegue mais interferir no resultado do evento realizado, seja para evitar impactos negativos, ou, mesmo, para melhorar os impactos positivos.

Considerando o processo de gestão (planejamento e controle) a ser definido no modelo de gestão, os eventos podem ser classificados por tipo de transação: simulado, orçado, programado e realizado, conforme a Figura 3.3.

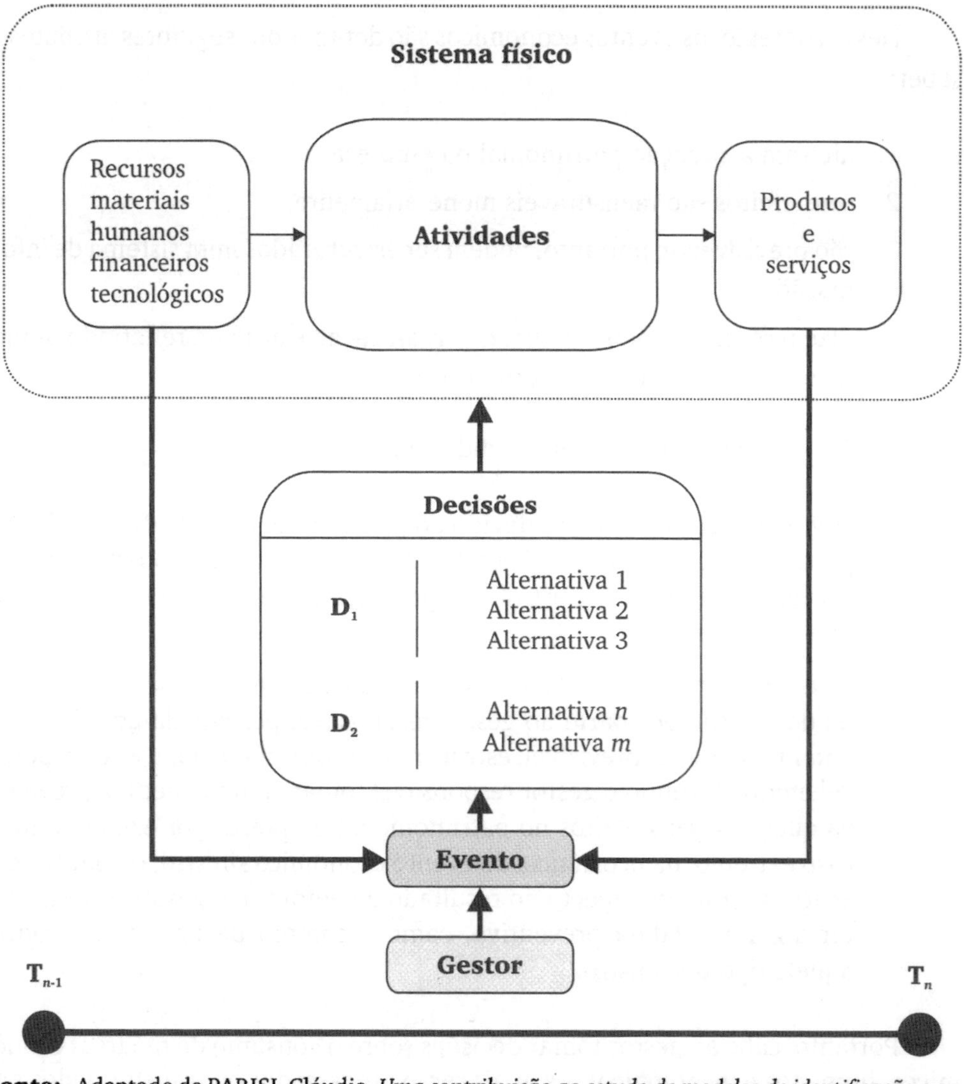

Fonte: Adaptado de PARISI, Cláudio. *Uma contribuição ao estudo de modelos de identificação e acumulação de resultado.* Dissertação (Mestrado em Controladoria e Contabilidade) – FEA. São Paulo : Universidade de São Paulo, 1995. p. 45.

Figura 3.2 *Evento, atividade e decisão.*

Nota-se na Figura 3.3 a particularidade que diferencia a transação orçada ou programada da transação realizada. Isto é, no momento de validação do plano, o resultado orçado ou programado é igual ao resultado da simulação escolhida como plano [tomada de decisão]; no entanto, quando se trata de uma transação realizada, temos que considerar que a transação se realiza num momento de tempo $t + n$ em relação ao momento t da tomada de decisão, resultando em diferenças decorrentes da mudança de condições entre a tomada de decisão e a efetivação da transação.

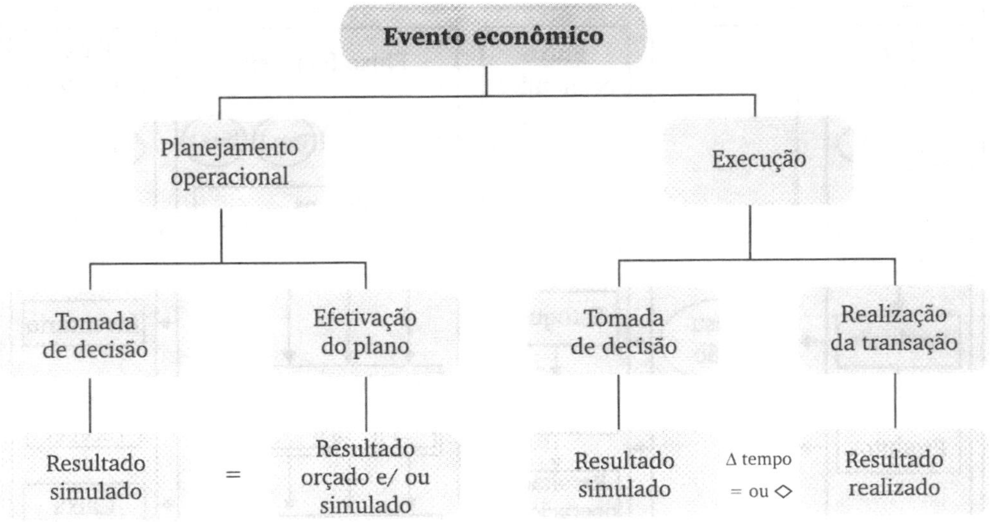

Figura 3.3 *Evento econômico e processo de gestão.*

A comparabilidade entre o evento planejado e o realizado permite o exercício do controle por parte do gestor, ou seja, permite a ação gerencial por meio da tomada de decisões visando implementar medidas corretivas em relação aos desvios detectados, ou mesmo a revisão dos planos aprovados decorrente de uma nova situação ambiental que está impactando de forma positiva ou negativa o plano em execução.

Em cada transação, objeto de decisão dos gestores, podemos observar três aspectos interdependentes, conforme demonstra a Figura 3.4. O primeiro diz respeito à qualidade, à quantidade, ao cumprimento dos prazos de entrega ou ao recebimento que denominamos *aspecto operacional*. Por outro lado, aos *inputs* da atividade operacional podem ser associados valores econômicos, o que caracteriza o aspecto econômico da transação. Finalmente, as transações têm prazos de recebimento e de pagamento dos valores envolvidos, o que caracteriza o aspecto financeiro da operação. Cabe ainda lembrar que as transações (eventos) têm outra característica adicional decorrente do efeito econômico, que é de impactar o patrimônio da empresa.

Conforme mencionamos, a garantia da continuidade da empresa só é obtida quando as atividades realizadas geram um resultado líquido no mínimo suficiente para assegurar a reposição de todos os ativos consumidos no processo de realização de tais atividades, sendo que o lucro é uma medida de eficácia da organização.

Visualizando a empresa como uma entidade econômica, esta tem condição de agregar valor aos fatores de produção e, dessa forma, aumentar sua riqueza. Assim, o lucro é ganho durante todo o tempo, abrangendo todas as atividades envolvidas na geração de riqueza.

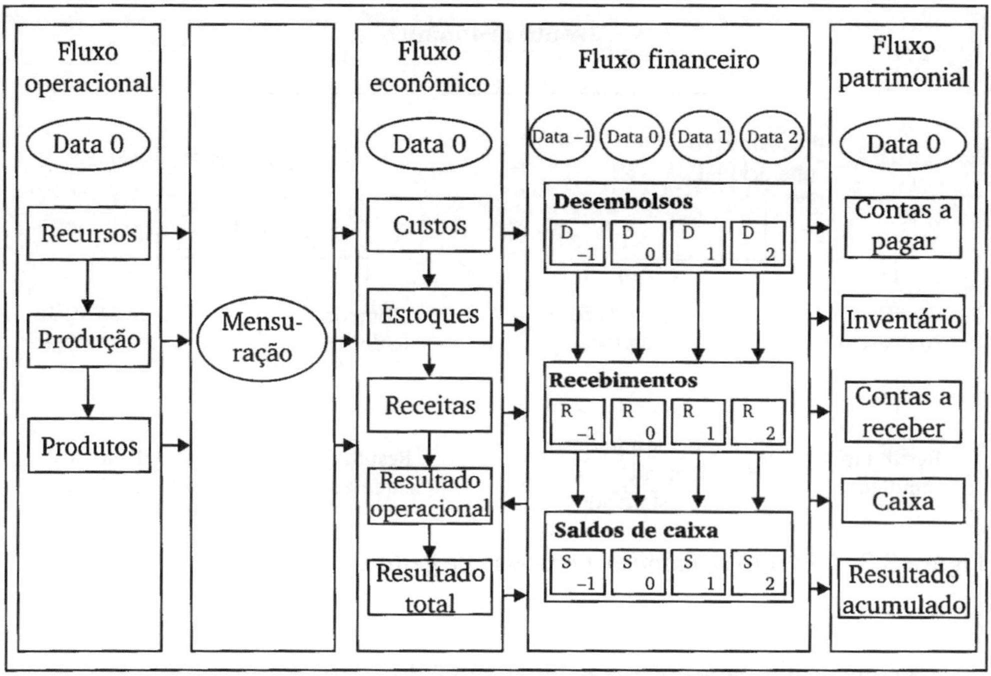

Figura 3.4 *Impactos da transação: operacional, econômico, financeiro e patrimonial.*

O recurso econômico consumido ou gerado pela empresa, ou por uma de suas atividades, por meio de uma transação deve estar relacionado a determinado evento, ou seja, a relação de um recurso econômico com a empresa se materializa por meio de uma transação que acaba por alterar o patrimônio desta.

Portanto, se o patrimônio da empresa é alterado por uma transação, esta deve ser reconhecida, identificada, classificada, registrada e acumulada por intermédio de um sistema de informações que permita ao gestor tomar decisões com base no mesmo parâmetro pelo qual este é avaliado, ou seja, pelo resultado de sua área de responsabilidade.

Concluímos, então, que o estudo sobre evento leva à definição do modelo de decisão restrito, cuja estrutura deve refletir os impactos operacionais, financeiros e econômicos de certo evento. Outrossim, qualquer que seja o evento, provocado ou não, deve ter um gestor responsável por suas conseqüências.

3.3 GESTÃO

Gestão é o processo de decisão, baseado em um conjunto de conceitos e princípios coerentes entre si, que visa garantir a consecução da missão da empresa

(Cruz,1991:38). Denominamos esse conjunto de conceitos e princípios de *modelo de gestão*, cuja importância está para a empresa assim como a Constituição está para o País. Seu escopo é promover condições de potencializar a atuação dos gestores.

Esse modelo, independente de estar formalizado ou não, trata das regras de relacionamento entre os acionistas (ou seus representantes) e os gestores da empresa, evidenciando as preocupações e as necessidades dos acionistas relativas à condução dos negócios da empresa.

Conforme mostra a Figura 3.5, o modelo de gestão é formado com base nas crenças e valores dos acionistas, que acabam refletidos em princípios permanentes definidos no modelo e que condicionam a atuação dos gestores.

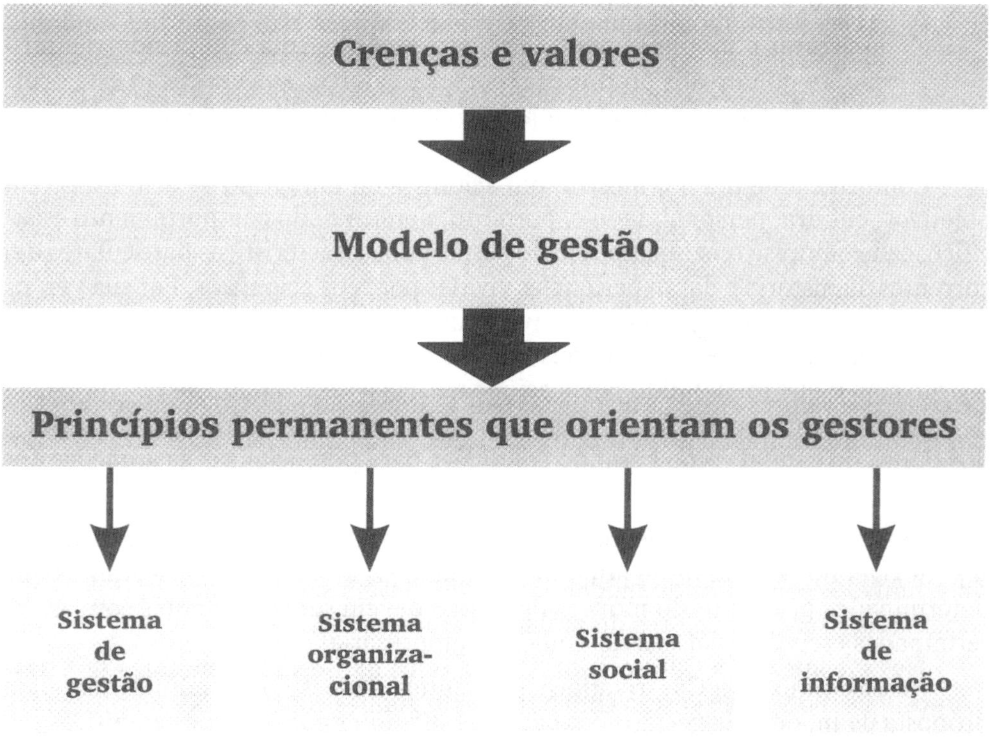

Figura 3.5 *Visão sistêmica do modelo de gestão.*

Segundo Guerreiro (1989:229), são os seguintes os objetivos desse modelo, a saber:

✓ assegurar a redução de risco do empreendimento no cumprimento da missão e a garantia de que a empresa estará sempre buscando o melhor em todos os sentidos;

- ✓ assegurar o estabelecimento de uma estrutura de operação adequada que possibilite o suporte requerido a suas atividades;
- ✓ assegurar a orientação geral dos esforços por meio de um estilo e de uma filosofia de trabalho que criem atitudes construtivas;
- ✓ assegurar a adoção de clima motivador e o engajamento de todos, principalmente dos gestores, em torno dos objetivos da empresa e de suas atividades;
- ✓ assegurar a aferição de que a empresa está cumprindo sua missão ou não, se, em relação aos produtos, recursos e esforços, estes estão sendo executados de acordo com o planejamento e, havendo desvios com o planejamento, se houve a correção exigida;
- ✓ assegurar o monitoramento de que a empresa está cumprindo sua missão, se quanto aos produtos, recursos e esforços sua execução está ocorrendo de acordo com o planejado e, existindo desvios, a devida correção.

Conforme a Figura 3.6 mostra, um acionista ou um grupo de acionistas tem objetivos, cultura, personalidade e, portanto, determinado comportamento específico, cada empresa tem um modelo de gestão com características particulares decorrentes da história e das experiências vividas por seus acionistas. Por sua vez, os gestores também possuem objetivos pessoais, culturas específicas e personalidades próprias, e necessitam de determinadas condições para conseguir atuar de acordo com o que foi definido pelos acionistas. Há a necessidade de convergência de crenças e valores entre os acionistas e os gestores, atendendo tanto aos anseios dos donos do capital como gerando condições para potencializar as atuações dos gestores.

Dessa maneira, para que uma empresa consiga ser eficaz é necessário que ela seja flexível no sentido de se adaptar às mudanças ambientais. Observamos que determinados princípios do modelo de gestão devem ser congruentes com as determinadas crenças e valores do ambiente empresarial.

Nesse contexto, a Controladoria sob a ótica da Gestão Econômica tem uma proposta de modelo de gestão com base nas seguintes constatações empíricas feitas por Catelli:

- ↳ os eventos operacionais e seus reflexos físicos e comportamentais impactam o resultado econômico dos empreendimentos;
- ↳ as entidades/empreendimentos devem visar à obtenção de resultados econômicos – as públicas e filantrópicas, resultado zero;
- ↳ a obtenção do resultado econômico objetivado significa que a entidade conseguiu adequada coordenação de suas atividades internas, interação com o segmento de negócios em que atua e o atendimento das necessidades dos consumidores/sociedade.

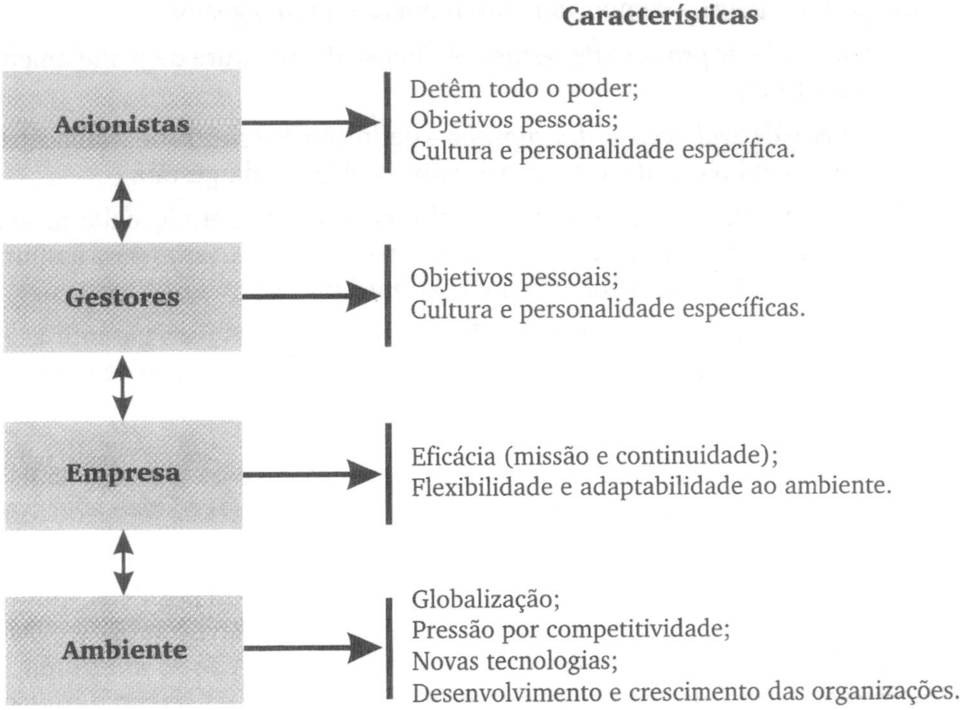

Figura 3.6 *Acionistas, gestores, empresas e ambiente.*

Esclarecemos que a proposta aqui apresentada diz respeito aos principais aspectos do modelo de gestão para a gestão por resultado. Como cada empresa tem seu modelo, entendemos que a possibilidade de implementação dessa proposta dependerá do interesse dos acionistas e dos principais gestores em agregar as crenças e valores da Gestão Econômica, promovendo a mudança na cultura organizacional, adequando ou complementando o modelo de gestão existente.

Em primeiro lugar, definimos o resultado econômico como o objeto de gestão. Isso não significa que os demais indicadores (físicos, qualitativos e financeiros) não sejam importantes para a gestão, mas, sim, que o resultado econômico, se medido corretamente, acaba refletindo o comportamento dos demais indicadores. Por exemplo, se a empresa foi mais eficiente, resultando em menor custo, como conseqüência, o resultado econômico aumentará; ou se a empresa foi mais produtiva, gerando mais receita, o resultado econômico aumentará etc.

Segundo nosso entendimento, os princípios que devem nortear um modelo de gestão são:

- *poder e responsabilidade* – definição de autoridade e responsabilidade;
- *estilo* – forma de relacionamento entre os gestores e os recursos humanos;

- *postura/papel* – comportamento requerido para o gestor;
- *amplitude do processo de gestão* – definição da estrutura de planejamento e controle;
- *critério de avaliação de desempenho* – definição do critério de avaliação de desempenho que deve estar baseado no objetivo da gestão;
- *ritual de relacionamento entre acionistas e gestores* – definição dos níveis e formas de interações entre os gestores e os acionistas, tanto para assuntos programados como para os fatos extraordinários;
- *regras para sistema de informação* – definições gerais para garantir as informações necessárias para suportar o processo de gestão e de avaliação de desempenho.

Considerando a turbulência atual no ambiente empresarial, a necessidade de rapidez no processo decisório para não perder as oportunidades do mercado torna clara a descentralização desse processo na busca de agilidade.

Entretanto, para que os efeitos da descentralização sejam positivos, aumentando o grau de eficácia da organização, o modelo de gestão deve ter regras consistentes quanto à definição de poder e responsabilidade que não só assegurem as condições necessárias de atuação dos gestores, mas também garantam o controle adequado requerido pela alta administração e pelos acionistas da empresa.

Para tanto, o modelo de gestão deve observar as seguintes regras relacionadas ao princípio do poder e da responsabilidade: (a) **processo decisório descentralizado** – assegurando a agilidade necessária para tomada de decisão; (b) **funções e responsabilidade decorrentes da missão** – definição clara das funções e responsabilidade de cada gestor conforme a missão de cada área de negócio da empresa, evitando a formação de áreas cinzentas; e (c) **autoridade compatível com as funções e responsabilidade** – os gestores devem ter poder compatível com as funções e responsabilidade que lhe foram atribuídas. Dessa maneira, os gestores devem ser responsáveis pelas **gestões operacional, financeira, econômica e patrimonial** dos recursos a eles confiados pelos acionistas ou gestores superiores.

Quanto ao estilo, observamos várias formas de relacionamento entre as pessoas que fazem parte de uma empresa, tais como: individualista, consorciado, participativo etc. Consideramos que o estilo a ser adotado deve visar que todos estejam engajados na busca das melhores decisões para a empresa. A adoção do estilo individualista seria incoerente em relação ao processo decisório descentralizado, além de não engajar todos (gestores e demais funcionários) na busca das melhores soluções. O estilo consorciado, apesar da participação democrática de todos na tomada de decisão, dilui a responsabilidade entre os gestores das mais diferentes funções e, se consideramos que cada pessoa tem seus objetivos particulares, nem sempre o consenso entre os envolvidos acaba representando as melhores decisões para a empresa, além da possibilidade de perda de agilidade no processo decisório. Em nosso entendimento, o **estilo participativo** é o mais adequado; além de engajar todos os profissionais na busca das melhores decisões da empresa, é respeitada a questão da descentralização do processo decisório, promovendo um clima que possibilite a correção de rumo no tempo certo, visando assegurar a otimização do resultado econômico.

Quanto ao comportamento requerido para o gestor, a postura e o papel coerentes com as definições de poder e responsabilidade e de estilo são, respectivamente, **postura empreendedora** e **papel de dono do empreendimento**. Como cada gestor tem definida claramente uma área de responsabilidade com missão, autoridade e responsabilidade também claramente definidas e, pelo estilo participativo, temos o comprometimento de todos na busca das melhores soluções para a empresa, entendemos que só com uma postura empreendedora no sentido de fazer acontecer e adotando o papel de dono da área de negócio que lhe fora confiada o gestor conseguirá atingir os objetivos já comprometidos, sem desculpas.

No entanto, os gestores deparam com variáveis sobre as quais eles não têm controle, tais como: inflação, juros, preços, demanda etc., mas que impactam o patrimônio da empresa e, conseqüentemente, seus desempenhos. Como lidar com essa situação? Na verdade, a resposta a essa questão é dada no modelo de gestão com a definição da amplitude do processo de gestão (planejamento e controle).

Quando definimos as fases de um processo de gestão segundo as necessidades impostas pelo ambiente, estamos estabelecendo uma forma de lidar com todas as variáveis que afetam a empresa. Dependendo das particularidades, teremos processo de gestão com características específicas. Sejam quais forem essas características, esse processo deve apoiar os gestores na otimização de resultado econômico, desde a escolha dos melhores planos estratégicos e operacionais até a tomada de ações corretivas para assegurar a busca pelo resultado desejado. Genericamente, o **processo de gestão** definido pela Gestão Econômica contempla as seguintes fases: **planejamento estratégico, planejamento operacional, programação, execução e controle**.

Dessa forma, o gestor, apesar de não influenciar o comportamento das variáveis ambientais, é apoiado pelo processo de gestão, que age como um grande **processo de controle,** permitindo o constante realinhamento dos planos conforme a ocorrência de mudança das variáveis ambientais. Portanto, o gestor deve ser responsável tanto pelos eventos por ele provocados como pelos eventos decorrentes das variáveis ambientais, mas que também dependem da ação gerencial, podendo representar uma oportunidade ou ameaça à empresa.

Uma vez definido que o objetivo da gestão é o resultado econômico, o critério de avaliação de desempenho também deve ser baseado no resultado econômico, estando coerente com o objetivo. Cabe ressaltar a importância da definição e formalização do critério de avaliação, evitando que os gestores estejam sujeitos a críticas conforme o humor de seus superiores ou acionistas.

Quanto ao ritual de relacionamento entre acionistas e gestores, o modelo de gestão deve estabelecer procedimentos gerais para promover o melhor relacionamento possível, definindo claramente as formas de interação entre as partes envolvidas.

No que se refere ao sistema de informação, os acionistas e os gestores devem definir a qualidade das informações por eles requeridas, observando os seguintes aspectos: disponibilidade, oportunidade, confiabilidade e acessibilidade das informações.

Assim, o modelo de gestão que está localizado no sistema institucional interage com os demais subsistemas da empresa. Resumidamente, as principais interações que observamos, com base na reflexão sobre os princípios definidos anteriormente, são:

- ***sistema organizacional***: a estrutura organizacional deve refletir a definição de poder e responsabilidade estabelecida no modelo de gestão;
- ***sistema de gestão***: deve ser estruturado com base no processo de gestão definido no modelo de gestão;
- ***sistema social***: as regras do modelo de gestão impactam e orientam o comportamento dos gestores e, conseqüentemente, dos demais profissionais envolvidos com a empresa;
- ***sistema de informação***: recebe *inputs* do modelo de gestão no que se refere às regras específicas de qualidade da informação, como também a caracterização da necessidade de informação, uma vez que os sistemas de informações devem apoiar o processo de gestão e a avaliação de desempenho.

O quadro a seguir resume os princípios e definições do modelo de gestão aqui apresentado.

- ✓ **Processo decisório descentralizado.**
- ✓ **Funções e responsabilidade decorrentes da missão.**
- ✓ **Responsabilidade pelas gestões operacional, financeira, econômica e patrimonial.**
- ✓ **Autoridade compatível com as funções e responsabilidade.**
- ✓ **Estilo participativo (integração).**
- ✓ **Postura empreendedora (fazer acontecer).**
- ✓ **Papel de "dono" do empreendimento.**

- ✓ **Processo de gestão que abrange planejamento estratégico, planejamento operacional, programação, execução e controle.**
- ✓ **Critério de avaliação de desempenho baseado no resultado econômico.**
- ✓ **Relacionamento entre acionistas e gestores definido previamente.**
- ✓ **Sistema de informação que gera informações oportunas, confiáveis, no momento desejado, com acessibilidade controlada e que suporte adequadamente o processo de gestão segundo os modelos de decisão definidos pelos gestores.**

Entendemos que nossas considerações sobre modelo de gestão fornecem um conjunto consistente, coerente e harmônico de princípios, que deve ser obrigatoriamente contemplado na gestão por resultado, estando aderente ao escopo do próprio modelo de gestão. Outrossim, dependendo das particularidades de cada caso prático, outros aspectos poderão ser somados a esses aqui tratados.

3.4 MODELOS DE DECISÃO

Conforme já mencionado, o gestor toma decisões sobre eventos econômicos sob sua responsabilidade, sendo que esta deve ser sistematizada por um processo de tomada de decisão e ocorre pela necessidade de se optar por caminhos alternativos, tanto para a necessidade de solucionar determinado problema quanto para a necessidade de aproveitar determinada oportunidade, em decorrência de um futuro estado do ambiente em relação à empresa.

Para a ocorrência de uma decisão sobre um evento é necessário que existam pelo menos duas alternativas de ação; por exemplo, a possibilidade de **tomar** ou **não tomar** uma decisão: qualquer uma das decisões irá provocar determinadas conseqüências.

Outro fator de grande importância é que qualquer decisão envolve um conjunto de expectavivas quanto ao ambiente futuro; segundo Almeida (1996:53), *"cinco são os estados ambientais, ou estado da natureza, em que uma decisão pode ocorrer: certeza, incerteza, risco, complexidade e conflito"*, sendo que o tomador de decisão não tem controle sobre as variáveis ambientais e, mesmo sobre as variáveis de decisão, o gestor tem controle apenas sobre parte destas, no entanto, tem influência e responsabilidade pelo seu impacto no patrimônio da empresa.

Fica clara, portanto, a complexidade do processo decisório no campo empresarial, o qual pode ser entendido por dois caminhos complementares. Por meio do primeiro pode-se tentar compreender como os gestores tomam suas decisões, dadas as alternativas e suas conseqüências, quais os processos mentais envolvidos e quais regras foram aplicadas para se chegar a uma decisão. Já o segundo está baseado no estudo das alternativas e suas conseqüências na busca da compreensão da natureza e da estrutura das decisões, ou seja, identificar o problema, as variáveis controláveis e não controláveis, as relações entre elas e elencar as regras para a tomada de decisões.

Vale lembrar que a empresa procura atingir seus objetivos e sua missão por meio do lucro, ou seja, convertendo seus recursos em bens e serviços e obtendo retorno ao vendê-los a clientes internos e externos. Nesse processo, são tomadas decisões estratégicas que envolvem o relacionamento da empresa com o meio ambiente; decisões operacionais que têm por objetivo maximizar a eficiência do processo de conversão de recursos da empresa, ou seja, otimizar a rentabilidade das operações correntes; decisões administrativas que visam à estruturação dos recursos da empresa, de modo a criar possibilidades de execução com melhores resultados.

Segundo Guerreiro (1989:56-57),

> *"o processo de tomada de decisões, a nível empresarial, tem um perfeita correspondência com o ciclo gerencial de planejamento, execução e controle. Assim as diversas etapas analíticas do processo de tomada de decisões podem ser identificadas com cada uma das fases do ciclo gerencial:*

Planejamento

- Caracterização da necessidade de decisão ou definição do problema.
- Formulação do objetivo e das alternativas de ação.
- Obtenção de informações relevantes, necessárias às alternativas de solução.
- Avaliação e classificação das alternativas em termos de contribuição para o alcance do objetivo.
- Escolher a melhor alternativa de ação.

Execução

- Implementação da alternativa escolhida (ação).

Controle

- Avaliação dos resultados.
- Implementação de medidas corretivas."

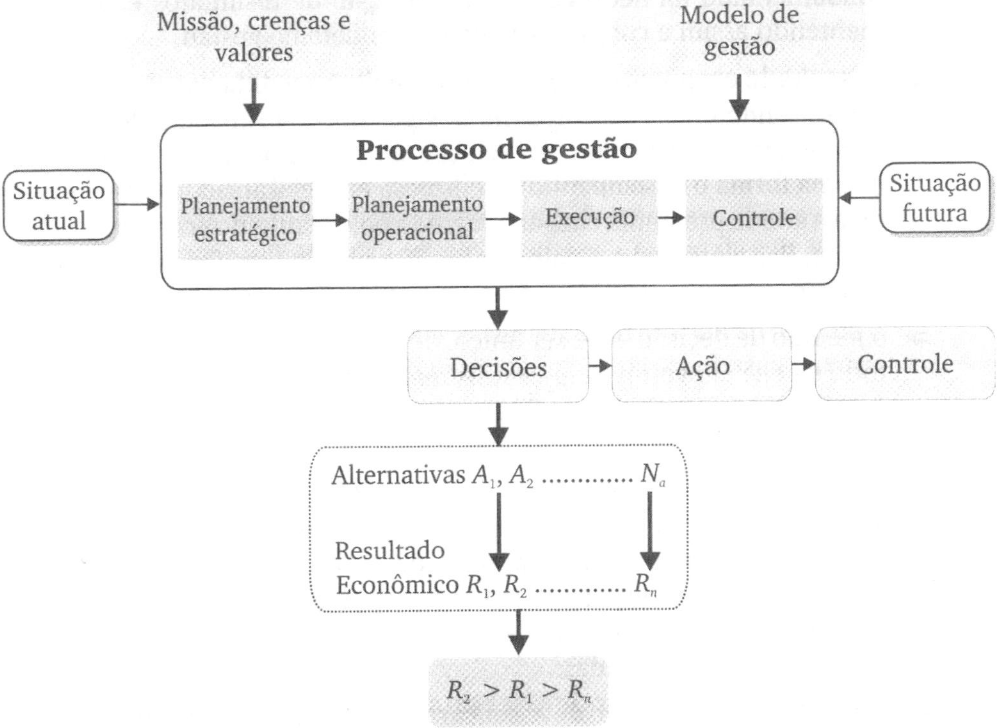

Figura 3.7 *Tomada de decisão e processo de gestão.*

Em razão da complexidade, já mencionada, das atividades empresariais e do próprio processo de gestão, adicionado o impacto das variáveis internas e externas, torna-se premente a necessidade, por parte dos gestores, de um modelo de decisão, de modo a simplificar e facilitar a compreensão das relações citadas anteriormente, reduzindo a quantidade de variáveis existentes a um número passível de manipulação.

Portanto, o modelo de decisão deve ser um facilitador do entendimento da realidade, propiciando ao gestor antecipar e mensurar os efeitos das possíveis alternativas de ação sobre determinado evento, ou seja, as decisões devem ser tomadas sobre os eventos. O modelo de decisão pode ser caracterizado a partir das seguintes diretrizes básicas:

- o modelo de decisão deve incorporar os aspectos comportamentais estabelecidos pelas crenças e valores do subsistema institucional da empresa, caracterizados e definidos no modelo de gestão, devendo estes prevalecer sobre os aspectos comportamentais individuais dos gestores;
- o modelo de decisão deve incorporar um componente racional, o qual é fundamentado na necessidade da obtenção de resultados econômicos, mantendo assim a congruência com o modelo de gestão;
- o resultado econômico é visto como a melhor medida da eficácia empresarial, sendo que o desempenho dos gestores é avaliado pelo resultado econômico que atingem, em relação ao previamente estabelecido. Da mesma forma o desempenho da empresa em relação ao lugar em que estava e aonde pretendia chegar é medido pelo resultado econômico. Dessa forma, fica claro que a escolha da melhor alternativa deve ter como pressuposto o sistema de avaliação anteriormente mencionado;
- o modelo de decisão deve ser único, devendo ter como pressuposto o método de custeio variável, apurar as margens de contribuições em função dos aspectos econômicos e financeiros dos eventos e em conformidade com o processo físico/operacional, e estar harmonizado com a missão de cada atividade da empresa e com a missão da empresa;
- a função objetivo do modelo de decisão do gestor deve corresponder à otimização do resultado econômico de cada evento/transação sob sua responsabilidade, de forma a otimizar o resultado global da empresa; para tanto, todas as alternativas de ação formuladas e viáveis devem ser corretamente mensuradas;
- o modelo de decisão não deve ser caracterizado apenas com base em uma metodologia descritiva, tendo em vista que os gestores não utilizam necessariamente os melhores modelos e que, por outro lado, esses modelos estão condicionados à informação disponível no momento;
- deve ser utilizada uma metodologia normativa que explore o comportamento da empresa, em vez de estudar detidamente os processos mentais dos administradores;
- o modelo de decisão deve ser caracterizado considerando-se o aspecto da motivação do gestor que impulsiona a eficácia da organização.

O modelo de decisão, assim concebido, é visto como um processador de informações, cuja função no processo de tomada de decisão é apoiar o gestor na fase de escolha, cabendo ao último sistematizar as decisões necessárias em cada etapa do processo de gestão. Daí a necessidade de estar harmonizado com o modelo de gestão da empresa, nesse caso, com o modelo de gestão econômica, uma vez que as decisões devem ser tomadas considerando-se os aspectos econômicos das atividades, de forma racional e voltadas para a obtenção do resultado econômico.

Assim, o modelo de decisão deve possibilitar ao gestor identificar e caracterizar de forma clara e precisa um problema ou uma oportunidade, podendo avaliar e comparar previamente as diversas alternativas de ação sobre determinado evento.

Pode-se, então, definir um modelo conceitual de decisão aplicado a eventos econômicos, sob a ótica da gestão econômica, como:

> *"um conjunto de princípios, definições e funções que têm por objetivo* ***apoiar*** *o gestor na escolha da melhor alternativa de ação; pela representação ideal do resultado econômico de um dado* ***evento/transação*** *que otimize o resultado global da empresa"* (Almeida, 1996:79).

Como produto do modelo de decisão, podemos visualizar um conjunto de resultados econômicos relativos às diversas alternativas de ação formuladas sobre dado evento, sendo fundamentado nos conceitos e teorias que suportam a gestão econômica, cujo escopo é a otimização do resultado econômico dos eventos/transações.

Assim, o modelo conceitual de decisão está definindo um problema comum aos gestores, em razão da própria racionalidade exigida no mundo dos negócios, ou seja, a identificação da alternativa que irá otimizar o resultado econômico de certo evento/transação econômica, cujo modelo terá como dados de entrada um conjunto de variáveis chamadas de variáveis de decisão e ambientais.

Dessa forma, os gestores são orientados por um único modelo decisório, voltado para a otimização do resultado dos eventos/transações sob sua responsabilidade, de forma a melhor contribuir para o resultado global da empresa.

O conceito de otimização busca minimizar os conflitos entre os diversos gestores, em razão de estes estarem voltados para os interesses das áreas sob sua responsabilidade, muitas vezes, em detrimento dos interesses de outras áreas. Esse conceito tem como lema que as diversas áreas devem trabalhar de acordo com o planejado, ou seja, o desempenho deve ser comparado em relação a um plano, por meio do qual são integrados e coordenados, em benefício de toda empresa, os interesses conflitantes das diversas áreas.

Nesse contexto, segundo Guerreiro (1989:68), aplicam-se ao modelo os conceitos de eficiência e eficácia. A eficiência no que se refere ao consumo dos insumos em relação ao plano (padrão) e a eficácia no que se refere ao cumprimento dos resultados constantes do plano (orçamento).

Pela visão sistêmica, a Figura 3.8 apresenta o modelo conceitual de decisão, que é formado com base nos princípios, definições e funções (diretrizes básicas) e tem sua lógica definida pela equação de resultado econômico, que é sustentada pelos modelos de mensuração e de informação (elementos do sistema de informação).

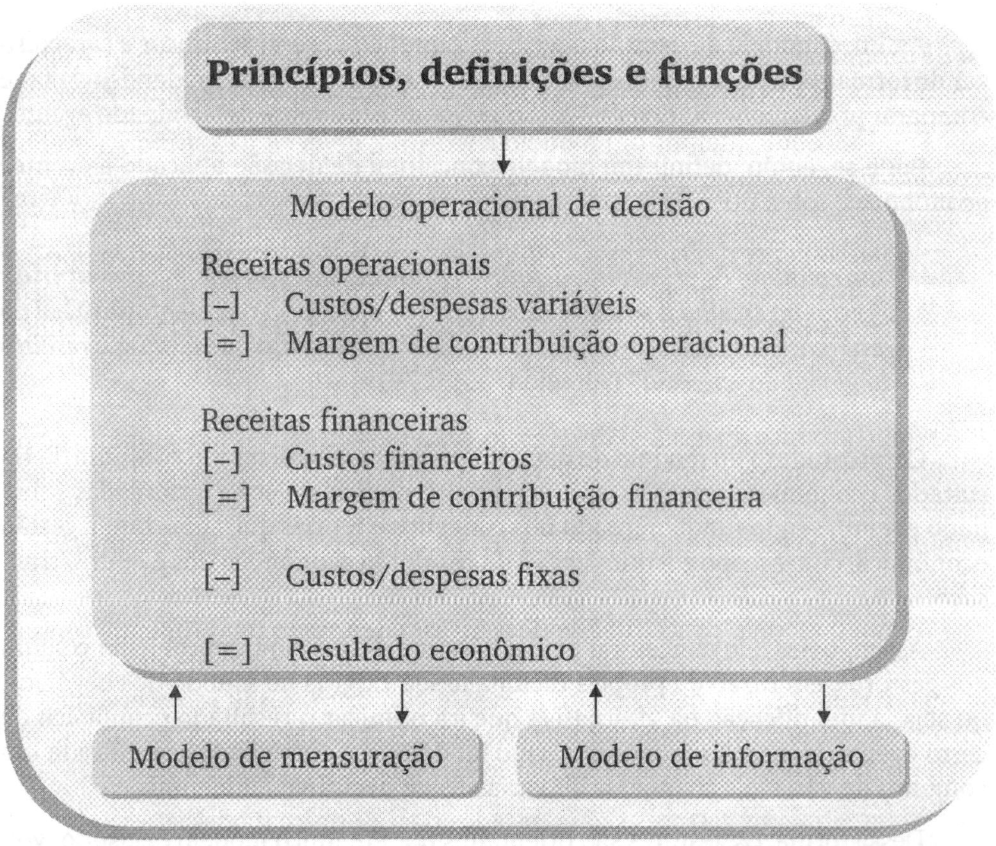

Fonte: Adaptado de ALMEIDA, Lauro Brito de. *Estudo de um modelo conceitual de decisão, aplicado a eventos econômicos, sob a ótica da gestão econômica.* Dissertação (Mestrado em Controladoria e Contabilidade) – FEA. São Paulo : Universidade de São Paulo, 1996. p. 82.

Figura 3.8 *Modelo conceitual de decisão.*

Assim, o modelo, sendo único para todas as atividades da empresa, garante a consistência em todas as decisões tomadas por cada gestor no sentido de contribuir para a otimização do resultado econômico e do cumprimento da missão, visto que é um:

- modelo voltado para fornecer informações quanto ao resultado econômico, mensurado da forma mais correta possível, sobre as diversas alternativas de ação, leva o gestor a identificar todas as variáveis relevantes para o processo de tomada de decisão, assim como a elaborar as melhores alternativas para alcançar o resultado planejado;
- modelo voltado para a otimização dos resultados faz com que os gestores tomem decisões conforme um plano previamente concebido, pelo qual

são integrados e coordenados, em benefício de toda a empresa, os interesses conflitantes das diversas áreas;

- modelo voltado para a otimização dos resultados permite a aplicação dos conceitos de eficiência e de eficácia.

REFERÊNCIAS BIBLIOGRÁFICAS

ALMEIDA, Lauro Brito. *Estudo de um modelo conceitual de decisão, aplicado a eventos econômicos, sob a ótica da gestão econômica.* Dissertação (Mestrado em Controladoria e Contabilidade) – FEA. São Paulo : Universidade de São Paulo, 1996.

CRUZ, Rosany Ipavez. *Uma contribuição à definição de um modelo conceitual para a gestão econômica.* Dissertação (Mestrado em Controladoria e Contabilidade) – FEA. São Paulo : Universidade de São Paulo, 1991.

GUERREIRO, Reinaldo. *Modelo conceitual de sistema de informação de gestão econômica*: uma contribuição à teoria da comunicação da contabilidade. Tese (Doutorado em Controladoria e Contabilidade) – FEA. São Paulo : Universidade de São Paulo, 1989.

HENDRIKSEN, Elden S. *Accounting theory.* Homewood, Ill. Richard D. : Irwin, 1982.

PARISI, Cláudio. *Uma contribuição ao estudo de modelos de identificação e acumulação de resultado.* Dissertação (Mestrado em Controladoria e Contabilidade) – FEA, São Paulo : Universidade de São Paulo, 1995.

Parte II

GESTÃO, PROCESSO DE GESTÃO

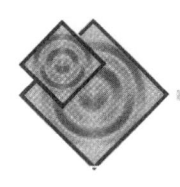

4 Processo de Gestão e Sistemas de Informações Gerenciais

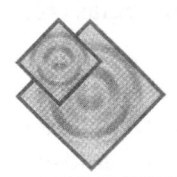

Armando Catelli
Carlos Alberto Pereira
Marco Tullio de Castro Vasconcelos

4.1 INTRODUÇÃO

A atual conjuntura econômica e social tem reforçado a necessidade de as empresas incorporarem características que lhes permitam maior grau de flexibilidade e adaptação ao ambiente onde atuam.

De modo geral, essa assertiva tem sido observada, basicamente, pela ocorrência de alguns fatores, como os seguintes:

- ✓ alto grau de competição entre as empresas;
- ✓ uso intensivo de tecnologia de informação, possibilitando inclusive o surgimento de novos produtos, impossíveis sem o uso da informática;
- ✓ abertura do mercado para novos participantes e produtos.

Além desses fatores, a globalização da economia, o processo de privatização e a própria estabilização da moeda deram origem a um novo perfil de empresas, que buscam adequar-se à nova realidade econômica.

Do ponto de vista da gestão empresarial, nesse ambiente de turbulências e de grande competição entre as empresas, são fundamentais:

- ✓ o planejamento cuidadoso de suas ações;
- ✓ a implementação adequada de seus planos;
- ✓ a avaliação sistemática do desempenho realizado em relação aos planos traçados.

Esses aspectos evidenciam a necessidade de as empresas terem um processo de gestão estruturado na forma do ciclo "planejamento, execução e controle".

Na fase de planejamento, para a implementação das transformações necessárias, a empresa necessita antecipar cenários futuros, identificando oportunidades e ameaças e confeccionando estratégias e políticas de atuação, ou seja, a empresa necessita de um planejamento estratégico.

Após estipulados os cenários, as políticas e as diretrizes estratégicas, o mais provável é que as empresas precisem escolher entre diversas alternativas para implementá-las – em termos de *mix* de produtos, preços, volumes, tecnologias etc. –, o que caracteriza sua necessidade do planejamento operacional.

Entretanto, não basta planejar, é preciso realizar – o que caracteriza a fase de execução do processo de gestão; tem-se, ainda, que garantir que as atividades sejam realizadas de acordo com os planos estabelecidos – configurando a fase de controle.

Em todas as fases do processo de gestão, são tomadas decisões que consistem na escolha de diretrizes e alternativas que guiarão a empresa rumo a seus objetivos.

Essas decisões requerem um suporte informativo adequado, de modo que sejam escolhidas as melhores alternativas para a empresa. Para isso, os gestores precisam de um sistema de informações que lhes forneça informações sobre o desempenho planejado e sobre o desempenho realizado, permitindo-lhes fazer comparações em bases objetivas, em todas as etapas do processo de gestão.

4.2 MODELO DE GESTÃO ECONÔMICA

O Modelo de Gestão Econômica – GECON – é um modelo para o gerenciamento de organizações por resultados econômicos. Foi desenvolvido com base em levantamentos e estudos das necessidades da gestão, visando atender os modelos decisórios utilizados pelos gestores na tomada de decisões.

Compreende os seguintes produtos:

- ✓ *Sistema de gestão;*
- ✓ *Sistema de informações; e*
- ✓ *Sistema de processamento de dados.*

4.3 PROCESSO DE GESTÃO ECONÔMICA

Processo de gestão econômica é, na realidade, um grande processo de controle, que tem por objetivo assegurar a eficácia empresarial, atividade esta que tem sido caracterizada pelos teóricos da administração como um contínuo processo de tomada de decisões.

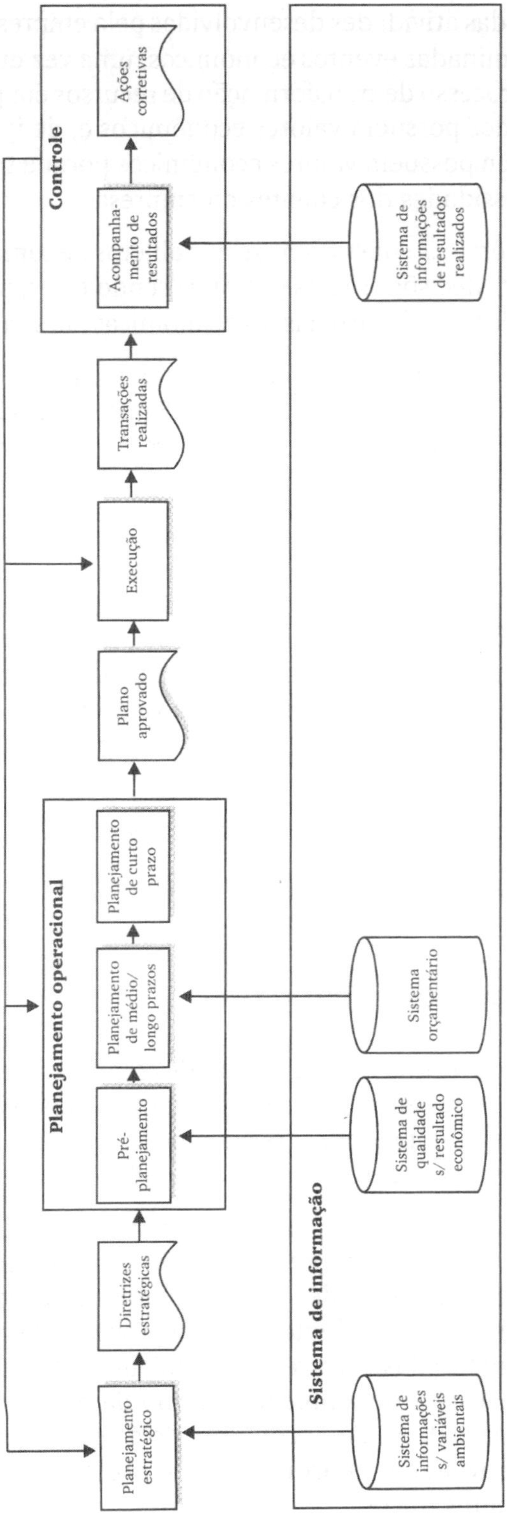

Figura 4.1 *Visão geral do processo de gestão integrado com os sistemas de informações.*

Em decorrência das atividades desenvolvidas pela empresa, existe uma gama de ocorrências, denominadas eventos econômicos, uma vez que tais atividades se caracterizam como processo de transformação de recursos em produtos e serviços. Os recursos consumidos possuem valores econômicos e, de igual forma, os serviços e produtos também possuem valores econômicos porque trazem satisfação no atendimento de necessidades dos clientes da empresa.

Os eventos econômicos constituem-se nos objetos de tomada de decisão, e os indivíduos que tomam decisões são os gestores, sendo estes, portanto, os responsáveis pelo processo de tomada de decisões econômicas em sua esfera de atuação.

Uma questão a destacar é que o simples agrupamento de recursos não garante a eficácia e a eficiência do processo produtivo. Faz-se necessário um processo estruturado de gestão. E é essa tarefa de administração que constitui o Sistema de Gestão ou Processo de Gestão.

De forma sintética, o processo de gestão pode ser entendido como composto das seguintes fases: planejamento, execução e controle. A fase de planejamento poderia ser dividida em planejamento estratégico, planejamento operacional e ajustes no plano, conforme a amplitude e o tipo de plano, fruto do esforço de planejamento na fase, e as variáveis trabalhadas. Na fase de execução, pode-se ter um sistema de custeio que mensure as transações a valores reais e a valores-padrão, para implementar a preocupação com a eficiência e possibilitar medidas corretivas.

Esse processo pode ser visualizado genericamente na Figura 4.1.

Cada uma dessas fases e desses sistemas são caracterizados a seguir.

4.3.1 *Planejamento estratégico*

Nesse ambiente de turbulências e de grande competição entre as empresas, a única saída para os gestores alcançarem seus objetivos é planejar cuidadosamente as ações que pretendem empreender, reavaliando, de tempos em tempos, o desempenho efetuado contra o desempenho planejado.

A fase de planejamento estratégico tem como premissa fundamental assegurar o cumprimento da missão da empresa. Essa fase do processo de gestão gera um conjunto de diretrizes estratégicas de caráter qualitativo que visa orientar a etapa de planejamento operacional. Evidentemente, o processo de planejamento estratégico contempla a análise das variáveis do ambiente externo (identificação das oportunidades e ameaças) e do ambiente interno da empresa (identificação de seus pontos fortes e fracos). Assim, o conjunto de diretrizes estratégicas objetiva evitar as ameaças, aproveitar as oportunidades, utilizar os pontos fortes e superar as deficiências dos pontos fracos.

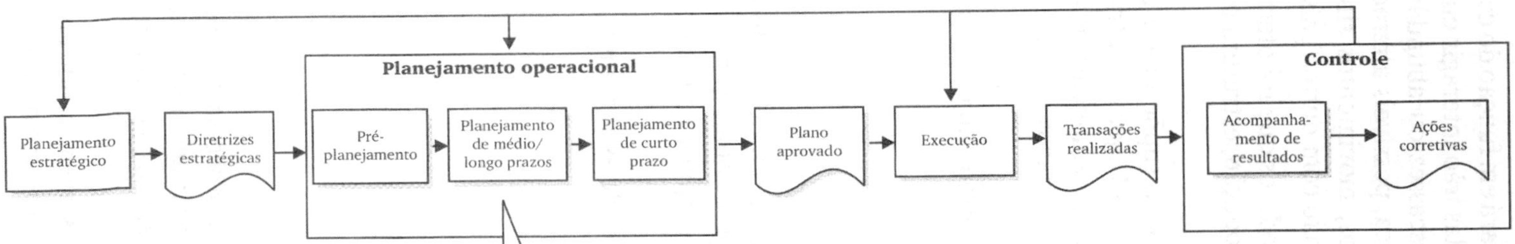

Papel:
– Assegurar o cumprimento da missão da empresa
Produto:
– Conjunto de diretrizes estratégicas
Processo:
– Estabelecimento de cenários
– Identificação de oportunidades e ameaças
– Identificação de pontos fortes
– Determinação das diretrizes estratégicas no sentido de aproveitar as oportunidades, evitar ameaças, tirar proveito dos pontos fortes e neutralizar os pontos fracos
Pré-requisitos:
– Clara definição da missão da empresa
– Envolvimento e participação dos gestores
– Sistema de informações sobre variáveis ambientais
– Informações sobre desempenhos passados
– Conhecimento das variáveis atuais do ambiente interno da empresa

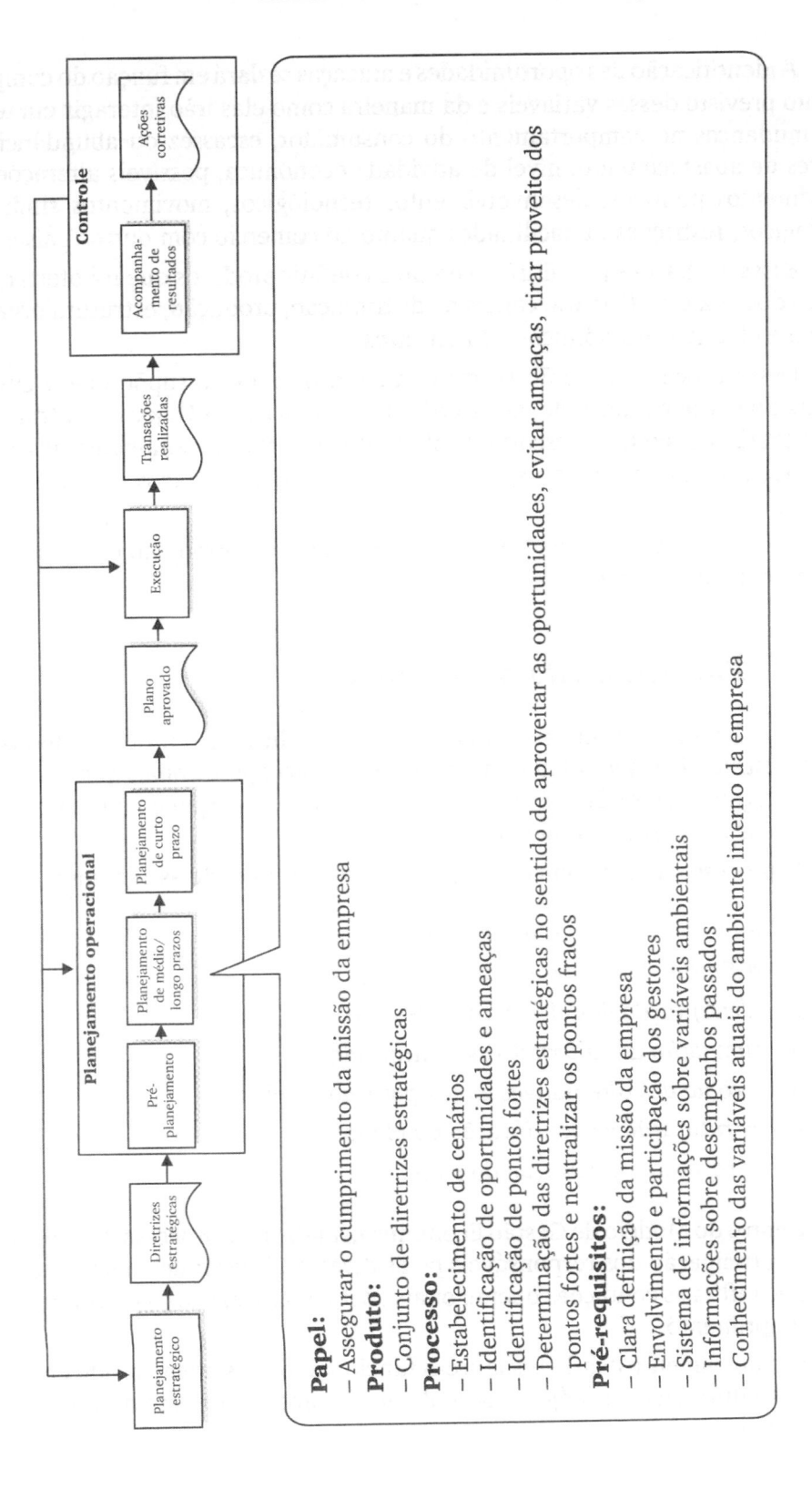

Figura 4.2 *Visão geral do processo de gestão – planejamento estratégico.*

A identificação das oportunidades e ameaças se dará em função do comportamento previsto dessas variáveis e da maneira como elas irão interagir em termos de: mudanças no comportamento do consumidor, escassez ou abundância nas fontes de abastecimento, nível de atividade econômica, possíveis alterações nos movimentos políticos, desenvolvimentos tecnológicos, movimentos sindicais e ecológicos, restrições ou facilidades quanto ao comércio com outros países.

Essas avaliações permitirão à empresa definir produtos que irá ofertar, mercados dos quais participará, canais de distribuição, produção, estrutura organizacional e objetivos econômicos e financeiros.

Desse processo deverão surgir os Cenários, onde se supõe que a empresa atuará no período planejado, as Diretrizes, as Políticas e os Objetivos Estratégicos, que deverão possibilitar a escolha de alternativas para aproveitamento das oportunidades, evitando as ameaças, tendo em vista os pontos fracos, fortes e neutros elencados.

Esses elementos serão utilizados como dados de entrada no processo de Planejamento Operacional.

4.3.2 *Planejamento operacional*

Com base nas diretrizes e cenários traçados durante o processo de planejamento estratégico, será elaborado o planejamento operacional, que consiste na identificação, integração e avaliação de alternativas de ação e na escolha de um plano de ação a ser implementado.

O processo de planejamento operacional compreende as seguintes etapas:

1. *estabelecimento dos objetivos operacionais;*
2. *definição dos meios e recursos;*
3. *identificação das alternativas de ação;*
4. *simulação das alternativas identificadas;*
5. *escolha das alternativas e incorporação ao plano;*
6. *estruturação e quantificação do plano; e*
7. *aprovação e divulgação do plano.*

Dentro do Modelo de Gestão Econômica, ainda, esse processo deve acontecer com a participação dos responsáveis pelas diversas áreas funcionais da empresa, para que reflita as condições operacionais adequadas e exista o compromisso com seu cumprimento.

O planejamento das diversas áreas funcionais deve ser feito tendo em vista os cenários e diretrizes estratégicas desenhados durante o processo de planejamento estratégico.

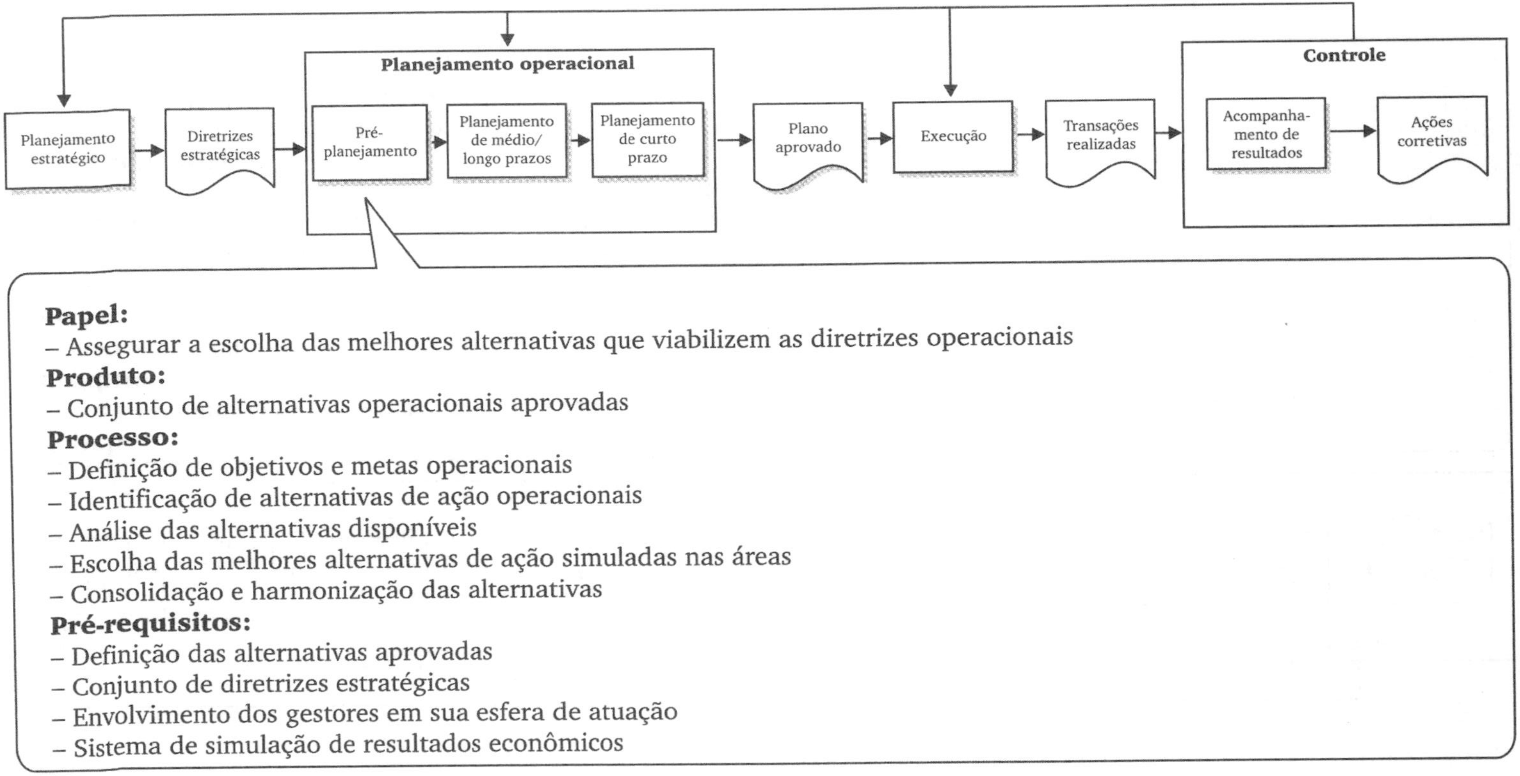

Figura 4.3 *Visão geral do processo de gestão – pré-planejamento.*

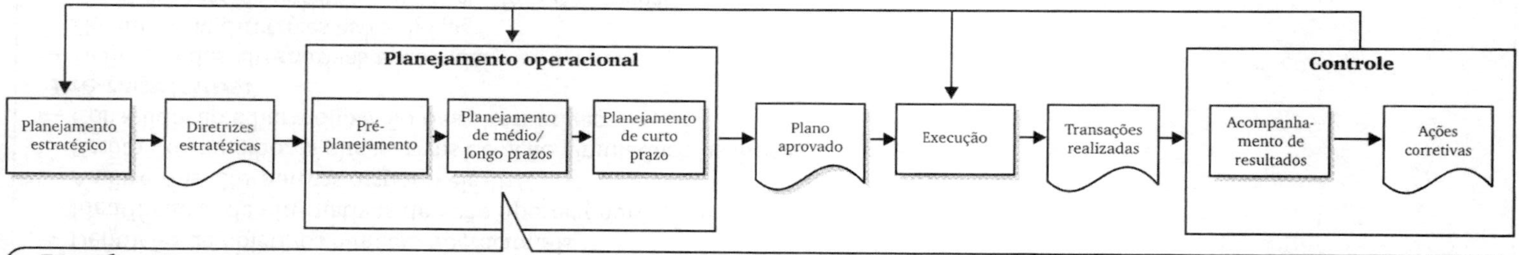

Papel:
- Detalhar as alternativas operacionais aprovadas de forma a otimizar os resultados no médio e longo prazos

Produto:
- Plano operacional de médio/longo prazos aprovado

Processo:
- Definição do horizonte de planejamento
- Definição dos módulos temporais de planejamento
- Determinação dos recursos necessários ao atingimento de objetivos e metas
- Determinação das etapas e prazos para o cumprimento das metas

Pré-requisitos:
- Conjunto de alternativas operacionais aprovadas
- Envolvimento dos gestores em sua esfera de atuação
- Sistema orçamentário

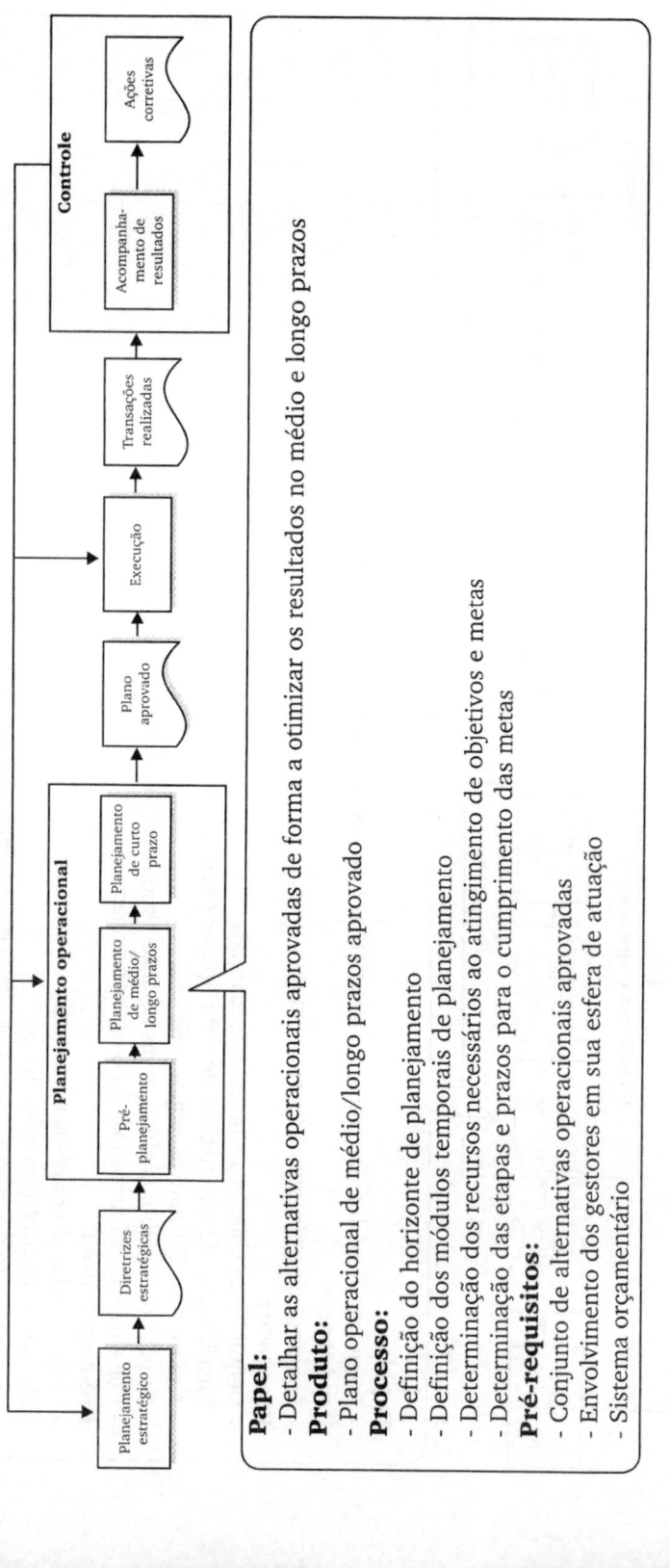

Figura 4.4 *Visão geral do processo de gestão – planejamento operacional de médio e longo prazos.*

Adicionalmente é elaborado um planejamento de consumo de recursos, volume produzido, *mix* de produtos, investimentos em tecnologia, recursos humanos e ativos fixos, finalizando o processo em um plano de lucros.

Essa fase divide-se em Pré-planejamento Operacional, Planejamento Operacional de Médio e Longo Prazos e Planejamento Operacional de Curto Prazo.

4.3.2.1 **Pré-planejamento operacional**

A fase de pré-planejamento corresponde à fixação de objetivos, identificação das alternativas de ação e escolha das melhores alternativas que viabilizem as diretrizes estratégicas. O produto dessa fase do processo gerencial é o conjunto de alternativas de ação selecionadas.

4.3.2.2 **Planejamento operacional – médio e longo prazos**

Essa fase de planejamento operacional corresponde ao detalhamento das alternativas selecionadas, dentro de determinada perspectiva temporal considerada pela empresa como médio e longo prazos (um ano, por exemplo), quantificando-se analiticamente recursos, volumes, preços, prazos, investimentos e demais variáveis planejadas.

Com base nas diretrizes e cenários traçados durante o processo de planejamento estratégico, será elaborado o planejamento operacional, que consiste na identificação, integração e avaliação de alternativas de ação e na escolha de um plano de ação a ser implementado.

A Controladoria atua no sentido de disponibilizar sistemas de informações que contemplem os modelos de decisão e de mensuração adequados, tendo em vista a realidade operacional da empresa.

4.3.2.3 **Planejamento operacional – curto prazo**

Essa fase corresponde a um replanejamento efetuado em momento mais próximo à realização dos eventos e à luz do conhecimento mais seguro das variáveis envolvidas. O produto dessa fase é o programa operacional, ou ajuste no plano, para um módulo no horizonte temporal de curto prazo do planejamento operacional (por exemplo: um mês).

O *ajuste no plano* envolve a elaboração de planos operacionais alternativos, com a seleção do programa a ser implementado. Esse programa seria um ajuste ao plano operacional, tendo em vista sua aplicação no curto prazo.

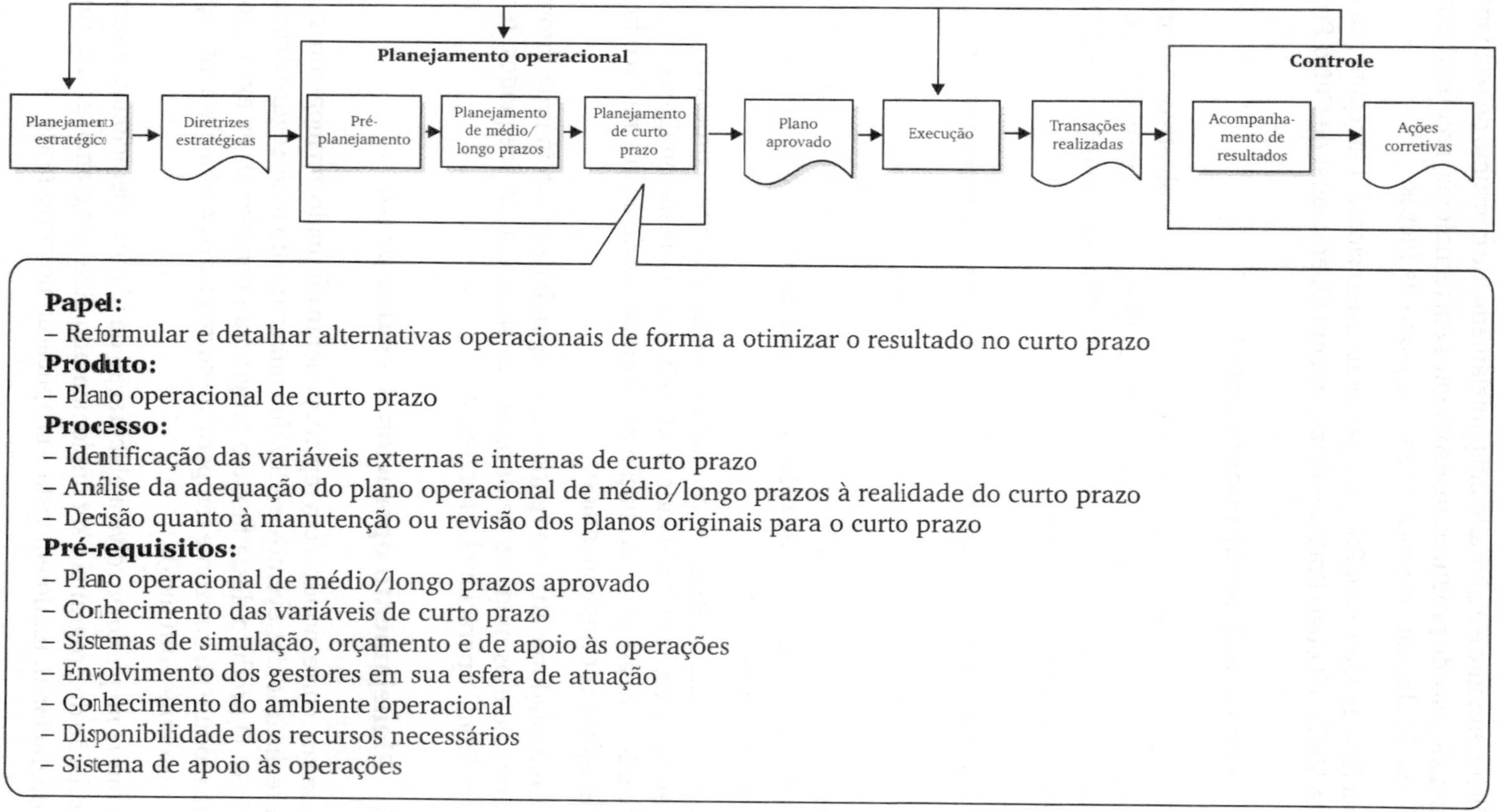
Planejamento operacional
Controle
Planejamento estratégico
Diretrizes estratégicas
Pré-planejamento
Planejamento de médio/longo prazos
Planejamento de curto prazo
Plano aprovado
Execução
Transações realizadas
Acompanhamento de resultados
Ações corretivas
Papel:
– Reformular e detalhar alternativas operacionais de forma a otimizar o resultado no curto prazo
Produto:
– Plano operacional de curto prazo
Processo:
– Identificação das variáveis externas e internas de curto prazo
– Análise da adequação do plano operacional de médio/longo prazos à realidade do curto prazo
– Decisão quanto à manutenção ou revisão dos planos originais para o curto prazo
Pré-requisitos:
– Plano operacional de médio/longo prazos aprovado
– Conhecimento das variáveis de curto prazo
– Sistemas de simulação, orçamento e de apoio às operações
– Envolvimento dos gestores em sua esfera de atuação
– Conhecimento do ambiente operacional
– Disponibilidade dos recursos necessários
– Sistema de apoio às operações

Figura 4.5 *Visão geral do processo de gestão – planejamento operacional de médio e curto prazos.*

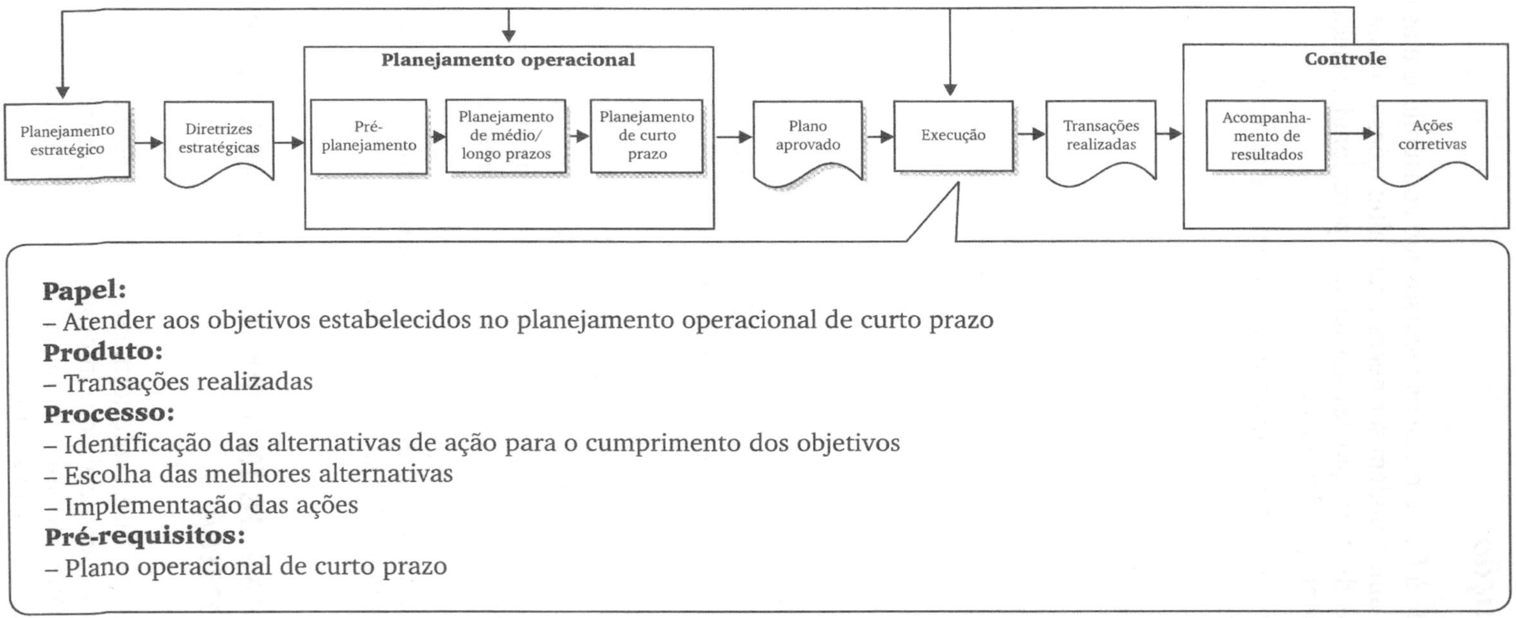

Figura 4.6 *Visão geral do processo de gestão – execução.*

4.3.3 *Execução*

Corresponde à fase em que os recursos são consumidos e os produtos gerados. Nessa fase, ainda podem ser necessárias alterações e ajustes no programa, com conseqüente identificação de alternativas operacionais, seleção da mais apropriada e implementação dos ajustes.

A fase de execução é exatamente aquela em que as ações são implementadas e surgem as transações realizadas.

4.3.4 *Controle*

O controle deve ser executado nas áreas operacionais, na administração das áreas operacionais e na empresa em sua totalidade: avaliação de desempenho global e analítica. Para que seja implementado com sucesso, o controle envolve quatro etapas:

1. *prever os resultados das decisões na forma de medidas de desempenho*;
2. *reunir informações sobre o desempenho real*;
3. *comparar o desempenho real com o previsto*; e
4. *verificar quando uma decisão foi deficiente e corrigir o procedimento que a produziu e suas conseqüências, quando possível.*

Para que sejam eficazes, os controles devem ser baseados em planos. Quanto mais claros, completos e integrados forem os planos, mais eficazes serão os controles.

Para isso, os gestores precisam de uma ferramenta que lhes forneça informações sobre os desempenhos planejado e realizado, permitindo-lhes fazer comparações em bases objetivas, em todas as etapas do processo de gestão.

A fase de controle corresponde à implementação de ações corretivas, quando os resultados realizados são diferentes dos planejados, no sentido de assegurar que os objetivos planejados sejam atingidos.

4.4 SISTEMAS DE INFORMAÇÕES PARA GESTÃO ECONÔMICA

Cada uma dessas fases, anteriormente descritas, deve ser atendida pelo Sistema de Informação Gerencial com informações oportunas, corretas, confiáveis, com a periodicidade necessária para viabilizar a tomada eficaz de decisões por parte dos gestores da organização.

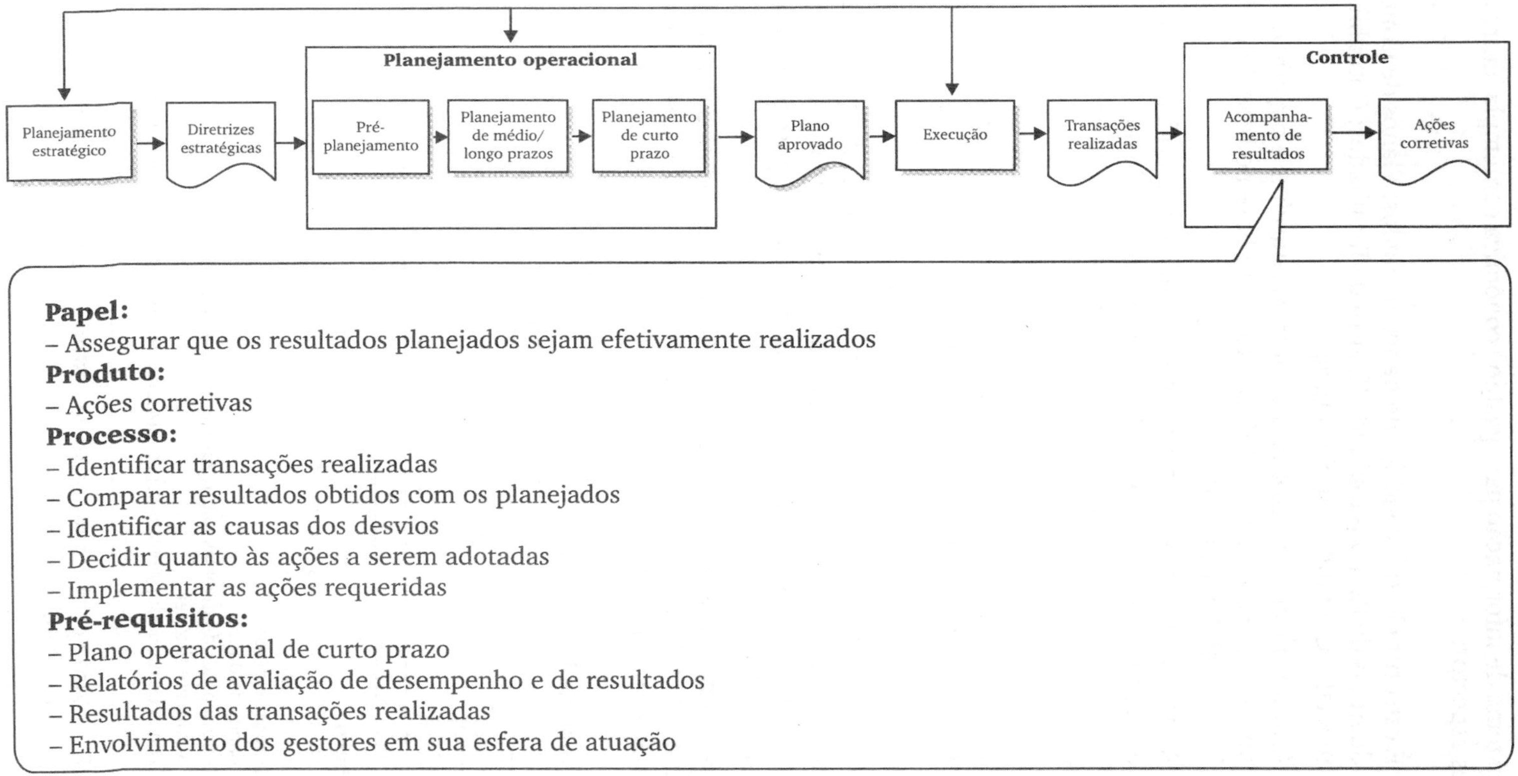

Figura 4.7 *Visão geral do processo de gestão – controle.*

O sistema de informação para gestão econômica contempla, entre outros, os seguintes aspectos:

- ✓ É estruturado sob conceito de banco de dados: Planos de Contas; Plano de Áreas de Responsabilidade/Centro de Resultados; Contabilidade Gerencial e Contabilidade Societária.
- ✓ As informações e relatórios atendem os conceitos e o modelo de decisão dos usuários: Modelo de Informação com base no Modelo de Decisão e Modelo de Mensuração.
- ✓ A mensuração das transações é efetuada com a utilização de conceitos econômicos: valor de mercado; reconhecimento da receita pela produção dos bens e serviços; preço de transferência; custo de oportunidade; equivalência de capitais.
- ✓ Aos recursos e produtos/serviços das atividades são atribuídos, respectivamente, custos e receitas com base em valor de mercado: Preço de Transferência; Preço e Custos Correntes.

O Sistema de Informação para Gestão Econômica é o conjunto de subsistemas de pré-orçamentação, orçamentos, custos e contabilidade, que reflete as decisões tomadas por ocasião do planejamento em termos monetários e, posteriormente, confronta os resultados reais com os planejados, possibilitando então as ações de controle.

Dessa forma, cada fase do Processo de Gestão é atendida de forma particular pelo Sistema de Informações para Gestão Econômica, conforme demonstrado nas Figuras 4.8, 4.9, 4.10 e 4.11.

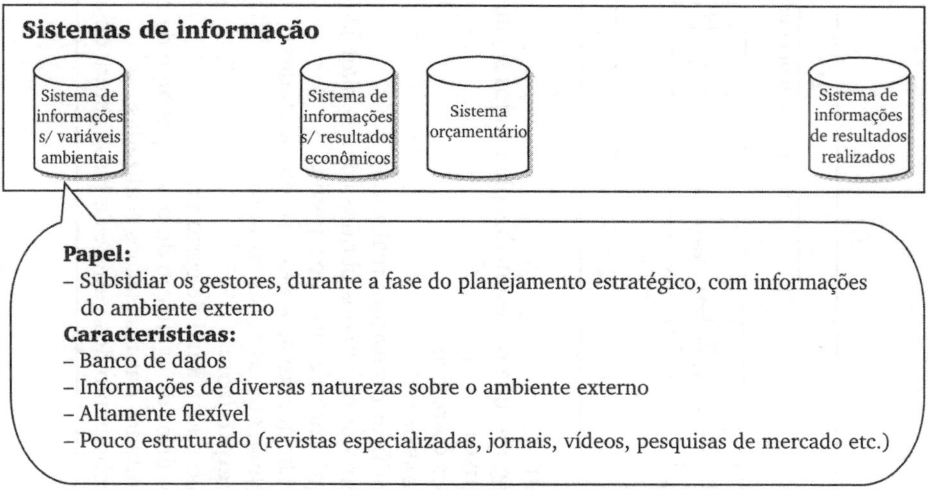

Figura 4.8 *Visão geral do processo de gestão – sistema de informação sobre variáveis ambientais.*

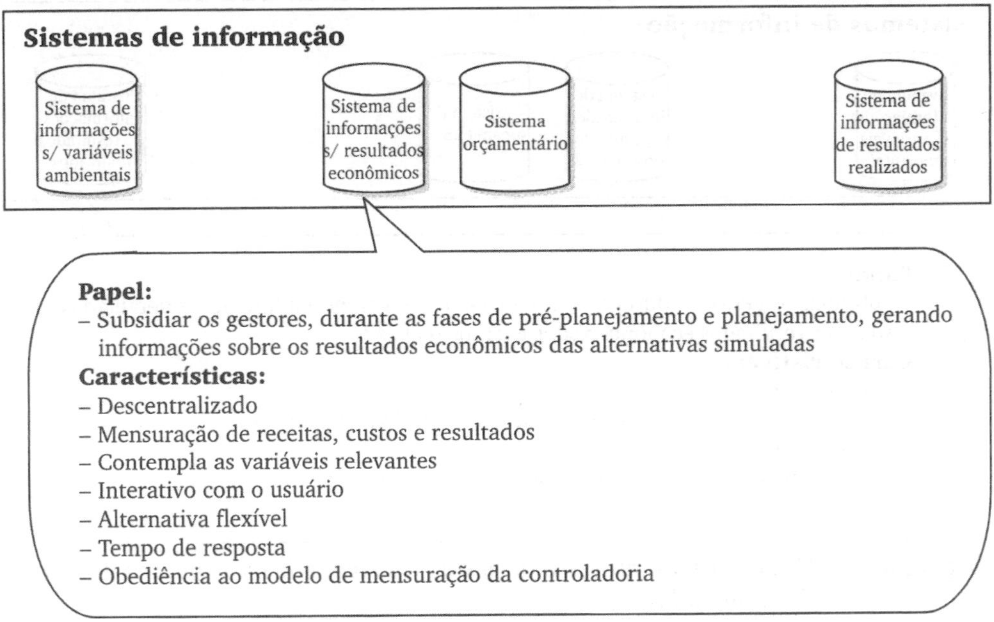

Figura 4.9 *Visão geral do processo de gestão – sistema de simulação de resultados econômicos.*

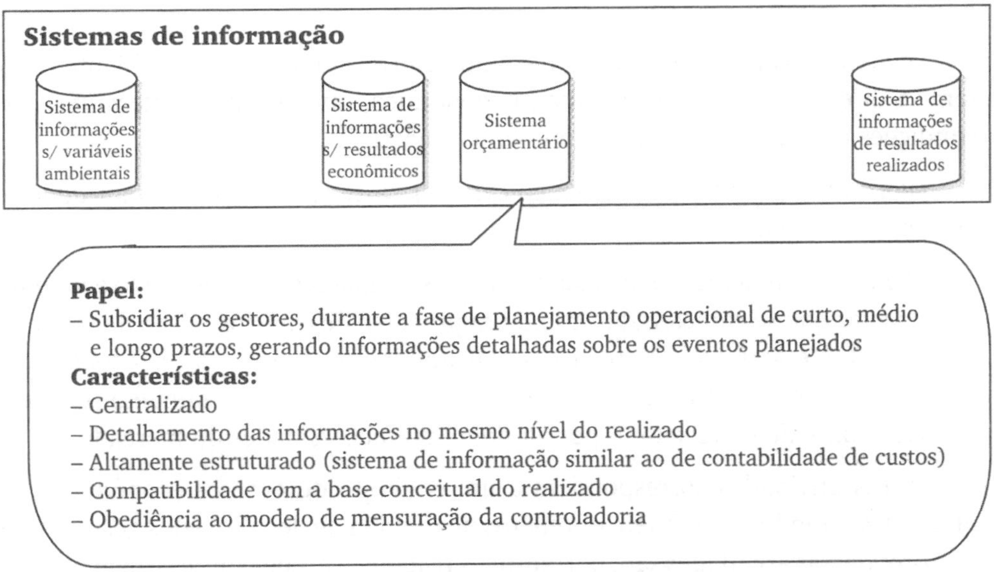

Figura 4.10 *Visão geral do processo de gestão – sistema orçamentário.*

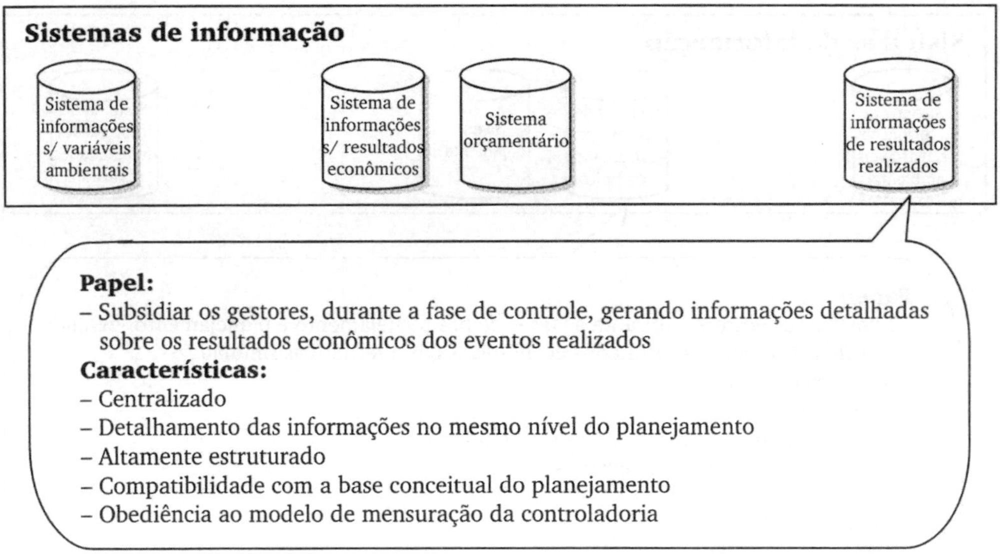

Figura 4.11 *Visão geral do processo de gestão – sistema de informações de resultados realizados.*

4.5 ASSEGURANDO A OTIMIZAÇÃO DO RESULTADO ECONÔMICO

A flexibilidade e a capacidade de adaptação da empresa a seu ambiente refletem-se diretamente em seu resultado econômico, que *espelha e determina* suas condições de continuidade num ambiente dinâmico.

Portanto, o resultado econômico caracteriza-se como o *melhor indicador do grau de eficácia da empresa.*

Todas as atividades realizadas na empresa impactam seu resultado econômico, uma vez que se caracterizam como um processo de transformação de recursos em produtos e serviços. Os recursos consumidos possuem valores econômicos (custos), por serem escassos, e os serviços e produtos gerados também possuem valores econômicos (receitas), por atenderem a necessidades do mercado.

Essas atividades correspondem a um conjunto de eventos econômicos, os quais, desse modo, constituem os objetos de tomada de decisão pelos gestores. Os gestores dessas atividades são, portanto, os responsáveis pelo processo de tomada de decisões econômicas em sua esfera de atuação, ou seja, são responsáveis pela gestão econômica.

Todas as atividades da empresa devem contribuir para seu resultado. A gestão deve ser voltada para rentabilidade, o que requer a existência de sistemas de informações que apóiem adequadamente as decisões dos gestores, com informações sobre resultados econômicos dos eventos, atividades, clientes, segmentos relacionados à área sob sua responsabilidade, permitindo que atuem permanentemente em busca de eficiência e eficácia de suas atividades.

Partindo desse pressuposto, as áreas devem desempenhar suas atividades sem transferir ineficiências e sem arcar com as ineficiências alheias, o que requer a existência de um sistema de informações gerenciais que incorpore um sistema de preços de transferência justo, baseado preferencialmente em parâmetros de mercado; um sistema de custo que utilize o método de custeio direto; e um sistema de padrões que permita avaliar a eficiência no uso dos recursos.

Antes de mais nada, um gestor é sempre *gestor da empresa*, não apenas gestor de sua área de atuação, qualquer que ela seja. Suas preocupações devem ser sempre no sentido de contribuir para o resultado da instituição em sua totalidade, assumindo posturas otimizadoras.

Citemos o caso de um banco comercial, em que, geralmente, a otimização de seu resultado global depende da otimização do resultado de cada evento de captação, aplicação e prestação de serviços.

Com base nisso, o modelo ideal de gestão econômica, na otimização do resultado econômico, deveria atender os seguintes requisitos, com vistas em assegurar a obtenção dos resultados a seguir (Quadro 4.1):

Quadro 4.1 *Requisitos para otimização do resultado econômico.*

Resultado correto	Por meio de um modelo de mensuração capaz de avaliar corretamente o impacto econômico de cada transação, refletindo adequadamente as ocorrências físico-operacionais.
Resultado ótimo	Por meio do estabelecimento do modelo de decisão para cada evento, que torne possível a caracterização da alternativa otimizadora de cada decisão, considerando o modelo de apuração do *resultado correto.*
Resultado assegurado	Por meio da implementação de modelo de gestão que assegure a plena utilização das potencialidades dos gestores, objetivando a obtenção do *resultado ótimo.*
Resultado efetivado	Por meio de um modelo de informação/comunicação oportuno, confiável e útil, que garanta o apoio requerido aos gestores para efetivação dos *resultados objetivados*.

Os sistemas de informações gerenciais constituem instrumentos para que os gestores atuem nesse sentido (otimização de resultados) e devem, portanto, estar integrados ao processo de gestão, atendendo às necessidades dos gestores, no tocante aos Modelos de Decisão, de Mensuração e de Informação.

Tendo em vista o exposto, afirmamos que o Modelo de Gestão Econômica contempla os seguintes postulados:

a. Com relação ao Processo de Gestão:

- ✓ processo estruturado de gestão com planejamento estratégico, planejamento operacional, execução e controle;
- ✓ os planos são estabelecidos com base em alternativas operacionais;
- ✓ o controle visa assegurar o alcance dos planos estabelecidos;
- ✓ processo de gestão apoiado por sistemas de informações em todas suas fases.

b. Com relação aos Sistemas de Informações:

- ✓ sistemas de informações totalmente integrados ao processo de gestão, apoiando os gestores em todas suas fases (Quadro 4.2):

Quadro 4.2 *Processo de gestão e o sistema de informação.*

Processo de Gestão	Sistemas de Informações
Planejamento estratégico	Sistemas de Informações sobre Variáveis Ambientais
Planejamento operacional: ✓ Pré-planejamento ✓ Planejamento de Longo, Médio e Curto Prazos	 Sistema de Simulações de Resultados Econômicos (pré-orçamentário) Sistema de Orçamentos (gerenciais)
Execução	Sistema de Padrões Sistema de Informações de Resultados Realizados (integrado ao Sistema de Orçamentos)
Controle	Sistema de Informações para Avaliação de Desempenhos e de Resultados

✓ sistemas de informações integrados entre si, produzindo informações comparativas entre desempenhos orçados, padrões e realizados, numa mesma base conceitual, para fins de Avaliação de Desempenhos e de Resultados;

✓ orçamentos flexíveis, que permitem ajustes dos planos a uma nova realidade identificada e evidenciação das *causas* de variações entre os desempenhos planejados e realizados;

✓ as variações orçamentárias evidenciam os impactos das variáveis externas e internas sobre o desempenho da empresa;

✓ as diversas atividades da empresa são organizadas na forma de áreas de responsabilidade, permitindo avaliações de desempenho justas;

✓ os relatórios devem atender às necessidades decisórias dos usuários:

➲ *Modelo de informação;*

➲ *Modelo de decisão;*

➲ *Modelo de mensuração;*

✓ avaliações de desempenho global e analíticas (por áreas, atividades, produtos, serviços, segmentos, clientes);

Quadro 4.3 *Modelo de informação para avaliação de desempenhos.*

A.R.:Período:mm/AA

Equação de resultado	Orçamento			Real		Variações				
	Original	Corrigido	Ajustado	Padrão	Real	Inflação	Ajuste de plano	Volume	Eficiência	Total
	(1)	(2)	(3)	(4)	(5)	(2 – 1)	(2 – 3)	(3 – 4)	(5 – 4)	
Receita operacional [–] Custo variável operacional [=] Margem operacional										
Receita financeira [–] Despesa financeira [=] Margem financeira										
[–] Custos/despesas fixas										
[=] Resultado econômico										

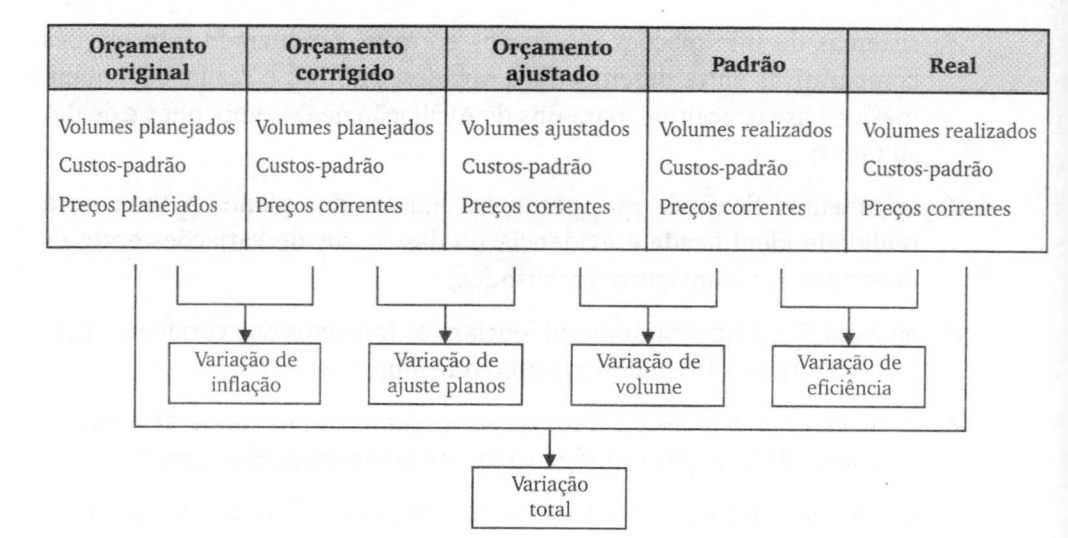

Orçamento original	**Orçamento corrigido**	**Orçamento ajustado**	**Padrão**	**Real**
Volumes planejados Custos-padrão Preços planejados	Volumes planejados Custos-padrão Preços correntes	Volumes ajustados Custos-padrão Preços correntes	Volumes realizados Custos-padrão Preços correntes	Volumes realizados Custos-padrão Preços correntes

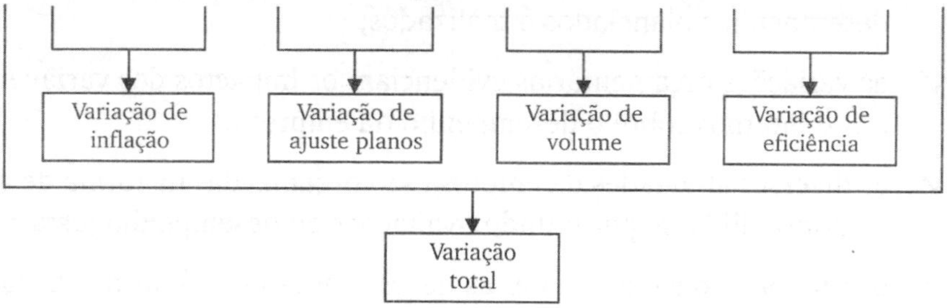

Figura 4.12 *Orçamento e análise das variações orçamentárias.*

c. Com relação à mensuração dos resultados econômicos:

✓ dentro da margem de contribuição de cada gestor entram apenas os custos e as receitas controláveis por ele;

✓ o resultado econômico de um evento tem uma dimensão operacional (pelos valores a vista) e uma dimensão financeira (pelos prazos de pagamento e recebimento);

✓ a mensuração desse resultado econômico ocorre de acordo com conceitos econômicos, entre os quais destacamos: reconhecimento da receita pelo regime de competência; preços de transferência; custeio direto; valor presente; moeda constante; custo de oportunidade.

5

PLANEJAMENTO, PLANEJAMENTO DE LUCRO

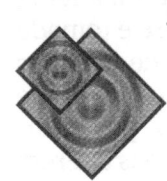

Antonio Benedito Silva Oliveira

Esse capítulo busca atender ao objetivo de conceituar o processo de planejamento, conforme proposto no modelo de gestão econômica.

Apesar de o modelo de gestão econômica trabalhar com a terminologia clássica de administração, usando termos como planejamento estratégico, planejamento operacional, execução e controle, esses elementos causam conformações específicas, sendo também notáveis a não-adoção do termo "planejamento tático" e o papel de extrema relevância ganho pela simulação.

Esse é um modelo eminentemente prático, onde a realidade da gestão empresarial é trabalhada de forma pragmática, buscando-se as máximas eficiência e eficácia na consecução dos objetivos organizacionais.

A discussão básica dessas idéias é feita nesse capítulo.

5.1 PLANEJAMENTO

O planejamento é feito não apenas por causa da globalização, das incertezas, do aumento da competição, ou das novas tecnologias, que tornam o ambiente mais inseguro e cheio de riscos. Planeja-se porque existem tarefas a cumprir, atividades a desempenhar, enfim, produtos a fabricar, serviços a prestar. Deseja-se fazer isso da forma mais econômica possível, coordenando o uso dos diferentes recursos, humanos, materiais, financeiros tecnológicos, cada um a seu tempo, com suas especificidades próprias, para que os objetivos possam ser atingidos. Ao lado disso, a empresa precisa perdurar no tempo, ter continuidade, maximizando o fluxo de benefícios para os acionistas, empregados, clientes, fornecedores e demais entidades da sociedade.

Nenhum evento no universo é determinístico. Tudo, da existência das partículas subatômicas aos terremotos e resultados de eleições, pode apenas ser avaliado em termos de suas probabilidades de ocorrência.

Planeja-se para fazer as coisas certas, da maneira ótima, se "as coisas" correrem conforme o esperado. E planeja-se para lidar com as incertezas, se elas ocorrerem. De qualquer maneira, é necessário planejar.

Planejar é, antes de mais nada, decidir antecipadamente. De certa maneira, pode-se dizer que toda decisão é antecipada, no sentido de que sempre é tomada antes da ação. No entanto, o planejamento corresponde a uma série de decisões tomadas anteriormente ao momento da ação, correspondendo a um conjunto de decisões tomadas em um momento inicial para implementação posterior, considerando-se as incertezas em cada elemento da cadeia de alternativas a serem implementadas.

Toda decisão envolve previsão sobre um conjunto de variáveis escolhidas. Envolve conhecimento, que, por sua vez, necessita, para se estabelecer, de informação. Se se tem de decidir sobre um percurso de carro na cidade de São Paulo, entre várias alternativas possíveis, buscam-se informações sobre o trânsito em cada uma das alternativas, o percurso maior, o mais perigoso etc. Se possível, consulta-se a página da CETSP, na Internet, buscando algumas dessas informações. Pode-se também construir cenários: e se chover? É horário de *rush*? Compõe-se, para o problema, um elenco de variáveis que ajudariam a decidir, no caso, com uma dose pequena de acerto, já que o trânsito da cidade é caótico, qual percurso seguir.

Planejar diz respeito a conhecer a realidade e agir de acordo com esse conhecimento para se conseguir o que se deseja.

Existem dois pontos de vista conflitantes a respeito da capacidade de uma empresa de moldar seu próprio destino. Alguns afirmam que o sucesso da empresa em alcançar suas metas baseia-se, principalmente, em sua capacidade de interpretar o ambiente e adequar-se a ele, visto que a empresa está ao sabor das forças econômicas e sociais, sobre as quais não tem domínio. Por sua vez, os teóricos do planejamento e controle afirmam que o gestor tem controle sobre o futuro da empresa, acreditando que o desempenho dela pode ser manipulado e, portanto, planejado e controlado. Dessa forma, em sua maneira de pensar, a qualidade das decisões de planejamento e controle tomadas pelos administradores é um fator-chave para o sucesso.

Pode-se entender a empresa como uma entidade que lida com dois conjuntos de variáveis: um conjunto formado por aquelas variáveis sobre as quais os gestores têm controle e outro formado por variáveis totalmente fora do controle da empresa. Muitos elementos, tais como preços de matérias-primas, estão completamente fora de seu controle. Por outro lado alguns elementos, tal como a política de eficiência da empresa, apresentam maior controlabilidade. Pode-se fazer, portanto, uma distinção entre variáveis controláveis e variáveis não controláveis. É tarefa da administração manipular os itens sobre os quais a firma tenha controle buscando tirar o máximo proveito para a empresa, e assegurar que ela esteja preparada para enfrentar mudanças nas configurações dos itens não controláveis, de tal forma que possa tirar vantagens das mudanças favoráveis e minimizar o impacto das mudanças desfavoráveis. O esforço de planejamento é essencial para todos os fatores que afetem a organização, independentemente do fato de serem controláveis ou não. Quanto melhor for seu processo de planejamento e controle, melhores serão suas possibilidades de crescer com continuidade.

O esforço no Planejamento estratégico é de otimização em relação ao custo de oportunidade do capital empregado.

> *"O planejamento é a mais básica de todas as funções administrativas, e a habilidade pela qual essa função é desempenhada determina o sucesso de todas as operações. Planejar pode ser definido como o processo de pensamento que precede a ação e está direcionado para que se tomem decisões no momento presente com o futuro em vista."* (Glautier & Underdown, 1991:439)

Teoricamente, a função do planejamento é assegurar a eficácia empresarial por meio da consideração cuidadosa de todos os fatores relevantes antes do momento de sua implementação, assim assegurando que as decisões se conformem com uma estratégia racional para o futuro da empresa. Planejar pode ser visto como uma atividade que consiste em quatro grandes estágios (Quadro 5.1):

Quadro 5.1 *Fases do processo de gestão no modelo de gestão econômica.*

Planejamento estratégico	1. Oportunidades 2. Ameaças 3. Pontos fortes 4. Pontos fracos 5. Produtos dessa fase; diretrizes estratégicas, políticas e os macro-objetivos organizacionais.
Planejamento operacional	1. Pré-planejamento: onde se estabelecem planos, a partir de alternativas operacionais. 2. Planejamento operacional de longo prazo: detalhamento da alternativa escolhida, em termos de volumes, prazos, preços, recursos consumidos e produtos gerados, em termos de impactos patrimoniais, de resultados e financeiros. 3. Programa (ajustes no plano): adequação do plano operacional às mudanças que podem ter ocorrido entre o momento do planejamento inicial e o da execução do plano, no período.
Execução	4. Fase em que o plano é implementado. Os recursos são consumidos e os produtos gerados.
Controle	5. Fase em que os desvios do plano são identificados e as ações corretivas são empreendidas.

Em todas as fases do processo de planejamento, são tomadas decisões de diferentes tipos e amplitudes: desde as decisões estratégicas sobre quais seriam os grandes caminhos a serem trilhados, passando pelas decisões operacionais sobre o que deve ser feito, quando deverá ser feito, como deverá ser feito e quem deverá fazê-lo, até as decisões de controle, que têm por objetivo assegurar que os desvios sejam corrigidos e o plano alcançado.

A gestão tem sido definida como composta de três grandes funções básicas: planejar, executar e controlar. Sempre se volta a essas três fases. Como só se executa aquilo que se decide, o processo de planejamento, que corresponde à tomada antecipada de decisões, tem grande impacto sobre o desempenho da empresa.

O processo administrativo busca garantir a eficácia empresarial e a sobrevivência da empresa por meio do atendimento das necessidades identificadas na sociedade onde está inserida. A empresa faz isso por meio da prestação de serviços ou tornando disponível algum produto que traga benefícios a seus clientes.

Saber de antemão quais produtos e serviços confeccionar, que preços cobrar e pagar e quais os volumes a serem praticados pode ser determinante para a sobrevivência da empresa, pois da resposta a essas perguntas dependerá a decisão de investir ou não, contratar pessoal ou demitir, fabricar ou comprar, a política de caixa, de pesquisa e desenvolvimento, o treinamento etc.

A empresa precisa de lucro para sobreviver e o acionista deve ser remunerado adequadamente; para isso, a empresa precisa identificar oportunidades atrativas em termos de lucro no mercado e necessidades que ela possa atender de forma competitiva, dadas suas características físicas, operacionais, culturais etc.

A decisão sobre quais são essas necessidades e como atendê-las surge do processo de planejamento, que, para fins didáticos, subdivide-se em:

- planejamento estratégico;
- simulação;
- planejamento operacional de longo prazo;
- planejamento operacional de curto prazo.

O processo de planejamento é determinado e também condicionado pela missão, pelo modelo de gestão e pelas crenças e valores adotados pela alta cúpula da empresa.

A missão aparece como a razão de ser da empresa, como a justificativa maior para sua existência, normalmente estipulada em termos de uma necessidade identificada na sociedade, que a empresa se propõe a atender. Destaca-se, ainda, que a missão está relacionada com a necessidade a ser satisfeita e não com o produto usado para isso.

As crenças e valores correspondem a um conjunto maior de premissas da alta administração sobre valores éticos, sociais etc., caracterizando aquilo que, de modo geral, é valorizado por ela.

O modelo de gestão, por sua vez, surge como um subconjunto dentro do Conjunto de crenças e valores da alta administração; corresponde a um conjunto de idéias sobre como administrar uma empresa. É um modelo de controle que busca assegurar que a missão seja atingida. Nesse conjunto de crenças sobre como administrar, estarão definições sobre a existência de um processo estruturado de gestão, com planejamento, execução e controle; a adoção de um estilo participativo; descentralização ou centralização; o critério de avaliação de desempenho adotado; informalidade ou formalidade; etc.

O processo de planejamento começa com a definição dos cenários, sofrendo impacto já aqui, até em termos de sua existência, do modelo de gestão, das crenças e valores e da missão definida para a empresa.

O modelo de gestão, as crenças e valores e a missão têm suas definições nos altos escalões da empresa. Esses três elementos causarão impactos em todos os outros subsistemas empresariais.

A definição da tecnologia, a política de eficiência da empresa, os critérios de avaliação de desempenho, o grau de centralização ou de descentralização, de delegação, a existência de um processo de gestão formalizado, critérios de recompensa e punição etc., tudo sofre impactos de definições existentes no modelo de gestão, que, por sua vez, pode ser visto como um subconjunto do conjunto maior de crenças e valores, que compõem o arcabouço social, psicológico e cultural da empresa.

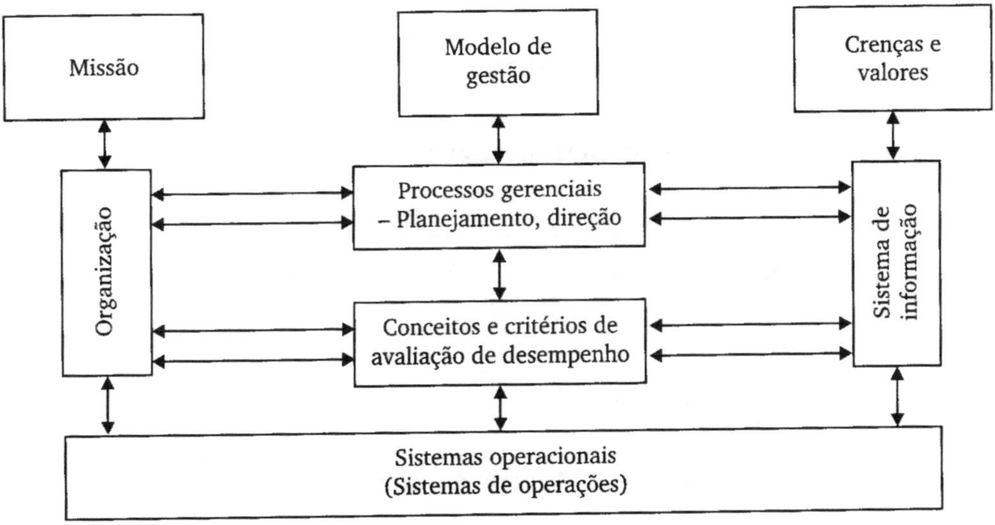

Fonte: Adaptado de Bio (1987:114).

Figura 5.1 *Interações sistêmicas.*

Dessa forma, a missão, o modelo de gestão e as crenças e valores condicionam até mesmo a existência do processo de planejamento, determinando também sua forma, abrangência, periodicidade etc.

5.2 INTERAÇÕES ENTRE AS DIFERENTES ÁREAS E FUNÇÕES ORGANIZACIONAIS DURANTE O PROCESSO DE PLANEJAMENTO

De posse das diretrizes estratégicas, das políticas e dos objetivos estratégicos estabelecidos para a empresa, as áreas farão seu próprio planejamento, buscando, em um primeiro momento, otimizar seus resultados. Para isso, usarão como entradas em seu processo de planejamento, também, os cenários que foram confeccionados para a administração, com os ajustes necessários, para incluir as variáveis de seu ambiente próximo, e buscarão traçar estratégias adequadas, de acordo com o planejamento estratégico da empresa, buscando contribuir para que a empresa cumpra sua missão. Expondo o problema de outra maneira, a missão de cada área é determinada em termos da missão da empresa, devendo estar consistente com ela, visando possibilitar seu cumprimento da forma mais eficiente possível.

Todas as áreas têm planejamento estratégico, simulações, planejamento operacional, execução e controle, sendo obrigatória a existência de negociações, mediadas pela existência dos preços de transferências, entre elas.

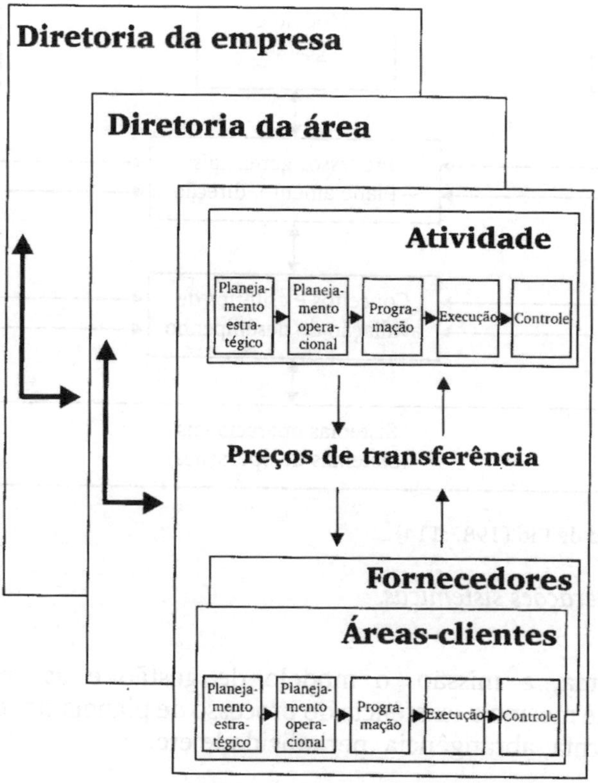

Figura 5.2 *Preços de transferência, planejamento das áreas e otimização.*

Figura 5.2 *Entradas e saídas de informações entre os atores do processo.*

	Alta Administração		**Áreas**		**Controladoria**	
	Entradas (da)	**Saídas (para)**	**Entradas (das)**	**Saídas (para as)**	**Entradas (da)**	**Saídas (para a)**
Alta administração			• Cenários • Informações	• Cenários • Políticas Estratégicas • Diretrizes Estratégicas • Missão • Objetivos Estratégicos • Modelo de Gestão • Crenças e Valores	• Informações Internas • Simulações • Modelos de Decisão	• Cenários • Políticas Estratégicas • Diretrizes Estratégicas • Missão • Objetivos Estratégicos • Modelo de Gestão • Crenças e Valores
Áreas	• Cenários • Políticas Estratégicas • Diretrizes Estratégicas • Missão • Objetivos Estratégicos • Modelo de Gestão • Crenças e Valores	• Cenários • Informações	• Demandas Previstas • Capacidade Produtiva	• Demandas Previstas • Capacidade Produtiva	• Informações Econômicas • Simulações • Otimizações • Modelos Decisórios • Conceitos de Gestão Econômica	• Padrões Físicos • Orçamento • Programa • Informações do Realizado
Controladoria	• Cenários • Políticas Estratégicas • Diretrizes Estratégicas • Missão • Objetivos Estratégicos • Modelo de Gestão • Crenças e Valores	• Informações Econômicas • Simulações • Otimizações • Modelos Decisórios • Conceitos de Gestão Econômica	• Padrões Físicos • Orçamento • Programa • Informações do Realizado	• Informações Econômicas • Simulações • Otimizações • Modelos Decisórios • Conceitos de Gestão Econômica		

5.2.1 *Processo de Planejamento Estratégico*

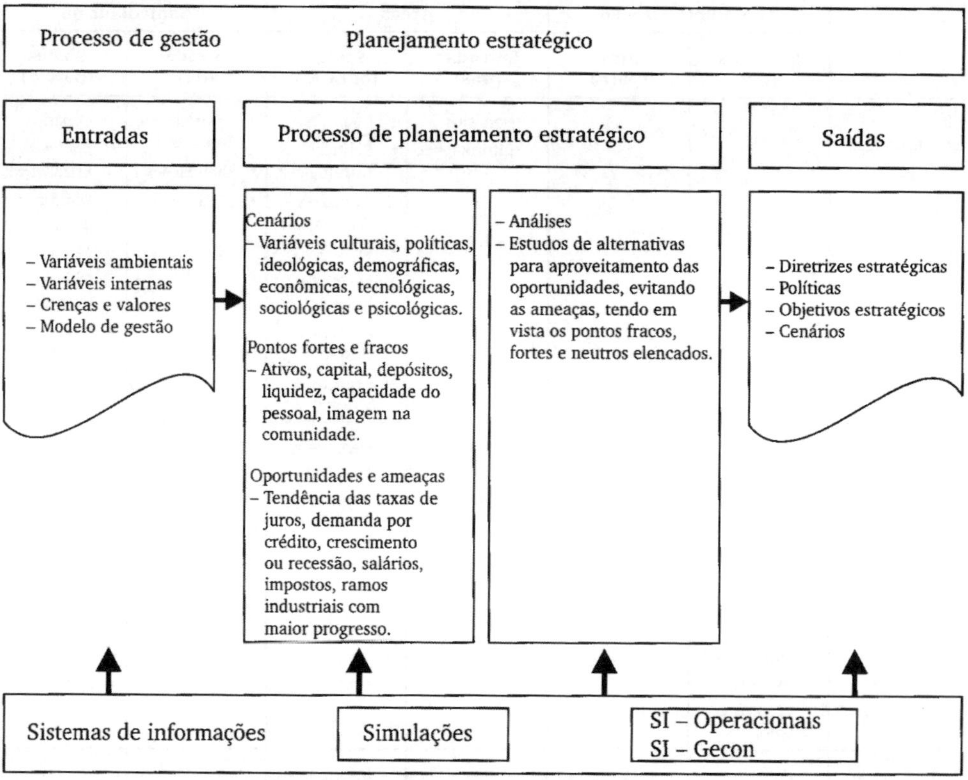

Fonte: CATELLI, Armando. Anotações pessoais.

Figura 5.3 *Processo de planejamento estratégico.*

Nesta fase estabelecem-se os grandes caminhos a serem seguidos pela empresa.

São definidas aqui, as políticas, as diretrizes e os objetivos estratégicos da empresa.

Ambientes Próximo e Remoto

A empresa tem ambientes próximo e remoto. A área também tem ambientes próximo e remoto. Algo dos cenários passados pela alta administração para as áreas pode compor o ambiente próximo da empresa e o ambiente remoto da área. Ou seja, variáveis caracterizadas como pertencentes ao ambiente próximo, quando se focaliza a empresa, poderão fazer parte do ambiente remoto de uma área, do ponto de vista de seu planejamento interno. As diversas outras áreas da empresa, clientes de seus produtos e/ou serviços e fornecedores dos recursos que ela utiliza seriam considerados como entidades pertencentes a seu ambiente próximo.

Dessa forma os cenários de atuação para as áreas organizacionais não se resumem aos cenários construídos pela alta administração, mas incorporam as variáveis do cenário próximo imediato, onde a área atua.

A importância dos fatores ambientais para o processo de planejamento é óbvia, e está igualmente claro que a informação ambiental não deveria ser submetida a um tratamento menos disciplinado do que a informação interna ou analítica sob o risco de se tornar inadequada ao processo decisório eficiente. Existe um fluxo contínuo de informação do ambiente, e a variável mais importante que determinará o potencial de crescimento da firma é a habilidade de seus gestores de aprender com isso. Os sistemas de informação estão distanciando-se da ênfase apenas na informação interna analítica e incorporando muito mais dados ambientais. Conforme pesquisas norte-americanas mostram, a busca por dados ambientais pelos gestores varia de potencial de mercado para linhas de produtos novas e existentes até novos produtos e tecnologias; de ações dos concorrentes, regulamentos de vendas, recursos e suprimentos existentes até ações e políticas governamentais.

As transformações incessantes e profundas do ambiente de negócios trazem implicações importantes para as organizações. Mesmo onde disponíveis, essas informações nunca se apresentam de forma estruturada e sistematizada; pelo contrário, são sempre fragmentadas, desconexas, vagas e, por causa dessas características, difíceis de se lidar, de se interpretar e de se utilizar no processo decisório.

No entanto, a implantação de um sistema de monitoração ambiental é importante, uma vez que seu funcionamento tende a afetar o desempenho organizacional.

Esse sistema de monitoração ambiental destina-se à coleta de informações sobre eventos e relacionamentos no ambiente externo de uma empresa. O conhecimento dessas informações auxiliará os executivos principais na tarefa de definir a futura linha de ação da empresa.

Para as organizações, o ambiente assume importância crítica por seu grau de dependência do ambiente externo para a obtenção dos recursos necessários para o desempenho de suas atividades. O ambiente é também fonte de informações e de incertezas.

Em alguns estudos na área de monitoração ambiental, o ambiente organizacional é subdividido em:

a. *setor cliente*: refere-se às entidades que adquirem os produtos ou serviços da organização;
b. *setor concorrência*: abrange as entidades que competem com a entidade em estudo;
c. *setor tecnológico*: diz respeito a capacitação científica tecnológica;
d. *setor regulatório*: envolve desenvolvimentos políticos e reguladores;
e. *setor econômico*: diz respeito a dados de conjuntura econômica; e
f. *setor sociocultural*: refere-se às crenças e valores da população.

É óbvia a grande variedade de dados ambientais que deveria ser contemplada no processo de planejamento estratégico. Deve ser notado, também, que os pesos dados a cada um desses fatores variam de acordo com a organização e com o administrador. Como uma forma de classificá-los, tornando possível sua análise, apresenta-se a Figura 5.4.

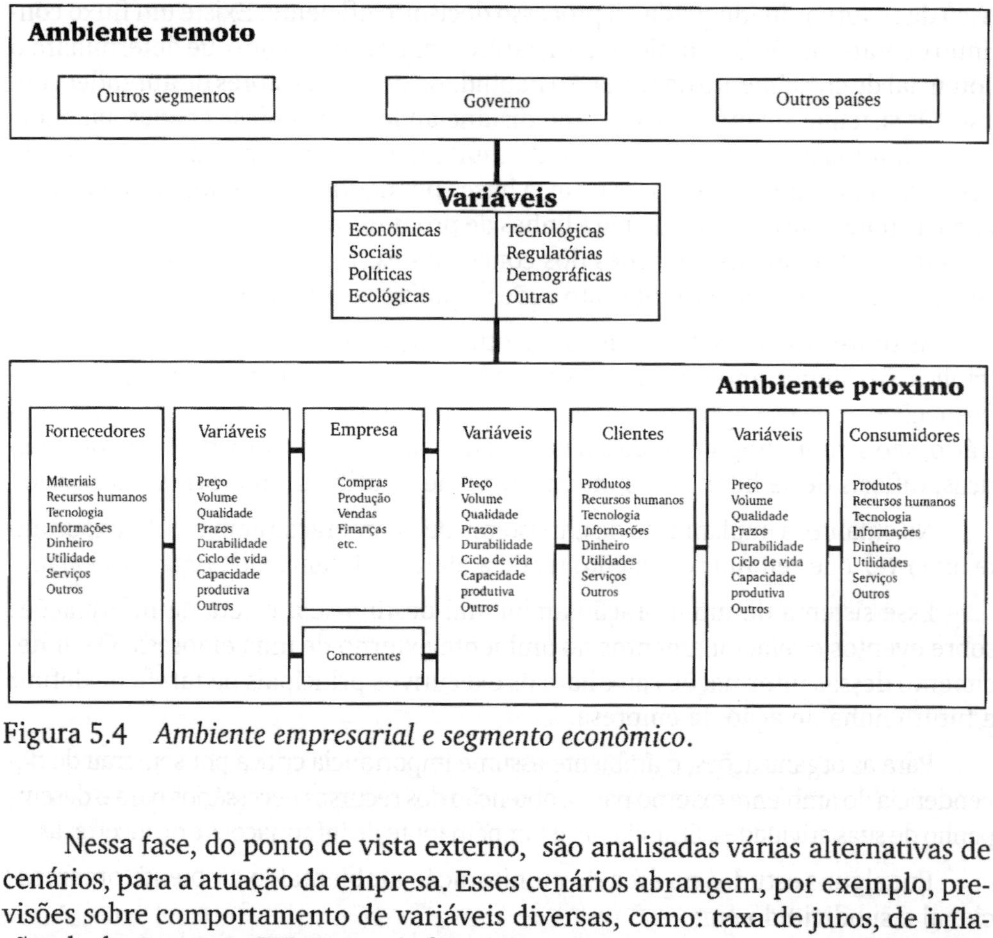

Figura 5.4 *Ambiente empresarial e segmento econômico.*

Nessa fase, do ponto de vista externo, são analisadas várias alternativas de cenários, para a atuação da empresa. Esses cenários abrangem, por exemplo, previsões sobre comportamento de variáveis diversas, como: taxa de juros, de inflação, de desemprego, PIB, ramos industriais em crescimento e em recessão, variáveis políticas, sociais, demográficas, culturais etc.

Essas variáveis são analisadas em termos de potenciais oportunidades e ameaças à atuação da organização.

Do ponto de vista interno, são analisados seus pontos fortes e fracos, como: capacidade produtiva, tecnologia, qualidade de seu pessoal, canais de distribuição, custos, sistemas de informação, capital etc.

As diretrizes e Políticas estratégicas visam possibilitar à empresa aproveitar as oportunidades identificadas nos cenários mais prováveis, de acordo com os seus pontos fortes e fracos identificados.

Outro elemento a permear o processo de planejamento estratégico é o custo de oportunidade do capital empregado na empresa, em termos de uma taxa de retorno exigida para o investimento.

Esses cenários, políticas, diretrizes e objetivos estratégicos, definidos pela alta administração para a empresa, em sua totalidade, são repassados aos vários departamentos que, então, fazem o próprio planejamento, estratégico e operacional.

As áreas-meios procuram identificar nas áreas clientes suas necessidades, suas demandas para o período; nas áreas fornecedoras, procuram identificar seus potenciais de atendimento de suas necessidades, volumes e preços que praticarão.

As áreas internas também olham para o ambiente externo e confeccionam cenários, visto que o mercado é o padrão de eficiência a ser praticado.

Dessa maneira, a taxa de retorno é viabilizada, na empresa, através da produção de determinados produtos ou serviços, de acordo com as oportunidades e ameaças identificadas no mercado, considerando-se seus pontos fortes, fracos, modelo de gestão e missão.

A área de marketing, pelo conhecimento que possui do mercado em que a empresa atua, determinará, em conjunto com as áreas da empresa, volumes, *mix* e preços a serem praticados de forma a satisfazer o plano estratégico da organização.

Quadro 5.3 *Mensuração das variáveis.*

Cenários	
Variáveis	*Mensurações Previstas*
Variável 1	Valor
Variável 2	Valor
Variável *n*	Valor

Quadro 5.4 *Mapa estratégico.*

Variáveis Externas			
		Ameaças	*Oportunidades*
Variáveis Internas	*Pontos Fracos*	• Políticas • Diretrizes Estratégicas	• Políticas • Diretrizes Estratégicas
	Pontos Fortes	• Políticas • Diretrizes Estratégicas	• Políticas • Diretrizes Estratégicas

5.3 PROCESSO DE PLANEJAMENTO OPERACIONAL

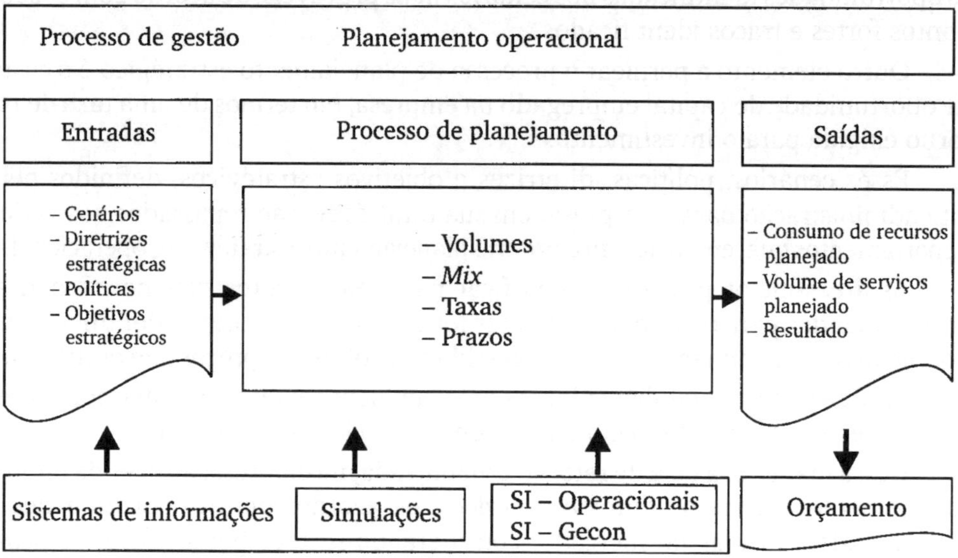

FONTE: CATELLI, Armando. Anotações pessoais.

Figura 5.5 *Processo de planejamento operacional.*

Esta fase, didaticamente, poderia estar dividida em pelo menos três fases distintas:

a. simulação;
b. planejamento operacional de longo prazo; e
c. planejamento operacional de curto prazo.

Na primeira fase, são simuladas várias alternativas de *mix* de produtos, em termos de seus volumes e preços, buscando-se escolher uma alternativa que seja ótima para a empresa, no tocante ao objetivo de cumprir sua missão (qualquer que seja ela, colocada em termos de satisfazer necessidades identificadas no mercado).

A fase de planejamento operacional tem como dados de entrada a serem processados os cenários, as diretrizes estratégicas, as políticas estratégicas, além da missão, do modelo de gestão e das crenças e valores da alta administração da empresa.

Desse processamento surgirão alternativas que deverão permitir à empresa cumprir sua missão com continuidade, gerando resultados que lhe permitam sobreviver, fazer os investimentos necessários e remunerar adequadamente o Capital e o trabalho.

Na fase de simulação, essas alternativas são identificadas, tratadas ainda de maneira mais simplificada; elas serão detalhadas a seguir, no planejamento operacional de longo prazo.

Durante o processamento do planejamento operacional de longo prazo, as alternativas que foram consideradas melhores para as entidades, levando a um resultado ótimo, serão detalhadas em termos de custos e receitas envolvidos em sua implementação, o que configura o processo orçamentário. Nesse momento, são definidas tecnologias e padrões de eficiência, que incorporam políticas de eficiência da empresa, são implementadas políticas de preços para o *mix* de produtos que se deseja colocar nos volumes esperados e são estabelecidas as bases operacionais para o período, de acordo com as expectativas vigentes no momento.

Esse período, abrangido pelo planejamento operacional de longo prazo, deve ser definido de acordo com as características operacionais de cada negócio. Como regra prática, na maioria das vezes, esse prazo acaba sendo definido como sendo de um ano.

Após a confecção do planejamento operacional de longo prazo, inicia-se sua implementação. Se o prazo abrangido por ele foi de um ano, a cada mês, por exemplo, poderia ser necessário um ajuste em sua implementação, em virtude de mudanças nas expectativas atuais em relação às expectativas vigentes quando do planejamento operacional de longo prazo.

Essa fase é chamada de planejamento operacional de curto prazo. Nessa fase, são adequadas as expectativas incorporadas ao plano operacional, no momento de sua confecção, às expectativas correntes, o que pode envolver adequação aos volumes, preços, políticas de eficiência, tecnologia etc.

Quadro 5.5 *Simulação operacional e otimização de resultado.*

	Simulação para Planejamento Operacional				
	Produto 1	Produto 2	...	Produto *n*	Totais
Receitas operacionais	$,$$	$,$$	$,$$	$,$$	$,$$
Custos operacionais	($,$$)	($,$$)	($,$$)	($,$$)	($,$$)
Margem de contribuição operacional	$,$$	$,$$	$,$$	$,$$	$,$$
Receita financeira	$,$$	$,$$	$,$$	$,$$	$,$$
Custo financeiro	($,$$)	($,$$)	($,$$)	($,$$)	($,$$)
Margem financeira	$,$$	$,$$	$,$$	$,$$	$,$$
Custos fixos identificados ao produto, na área de responsabilidade	($,$$)	($,$$)	($,$$)	($,$$)	($,$$)
Resultado com produtos	$,$$	$,$$	$,$$	$,$$	$,$$
Custos fixos da área de responsabilidade	($,$$)	($,$$)	($,$$)	($,$$)	($,$$)
Resultado da área	$,$$	$,$$	$,$$	$,$$	$,$$

Resultado planejado para a área de responsabilidade

5.3.1 *Programação*

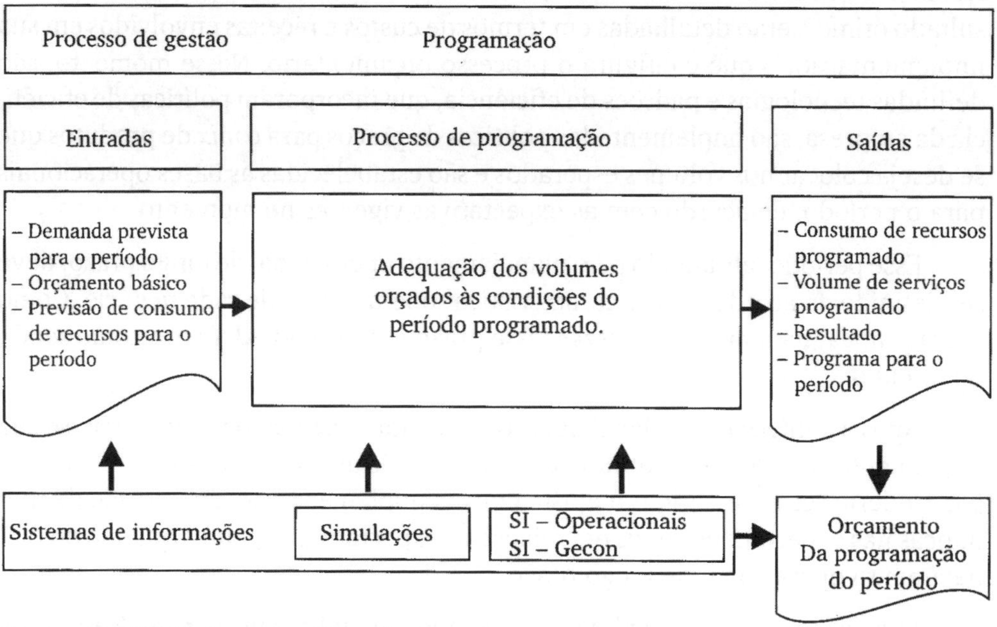

Fonte: CATELLI, Armando. Anotações pessoais.

Figura 5.6 *Programação.*

A programação deve ser entendida como a fase em que se faz o plano operacional para o momento atual da empresa. É um planejamento de curto prazo. Corresponde à adequação do plano operacional às condições vigentes no período.

Nessa fase, sem que se tenha abandonado os objetivos do plano operacional, procede-se a uma adequação desse plano, tendo em vista mudanças de eficiência, de volumes, de preços etc. A intenção é justamente viabilizar o alcance dos objetivos planejados, tendo em vista a conjuntura do momento em que se fazem essas adequações.

Para tanto, são feitas simulações novamente, antes que a escolha seja feita, com base no resultado econômico gerado pelas diversas alternativas.

Essa fase do processo de gestão é atendida pelo sistema de informação para gestão econômica com o programa para o período.

5.3.2 *Execução*

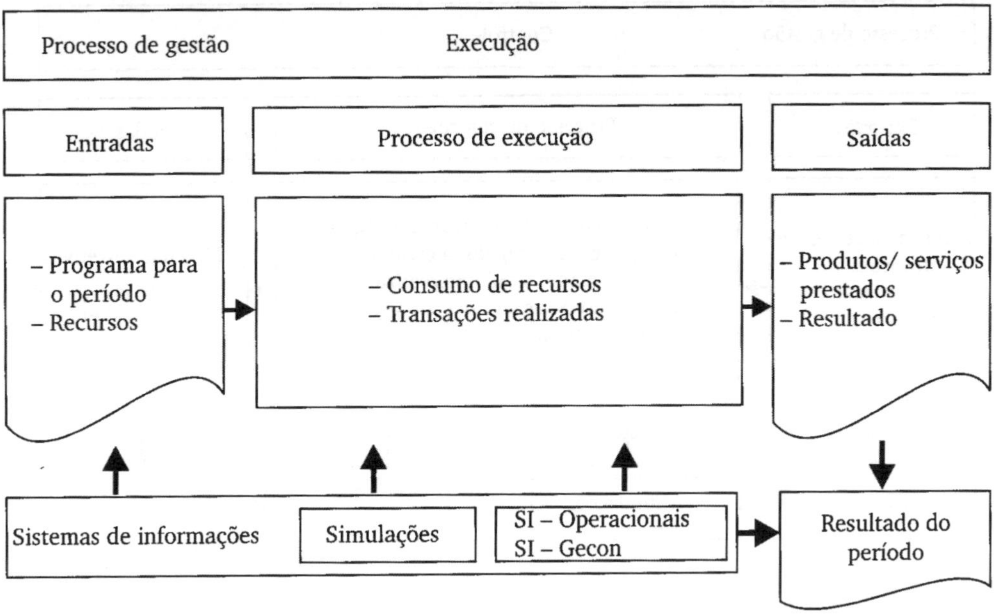

Fonte: CATELLI, Armando. Anotações pessoais.

Figura 5.7 *Execução.*

Nessa fase, são realizadas as transações e os produtos são gerados e consumidos, acontecendo, então, a eficiência e a eficácia reais.

Essa fase é atendida pelo sistema de informação para gestão econômica com a mensuração do realizado.

5.4 CONTROLE

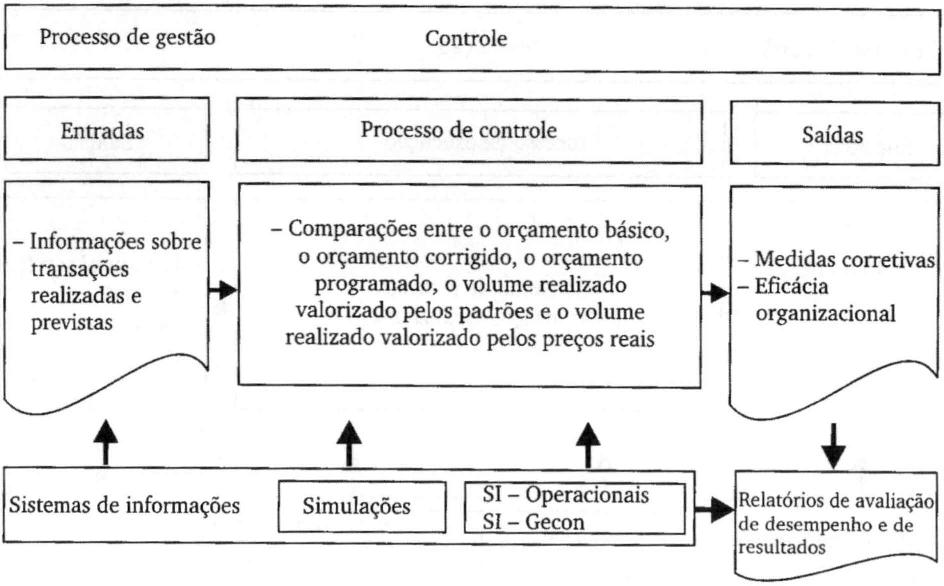

Figura 5.8 *Controle.*

Em suas discussões sobre "controle", alguns escritores não fazem distinção entre "planejamento" e "controle", aumentando, dessa forma, o significado do conceito de "controle". Essa maneira de ver assume que o processo de gestão é na verdade um grande processo de controle sobre os destinos da empresa. Para efeitos didáticos, propõe-se a distinção entre os termos *planejamento* e *controle*, o que permitirá examinar o processo de gestão como um ciclo de atividades, em que é controlado o que se executou de acordo com determinado plano.

As decisões envolvidas nessa área surgem de duas atividades maiores: primeiro, comparar o desempenho real com o que foi planejado; segundo, determinar se o plano em si mesmo deveria ser modificado à luz dessa comparação.

Controle liga-se diretamente à função de planejamento, já que seu propósito é assegurar que as atividades da organização sejam desempenhadas de acordo com o plano. Isso é efetuado por um sistema de informações que fornece o *feedback*, o que possibilita a comparação do desempenho efetuado com as metas planejadas, sendo o controle necessário em relação aos planos de longo e de curto prazos.

No planejamento de longo prazo, o *feedback* trazido pela informação possibilita aos gestores avaliar o progresso conseguido em relação aos planos de longo prazo e à consecução dos objetivos neles especificados. Adicionalmente, ele permite aos gestores a revisão dos objetivos de longo prazo à luz de novas circunstâncias, que podem mostrar que aqueles objetivos não são realistas.

Na prática, muito mais esforço é colocado no controle das operações para que os objetivos contidos no orçamento anual, que são parte dos objetivos de longo prazo, sejam alcançados. O *feedback* da informação é parte integral do processo de controle orçamentário, que se pretende seja altamente sensível às variações operacionais em uma base diária. Seu objetivo é evidenciar variações do orçamento planejado tão cedo quanto possível para que a ação corretiva seja empreendida imediatamente.

Um pré-requisito para um desempenho eficaz da função controle é um sistema de informação eficiente, que revelará a necessidade de ações corretivas no momento oportuno, possibilitando aos gestores julgar se seus objetivos ainda são apropriados ou não, por causa das mudanças ambientais constantes. A função controle está intimamente ligada a função planejamento por meio do sistema de *feedback* que fornece informações sobre o resultado das decisões passadas. Tal sistema é necessário para avaliar a qualidade do processo decisório e seus aprimoramentos.

O sistema de *feedback* fornece uma grande massa de informação analítica, que é usada no processo de planejamento. Ele fornece também um modo de avaliar os objetivos planejados. Caso, por exemplo, o cenário econômico mudasse, a eficiência da organização dependeria de sua capacidade de reação a essa mudança, por meio da alteração dos objetivos ou das estratégias planejadas. O sistema de *feedback* é também um instrumento fundamental para o controle das decisões, pois fornece um meio de avaliar continuamente o desempenho planejado contra o desempenho realizado. O processo decisório nesse sentido envolve os ajustamentos diários pelas condições dinâmicas com o objetivo de possibilitar a escolha do curso de ação mais apropriado para a implementação das decisões estratégicas. Assim, a informação é o fluido vital de qualquer sistema e a responsabilidade pelo desempenho de um sistema de informação adequado é a principal preocupação de qualquer administrador.

5.5 RESULTADO ÓTIMO E OTIMIZAÇÃO

Otimizar significa fazer o melhor uso possível dos recursos disponíveis, dados os cenários vigentes; está intrinsecamente ligado ao contexto e não necessariamente corresponde à solução ideal, perfeita.

Planejamento é um instrumento de otimização do todo. Existe uma tendência do gestor da área a otimizar apenas sua própria área de atuação, em detrimento das demais.

Para se chegar a um plano ótimo para a empresa, deve-se chegar a um plano ótimo para o conjunto de atividades empreendidas internamente.

Planejamento é um compromisso, não uma previsão ou expectativa de uma área qualquer.

O resultado econômico refletirá condições operacionais. Aplicam-se os métodos quantitativos às condições operacionais ou às questões gerenciais. É um estudo de possibilidades.

Otimização é uma decorrência da competência das pessoas, das situações ambientais; é o melhor que o gestor pode fazer, de acordo com as limitações ambientais.

O planejamento estratégico da empresa é igual à soma dos planejamentos das partes. Tem de vir sempre de baixo para cima. É interativo. Deve ter o envolvimento de todos. Otimizar envolve gerenciar conflitos. Na empresa, há gerentes de produto, de vendas, de produção, de várias áreas, enfim. Com o objetivo de otimizar suas áreas, a solução encontrada para seus conflitos é que gerará a otimização.

Cada empresa, em cada ramo de atividade, terá seu próprio custo de oportunidade, devendo os gestores organizacionais otimizarem o resultado obtido em relação a esse custo de oportunidade.

O lucro da empresa é fruto do trabalho bem realizado, da qualidade de sua gerência, da sua eficiência, de sua eficácia, de sua capacidade de agregar valor aos insumos utilizados, de forma coerente com as necessidades identificadas, e de situações fortuitas, oportunidades e ameaças frutos do acaso e totalmente imprevisíveis.

Dessa forma, não se parte para o planejamento estratégico com um número na cabeça a ser atingido pelo desempenho da empresa. Mas, antes, parte-se para um processo, em que todas as interações deverão ser otimizadas, buscando otimizar todas as interações da empresa e, até, do segmento em que ela se insere.

5.5.1 *Ligação do processo de orçamentação com a utilização de métodos quantitativos*

Durante o processo de planejamento operacional, pode haver a utilização de técnicas ligadas à pesquisa operacional para a escolha das alternativas viáveis de atuação para as várias áreas organizacionais. Essas técnicas permitem a otimização física da utilização dos recursos. Em nível operacional, elas ajudariam a estipular alternativas viáveis que depois deveriam ser submetidas a uma escolha em termos econômicos, em nível gerencial.

O modelo de decisão sempre se baseará em critérios econômicos. As várias alternativas elencadas e otimizadas seriam submetidas também à atuação da controladoria, que buscaria otimizar o resultado da empresa, propondo modificações aos orçamentos originais fornecidos pelas áreas, num processo interativo com elas, até que a otimização possível fosse alcançada.

5.6 ATUAÇÃO DA CONTROLADORIA

A controladoria tem as missões de viabilizar e otimizar a aplicação dos conceitos de gestão econômica dentro da empresa e otimizar os resultados da empresa. A diferença entre o resultado que a empresa teria sem uma controladoria estruturada para atender aos preceitos da gestão econômica e o resultado que a empresa teria com uma controladoria estruturada nos moldes da gestão econômica corresponde ao valor agregado por ela para a empresa.

Nesse sentido, durante o processo de planejamento, ela tem primordialmente um papel de otimizadora do resultado, coordenando os orçamentos das diversas áreas, buscando otimizar o resultado da empresa. Tem também um papel de fornecedora de informações econômicas, do ponto de vista interno à empresa, além de um papel de gestora de sistemas de informações para gestão econômica da empresa. Ajuda, também, disponibilizando sistemas para simulações, conceituando modelos de decisão apropriados e simulando resultados de alternativas diversas.

5.7 PLANEJAMENTO ESTRATÉGICO

Diretrizes estratégicas:

a. Projeção do cenário básico para o mercado fornecedor e consumidor

   Com base no cenário básico, estabelecer os comportamentos esperados do mercado fornecedor e cliente, considerando os aspectos fundamentais de atuação em nível de recursos demandados e serviços prestados: serviços, volumes, preços, ciclo de vida, capacidade produtiva, eficiência etc.

b. Identificação das oportunidades e ameaças e suas causas

   Projetados os comportamentos esperados dos mercados fornecedor e cliente, identificar e especificar as oportunidades e ameaças decorrentes.

c. Identificação dos pontos fortes e fracos

   Elencar os pontos fortes e fracos resultantes do esforço de aproveitamento das oportunidades e de evitar as ameaças.

d. Definir as diretrizes estratégicas

   Estabelecer as políticas, estratégias e objetivos decorrentes da alavancagem dos pontos fortes e da eliminação dos pontos fracos.

5.8 PLANEJAMENTO OPERACIONAL – *INPUTS* E *OUTPUTS*

Áreas-clientes – necessidades de serviços								
Serviços				Volumes				
Especificações			Código	Mês 1	Mês 2		Mês 12	Total

Padrões	
Físicos	Preços

SIMULAÇÕES					
Alternativa 1			Alternativa *n*		
Padrões físicos e de preços	Volumes	Resultado	Padrões físicos e de preços	Volumes	Resultado

Área Planejada – Plano de Produção					
Produtos/serviços			Volumes		
Especificação	Código		Mês 1	Mês 2	Mês *n*

Área Planejada – Necessidades de recursos								
Pessoal/serviços internos/outras despesas diretas e totalmente identificadas com os projetos/serviços			Quantidades					
Especificação	Código		Mês 1		Mês 2		Mês *n*	Total

Área Planejada – Necessidades de Investimentos								
Especificação	Código		Mês 1		Mês 2		Mês *n*	Total

Área Planejada – orçamento de resultados

Figura 5.9 *Planejamento operacional* – inputs *e* outputs.

5.9 PLANEJAMENTO OPERACIONAL DE CURTO PRAZO (PROGRAMAÇÃO) – *INPUTS* E *OUTPUTS*

Áreas-clientes – necessidades de serviços

Serviços				Volumes				
Especificações			Código	Mês 1	Mês 2		Mês 12	Total

Padrões	
Físicos	Preços

SIMULAÇÕES					
Alternativa 1			Alternativa *n*		
Padrões físicos e de preços	Volumes	Resultado	Padrões físicos e de preços	Volumes	Resultado

Área Planejada – Plano de Produção					
Produtos/serviços			Volumes		
Especificação	Código		Mês 1	Mês 2	Mês *n*

Área Planejada – Necessidades de recursos								
Pessoal/serviços internos/outras despesas diretas e totalmente identificadas com os projetos/serviços			Quantidades					
Especificação	Código		Mês 1		Mês 2		Mês *n*	Total

Área Planejada – Necessidades de Investimentos								
Especificação	Código		Mês 1		Mês 2		Mês *n*	Total

Área Planejada – orçamento de resultados

Figura 5.10 *Planejamento operacional de curto prazo* – input e output.

5.10 EXECUÇÃO – *INPUTS* E *OUTPUTS*

Áreas-clientes – Necessidades de serviços

Serviços				Volumes				
Especificações			Código	Mês 1	Mês 2		Mês 12	Total

Padrões	
Físicos	Preços

SIMULAÇÕES					
Alternativa 1			Alternativa *n*		
Padrões físicos e de preços	Volumes	Resultado	Padrões físicos e de preços	Volumes	Resultado

Área planejada – Plano de produção					
Produtos/serviços			Volumes		
Especificação	Código		Mês 1	Mês 2	Mês *n*

Área Planejada – Necessidades de recursos								
Pessoal/serviços internos/outras despesas diretas e totalmente identificadas com os projetos/serviços			Quantidades					
Especificação	Código		Mês 1		Mês 2		Mês *n*	Total

Área planejada – Necessidades de Investimentos								
Especificação	Código		Mês 1		Mês 2		Mês *n*	Total

Área Planejada – orçamento de resultados

Figura 5.11 *Execução* – inputs *e* outputs.

5.11 CONTROLE

Área planejada
Relatórios de acompanhamento

a. Análise das causas das variações
b. Simulação de soluções
c. Negociação da revisão dos planos/programas com fornecedores e clientes
d. Validação com a gerência de auditoria de qualidade
e. Atualização do programa ou revisão orçamentária
f. Validação do novo programa/orçamento a nível de empresa

REFERÊNCIAS BIBLIOGRÁFICAS

BIO, S. R. *Desenvolvimento de sistemas contábeis-gerenciais*: um enfoque comportamental e de mudança organizacional. Tese (Doutorado) – FEA. São Paulo : USP, 1987.

GLAUTIER, M. W. E., UNDERDOWN, B. *Accounting theory and practice*. 4. ed. Londres : Pitman, 1991.

6

Planejamento de Resultados de Empresas: Aplicação de um Modelo de Estudo de Preços

Edgard Bruno Cornachione Júnior

6.1 AMBIENTE ORGANIZACIONAL E CONTINUIDADE

Como resposta natural às demandas originadas em função da alta turbulência ambiental em que estão inseridas as organizações, seu corpo gerencial precisa valer-se de instrumentos de apoio para aprimorar o processo decisório. A alta competitividade que permeia as organizações atualmente, bem como a incrível taxa de aceleração que se pode notar presente na evolução tecnológica que as impacta, é exemplo do quanto mais complexo se torna, a cada dia, o processo de tomada de decisões. O volume de variáveis vai-se incrementando e com isso os gestores que conseguiam ter êxito em seus processos de tomada de decisões até então agora têm maior dificuldade em obtê-lo.

Com essa nova realidade, os gestores precisam apoiar-se em novas metodologias de ação, envolvendo processos administrativos mais participativos, organização de equipes voltadas para resultados objetivos e específicos, sensores diversos para auxiliar na absorção de novas premissas dadas pelo ambiente onde se insere a organização (fator-chave para a sobrevivência em face da condição de competitividade) etc.

Uma das principais armas existentes, nesse contexto, para auxiliar os gestores em seu processo de tomada de decisões é, sem dúvida, um mais adequado e atualizado *sistema de informações*. E aqui devemos referir-nos ao sistema de informações com uma visão bem ampla e irrestrita, de estarmos capacitados, para identificar desde as porções físicas (*hardware*) e lógicas (*software*), até mesmo as faces dos recursos humanos envolvidos como viabilizadores desse sistema de informações.

É nesse sentido que esse trabalho se apresenta, com o intuito de trazer à tona esse assunto extremamente atual, real e importante, não apenas para o ambiente acadêmico, como também para o ambiente organizacional, carente de respostas e soluções aplicáveis que irão contribuir para minimizar os riscos e incertezas, bem como otimizar a abrangência e tratamento das variáveis consideradas pelo processo de tomada de decisões.

A motivação maior para a elaboração desse estudo foi, sem dúvida, a busca de respostas bem objetivas e tecnicamente adequadas para esse grave problema que impacta as entidades: *tomada de decisões em ambiente turbulento, nas organizações*. Especificamente, procura-se levantar e discutir os pontos mais relevantes que estão presentes no processo de tomada de decisões mais amplo, presente no contexto das organizações que deparam com essa realidade de incremento tecnológico acelerado, turbulência ambiental e cenário competitivo: *o processo de planejamento de resultados*. Isso, à luz do modelo GECON[1] (Gestão Econômica).

Pelo processo de planejamento de resultados, que representa uma resposta imediata ao cenário ambiental, verifica-se que as organizações mais evoluídas buscam garantir o cumprimento de sua missão, visando, obviamente, a sua continuidade.

Portanto, é natural que se conclua sobre a existência de elevados riscos de não se conseguir alcançar os objetivos organizacionais e, longo do tempo, comprometer a continuidade da empresa. A observação da história recente das organizações mostra-nos exatamente isso: dadas inovações tecnológicas violentas, condições mais agressivas de competitividade etc., algumas organizações mal preparadas vêm a sucumbir, não resistindo.

Assim, faz-se necessária uma profunda avaliação das principais variáveis presentes nesse processo, merecendo destaque as seguintes: missão, políticas, estrutura organizacional, mercados, tecnologia, processos produtivos, preços, custos, equipes, características do corpo gerencial. E mais, em se tratando de uma carência de informações oportunas, relevantes e tempestivas, é preciso que essa análise se dê com o devido rigor conceitual e técnico à luz dos aspectos relacionados aos modelos de mensuração, informação e decisão. Dessa forma, ressalta-se a relevância do objetivo da Ciência Contábil neste contexto que, segundo Iudícibus (1987:21), pode-se resumir "(...) *no fornecimento de informações para os vários usuários, de forma que propiciem decisões racionais*".

6.2 PLANEJAMENTO DE RESULTADOS

A sobrevivência em ambiente competitivo está, também, vinculada diretamente à capacidade que dado elemento tem de antecipar-se aos acontecimentos

1. GECON – *Gestão Econômica de Empresas* – é uma linha de pesquisa do Departamento de Contabilidade e Atuária da Faculdade de Economia, Administração e Contabilidade da Universidade de São Paulo.

desse ambiente. A administração de organizações bem-sucedidas tem se amparado fortemente em processos de planejamento de suas atividades.

Consideramos como premissa para esse trabalho o fato de haver, por parte da organização, uma perseguição continuada a sua missão. Porém, para que não se corra o risco de viabilizar isso por meio da correspondente falência de seus ativos, é importante que a organização tenha consciência (informação) dessa equação e tome as ações adequadas.

Em outras palavras, a organização deve buscar o atingimento de sua missão, não uma única vez, ou algumas poucas vezes, mas ao longo do tempo, necessitando, para tanto, que haja preocupação com seu resultado econômico, o que irá garantir que não exista consumo de recursos sem a correspondente contraprestação.

Esse tipo de preocupação deve estar presente em todas as fases da gestão: planejamento, execução e controle. No ato do planejamento, ocupando-se com realização de estudos sobre os cenários em face das políticas da organização, trabalhando com processos de simulação de negócios; na execução, o comprometimento com os planos de produção, estrutura, preços; no controle, com a análise de desempenhos e resultados, o que permitirá a identificação de variações, desvios e, conseqüentemente, suas causas, disparando o processo de análise de alternativas a seus planos e ajustes. Tudo isso com vistas ao atingimento da missão em condição que garanta a continuidade da organização.

O Modelo Conceitual que irá sustentar essa condição gerencial deve ser capaz de refletir adequadamente a realidade com a qual os gestores estarão lidando. Assim é que se está analisando, através deste estudo, o *Modelo GECON*: aplicado a essa específica necessidade organizacional.

O Modelo GECON aplicado ao Planejamento do Resultado, se sustenta através das seguintes premissas básicas (Catelli, 1995):

a. o problema que se enfoca é a receita ao invés do preço, somente; assim, a combinação *preço x volume* passa a ter sentido mais realístico no corpo da análise;

b. no que diz respeito aos custos, considera-se o custo corretamente mensurado, sem "gorduras" ou "colchões" no ato do planejamento; além disso, o custo tem papel de limitador no contexto do planejamento (papel passivo) e não papel ativo (ortodoxo) de base para formação do preço;

c. deve haver respeito à gestão da entidade; assim, as características da empresa e do negócio é que irão moldar os contornos do modelo em momentos distintos: mercados, produtos, clientes, regiões etc. O GECON, portanto, vale-se de conceitos de contabilidade divisional, apurando resultados em cada área da empresa;

d. os gestores devem possuir ferramentas suficientemente adequadas para permitir o estudo (sensibilidade) do *mix* de produtos e quantidades;

e. a base do estudo para fins de planejamento de resultado deve ser o preço a vista, a receita líquida;
f. considera-se ainda um conjunto de decisões que visam otimizar os resultados com financiamento: estudo do preço a prazo (juros, riscos, prazo, cobrança etc.);
g. valoração dos recursos e produtos por meio da utilização de preços correntes de reposição a vista;
h. respeito à natureza dos custos e despesas, evitando, assim, distorções por conta de alocações arbitrárias e indevidas;
i. análise por meio de padrão monetário estável (moeda forte), bem como consideração dos efeitos inflacionários no âmbito do Planejamento de Resultados.

Por essas premissas básicas é possível verificar-se que o GECON, por se tratar de um modelo preocupado com aspectos gerenciais, não se vê tolhido por questões fiscais, societárias etc.; ao GECON interessa a maior acurácia das informações para fins de tomada de decisão.

Como podemos observar, o modelo de planejamento de resultados, segundo o GECON, está baseado em um conjunto de princípios que garantem a otimização do resultado planejado, uma vez que este é simulado em condição em que o mercado o referenda (preços, volumes etc.). A operacionalização do modelo requer que o gestor persiga 4 (quatro) fases distintas, identificando e apurando as seguintes variáveis:

FASE A – resultado desejado (meta para o período);
– custos/despesas da estrutura, funcionamento e competência;
– remuneração do capital investido.

FASE B – bens/serviços a serem transferidos;
– respectivos custos (variáveis, diretos e identificados).

FASE C – interesse do mercado em quais bens/serviços;
– utilidade atribuída pelo mercado;
– disposição de pagamento (preço).

FASE D – otimizar o atendimento à demanda (*mix* produtos/volumes);
– otimizar geração de bens/serviços (lotes, produção);
– gerenciar margens de contribuição;
– gerenciar ônus automáticos (geradores de custos, despesas).

Deve-se registrar que o processo (operacional) do planejamento de resultados depende basicamente de simulação. É pelas simulações que o gestor irá alcançar a otimização de seu plano de resultados, referendado pelas melhores expectativas de mercado vigentes. Com a estabilização das informações obtidas por intermédio das diversas simulações, o gestor tem em mãos o detalhe operacional do planejamento de resultados, ou melhor, seu plano de resultados para o período analisado. A partir de então, basta que a organização se preocupe em garantir que o **plano** seja executado nas tarefas do dia-a-dia, tornando, assim, o resultado planejado em resultado efetivo, realizado.

6.3 MODELO DE MENSURAÇÃO

O planejamento de resultados adequado deve precaver-se na coerência de seus modelos de mensuração tanto de receitas quanto de custos com relação às realidades operacionais efetivas da entidade em questão. Portanto, em um ambiente competitivo, onde o mercado é muito exigente, as estruturas produtivas devem ser bem aproveitadas; deve ser evitada ao máximo qualquer forma de ociosidade etc. Os reflexos no planejamento de resultado devem ser os mais fiéis possível, sob pena de as decisões por ele suportadas estarem expostas a riscos ainda maiores por conta de informações distorcidas e não confiáveis (devemos lembrar-nos de que qualquer nível de descrédito é o fim de um sistema de informações).

Dessa forma, ressaltam-se agora os aspectos do modelo de mensuração do Planejamento de Resultados sob a ótica do GECON.

São consideradas três variáveis principais para fins de análise e estabilização do modelo de Planejamento de Resultados, a saber:

1. Contribuição Desejada;
2. Contribuição Planejada *Compound*;
3. Contribuição Planejada *Target*.

Analisaremos cada uma dessas três variáveis, no sentido de que se possa compreender claramente o modelo de mensuração do planejamento de resultados, bem como a interação existente entre elas, uma vez que esse modelo de planejamento se vale de processos de simulação até que se atinja a condição de equalização do plano de resultados.

Como se pode observar, o modelo de Planejamento de Resultados considera, para fins de planejamento da contribuição, duas tecnologias de *pricing*: *compound pricing* e *target pricing*. A justificativa para se trabalhar com essas duas tecnologias vem da constatação da nova realidade de mercado existente em condições altamente competitivas: o mercado dita o preço que está disposto a pagar por determinado bem/serviço para dado volume da transação.

A Contribuição Desejada é uma variável relevante para o Planejamento do Resultado, uma vez que será o ponto de análise desse modelo. O conceito da contribuição desejada é o do valor requerido para que se mantenha em funcionamento a estrutura da empresa, visando a sua continuidade, bem como seja capaz de satisfazer as necessidades econômicas de seus proprietários.

Assim, devem ser considerados como elementos componentes da Contribuição Desejada as seguintes variáveis:

1. Resultado Desejado;
2. Remuneração do Capital Operacional Investido;
3. Despesas Departamentais (Gerais).

A comparação entre essas três variáveis-chave leva o gestor à avaliação da condição estrutural da entidade, de sua ociosidade, do *mix* de produtos, das ineficiências produtivas, da receptividade pelo mercado etc., por meio do próprio Planejamento de Resultados.

Resultado Desejado: o gestor deverá considerar aqui o valor econômico correspondente às ambições da entidade no que diz respeito ao resultado desejado para o período que se está planejando, na moeda que estiver sendo usada como parâmetro de valor.

Remuneração do Capital Operacional Investido: o GECON considera resultado o que vier a exceder a remuneração do capital operacional investido. Em outras palavras, não se pode considerar resultado econômico a parcela correspondente à remuneração dos ativos operacionais da entidade. Portanto, esse valor é obtido por meio da exposição do valor do ativo operacional da entidade à taxa de juros equivalente ao custo de oportunidade desse volume de capital, em moeda forte.

Despesas Departamentais (gerais): O modelo GECON não admite que se use de arbitrariedade no tratamento de receitas ou custos e despesas. Rateios de custos ou despesas são procedimentos que conduzem a distorções dos valores da análise; por carregarem uma porção de arbitrariedades, acabam desrespeitando a própria natureza dos elementos de custos/despesas. Neste caso particular, essa variável corresponde aos valores (em moeda forte) referentes aos elementos de custo/despesa de natureza fixa (p. e.: mensal) e não passíveis de identificação com qualquer unidade de acumulação (p. e.: produto, lote, linha de produção, Centro de Resultado etc.), ou seja, elementos que geram benefícios genéricos à entidade (p. e.: aluguel, presidência, facilidades de comunicação etc.).

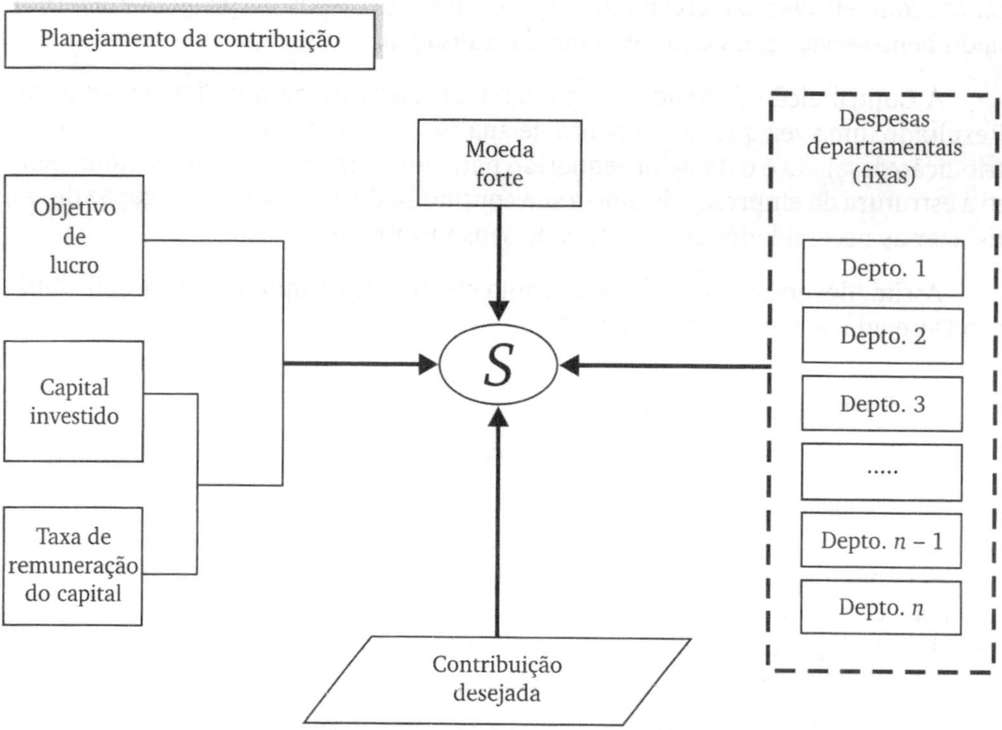

Figura 6.1 *Contribuição desejada.*

A próxima variável do modelo a ser analisada é a contribuição planejada segundo o *compound pricing*. O *compound pricing* considera a composição do preço (interno – preço de transferência – e/ou externo) pela empresa. Assim, o consumo de recursos para se produzir determinado bem/serviço passa a ser a base de cálculo para obtenção do preço pelo qual tal bem/serviço será transferido ou vendido. Essa tecnologia é ortodoxa e parte da hipótese de que o mercado será capaz de aceitar os preços calculados. Existe a aplicação de margens sobre os custos apurados em cada fase do processo produtivo, bem como do processo de distribuição, **não** levando em conta a possibilidade de se estar transferindo ineficiências, ou mesmo de eventual incompatibilidade da estrutura da entidade com a de seus concorrentes etc.

O modelo prevê que, em um primeiro nível do planejamento da contribuição (*compound*), há a geração das informações contábeis (conforme conceitos do GECON) sobre a produção dos bens/serviços, apurando-se então as margens de contribuição de cada produto, com base na valoração das fichas técnicas (com base em custos correntes de reposição a vista) e na consideração do preço FOB CR-Produção (valor do bem nesse específico estágio de sua vida: pós-produção).

Ou seja, se estivermos falando de uma produção de mesas, assim que se encerra a produção de uma peça, verifica-se que o valor do produto é diferente do valor da soma isolada dos custos de seus recursos (pregos, pedaços de madeira); essa diferença é resultado do CR-produção. Essas margens unitárias combinadas com a previsão de vendas permitem a obtenção da margem total do CR-produção. Além disso, são tratados os custos de financiamento dos estoques (caso haja algum ponto de estocagem dentro do CR-produção) e os custos identificados. Uma vez que não se aceita a adoção de rateios neste modelo, por conta da distorção gerencial provocada pela análise, utiliza-se a matriz de identificação de custos, que nada mais é do que uma forma de se identificar (na origem) os custos incorridos (p. e.: se for feita uma propaganda que irá beneficiar somente o produto *A* de uma empresa, é justo que esse valor seja identificado como sendo um custo/despesa do produto *A*, que deverá ser coberto pela margem de contribuição gerada por ele; assim, não se deve ratear esse valor, para que os demais produtos tenham o ônus de "pagar" por algo que não gera benefício a eles, mas somente ao produto *A*). Com isso, temos o Nível 1 dessa fase do planejamento concluído.

Agora, a análise continua no CR seguinte (p. e.: gerência de clientes), que possui como seus recursos os produtos recebidos por transferência do CR-produção e, por sua vez, gera outros produtos, com preços diferentes, capazes de gerar uma margem de contribuição suficiente para arcar com seus custos identificados. E assim, sucessivamente, por meio de todos os CR da empresa. Dessa forma, o modelo permite que se faça o planejamento de resultados, levando-se em consideração as condições específicas de cada área e obtendo-se informações com grande riqueza de detalhes (resultados por área, por produtos, por linhas de produtos, por clientes, por mercados, por regiões etc.). Essa riqueza de informações permite que haja maior eficácia no processo decisório dos gestores, que poderão tomar medidas claras de incentivo de produção e às vendas em uma categoria de cliente específica, em um mercado específico, em uma região específica. A Figura 6.2 mostra-nos a empresa dividida em cinco centros de resultados (CR) e o Modelo de Mensuração da Contribuição Planejada pela metodologia *compound*, capaz de apurar o resultado de cada CR:

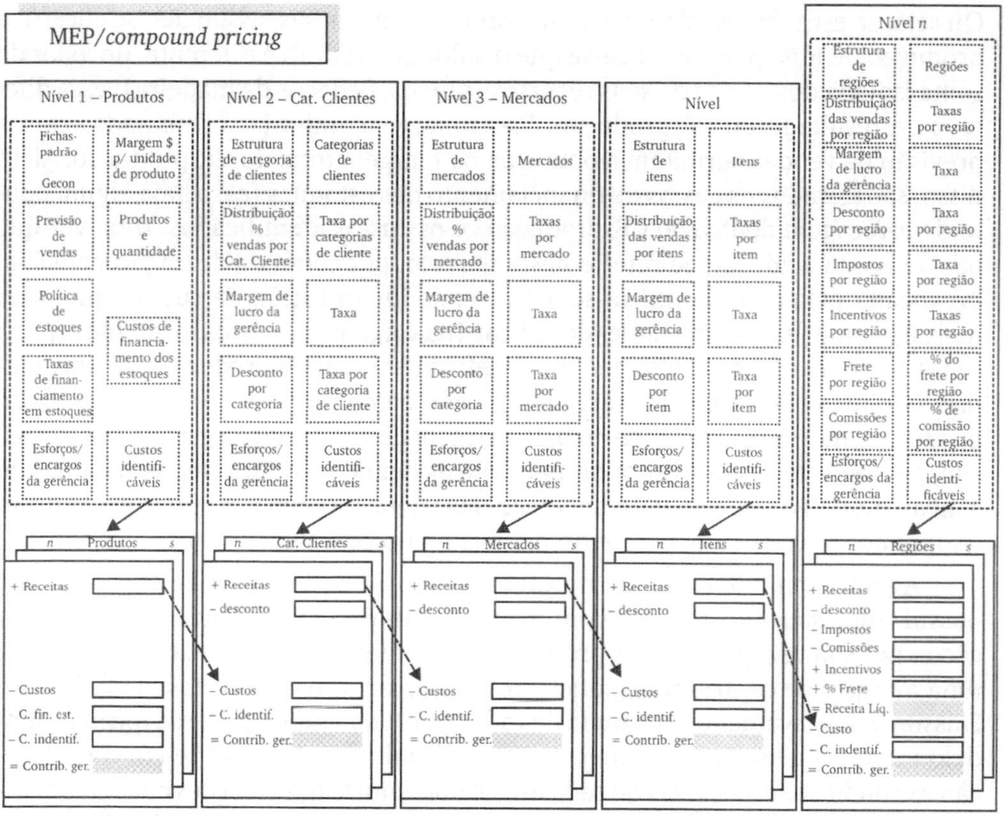

Figura 6.2 *Planejamento da contribuição* compound.

Agora, analisaremos a contribuição planejada segundo o *target pricing*. Essa tecnologia considera a força da competitividade no mercado, assumindo que os clientes irão dizer os preços que estão dispostos a pagar, bem como os volumes que demandam de bens/serviços. Assim, em vez de o preço ser uma informação (produto, saída do sistema), passa a ser um dado (recurso, entrada do sistema). Nota-se, portanto, que a estrutura do modelo é a mesma, sendo que a principal diferença entre essa mensuração *target* e a *compound* está no tratamento da receita (agora como a variável que é calculada inicialmente, diferente da tecnologia *compound* em que o objetivo é descobrir a receita por meio do "cálculo" dos preços: custo + margem).

Considerando a mesma organização representada na Figura 6.2, a seguir pode-se analisar o modelo de mensuração da contribuição planejada, conforme o *target pricing*:

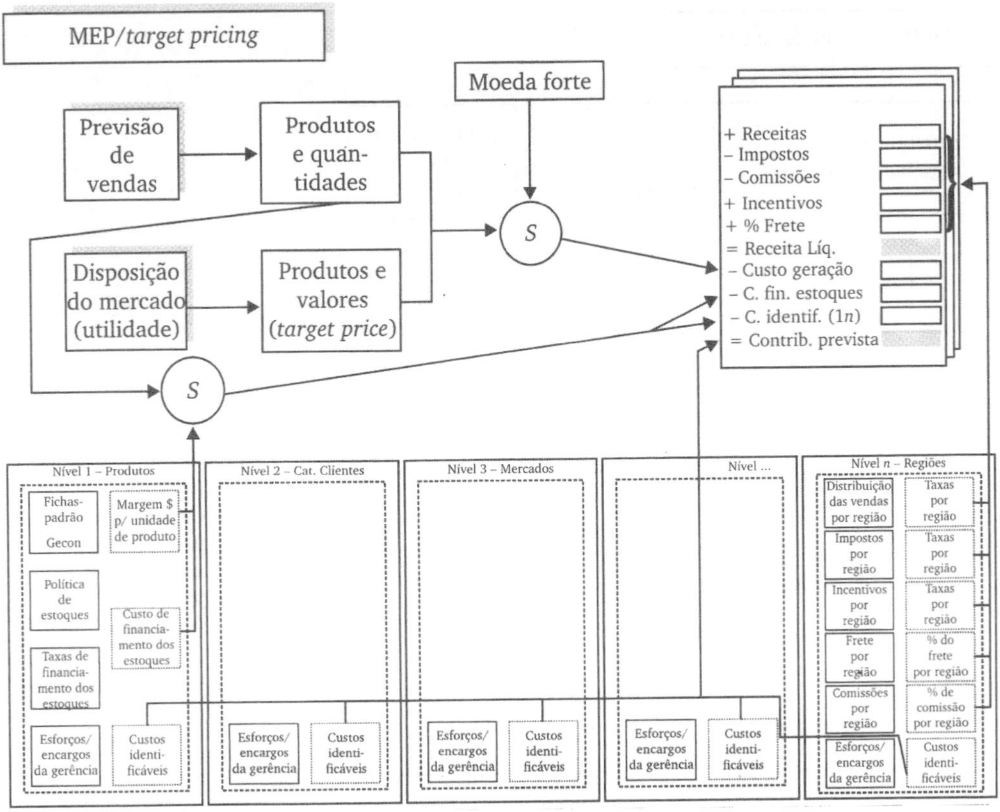

Figura 6.3 *Planejamento da contribuição* target.

Uma vez o modelo tendo dado condições de o sistema calcular essas três variáveis chave dentro do contexto, o gestor poderá avaliar as informações obtidas e, como conseqüência (*feedback*), planejar novamente, efetuando tantas simulações quantas forem necessárias até que consiga obter uma aceitável estabilização entre as variáveis (equilíbrio).

A Figura 6.4 procura evidenciar as relações principais existentes entre as três referidas informações obtidas com base no processo de simulação do Modelo de Planejamento de Resultados, conforme o GECON:

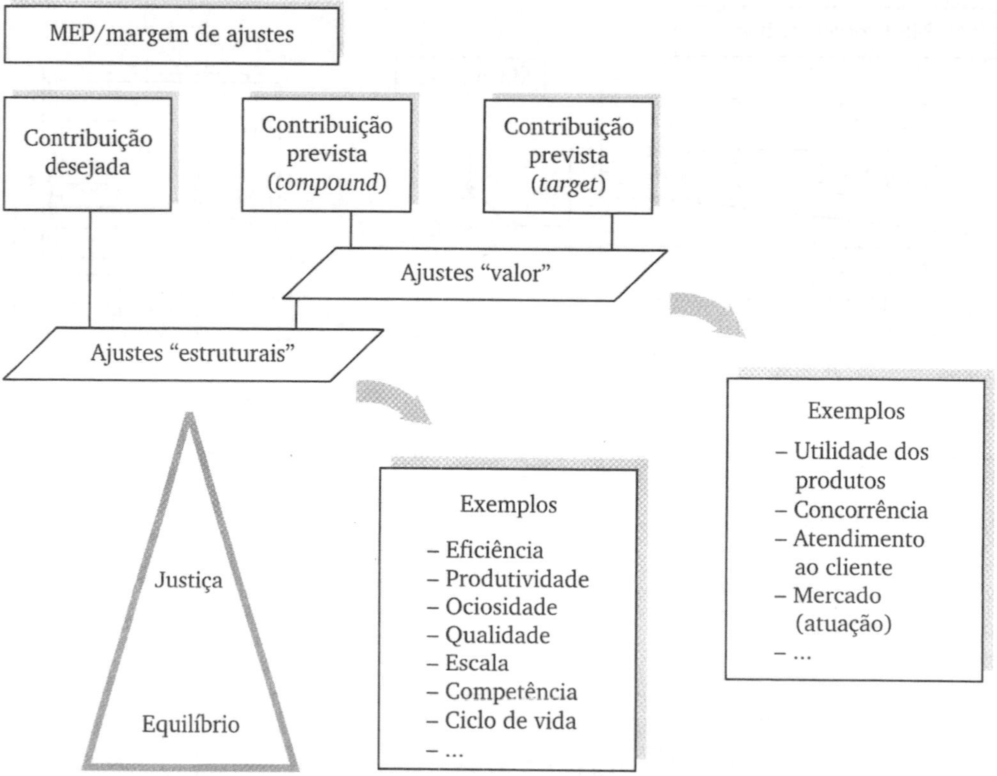

Figura 6.4 *Análise dos ajustes do modelo de planejamento de lucro.*

Pela Figura 6.4, pode-se observar pelo menos duas classes de ajustes do Planejamento de Lucro: *estruturais* e *de valor*.

Quando não existe equilíbrio entre as previsões de contribuição de acordo com as duas tecnologias de apreçamento adotadas (*target* e *compound*), há, portanto, o reflexo de que o mercado não está disposto a pagar (pelos bens/serviços nos volumes previstos) o mesmo valor que a empresa espera obter. Nesse caso, a medida cabível ao gestor responsável pelo planejamento é proceder a ajustes de valor, ou seja, atuar sobre as variáveis que provocam essa distorção, por exemplo: (a) utilidade dos bens/serviços (o mercado não atribui a mesma utilidade aos bens/serviços da empresa, que a empresa estima); (b) aspectos relacionados com a concorrência (bens/serviços semelhantes são ofertados pela concorrência em condições de qualidade/preço melhores que as que a empresa em questão oferece); (c) atendimento ao cliente (incompatível com a demanda); (d) atuação no mercado (postura, imagem, tratamentos comerciais, aspectos ecológicos etc. não condizentes com a expectativa dos clientes) etc. É possível, portanto, a partir da aplicação desse modelo, por exemplo, obter uma contribuição prevista (*compound*) no valor de $ 100.000 e uma contribuição prevista (*target*) no valor de $ 80.000 (ambos resultados da valoração de uma previsão de vendas de um *mix* de bens/serviços valorados ora a preços que embutem as margens – *compound* – desejadas pela empresa ora a preços – *target* – que são a expressão monetária do valor que o mercado atribui àquele volume de bens/serviços).

Assumindo, agora, que já se tivesse obtido o equilíbrio entre essas duas variáveis (contribuições previstas *target* e *compound*), ainda assim, poderíamos constatar uma situação em que existisse um desequilíbrio entre a contribuição prevista e a desejada. No exemplo numérico anterior, supondo ter-se estabilizado o plano com contribuição prevista de $ 80.000 (após uma série de ajustes nos planos, novas simulações etc.), poderíamos ter uma contribuição desejada no valor de $ 90.000. Para que esse desequilíbrio seja solucionado, ações devem ser tomadas sobre aspectos "estruturais" da empresa, por exemplo: (a) eficiência (formas de produção dos bens/serviços e/ou tecnologia incompatíveis com a concorrência ou mesmo com o mercado); (b) produtividade não adequada aos volumes de mercado e também aos recursos produtivos; (c) ociosidade (dimensionamento distorcido, incorreto dos recursos produtivos); (d) qualidade (acima ou abaixo das expectativas dos clientes); (e) escala incompatível com a concorrência e/ou mercado; (f) competência em descompasso com o setor, ramo de atuação etc. Com a ação gerencial sobre esses aspectos estruturais, seguramente o Planejamento de Resultados se tornará equilibrado, em um nível aceitável.

Reproduzimos na Figura 6.5 um conjunto numérico que representa um exemplo de aplicação do modelo de mensuração de Planejamento de Resultados do GECON, aplicado a uma empresa com quatro segmentos de gestão (e análise) distintos.

A primeira parte da Figura 6.5 representa o resumo dos cálculos para a apuração da informação "contribuição prevista" (no caso, $ 3.700); por fins didáticos, assumimos já ter havido a equalização entre os conceitos *target* e *compound*. Ou seja, os preços e volumes que a empresa calculou e planeja colocar no mercado são equivalentes à disposição que o mercado possui para adquiri-los.

O que se observa então são conceitos de contabilização divisional (entre CRs), portanto, adoção de preços de transferência entre áreas, adoção de moeda forte, custos correntes de reposição a vista, matriz de identificação de custos, entre outros conceitos preconizados pelo modelo ora em análise.

A contribuição desejada ($ 4.000) está demonstrada na segunda parte da Figura 6.5, composta por despesas gerais (que não foram rateadas aos produtos, por beneficiarem a empresa em sua totalidade) da ordem de $ 2.700, remuneração do capital de $ 700 (que são fruto de um capital operacional investido da ordem de $ 70.000 a uma taxa de oportunidade de 1% a. p.) e resultado desejado ($ 600).

O confronto entre essas duas informações indica-nos, no exemplo, que há necessidade de se ajustar o plano em $ 300 para que se viabilize o desejo de resultado de $ 600, no período em análise.

Esse ajuste poderá ser feito por meio de estudos sobre a viabilidade de se aumentar a contribuição planejada ($ 3.700) ou diminuir a contribuição desejada ($ 4.000), até que se consiga atingir os objetivos da empresa para o período.

Quando se fala em aumentar a contribuição planejada, como referida neste exemplo, não se pode fazê-lo por meio de acréscimo (elevação, aumento) no preço de venda, uma vez que estamos assumindo a hipótese de que já alcançamos o *target price*, ou seja, se aumentarmos os preços de venda, o mercado não mais terá o comportamento de absorver os volumes previstos. Assim, esse objetivo de aumentar a contribuição planejada poderá ser alcançado se houver possibilidade de se recompor o *mix* de produção/vendas, força de vendas e políticas de *marketing*, políticas de estoques, políticas de compras etc., que terão impactos nas margens de contribuição, além de se analisar a possibilidade de gestão sobre as estruturas das áreas específicas, o que proporciona impactos nos custos identificados aos produtos e às áreas. No caso de enxugamento de despesas gerais ou ativos, o que se pode fazer é agir sobre a adequação da planta (impactos em remuneração do capital) e da própria estrutura fixa (impactos nas despesas gerais) ao volume que o mercado demanda, combatendo assim a eventual ociosidade, ou até mesmo diminuir a expectativa de lucro para o período analisado.

(Valores em $)	CR – Produtos	CR – Clientes	CR – Mercados	CR – Regiões	Empresa
Receitas	0	0	0	20.000	20.000
Deduções/acréscimos	0	0	0	–2.000	–2.000
Rec./custo mercado	0	0	15.000	–15.000	0
Rec./custo clientes	0	11.000	–11.000	0	0
Rec./custo produtos	7.500	–7.500	0	0	0
Custo produtos	–5.000	0	0	0	–5.000
Custos financeiros	–400	0	0	–1.500	–1.900
= Margem contribuição	2.100	3.500	4.000	1.500	11.100
Custos identificados	–900	–2.800	–2.300	–1.400	–7.400
= Contribuição	1.200	700	1.700	100	**3.700**
				AJUSTES →	–300
= Contribuição desejada					**4.000**
Despesas departamentais (gerais)					–2.700
= Resultado antes da remuneração do capital					1.300
Remuneração do capital investido					–700
= RESULTADO					600

Figura 6.5 *Análise numérica combinada do modelo de planejamento de lucro.*

6.4 TABELA DE PREÇOS – INSTRUMENTO PARA EXECUÇÃO DO PLANO

A partir do instante em que a organização está comprometida com o plano de resultados obtido por meio de um processo de planejamento e simulação, há que se ressaltar os riscos existentes de não se conseguir executar o plano exatamente na forma em que foi concebido. Caso isso venha a acontecer por motivos exógenos à organização, o que se pode fazer é atuar por meio de um modelo de gestão altamente adaptativo para que se consiga minimizar esses efeitos sobre os resultados da organização. Porém, o que se pretende ressaltar aqui é o fato de que se não houver um instrumento adequado, mesmo que não haja (por hipótese) quaisquer acontecimentos fora do controle da empresa (exógenos), o plano pode não ser executado como previsto. Nesse caso, ressalta-se a importância de se construir um sistema em que fique evidente o que deve ser feito por cada participante nesse contexto, seja da área de produção, de *marketing* etc.

A principal ênfase que se pretende dar para esse problema é na própria força de vendas. A força de vendas, sendo pulverizada, acaba encontrando dificuldades de estabelecer negócios com o mesmo nível de eficácia. Se somarmos a isso o próprio fato de que os preços, conforme esse modelo em análise, são distintos, muito mais específicos, tem-se a dificuldade ainda maior de se garantir que o resultado realizado seja equivalente ao resultado planejado.

Sobre a distinção dos preços, devemos lembrar que se uma empresa, por exemplo, tem 500 produtos, de acordo com um modelo ortodoxo de planejamento, terá ao menos 500 preços (um para cada produto), em geral praticando preço único para as diversas características comerciais das transações (p. e. cliente de categoria *A* paga o mesmo que o cliente de categoria *B*, cliente na região *X* paga o mesmo que o cliente na região *Y* etc.). Nesse modelo, entretanto, verifica-se que essas variáveis são consideradas especificamente e, como conseqüência disso, há uma multiplicidade de preços. No mesmo exemplo, se a referida empresa atuar com três categorias de clientes (*A*, *B* e *C*), em quatro mercados distintos (Reposição, Revendas, Consumidor e Exportação), além de quatro regiões (região Norte, Sul, Leste e Oeste), teremos, conforme o princípio fundamental da contagem, 24.000[2] combinações de preços diferentes, em vez de 500 preços apenas.

Dessa forma, a Tabela de Preços possui papel fundamental neste contexto. Pela definição de parâmetros no plano, a força de vendas poderá aplicar sobre um preço bruto (igual ao maior preço para um mesmo produto entre todas as combinações possíveis) percentuais de desconto conforme a característica do negócio.

Se, por hipótese, o preço bruto de um produto é $ 10 e se está fechando negócio com um cliente que é da categoria *A*, no mercado Revendas, na região Norte,

---

2. 24.000 = 500 produtos x 3 categorias de clientes x 4 mercados x 4 regiões.

aplicam-se descontos correspondentes conforme o plano, por exemplo: 5% para categoria de cliente *A*, 3% por ser do mercado de Revendas e 2% por ser da região Norte. Dessa forma, o preço específico para essa transação passa a ser de $ 9,03. O mesmo raciocínio deve ser usado para cada transação distinta.

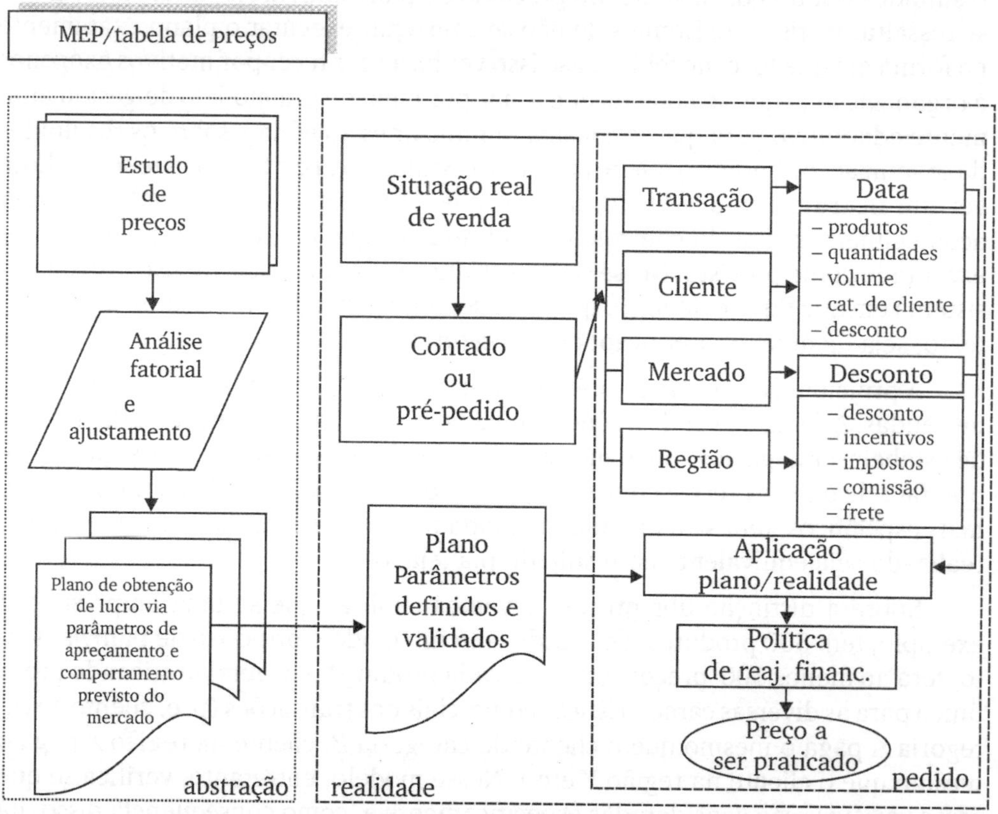

Figura 6.6 *Tabela de preços do modelo de planejamento de lucro.*

6.5 ARQUITETURA DO SISTEMA DE INFORMAÇÃO

Após ter sido possível analisar o modelo de Planejamento de Resultados conforme o GECON, é importante ressaltar os aspectos relacionados com a implementação desses conceitos para fins de uso como instrumento gerencial nas empresas. Para tanto, é preciso que haja o desenvolvimento de um sistema de informações que seja capaz de tratar as variáveis relacionadas anteriormente, segundo os conceitos discutidos. A Figura 6.7 mostra-nos a arquitetura básica do sistema que apóia o Modelo de Planejamento de Resultados, ora estudado. O Sistema deve estar ligado às principais bases de dados da empresa, para que o planejamento possa ser feito considerando-se as variáveis reais da empresa (p. ex.: ficha técnica, moedas etc.), bem como deve ser sustentado por tabelas que permitam que haja o exercício de simulação (preços simulados, taxas simuladas, previsão de vendas etc.).

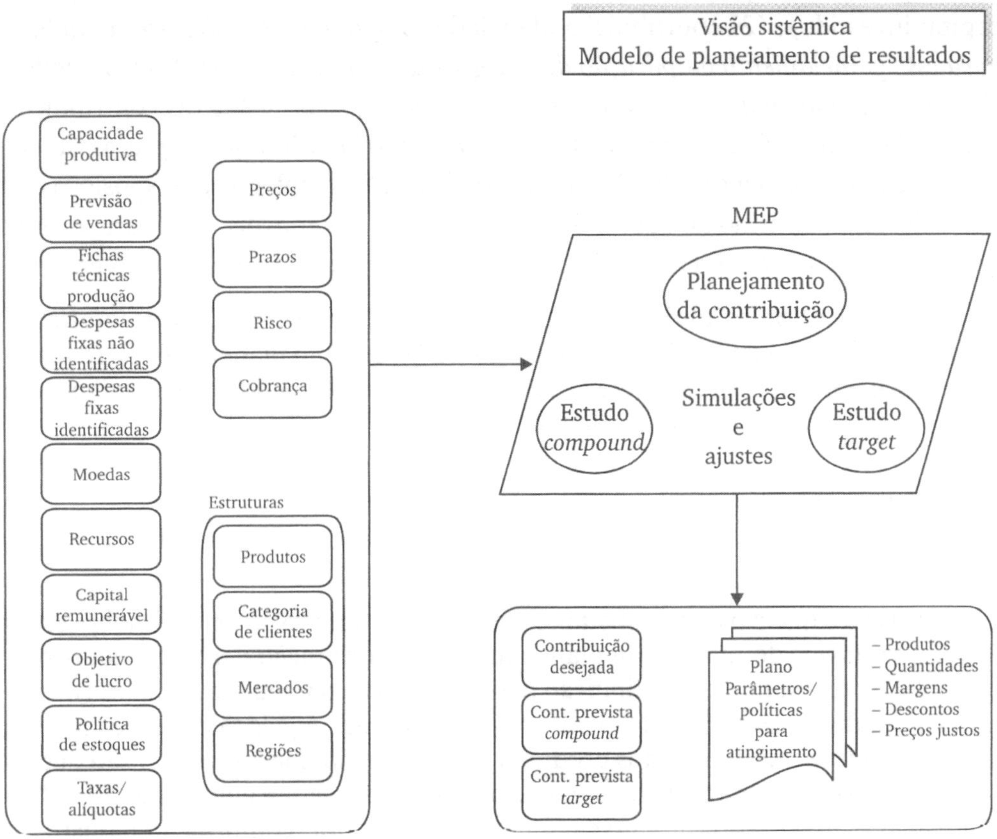

Figura 6.7 *Visão sistêmica do modelo de planejamento de resultados.*

6.6 CONCLUSÕES

Ao longo deste trabalho fica evidenciada a importância do planejamento de resultados no contexto da gestão empresarial inserida em ambiente competitivo, oferecendo aos gestores informações coordenadas sobre as conseqüências (principalmente as econômicas) de seus atos futuros – planejados.

Em particular, o estudo realizado ressalta que a aplicação dos conceitos do GECON ao planejamento de resultados de empresas, conforme suas premissas, produz informações com maior qualidade, oferecendo aos gestores maior acurácia quando da tomada de decisões (já na fase de planejamento).

No que diz respeito ao modelo de mensuração analisado, o estudo demonstra o benefício da abordagem do problema do planejamento de resultados em três partes: (1) contribuição desejada (em que se planejam os custos/despesas estruturais do período em questão, envolvendo resultado desejado, e a remuneração do capital investido); (2) contribuição planejada *compound* (*considera-se como base para esse planejamento a aplicação de margens de lucro sobre os custos planejados, chegando-se assim a uma receita sob a ótica interna da empresa*); e (3) contribuição planejada *target* (*oferece condição de planejar a contribuição segundo preços validados e praticados pelo mercado*). Para o gestor fica mais simples a contraposição dos três valores, no sentido de buscar o equilíbrio entre as variáveis: estrutura, *mix* de produtos, preços de mercado, eficiência, qualidade, custos de reposição etc.

Verifica-se, pelos tópicos desse trabalho, a grande contribuição oferecida pela sistemática de aplicação dos conceitos do GECON ao planejamento de resultados, na medida em que se oferece aos gestores a possibilidade de se avaliar duas categorias essenciais de ajustes de planos:

1. estruturais;
2. de valor.

Fica claro que a partir do instante em que o gestor possui controle sobre essas 3 (três) variáveis do modelo de planejamento (contribuição desejada, contribuição prevista *compound* e contribuição prevista *target*), a imediata comparação entre elas conduz a uma série de avaliações pertinentes. Ações tidas como "ajustes de valor" (sobre a utilidade dos produtos, concorrência, mercado etc.) são decorrentes do descasamento entre as contribuições planejadas pelos dois métodos: *compound* e *target*. Portanto, esse é um ótimo indicador, conforme demonstrado no corpo do trabalho, para o corpo gerencial quando do planejamento. De forma similar, as ações tidas como "ajustes estruturais" decorrem do descasamento entre a contribuição prevista e a contribuição desejada, indicando que a estrutura (custos do período, resultado desejado, capital investido etc.) que se pretende para o período do planejamento é incompatível com o *mix* de produtos aos custos e preços planejados, ou seja, quando o agregado das margens de contribuição é diferente (maior ou menor) da contribuição necessária.

Além disso, fica demonstrada neste trabalho a grande importância que tem a "tabela de preços" como instrumento para execução do plano, pois de nada adiantará obter o planejamento ideal se não existir uma ferramenta de apoio na fase da execução do plano. A "tabela de preços", ou rotina computacional equivalente, oferece à força de vendas todas as condições de suporte para que as premissas obtidas quando da validação do planejamento estejam presentes no ato da operação real com o cliente ou consumidor.

Também conclui-se que a utilização, pelo GECON, dos princípios da contabilidade divisional leva ao planejamento de resultados os conceitos de área de responsabilidade e centros de resultados, oferecendo condições para que a empresa, já em seu processo de planejamento, tenha elementos para planejar-se desde as áreas (detalhe) até obter seu plano consolidado ótimo – de suma importância, pois conta com o envolvimento das pessoas e das áreas, o que garante o *compromisso* com o plano obtido, fator esse crítico para o sucesso do processo de planejamento.

Por fim, apresenta-se uma arquitetura ideal para um sistema de informações com o objetivo de subsidiar o planejamento de resultados com os conceitos ora analisados.

REFERÊNCIAS BIBLIOGRÁFICAS

CATELLI, Armando. *Coletânea de trabalhos sobre Gecon*. São Paulo : Fipecafi, USP, 1995.

COOK, Melissa A. *Building enterprise information architectures*: reengineering information systems. Upper Saddle River, NJ : Prentice Hall, 1996.

CORNACHIONE JR., Edgard Bruno. *Informática*: para as áreas de contabilidade, administração e economia. São Paulo : Atlas, 1993.

______. *Das bases de sustentação da contabilidade e da informática*. Dissertação (Mestrado) – FEA. São Paulo : USP, 1994.

GUENGERICH, Steven L., SCHUSSEL, George. *Rightsizing information systems*. Indianapolis, IN : Sams, 1994.

IUDÍCIBUS, Sérgio de. *Teoria da contabilidade*. São Paulo : Atlas, 1987.

PARISI, Claudio. *Uma contribuição ao estudo de modelos de identificação e acumulação de resultado*. Dissertação (Mestrado) – FEA. São Paulo : USP, 1995.

7 Avaliação de Resultados e Desempenhos

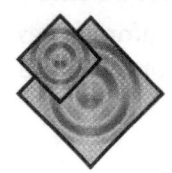

Carlos Alberto Pereira

7.1 AVALIAÇÃO DE DESEMPENHOS NA EMPRESA: CONCEITO, PROCESSO E REQUISITOS

7.1.1 *Considerações iniciais*

O ato de avaliar, entendido num sentido genérico, é inerente à própria natureza humana; é o exercício da análise e do julgamento sobre qualquer situação que exija uma apreciação de fatos, idéias, objetivos e, também, uma tomada de decisão a fim de se atingir uma situação desejada.

Presente no comportamento humano, uma avaliação implica conseqüências, que podem ser positivas ou negativas em relação a seus objetivos, dependendo de uma série de fatores, entre os quais: bases informativas utilizadas; variáveis consideradas; critérios, conceitos e princípios adotados; e, até mesmo, crenças, valores e habilidades do avaliador.

Quando inserida em determinado contexto, como o empresarial, na forma de um modelo que procure orientar um processo avaliativo de desempenhos, encontram-se ainda dificuldades relacionadas a sua implementação, que requer, além de sua adequação a esse contexto, formulação de uma estratégia de implantação.

Toda organização empresarial, tomada como um sistema aberto, possui uma identidade própria, que caracteriza uma cultura organizacional particular, influenciando sua dinâmica.

Assim, o êxito de uma avaliação de desempenhos no contexto empresarial, como um processo formalizado, depende de uma harmonia com o modelo de gestão da organização, visando, até mesmo, reduzir o impacto de forças reativas contrárias a mudanças em sua dinâmica preestabelecida, ou seja, a seu *status quo* vigente (Lucena, 1992:53).

Entendemos ser esse aspecto o primeiro e grande passo para o sucesso de qualquer modelo voltado à avaliação de desempenhos internos à empresa, seja de suas áreas, departamentos, filiais ou recursos humanos.

Por outro lado, se não observado esse aspecto, a causa do fracasso na implementação de qualquer modelo de avaliação de desempenho é evidente: um processo de avaliação, em geral, não pode ter um fim em si próprio, mas, sim, voltado ao contexto em que se insere. Quando aplicado aos desempenhos na organização, um modelo de avaliação não visa a outro maior propósito senão o de servir como instrumento capaz de proporcionar uma gestão eficaz desses desempenhos.

Abordaremos, neste capítulo, uma concepção de avaliação de desempenho no contexto empresarial, procurando caracterizá-la, basicamente, como um conceito, um processo e um instrumento de gestão.

7.1.2 *Sentido da expressão* avaliação de desempenho

A expressão *avaliação de desempenho* pode assumir diversos significados, dependendo do sentido conferido ao termo *avaliação* e do contexto relativo ao *desempenho*, objeto dessa avaliação.

Avaliar um desempenho significa julgá-lo ou atribuir-lhe um conceito diante de expectativas preestabelecidas.

Entretanto, ao mesmo tempo em que essa afirmativa transmite um significado da expressão *avaliação de desempenho*, pode também induzir ao entendimento de que, no contexto empresarial, seja esse o maior propósito a ser alcançado na implementação do conceito, o que pode provocar conseqüências danosas.

No contexto empresarial, o *desempenho* assume diversas dimensões, quando relacionado, por exemplo, à empresa em sua totalidade, a suas áreas, às funções e aos cargos exercidos; aos aspectos operacionais, econômicos e financeiros das atividades, às atividades planejadas e às realizadas.

Um processo de gestão, conforme estudado anteriormente, requer avaliações desses desempenhos, como um dos requisitos para o exercício do controle, que interage com as fases de planejamento e execução das atividades.

Avaliar um desempenho passa a ser, assim, um meio para se tomar decisões adequadas. Constitui um processo complexo que incorpora, além das características informativas necessárias para se julgar adequadamente um desempenho, requisitos essenciais para se integrar ao processo de gestão, em suas fases de planejamento, execução e controle.

7.1.2.1 Significado do termo *avaliação*

O termo *avaliação* refere-se ao ato ou efeito de se atribuir valor, sendo que *valor* pode ser entendido num sentido qualitativo (mérito, importância) ou num sentido qualitativo (mensuração).

O sentido qualitativo de *avaliação* expressa a idéia de julgamento, formação de juízo ou atribuição de conceito a determinados atributos de algum objeto, como, por exemplo, relativamente a um desempenho econômico: bom, ótimo, eficaz – conforme detenha certas qualidades. Nesse sentido, a avaliação requer padrões, em termos informativos, como parâmetros que permitam a realização desse julgamento. Requer, portanto, a mensuração das expectativas de desempenho, bem como de sua realização.

Mensurar um desempenho expressa o sentido quantitativo do termo *avaliação*: refere-se à quantificação de atributos de um objeto, com o intuito de expressá-los numericamente. A quantidade de insumos, o preço de um produto, a altura de uma pessoa e a temperatura ambiente são exemplos de atributos de objetos expressos numericamente.

Embora não se encontrem restrições, do ponto de vista da sinonímia, para a utilização do termo *avaliação* no sentido de "mensuração" , optamos por diferenciá-los nesse trabalho, objetivando melhor transmitir o conteúdo das expressões avaliação de *desempenho* e mensuração de *desempenho*, conforme conclusões apresentadas a seguir.

7.1.2.2 Avaliação de desempenho e mensuração de desempenho

Glauter e Underdown, citados por Guerreiro (1989:76), afirmam que a

> "(...) *mensuração tem sido definida como a atribuição de números a objetos de acordo com regras, especificando o objeto a ser medido, a escala a ser usada e as dimensões de unidade*".

Estudando a teoria da mensuração, Guerreiro (1989:78) observa que

> *"mensurações são necessárias não somente para expressar objetivos e clarificar alvos a respeito dos quais as decisões devem ser tomadas, mas elas são também necessárias para controlar e* ***avaliar*** *os resultados das atividades envolvidas no processo de atingir os alvos"* (grifo nosso).

A avaliação e o controle dos resultados das atividades requerem a mensuração ou quantificação de um desempenho planejado e um realizado.

A mensuração do desempenho planejado poderia ser entendida como uma quantificação dos planos, expressa na forma de orçamentos ou padrões, fornecendo bases comparativas para a avaliação de desempenhos.

Por sua vez, a mensuração do desempenho realizado deve seguir as mesmas bases do desempenho planejado, a fim de garantir a comparabilidade entre os mesmos, requisito necessário para que sejam avaliados.

Concluímos, assim, que o uso da expressão *mensuração de desempenho* intercambiavelmente com *avaliação de desempenho* limitaria o sentido dessa última, não devendo ser equiparadas.

7.1.2.3 Ilustração do sentido da expressão *avaliação de desempenho*

Gibson et al. (1976:84), afirmam:

> *"O problema da eficácia está ligado ao do desempenho, pelo qual queremos dizer a execução de um ato. Pensamos em desempenho casualmente, quando discutimos nossa reação a acontecimentos esportivos, a um conceito, a uma peça ou a um automóvel. Nesse contexto, fazemos julgamentos sobre o desempenho. Em termos específicos, nós os julgamos ou os avaliamos à medida que respondem ou não às nossas expectativas. Se esperarmos que um time de basquetebol tenha uma temporada de sucesso, e isso realmente acontecer, esse time teve um bom desempenho; se não esperávamos que tivesse uma temporada de sucesso, mas isso ocorreu, o desempenho do time foi ainda melhor. Assim, em sentido geral, usamos o conceito de desempenho todas as vezes que há expectativas anteriormente estabelecidas.*
>
> *Os administradores organizacionais, pela própria natureza de seu trabalho, estão voltados para o desempenho. Na verdade, pode-se ver prontamente que os processos de planejar, organizar e controlar são a materialização do conceito de desempenho. O planejamento estabelece as expectativas, o organizador implanta essas expectativas e o controlador avalia o desempenho das expectativas estabelecidas e implantadas. Assim, a eficácia pode ser considerada como um julgamento que os administradores fazem ao exercerem a função de controle".*

Das proposições desses autores, constam os elementos necessários para caracterizarmos a avaliação de desempenho no contexto empresarial: o conceito de desempenho, de expectativas preestabelecidas, a estreita relação com o processo de gestão (planejamento, execução e controle) e o aspecto qualitativo (eficácia) do desempenho, como uma das principais preocupações ao se avaliar um desempenho.

Monair e Mosconi, citados por Peleias (1992:15), realçam o aspecto da qualidade do desempenho, em termos de eficácia e eficiência, considerando, inclusive, a inter-relação da empresa com seu ambiente:

> *"Um sistema de avaliação de desempenho deveria monitorar as mudanças nas demandas de mercado, estabelecer e avaliar o progresso no atingimento de objetivos, assegurar o cumprimento de metas de desempenho ao nível de fábrica e servir como indicador do desempenho do processo de produção em si."*

Dessa colocação, entre outros objetivos de um sistema de avaliação de desempenho, o autor ressalta o de "assegurar o cumprimento de metas de desempenho". Embora estabeleça relação dessas metas com o nível operacional ("de fábrica"), entendemos ser possível estendê-las aos demais objetivos da empresa, dependendo das características próprias do modelo de avaliação de desempenho implementado, ressalvando, no entanto, que, para assegurar o cumprimento de metas, o modelo deve funcionar em conexão ao controle, pois que este constitui ação.

Segundo Catelli (1972:6),

> *"as situações com as quais se depara a alta administração de uma empresa, exigindo tomadas de decisões, na maioria das vezes são de origem econômico-financeira, requerendo bases concretas para avaliação dos possíveis desvios ocorridos, para poder emitir seu parecer e orientar os executivos, a fim de se empenharem o mais rapidamente no processo de retomada de situação previamente considerada como de desempenho aceitável ou ideal"*.

Nas proposições desse autor, identificamos os seguintes elementos relacionados à avaliação de desempenho na empresa:

- o aspecto da quantificação ou mensuração do desempenho "econômico-financeiro";
- a necessidade de "bases concretas" para avaliação dos possíveis desvios entre um desempenho observado e um ideal ou desejado;
- a emissão de um "parecer" pelos administradores, decorrente da avaliação desses desvios;
- o propósito desse "parecer" como o de orientar a execução do desempenho à situação desejada, que entendemos como uma tomada de decisões corretivas visando à obtenção da situação desejada; e
- a estreita relação entre: avaliação de desempenho, processo decisório e controle.

Evidencia-se, assim, um fator que entendemos ser o principal aspecto a ser considerado quando do desenvolvimento de um modelo ou da implementação de um sistema de avaliação de desempenhos nas organizações: não deve apenas permitir conclusões sobre a qualidade de um desempenho, mas principalmente impulsioná-lo ao atendimento de qualidades (eficácia, eficiência) julgadas ideais e desejáveis.

Sua implementação não tem outro propósito senão o de servir ao processo de gestão, como um instrumento capaz de permitir "pareceres" que orientem decisões eficazes.

7.1.3 *Conceito de desempenho*

Por "desempenho" entende-se a *realização de uma atividade ou de um conjunto de atividades.*

O desempenho de um sistema aberto caracteriza-se pelas alterações em seu estado. Essas alterações podem ser produzidas pelas interações entre os subsistemas que o compões ou pelas interações desses subsistemas com o ambiente em que se inserem.

Considerando-se as contínuas e rápidas mudanças ambientais, a continuidade da empresa exige respostas adequadas, ou seja, exige que sejam tomadas decisões eficazes no sentido de conduzir suas atividades ao cumprimento de sua missão.

O conjunto dessas atividades caracteriza o conceito de "desempenho" relativamente à empresa em sua totalidade. Esse desempenho resulta das várias atividades que são realizadas na empresa, interagindo no sentido de criarem as condições para sua sobrevivência e desenvolvimento.

7.1.3.1 **Dimensões do desempenho na empresa**

Por diversas vezes, durante a apresentação deste estudo, referimo-nos ao desenvolvimento da empresa, das áreas e dos gestores; ao desempenho planejado ou realizado; ao desempenho operacional, financeiro e econômico; ao desempenho a curto, médio e longo prazos; e a um desempenho eficaz e eficiente.

Entendemos que esses "desempenhos" são, em sua essência, dimensões pelas quais podem ser visualizadas as diversas atividades empresariais.

A Figura 7.1 representa, graficamente, as dimensões do desempenho na empresa, que simbolizam ângulos pelos quais ele pode ser observado, segundo algumas características próprias das atividades que o compõem (amplitude, natureza, ocorrência, tempo e qualidade).

Essas dimensões inter-relacionam-se. Por exemplo, ao falarmos do desempenho global da empresa, poderíamos referir-nos ao desempenho econômico realizado a curto prazo. Conforme esse desempenho tenha atingido o desempenho econômico planejado para esse mesmo período, poderíamos qualificá-lo ou não (e em algum grau) como "eficaz", pressupondo-se, evidentemente, que esse planejamento tenha sido eficaz.

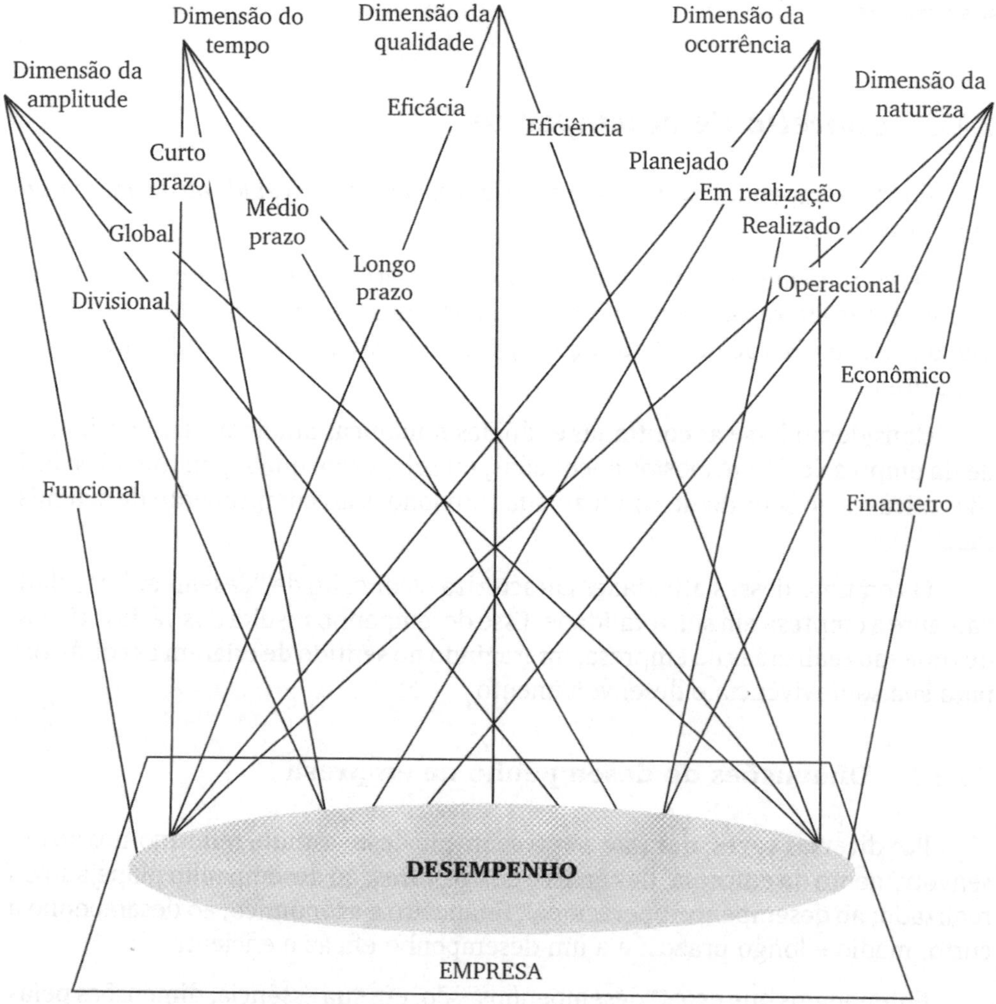

Figura 7.1 *Dimensões do desempenho na empresa.*

7.1.3.1.1 *Dimensões da amplitude das atividades, desempenhos global, divisional e funcional*

O desempenho global da empresa é o primeiro e maior conjunto pelo qual poderiam ser analisadas suas atividades.

O interesse no desempenho global da empresa pode ser interno ou externo. Internamente, os gestores precisam fazer comparações do desempenho da empresa com o de outras empresas do mesmo setor econômico, como, por exemplo, em termos de lucro, participação de mercado, faturamento, quantidade de funcionários etc. Já o interesse externo corresponde às expectativas dos acionistas ou dos proprietários da empresa, bem como às expectativas de outras entidades a ela relacionadas.

Essas entidades demandam informações sobre o desempenho de toda a empresa, que podem ser obtidas pelos demonstrativos financeiros publicados, por consultas a associações e órgãos setoriais, por pesquisas de mercado ou, entre outras fontes, por consultas à própria empresa.

O desempenho voltado para o ambiente interno da empresa pode ser entendido a partir de sua estrutura hierárquica, comumente denominada estrutura organizacional, que parte de um modelo de gestão, formado pelas crenças, valores e expectativas dos gestores relacionados a todo o empreendimento (mercado, produtos, propensão ao risco etc.).

Estabelece-se uma estrutura organizacional desde o início das atividades da empresa, que, a princípio, é a que os proprietários e a alta administração julgam necessária ou ideal, considerando as limitações existentes, para serem desenvolvidas as atividades típicas do negócio ou empreendimento.

Verticalmente, são definidos cargos e funções, atribuindo-se autoridade às pessoas que os exercerão. Limita-se, assim, a atuação das pessoas a um conjunto de expectativas associadas a cada cargo. Conseqüentemente, restringe-se a responsabilidade dos exercícios de suas atividades.

Horizontalmente, são criados departamentos, divisões, filiais, órgãos etc., que agrupam determinados cargos ou funções, com o intuito de desenvolverem atividades específicas, tais como produção, marketing, pessoal, finanças.

Cada uma dessas divisões podem ou não desempenhar atividades semelhantes. Uma filial, por exemplo, pode exercer as mesmas atividades de outras filiais ou, dependendo de sua localização, ficar restrita a determinado tipo de atividade principal. Essas divisões podem diferir quanto ao tipo de produto ou serviço que oferecem e, por isso, podem possuir estruturas internas diferentes em termos de cargos e funções.

Dessa forma, pode-se falar em desempenho do departamento de marketing, de produção, de pessoal, etc. assim como do desempenho de cargos ou funções específicas, dentro de um desses departamentos, tais como do diretor de marketing, dos gerentes de planejamento e desenvolvimento de produtos, de publicidade, de vendas, de assistência ao consumidor etc.

Temos, assim, duas possíveis formas de desdobramento do desempenho global da empresa:

- o *desempenho divisional* ou *das áreas da empresa*, que se associa à geração de certos produtos e serviços específicos, para consumo interno ou externo. As áreas sob a responsabilidade de seus respectivos gestores, segundo a autoridade que lhes foi delegada, são comumente denominadas "áreas de responsabilidade" e podem ou não corresponder a divisões ou departamentos inteiros na empresa. Essas áreas podem desenvolver uma ou diversas atividades; e
- o *desempenho individual* ou *funcional*, que se refere às atividades próprias dos cargos ou funções ocupados, entre os quais oș dos gestores.

Freqüentemente, observa-se, na prática da avaliação de desempenho dessas áreas, indicadores como: resultados alcançados, níveis de retorno sobre o investimento, cumprimento de metas, de prazos de entrega de produtos e eficiência.

Por outro lado, as tradicionais "avaliações de desempenhos funcionais", relacionadas aos cargos e funções, baseiam-se, normalmente, em aspectos qualitativos (ou não financeiros), incluindo aspectos comportamentais desejados.

Todos os parâmetros (financeiros ou não financeiros) de avaliação de desempenho devem procurar promover a congruência entre os objetivos do "avaliado" e os da empresa em sua totalidade.

Em relação aos gestores, por exemplo, Mosimann et al. (1991:45), referindo-se a algumas citações de Nakagawa e de Likert, ressaltam:

> *"Os critérios não financeiros de avaliação de desempenho devem levar em conta a congruência de metas e os incentivos. O primeiro aspecto se refere à harmonização entre os objetivos do indivíduo e os da organização. O último constitui-se num instrumento administrativo que acelera essas pessoas rumo aos objetivos. Alguns aspectos a serem medidos dentro destes critérios podem ser, consoante Likert, a qualidade da organização humana, nível de confiança e responsabilidade, motivação, lealdade, desempenho e capacidade da organização de comunicar-se abertamente, interagindo efetivamente e alcançando decisões adequadas e a avaliação de desempenho deve evidenciar e buscar a harmonização entre os objetivos pessoais dos gestores com os da empresa."*

Devem, portanto, ser diferenciadas as avaliações de desempenho dos gestores em relação à de suas áreas de responsabilidade. No entanto, devemos destacar que o desempenho dessa última constitui importante parâmetro para a avaliação do desempenho individual do gestor.

7.1.3.1.2 *Dimensões da natureza das atividades: desempenho operacional, econômico e financeiro*

O desempenho operacional é caracterizado por uma atividade, ou um conjunto de atividades diretamente relacionadas ao processamento de recursos para a geração de produtos e serviços.

As preocupações básicas com o desempenho operacional podem referir-se à eficiência na utilização de recursos, ao nível de utilização de equipamentos, à segurança nos processos de produção, aos prazos de produção e entrega dos produtos elaborados, à qualidade desses produtos etc.

Assim, a avaliação do desempenho operacional pode considerar, entre outros fatores, o atingimento de determinados níveis (padrões) de eficiência, de utilização de equipamentos, de prazos, de segurança e de qualidade.

O desempenho econômico é caracterizado pelo aspecto econômico envolvido no desempenho operacional, próprio de toda atividade produtiva, e revela-se por seus resultados econômicos.

Toda atividade operacional consome recursos que, por serem escassos, têm valor econômico, gerando custos. Em contrapartida, a produção de bens e serviços deve gerar um valor superior aos custos incorridos, demonstrando um resultado econômico positivo, capaz de repor os recursos consumidos no processo produtivo.

Aspectos pertinentes ao desempenho operacional (eficiência, níveis de utilização de equipamentos, prazos de produção, qualidade do produto) também interferem no resultado econômico. Podem gerar efeitos positivos ou negativos, tais como ganhos/perdas nos custos, depreciação maior ou menor na utilização (consumo) de equipamentos, custos/receitas da imobilização de recursos financeiros, preços melhores/piores em virtude da qualidade dos produtos gerados etc.

O desempenho financeiro refere-se aos prazos de pagamento e recebimento dos valores envolvidos nas atividades, bem como à captação e aplicação de recursos financeiros necessários.

Prazos de pagamento e recebimento geram receitas e despesas financeiras, de cujo confronto obtém-se o resultado financeiro da atividade, que impacta seu resultado econômico.

As atividades operacionais, por imobilizarem tais recursos financeiros, devem ser debitadas/creditadas, do ponto de vista econômico, pelas respectivas despesas/receitas financeiras.

Em termos de avaliação de desempenho, devem existir prazos, taxas, volumes planejados em relação às necessidades de recursos financeiros, com os quais devem ser comparados os realizados.

7.1.3.1.3 *Dimensão da ocorrência das atividades; desempenho planejado, em realização e realizado*

O desempenho planejado refere-se a atividades a serem realizadas pela empresa e, conforme as definições de planejamento, comporta os estados futuros desejados para que o sistema atinja seus objetivos, ou seja, é aquele que deve orientar a realização do desempenho. No planejamento, decide-se o que será feito, enquanto na execução procura-se concretizar o planejado.

Evidentemente, o desempenho em realização refere-se às atividades que estão por completar um ciclo de processamento. Essas atividades ainda permitem correções, a fim de que o desempenho em realização atinja o planejado.

Por outro lado, o desempenho realizado é o resultante de um ciclo completo de execução das atividades e que já impactou o estado do sistema e, portanto, não admite correções.

A partir do momento em que a execução de um desempenho deve ser orientada pelo planejado, o desempenho realizado deve possuir os mesmos atributos e qualidades do desempenho planejado.

Esses pontos levam-nos à identificação de um requisito para avaliação de desempenho: deve permitir correções tempestivas no desempenho. Desempenhos devem ser avaliados em tempo de se permitir a aplicação de medidas corretivas.

Como um instrumento de gestão, um modelo de avaliação de desempenho deve prever que seja exercido o controle sobre o desempenho e não simplesmente permitir a formação de juízos. Deve promover a eficácia e não simplesmente mensurá-la.

7.1.3.1.4 *Dimensão do tempo: curto, médio e longo prazos*

A dimensão temporal do desempenho pressupõe a continuidade do empreendimento e refere-se a um período que delimita uma atividade ou um conjunto delas. Pode relacionar-se ao desempenho futuro (planejado), presente (em realização) ou passado (realizado) das atividades.

Os conceitos de curto, médio e longo prazos são muito relativos. Não existem parâmetros para que se possa enquadrar um desempenho nessa classificação, embora, algumas vezes, sejam adotados o ciclo operacional completo da atividade empresarial (encomendas, safras) ou o ano civil como referência.

No entanto, destacamos essa dimensão para evidenciar a necessidade de se delimitar períodos para que seja avaliado um desempenho. Isso não quer dizer que a avaliação de desempenhos na empresa não deva ser permanente. Sobre esse aspecto, ressaltamos, logo de início, seu caráter permanente, necessário em função dos objetivos também permanentes a serem perseguidos pela empresa.

7.1.3.1.5 *Dimensão da qualidade das atividades, eficácia e eficiência*

A eficácia, em relação a uma atividade, refere-se à obtenção dos resultados desejados, enquanto a eficiência refere-se à relação recursos consumidos/produtos gerados.

De acordo com as proposições de alguns autores, a noção de eficácia é multidimensional e inclui a de eficiência. A eficiência pode também ser entendida como um resultado desejado. Certos níveis de eficiência podem ser padronizados de modo que, ao se desempenhar uma atividade, deve-se procurar atingir esses níveis.

Assim, níveis de eficácia e eficiência podem ser planejados de forma a constituírem parâmetros para se avaliar um desempenho, à medida que se verifique o grau em que detenha essas qualidades.

Segundo Guerreiro (1989:182), "tanto a eficácia quanto a eficiência pressupõem a existência de parâmetros: nesse contexto, evidencia-se a importância do controle orçamentário e custo-padrão (...)".

Os orçamentos e padrões refletem níveis de resultados e eficiência desejados nas atividades empresariais, constituindo bases de comparação do desempenho realizado, para a avaliação de desempenhos na gestão econômica.

7.1.3.2 **Possíveis objetos de avaliação de desempenho**

Diante das considerações efetuadas nas seções anteriores, podemos identificar alguns possíveis objetos de avaliação de desempenho no contexto empresarial.

Em geral, a atividade empresarial caracteriza-se pela obtenção de recursos no meio externo para a geração de produtos e serviços, que também são consumidos externamente. Esse processo caracteriza o desempenho do sistema empresa em sua totalidade, mas pode ser decomposto em diversas atividades que são realizadas internamente.

Cada uma dessas atividades contribui de alguma forma para o desempenho global da empresa, de modo que deve haver uma preocupação tanto com o desempenho global do sistema quanto com o das atividades que o compõem.

Já enfatizamos que os gestores interessam-se pelo desempenho de toda a empresa e necessitam de informações agregadas. Precisam saber como a empresa tem-se comportado diante da concorrência, da sociedade, dos consumidores, enfim, das variáveis que interferem na situação global do sistema e, para isso, utilizam-se de informações como lucro total, vendas por região, por produto, faturamento anual etc.

No entanto, é por meio da atuação sobre as diversas atividades internas à empresa que se identifica a formação de seus resultados globais. Cada gestor tem sob sua responsabilidade uma atividade ou um conjunto delas, e precisa saber como contribuem para o desempenho de sua área e para o da empresa em sua totalidade.

Identificamos, assim, um conjunto de atividades objeto de avaliação de desempenho: as atividades realizadas na área que está sob a responsabilidade do gestor.

Por tratar-se de atividades que, basicamente, consomem recursos e geram produtos ou serviços, caracterizam-se como econômicas, ou seja, como eventos econômicos relacionados a:

a. compras – atividades de aquisição de recursos para a atividade produtiva;
b. produção – atividades de transformação de recursos adquiridos em produtos ou serviços;
c. estocagem – atividades de manutenção de estoques de materiais para a produção, de produtos semi-elaborados ou de produtos elaborados;
d. vendas – atividades de colocação dos produtos no mercado interno (áreas) ou externo à empresa; e
e. captação/aplicação de recursos financeiros – atividades de aquisição e destinação de recursos financeiros, também necessários à atividade produtiva.

Embora de mesma natureza, essas atividades consomem recursos diferentes e geram produtos também diferentes. As atividades podem, então, relacionar-se ao desempenho de atividades específicas para a geração de determinado produto ou serviço, tais como: a compra do material *A*, a estocagem do material *B* ou a produção do produto *C*.

Em relação à estrutura organizacional da empresa, pode-se ainda identificar o desempenho de atividades associadas aos cargos ou funções que as pessoas exercem, como, por exemplo: o desempenho dos gestores, do pessoal de assessoria, dos supervisores, do pessoal técnico, da linha de produção etc. Essas atividades estão sempre associadas à autoridade delegada aos gestores e, conseqüentemente, à responsabilidade por eles assumida.

Em síntese, definimos cinco possíveis objetos de avaliação de desempenho no contexto empresarial:

- o desempenho de toda a empresa;
- o desempenho das áreas que estão sob a responsabilidade dos gestores;
- o desempenho associado aos eventos econômicos;
- o desempenho de atividades relacionadas a produtos/serviços específicos; e
- o desempenho de atividades relacionadas a funções ou cargo.

Internamente à empresa, entendemos que esses conjuntos de desempenhos são passíveis de avaliação, a fim de se procurar otimizar suas contribuições à eficácia organizacional.

7.1.4 *Avaliação, processo decisório e controle de desempenho*

Simon (in: Ansoff, 1977:13) observa que a etapa inicial de um processo decisório é a identificação da necessidade ou oportunidade de se decidir. Segundo o autor, a essa etapa seguem-se uma formulação de alternativas de ação, uma avaliação dessas alternativas e, finalizando, a escolha de uma alternativa para implementação.

Vimos que o controle é um processo decisório que, em termos de desempenho, envolve as seguintes etapas:

- o estabelecimento de um padrão de desempenho desejado (planejado);
- a observação ou sensoriamento de um desempenho;
- uma avaliação de desempenho, por meio da comparação entre os desempenhos-padrão e observado, permitindo a identificação de eventuais desvios e um julgamento sobre alguma qualidade desse desempenho (eficiência e eficácia). Nesse sentido, uma avaliação de desempenho deve identificar "problemas", evidenciando a necessidade ou oportunidade de se decidir visando solucioná-los;
- um levantamento de soluções alternativas, diante de eventuais problemas identificados;
- uma avaliação dessas alternativas, em função de suas contribuições para a solução de eventuais problemas identificados; e
- uma decisão, que corresponde à escolha e implementação de alguma alternativa de ação, podendo ser: nada a fazer, alterar um desempenho que vem sendo realizado ou alterar um padrão de desempenho.

Considerando essas colocações, uma avaliação de desempenho pode ser entendida como uma forma de se identificar a necessidade ou oportunidade de se decidir, bem como de subsidiar a formulação de alternativas de ação ou a solução de problemas identificados.

Sob esse enfoque, integra-se ao processo decisório, como um mecanismo que aciona e subsidia um sistema de decisões de planejamento, de execução e de controle.

O controle reflete o princípio de administração por execução, e também esse enfoque sobre avaliação, pois ambos emergem da necessidade de se manter um equilíbrio e um acompanhamento relativos ao cumprimento dos planos e objetivos empresariais. O controle requer decisões, que podem referir-se tanto a não se fazer nada quanto a se implementar ações.

Em relação à freqüência com que ocorrem as decisões, estas podem ser classificadas em:

a. repetitivas ou programadas – quando se poderia estabelecer políticas, como regras de decisão; e
b. não repetitivas – exigindo tratamento especial e diferenciado das variáveis envolvidas.

Segundo Nakagawa (1987:74),

> "(...) *políticas são regras de raciocínio que dão a direção e o sentido necessários para o processo de tomada de decisões repetitivas e são planejadas para se assegurar a congruência de objetivos*".

A partir do estabelecimento de políticas (ou regras de decisões), um sistema de decisões pode ser acionado por exceção. A comparação entre um desempenho planejado e um realizado evidencia certos níveis de desvios, por elemento componente do resultado, que poderiam ser aceitáveis ou não. Desvios que excedam níveis aceitáveis implicam o acionamento de um sistema de decisões corretivas (controle), que influencia o desempenho em realização (execução) ou planejado (planejamento).

Nesse sentido, a avaliação é um mecanismo permanente e necessário para que se possa atingir determinado objetivo. Se esse objetivo for de caráter permanente, a necessidade da avaliação também será permanente.

Esse aspecto evidencia-se pela necessidade natural de controle típica dos organismos vivos. A empresa precisa comportar-se como um organismo "vivo", procurando garantir sua sobrevivência (Beer, 1969:33). Tem um propósito para existir, que é cumprir sua missão, como um objetivo permanente a ser perseguido e somente isso já caracteriza sua necessidade de um mecanismo permanente (avaliação de desempenho) que permita identificar a necessidade ou oportunidade de se tomar decisões visando orientar o desempenho do sistema para o cumprimento dessa missão.

7.1.5 *Processo de avaliação de desempenho*

Horngren (1986:360) concorda que "um processo pode ser definido como uma série de ações ou operações conduzindo definitivamente a um fim" e, reportando-se a Anthony, demonstra algumas relações entre "processo" e "sistema":

- o processo deve ser o determinante no projeto do sistema;
- o sistema deve ser ajustado ao que parece ser o melhor processo; e
- o sistema implica repetição do processo.

Nossa preocupação em relação à avaliação de desempenhos volta-se mais ao estudo de seu "processo", visando fundamentar o estudo de um modelo conceitual, do que à estruturação e proposição de um "sistema". Ou seja, situa-se num momento anterior ao desenvolvimento de um sistema de avaliação de desempenho.

Das proposições estudadas neste capítulo, entendemos que um processo genérico de avaliação compreende, basicamente, as seguintes etapas:

- observação de uma realidade;
- análise, em que, a partir do tratamento de alguns dados observados, procura-se estabelecer relações com algum padrão determinado;
- interpretação baseada nas análises efetuadas; e
- conclusão, quando se emite um parecer, julgamento ou conceito sobre a realidade observada.

Gronlund (1971:21ss), autor reconhecido nos meios educacionais, evidencia alguns princípios gerais de avaliação, os quais "(...) proporcionam direção ao processo e servem como critérios para medir a efetividade de procedimentos e práticas específicas":

1. a determinação e a clarificação do que será avaliado sempre têm prioridade num processo de avaliação;
2. as técnicas de avaliação devem ser selecionadas de acordo com os propósitos a que servem;
3. uma avaliação compreensiva requer a utilização de uma variedade de técnicas;
4. o uso adequado de técnicas de avaliação requer um conhecimento de suas limitações e de suas potencialidades;
5. a avaliação tem um significado para algum fim e não um fim em si mesma.

Consideramos bastante abrangentes esses pontos citados pelo autor, realçando preocupações genéricas que devem existir ao se tentar estruturar um processo de avaliação, principalmente quanto à definição dos objetivos que devem orientá-lo. Sobre esse aspecto, ressalta a necessidade de se considerar um processo de avaliação em determinado contexto, para o entendimento de seus propósitos.

Diante dessas considerações, entendemos que, intrínseco a esse processo, existem: objetivos, objetos, padrões de comparação, critérios e um juízo de valor, este como produto do processo.

Relativamente à avaliação de desempenho, entendemos que esses elementos assim se caracterizam:

- *objetivos*: toda avaliação tem um propósito, que não se encerra em si mesma, mas se relaciona ao contexto em que se insere. A razão da existência de uma avaliação de desempenhos, no contexto empresarial, consiste em atender a necessidades do processo de gestão das atividades;
- *objetos*: neste capítulo, identificamos os possíveis objetos de avaliação de desempenho no contexto empresarial como sendo: o desempenho da empresa em sua totalidade; o desempenho das áreas que estão sob a responsabilidade dos gestores; o desempenho associado aos eventos econômicos; o desempenho associado a produtos/serviços específicos; e o desempenho de atividades relacionadas a funções ou cargos ocupados;
- *padrões de comparação*: são todas as expectativas utilizadas como padrão para a comparação do desempenho objeto de avaliação, representando uma situação ideal ou desejada, de natureza qualitativa ou quantitativa (física ou monetária), como, por exemplo, os planos e suas quantificações (metas, orçamentos) e padrões físicos e monetários;
- *critérios*: constituem um conjunto de princípios, conceitos, medidas, regras, que orientam todo o processo no sentido de se atingir os propósitos da avaliação. Representam as bases da avaliação, sobre as quais todo o processo se desenvolve. Na empresa, esses critérios são estabelecidos em seu modelo de gestão. Devem ser explícitos e revestidos de caráter motivador, de forma que o responsável pelo desempenho avaliado possa conhecê-los e orientar suas decisões;
- *julgamento de valor*: é o resultado de todo processo de avaliação. Da comparação entre desempenhos realizados e seus padrões, segundo critérios e objetivos preestabelecidos, resultam julgamentos sobre atributos desses desempenhos, que significam atribuir-lhes conceitos, conforme detenham ou não (em determinado grau) certas qualidades desejadas. Eficácia e eficiência referem-se a qualidades de um desempenho e exigem parâmetros que as evidenciem.

A Figura 7.2 representa um processo de avaliação de desempenho, comparativamente a um processo básico de avaliação e inserido num processo de controle.

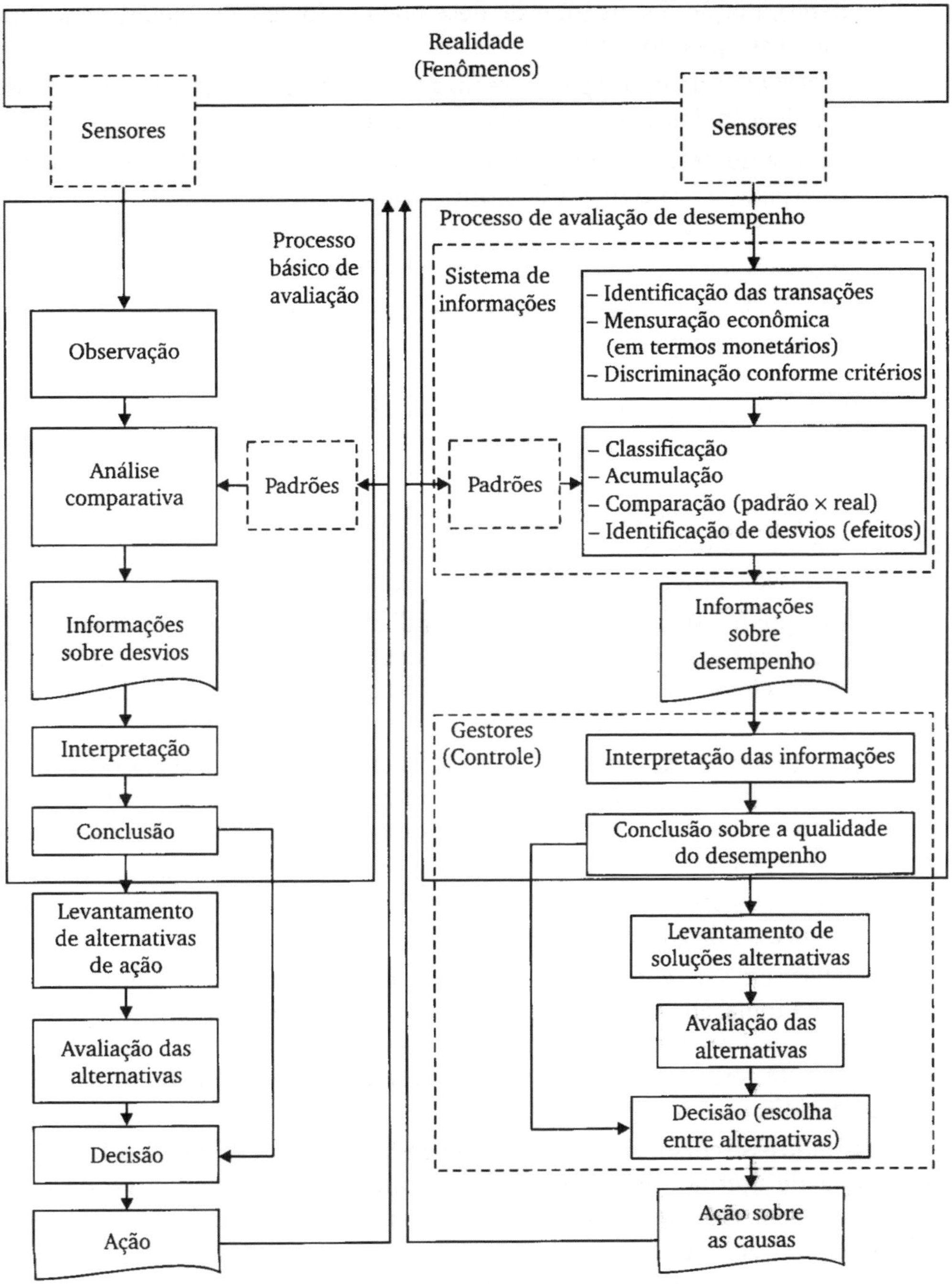

Figura 7.2 *Processo básico de avaliação e processo de avaliação de desempenho.*

Basicamente, evidenciam-se as seguintes etapas pelas quais se realiza um processo de avaliação de desempenho:

1. determinação dos padrões de desempenho (objetivos, metas, orçamentos, custo-padrão etc.);
2. observação do desempenho realizado (identificação, mensuração e discriminação dos atributos do desempenho);
3. análise do desempenho, mediante classificação, acumulação, comparação (padrão *versus* real) e identificação de eventuais desvios e de suas respectivas causas;
4. interpretação desses desvios e de suas respectivas causas; e
5. conclusão ou emissão de um parecer, de um julgamento ou de um conceito sobre o desempenho.

Destaque-se que o processo completo de avaliação de desempenho ocorre em nível informativo e gerencial, por meio de um sistema de informações e de um sistema de gestão.

Informações são obtidas por meio de uma análise comparativa de um desempenho realizado em relação a expectativas ou padrões. Dessa comparação, identificam-se eventuais desvios e suas respectivas causas.

Até esse ponto, o processo pode ser entendido como um sistema que provê informações acerca de um desempenho, apontando os desvios e suas respectivas causas, ou seja, os efeitos das decisões dos gestores quando da execução das atividades.

Na fase seguinte, essas informações são interpretadas pelos gestores, que extraem suas conclusões, sob a forma de julgamentos, pareceres ou atribuição de conceitos a desempenhos, conforme tenham ou não se comportado dentro de certos níveis desejáveis.

Encerra-se, nesse ponto, um processo de avaliação de desempenho, iniciando-se um processo de controle.

Com base em suas conclusões, os gestores identificam necessidades ou oportunidades de tomarem decisões corretivas. Destaca-se, nesse momento, uma característica anteriormente evidenciada em relação à avaliação de desempenho: deve acionar um sistema de decisões, identificando a necessidade ou oportunidade de se decidir.

Seguindo esse curso, visando à solução de "problema" evidenciado, há um levantamento de alternativas de solução, uma avaliação dessas alternativas de acordo com suas contribuições à solução do problema identificado e, finalmente, a escolha (decisão) de uma delas.

A partir daí, são implementadas decisões, desenvolvendo-se ações corretivas sobre as causas dos problemas identificados. Essas correções podem refletir-se tanto na retomada de alguma situação desejada e previamente definida como ideal quanto na redefinição dessa situação desejada.

Com essas proposições, ilustramos a estreita relação entre avaliação de desempenho, processo decisório e controle, donde concluímos pela necessidade de que um modelo de avaliação de desempenho seja concebido de forma que, quando implementado, integre-se perfeitamente ao processo de gestão, em suas fases de planejamento, execução e controle.

Ao se tentar estruturar um modelo de avaliação de desempenhos, manifestam-se, portanto, duas preocupações básicas:

- em relação ao sistema de informações: garantia de bases informativas adequadas sobre um desempenho (planejado e realizado), com um recurso essencial para se avaliar corretamente um desempenho; e
- em relação ao sistema de gestão: capacidade de proporcionar julgamentos (resultados do processo avaliativo) corretos e válidos para a tomada de decisões, objetivando uma gestão eficaz das atividades.

É importante ressaltarmos que o modelo apresentado no capítulo seguinte, visando às necessidades informativas sobre desempenhos para a gestão econômica das atividades empresariais, incorpora, no âmbito de um sistema de informações, uma concepção sobre avaliação de desempenho. Embora procurando dotar tal processo de parâmetros observáveis, realistas, objetivos, a implementação do modelo não elimina – como qualquer outro modelo de avaliação de desempenhos – a fase final do processo, em que há uma formação de juízo, no âmbito de um sistema de gestão, requerendo dos gestores desses desempenhos: interpretações, conclusões e decisões.

Entendemos que um modelo de avaliação de desempenho deve orientar (e não realizar) o processo de avaliação de desempenho, assim como um modelo de gestão deve orientar (e não realizar) um processo de gestão. Em ambos os casos, seria desastrosa a substituição do discernimento pelo tecnicismo, desprezando-se os aspectos humanos desses processos.

7.1.6 *Necessidade de avaliar desempenhos na empresa*

Os gestores seguem, em seu dia-a-dia, observando, analisando, interpretando e extraindo suas conclusões sobre o desempenho da empresa em sua totalidade, de seus subordinados, dos departamentos, das filiais etc. À parte questões relacionadas com as bases sobre as quais se desenvolve tal processo, "avaliam" atributos desses desempenhos, a fim de tomarem suas decisões.

Diante desse aspecto, a necessidade de se avaliar desempenhos na empresa evidencia-se, empiricamente, por meio dessa espécie de "disposição natural" dos gestores, por meio da qual procuram satisfazer necessidades do trabalho administrativo.

No entanto, a existência de objetivos a serem perseguidos permanentemente, a escassez de recursos que requerem sejam alocados e utilizados da melhor forma, a delegação de autoridade para o gerenciamento das atividades empresariais, além das próprias necessidades de cada uma das fases do processo de gestão das atividades (planejamento, execução e controle), são fatores que, entre outros, indicam não somente a necessidade de avaliações de desempenho no contexto empresarial, mas também, principalmente, que essas avaliações sejam corretas, baseadas em informações que espelhem fielmente uma realidade.

Passemos, então, ao estudo de alguns aspectos relacionados ao desempenho das atividades empresariais, que evidenciam a necessidade de modelos adequados de avaliação de desempenhos: *accountability*, interesse dos gestores, impacto das informações sobre desempenho e necessidades do processo de gestão empresarial, em cada uma de suas fases.

7.1.6.1 ***Accountability***

A responsabilidade do gestor por prestar contas de seus atos tem sido conceituada como *accountability*.

Nakagawa (1987:13), relacionando o conceito de *accountability* ao da eficácia esperada dos gestores ao desempenharem suas funções, define-o como

> "(...) *a obrigação de se reportar os resultados obtidos* (...)".

Num primeiro nível hierárquico, essa obrigação refere-se à alta administração em se reportar aos acionistas ou proprietários da empresa, sendo repassada aos ocupantes dos demais cargos que constituem a estrutura hierárquica da empresa, por meio da delegação de autoridade e sua conseqüente assunção.

Desse modo, a autoridade é a base fundamental da avaliação de desempenhos na empresa, em que a preocupação volta-se à atuação dos gestores em suas respectivas áreas.

É imprescindível a vinculação dos desempenhos às linhas de autoridade e responsabilidade na organização, para fins de avaliação de desempenho. Procurando suprir necessidades do processo de gestão, cujas decisões são acionadas no âmbito de atuação de cada gestor, a avaliação de desempenhos requer uma clara definição de autoridades e responsabilidades, considerando-se apenas as variáveis por eles controláveis.

A avaliação de desempenho deve evidenciar como os gestores têm feito uso da autoridade que lhes foi delegada para gerir atividades, diante de um conjunto limitado de recursos que ficam à sua disposição, a fim de atender às expectativas com relação a seu trabalho.

7.1.6.2 **Interesse dos gestores**

Catelli e Guerreiro (1992:11) constatam que

> "(...) *os gestores têm uma grande preocupação no sentido de que o seu desempenho não seja influenciado pelas ações de outros gestores, ou de variáveis fora de seu controle*".

Considerando que possuem responsabilidade por prestar contas de seu desempenho (*accountability*), inferimos que são mesmo os primeiros interessados por resultados justos de um processo avaliativo de seu desempenho e de suas áreas de responsabilidade.

Assim, uma avaliação de desempenho dos gestores ou de suas áreas deve pautar-se pela garantia de que não sejam cobrados pelos efeitos das decisões produzidas por outros gestores ou por decisões que estão fora de seu controle.

Na verdade, um gestor também possui um conjunto de expectativas em relação à empresa. Normalmente, deseja progredir em vários sentidos: experiência, remuneração, satisfação no trabalho, reconhecimento etc.

Sob esse enfoque, podemos afirmar que é do interesse dos gestores não somente o conhecimento dos critérios pelos quais serão julgados o seu e o desempenho de sua área, mas também que esses critérios sejam justos e válidos.

7.1.6.3 **Impacto das informações sobre desempenho**

Nakagawa (1987:13 ss), citando Kaplan, destaca a influência que os sistemas de informação e os relatórios exercem sobre as pessoas nas organizações. No entanto, segundo o autor, o desenvolvimento do conceito de *accountability*, nesse contexto, vem ocorrendo de modo inverso: considera que ao ser contratado um gestor para a empresa,

> "(...) *seu contrato implica em explicitar não apenas os limites de sua competência e os recursos colocados sob sua responsabilidade, como também o fato de que ele será controlado e avaliado, mensurando-se o seu desempenho com base em variáveis observáveis e relevantes à otimização de suas ações*".

Nesse sentido, as informações sobre desempenhos devem espelhar as efetivas contribuições dos gestores e de suas áreas às expectativas e interesses de toda a empresa, estimulando a congruência entre seus objetivos.

Estimular a congruência de objetivos é, portanto, um dos resultados esperados da avaliação de desempenhos, no contexto empresarial, que favorece um gerenciamento eficaz desses desempenhos, no sentido de contribuírem para a eficácia organizacional.

7.1.6.4 **Necessidades do processo de gestão**

A seguir, estudando algumas relações entre a avaliação de desempenhos e as fases de planejamento, execução e controle das atividades empresariais, caracterizamo-la como necessária a cada uma dessas fases do processo de gestão.

Para esse propósito, consideramos que o gestor não é responsável somente pela execução das atividades sob sua responsabilidade, mas também por seu planejamento e controle.

7.1.6.4.1 *Para o planejamento*

Vimos anteriormente que o planejamento requer:

- o conhecimento de uma realidade (oportunidades, ameaças, pontos fortes, pontos fracos, potencialidades de desempenho etc.);
- o estabelecimento de objetivos realistas e meios para alcançá-los;
- o levantamento, a avaliação e a escolha de cursos de ação alternativos; e
- um *feedback* dos efeitos das decisões de planejamento.

Por lidar com o futuro, o planejamento é caracterizado pela incerteza e pelo risco. À medida que os planos decorrentes desse planejamento vão sendo realizados, as expectativas confirmam-se ou não, tornando necessário, para essa atividade, um *feedback* relativo à ocorrência ou não dos eventos planejados, a fim de se orientar o planejamento de novos eventos.

Assim, a avaliação de desempenho constitui esse mecanismo de *feedback*, que pode minimizar as incertezas típicas de um processo de planejamento, à medida que os planos venham concretizando-se.

Os critérios de avaliação de desempenho influenciam o modo pelo qual os gestores escolherão as alternativas de ação a serem implantadas, no momento que antecede as suas ações, isto é, no planejamento. Isso implica as seguintes observações, que devem ser consideradas no modelo de gestão da empresa, com relação à implementação de um processo de avaliação de desempenho:

- perfeito conhecimento dos critérios pelos gestores;
- existência de um modelo de avaliação de desempenho capaz de induzi-los a tal comportamento, composto de critérios que realmente o conduzam a um bom desempenho; e
- adoção de um planejamento participativo.

As expectativas de desempenho, formuladas por ocasião do planejamento, devem ser realistas, situando-se dentro das possibilidades de desempenho, bem como ser ajustadas sempre que houver modificações nas variáveis consideradas.

Para esse fim, a avaliação de desempenhos deve evidenciar as reais potencialidades de *performance*, bem como eventuais desvios e suas causas, demonstrando necessidades ou oportunidades de se ajustarem as expectativas e os padrões desejados.

Desse modo, os próprios padrões de desempenho estão continuamente sendo avaliados ao serem comparados com as realizações alcançadas.

7.1.6.4.2 *Para a execução*

Sendo a fase de execução o momento em que as atividades realmente ocorrem, fica evidente a necessidade de que seus respectivos gestores saibam se estão sendo realizadas eficaz e eficientemente, de acordo com o planejado.

Em conformidade ou não com o planejado, as atividades empresariais impactam o desempenho do sistema empresa.

A execução das atividades empresariais orienta-se, portanto, pelas expectativas de desempenho, mas também requer uma avaliação de como vêm sendo desempenhadas, a fim de que se mantenham dentro de limites julgados aceitáveis.

7.1.6.4.3 *Para o controle*

Anteriormente, caracterizamos a avaliação de desempenho como um dos requisitos para o exercício do controle, quando inferimos a estreita relação entre ambos os conceitos. Nesse momento, cabe ressaltarmos alguns pontos adicionais.

A avaliação de desempenho permite a identificação de eventuais "problemas" e o levantamento de alternativas para solucioná-los. Nesse sentido, faz-se necessária a identificação das causas de eventuais desvios constatados entre o planejado e o realizado, a fim de se agir sobre a origem do problema.

O controle envolve ação sobre essas causas. E isso certamente impacta o estado do sistema empresa. Daí a necessidade de se julgar (avaliar) corretamente um desempenho, permitindo-se agir exatamente sobre o ponto que assim o exige.

Destacamos, assim, a necessidade de se considerar, para a avaliação de desempenho de uma atividade, todos os elementos (de custos e de receitas) que compõem seu resultado, desdobrados conforme sua natureza operacional e financeira.

Somente a partir do conhecimento das causas das variações por elemento de receita e de custo pode-se exercer efetivo controle sobre o desempenho. A qualidade de um desempenho envolve, além dos aspectos relativos aos resultados alcançados (eficácia), a forma como se obtiveram tais resultados (eficiência).

7.1.7 *Avaliação de desempenho como instrumento de gestão*

Ferreira (1986), em seu *Novo dicionário Aurélio da língua portuguesa*, estende o significado do termo *instrumentos* a "qualquer objeto considerado em sua função ou utilidade", além de considerá-lo como sinônimo de "recurso empregado para se alcançar um objetivo, conseguir um resultado; meio".

A avaliação de desempenho, na concepção aqui estudada, integra-se ao processo de gestão empresarial, visando atender a necessidades específicas das fases de planejamento, execução e controle das atividades empresariais.

É um recurso por meio do qual se procura obter um gerenciamento eficaz dessas atividades, visando à otimização de suas contribuições, em termos de resultados, à eficácia empresarial.

Assim, um modelo de avaliação de desempenhos, quando implementado, deve constituir um instrumento de gestão de desempenhos.

Entendemos que essa concepção reflete a característica que deve possuir um modelo que procure orientar a avaliação de desempenhos no contexto organizacional. Antes de qualquer outro propósito, tal instrumento deve bem servir ao trabalho administrativo.

Destacamos, ao final deste capítulo, um conjunto de orientações que visam orientar um processo de avaliação de desempenho ao atendimento de seus propósitos no contexto organizacional.

7.1.8 *Papel da avaliação de desempenho na empresa*

A implementação do conceito de avaliação de desempenho requer a vinculação do processo às responsabilidades dos gestores, bem como sua integração ao processo de gestão.

7.1.5 *Processo de avaliação de desempenho*

Horngren (1986:360) concorda que "um processo pode ser definido como uma série de ações ou operações conduzindo definitivamente a um fim" e, reportando-se a Anthony, demonstra algumas relações entre "processo" e "sistema":

- o processo deve ser o determinante no projeto do sistema;
- o sistema deve ser ajustado ao que parece ser o melhor processo; e
- o sistema implica repetição do processo.

Nossa preocupação em relação à avaliação de desempenhos volta-se mais ao estudo de seu "processo", visando fundamentar o estudo de um modelo conceitual, do que à estruturação e proposição de um "sistema". Ou seja, situa-se num momento anterior ao desenvolvimento de um sistema de avaliação de desempenho.

Das proposições estudadas neste capítulo, entendemos que um processo genérico de avaliação compreende, basicamente, as seguintes etapas:

- observação de uma realidade;
- análise, em que, a partir do tratamento de alguns dados observados, procura-se estabelecer relações com algum padrão determinado;
- interpretação baseada nas análises efetuadas; e
- conclusão, quando se emite um parecer, julgamento ou conceito sobre a realidade observada.

Gronlund (1971:21ss), autor reconhecido nos meios educacionais, evidencia alguns princípios gerais de avaliação, os quais "(...) proporcionam direção ao processo e servem como critérios para medir a efetividade de procedimentos e práticas específicas":

1. a determinação e a clarificação do que será avaliado sempre têm prioridade num processo de avaliação;
2. as técnicas de avaliação devem ser selecionadas de acordo com os propósitos a que servem;
3. uma avaliação compreensiva requer a utilização de uma variedade de técnicas;
4. o uso adequado de técnicas de avaliação requer um conhecimento de suas limitações e de suas potencialidades;
5. a avaliação tem um significado para algum fim e não um fim em si mesma.

7.2 MODELO CONCEITUAL DE AVALIAÇÃO DE RESULTADOS E DESEMPENHOS PARA GESTÃO ECONÔMICA

7.2.1 *Avaliação de resultados e avaliação de desempenhos*

Considerando-se que nem todas as receitas e custos incorridos numa atividade são diretamente associáveis ao produto por ela gerado (como, por exemplo, os relacionados ao aspecto financeiro ou aos custos fixos), distinguem-se, inicialmente, os conceitos de "avaliação de resultados" e "avaliação de desempenhos", conforme estudados a seguir, que são operados simultaneamente para fins de gestão econômica:

a. *Avaliação de resultados*, que se refere à avaliação das contribuições dos produtos/serviços gerados pelas diversas atividades empresariais aos resultados da empresa. Nesse tipo de avaliação, o resultado é sempre associado a um produto/serviço, linhas de produtos, setores de mercado, regiões, eventos econômicos ou a algum fator diretamente relacionado com produtos/serviços.

O propósito desse tipo de avaliação é permitir uma gestão eficaz das contribuições desses produtos/serviços, de forma que os resultados gerados sejam os melhores possíveis. Normalmente, na empresa, são tomadas decisões que requerem uma avaliação de resultados de:

- produtos finais;
- produtos intermediários;
- linhas de produtos;
- conjuntos ou compostos de produtos diferentes; e
- eventos econômicos específicos, como compras, vendas e estocagem de determinados produtos.

A cada produto/serviço ou evento, devem ser associadas todas as receitas e custos variáveis necessários para gerá-lo, desde que com ele perfeitamente identificáveis, sem rateios de custos fixos. Ou seja, a informação requerida para esse tipo de avaliação é a margem de contribuição dos produtos/serviços gerados pelas atividades.

No nível de cada produto/serviço, devem ser confrontados os elementos que compõem a receita e os custos gerados (materiais diretos, mão-de-obra), cuja comparação com padrões preestabelecidos permite a identificação de eventuais variações.

b. *Avaliação de desempenhos*, que se refere à avaliação dos resultados gerados pelas atividades sob a responsabilidade dos gestores. A associação desses resultados às responsabilidades de seus respectivos gestores permite identificar as suas contribuições e as de suas áreas aos resultados globais.

Destacamos, anteriormente, que a base fundamental para a avaliação de desempenhos no contexto empresarial é a autoridade delegada aos gestores. Os gestores realizam a gestão econômica das atividades que estão sob sua responsabilidade e, portanto, são responsáveis pelos resultados por ela gerados. São também de sua responsabilidade os resultados proporcionados pelos eventos (avaliação de resultados).

As informações para avaliação de desempenhos, na gestão econômica, referem-se especificamente às atividades realizadas nas áreas sob a responsabilidade dos gestores, constituindo, portanto, fortes indicadores para a avaliação de desempenho dos gestores. Demonstram como vêm conduzindo tais atividades, no exercício de suas funções e diante da autoridade que lhes foi delegada para gerir recursos, visando ao atendimento dos objetivos da empresa.

Essas atividades podem referir-se a um ciclo econômico ou às atividades específicas que compõem esse ciclo, como, por exemplo, o ciclo de produção e as atividades de fundição, montagem, acabamento etc.

Incluem-se nesse tipo de avaliação os custos fixos diretamente associados às atividades das áreas sob responsabilidade dos gestores, sem rateios entre as mesmas.

Os custos indiretos, que normalmente são de natureza fixa, representam um potencial de produção ou geração de benefícios, sendo associáveis, portanto, às atividades produtivas e não aos produtos, para fins de avaliação. Dessa forma, evita-se o rateio desses custos aos produtos/serviços, eliminando-se a arbitrariedade envolvida nos tradicionais processos de custeio.

As bases informativas para avaliação de desempenho referem-se aos resultados obtidos (realizados) e aos desejados (planejados). Os resultados desejados expressam-se pelos orçamentos, com os quais são comparados os resultados obtidos, a fim de concluir pela adequação ou não desses resultados.

A Figura 7.3 ilustra esses dois tipos de avaliação, por meio de uma equação dos resultados de uma atividade. Note-se que ambas ocorrem paralelamente.

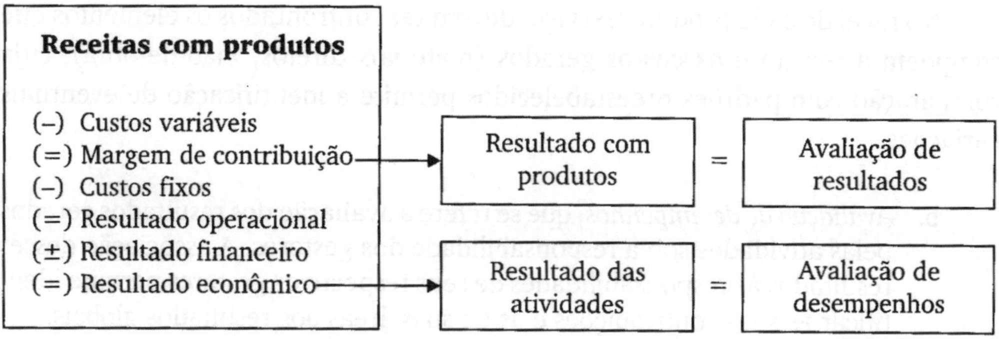

Figura 7.3 *Conceitos de avaliação de desempenhos e avaliação de resultados na gestão econômica.*

Em relação aos possíveis objetos de avaliação de desempenho, identificados no capítulo anterior, entendemos que esses dois tipos de avaliação permitem uma atuação gerencial sobre cada um deles. Isto é, a gestão do desempenho global da empresa só é possível com base na gestão das atividades que são realizadas internamente, que se constituem em eventos econômicos, consumindo recursos para a geração de produtos e serviços, nas diversas áreas da empresa, que estão sob a responsabilidade de seus respectivos gestores.

A avaliação de resultados compreende as atividades agrupadas por evento econômico e por produto/serviço. A avaliação de desempenhos compreende as atividades agrupadas por áreas, segundo a responsabilidade de seus gestores, servindo para avaliação da contribuição dessas áreas ao resultado global da empresa e como parâmetro para a avaliação de desempenho dos gestores responsáveis por essas áreas.

Esses tipos básicos de avaliação são essenciais para a otimização dos resultados associados às atividades que são desenvolvidas na empresa, tanto em relação a produtos/serviços ou eventos econômicos quando às áreas sob responsabilidade dos gestores, a fim de se incrementar o resultado global da empresa.

Otimizar os resultados das diversas atividades significa realizá-las de forma que o resultado global da empresa seja o melhor possível. Por causa da forte interdependência entre as atividades empresariais, os planos operacionais, orçamentos e padrões têm a função de expressar os resultados desejados das atividades, necessários para que a empresa alcance os melhores resultados globais. Assim, a eficácia de um desempenho deve ser considerada, do ponto de vista econômico, conforme o atingimento dos resultados planejados, que deve prever a melhor disposição dos recursos e investimentos, dadas as restrições e limitações existentes, para o atendimento dos objetivos empresariais.

Os orçamentos devem refletir os níveis de eficiência desejados para toda a empresa, que devem ser buscados por meio de suas atividades. As diversas atividadesdes empresariais contribuem para atingir esses níveis de eficácia e, à medida que atendam à contribuição que delas se deseja, podem ser consideradas também eficazes. Ou seja, a eficácia das atividades relaciona-se com a realização dos planos, que levam à consecução dos objetivos empresariais, os quais, por sua vez, conduzem ao atingimento da missão da empresa.

Por outro lado, os padrões refletem níveis de eficiência desejados nas atividades empresariais, de acordo com o nível de produção atingido. Referem-se à forma como devem ser realizadas, às unidades de recursos que devem ser consumidas, ao tempo que deve ser demandado para serem realizadas, ao preço que devem ter os recursos, produtos e serviços.

7.2.2 *Resultado econômico como medida do desempenho*

Referimo-nos, por diversas vezes, aos lucros ou resultados da empresa, de suas áreas ou atividades, abordando-os como objetivos empresariais; como essenciais para a continuidade da empresa; como medidas de sua eficácia; como oriundos das atividades operacionais; e como objetos de gestão econômica. Nessas considerações, pressupomos sua correta mensuração, adiando a questão para esse momento.

Entendemos que a utilidade do conceito de "resultado" transcende a problemática de sua mensuração, para a qual, em virtude de grandes esforços de estudiosos do assunto, temos atualmente uma resposta satisfatória.

O assunto é passível dos mais variados tratamentos. Alguns autores adotam o método de comparação entre as concepções contábil e econômica do resultado, chegando a conclusões muito interessantes, tanto em nível teórico como prático, para a gestão econômica das organizações.

Diante dos propósitos deste trabalho, procuraremos abordar algumas dessas conclusões, de forma orientada para a caracterização da mensuração do desempenho no contexto da gestão econômica.

7.2.2.1 **Conceituação do resultado econômico**

O resultado econômico de uma organização refere-se à variação de sua riqueza em determinado período. Não há realmente muitas discordâncias entre os diversos autores quanto a essa conceituação. Na verdade, polêmicas surgem quanto à mensuração dos elementos que compõem essa riqueza e, conseqüentemente, de sua "variação" (resultado econômico) em determinado período.

Tomando-se a atividade empresarial em sua totalidade, seu resultado econômico, em determinado período, é expresso pela diferença entre a riqueza existente inicialmente e ao final dessa atividade.

A atividade produtiva deve agregar valor aos recursos consumidos, a fim de que o resultado econômico gerado seja positivo e capaz de aumentar a riqueza da empresa, garantindo sua continuidade e desenvolvimento.

Ao início de sua atividade, a riqueza da empresa refere-se, de modo simplista, ao capital empregado, que é convertido, total ou parcialmente, em recursos para realizá-la. Esses recursos podem ser espaço físico, máquinas e equipamentos, matéria-prima, mão-de-obra etc.

Para a aquisição desses ativos, a empresa pode dispor de capital próprio ou de terceiros, gerando nesse caso obrigações (passivos). Por outro lado, a venda de produtos ao mercado externo pode resultar em direitos a receber.

Além disso, durante suas atividades, a empresa pode decidir investir capital em algum ativo não destinado a suas atividades produtivas.

Todas essas transações (compras, vendas, produção, investimentos) alteram a situação patrimonial da empresa, sendo, por isso, denominadas eventos econômicos.

Além desse conjunto de ativos, direitos e obrigações, há um componente de seu patrimônio que se refere ao valor adicional da empresa, que sempre existe e decorre do agregado de todos seus fatores de produção, de sua imagem, de sua participação de mercado, da imagem de seus proprietários etc. Esse valor é denominado *goodwill* e também altera a riqueza da empresa, devendo, portanto, ser mensurado.

Ao final de um período, a riqueza da empresa refere-se ao capital investido inicialmente, adicionado (ou subtraído) o resultado gerado pelas atividades produtivas. Ou seja, deve corresponder ao efetivo valor de seu patrimônio naquele momento.

Assim, a mensuração do desempenho econômico global da empresa, em determinado período, é expressa pela diferença entre os valores de seus patrimônios inicial e final.

Esses valores devem espelhar o valor da empresa em determinado momento (estaticamente), que aumenta ou diminui (dinamicamente), conforme o resultado gerado pelas atividades.

Desse modo, a soma dos resultados individuais proporcionados por essas atividades, em determinado período, deve corresponder ao aumento ou diminuição da riqueza da empresa nesse mesmo período. Isso implica dizer que a atribuição de valores econômicos ao conjunto de ativos, direitos e obrigações, a fim de se mensurar o patrimônio líquido de uma empresa em dado momento, deve seguir os mesmos critérios de mensuração econômica das atividades que são realizadas internamente.

Os resultados proporcionados por essas atividades devem ser suficientes para garantir a reposição dos ativos consumidos no processo produtivo. Caso contrário, o potencial de geração de riqueza da empresa estaria sendo diminuído. Ou seja, as atividades empresariais representam fontes de autofinanciamento do empreendimento.

Conceitualmente, o resultado econômico representa, ainda, a remuneração do capital investido na empresa, e as expectativas sobre tais resultados determinam se nela existirão futuros investimentos, por parte dos investidores.

O retorno sobre o patrimônio da empresa é, assim, uma preocupação tanto de seus proprietários e acionistas, que são fontes de capital para o empreendimento, quanto de seus gestores, responsáveis pelas atividades empresariais.

7.2.2.2 **Importância do conceito para a gestão econômica**

A gestão econômica volta-se à administração dos resultados econômicos da empresa e de suas atividades, de modo a garantir sua capacidade de gerar riqueza. Essa tarefa exige, além da manutenção e elevação da capacidade da empresa de obter resultados positivos, garantindo sua sobrevivência e desenvolvimento, um equilíbrio financeiro e econômico.

No planejamento das atividades empresariais, os gestores vêem-se diante de diversas alternativas de ação, que estão condicionadas à disponibilidade ou possibilidade de obtenção de recursos financeiros. Ao se programar a atividade futura de uma empresa, são consideradas suas disponibilidades no momento e as que futuramente serão obtidas para atender seus objetivos. Muitas vezes, essas disponibilidades condicionam os próprios objetivos da empresa.

A esse problema diretamente relacionado com a obtenção de recursos financeiros, visando à liquidez do empreendimento, Ronchi (1977:19) denomina problema financeiro.

A disponibilidade de recursos financeiros resulta, além de outras fontes (proprietários, acionistas), das próprias operações da empresa. Essas operações geram seu resultado econômico, como uma fonte de autofinanciamento do empreendimento.

Assim, é preciso ser reconhecida a contribuição dessas atividades aos resultados globais da empresa, para que sejam geridas no sentido da otimização de seus resultados.

Ao problema relacionado com a obtenção de lucros, visando à lucratividade do empreendimento, Ronchi (1977:19) atribui o nome de problema econômico.

Evidencia-se, assim, a necessidade de se manter certo equilíbrio entre suas capacidades financeiras (liquidez) e econômica (lucratividade), principalmente por causa dos limitados recursos disponíveis e da necessidade de distribuí-los entre as diversas alternativas de utilização.

Evidentemente, a gestão desses problemas requer decisões de planejamento, avaliando-se alternativas de desempenhos. Para a avaliação dessas alternativas, o conceito de resultado econômico é fundamental. Ele expressa sua capacidade econômica (lucratividade), além de incluir o custo do capital necessário para sua implementação, ou seja, espelha, ao mesmo tempo, o problema financeiro (obtenção de disponibilidades) e o problema econômico (obtenção de lucros).

A avaliação de alternativas com base em medidas operacionais e financeiras não reflete a melhor opção para a empresa, além de, muitas vezes, não permitir comparações entre elas.

Contrariamente, parâmetros econômicos, além de traduzirem para uma mesma base as alternativas de desempenho, constituem também critérios de seleção, permitindo a escolha de acordo com a que oferece a melhor contribuição para a empresa.

Selecionada e aprovada a alternativa, obtêm-se planos, os quais são quantificados, gerando um resultado econômico planejado, em relação ao qual devem ser avaliados os desempenhos ocorridos.

7.2.2.3 Aspectos de mensuração do resultado econômico

Diante das considerações efetuadas até esse momento, identificamos duas questões relacionadas com a mensuração de resultados econômicos:

- a mensuração do valor da empresa ou da parcela de seu patrimônio, que está sob a responsabilidade de seus respectivos gestores;
- a mensuração de custos e receitas, associados, respectivamente, ao valor dos recursos e dos produtos/serviços, consumidos ou gerados, visando à otimização do resultado econômico da atividade que está sob a responsabilidade de um gestor.

A mensuração tradicional contábil dos resultados está distante das atuais exigências em termos de informações gerenciais. Já há algum tempo que os "Princípios e Convenções Contábeis Geralmente Aceitos" deixam a desejar para fins gerenciais, o que não reflete as contribuições da Teoria Contábil, a qual é rica e valiosa, tanto para uso interno quanto externo às organizações.

Observa-se, atualmente, uma tendência, embora ainda pouco expressiva, em se adequar a tradicional visão contábil sobre resultado ao conceito econômico.

Em virtude das contribuições de grandes estudiosos do assunto, existem, atualmente, condições satisfatórias para a implementação prática do conceito.

Guerreiro (1989:198 ss), numa profunda reflexão sobre o assunto, em que considera proposições de vários autores, expressa sua opinião de que

> *"(...) a teoria e a prática contábil devessem caminhar para um consenso em torno de um único conceito de lucro que estivesse o mais próximo possível do conceito de lucro econômico".*

Com base em conjunto de premissas, que podem ser mais bem estudadas em sua obra, esse autor apresenta-nos alguns princípios que incorpora em sua proposta de um "Modelo Conceitual de Sistema de Informação de Gestão Econômica", procurando dotá-lo de conceitos relevantes para o atendimento de necessidades dos usuários internos da informação contábil (Guerreiro, 1989:204 ss).

Apresentamos, a seguir, alguns pontos extraídos de suas colocações, buscando abordá-los de forma direcionada a nossos propósitos, que se voltam não somente à questão da mensuração dos desempenhos, mas também sua avaliação.

A propósito, lembramos que nosso objetivo ao estudá-lo é o de apresentar as bases sobre as quais se desenvolve o processo de mensuração e avaliação de desempenhos na gestão econômica, sem a pretensão de discuti-los comparativamente a outras formas existentes, e, ainda menos, de descobrir novos princípios e conceitos.

Entendemos que, para uma correta mensuração dos resultados econômicos das atividades, os seguintes pontos devem ser observados:

1. *O valor de um ativo é único e deve expressar o quanto ele vale para a empresa, em determinado momento.*

Isso implica dizer que o valor de um ativo depende da finalidade a que se destina na empresa. Sua aquisição ou investimento sempre tem algum propósito, que deve ser considerado para a mensuração de seu valor para a empresa.

Se um ativo é adquirido para uso produtivo, seu valor corresponde aos benefícios que pode gerar em termos de produção. Se se destina a vendas, seu valor corresponde ao realizável. Se é para investimento, seu valor se expressa pelos retornos futuros (benefícios que proporcionará).

Devem ser considerados seus propósitos para a empresa e sua natureza quando da mensuração do valor dos ativos, a fim de expressarem uma realidade em determinada data. Os critérios de mensuração variam, portanto, conforme esses fatores, mas devem ser constantes ao longo do tempo.

Um ativo destinado à produção de bens e serviços, por exemplo, deve ter seu valor mensurado de forma a expressar seu potencial de geração de benefícios para a empresa, em determinado momento. Esse valor é calculado pelo valor presente do fluxo futuro de benefícios líquidos que a empresa espera obter pela posse e utilização desse ativo, ou seja, valor presente dos preços de mercado relativos aos produtos/serviços que futuramente serão gerados, descontado pela probabilidade e por uma taxa de juros.

Em termos de desempenhos, a consideração desse aspecto significa:

- medir o verdadeiro potencial produtivo de uma área em relação aos interesses da empresa. Assim, o resultado de uma atividade ou o desempenho de uma área podem ser comparados com seu real potencial de serviços, como centros de investimento, concluindo-se pela qualidade do retorno ou da utilização dos ativos. De outra forma, como, por exemplo, utilizando-se do preço de mercado ou de reposição desse ativo para expressar seu valor para a empresa, não estaria demonstrado tal potencial, mas apenas um valor realizável caso a empresa desejasse vendê-lo;
- identificar necessidades ou oportunidades de substituição do bem por outros que eventualmente venham a proporcionar maiores benefícios às áreas e à empresa, alavancando seus resultados; e
- expressar a capacidade de geração de futuros benefícios de determinada área ou atividade, considerando os ativos que estão a sua disposição, permitindo decisões de planejamento dessas atividades.

2. *O valor de um ativo não deve ser influenciado pelas condições de seu pagamento.*

O potencial de serviços de um ativo independe da forma como é financiado. A aquisição de um ativo é um evento econômico; o financiamento desse ativo é outro evento econômico. Ambos os eventos alteram a situação patrimonial da empresa, mas devem ser considerados isoladamente.

Se um ativo é adquirido a vista ou financiado, com capital próprio ou de terceiros, seu potencial de serviços, que determina seu valor para a empresa, é um só.

Assim, em determinado momento, todos os ativos devem ser expressos por seu valor a vista, garantindo-se que esse valor expresse adequadamente uma realidade.

3. *Custos históricos não expressam o valor do ativo para a empresa.*

Mesmo que atualizados, os custos históricos representam, no máximo, o valor desembolsado para aquisição dos ativos numa data passada. Não expressam o valor econômico do ativo, nem mesmo na data de sua aquisição.

Decisões que envolvem o aspecto econômico não podem ter por base os custos históricos dos ativos por não expressarem seu efetivo valor para a empresa diante dos benefícios que podem trazer-lhe.

4. *A mensuração de ativos considera a continuidade do empreendimento.*

A continuidade é um pressuposto básico do empreendimento empresarial, tanto para um entendimento a seu respeito, conforme estudamos anteriormente, quanto para a mensuração do valor de seus ativos.

Em caso de descontinuidade, todos os ativos da empresa devem ser avaliados por seu valor realizável de venda. Descontinuidade não significa venda da empresa, mas sua extinção. Nessa hipótese, todos seus ativos assumem a característica de ser destinados à venda, devendo, portanto, ser expressos por valores realizáveis.

Enquanto a empresa opera normalmente, pode-se entender que existe uma decisão de continuidade do empreendimento. No entanto, durante sua operação normal, pode haver, por algum motivo, decisões de se extinguir a empresa, e isso requer mudanças nos critérios de mensuração de seus ativos.

A mensuração de desempenhos, neste trabalho, pressupõe a continuidade do empreendimento, necessária para que a empresa atenda sua missão.

5. *A depreciação dos ativos corresponde à perda de seu potencial de geração de benefícios.*

Tradicionalmente, a depreciação tem sido calculada com base em taxas estimadas, que procuram expressar perdas de valor dos ativos, que ao final de sua vida útil (também estimada) têm um valor residual.

O enfoque econômico sobre depreciação refere-se à perda de valor do ativo pela redução de sua capacidade de gerar benefícios futuros para a empresa.

É mensurada pela diferença entre os valores do ativo no início e no final de um período, ou seja, a depreciação representa um consumo desse ativo por ter sido utilizado em período, resultando ema redução de seu valor para a empresa, por já não possuir o mesmo potencial de geração de benefícios que possuía anteriormente.

6. *O valor de um ativo pode variar de uma empresa para outra.*

De acordo com as colocações anteriores, cada ativo deve ser avaliado conforme seu propósito no contexto da empresa. Daí depreende-se que um mesmo ativo pode possuir valores diferentes de empresa para empresa.

7. *Devem ser reconhecidos ganhos e perdas com valorização/desvalorização de ativos, mesmo que não realizados.*

Ao se mensurar o valor de ativos destinados à atividade produtiva, os preços projetados para os produtos/serviços futuros são validados pelo mercado, implicando a alteração de seu valor para a empresa, conforme a valorização/desvalorização de tais produtos/serviços.

A riqueza da empresa modifica-se com as oscilações do valor de seus ativos. Assim, seu resultado econômico é afetado por essas oscilações.

Devem, portanto, ser reconhecidos os ganhos e perdas decorrentes dessas oscilações para uma correta mensuração e, conseqüentemente, avaliação de um desempenho econômico.

8. *A receita dos produtos e serviços gerados deve ser reconhecida não somente na venda, mas também na produção.*

A riqueza da empresa é formada pela agregação de valor aos recursos consumidos no processo produtivo, os quais, inicialmente, ela importa do ambiente externo. Assim, cada atividade gera uma parcela dessa riqueza, que deve ser reconhecida para fins de gestão dessas atividades. A receita gerada deve ser confrontada com os custos incorridos para obtê-la, apurando-se, assim, o resultado econômico da atividade.

Para fins de avaliação de desempenhos e de resultados, é imprescindível se reconhecer a receita na produção, sendo esta a única forma de se identificar na empresa, segmentada por áreas sob a responsabilidade dos gestores, a origem e a formação de seu resultado econômico global.

Decisões estratégicas de manter atividades deficitárias também requerem a quantificação de seus prejuízos, de modo que outras atividades garantam a continuidade do empreendimento.

9. *Correção monetária de valores*

A apuração do resultado econômico pela diferença entre os valores da empresa no início e no final de um período requer que seja considerada a variação no poder aquisitivo da moeda, corrigindo-se o valor de seu patrimônio inicial por índices gerais de preço, a fim de expressá-lo em moeda de final de período.

Da mesma forma, como toda atividade demanda tempo para ser realizada, valores defasados devem ser atualizados monetariamente, para fins gerenciais.

7.2.2.4 **Formação do resultado econômico**

Após a caracterização do conceito de resultado econômico, de sua importância e de alguns aspectos relativos a sua mensuração para a gestão econômica, estudaremos nessa seção como é formado e quais os conceitos utilizados para sua identificação e acumulação.

7.2.2.4.1 *Atividades*

Já enfatizamos que o resultado econômico é formado com base nas atividades realizadas na empresa. Essas atividades caracterizam-se pelo processamento de certos recursos para a geração de produtos ou serviços, ou seja, constituem-se em atividades de transformação ou econômicas.

Os recursos consumidos expressam-se por meio de custos, enquanto os produtos/serviços constituem-se em receitas. A diferença entre essas receitas e os custos, por produto, determinam sua margem de contribuição ao resultado da atividade. Da contribuição desses produtos, deduzindo-se os custos indiretos incorridos para gerá-los, obtém-se o resultado operacional da atividade.

Custos e receitas são expressões monetárias dos recursos consumidos e dos produtos/serviços gerados, ou seja, resultam de um processo de mensuração. Nesse processo, unidades físicas de recursos e produtos são traduzidas em valores econômicos.

Anteriormente, apresentamos alguns princípios que norteiam a determinação desses valores, considerando que a receita seja reconhecida quando da geração dos produtos/serviços, momento em que realmente ocorre a variação da riqueza da empresa.

Operando prazos de pagamento e de recebimento de recursos adquiridos e produtos vendidos, as áreas da empresa geram despesas e receitas financeiras, que, confrontadas, geram o resultado financeiro da atividade.

Obtém-se, assim, o resultado econômico da atividade, que é expresso pela soma de seus resultados operacional e financeiro, conforme demonstrado anteriormente.

A soma dos resultados econômicos gerados em cada atividade deve corresponder ao resultado global da empresa, em determinado período. Assim, todas essas atividades contribuem para a formação do resultado global da empresa. Algumas mais, outras menos; algumas são o "carro-chefe" da empresa, outras são deficitárias.

Interessa para a gestão dessas atividades não apenas identificá-las como "muito importantes" ou "pouco importantes", como lucrativas ou deficitárias, mas também a mensuração da extensão desses pontos, ou seja, "quanto" representa essa importância, esse lucro ou esse prejuízo para a empresa.

De acordo com Catelli e Guerreiro (1992:11),

> *"a informação do resultado econômico gerado por uma atividade permite a identificação da formação do lucro, ou seja, quais atividades contribuem mais ou menos para a formação do resultado econômico global da empresa, qual atividade vale a pena terceirizar, qual atividade vale a pena manter, e qual a perda econômica pela manutenção de atividades estratégicas deficitárias".*

Entendemos, assim, que as atividades empresariais são a base para se identificar a formação dos resultados econômicos da empresa, tornando necessária a mensuração individual dos resultados operacional, financeiro e econômico produzidos por essas atividades, como informações imprescindíveis para que se atue no sentido da otimização de suas contribuições ao resultado global da empresa.

O desempenho na gestão econômica é avaliado sob essas três dimensões da natureza das atividades, acompanhando-se a formação do resultado econômico global da empresa desde sua origem.

7.2.2.4.2 *Interdependência entre as atividades*

Uma simples referência a atividades operacionais pode transmitir a idéia de um conjunto de atividades isoladas. No entanto, a realidade é exatamente oposta: todas as atividades desenvolvidas na empresa interagem entre si, de modo que formam conjuntos que também se inter-relacionam.

A empresa pode ser vista como um grande conjunto de ciclos produtivos, que compõem o ciclo total de sua atividade.

Assim, a gestão de uma atividade requer seu isolamento, mas não é possível considerá-la distante de seu contexto, em que, relativamente a esse aspecto:

- há forte interdependência entre as atividades, de modo que uma decisão pode impactar diversas atividades ou áreas;
- as responsabilidades de um gestor limitam-se aos fatores por ele controláveis e não se estendem aos efeitos das decisões de outros gestores;
- o efeito sinérgico das atividades requer considerá-las de forma integrada; e
- embora no planejamento procure-se integrar as atividades das áreas que estão sob a responsabilidade dos diversos gestores, há necessidade de se estabelecerem mecanismos que impeçam conflitos entre eles.

Para fins de avaliação de desempenho na gestão econômica, esses aspectos são fundamentais e orientam a definição de alguns conceitos que serão estudados nas seções seguintes, tais como: ciclos econômicos, áreas de responsabilidade, centros de custos, de resultados e de investimentos, preços de transferência, custos de oportunidade, orçamentos e padrões.

7.2.2.4.3 *Ciclos econômicos*

Segundo Peleias (1992:100), ciclos econômicos

> *"(...) podem ser entendidos como um conjunto e/ou agrupamento ordenado de áreas de responsabilidade, nos quais são gerados resultados parciais que,*

agregados, compõem o resultado econômico de cada um dos ciclos. A definição destes ciclos representa o primeiro passo na identificação de resultados econômicos numa empresa, propiciando, assim, bases completas para planejamento, controle e avaliação de desempenho de suas atividades".

O conjunto de atividades desenvolvidas por uma empresa constitui seu ciclo completo de atividade econômica.

Num primeiro nível de segmentação, esse ciclo pode ser decomposto em conjuntos menores de atividades, formando diversos ciclos econômicos. Cada um comporta conjuntos ainda menores de atividades, permitindo uma segmentação em segundo nível. E, assim, pode-se continuar a decompor as atividades até que atendam às necessidades para planejamento e controle. Formam, assim, uma hierarquia entre esses ciclos, que partem da atividade global e chegam até a menor unidade administrativa.

Mesmo as atividades que não se relacionam diretamente com o negócio ou ramo de atuação da empresa, tais como as de contabilidade, pessoal, finanças, realizam algum tipo de atividade produtiva, contribuindo, de alguma forma, para toda a atividade empresarial.

Se não existissem tais atividades internamente à empresa, provavelmente ela seria obrigada a buscar seus produtos/serviços no mercado externo, a fim de desenvolver sua atividade econômica principal.

Ou seja, direta ou indiretamente relacionadas à área de produção, essas atividades compõem o ciclo completo da atividade empresarial e, portanto, contribuem de alguma forma para a formação de seu resultado global, requerendo a identificação dessa contribuição.

Peleias (1992:120) exemplifica a utilização do conceito de ciclos econômicos para fins de avaliação de desempenho na gestão econômica:

"a. gestão econômica do ciclo de abastecimento/compras, e avaliação de desempenho das funções compras, transporte, estocagem, recebimento etc.;

b. gestão econômica do ciclo de transformação/produção, e avaliação de desempenho das funções montagem, fundição, manutenção, acabamento, laminação etc.;

c. gestão econômica do ciclo de comercialização/vendas e avaliação do desempenho das várias funções relativas a este ciclo econômico;

d. gestão econômica do ciclo financeiro, considerando-se tanto a captação como a alocação dos recursos necessários e gerados pelas atividades da empresa".

A segmentação do ciclo completo das atividades empresariais em ciclos menores tem um propósito: permitir a identificação de resultados por conjunto de atividades, possibilitando uma análise da contribuição de cada ciclo para o resultado global da empresa, conforme as necessidades da gestão.

7.2.2.5 **Responsabilidade pela formação do resultado econômico**

Considerando-se que o resultado da empresa é formado com base na realização de suas atividades operacionais, a responsabilidade pela formação desse resultado é justamente dos responsáveis por tais atividades, ou seja, dos gestores.

Em relação à avaliação de desempenho, o resultado econômico associado à responsabilidade dos gestores leva-nos a algumas conclusões:

1. A responsabilidade pelo resultado econômico da empresa acompanha sua estrutura organizacional.

Responsabilidade, de acordo com Nakagawa (1987:13),

> "(...) *corresponde à execução de algo que decorre da autoridade delegada e ela só se quita com a* accountability. *A autoridade é a base fundamental da delegação e a responsabilidade corresponde à obrigação da pessoa indicada para uma função ou cargo desempenhá-lo eficiente e eficazmente. Portanto, a essência da responsabilidade é a obrigação que a autoridade pode ser delegada, mas nunca a responsabilidade e esta só se quita com a* accountability".

Num primeiro nível hierárquico, a alta administração deve ter sob seu controle o resultado global da empresa, pelo qual é responsável diante dos proprietários, acionistas e outros investidores. Num nível seguinte, a autoridade é delegada a outros gestores, que também assumem a responsabilidade pelo resultado econômico, não eximindo, contudo, a alta administração de sua responsabilidade. E, assim, o resultado econômico pode ser associado ao menor nível de autoridade, pelo qual o gestor tem a obrigação de prestar contas de seu desempenho. Deste modo, a responsabilidade pelos resultados gerados envolve desde os gestores diretos das atividades até a alta administração.

Enquanto a autoridade necessária para gerir as atividades empresariais "desce" a estrutura organizacional, a responsabilidade por prestar contas de seus resultados "sobe" essa estrutura.

2. O resultado econômico associado às responsabilidades individuais dos gestores demonstra suas contribuições e as de suas áreas à eficácia da empresa.

A delimitação de um campo de atuação para o gestor coloca algumas variáveis a sua disposição. Atuando sobre tais variáveis, deve otimizar sua contribuição e a de sua área à eficácia da empresa. Como uma medida de alta qualidade da eficácia empresarial, o resultado econômico associado à responsabilidade de um gestor permite identificar tais contribuições ao desempenho global da empresa, delimitadas pelo conjunto de variáveis que estão sob seu efetivo controle. Ou seja, demonstra como tem feito uso de sua autoridade para gerir atividades, diante de um conjunto de recursos que ficam a sua disposição e de expectativas em relação aos resultados dessas atividades.

7.2.2.5.1 *Áreas de responsabilidade*

Discutida a importância de associar resultados econômicos às responsabilidades individuais dos gestores, destaca-se o conceito de áreas de responsabilidade, sobre o qual repousa toda a estrutura da avaliação de desempenho para a gestão econômica.

Segundo Glautier & Underdown (1986:656),

> *"(...) controle depende da existência de uma estrutura organizacional que defina as responsabilidades para garantir o desempenho das tarefas individuais".*

Consideram, ainda, que

> *"um centro de responsabilidade pode ser definido como um segmento da organização onde um gestor individual é responsável pelo desempenho do segmento".*

Desse modo, a utilização do conceito requer:

- clara definição das funções e responsabilidades dos gestores;
- identificação das variáveis controláveis e não controláveis pelo gestor; e
- participação dos gestores no planejamento de suas atividades.

O primeiro aspecto refere-se à delimitação das atribuições dos gestores, de forma que não pairem dúvidas ou áreas nebulosas sobre suas responsabilidades individuais.

O segundo aspecto decorre da própria natureza do conceito de áreas de responsabilidade: um gestor não pode ser cobrado por variáveis que estão fora de seu controle, como, por exemplo, o efeito das decisões produzidas por outros gestores.

A não-observação desse aspecto fere um dos requisitos fundamentais da avaliação de desempenho na empresa: além de não permitir o exercício do controle, certamente implicaria desmotivação dos gestores para perseguir um bom desempenho, bem como falta de comprometimento com os objetivos de suas áreas.

A propósito, o comprometimento do gestor com o desempenho de sua área refere-se também ao terceiro aspecto mencionado anteriormente. Sendo responsável pelas atividades e especialista em suas funções, o gestor deve planejar a execução dessas atividades.

Conforme os pontos discutidos, entendemos que o conceito de "áreas de responsabilidade", incorporado ao modelo de avaliação de desempenho para gestão econômica, vem atender a alguns dos requisitos gerais de uma avaliação de desempenho:

- *relevância dos objetos* – entre os possíveis objetos de avaliação de desempenho na empresa, as áreas de responsabilidade destacam-se por permitir uma segmentação do desempenho global da empresa conforme sua estrutura organizacional, além de vincular os outros possíveis objetos de avaliação (produtos/serviços, eventos econômicos e funções) às responsabilidades individuais dos gestores;
- *orientação para as melhores decisões* – os gestores são os "tomadores de decisões" e, portanto, precisam conhecer a contribuição de sua área e de suas atividades, a fim de otimizar seus resultados;
- *orientação para objetivos* – permite que os objetivos sejam desdobrados até o nível das áreas, como expectativas de seu desempenho;
- *universalidade* – todos os gestores possuem uma área de responsabilidade, possibilitando a implementação do processo em toda a empresa;
- *controlabilidade* – intrínseco ao próprio conceito está a noção de que apenas as variáveis sob o efetivo controle do gestor compõem o desempenho de sua área;
- *oportunidade* – contribui para que as informações cheguem diretamente a seus responsáveis, a fim de que sejam tomadas decisões necessárias ou oportunas, sem demoras na identificação do responsável por algum problema; e
- *flexibilidade* – os gestores, participando do planejamento e controle das atividades sob sua responsabilidade, devem reconhecer os impactos ambientais sobre elas, identificando variáveis que afetam o desempenho de suas áreas e que, portanto, devem ser consideradas para fins de avaliação.

7.2.2.5.2 *Alguns aspectos comportamentais*

Embora não sejam alvo de estudo deste trabalho, devemos considerar alguns aspectos comportamentais, relativos à avaliação de desempenhos sob um enfoque econômico.

Entendemos que, enquanto o desempenho de uma área, como um conjunto de atividades econômicas, pode ser explicado do ponto de vista econômico, o desempenho individual de um gestor, como ser humano, não pode ser totalmente justificado por esse aspecto.

O comportamento humano é tão complexo que seria mesmo desastroso esperar dos gestores apenas atitudes racionais, corretas, positivas para a empresa.

Sendo tais atitudes desejáveis para a empresa, cabe aos próprios gestores desenvolver condições para que ocorram, por meio de políticas, planos, modelos de decisão adequados, informação adequada etc.

Cruz (1991:93 ss) destaca:

> *"Não se pode afirmar que o gestor deva se ater somente aos objetivos econômicos como parâmetros para tomar suas decisões. O homem puramente econômico é uma ficção de tomador de decisão. Portanto, as diretrizes e políticas da empresa são parâmetros para sua atuação e devem, na medida do possível, influenciar as decisões no sentido de sua racionalidade, respeitando as condições particulares do indivíduo, dadas pelo seu conjunto de crenças e valores.*
>
> *Considerando-se que as decisões econômicas são necessidades empresariais, cabe à empresa adotar as medidas necessárias à maximização do comportamento racional dos gestores."*

Não obstante o impacto desses aspectos comportamentais no resultado econômico de uma área, a avaliação de desempenho dessa área deve ser considerada apenas como um parâmetro para a avaliação de desempenho dos gestores – parâmetro esse que, embora de boa qualidade para resumir os efeitos econômicos desses aspectos comportamentais, não os demonstra analiticamente.

Em relação aos aspectos comportamentais, entendemos que a avaliação de desempenho econômico é mais bem concebida como um parâmetro ou modelo que procura orientar o comportamento dos gestores do que propriamente fechar um conceito a esse respeito.

A própria essência da avaliação de desempenho parte da premissa de que muitos fatores interferem na dinâmica empresarial, caracterizando-se como um modelo que procura apenas orientar a avaliação e gestão dos desempenhos, considerando os interesses globais da empresa.

7.2.2.6 Identificação de custos, receitas e ativos com as áreas de responsabilidade

Custos, receitas e ativos podem ser identificados com as atividades e, portanto, com as áreas de responsabilidade, constituindo centros de custos, de resultados e/ou de investimentos.

7.2.2.6.1 *Centros de custos*

Quando a uma atividade ou conjunto de atividades são associados apenas os custos incorridos, constitui-se um "centro de custos".

Horngren (1986:1069) define centro de custos como a

> *"(...) menor unidade de atividade ou área de responsabilidade, em que se acumulam os custos".*

Iudícibus (1986:250) observa, entretanto, que

> *"centros de custos podem coincidir com departamentos, mas em alguns casos um departamento pode conter vários centros de custos".*

Segundo Kaplan, citado por Peleias (1992:97),

> *"(...) em geral, os gestores dos centros de custos não são responsáveis pelas variações nos níveis de atividades destes centros. Eles são responsáveis pela eficiência com a qual procuram atender demandas determinadas externamente a este centro (...). Os gestores dos centros de custos não determinam o preço de seus produtos, de tal forma que não são responsáveis por receitas ou por lucros gerados por estes produtos (...) Para um centro de custos padrão, a eficiência é avaliada pela relação de insumos (entradas) e exsumos (saídas), ao passo que a eficácia é avaliada quando se verifica que o centro atendeu o plano de produção desejado a um nível especificado de qualidade e de oportunidade".*

Peleias (1992:103) cita as seguintes deficiências de um centro de custos para fins de avaliação de desempenho:

"1. não permite identificar a parcela do resultado econômico gerado pela área de responsabilidade, quando esta exerce atividades econômicas que agreguem valor;
2. o gestor é avaliado somente como consumidor de recursos econômicos, e não como gerador de riquezas econômicas;
3. em épocas de grande atividade econômica, pode-se ter a impressão de que o centro está 'gastando demais' se produzir uma quantidade acima dos padrões tradicionais, mesmo que esta produção se reverta num resultado positivo para a empresa".

Esses aspectos restringem a utilidade do conceito a algumas aplicações específicas, como, por exemplo, aos casos em que:

- um gestor é responsável apenas pelos custos incorridos, onde não se requerem preocupações com a receita gerada ou com o investimento realizado na atividade;
- não se pretende ou não haja condições para se identificar a receita nem o investimento realizado;

- pretende-se apenas elevar o nível de eficiência de uma atividade;
- pretende-se apenas reduzir custos de uma atividade.

No entanto, para fins de avaliação de desempenhos, na concepção aqui estudada, é fundamental a associação entre custos e receitas geradas por uma atividade, de forma a identificar seu resultado econômico.

Mesmo em situações em que o foco de atenção sejam os custos, é conveniente a identificação de sua correspondente receita, mesmo porque:

- custos representam recursos consumidos com o propósito de gerar algum produto, ou seja, sempre contribuem em algum grau para a geração de produtos, devendo ser identificado esse grau de contribuição;
- o controle de custos é mais efetivo quando confrontado com a receita gerada, permitindo-se a análise dos efeitos de um programa de redução de custos, em termos de sua contribuição ao resultado da empresa; e
- se um custo é relevante para fins de controle, então, sua confrontação com a correspondente receita gerada constitui um parâmetro para avaliar tal relevância.

A definição de uma área ou atividade como um centro de custo não permite fazer uso das vantagens, já estudadas, da utilização do conceito de resultado econômico para a avaliação de desempenho.

7.2.2.6.2 *Centros de resultados*

Segundo Iudícibus (1986:252),

> *"centro de lucro é um segmento da empresa, às vezes constituído por uma divisão, que é responsável não apenas por custos (centros de custo), mas também por receitas e, portanto, por resultados".*

Um centro de lucro, também denominado centro de resultados, compõe-se de uma atividade ou de um conjunto delas às quais são associados seus respectivos custos e receitas, cuja confrontação revela seu resultado.

Para fins de avaliação de desempenho, devem ser identificados os resultados das áreas de responsabilidade, permitindo o reconhecimento da formação do resultado econômico com base nas atividades empresariais associadas a seus respectivos responsáveis.

Em virtude da interdependência entre as atividades operacionais, a segmentação da empresa em centros de resultados requer o estabelecimento de preços para os produtos e serviços gerados internamente, para que sejam transferidos de uma atividade para outra. Esses preços são denominados "preços de transferência".

7.2.2.6.3 *Centros de investimentos*

O investimento numa atividade é representado por alguma parcela do capital (ativo, patrimônio) da empresa que está à disposição dessa atividade, para que sejam gerados os benefícios e resultados necessários e desejados pela empresa.

Associando-se o conceito de centros de resultado aos investimentos realizados na atividade, temos os centros de investimentos.

Para Iudícibus (1986:252 ss), um centro de investimento

> *"é um centro de lucro, porém, o sucesso ou insucesso relativo não é mensurado pela diferença entre receitas e despesas, mas sim por esta diferença relacionada com algum conceito de investimento realizado".*

Em sua opinião, "é o melhor conceito de centro, pois o lucro deve estar relacionado com o que foi investido, a fim de obtermos a lucratividade relativa".

O lucro pode ser entendido como uma remuneração do capital investido. Um investimento deve gerar lucros. A relação entre o lucro e o investimento realizado representa uma medida do retorno desse investimento.

A empresa pode ser vista como um grande centro de investimento, em que foram aplicados recursos formando um patrimônio que deve atender às expectativas de retorno do investidor. Sendo esse patrimônio distribuído entre as diversas atividades empresariais, fica à disposição de seus respectivos gestores, a fim de que, utilizando-se de uma parcela de capital da empresa, gerem os resultados necessários para a continuidade do empreendimento.

Em termos de avaliação de desempenho, o emprego desse conceito requer a identificação dos investimentos controláveis pelos gestores e oferece algumas vantagens sobre os demais conceitos de centros:

- orienta a atuação dos gestores para as melhores decisões para a empresa em sua totalidade, por meio da descentralização das preocupações com o retorno dos investimentos; e
- permite que seja considerada a evolução das contribuições das atividades ao longo do tempo.

A associação de uma parcela do patrimônio da empresa (ativos, investimentos) às áreas de responsabilidade significa a descentralização das preocupações com os retornos do investimento realizado.

O estabelecimento de um centro de investimento deve permitir um acompanhamento dos retornos desse investimento ao longo do tempo. Essa noção dinâmica revela um importante aspecto relacionado com a avaliação de desempenho de uma área: a necessidade de se considerar uma perspectiva de tempo adequada para se avaliar um desempenho.

Enquanto a segmentação da empresa em centros de resultados permite a identificação das contribuições das atividades aos resultados globais da empresa, em determinados períodos, a relação "resultado/investimento realizado para gerá-lo", permite, com o transcorrer do tempo, um acompanhamento efetivo dessas contribuições.

7.2.2.7 **Transferência de produtos/serviços entre as atividades**

A forte interdependência existente entre as atividades desenvolvidas na empresa exige, para fins de avaliação de desempenho, meios de se evitar que sejam considerados os efeitos de uma atividade sobre outras, permitindo a identificação das causas de eventuais problemas, bem como seus respectivos responsáveis.

7.2.2.7.1 *Preços de transferência*

O "preço de transferência" pode ser entendido como o valor pelo qual é transferido um produto/serviço entre as diversas áreas e atividades que compõem uma empresa e, conceitualmente, envolve as seguintes noções elementares:

a. intermediação das relações entre as diversas áreas; e
b. reconhecimento da receita gerada pelas atividades.

Freqüentemente, o conceito é associado ao primeiro aspecto, como um mecanismo que procura conciliar os interesses entre as diversas áreas, divisões, filiais ou departamentos componentes de uma empresa. Essas áreas realizam operações de "compra" e "venda" de produtos/serviços, mediante o estabelecimento de preços para os mesmos.

O segundo aspecto refere-se a uma forma de mensuração da contribuição de cada atividade ou conjunto de atividades ao resultado global da empresa. Permite a identificação da formação do lucro.

Os métodos de estabelecimento desses preços são bastante variados e, resumidamente, baseiam-se:

- *no custo dos produtos/serviços*: custo real (total ou variável), custo padrão, *markup* sobre o custo;
- *no mercado*: preços vigentes no mercado, preços de mercado ajustados, custo de oportunidade; e
- *na livre negociação entre os gestores.*

Para fins de avaliação de desempenho, os métodos baseados no custo não oferecem grandes contribuições:

- não transmitem a real contribuição dos produtos/serviços gerados à área ou atividade que os produziu;
- não permitem que seja evidenciada a capacidade de uma atividade ou área em suportar seus próprios custos fixos, que representam um potencial de geração de contribuições de uma atividade ou área;
- não estimulam a congruência de metas, as melhores decisões do ponto de vista da empresa em sua totalidade e a motivação para se buscar resultados;
- são parciais, não espelhando o lado dos benefícios gerados e nem todos os efeitos econômicos sobre a empresa;
- são injustos do ponto de vista de que não refletem, economicamente, as vantagens/desvantagens de uma transação efetuada por duas partes (áreas ou atividades compradora e vendedora);
- dependendo do conceito de custo utilizado, podem permitir a transferência de ineficiências entre as atividades.

Também os métodos baseados na livre negociação não atendem aos requisitos de uma avaliação de desempenho justa e válida, pois, sem estendermos a discussão, permitem que um maior ou menor grau de habilidade em negociação de um gestor se sobreponha ao de outros, refletindo-se positiva ou negativamente no preço dos produtos/serviços intercambiados entre as áreas e, conseqüentemente, em seus resultados. Por esse motivo, preços "negociados" não expressam a efetiva contribuição das áreas para a empresa em sua totalidade, mesmo que utilizado algum parâmetro como balizador das negociações.

Por outro lado, os métodos fundamentados no preço de mercado oferecem vantagens à utilização do conceito, para a avaliação de desempenhos, mas há também algumas restrições que devem ser observadas.

Para a utilização do conceito com base nos preços de mercado, é preciso considerar os seguintes aspectos:

- as bases de mensuração do valor dos produtos/serviços devem ser lógicas, racionais, válidas, justas e de conhecimento dos gestores, a fim de se garantir a credibilidade enquanto medida para aferição da contribuição das atividades à eficácia da empresa;
- os preços puros encontrados no mercado externo incluem uma série de componentes de custo que não se manifestam no mercado interno da empresa: impostos, fretes, comissões etc. Incorporam também algumas condições de venda, como, por exemplo, preços em função de prazos, volu-

mes, qualidade etc. Devem, portanto, ser ajustados para uso interno, considerando as condições existentes na empresa; e

- o preço de mercado deve espelhar a melhor alternativa encontrada no mercado para o atendimento das necessidades da empresa, em termos do produto/serviço gerado. Esse preço deve incorporar o custo da decisão de se fabricar o produto/serviço diante da alternativa de comprá-lo externamente, desde que o gestor tenha realmente essa "alternativa".

Esse último aspecto refere-se ao conceito de oportunidade, de grande utilidade para a avaliação de desempenhos na gestão econômica.

7.2.2.7.2 *Custo de oportunidade*

Custo de oportunidade foi definido por alguns autores, citados por Mauro (1991:169 ss):

- Miller afirma que "(...) o custo em economia significa apenas uma coisa – custo de oportunidade. O custo de oportunidade é definido como o valor de um recurso em seu melhor uso alternativo. Note-se que nessa definição o custo de oportunidade não depende de quem está usando os recursos. Por exemplo, o custo de oportunidade de uma peça de máquina para uma firma não é apenas seu melhor uso alternativo dentro da firma, mas também o valor de seu melhor uso alternativo em qualquer lugar do globo. Portanto, se definirmos capital como máquina instalada, podemos definir o custo de utilização da máquina pelo seu dono como sendo igual ao preço que poderia ter sido obtido se os serviços da máquina fossem vendidos pela oferta mais alta (...)" ;
- Spenser e Sielgelman afirmam que o conceito refere-se "(...) ao custo das oportunidades a que se renuncia, ou em outras palavras, a uma comparação entre a política que se elegeu e a política que se abandonou (...)";
- para Martins, o custo de oportunidade representa "(...) o quanto a empresa sacrificou em termos de remuneração por ter aplicado seus recursos numa alternativa ao invés de outra (...)".

Mauro (1991:173 ss), ao estudar o tema "preços de transferência e custo de oportunidade", propõe que a utilização do conceito deveria considerar, além da existência de recursos com diferentes alternativas de uso e a possibilidade de diferentes níveis de resultados nessas alternativas, os seguintes pontos:

a. as alternativas devem observar a natureza, o estado e a condição evolutiva da situação em avaliação. A partir do momento em que se decidiu empregar um capital numa determinada indústria, já não se têm outras alternativas para aplicação desse capital, como por exemplo, no mercado financeiro. Embora o conceito pudesse ser empregado para se avaliar a decisão de se investir na indústria em relação às outras possibilidades, do ponto de vista do investidor, internamente à empresa não se tem essa alternativa e o principal fator que orienta as decisões é que ela é realmente uma indústria, que tem um propósito a ser cumprido. Esse propósito, provavelmente, não será aplicar recursos no mercado financeiro, embora necessite dessa atividade para a gestão do empreendimento;

b. devem ser consideradas alternativas viáveis e possíveis diante da estrutura operacional do negócio;
c. as alternativas devem ser consideradas à luz dos resultados a serem obtidos, desconsiderando-se o valor de insumos consumidos para obtê-los, por causa da diferenciação desse valor entre as alternativas;
d. as alternativas devem expressar resultados diferentes; e
e. o que é sacrificado quando da opção de uma alternativa é a possibilidade de maiores resultados em outras oportunidades e, quando a alternativa escolhida apresenta o melhor resultado, as outras perdem a relevância, exceto para a avaliação do tomador de decisões.

Incorporando à estrutura de resultados internos de uma empresa os preços de produtos gerados por outras no mercado e confrontando-o com os custos incorridos para produzi-los internamente, obtém-se uma idéia da capacidade da atividade interna em suportar as mesmas condições a que estão sujeitas aquelas empresas. Colocando no mercado o produto por determinado preço, elas continuam sobrevivendo, adequando-se e desenvolvendo-se, diante de problemas econômicos, de mercado de insumos, de produção etc.

O emprego desse conceito para intermediar as relações entre as áreas significa:

- fixar nas respectivas áreas os efeitos das decisões de seus gestores, evitando-se o repasse de ineficiências entre as mesmas;
- orientar os gestores para que sejam tomadas as melhores decisões para a empresa; e
- incorporar um parâmetro de alta qualidade à avaliação das decisões tomadas pelos gestores.

No entanto, é preciso considerar que o conceito é válido quando realmente existem alternativas diferentes para a utilização dos recursos, bem como quando essas alternativas estão ao alcance dos gestores. À medida que os gestores têm mais autoridade na empresa, revelam-se mais possibilidades de uso alternativo de recursos. No entanto, quando as alternativas fogem da amplitude da autoridade de um gestor, sua área não pode ser avaliada pelo uso alternativo de recursos.

7.2.3 *Bases informativas para a avaliação de desempenho*

A avaliação de desempenho requer bases informativas relativas ao desempenho realizado e planejado, de modo que seja garantida a comparabilidade entre ambos.

As bases para comparação do desempenho realizado devem, portanto, voltar-se ao caráter futuro do desempenho, ao que se deseja atingir considerando as condições previstas.

Assim, dados históricos de determinado período tornam-se limitados para constituir bases de comparação para o desempenho realizado em outro período, principalmente porque as condições ambientais (internas e externas) alteram-se constantemente, não garantindo a comparabilidade entre os mesmos.

Segundo Horngren (1986:166),

> *"a maior deficiência de se usar dados históricos no julgamento do desempenho é que pode haver ineficiências não reveladas no passado. Além disso, a utilidade da comparação com o passado pode ser diminuída por mudanças intervenientes na tecnologia, no pessoal, nos produtos, na concorrência, ou nas condições econômicas gerais".*

As bases de comparação do desempenho realizado em determinado período devem, portanto, reportar-se às dimensões futuras daquele desempenho, desejável nas futuras operações. Não podem caracterizar-se como "dados históricos" e devem ser concebidas como um ideal a ser perseguido.

Os orçamentos e padrões de desempenho constituem as bases de comparação para a avaliação de desempenhos na gestão econômica. Ambos têm sido defendidos por muitos autores como os principais instrumentos de controle de que dispõe uma empresa.

Martins, citado por Nakagawa (1987:7), resume essas proposições, afirmando que

> *"(...) o Orçamento é a grande arma global de controle de uma empresa. O Custo-Padrão não deixa de ser uma espécie de Orçamento, apenas que tendente a forçar o desempenho da produção, por ser normalmente fixado com base na suposição de melhoria de aproveitamento dos fatores de produção. Essa característica de servir também como instrumento psicológico de motivação pode estender-se ao próprio Orçamento global: podem-se encontrar exemplos até em que a grande finalidade de sua elaboração é exatamente a definição de metas a atingir. Por essa razão, Custo-Padrão e Orçamento estão intimamente ligados. Inclusive, existente o Custo-Padrão, fácil se torna a elaboração do Orçamento da parte relativa à produção, bastando apenas a defini-*

ção dos volumes de vendas. Assim, vemos que acaba o Custo-Padrão podendo servir também como elemento de base para a elaboração daquela peça de controle global tão importante, simplificando-lhe sobremaneira a própria construção".

Nessa citação, o autor ressalta a importância dos orçamentos e dos padrões para o controle global da empresa, evidenciando a utilidade da integração entre os mesmos.

Nakagawa (1987:143) estuda a questão da integração entre padrões e orçamentos, donde conclui que:

"(...) ela assegura a comparabilidade dos dados e informações orçadas com as reais, propiciando, assim, melhores condições para as decisões dos gerentes".

A seguir, abordaremos os principais aspectos relacionados com os padrões e orçamentos como bases informativas para a avaliação de desempenhos na gestão econômica.

7.2.3.1 **Padrões**

Os padrões envolvem a noção de padrões físicos (índices-padrões) e monetários (valores-padrões), estes com relação ao custo (valor dos recursos) e à receita (valor dos produtos/serviços).

Indicam o modo certo de se fazer as coisas, ou seja, referem-se às dimensões planejada, operacional e qualitativa do desempenho, no que tange à eficiência das operações.

Matz, Curry e Frank (1978:532) afirmam que

"(...) custo-padrão é o custo cientificamente predeterminado para produção de uma única unidade, ou um número de unidades do produto, durante um período específico no futuro imediato. Custo-padrão é o custo planejado de um produto, segundo condições de operação correntes e/ou previstas. Baseia-se nas condições normais ou ideais de eficiência e volume (...)".

Sob esse mesmo enfoque, Dickey, citado por Nakagawa (1987:91), atribui aos padrões o caráter científico, por serem elaborados segundo conceitos científicos, relativos a áreas como engenharia, psicologia, administração, contabilidade.

A materialização do conceito de custo-padrão ocorre por meio da ficha-padrão, que deve expressar os padrões físicos e de preços, por unidade de produto/serviço, considerando os elementos componentes de seu custo (matéria-prima, mão-de-obra etc.). Deve também incluir os preços ideais do produto/serviço.

Os padrões (físicos e monetários) constituem um sistema, o qual, segundo Nakagawa (1987:89), pode ser definido como

"(...) um modelo de avaliação e informação de eventos econômicos relativos a um produto ou serviço mensurado em uma determinada data e mercado".

De um sistema de padrões, espera-se que seja possível, conforme Catelli (1972:42):

- a determinação dos custos de todos os produtos, segundo seus elementos de custo;
- a comparação dos custos-padrões com os reais e a apuração das causas de eventuais variações;
- a análise da eficiência de cada elemento de custo, como matéria-prima, mão-de-obra, custos indiretos de fabricação; e
- o controle dos desempenhos realizados em relação aos padrões.

Assim, entendemos que os sistemas de padrões voltam-se ao controle operacional e permitem identificar os níveis de eficiência das operações realizadas, por meio da comparação destas com os padrões predeterminados.

São úteis também na fase de planejamento, propiciando bases mensuradas antecipadamente para o levantamento e avaliação de alternativas operacionais.

Em relação à avaliação de desempenho, os padrões constituem bases informativas para a comparação com o desempenho realizado e, portanto, devem:

- refletir corretamente o custo dos recursos e a receita dos produtos/serviços, a fim de que as variações (em termos físicos ou monetários) ocorridas em uma atividade não sejam repassadas para outras, garantindo bases válidas e justas para a avaliação de desempenho;
- resultar de estudos científicos que lhe garantam a confiabilidade como uma meta a ser permanentemente perseguida;
- ser revistos sempre que se alterarem as condições consideradas para seu estabelecimento;
- ser analíticos, espelhando a eficiência relativa aos vários elementos de custo envolvidos nas atividades;
- orientar a avaliação dos resultados por produtos/serviços; e
- espelhar as diretrizes, políticas e metas da empresa.

7.2.3.2 **Orçamentos**

De acordo com Catelli (1972:27),

> *"(...) os orçamentos são a expressão, em termos financeiros, dos planos da administração para a operação da empresa durante um período específico de tempo"*

e funcionam como um instrumento de controle administrativo de três maneiras:

"1. como meio de organização e direção de um grande segmento do processo de planejamento administrativo;
2. como uma contínua advertência em procurar desenvolver os planos e programas guiando a administração no dia a dia;
3. como avaliador de performance real".

Os orçamentos devem, portanto, expressar quantitativamente os planos de ação, refletindo as diretrizes, os objetivos, as metas, as políticas estabelecidas para a empresa, para determinado período, servindo também para a coordenação e implantação desses planos.

Uma das principais funções dos orçamentos consiste na coordenação dos esforços que serão desenvolvidos pelas diversas áreas e gestores da empresa para o atingimento de seus objetivos da empresa em sua totalidade. Encontra justificativa para sua existência com base na forte interdependência entre as atividades empresariais, que torna obrigatória uma coordenação entre as mesmas, de modo que sejam conciliados seus resultados ao interesse maior da empresa.

Segundo Horngren (1986:166), os orçamentos

"(...) mostram expectativas definidas, que são o melhor gabarito para o julgamento do desempenho posterior (...)".

Entretanto, para atender a esses propósitos, entendemos que os orçamentos devem manter-se atualizados, por ocasião dos planejamentos estratégicos e operacional, dos replanejamentos periódicos, dos ajustes efetuados nos planos, garantindo-se bases realistas para a avaliação de desempenhos.

Desse modo, garante-se também que as operações sejam guiadas por parâmetros que, se alcançados, conduzirão a empresa aos níveis planejados de eficácia.

Nakagawa (1987:94) ressalta que os orçamentos refletem

"(...) a necessidade que a empresa tem de comunicar a seus gerentes os planos de ação, que se forem executados de acordo com as políticas e diretrizes neles embutidos, deverão dar origem a resultados operacionais eficientes e eficazes, que mensurados em termos econômicos e financeiros corresponderão às metas e objetivos que possibilitarão à empresa atingir sua missão e propósitos básicos".

Assim, há necessidade de que os orçamentos se apóiem nos padrões cientificamente preestabelecidos, a fim de se manterem realistas as expectativas incorporadas por um sistema orçamentário, o qual é definido por Nakagawa (1987:94) como

"(...) o modelo de mensuração que avalia e demonstra sob um formato contábil as projeções de desempenhos econômicos e financeiros periódicos de uma

empresa, que deverão resultar da execução dos planos de ação por ela aprovados".

Dessa forma, entendemos que o sistema orçamentário exerce, juntamente com o sistema de padrões, a função contábil de provisão de informações necessárias ao processo de gestão.

No nível de um sistema de informações, a elaboração dos orçamentos compreende, basicamente, duas fases:

a. *pré-orçamentação* – a elaboração dos planos operacionais requer a seleção de alternativas que visem a implementação das estratégias definidas por ocasião do planejamento estratégico. A pré-orçamentação consiste da interação entre o sistema de gestão e o sistema de informações, na fase de planejamento operacional, quando do levantamento, avaliação e seleção dos cursos de ação alternativos. Com base em previsões do comportamento das variáveis internas e externas à empresa, em determinado período, são feitas simulações que devem servir à avaliação dessas alternativas, em nível global ou das áreas. Já nessa fase, deve-se procurar conciliar os esforços setoriais na direção mais favorável à empresa em sua totalidade, em termos dos resultados desejados. As alternativas devem, portanto, ser avaliadas em função de suas contribuições aos resultados globais da empresa; e
b. *orçamentação* – após selecionadas as alternativas de ação, são elaborados os planos operacionais que deverão orientar a execução das atividades nas diversas áreas de responsabilidade. Os orçamentos refletem a quantificação desses planos. Seu conteúdo informativo deve abarcar aspectos: operacionais, como as unidades físicas e volumes de produção, de vendas, de compras etc.; financeiros, compreendendo as disponibilidades de caixa, de financiamento, prazos de pagamento/recebimento etc.; e econômicos, contemplando os resultados econômicos globais e das áreas, relacionados com os eventos econômicos e com seus produtos/serviços.

Tendo em vista que certos custos e receitas variam de acordo com o volume de produção, que também é variável, faz-se necessária a incorporação aos orçamentos dessas variações, garantindo-se a comparabilidade entre os desempenhos realizado e planejado.

Desse modo, descarta-se a possibilidade de utilização, para fins de avaliação de desempenho, dos denominados orçamentos fixos, por não considerarem alterações dos níveis de atividade orçados.

Por outro lado, os denominados orçamentos flexíveis ou variáveis consideram alterações nessas variáveis, proporcionando bases adequadas para a comparação entre os desempenhos planejado e realizado. Incorporam padrões estabelecidos para um nível real de atividades, bem como flutuações nos valores-padrões dos recursos e produtos/serviços.

Esse tipo de orçamento requer a utilização do conceito de custeio variável, por meio da identificação da margem de contribuição (receitas menos custos variáveis) dos respectivos produtos ao resultado da atividade.

Como instrumento fundamental para o exercício do controle das atividades empresariais e também como bases informativas para a avaliação de desempenhos, os orçamentos se relacionam com alguns dos requisitos apresentados ao final do Capítulo 4.6.

Para que os orçamentos sirvam efetivamente ao processo de gestão, como um instrumento de controle, devem ser observados alguns requisitos:

- *integração ao processo de gestão* – os orçamentos promovem a integração entre as fases do processo de gestão, bem como entre elas e o sistema de informações. Decorrem dos planos operacionais, servem de guia para a execução das atividades e são peças fundamentais para a avaliação e o controle dos desempenhos. Devem, ainda, estar integrados prática e conceitualmente ao sistema contábil e de padrões, utilizando-se do mesmo plano de contas; das mesmas subdivisões em áreas de responsabilidade, centros de custos, de resultados e de investimentos; dos mesmos conceitos de mensuração empregados (custos de oportunidade, preços de transferência, margem de contribuição, custeio variável, princípios de mensuração etc.); enfim, sob a mesma base em que for desenvolvido o sistema contábil. Dessa forma, garantem-se condições de comparabilidade entre os desempenhos planejados e realizados, além das necessárias objetividade, uniformidade de critérios, controlabilidade, base conceitual única, já discutidas anteriormente. Os padrões de desempenho podem referir-se ao produto/serviço, considerando dados relativos às especificações, medidas, levantamentos efetuados, bem como às diretrizes e políticas estabelecidas;
- *flexibilidade* – devem ser flexíveis, facilmente adaptáveis a novas situações, permitindo ajustes, revisões, atualizações sempre que se alterem as variáveis consideradas, inclusive em termos de volumes de produção, garantindo a comparabilidade entre um desempenho planejado e um alcançado;
- *universalidade* – devem abranger toda a estrutura organizacional, ou seja, todas as áreas da organização identificadas com seus respectivos gestores;
- *amplitude dos efeitos das decisões* – devem compreender os aspectos operacional, econômico e financeiro das atividades;
- *orientação para objetivos* – devem promover a coordenação e orientação das áreas aos objetivos globais da empresa;

- *realidade* – devem expressar expectativas compatíveis com as reais potencialidades de desempenho, bem como ser ajustados em decorrência de alterações das variáveis consideradas no planejamento que os originou;
- *capacidade de avaliação e acompanhamento dos aspectos qualitativos do desempenho* – em termos de eficácia, ao permitir o acompanhamento do cumprimento dos planos e atingimento dos resultados desejados; e em termos de eficiência, por meio de sua integração com os padrões (físicos e monetários), permitindo o acompanhamento da forma como são realizadas as atividades;
- *abrangência de uma perspectiva de tempo* – em conformidade com o horizonte a que se referem os planos;
- *permanência* – a empresa tem objetivos permanentes a serem perseguidos, sendo necessário um mecanismo que oriente permanentemente a execução de suas atividades;
- *planejamento, execução e controle do processo orçamentário* – a execução do processo de pré-orçamentação e de orçamentação deve ser planejada e controlada, de forma a se adequar ao contexto em que se insere. Com relação a esse aspecto, cabe ressaltarmos que, assim como qualquer instrumento de gestão, os orçamentos devem adaptar-se ao contexto em que se inserem, passando por um período de maturidade, que se associa à habilidade das pessoas em lidar com tal instrumento. Matz, Curry e Frank (1978:435) advertem que a implantação de um orçamento leva tempo, fazendo-se necessária uma constante educação orçamentária. Destaca-se, assim, a necessidade de planejamento, execução e controle do próprio processo orçamentário, que, por causa de algumas de suas peculiaridades (coordenação global, aspectos econômicos, informativo etc.), caberia à área de controladoria da empresa.

7.2.4 *Evidenciação das causas de variações entre o desempenho planejado o desempenho realizado*

O controle exige a correção de eventuais desvios, que requerem o levantamento de alternativas de solução. Para esse propósito, é fundamental o conhecimento das razões que motivaram tais eventos, de forma analítica, a fim de se atuar efetivamente sobre suas origens.

As divergências entre os resultados planejados e os realizados ocorrem, basicamente, por causa dos seguintes fatores:

- alterações nos preços dos recursos e produtos/serviços, em função da inflação específica desses elementos;

- alterações ou ajustes efetuados nos planos originais de forma a adequá-los a novas realidades;
- atingimento de níveis de atividade diferentes dos planejados, em termos de quantidades ou volumes de produtos/serviços;
- eficiência relativa à execução das operações em níveis diferentes dos planejados; e
- preços obtidos para os recursos, produtos e serviços, divergentes dos padrões.

Para a avaliação de desempenhos, à luz da gestão econômica, é necessária a evidenciação das variações decorrentes desses fatores, por meio da seguinte decomposição dos orçamentos, ponderados aos padrões de desempenho:

- *orçamentos originais* – os orçamentos originais refletem os planos operacionais quantificados física e monetariamente, por meio de índices e valores-padrões adequados ao período a que se referem. Expressam, portanto, o que deve ser seguido na execução das atividades, a fim de que contribuam da melhor forma para o atingimento dos objetivos globais da empresa. Consideram-se, para sua elaboração: os volumes previstos originalmente, os índices-padrões e os valores-padrões;
- *orçamentos corrigidos* – resultam dos ajustes dos valores constantes dos orçamentos originais, adequando-os à época da realização dos planos, em fase de sua execução. Refletem os planos originais atualizados pelos preços-padrões vigentes quando de sua realização. Consideram-se, para sua elaboração: os volumes originais e índices-padrões, ajustando-se apenas os valores-padrões, de acordo com a inflação específica nos preços de cada recurso, produto e serviço;
- *orçamentos ajustados* – resultam do ajuste nos orçamentos corrigidos, contemplando as alterações nos planos originais, efetuadas na intenção de adequá-los a uma nova realidade. Os orçamentos ajustados justificam-se pela dinâmica empresarial, que impacta a situação do sistema empresa de tal forma que torna necessário que a empresa esteja respondendo permanentemente às pressões ambientais, mantendo-se no rumo de seus objetivos. Essas pressões podem impactar tanto o planejamento estratégico como o operacional, exigindo novos planejamentos, o replanejamento da situação inicialmente desejada, a implementação ou correção de programas etc. No entanto, Guerreiro (1989:297ss) alerta-nos para o fato de que a utilização do conceito

  "(...) pressupõe que as modificações introduzidas não decorrem de alterações significativas no comportamento das variáveis do âmbito externo e, portanto, que ficam mantidas as políticas, estratégias e metas do orçamento original e que as modificações são temporárias".

De fato, entendemos que modificações significativas requerem o replanejamento de uma situação, considerando novas realidades ambientais, e ensejam a elaboração de novas estratégias, planos, políticas, metas e, conseqüentemente, novos orçamentos. Sua importância para a avaliação e controle de desempenho reside em identificar a capacidade de adaptação da empresa, das áreas e dos gestores às contínuas mudanças ambientais, impelindo-os a buscar ou manter o equilíbrio interno necessário para a continuidade da empresa, considerando seus objetivos e metas predeterminados. Nesses orçamentos, são ajustados os índices-padrões de desempenho (físico e monetário), os volumes orçados e outras variáveis, em função das novas realidades observadas que justificam decisões de ajustes nos planos. Para sua elaboração, consideram-se, portanto, os volumes ajustados, os índices-padrões ajustados e os mesmos valores-padrões dos orçamentos corrigidos;

- *padrões* – resultam dos orçamentos ajustados, considerando os níveis reais de atividade relativos ao período de execução. O atingimento de níveis de atividade diferentes dos orçados originalmente (expressos nos orçamentos ajustados), em termos de volumes de produção, ocasiona alterações nos resultados previstos, cujo impacto deve ser evidenciado. Os orçamentos traduzidos para o volume realmente atingido espelham os resultados que deveriam ocorrer dentro daqueles novos níveis de atividade. Para sua elaboração, devem-se considerar os mesmos índices e valores-padrões relativos aos orçamentos ajustados, modificando-se apenas o volume orçado para o real;
- *real a valores-padrões* – refere-se à quantificação do desempenho realizado no respectivo período orçado, considerando-se alterações nas quantidades físicas de recursos consumidos. Refletem a eficiência relativa às operações, considerando os volumes e índices realmente atingidos. Para sua elaboração, devem ser considerados os volumes realmente alcançados, os índices realmente obtidos e os valores-padrões relativos aos orçamentos ajustados;
- *real a índices-padrões* – refere-se à quantificação do desempenho realizado considerando-se as alterações nos preços dos recursos, produtos e serviços. Consideram-se, para elaborá-lo, os volumes e valores realmente obtidos, mantendo-se os índices-padrões nos níveis dos orçamentos ajustados.

Da comparação entre esses orçamentos, evidenciam-se as variações ocorridas em determinado período, que podem ser assim expressas:

VARIAÇÃO DE INFLAÇÃO = ORÇAMENTO ORIGINAL – ORÇAMENTO CORRIGIDO
Reflete os desvios ocorridos entre os índices de inflação planejados e os realmente ocorridos, especificamente para cada recurso e produto/serviço.

VARIAÇÃO DE AJUSTE DE PLANOS = ORÇAMENTO CORRIGIDO – ORÇAMENTO AJUSTADO
Reflete os desvios relativos aos ajustes efetuados nos orçamentos originais, em função de necessidades temporárias de modificações neles, a fim de que sejam atingidos os objetivos e metas inicialmente determinados

---

VARIAÇÃO DE VOLUME = ORÇAMENTO AJUSTADO – PADRÃO
Reflete os desvios ocorridos em função do atingimento de volumes de produção divergentes dos planejados.

VARIAÇÃO DE EFICIÊNCIA = PADRÃO – REAL A VALORES-PADRÕES
Reflete os desvios ocorridos entre os níveis de eficiência desejados e os realmente alcançados.

VARIAÇÃO DE PREÇO = PADRÃO – REAL A ÍNDICES-PADRÕES
Reflete os desvios ocorridos em função da obtenção de preços diferentes dos planejados.

VARIAÇÃO TOTAL = VARIAÇÃO DE INFLAÇÃO + VARIAÇÃO DE AJUSTES +
+ VARIAÇÃO DE VOLUME + VARIAÇÃO DE EFICIÊNCIA +
+ VARIAÇÃO DE PREÇO

O modelo de informação genérico para a gestão econômica pode ser visualizado na Figura 7.4. Esse modelo integra-se ao processo de gestão, por meio dos conceitos de orçamento original, orçamento corrigido, orçamento ajustado, padrão e real, contemplando as variações de inflação, de ajuste dos planos, de volume, de eficiência, de preço e total.

Incorpora, também, a equação de resultados que representa o modelo de decisão econômica dos gestores.

Equação de resultado	Orçamento			Padrão	Real		Variações					
	Original	Corrigido	Ajustado		A valores-padrões	A índice-padrões	Inflação	Aj. Planos	Volume	Eficiência	Preço	Total
	(1)	(2)	(3)	(4)	(5)	(6)	(1) – (2)	(2) – (3)	(3) – (4)	(4) – (5)	(4) – (6)	Var. de inflação + Var. de aj. planos + Var. de volume + Var. de eficiência + Var. de preços
Resultado Econômico (+) Margem operacional (+) Receita operacional (–) Custo variável operacional	Volumes orçados originais	Volumes orçados originais	Volumes orçados originais	Volumes reais atingidos	Volumes reais atingidos	Volumes reais atingidos						
(+) Margem financeira (+) Receita financeira (–) Despesa financeira	Índices-padrões originais	Índices-padrões originais	Índices-padrões ajustados	Índices-padrões ajustados	Índices-reais ajustados	Índices-padrões ajustados						
(–) Custo fixo	Valores-padrões originais	Valores-padrões ajustados	Valores-padrões ajustados	Valores-padrões ajustados	Valores-padrões ajustados	Valores reais obtidos						

Fonte: GUERREIRO, R. *Modelo conceitual de sistema de informação de gestão econômica*: uma contribuição à teoria da comunicação da contabilidade. Tese (Doutoramento) – FEA. São Paulo : USP, 1989. p. 146. Adaptado por PELEIAS, I. *Avaliação do desempenho*: um enfoque de gestão econômica. Tese (Mestrado) – FEA. São Paulo : USP, 1992. p. 141. Readaptada para este trabalho.

Figura 7.4 *Modelo de informação do sistema de gestão econômica.*

7.2.5 *Alguns princípios para a avaliação de desempenhos na gestão econômica*

Diante das considerações efetuadas até esse momento, identificamos alguns princípios genéricos que orientam a avaliação de desempenhos na gestão econômica, agrupados conforme se refiram aos modelos de decisão, mensuração ou informação.

7.2.5.1 **Relativos ao modelo de decisão**

Um modelo de decisão pode ser conceituado como uma representação abstrata da forma como são tomadas decisões.

A avaliação de desempenho está intimamente relacionada com o processo decisório dos gestores, devendo, portanto, integrar-se a esse processo, acionando um sistema de decisões, quando detectados problemas, e oferecendo suporte informativo à busca de soluções. Noutras palavras, a avaliação de desempenho deve estar integrada às fases de planejamento, execução e controle dos desempenhos.

Para fins de gestão econômica, os seguintes aspectos, relacionados com o modelo de decisão, devem orientar a avaliação de desempenho na empresa:

- *atividades* – o foco de atenção para a tomada de decisões na empresa são as atividades operacionais, porque delas se originam os resultados globais da empresa;
- *conceitos econômicos* – por ser a empresa uma entidade econômica, as decisões que nela são tomadas devem basear-se em conceitos econômicos, visando à obtenção de resultados suficientes para garantir a continuidade do empreendimento;
- *otimização do resultado econômico* – decisões econômicas devem buscar a otimização dos resultados das atividades. Parâmetros operacionais e de custos são parciais, incompletos e insuficientes para esse propósito;
- *efeitos das decisões* – devem ser considerados todos os efeitos de uma única decisão sobre as atividades, em suas dimensões operacional, financeira e econômica;
- *qualidade do desempenho* – as decisões devem visar ao incremento qualitativo das atividades, em seus níveis de eficiência e eficácia relativas ao desempenho planejado e realizado. A eficiência revela-se no consumo de recursos em conformidade com os padrões enquanto a eficácia se refere ao atingimento dos resultados constantes dos orçamentos, evitando-se comportamentos que visem à superação de metas, que nem sempre se revertem em benefícios globais para a empresa;

- *universalidade* – o modelo de decisão econômica deve ser único para todos os gestores da empresa, em virtude da natureza semelhante das atividades;
- *custo de oportunidades* – havendo possibilidades de usos alternativos de recursos, os desempenhos devem ser avaliados mediante a aplicação do conceito de custo de oportunidade.

7.2.5.2 **Relativos ao modelo de mensuração**

Um modelo de mensuração pode ser entendido como uma representação abstrata de como são medidos ou quantificados os atributos de algum objeto.

Basicamente, a avaliação de desempenho para a gestão econômica baseia-se nos resultados gerados pelas atividades associadas às áreas de responsabilidade dos gestores, que requerem a mensuração dos desempenhos em termos físicos e monetários.

Devem ser considerados os seguintes aspectos relacionados com o modelo de mensuração necessário à avaliação de desempenhos para a gestão econômica:

- *integração* – o modelo de mensuração deve estar integrado aos modelos de decisão e informação;
- *base nas atividades* – a mensuração dos resultados deve basear-se nas atividades operacionais, por serem estas a origem desses resultados e, portanto, o foco de atenção do trabalho administrativo;
- *precisão das medidas* – a mensuração dos resultados gerados pelas atividades deve ser a mais correta possível, de forma a espelhar o valor econômico dos recursos, produtos e serviços;
- *efeitos das decisões* – devem ser mensurados os efeitos econômicos de caráter operacional e financeiro, relativos às decisões tomadas pelos gestores;
- *preços de transferência* – a transferência de produtos/serviços entre as atividades deve basear-se em preços-padrão validados pelo mercado, sendo o custo de oportunidade o mais adequado para a avaliação das decisões tomadas diante de outras alternativas existentes. O repasse de produtos/serviços entre atividades deve ocorrer, assim, de forma justa, fixando-se ganhos ou perdas com eficiências ou ineficiências em suas respectivas origens (áreas, atividades);
- *tratamento dos custos fixos* – não deve haver rateios de custos indiretos entre produtos/serviços ou entre as atividades e áreas de responsabilidade, devendo ser identificados com seus respectivos responsáveis;

- *contribuição das atividades para o resultado global* – a mensuração do desempenho deve espelhar sua contribuição para a formação do resultado econômico da empresa;
- *base conceitual uniforme* – todos os eventos semelhantes devem ser mensurados sob uma mesma base conceitual. A quantificação dos planos, expressa por meio dos orçamentos e padrões, deve ter por base os mesmos conceitos e princípios de mensuração do desempenho realizado;
- *explicitação e compreensão dos conceitos* – os conceitos de mensuração devem ser explícitos e compreendidos pelos usuários da informação. Esses conceitos devem ser lógicos, racionais e inteligíveis, sem assumir um caráter dogmático.

7.2.5.3 **Relativos ao modelo de informação**

Um modelo de informação pode ser entendido como uma representação abstrata de como devem ser concebidas as informações, orientando a estruturação do sistema de informações da empresa.

Informação é um recurso da empresa que permite a integração, a comunicação e a dinâmica de seus subsistemas. O subsistema de informações da empresa assume, portanto, grande importância diante de sua influência sobre o funcionamento de seus demais subsistemas, principalmente sobre o de gestão.

É essencial na empresa a preocupação com a informação, em termos de utilidade, conteúdo, disponibilidade, oportunidade e custo/benefício.

Para fins de avaliação de desempenho, a informação deve representar fielmente uma realidade. A avaliação de desempenho compreende um julgamento sobre um desempenho, diante de expectativas ou padrões preestabelecidos. E para que esse julgamento seja correto, as informações sobre desempenho devem propiciar um perfeito conhecimento da realidade das atividades relativas a esse desempenho.

Visando suprir necessidades dos gestores nas fases de planejamento, execução e controle das atividades, as informações sobre desempenho devem ser inteligíveis, baseadas em conceitos racionais de mensuração, que façam sentido lógico a seus usuários. Mais prejudicial do que a ausência de informações são informações que distorcem ou levam a uma interpretação errônea de uma realidade, induzindo sutilmente a comportamentos aparentemente corretos, que, na verdade, destoam dos reais interesses da empresa.

Para que a informação atenda a tais propósitos, é fundamental que um modelo de informações incorpore os seguintes aspectos, relacionados com a identificação, acumulação e comunicação das informações sobre desempenho:

- *integração* – o modelo de informação deve estar integrado aos modelos de decisão e mensuração;
- *segmentação da empresa em áreas de responsabilidade* – a empresa deve ser dividida em áreas de responsabilidade, de forma a permitir a identificação dos custos e receitas das atividades de acordo com seus respectivos gestores, permitindo que atuem no sentido de otimizar seus resultados;
- *centros de custos, de resultados e de investimentos* – as informações sobre custos e receitas devem ser acumuladas segundo os conceitos de centros de custos, de resultados e de investimentos, conforme as necessidades de controle definidas pelos gestores. Idealmente, para a avaliação de desempenhos, as áreas de responsabilidade devem corresponder a centros de resultados e de investimentos, pois o conceito de centro de custos não preenche seus requisitos;
- *base conceitual uniforme sobre os desempenhos planejado e realizado* – a produção de informações sobre os desempenhos planejado e realizado deve utilizar-se da mesma base e estrutura conceitual, garantindo a comparabilidade entre os mesmos;
- *contribuição das atividades ao resultado global da empresa* – as informações sobre desempenho devem evidenciar a contribuição das atividades ao resultado global da empresa, requerendo a identificação de efeitos econômicos dos aspectos operacionais e financeiros das atividades;
- *bases informativas para a comparação entre os desempenhos planejado e realizado* – o modelo de informação deve ser estruturado de forma a evidenciar, analiticamente, as causas das variações entre os desempenhos planejado e realizado, segundo os conceitos de orçamentos flexíveis, padrões e equação de resultados, que provêem bases para comparação com o desempenho realizado;
- *eficácia e eficiência* – as informações sobre desempenho devem espelhar suas dimensões qualitativas, ou seja, a eficácia e eficiência relativas às operações, de acordo com os níveis planejados;
- *oportunidade* – as informações sobre desempenho devem transitar por canais que permitam ações oportunas, em tempo hábil para a implementação de eventuais correções (em nível de planejamento ou execução);
- *acionabilidade e suporte ao sistema de decisões* – as informações sobre desempenho devem acionar e suportar um sistema de decisões e, portanto, devem ser direcionadas às pessoas que possuem autoridade e influência sobre as variáveis que requerem ações.

7.2.6 *Abordagem sistêmica do processo de avaliação de desempenhos para gestão econômica*

A avaliação de desempenho é um processo que incorpora os elementos próprios de uma avaliação em sentido genérico, ou seja: objetivos, objetos, padrões de comparação, critérios, conceitos, princípios e um juízo de valor.

À luz da gestão econômica, entendemos que esses elementos contemplam, basicamente, os seguintes aspectos, que resumem algumas proposições estudadas neste capítulo:

a. *objetivos* – servir como instrumento de gestão do desempenho, permitindo atuação eficaz dos gestores sobre os resultados econômicos das atividades associadas às áreas de responsabilidade. A avaliação de desempenho das áreas de responsabilidade ocorre mediante a comparação das expectativas de desempenho preestabelecidas com os desempenhos realmente alcançados, servindo também como um parâmetro para a avaliação dos gestores. Fundamentam-se esses objetivos nos conceitos de *accountability* e em seus propósitos de servir como instrumento à gestão, visando suprir necessidades do processo gerencial ao acionar e subsidiar um sistema de decisões de planejamento, de execução e de controle;
b. *objetos* – são os desempenhos das áreas de responsabilidade, paralela e diferentemente da avaliação de resultados, que se relaciona aos produtos/serviços gerados pelas diversas atividades e eventos econômicos;
c. *padrões de comparação* – constituídos pelos orçamentos e padrões (físicos e monetários), que refletem diretrizes, objetivos, metas, políticas, níveis de eficácia e eficiência desejados nas operações da empresa. Se bem concebidos, os orçamentos e padrões guardam consonância com as estratégias da empresa, o que torna a avaliação de desempenhos na gestão econômica um mecanismo de controle operacional e estratégico;
d. *critérios, conceitos e princípios* – toda a base e estrutura conceitual apresentadas neste capítulo constituem o conjunto de critérios, conceitos e princípios que norteiam a avaliação de desempenhos para gestão econômica; e
e. *juízo de valor* – refere-se a conclusões sobre qualidades dos desempenhos, contemplando os conceitos de eficácia e eficiência relativa às operações, sobre os quais estrutura-se todo o modelo. O processo completo de avaliação de desempenhos ocorre, portanto, no nível do sistema de informações e do sistema de gestão. O modelo apresentado visa suprir necessidades informativas para gestão dos desempenhos.

O processo de avaliação de desempenhos é caracterizado, basicamente, pelos seguintes pontos:

- obtenção, tratamento e comunicação das informações sobre desempenho, que ocorrem no nível do sistema de informações, apontando os efeitos das decisões dos gestores;
- interpretação dessas informações e conclusão sobre a qualidade do desempenho, que ocorrem no nível do sistema de gestão, na figura dos gestores.

Assim, um processo de avaliação de desempenhos, à luz da gestão econômica e sob abordagem sistêmica, pode ser entendido como o processamento de alguns *inputs* com a finalidade de gerar certos *outputs* , de forma integrada aos subsistemas de informação e de gestão.

Os *inputs* desse processo são dados extraídos de uma realidade, por meio de sensores que identificam as variáveis que serão tratadas pelos sistemas, em nível planejado e realizado. Os fenômenos observados devem espelhar com a maior precisão possível essa realidade, de forma a garantir a confiabilidade das informações sobre desempenho que serão geradas a partir do tratamento desses dados.

Após a identificação dos fenômenos (transações) relativos às atividades, efetuam-se suas mensurações, quantificando-os física e monetariamente, conforme os princípios e conceitos estudados. A mensuração desses fenômenos envolve a quantificação dos planos, materializada em fichas-padrão do orçado e do realizado (sistemas de orçamentos e padrões), e a quantificação do desempenho realizado (sistema contábil).

Mensurados monetariamente, esses fenômenos são, então, classificados, segundo um plano de contas, e acumulados conforme os conceitos de áreas de responsabilidade, centros de custos, de resultados e de investimentos.

Ao tempo em que os desempenhos vão sendo realizados, os planos e os orçamentos devem ser atualizados e ajustados, conforme os conceitos de orçamentos flexíveis (orçamento original, corrigido, ajustado) e padrões, constituindo as bases para a comparação com o desempenho realizado.

É efetuada a comparação entre o desempenho realizado e o planejado, no nível das áreas de responsabilidade, de forma a se identificarem eventuais desvios e suas causas, que são os efeitos das decisões produzidas pelos gestores, durante a fase de execução do processo de gestão.

Esses desvios correspondem às variações de inflação, de ajuste dos planos, de volume, de eficiência e de preço, deixando o sistema de informações na forma de relatórios sobre desempenhos e resultados.

De posse desses relatórios, os gestores interpretam os efeitos de suas decisões e das tomadas pelos gestores que a ele estão subordinados, concluindo sobre qualidades (eficácia e eficiência) dos desempenhos, evidenciadas pelas informações. Neste ponto, encerra-se o processo de avaliação de desempenhos.

Os *outputs* desse processo referem-se, portanto, às conclusões obtidas pela interpretação das informações extraídas da comparação dos desempenhos planejado e realizado. Além desse aspecto, devem também ser considerados como *outputs* do processo os impactos comportamentais produzidos por essas conclusões, em termos de motivação sobre as pessoas envolvidas, reforçando a idéia de importância das informações sobre desempenho como elementos que induzem o comportamento individual.

Baseando-se nos julgamentos que fazem acerca de qualidades de um desempenho, os gestores identificam eventuais problemas. Se identificados problemas, como, por exemplo, desvios relevantes ou oportunidades a serem aproveitadas, cabe aos gestores o levantamento de alternativas de ação, visando à solução ou correção desses problemas. Essas alternativas devem ser avaliadas e selecionadas, implementando-se a que mais contribua para a solução do problema identificado.

Finalizando um processo de controle, as ações corretivas podem referir-se tanto ao ajuste do desempenho que vem sendo realizado quanto à correção de rumos predefinidos. Sempre que efetuadas mudanças relativas ao planejamento (estratégico ou operacional), devem ser revistos os orçamentos e padrões. Garante-se, dessa forma, que a base para a avaliação de desempenho mantenha-se atualizada, dentro de expectativas realistas e comparáveis aos desempenhos observados.

7.2.7 *Conclusões*

Em linhas gerais, caracterizam o modelo apresentado o enfoque econômico, que sustenta o conceito de mensuração de resultados com base em atividades, e sua integração ao processo de gestão empresarial.

Operacionalmente, os conceitos de "avaliação de resultados" e de "avaliação de desempenhos" ocorrem de forma simultânea, visando suprir necessidades informativas da gestão econômica, ao procurar otimizar a contribuição dos produtos/serviços, dos eventos econômicos, das atividades e de suas respectivas áreas aos resultados globais da organização.

A utilização do conceito de resultado econômico requer sua correta mensuração, de modo a expressar a realidade operacional, financeira e econômica das atividades empresariais, permitindo uma atuação gerencial sobre as mesmas.

Apesar da complexidade para se estabelecer o resultado ideal da empresa, existe um resultado mínimo que deve assegurar a reposição dos ativos consumidos no processo produtivo, bem como garantir, em nível macro da empresa, retornos suficientes para manter o capital investido no empreendimento.

Assim como podem ser associados às atividades, os resultados econômicos podem ser dimensionados segundo a amplitude, a natureza, a ocorrência, o tempo e a qualidade dessas atividades.

A forte interdependência entre as atividades empresariais requer o estabelecimento de preços para a transferência de produtos/serviços entre as mesmas. Para o estabelecimento desses preços, os métodos baseados no mercado constituem a melhor fonte, sendo que o conceito de custo de oportunidade deve ser utilizado quando houver mais de uma alternativa para o emprego de recursos por seus respectivos gestores.

Apesar da necessidade de se isolarem atividades ou conjuntos de atividades (ciclos econômicos, áreas de responsabilidade) para que sejam geridas, é fundamental uma administração de seus resultados em nível macro da empresa – função que cabe à área de Controladoria.

A responsabilidade pela formação do resultado econômico é dos próprios gestores das atividades que o geraram, segundo a autoridade que lhes foi delegada, e limita-se por um conjunto de variáveis que estão sob seu efetivo controle. A identificação e a acumulação dos resultados das atividades devem, portanto, basear-se no conceito de áreas de responsabilidade, estruturadas, idealmente, sob a forma de centros de resultados e de investimentos.

As bases informativas para a avaliação de desempenho correspondem aos orçamentos de padrões, que devem espelhar corretamente expectativas desejáveis em relação às atividades, em termos de eficácia e eficiência, com as quais deverão ser confrontados os desempenhos realizados, a fim de que sejam evidenciadas as causas de eventuais variações entre os mesmos.

A evidenciação das causas das variações entre os desempenhos planejado e realizado ocorre mediante a utilização dos conceitos de orçamentos originais, corrigidos, ajustados e padrões em confronto com os volumes, índices e preços realmente obtidos nas operações – originando as variações de inflação, de ajuste de planos, de volume, de eficiência e de preço.

Alguns princípios para avaliação de desempenhos na gestão econômica podem ser delineados segundo os modelos de decisão, de mensuração e de informação que orientam tal processo.

Sistematicamente, o processo de avaliação de desempenhos na gestão econômica ocorre: em nível informativo, por meio da obtenção, do tratamento e da comunicação de informações sobre desempenho, apontando efeitos das decisões dos gestores; e em nível gerencial, por meio da interpretação dessas informações e da conclusão acerca delas, visando a novas tomadas de decisões. O modelo apresentado procura suprir necessidades informativas para avaliação de desempenhos na gestão econômica.

REFERÊNCIAS BIBLIOGRÁFICAS

BEER, Stafford. *Cibernética e administração industrial*. Rio de Janeiro : Zahar, 1969.

CATELLI, Armando. *Sistema de contabilidade de custos estândar*. Tese (Doutorado). São Paulo : FEA/USP, 1972.

CATELLI, Armando, GERREIRO, Reinaldo. GECON – *Sistema de informação de gestão econômica*: uma resposta para mensuração contábil do resultado das atividades empresariais. São Paulo : Conselho Regional de Contabilidade – SP, ANo XXX, set. 1992. p. 10-12.

CRUZ, Rozany Ipaves. *Uma contribuição a definição de um modelo conceitual para a gestão econômica*. Dissertação (Mestrado). São Paulo : FEA/USP, 1991.

FERREIRA, Aurélio Buarque de Holanda. *Novo dicionário Aurélio da língua portuguesa*. Rio de Janeiro : Nova Fronteira, 1986.

GIBSON, James L., IVANCEVICH, John M., DONNELY, James H. *Organizações*: comportamento, estrutura e processos. São Paulo : Atlas, 1988.

GLAUTIER, M. W. E., UNDERDOWN. *B. Accounting theory andpractice*. 3. ed. London : Pitman Publishing Limited, 1986.

GRONLUND, Norman Edward. *Measurement, end evalution in teaching. New York : The MacMillan Publishing co., Inc.*, 1971.

GUERREIRO. Reinaldo. *Modelo Conceitual de sistema de informação de gestão econômica*: uma contribuição à teoria da comunicação da contabilidade. Tese (Doutorado). São Paulo : FEA/USP, 1989.

HORNGREN, Charles T. *Introdução à contabilidade gerencial*. Rio de Janeiro : Prentice-Hall do Brasil, 1985.

______. *Contabilidade de custos*: um enfoque administrativo. São Paulo : Atlas, 1986.

IUDÍCIBUS. Sergio de. *Contabilidade gerencial*. 4. ed. São Paulo : Atlas, 1986.

LUCENA, Maria D. S. *Avaliação de desempenho*. São Paulo : Atlas, 1992.

MATZ, Adolph. *Contabilidade de custos*. São Paulo : Atlas, 1978.

MAURO. Carlos Alberto. *Preço de transferência baseado no custo de oportunidade*: um instrumento para promoção da eficácia empresarial. Dissertação (Mestrado) São Paulo : FEA/USP, 1991.

MOSIMANN, Clara P., ALVES, José O. C, FISCH, Sílvio. *O papel da controladoria no processo de gestão empresarial*. Não publicado. Trabalho apresentado para a obtenção de crédito na disciplina "Controladoria", ministrada pelo Prof. Dr. Armando Catelli – FEA/USP. São Paulo, fev. 1991.

NAKAGAWA, Masayuki. *Estudo de alguns aspectos de controladoria que contribuem para a eficácia gerencial.* Tese (Doutorado). São Paulo : FEA/USP, 1987.

PELEIAS, Ivan Ricardo. *Avaliação de desempenho*: um enfoque de gestão econômica. Dissertação (Mestrado). São Paulo : FEA/USP, 1992.

RONCHI, Luciano. *Controladoria financeira*. 3. ed. São Paulo : Atlas, 1977.

SIMON, In ANSOFF, H. Igor. *Estratégia empresarial*. São Paulo : McGraw-Hill do Brasil, 1977.

8 ENSAIO SOBRE O COMPORTAMENTO ORGANIZACIONAL

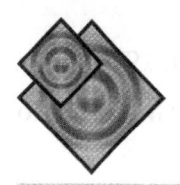

Claudio Parisi

8.1 INTRODUÇÃO

É sabido que o acirramento da competição no ambiente empresarial vem causando inúmeras mudanças na forma de ser das empresas, seja pela abertura da economia, seja pela evolução tecnológica, pelo surgimento de novos mercados/produtos etc.

Como decorrência de um ambiente cada vez mais instável e hostil, muitas empresas, de forma espontânea ou compulsória, passaram a repensar suas práticas e procedimentos de atuação.

Entre os movimentos de mudança, observamos empiricamente que a maioria das empresas escolheu rever seu modelo organizacional, desejando torná-lo mais adequado à nova realidade, através de realização de *dowsizing* ou *rightsizing* e da orientação para o negócio. Como conseqüência, muitos executivos perderam seus postos e as empresas passaram a disputar a peso de ouro aqueles profissionais que julgam estarem mais preparados para enfrentar e vencer os desafios impostos pela nova realidade.

Muitas organizações importaram e passaram a adotar as novas filosofias e técnicas de produção e qualidade total, treinando tanto os gestores como seus técnicos.

O grande investimento em tecnologia de informação também é um aspecto comum. Assim, as organizações estão tentando resolver o problema de disponibilização de informações para a gestão e robotizando a operacionalização de seus processos físicos.

Algumas direcionaram seus esforços para concepção ou remodelação de seus sistemas de informações, particularmente no que se refere ao sistema de custos, em busca de informações mais adequadas à tomada de decisão.

Apesar de todo o empenho, do capital e tempo investidos e do florescimento de novas idéias, nota-se pela acidez das manifestações de empresários e executivos e pela situação de algumas empresas e segmentos econômicos que nem tudo deu certo.

Se investiram em novos modelos organizacionais, em profissionais mais bem capacitados, em novas tecnologias de produção, em informática e nos sistemas de informações gerenciais, pergunta-se: o que falta mudar para a empresa estar apta ao ambiente?

Em nossa opinião, o que falta mudar é o *modelo de gestão*. Entendemos que sua importância diz respeito à promoção de condições necessárias para potencializar a atuação dos gestores, tornando possível o máximo aproveitamento da capacidade do corpo gerencial na busca por melhores resultados.

A partir do equacionamento e da implementação desse modelo, com a definição clara dos objetivos da gestão, é que devem ser discutidas as demais mudanças necessárias. Isso significa que a necessidade de um novo modelo organizacional ou de um novo sistema de informação deve ser decorrente da demanda do modelo de gestão, que é o objeto da mudança da cultura organizacional pretendida por qualquer projeto de modernização empresarial, e não o inverso.

Este capítulo aborda o modelo de gestão, apresentando os aspectos gerais dos modelos comumente adotados, o modelo de gestão do Gecon, seus respectivos impactos no comportamento dos gestores e uma proposta de revisão das crenças e valores das empresas; na conclusão, é apresentado um quadro comparativo dos modelos abordados.

Entendemos que o assunto *modelo de gestão* é complexo e sua definição depende muito das experiências passadas, das crenças e dos valores dos acionistas e principais executivos da empresa. Não temos a pretensão de estabelecer uma "receita infalível" para mudança do referido modelo e consideramos também a existência de outras propostas, além daquela formulada pelo Gecon.

Pretendemos demonstrar a importância do tema e seu relacionamento com os demais sistemas da empresa e contribuir por meio da proposta do Gecon com o processo de reflexão pelo qual passam algumas empresas que já atentaram para o problema.

8.2 PREMISSAS DO TRABALHO

Para a realização de nossas análises e conclusões adotamos as seguintes premissas:

- os gestores são competentes;
- os gestores querem contribuir com a continuidade da empresa;

- A empresa precisa atender ao mercado para buscar a sua continuidade;
- modelo de gestão da empresa deve estar baseado em crenças e valores congruentes com os do ambiente externo para sustentar a continuidade;
- sistema de informação de gestão econômica deve refletir as características do modelo de gestão, fornecendo informações que induzam os gestores à otimização do resultado da empresa, garantindo a sua continuidade.

8.3 QUE É MODELO DE GESTÃO?

Modelo de gestão é a *Carta Magna* de uma entidade econômica. Esse conjunto de princípios, nem sempre formalizado, pode ser identificado por meio da observação dos instrumentos de gestão (processo de planejamento e controle, sistemas de informações etc.) e das demais práticas organizacionais.

A melhor caracterização do modelo de gestão é dada por Guerreiro (1989:229). Segundo o autor, os objetivos a serem observados por tal modelo devem assegurar:

- *a redução de risco do empreendimento no cumprimento da missão e a garantia de que a empresa estará sempre buscando o melhor em todos os sentidos;*
- *o estabelecimento de uma estrutura de operação adequada que possibilite o suporte requerido para suas atividades;*
- *a orientação geral dos esforços por meio de um estilo e de uma filosofia de trabalho que criem atitudes construtivas;*
- *a adoção de um clima motivador e o engajamento de todos, principalmente dos gestores, em torno dos objetivos da empresa e de suas atividades;*
- *a aferição se a empresa está cumprindo sua missão ou não, se foi feito o que deveria ter sido em termos de produtos, recursos e esforços, e se o que não foi está sendo corrigido ou aperfeiçoado;*
- *o conhecimento do comportamento das variáveis relativas aos ambientes externo e interno e suas tendências, do resultado da avaliação de planos alternativos de ação e das transações/eventos ocorridos em cada período e identificando onde "as coisas" aconteceram de maneira insatisfatória.*

Cada empresa tem sua forma de ser, resultando num modelo de gestão com características particulares, que pode ou não promover as melhores condições de atuação para os gestores.

Apesar de não podermos julgar um modelo de gestão existente com conceitos tais como certo ou errado, podemos, sim, analisá-lo com a finalidade de inferir se a empresa está apta a enfrentar o ambiente visualizado ou não.

Consideramos que a definição do modelo e o entendimento comum dos gestores a seu respeito são imprescindíveis para o bom desempenho da organização, condicionando as demais definições referentes aos sistemas organizacional, social e de informação.

8.4 MODELO DE GESTÃO, SISTEMA DE INFORMAÇÃO E CONTROLADORIA

No que refere a nossa área de estudo – Sistema de Informação e Controladoria –, cabe estabelecer a relação com o tema abordado.

A questão que se coloca é: como deve ser desenvolvido um sistema de informação econômica para a empresa? Entendemos que a Controladoria, guardiã dos conceitos de mensuração econômica da empresa, ao desenvolver um sistema de informação, deve atentar tanto para os princípios do modelo de gestão como para o sistema físico-operacional. (Figura 8.1)

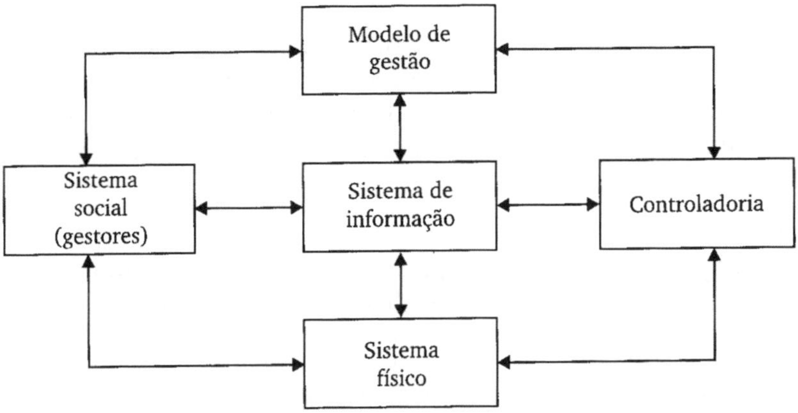

Figura 8.1 *Modelo de gestão de controladoria: Inter-relacionamento.*

O modelo de gestão define, em sentido amplo, a necessidade de informação requerida para a tomada de decisão; a partir daí, é possível discutir qual sistema de informação é mais adequado àquele modelo e, também, qual a tecnologia de informática mais apropriada para apoiar o sistema de informação requerido.

Isto significa que um sistema de informação eficaz é aquele que consegue refletir o sistema físico-operacional e estar aderente ao modelo de gestão da empresa. Como exemplo, se o modelo de gestão define como regra para avaliação de desempenho o resultado econômico, então o sistema de informação deve ser desenvolvido para fornecer os relatórios para suportar o processo de tomada de decisão e a avaliação de desempenho.

Também a Controladoria, entendida como área de conhecimento e órgão administrativo de uma entidade, deve colaborar com a formação do modelo de gestão, contribuindo com as crenças e valores específicos de seu campo.

8.5 ANÁLISE DOS MODELOS DE GESTÃO

A dificuldade em se discutir o tema está relacionada a sua natureza subjetiva, isto é, o modelo de gestão é construído com base na clarificação das crenças e valores dos acionistas e dos principais gestores da organização. Por outro lado, reconhecemos que em nada contribuiremos julgando se determinada crença ou valor é certo ou errado, e nem seríamos pretensiosos para tanto.

Dessa forma, a análise deve ser pautada nos princípios que formam um modelo, identificados com base nas práticas gerenciais adotadas pelas empresas. Para tanto, valemo-nos de nossas observações empíricas, obtidas por meio das pesquisas e estudos de campo desenvolvidos pelo **Núcleo de Pesquisas Gecon – Fipecafi/FEA/USP**.

Assim como a constituição de um país, o modelo de gestão não tem um único estilo, podendo estar restrito às regras gerais de relacionamento entre os gestores e os acionistas ou, então, ser mais detalhado, abordando temas que não obrigatoriamente são objetos de um modelo de gestão, mas que transmitem a preocupação e a orientação dos acionistas da empresa.

Independentemente do estilo que se adote, o modelo de gestão é composto pelos seguintes princípios: poder e responsabilidade; estilo de gestão; postura; papel; processo de gestão; e critério de avaliação de desempenho.

Para tornar possível a comparação entre os diferentes modelos de gestão, definimos, com base no elenco de princípios, os aspectos que julgamos imperativos no sentido de caracterizar um modelo, a saber:

✓ **Processo Decisório** – diz respeito à forma de tomada de decisão na empresa.

✓ **Funções e Responsabilidades** – diz respeito à definição da relação entre o gestor e as atividades operacionais.

✓ **Autoridade** – é a definição do poder para o gestor exercer suas funções e responsabilidades.

✓ **Estilo** – é a forma de relacionamento entre os gestores e esses e as demais pessoas da empresa.

✓ **Postura** – é o comportamento esperado do gestor.

- ✓ **Processo de Gestão** – é a forma de estruturação do processo decisório em etapas coordenadas para garantir a eficácia e a eficiência das decisões (Cruz, 1991: 48).
- ✓ **Critério de Avaliação de Desempenho** – é a expressão do objetivo da gestão (por exemplo: gestão por *resultado econômico*).

8.6 MODELO DE GESTÃO TRADICIONAL

O modelo de gestão que denominamos tradicional diz respeito a nossas observações empíricas. Reconhecemos que, se analisarmos cada empresa, identificaremos particularidades que acabam por diferenciar sua cultura organizacional. Todavia, buscamos aqui traçar um perfil comum de cada um dos aspectos mencionados anteriormente. É nesse contexto que identificamos as seguintes características:

- ✓ Processo decisório tende a ser centralizado.
- ✓ Funções decorrentes da estrutura organizacional e responsabilidades não claramente identificadas (áreas nebulosas).
- ✓ Autoridade decorrente da delegação informal de poder.
- ✓ Estilo individualista (visão feudal das áreas da empresa).
- ✓ Postura burocrática.
- ✓ Papel de "tecnocrata" do empreendimento sob sua responsabilidade.
- ✓ Processo de gestão centrado principalmente no realizado.
- ✓ Avaliação de desempenho baseada em múltiplos indicadores, tais como faturamento, saldo de caixa, custos, volumes físicos, rejeição de peças (qualidade), quantidade de devoluções, níveis de estoque, satisfação do cliente, *benchmarking* etc.

8.7 COMPORTAMENTOS DECORRENTES DO MODELO DE GESTÃO TRADICIONAL

No ambiente atual, a velocidade/agilidade na tomada de decisão passou a ser um dos valores de maior relevância para garantir o bom desempenho empresarial.

Imagine um gestor negociando cereais em uma bolsa de mercadorias, tendo que pedir permissão a seus superiores para realizar qualquer transação. É certo que, quando ele retornar com a decisão de seu superior hierárquico, a oportunidade, objeto dessa decisão, não estará mais disponível.

Em maior ou menor grau, os mercados estão se transformando em grandes bolsas de negócios, e as empresas que não tiverem agilidade não terão como competir.

Entretanto, a centralização da decisão ainda é a base do modelo de gestão de muitas empresas, tornando o processo decisório não compatível com o ambiente. Em condições normais de operação, as empresas devem adotar um grau de descentralização das decisões, pelo menos, compatível com a velocidade de mutação de suas variáveis ambientais.

A persistência do modelo de gestão caracterizado pela centralização do processo decisório faz com que os gestores que estão mais próximos do negócio tenham suas atribuições diminuídas, tornando a definição de suas funções mais relacionadas a determinada "caixa" do modelo organizacional, não necessariamente ao estabelecimento da missão da área.

No contexto apresentado, é comum a duplicidade de funções, ou seja, áreas diferentes de uma mesma empresa (ou divisão) realizando as mesmas funções, onde há dificuldade no estabelecimento das responsabilidades dos gestores sobre suas ações; são as chamadas *áreas cinzentas* ou *nebulosas*.

Se o gestor não tem a efetiva gerência sobre os eventos que ocorrem em seu campo de atuação, então qual é sua responsabilidade? Geralmente, a responsabilidade atribuída diz respeito à gestão operacional, como se fosse possível isolar o impacto operacional de uma decisão de suas decorrências econômicas, financeiras e patrimoniais.

Outrossim, a delegação de autoridade também corrobora com o problema da definição de funções e responsabilidade. Estando coerente com o processo decisório centralizado, a autoridade acaba concentrando-se nos escalões superiores das empresas. Todavia, é interessante notar que o desgaste decorrente dessa forma de atuação, como também a intensificação das relações sociais com os gestores de nível médio, faz com que ocorra uma delegação informal de poder, podendo inclusive criar diferentes castas de gestores operacionais, por exemplo, casta dos gestores prestigiados pela alta administração e casta dos gestores comuns. Também em situações em que há alta vulnerabilidade do poder na alta administração, em que a continuidade da gestão está condicionada à manutenção do cenário político, pode ocorrer a criação da casta dos gestores de confiança.

A resultante dos fatores expostos até este momento é o não-comprometimento dos gestores com os objetivos da empresa. Para sobreviver e criar poder num ambiente com essas características, é comum a adoção de um estilo de gestão individualista, que isola sua área do restante da empresa, muitas vezes criando cultura organizacional e modelo de gestão próprios; é praticamente uma estrutura feudal.

Interessante é o fenômeno derivado dessa situação. A alta administração, apesar da centralização do processo decisório, não tem o efetivo controle sobre até aqui todas as operações da empresa e reclama por isso. Por sua vez, seus segmentos acabam criando seus próprios instrumentos de gestão, comumente com conceitos distintos e conflitantes com as crenças e valores da empresa.

Objetivando restabelecer o controle perdido, a alta administração passa a cobrar uma postura burocrática de seus gestores, com a formalização de compromissos e regras pouco aderentes àqueles objetivos do modelo de gestão e que muitas vezes acabam emperrando o funcionamento da organização em sua totalidade, mas sendo sua obediência a base para a boa avaliação.

Constatamos ainda que o processo de gestão é centrado no realizado (passado e presente). É comum ainda a existência de organizações que nunca adotaram planejamento, estando à deriva do comportamento futuro do mercado para seu sucesso. Dessa forma, a empresa não está orientada à otimização de seus desempenhos e à garantia de sua continuidade, e sempre confiará sua sorte exclusivamente ao *feeling* de seus comandantes.

Independentemente de avaliarmos a importância do *feeling* do administrador, atualmente, a velocidade das mudanças ambientais torna evidente e corriqueira a perda de oportunidades pela falta de planejamento. Exemplificando: (a) uma empresa de grande porte investiu seu capital de giro no desenvolvimento de uma nova linha de produtos, baseada no sentimento de seus principais executivos de que o mercado consumidor, em queda crescente nas últimas décadas, não poderia diminuir mais, apesar de todos os indicadores econômicos apontarem o contrário; resultado: a empresa acabou por repassar esse segmento a outro grupo empresarial depois de acumular inúmeros prejuízos durante anos; (b) pela falta de planejamento, uma empresa, líder num mercado altamente hostil, não detectou o incremento real no tamanho do mercado consumidor, e em decorrência não investiu em sua capacidade produtiva, perdendo vendas e *marketshare*, além de ter ficado mais vulnerável à entrada de novos concorrentes; (c) empresas foram rapidamente excluídas do mercado pela rápida evolução tecnológica, que as tornou obsoletas da noite para o dia.

Tradicionalmente, a avaliação de desempenho coerente com esse modelo de gestão ocorre nos níveis mais altos da empresa, até por decorrência da identificação da responsabilidade, e é centrada em três tipos de indicadores, a saber: financeiro (caixa), contábil (custo e lucro societário) e físico (quantitativos e qualitativos).

Nota-se a dificuldade de se estabelecer o relacionamento entre todos esses indicadores para realmente concluir quanto ao grau de desempenho de determinado segmento, além de alguns indicadores não refletirem os impactos dos eventos econômicos (por exemplo: custo e lucro contábil) e da falta de planejamento como principal referencial para a avaliação. Outrossim, como a avaliação geralmente ocorre apenas nos principais níveis hierárquicos, os gestores que estão sendo cobrados não têm como cobrar desempenhos de seus subordinados ou, quando ocorre a cobrança, nem sempre é na mesma base da avaliação formal da organização.

Um assunto em voga é a adoção de quadro de indicadores (custos, quantitativos e qualitativos), com a possibilidade de apuração de uma nota final decorrente de um balanceamento desses indicadores (estabelecimento de pesos). Entendemos que, de forma arbitrária, estão tentando somar "laranjas" com "bananas"; é certo que a resultante será mais um "abacaxi" para a gestão da empresa. É preocupante também a falta de integração do processo de gestão efetivo e o proposto por esses indicadores, afinal estimar indicadores não é fazer planejamento, e não adianta querer controlar sem planejar.

Outro aspecto interessante é a adoção de *benchmarking* como base da avaliação de desempenho. Entendemos que a utilização dessa ferramenta é imperativo para conseguir situar a empresa no mercado e certamente suas informações são insumos para o planejamento. No entanto, sua utilização como base para a avaliação de desempenho deve ser vista com ressalvas. O gestor é exposto a uma avaliação feita pela comparação de indicadores apurados de forma limitada, com conceitos diferentes e decorrentes de realidades ainda diferentes, apesar da globalização.

Observamos dois fenômenos decorrentes dessa falta de clarificação do objetivo da gestão. Primeiro, o gestor estará sempre sujeito a críticas de seus superiores, que ora tendem a valorizar um critério de avaliação, ora outro. Segundo, os gestores não acreditam nas avaliações, não se sentem responsáveis por seus desempenhos e, conseqüentemente, não agem de forma comprometida com os objetivos da empresa.

Assim, entendemos que esse modelo de gestão não é congruente com os valores e crenças do ambiente atual, afetando a continuidade das empresas que não o repensarem.

8.8 MODELO DE GESTÃO DO GECON

A Gestão Econômica, como proposta de tecnologia de gestão, foi desenvolvida com base no entendimento do que denominamos *ambiente empresarial*. Nesse sentido, seus pesquisadores, adotando a abordagem sistêmica, passaram a estudar todos os sistemas empresariais (institucional, de gestão, físico, organizacional, de comunicação e social) e demais aspectos que fazem parte do ambiente de uma entidade econômica e a refletir sobre eles.

No que se refere aos estudos relativos ao sistema institucional, apresentamos o modelo de gestão proposto pelo Gecon:

- ✓ Processo decisório descentralizado.
- ✓ Funções e responsabilidades decorrentes da missão (da empresa e da área específica do gestor).

- ✓ Autoridade compatível com as funções e responsabilidades.
- ✓ Estilo participativo (busca a integração).
- ✓ Postura empreendedora (faz acontecer).
- ✓ Papel de "dono" do empreendimento sob sua responsabilidade.
- ✓ Processo de gestão que abrange: planejamento estratégico, planejamento operacional, execução e controle; orientado à otimização do resultado econômico.
- ✓ Avaliação de desempenho baseada no resultado econômico.

8.9 COMPORTAMENTOS DECORRENTES DO MODELO DE GESTÃO DO GECON

A gestão econômica, reconhecendo que a pressão imposta pelo ambiente de mercados competitivos ou em vias de flexibilidade e globalização pressupõe a necessidade de maior agilidade da empresa, no sentido de aproveitar as melhores oportunidades e amenizar as ameaças, define um modelo de gestão baseado na descentralização do processo decisório, garantindo a velocidade na tomada de decisão.

Em decorrência desse aspecto, vários são os questionamentos. Como controlar os gestores subordinados? Como promover a descentralização? Como garantir a integração da empresa? Como orientar a empresa à otimização?

Em primeiro lugar, entendemos que a descentralização é sustentada de modo contínuo pela adoção de dois conceitos básicos, a saber:

- ✓ *Autocontrole* – é o realizado pelo gestor, para buscar o grau de eficácia desejado para sua área pela alta administração (resultado comprometido para a otimização do resultado da empresa). Dessa forma, o gestor deve acompanhar tempestivamente seus resultados, analisando-os para concluir quanto aos desvios em relação ao resultado objetivado e à necessidade de ações corretivas.
- ✓ *Controle* – é a prestação de contas realizada pela alta administração de forma sistêmica e periódica, promovendo a busca pelas melhores soluções para a empresa de maneira integrada.

Ainda para a viabilização da descentralização, é necessário atribuir funções e responsabilidades decorrentes da missão de cada área e aderentes à missão da empresa. A definição da missão por área da empresa evita a formação de áreas nebulosas, além de formalizar o que se espera da gestão de uma área, onde o gestor só é bem avaliado se cumprir sua missão, considerando a autoridade compatível para exercer suas funções e o compromisso assumido com o resultado esperado.

Além da clara identificação de responsabilidade, é necessário cobrar do gestor todas as conseqüências de suas decisões. Diferente do modelo tradicional que focaliza os impactos operacionais da decisão, esse modelo observa que uma decisão impacta a empresa em três dimensões: a operacional, a financeira e a econômica/patrimonial. Por exemplo, uma compra realizada impacta: o volume de estoques (operacional), o fluxo de caixa em determinado instante de tempo (financeiro) e a variação da riqueza da empresa decorrente do resultado da compra (econômico/patrimonial). Portanto, o gestor deve ser responsável tanto pela gestão operacional de suas atividades quanto pelas gestões econômica e financeira. Vale lembrar que muitas vezes a otimização física não leva à otimização econômica.

Para garantir a integração tanto horizontal (entre áreas clientes e fornecedoras) como vertical (subordinação) e interna de cada área, a administração deve adotar o estilo participativo de gestão. A importância desta maneira de administrar a empresa consiste na garantia de todos os profissionais (gestores e técnicos) estarem motivados a procurar as melhores soluções para a empresa.

Ressaltamos que a integração não deve ser vista e exercida como a compartilhação de responsabilidades, mas como o comprometimento das pessoas com o atendimento da missão da empresa de forma contínua. Assim, é necessário que cada gestor adote a postura empreendedora. Isto significa que se ele não fizer acontecer o resultado esperado de sua área, ninguém o fará. No modelo de gestão do Gecon, não há margem para desculpas, tais como:

> *"Não vendi porque o mercado não comprou."*
>
> *"Comprei mais porque achei que fosse bom."*
>
> *"Produzi 700 toneladas porque ninguém me avisou que era para produzir 500 toneladas."*

Portanto, o gestor exerce o papel de "dono" do negócio e, independentemente de ser da área comercial ou não, está orientado para o negócio.

Entretanto, o que orienta a empresa para a otimização do resultado econômico? O processo de gestão deve estar estruturado de forma que oriente a empresa à otimização de seu desempenho. Para tanto, é necessário planejar, ou seja, ter um processo lógico e coordenado que promova o envolvimento de todos os gestores na busca do melhor plano para a empresa, considerando determinado cenário. Em linhas gerais, o processo de gestão do Gecon está estruturado da seguinte forma: planejamento estratégico, planejamento operacional, programação, realizado e controle, podendo variar conforme for a particularidade da empresa em questão.

Por que otimização do resultado da empresa? Entendemos que a soma dos resultados ótimos das partes nem sempre é o resultado ótimo da empresa. Dessa maneira, o envolvimento dos gestores no processo de planejamento compromete também aqueles gestores que deverão obter resultados econômicos aquém de suas efetivas possibilidades, mas que representam o nível de resultado que contribui com a otimização do resultado da empresa.

Fica evidente que o modelo de gestão econômica é baseado na gestão por resultados econômicos, ou seja, aquele indicador único do grau de eficácia da organização, refletindo as variações de: eficiência, produtividade, satisfação dos agentes, adaptabilidade do processo decisório e desenvolvimento da organização. Dessa forma, as contribuições dos gestores são avaliadas à luz do resultado econômico, sendo ele a base dos modelos de decisão dos eventos econômicos que ocorrem no ambiente da empresa. Assim, o gestor toma a decisão (seja no planejamento ou na execução) com base no resultado econômico pelo qual também é avaliado devendo este ser apurado de forma correta e justa, estando aderente à controlabilidade que os gestores têm sobre os eventos econômicos.

8.10 TRANSIÇÃO DO MODELO TRADICIONAL PARA O MODELO GECON

Não existe uma receita infalível para promover as mudanças no modelo de gestão. A maneira e o tempo do processo dependem do clima organizacional e do interesse dos acionistas em rever suas crenças e valores para incorporação da gestão por resultado econômico na cultura da empresa.

Catelli ensina-nos que a transição para o modelo de gestão proposto pelo Gecon ocorrerá quando a empresa incorporar as seguintes definições, crenças e valores, a saber:

- ☞ *os eventos operacionais e seus reflexos físicos e comportamentais impactam o resultado econômico dos empreendimentos;*
- ☞ *o resultado econômico é o melhor indicador da eficácia organizacional;*
- ☞ *os resultados econômicos podem e devem ser corretamente apurados;*
- ☞ *as entidades/empreendimentos devem visar à obtenção de resultados econômicos – as públicas e filantrópicas, resultado zero;*
- ☞ *a obtenção do resultado econômico objetivado significa que a entidade conseguiu adequada coordenação de suas atividades internas, interação com o segmento de negócios em que atua e o atendimento das necessidades dos consumidores/sociedade;*
- ☞ *os gestores têm por missão obter a eficácia das entidades que representam por meio do atingimento do melhor resultado econômico possível;*

- *à Controladoria compete principalmente a otimização do resultado global do empreendimento em sua totalidade, tendo em vista que a otimização do resultado das partes dificilmente conduzirá à otimização do todo;*
- *a Controladoria pode ser entendida como um órgão administrativo comprometido com a identificação, mensuração, informação e gestão dos eventos econômicos que impactam uma entidade.*

8.11 CONCLUSÕES

O modelo de gestão é determinante do bom desempenho e da maneira de agir da empresa. Seus princípios devem estar refletidos no sistema de informações de gestão econômica, possibilitando a avaliação justa e correta dos gestores de uma organização.

Para apoiar o bom desempenho dos gestores e para facilitar o processo de desenvolvimento de sistemas gerenciais, é imperativo para a empresa a clarificação de seu modelo pela adoção dos seguintes procedimentos:

- ✓ evidenciação das crenças e valores;
- ✓ formalização do modelo de gestão;
- ✓ avaliação e adaptabilidade do modelo de gestão às mudanças ambientais.

No que se refere à contribuição deste capítulo na avaliação e comparação dos modelos de gestão, além dos estudos dos comportamentos, a seguir apresentamos o Quadro 8.1:

Quadro 8.1 *Quadro comparativo.*

Aspecto	Modelo comum	Modelo GECON
Processo decisório	Centralizado	Descentralizado
Funções e responsabilidades	Decorrentes do modelo organizacional. Responsabilidade pela gestão operacional	Decorrentes da missão. Responsabilidade pelas gestões operacional, econômica e financeira.
Autoridade	Delegada informalmente	Compatível com as funções e responsabilidades
Estilo	Individualista	Participativo
Postura	Burocrática	Empreendedora
Papel	Tecnocrata	"Dono"
Processo de gestão	Foco no realizado	Planejamento e controle
Avaliação de desempenho	Múltiplos indicadores. Permeia a alta administração	Resultado econômico. Permeia toda a empresa

Entendemos que, considerando as características do ambiente empresarial atual e suas tendências, o acirramento da competição deve tornar cada vez mais hostil o mercado, apressando a necessidade de reformulação do modelo de gestão para aquelas empresas que, com maior ou menor intensidade, se enquadram no modelo tradicional.

O assunto não se esgota neste capítulo e é merecedor de maior atenção e reflexão pelos profissionais, professores e pesquisadores das áreas de Administração e Controladoria.

REFERÊNCIAS BIBLIOGRÁFICAS

CRUZ, Rozany I. *Uma contribuição à definição de um modelo conceitual para gestão econômica.* Dissertação (Mestrado) – FEA. São Paulo : USP, 1991.

GUERREIRO, Reinaldo. *Modelo conceitual de sistema de informação de gestão econômica:* uma contribuição à teoria da comunicação da contabilidade. Tese (Doutorado) – FEA. São Paulo : USP, 1989.

Parte III

SISTEMAS DE INFORMAÇÕES

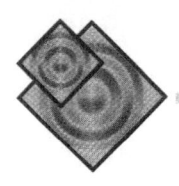

9 Sistema de Gestão Econômica – Gecon

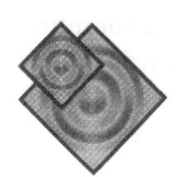

Armando Catelli
Reinaldo Guerreiro
Carlos Alberto Pereira
Lauro Brito de Almeida

9.1 INTRODUÇÃO

O ambiente internacional em seus diversos aspectos vem-se modificando e tornando-se mais competitivo e exigente. As empresas, em resposta às novas exigências ambientais, estão passando por mudanças profundas, e como não poderia deixar de acontecer, os processos de mudança têm impactado a economia e as empresas de forma geral. Nesse intenso movimento de mudanças, o processo de gestão empresarial passa por novos desafios e os gestores passam a trabalhar com novos modelos de decisão. Um grande volume de métodos, técnicas, abordagens e preocupações desafia a capacidade dos gestores no que diz respeito ao entendimento dessas questões, ao discernimento do que é ou não relevante, e principalmente a como implementar as mudanças e obter resultados concretos.

As preocupações "de nosso mundo moderno" de certa forma sempre existiram; todavia, o ambiente as tornou mais agudas e o estágio atual de avanço tecnológico tem propiciado o desenvolvimento de instrumentos e métodos operacionais mais eficientes. Muito mais do que fórmulas mágicas para resolver problemas, as empresas necessitam de uma abordagem "holística" para fazer face a seus desafios, devendo implementar metodologias/tecnologias adequadas nos diversos subsistemas do ambiente empresarial, como na organização, no modelo de gestão, no sistema de gestão, no sistema de informação, nos processos operacionais e, fundamentalmente, fomentar a competência das pessoas e estimulá-las ao atingimento dos objetivos da empresa. O sistema Gecon insere-se exatamente nesse contexto.

No que diz respeito as informações, o sistema Gecon objetiva, essencialmente, sua consistência, a confiabilidade e a oportunidade, propiciando maior nível de delegação de autoridade sem perda do controle. Procura promover maior transparência e um envolvimento efetivo dos gestores, de forma que os mesmos sintam-se donos de suas áreas, constituindo-se em instrumento adequado para o monitoração eficaz dos processos de gestão com a conseqüente minimização dos riscos. Elimina "áreas cinzentas" da organização e envolve todas as áreas nos objetivos maiores da empresa, articulando e estimulando os gestores a buscar o melhor para a companhia. Os gestores, sejam eles responsáveis por *áreas de negócios* ou *unidades de negócios*, passam a ser avaliados por sua contribuição efetiva para a empresa e por parâmetros lógicos obtidos das variáveis que estão sob sua esfera de ação. Também o sistema estimula a criatividade dos gestores, evidenciando que os resultados podem ser melhorados não só pela diminuição de despesas, mas sobretudo pelo incremento de volumes, otimização do *mix* de produtos, diminuição de prazos de estocagem, utilização eficiente de recursos, administração dos aspectos financeiros (prazos de pagamentos/recebimentos e taxas de custo financeiro de oportunidade) dos eventos que envolvam terceiros.

9.2 RESULTADO ECONÔMICO COMO DECORRÊNCIA DAS AÇÕES DOS GESTORES

O resultado global da empresa é formado pelos resultados analíticos das diversas transações que correspondem a materialização das ações dos gestores. Fica claro, portanto, que o nível de qualidade ou excelência da ação do gestor é fator decisivo para o grau de otimização do resultado. Os gestores devem ser impulsionados ou motivados a tomar as melhores decisões para a empresa. Para isso, em primeiro plano é necessário um modelo de gestão que incorpore um conjunto de crenças, valores e definições, que alavanque a potencialidade do corpo gerencial (competência, criatividade, cooperação etc.). O sistema Gecon preconiza a importância de propiciar um clima organizacional baseado na motivação, na responsabilidade e no envolvimento das pessoas, especialmente dos gestores. No que diz respeito a motivação dos gestores, deve-se destacar o aspecto da controlabilidade, ou seja, o gestor deve ser avaliado pelas decisões que implementa e pelas variáveis sob sua administração.

Nesse contexto, os gestores são considerados, em primeiro lugar, como pessoas de confiança da empresa e, portanto, devem colocar os interesses globais da organização acima dos interesses particulares da área. Em segundo plano, os gestores são os "donos" de seus negócios, devendo atingir a eficácia desejada por meio do alcance dos resultados econômicos planejados, tendo em vista que a maximização dos resultados setoriais não conduz necessariamente ao resultado global ótimo. Nesse ambiente de plena delegação de autoridade e responsabilidade, cada área é responsável por seus negócios, tanto em termos de planejamento quanto da execução e controle, não existindo espaço para políticas punitivas e policialescas por parte da alta administração da empresa, e nem para desculpas por parte dos gestores.

A área de finanças, nesse contexto, é considerada tão operacional quanto uma área de produção industrial, que desempenha determinadas atividades claramente definidas em termos de captação e aplicação de recursos, gestão de exigíveis e recebíveis etc., e que possui objetivos econômicos a serem atingidos. A área de Controladoria, em um primeiro momento, efetua a coordenação do processo de planejamento das diversas áreas e atividades, objetivando o melhor desempenho econômico da empresa em sua totalidade. Em um segundo momento, facilita a ação dos gestores das diversas áreas, mantendo um sistema de informação econômico-financeiro que apóia todas as fases do processo decisório, de forma que os gestores otimizem o resultado de cada evento. Finalmente, efetua o controle dos desempenhos, no sentido de assegurar que o resultado econômico global planejado seja efetivamente atingido.

9.3 CORRETA MENSURAÇÃO DO RESULTADO ECONÔMICO

O ponto inicial para se administrar resultado é o conhecimento de como ele se forma, ou seja, a identificação das variáveis constituintes e do relacionamento entre elas. O sistema de gestão econômica emprega um modelo de mensuração que incorpora um conjunto de conceitos voltados a correta mensuração do lucro e do patrimônio da empresa, na premissa de que o valor do patrimônio líquido tem que expressar o efetivo valor da empresa e não quanto custa ou quanto custou.

O sistema de gestão econômica tem como pressuposto que, da mesma forma que o resultado global da empresa é formado pela soma dos resultados analíticos das diversas atividades, o patrimônio global da empresa é formado com base na mensuração dos ativos e passivos individualmente. A avaliação individualizada dos ativos por seus valores econômicos permite, em termos de gestão, a "cobrança" do custo de oportunidade sobre os ativos operacionais que estão sob a responsabilidade dos diversos gestores. No entanto, a qualidade do resultado das diversas atividades, bem como dos ativos e passivos, resulta da interação sinérgica de fatores *intangíveis* (competência, criatividade, cooperação, clientela, imagem da empresa etc.) que se reflete no todo. Assim, em nível global, essa mensuração conduz ao que se poderia denominar *valor de custo da empresa* (para os donos), ou seja, o quanto vale a empresa em determinado momento, considerando os custos de oportunidade baseados em valores de mercado para mensuração dos potenciais de serviços dos ativos que possui e considerando o valor do dinheiro no tempo, em que o lucro de um período corresponde ao real incremento no estoque de riqueza da entidade.

A base conceitual aplicada para a mensuração dos eventos econômicos no sistema Gecon reveste-se de fundamental importância, para que espelhe o valor econômico do patrimônio, os resultados das atividades e o resultado global da empresa. Assim, nesse modelo é reconhecido que a riqueza de uma empresa tem que refletir a agregação de valor proporcionada pelos eventos provocados ou não na operacionalização do processo de transformação de insumos em produtos e serviços nas diversas atividades.

Dessa forma, o modelo identifica, mensura e reporta resultados das atividades das diversas unidades administrativas, transformando o tradicional "centro de custo" em "centro de resultado" ou em "centro de investimento". Reconhece em cada evento e cada atividade o aspecto operacional, o aspecto financeiro, o aspecto econômico e o aspecto patrimonial, apurando então margens de contribuição e resultados econômicos por meio da mensuração dos produtos e recursos por seus valores a vista. Apura igualmente margens de contribuição e resultados financeiros das atividades, pela mensuração do custo do dinheiro no tempo, relativo aos prazos de recebimento, de pagamento, de estocagem e das imobilizações dos recursos. Reconhece, ainda, o aspecto econômico, em que a riqueza de uma empresa aumenta ou diminui a medida que o mercado atribui maior ou menor valor para os ativos que ela possui, ou seja, em função dos impactos temporais conjunturais.

Assim, cada espécie de ativo, de acordo com sua natureza e com a utilidade que proporciona à empresa, está sujeito a um critério próprio de mensuração que expresse seu valor econômico em determinada data. Esse valor econômico expressa o potencial de serviços do ativo para a empresa e independe de como o ativo é financiado.

Tendo em vista que no sistema de gestão econômica o foco centra-se em resultados, devem ser adequadamente mensurados não só os custos, mas também os benefícios gerados nas transações, eventos e atividades. O sistema Gecon parte da premissa de que os eventos não geram somente custos, mas também resultados (receitas menos custos). A informação somente do custo é pobre para a finalidade de tomada de decisão. A esse respeito CATELLI & GUERREIRO (1992:11) asseveram que "A informação do resultado econômico gerado pelas transações, eventos e atividades permite a identificação da formação do lucro, ou seja, quais atividades contribuem mais ou menos para a formação do resultado global da empresa, qual atividade vale a pena terceirizar, qual atividade vale a pena manter e qual a perda econômica pela manutenção de atividades estratégicas deficitárias." Um aspecto que deve ser ressaltado é que a correta mensuração do resultado pressupõe a identificação e associação direta e objetiva dos benefícios e custos com os eventos e atividades, e que o rateio de custos fixos estruturais aos eventos e atividades, preconizado por algumas técnicas de custeio, distorce significativamente o custo e o resultado das atividades.

Nesse contexto, o Gecon emprega o seguinte conjunto de conceitos de mensuração:

- resultados temporais/conjunturais;
- custos correntes a vista;

- valor de mercado;
- equivalência de capitais;
- reconhecimento de ganhos pela valorização dos ativos;
- reconhecimento de receita pela produção de bens e serviços;
- depreciação econômica;
- moeda constante;
- custeio direto;
- margem de contribuição;
- resultados econômicos operacionais;
- resultados econômicos financeiros;
- preço de transferência;
- custo de oportunidade;
- orçamento (original, corrigido, ajustado);
- realizado (em nível do padrão e efetivo);
- variações (inflação, ajuste de plano, volume, eficiência);
- custos controláveis *versus* não controláveis;
- centro de resultado, centro de investimento;
- custos fixos identificáveis;
- *goodwill*;
- controlabilidade.

Para que o processo de mensuração se desenvolva de forma adequada, o sistema de gestão econômica enfoca quatro dimensões sempre existentes em cada evento: a dimensão operacional, a financeira, a econômica e a patrimonial. A Figura 9.1 ilustra essa quadridimensionalidade da gestão dos eventos.

9.3.1 *Dimensão operacional*

A dimensão operacional diz respeito aos aspectos físicos dos eventos, ou seja, quantidade de serviços e produtos gerados, quantidade de recursos consumidos, qualidade e cumprimento de prazos. Conforme pode ser observado na Figura 9.1, a materialização de determinado evento em uma data gera um fluxo físico-operacional em que determinados recursos sofrem um processo de transformação, gerando produtos e serviços.

9.3.2 *Dimensão econômica*

A quantidade física de recursos consumidos, bem como a de produtos gerados, é submetida a um processo de mensuração econômica, que se caracteriza pela utilização de valores de mercado na condição de pagamento a vista. Os valores econômicos dos recursos consumidos correspondem aos custos e os valores econômicos dos produtos e serviços gerados correspondem às receitas. Toda atividade apresenta, portanto, um resultado econômico-operacional.

9.3.3 *Dimensão financeira*

Na Figura 9.1, observa-se que toda atividade gera um fluxo de caixa. Os valores dos recursos consumidos no processo de execução da atividade devem ser desembolsados em determinado prazo. O prazo pode ser nulo, ou seja, o desembolso do pagamento do recurso pode ser efetuado na data em que se realiza o consumo, ou o pagamento deve ocorrer no futuro (por exemplo, 30 dias), ou pode ter sido feito antecipadamente. O mesmo ocorre com os produtos gerados, ou seja, a receita pode ser recebida a vista, ou em 30 dias, ou recebida antecipadamente. Quaisquer que sejam os prazos, toda atividade apresenta um fluxo de recebimentos e pagamentos. Tendo em vista o conceito econômico clássico de "valor do dinheiro no tempo", esse fluxo financeiro da atividade produz receitas e custos financeiros, caracterizando o resultado econômico-financeiro da atividade.

9.3.4 *Dimensão patrimonial*

O fluxo patrimonial, nessa dimensão, evidencia a mutação nas contas patrimoniais entre os instantes de tempo $\boldsymbol{t_0}$ e $\boldsymbol{t_1}$, em decorrência dos impactos financeiros e econômicos relativos aos eventos/transações econômicas. Dado que os eventos estão corretamente mensurados, quanto ao momento de ocorrência e impactos temporais/conjunturais, a variação apurada no patrimônio líquido estará identificando o resultado econômico auferido no período. O patrimônio líquido resultante em $\boldsymbol{t_1}$, decorrente do reflexo dos eventos/transações no fluxo patrimonial, expressa o *valor de custo da empresa*. Nesse sentido, o fluxo patrimonial espelha o resultado das decisões tomadas e implementadas pelos gestores; graças à sinergia de fatores *intangíveis*, o patrimômio líquido é o *quanto vale a empresa* para seus donos. Já o resultado econômico, cuja formação é explicada pela equação de resultado econômico, mostra o real incremento de riqueza em termos monetários, no intervalo de tempo considerado.

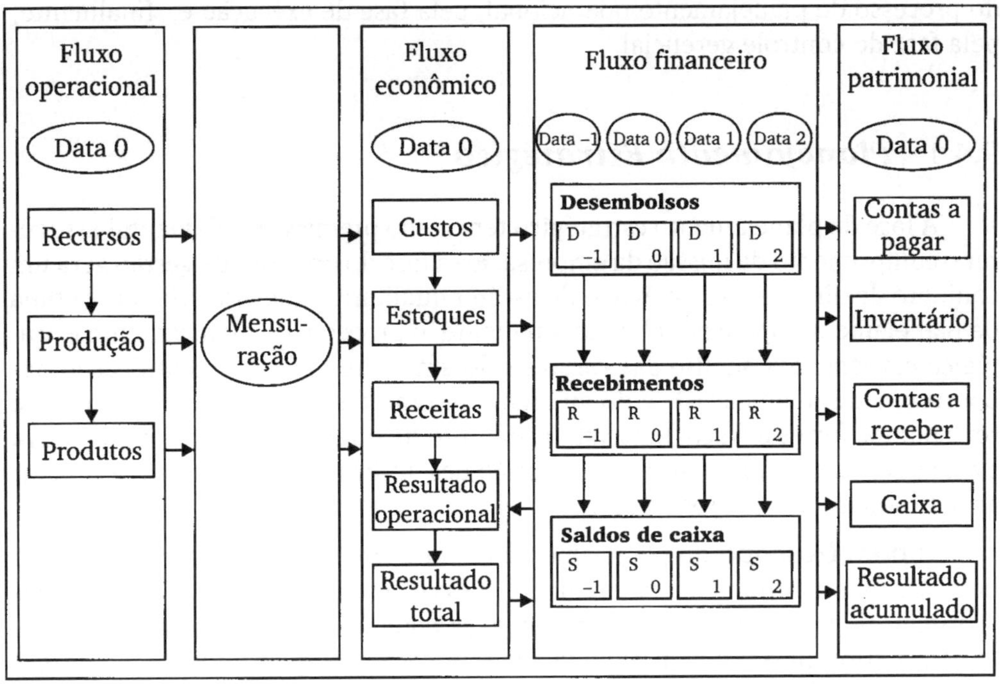

Figura 9.1 *Fluxos operacionais, financeiros, econômicos e patrimoniais.*

9.4 OTIMIZAÇÃO DO RESULTADO ECONÔMICO

A partir da premissa de que o resultado está corretamente mensurado, o passo seguinte é otimizá-lo. Conforme caracterizado no tópico anterior, o resultado nasce das transações que se consubstanciam nos produtos das ações implementadas pelos gestores da empresa. Assim, o sistema Gecon considera que é de fundamental importância, para a otimização do resultado, a identificação dos modelos de decisão compatibilizados com a apuração dos impactos patrimoniais, aplicados a cada natureza de evento, que favoreçam a atuação competitiva da empresa. A otimização de resultados pressupõe a identificação das alternativas de ação disponíveis e a escolha das melhores alternativas, tanto em nível estratégico como operacional. O modelo de decisão deve ser específico para cada natureza de evento e corresponder ao processo decisório lógico utilizado pelo gestor, o qual norteia a escolha de alternativas. As decisões são tomadas em diversas fases do processo de gestão, assim, o sistema Gecon estabelece uma seqüência de etapas fundamentais que compõem o processo de gestão. Essa seqüência, apresentada na Figura 9.2, inicia-se pelo planejamento estratégico, passa pelas fases de pré-planejamento (simulações), planejamento de médio e longo prazos e planejamento de curto prazo do processo de planejamento operacional, pela fase de execução e, finalmente, pela fase do controle gerencial.

9.4.1 *Planejamento Estratégico*

A fase de planejamento estratégico tem como premissa fundamental assegurar o cumprimento da missão da empresa. Essa fase do processo de gestão gera um conjunto de diretrizes estratégicas de caráter qualitativo que visa orientar a etapa de planejamento operacional. Evidentemente, o processo de planejamento estratégico contempla a análise das variáveis do ambiente externo (identificação das oportunidades e ameaças) e do ambiente interno da empresa (identificação de seus pontos fortes e fracos). Assim, o conjunto de diretrizes estratégicas objetiva evitar as ameaças, aproveitar as oportunidades, utilizar os pontos fortes e superar as deficiências dos pontos fracos.

O ***papel/escopo*** do planejamento estratégico é assegurar o cumprimento da missão e a continuidade da entidade. O ***produto*** é um conjunto de diretrizes estratégicas, gerado por meio de um ***processo*** que se inicia com o estabelecimento de cenários, passando em seguida à identificação de oportunidades e ameaças ambientais, à identificação dos pontos fortes e dos pontos fracos e, por fim, culminando com a determinação das diretrizes estratégicas. Para tanto, são ***pré-requisitos*** a clara definição da missão da empresa, o envolvimento e a participação dos gestores, o apoio de sistema de informações sobre variáveis ambientais, que gerem informações sobre os desempenhos passados e propiciem o conhecimento das variáveis atuais dos ambientes interno e externo.

9.4.2 *Pré-planejamento operacional*

A fase de pré-planejamento corresponde à fixação de objetivos, à identificação das alternativas de ação e à escolha das melhores alternativas que viabilizem as diretrizes estratégicas. O produto dessa fase do processo gerencial é o conjunto de alternativas de ação selecionadas.

O ***papel*** dessa etapa é assegurar a escolha das melhores alternativas que viabilizem as diretrizes estratégicas. O ***produto*** obtido é um conjunto de alternativas operacionais aprovadas. O ***processo*** adotado inicia-se com o estabelecimento de objetivos e metas operacionais, para em seguida proceder-se à identificação de alternativas de ação operacionais, à análise das alternativas disponíveis, à escolha das melhores alternativas simuladas das áreas e finalizar com a consolidação e harmonização das alternativas. Os ***pré-requisitos*** exigidos compõem-se de: um conjunto de diretrizes estratégicas, envolvimento e participação dos gestores e o apoio de sistema de simulação de resultados econômicos.

9.4.3 *Planejamento operacional – médio e longo prazos*

Essa fase de planejamento operacional propriamente dita corresponde ao detalhamento das alternativas selecionadas, dentro de determinada perspectiva temporal considerada pela empresa como médio e longo prazos (um ano, por exemplo), quantificando-se analiticamente recursos, volumes, preços, prazos, investimentos e demais variáveis planejadas.

É ***papel*** do planejamento operacional de médio e longo prazos o detalhamento das alternativas operacionais aprovadas de forma a otimizar o desempenho nos períodos considerados. O ***produto*** obtido é um plano operacional aprovado. O ***processo*** utilizado envolve a definição do horizonte de planejamento, dos módulos temporais de planejamento, a determinação dos recursos necessários ao atingimento dos objetivos e metas e para que estas sejam cumpridas, o estabelecimento das etapas e prazos. Para tanto, são ***pré-requisitos*** o conjunto de alternativas operacionais aprovadas, o envolvimento e a participação dos gestores e o apoio de um sistema de orçamentação.

9.4.4 *Planejamento operacional – curto prazo*

Essa fase corresponde a um replanejamento efetuado em momento mais próximo à realização dos eventos e à luz do conhecimento mais seguro das variáveis envolvidas. O produto dessa fase é o programa operacional para um módulo no horizonte temporal de curto prazo do planejamento operacional (por exemplo: um mês).

O ***papel*** do planejamento de curto prazo é replanejar as ações à luz das novas variáveis conhecidas, de forma a assegurar a otimização do desempenho no curto prazo. O ***produto*** gerado é materializado em um plano operacional de curto prazo, cujo detalhamento consiste na programação das transações a serem efetivadas. Para tal fim, o ***processo*** consiste na identificação das variáveis internas e externas de curto prazo, na análise da adequação do plano operacional de médio e longo prazos à realidade operacional do curto prazo, na decisão quanto à manutenção ou revisão dos planos originais para o curto prazo e, por fim, na consolidação e harmonização das alternativas. O conjunto de ***pré-requisitos*** compõe-se de: plano operacional de médio e longo prazos aprovado, apoio de sistema de simulação de resultados econômicos e envolvimento e participação dos gestores.

9.4.5 *Execução*

É exatamente na fase de execução que as ações são implementadas e surgem as transações realizadas.

Nessa etapa, o ***papel*** da execução é cumprir os objetivos estabelecidos no planejamento operacional de curto prazo, de forma a otimizar cada negócio/evento. O ***produto*** obtido é materializado por meio das transações realizadas. Para tanto, o ***processo*** utilizado consiste em identificar as alternativas de execução para o cumprimento das metas, da escolha das melhores alternativas e implementação das ações. São ***pré-requisitos***: plano operacional de curto prazo aprovado e sistemas de apoio à execução das operações.

9.4.6 *Controle*

A fase de controle corresponde a implementação de ações corretivas, quando os resultados realizados são diferentes dos planejados, no sentido de assegurar que os objetivos planejados sejam atingidos.

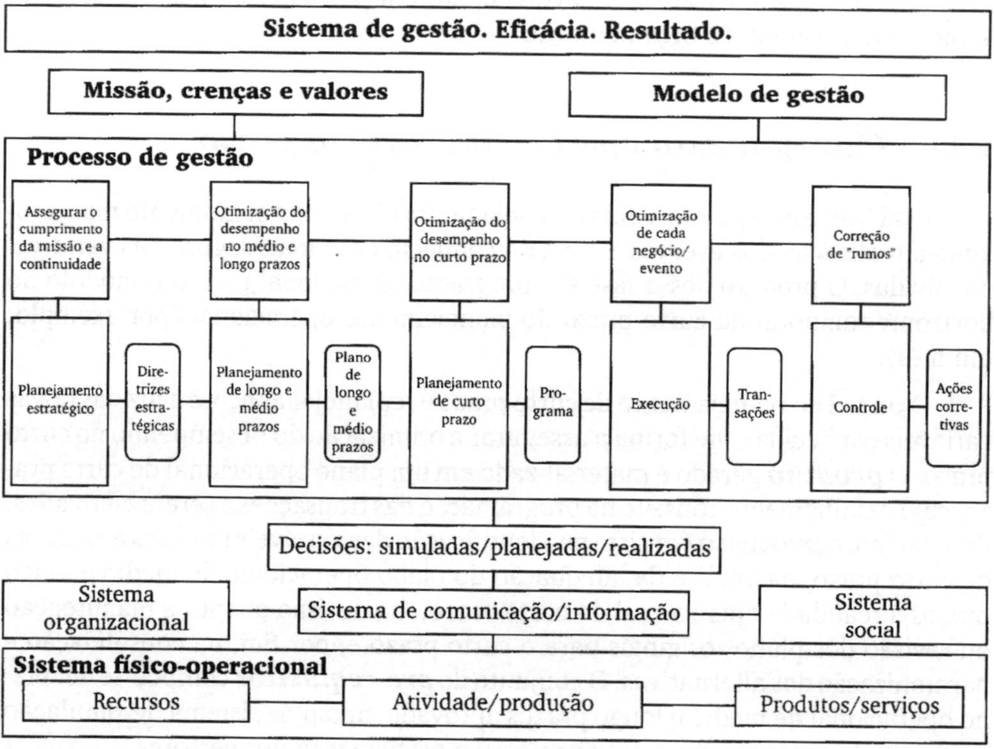

Figura 9.2 *Sistema de gestão. Eficácia. Resultado.*

O ***papel*** da etapa controle é assegurar, por meio da correção de "rumos", que os resultados planejados sejam efetivamente realizados. O ***produto*** obtido consiste em ações corretivas, por meio de um ***processo*** de identificação das transações realizadas, de comparação dos resultados realizados com os planejados, de identificação das causas dos desvios e de decisão quanto às ações a serem implementadas. São ***pré-requisitos*** estar apoiado por um sistema de apuração de resultados realizados e contar com o envolvimento e participação dos gestores.

9.5 EFETIVAÇÃO DO RESULTADO ECONÔMICO

A efetivação do resultado é possibilitada pelas informações gerenciais. Nesse sentido, é necessário o desenvolvimento de sistemas de informações gerenciais que garantam o suporte requerido à atuação gerencial preconizada. Assim, para cada fase do processo de gestão, é estruturado um subsistema de informação – conforme delineado na Figura 9.3 – que atenda às características específicas da tomada de decisão.

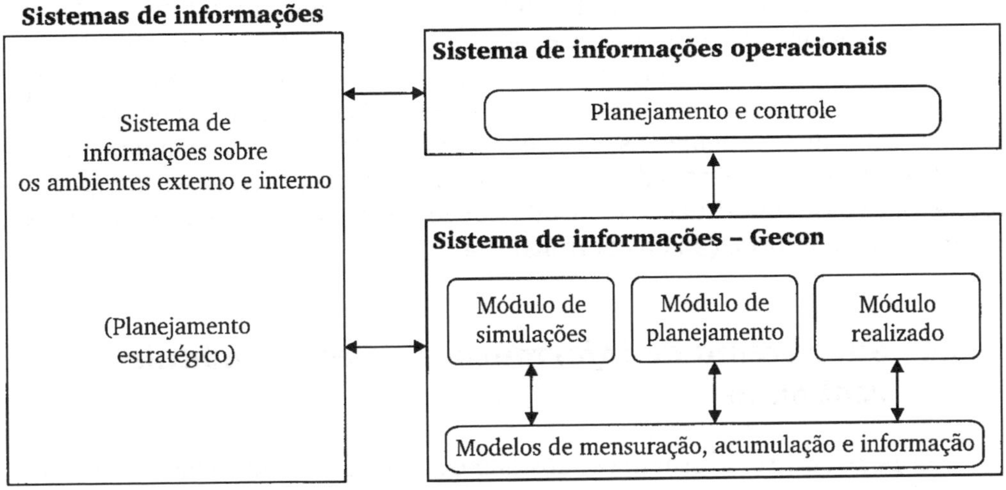

Figura 9.3 *Sistemas de informações.*

9.5.1 *Subsistema de informações sobre os ambientes externo e interno*

O ***papel*** desse subsistema é subsidiar os gestores durante a fase de planejamento estratégico com informações sobre os ambientes externo e interno. As ***características*** dizem respeito à utilização de banco de dados, onde são armazenadas as informações de diversas naturezas sobre o ambiente externo, que por sua própria natureza é altamente flexível e, portanto, pouco estruturado quanto às fontes (revistas especializadas, jornais, vídeos, pesquisa de mercado etc.) de obtenção.

9.5.2 *Subsistema de informações – Gecon: módulo de simulações*

O ***papel*** desse subsistema é subsidiar os gestores durante a fase de pré-planejamento, gerando informações sobre os resultados econômicos das alternativas simuladas, buscando a otimização dos mesmos. São ***características***: ser descentralizado, viabilizar a mensuração de receitas, custos e resultados; respeitar as variáveis do evento econômico; contemplar as variáveis relevantes; ser interativo com usuário; ser altamente flexível; ter rapidez de resposta e manter obediência aos modelos de mensuração, acumulação e informação da Controladoria.

9.5.3 *Subsistema de informações – Gecon: módulo de planejamento*

É ***papel*** desse subsistema subsidiar os gestores durante a fase de planejamento operacional de curto, médio e longo prazos, gerando informações detalhadas sobre os eventos econômicos planejados. Quanto às ***características***, identificamos as seguintes: centralizado, detalhamento das informações no mesmo nível do realizado, contempla as variáveis analíticas dos eventos econômicos, altamente estruturado (sistema de contabilidade de eventos planejados), compatibilidade com a base conceitual do realizado e obediência aos modelos de mensuração, acumulação e informação da controladoria.

9.5.4 *Subsistema de informações – Gecon: módulo realizado*

O ***papel*** desse subsistema é subsidiar os gestores durante a fase de controle, gerando informações detalhadas sobre os eventos econômicos realizados. Suas ***características*** são: ser centralizado, permitir o detalhamento das informações no mesmo nível do orçado, contemplar as variáveis analíticas dos eventos econômicos, ser altamente estruturado (sistema de contabilidade de eventos realizados), ser compatível com a base conceitual do orçado e manter a obediência aos modelos de mensuração, acumulação e informação da controladoria.

A concepção e a implementação dos subsistemas de informações gerenciais no modelo Gecon obedecem a três quesitos fundamentais:

9.5.4.1 Modelo de mensuração

O primeiro quesito diz respeito ao modelo de mensuração utilizado no sistema de informação, ou seja, a utilização de um conjunto de conceitos que permitam medir o resultado econômico corretamente. Entre os diversos conceitos de mensuração que o sistema Gecon utiliza, destacam-se: competência de períodos, reconhecimento de receitas das atividades pela produção dos bens e serviços e não apenas no momento da venda, preços de transferências departamentais, custo de oportunidade dos recursos operacionais ativados, método de custeio variável, margem de contribuição, resultados operacionais segregados dos resultados inflacionários e dos resultados financeiros, resultados dos produtos e resultados dos centros de resultados, custos correntes de reposição, valores a vista, valor do dinheiro no tempo, custos e receitas controláveis, sistemas de padrões e análise de variações orçamentárias, variação total, variação de inflação, variação de ajuste de plano, variação de volume, variação de eficiência.

9.5.4.2 **Modelo de decisão**

O segundo quesito diz respeito ao modelo de decisão que orienta a lógica da geração das informações. O sistema Gecon tem como premissa que as informações devem ser geradas sob medida para os gestores, a fim de subsidiar o processo de tomada de decisão. O fluxo de informações deve atender aos diversos momentos da ação gerencial. Assim, são requeridas informações específicas que apóiem a etapa de planejamento estratégico, destacando-se nesse contexto a implementação de um subsistema de informações sobre variáveis externas. São requeridas informações que apóiem o processo de seleção e escolha de alternativas, destacando-se o subsistema de pré-planejamento que efetua a mensuração dos resultados econômicos das diversas alternativas identificadas (simulações). São requeridas informações que apóiem a fase de detalhamento dos planos, destacando-se nesse ponto o subsistema orçamentário que gera o orçamento original, o orçamento corrigido pelos preços correntes atualizados e o orçamento ajustado pelas mudanças de planos. São requeridas, finalmente, informações que apóiem o processo de controle das ações implementadas, destacando-se o subsistema de apuração de resultados (subsistema de custos e subsistema de contabilidade), que geram as informações sobre o desempenho realizado em nível de consumo-padrão dos recursos, sobre os desempenhos efetivamente realizados e sobre as variações orçamentárias. Deve ser observado que todos os subsistemas utilizam a mesma base conceitual de mensuração e que o sistema que mensura o planejado (subsistema de orçamento) utiliza o mesmo *software* do sistema de processamento eletrônico de dados que o sistema que mensura o realizado (subsistema de custos). Somente dessa forma é possível assegurar que os desvios entre o que foi planejado e o que foi realizado não são originados por inconsistências conceituais ou no processamento dos dados.

9.5.4.3 Modelo de informação

O terceiro quesito diz respeito ao modelo de informação, ou seja, a determinadas características da informação que a tornam um elemento indutor e facilitador das ações dos gestores para a otimização do resultado. Nesse contexto, o sistema Gecon pressupõe a utilização de um sistema de processamento eletrônico de dados com as seguintes características: permita que as informações sejam distribuídas aos gestores e acessadas diretamente por eles, conforme suas necessidades; permita facilidade de interação do usuário; seja um banco de dados unificado e estruturado pelo conceito de engenharia de informações; forneça informações com oportunidade para ações gerenciais no momento da ocorrência dos eventos; e que espelhe o que realmente ocorre em nível operacional.

9.6 MODELO DE AVALIAÇÃO DE RESULTADOS E DESEMPENHOS

A materialização dos modelos de mensuração, decisão e informação, no sistema de gestão econômica, permite que se desenvolva o processo de gestão econômica, no âmbito do qual destacam-se dois conceitos fundamentais: avaliação de resultados e avaliação de desempenhos.

- **Avaliação de resultados**

  A avaliação de resultados diz respeito à avaliação das contribuições econômicas dos produtos e serviços gerados pelas atividades empresariais ao resultado global da empresa.

- **Avaliação de desempenhos**

  A avaliação de desempenhos diz respeito à avaliação dos resultados gerados pelas atividades sob responsabilidade dos gestores. Considera, portanto, as contribuições das áreas organizacionais ao resultado global da empresa.

Na seqüência, apresentamos um exemplo ilustrativo do modelo de avaliação de resultados e desempenhos do Gecon. O sistema Gecon apura resultados das diversas áreas da empresa, tais como compras, estocagem, produção, vendas, manutenção, finanças, transportes e outras. No exemplo apresentado na Figura 9.3, é contemplada, para efeito de ilustração, a área de compras e o evento compra a prazo. Observando-se o quadro relativo ao modelo ortodoxo (contabilidade tradicional), verifica-se que não é apurado nenhum resultado, ocorrendo somente um débito na conta de estoques por $ 12.100, cuja contrapartida é registrada na conta de fornecedores. Sob a ótica da gestão econômica, o patrimônio da empresa está mensurado de forma errada porque o valor de seu ativo não é $ 12.100 e o valor de seu passivo não é $ 12.100.

Analisando as demonstrações contábeis pelo modelo Gecon, observa-se que o verdadeiro valor do estoque é $ 8.000, ou seja, o valor de mercado a vista da matéria-prima. Por outro lado, o valor do passivo na data é $ 10.000, que corresponde ao verdadeiro valor econômico do passivo, ou seja, o valor presente da dívida com fornecedores de $ 12.100, que vence dentro de dois meses, descontada a taxa de 10% ao mês.

Tendo em vista que a área de compras adquiriu um material que vale $ 8.000 por $ 10.000, essa transação gerou um prejuízo de $ 2.000 para a empresa. Conforme pode ser observado na demonstração de resultados da área, esse prejuízo decorreu de uma decisão operacional e de uma decisão financeira. Nesse exemplo do modelo Gecon, a área de compras recebe uma receita operacional de $ 8.000, correspondente ao valor de mercado a vista da matéria-prima, sendo debitada pelo valor de $ 9.000, que corresponde ao valor a vista do fornecedor eleito. Assim, no aspecto operacional da compra (escolha do fornecedor) a área perdeu $ 1.000.

No que diz respeito ao aspecto financeiro da compra, a área de compras perdeu mais $ 1.000, porque foi debitada pelo custo financeiro efetivo da compra de $ 3.100 ($ 12.100 – $ 9.000), recebendo, no entanto, uma receita financeira de $ 2.100, que corresponde ao benefício trazido pela área de compras para a empresa, por comprar a prazo, e não a vista, liberando os recursos para aplicação no mercado financeiro. Como pode ser observado, o valor da receita financeira da área de compras corresponde à contrapartida do ajuste a valor presente de fornecedores.

A base do processo de avaliação de desempenho no sistema Gecon é o modelo orçamentário e de apuração de variações. Nesse modelo, destacam-se os seguintes elementos: orçamento original, orçamento corrigido, orçamento ajustado, realizado ao padrão, realizado efetivamente, variação de preço, variação de ajuste de plano, variação de volume e variação de eficiência.

Orçamento original

É o orçamento que deriva da quantificação dos planos da fase de planejamento operacional de médio e longo prazos. Corresponde a quantidades planejadas valorizadas a preços planejados.

Orçamento corrigido

É elaborado na época (mês) da ocorrência dos eventos estabelecidos no orçamento original e tem como objetivo isolar o efeito das variações específicas de preços. Corresponde às mesmas quantidades do orçamento original valorizadas pelos preços vigentes na época da realização dos eventos.

Compra a prazo

Material:	Matéria-prima *X*	Outras informações	
Quantidade:	1.000	• Preço do fornecedor a vista	9,00
Prazo:	2 meses	• Preço de mercado a vista	8,00
Preço unitário no prazo:	12,10	• % de aplicação do mercado	10 a.m.

Gecon

Ativo		***Passivo + PL***	
Estoque	8.000	Fornecedores	12.100
		[–] Ajuste a V. P.	(2.100)
		Patrimônio líquido	10.000
		Resultado	(2.000)
Total	8.000	Total	8.000

Resultado

Margem de contribuição de compras	(2.000)
Margem de contribuição operacional	(1.000)
Receita de compras	8.000
[–] Custo de compras	(9.000)
Margem de contribuição financeira	(1.000)
Receita financeira	2.100
[–] Custo financeiro	(3.100)
Custos fixos da área	(500)
Contribuição da área	(2.500)

Ortodoxo

Ativo		***Passivo + PL***	
Estoque	12.100	Fornecedores	12.100
		Patrimônio líquido	
		Resultado	0
Total	12.100	Total	12.100

Resultado

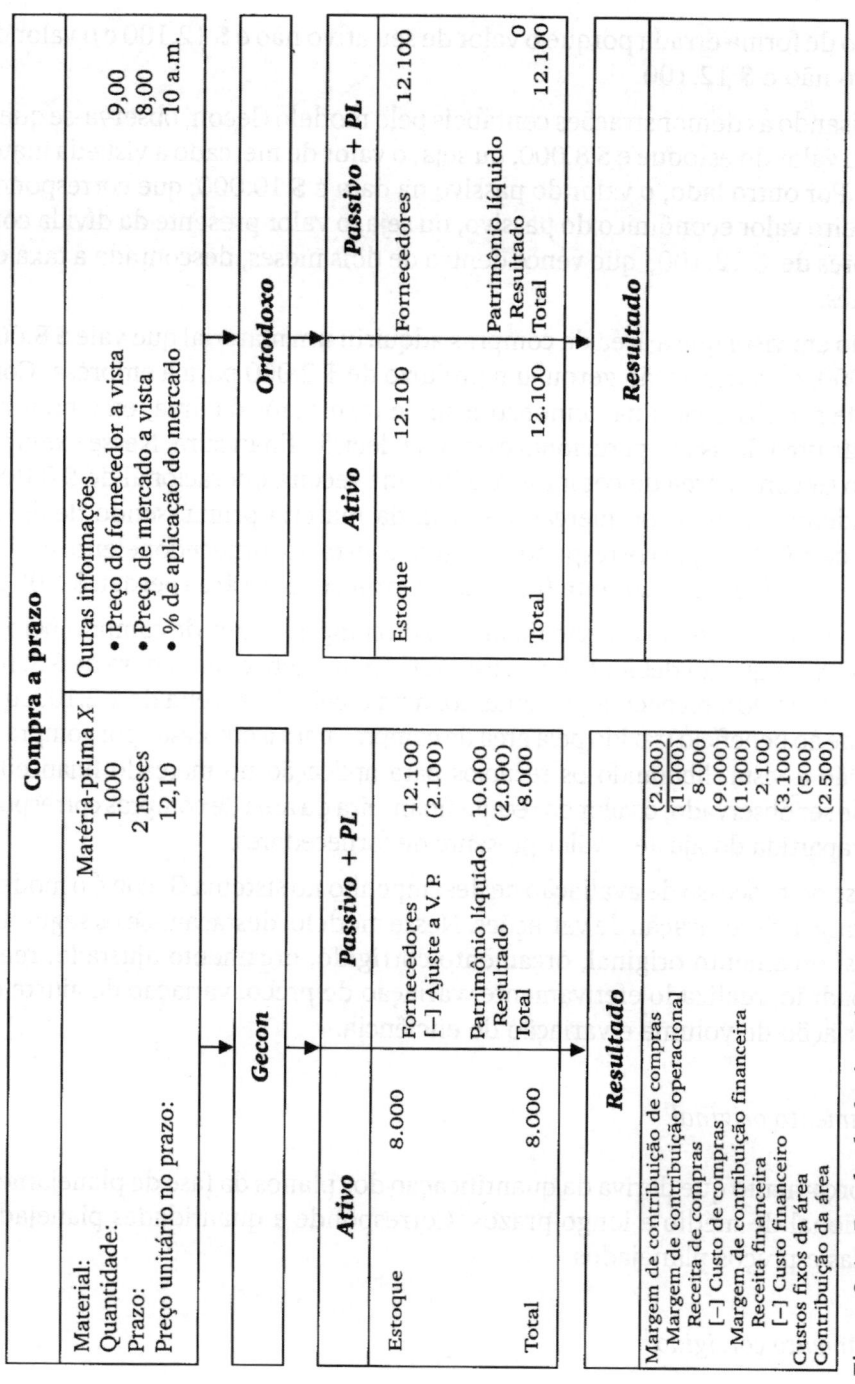

Figura 9.4 *Resultado da área de compras.*

Orçamento ajustado

É o orçamento que deriva da quantificação dos planos da fase de planejamento operacional de curto prazo. Corresponde portanto a quantidades planejadas para o curto prazo valorizadas pelos mesmos preços utilizados no orçamento corrigido.

Realizado ao padrão

Corresponde aos volumes das transações realizadas valorizados pelos preços correntes vigentes (mesmos preços do orçamento corrigido e orçamento ajustado), considerando em termos dos insumos os índices técnicos de consumo (custo-padrão).

Efetivamente realizado

Corresponde aos volumes das transações realizadas valorizados pelos preços correntes vigentes (mesmos preços do orçamento corrigido e orçamento ajustado), considerando em termos dos insumos as quantidades reais efetivamente consumidas.

Variação de preço

Essa variação é calculada pela diferença entre os valores do orçamento original e do orçamento corrigido. Corresponde ao erro de estimativa dos preços orçados, ou seja, corresponde à variação de preço específico dos produtos e insumos.

Variação de ajuste de plano

Essa variação é calculada pela diferença entre os valores do orçamento ajustado e do orçamento corrigido. Espelha as diferenças entre o planejamento de curto prazo e o planejamento de médio e longo prazos (ajustes entre esses planos).

Variação de volume

Essa variação é calculada pela diferença entre os valores do realizado ao padrão e o orçamento ajustado. Expressa a diferença entre o volume real de atividade e o volume planejado.

Variação de eficiência

Essa variação é calculada pela diferença entre os valores efetivamente realizados e o realizado ao padrão. Expressa a variação de quantidade entre os recursos utilizados e os recursos que deveriam ser consumidos de acordo com o padrão.

Variação total

Essa variação é calculada pela diferença entre os valores efetivamente realizados e o orçamento original.

A seguir, entre os muitos tipos de entidades econômicas existentes, apresentamos um exemplo ilustrativo do modelo em questão aplicado a uma *entidade bancária*. Vamos admitir que o gestor da Agência X, após a simulação de diversas alternativas operacionais, encerrou seu orçamento de resultado para o período de nov./X1, com base nos seguintes dados:

Volume de captação:	$ 120.000
Taxa de captação:	5% no período (reais)
Volume de aplicação:	$ 150.000
Taxa de aplicação:	10% no período
Volume de serviços:	1.000 (quantidade)
Tarifa unitária:	$ 5,00
Custo variável:	$ 1,00
Despesas administrativas:	$ 2.000
Taxa de inflação prevista:	4%
Taxa de captação da CR:	9%
Taxa de aplicação na CR:	6%

Os valores originais incorporam a expectativa de inflação e todas as taxas de juros consideradas são reais. No início de nov./X1, verificou-se que a inflação para o período seria de 5% e não de 4% como prevista inicialmente. Verificou-se também que os volumes das operações e serviços não ocorreriam conforme planejados originalmente, devido a fatores conjunturais não previstos inicialmente. Os novos volumes planejados para o período foram:

Captação:	$ 110.000
Aplicação:	$ 170.000
Serviços:	800 (quantidade)

Ao final de nov./X1, observou-se o seguinte desempenho realizado no período:

Volume de captação:	$ 95.000
Taxa de captação:	4% no período (reais)
Volume de aplicação:	$ 180.000
Taxa de aplicação:	8% no período
Volume de serviços	700 (quantidade)
Tarifa unitária:	$ 6,00
Custo variável:	$ 1,00
Despesas administrativas:	$ 2.500

As taxas de inflação e de oportunidade (captação e aplicação na Central de Recursos) permaneceram conforme planejadas originalmente.

Vamos avaliar o desempenho da Agência X no período em questão.

Entidade bancária: avaliação de desempenhos

Estrutura de resultados	Original	Orçamento corrigido	Ajustado	Realizado	
				Padrão	Real
Captação • Volume • Taxa	120.000 5%	121.154 5%	110.000 5%	95.000 5%	95.000 4%
Aplicação • Volume • Taxa	150.000 10%	151.442 10%	170.000 10%	180.000 10%	180.000 8%
Serviços • Volume [quantidade] • Tarifa unitária • Custo variável	1.000 5,00 1,00	1.000 5,05 1,01	800 5,05 1,01	700 5,05 1,01	700 6,00 1,00
Custo de estrutura • Despesas administrativas	2.000	2.019	2.019	2.019	2.500
Outros dados • Inflação prevista • Taxa de captação da CR • Taxa de aplicação da CR	4% 9% 6%	5% 9% 6%	5% 9% 6%	5% 9% 6%	5% 9% 6%

Modelo de informação para avaliação de desempenhos

AR: Agência X **Período: mm/AAAA**

Estrutura de resultados	Orçamento			Realizado		Variação		
	Original	Corrigido	Ajustado	Padrão	Real	Inflação	Ajuste	Volume
Receita de oportunidade	7.200	7.269	6.600	5.700	5.700	69	(669)	(900)
[–] Custo financeiro	(6.000)	(6.058)	(5.500)	(4.750)	(3.800)	(58)	558	750
[=] Margem com captação	1.200	1.212	1.100	950	1.900	12	(112)	(150)
Receita financeira	15.000	15.144	17.000	18.000	14.400	144	1.856	1.000
[–] Custo de oportunidade	(13.500)	(13.630)	(15.300)	(16.200)	(16.200)	(130)	(1.670)	(900)
[=] Margem com aplicação	1.500	1.514	1.700	1.800	(1.800)	4	186	100
Receita com serviços	5.000	5.048	4.038	3.534	4.200	48	(1.010)	(505)
[–] Custos variáveis	(1.000)	(1.010)	(808)	(707)	(700)	(10)	202	101
[=] Margem com serviços	4.000	4.038	3.231	2.827	3.500	38	(808)	(404)
[=] Margem operacional	6.700	6.764	6.031	5.577	3.600	64	(734)	(454)
[–] Custos estruturais	(2.000)	(2.019)	(2.019)	(2.019)	(2.500)	(19)	–	–
[=] Resultado da área	4.700	4.745	4.012	3.558	1.100	45	(734)	(454)

9.7 CONCLUSÕES

Em geral, todo ciclo de intensas mudanças – como o que estamos vivenciando – conduz a um estado de crise ante as teorias e paradigmas existentes, provocando nos atores insegurança e ansiedade com relação ao que está por acontecer e, principalmente, a como proceder nessas circunstâncias. Nas atividades empresariais, o quadro não é diferente quanto aos processos de gestão. Assim, cremos ser adequado o Sistema de Gestão Econômica – Gecon, que é um modelo que tem por foco a gestão por resultados econômicos. Esse modelo tem como elementos basilares o Modelo de Gestão e o Sistema de Informações e sua concepção – holística – decorre de uma interação multidisciplinar com as seguintes áreas do conhecimento: contabilidade/controladoria, administração, economia, sistemas e finanças.

Vimos que o resultado econômico é o melhor indicador do nível de eficácia da empresa. A missão dos gestores é cumprida quando estes contribuem para um real aumento do nível da eficácia da empresa. Portanto, o Gecon é um sistema que disponibiliza todos os instrumentos necessários para que os gestores cumpram adequadamente sua missão, atendendo aos modelos de decisão requeridos.

Na tabela, a seguir, evidenciamos os pontos significativos quanto à superioridade do Gecon em relação aos sistemas *ortodoxos*, destacando os seguintes pontos: *reconhecimento dos eventos, impactos temporais/conjunturais, tratamento dos produtos e processo de acumulação*.

	Sistema	
	Gecon	**Ortodoxos**
Reconhecimento dos eventos		
• Resultado por evento e não por atividade	Evento	Atividade de venda
• Resultado e *não* só custos	Receitas e custos	Custos
• Momento da ocorrência	Evento	Defasado
• Mensurações *justas*. Controlabilidade	Missão das áreas e autoridade, e responsabilidade dos gestores respeitada	Prejudicada
Impactos temporais-conjunturais		
• Recursos operacionais disponibilizados	Custo do capital investido	Não trata
• Variações de preços dos recursos existentes	Valorizações/ desvalorizações consideradas	Só *estoque*, quando menor que o mercado
• Resultado da área financeira – "Banco Interno"	Sim	Não
• Remuneração do capital investido	Sim	Não
• Comparabilidade das informações	Moeda constante – IIP	*Price-level* – IGP
• Transcurso de tempo	Valor presente/valor a vista	Não
Tratamento dos produtos		
• Método de custeio (custo de produto X custo de período)	Direito	Absorção (rateios)
• Reconhecimento da produção (valor agregado/ preço de transferência/receita da produção)	Sim	Não
• Mensuração dos estoques de produtos	Custo de oportunidade/ Preços de transferência	*Full cost*
• Mensuração do custo dos recursos	Custo corrente de reposição a vista	Valor de aquisição a prazo
Processo de acumulação		
• Método de acumulação	Conforme a estrutura de formação dos resultados	Consubstanciado nas vendas
• Mensuração da contribuição das entidades envolvidas	Sim	Não

Assim, ante o apresentado, estamos certos de nossa contribuição, para com o que poderíamos chamar de Tecnologia de Gestão, visto que o GECON disponibiliza aos gestores um conjunto de instrumentos – metodologicamente consistentes e de aplicação prática – que viabilizam a implementação de mudanças nos processos de gestão empresarial, com a obtenção de resultados concretos.

REFERÊNCIAS BIBLIOGRÁFICAS

ALMEIDA, Lauro Brito de. *Estudo de um modelo conceitual de decisão, aplicado a eventos econômicos, sob a ótica da gestão econômica.* Dissertação (Mestrado) – FEA. São Paulo : USP, 1996.

CATELLI, Armando, GUERREIRO, Reinaldo. Gecon – Gestão Econômica: Administração por resultados econômicos para otimização da eficácia empresarial. *Anais do XVII Congreso Argentino de Profesores Universitários de Costos – Ias. Jornadas Iberoamericanas de Costos y Contabilidad de Gestión*. Argentina, out. 1994.

______. Gecon – Sistema de informação de gestão econômica: uma proposta para mensuração contábil do resultado das atividades empresariais. *Boletin Interamericano da Asociación Interamericana de Contabilidad,* nov. 1992.

______. Mensuração de atividades: "ABC" x "Gecon". *Anais do XIV Congresso Brasileiro de Contabilidade.* Salvador, Temário 5, nov. 1992.

______. Mensuração do resultado econômico segundo a ótica da gestão econômica (Gecon). *Revista do Conselho Regional de Contabilidade do Estado de São Paulo,* dez. 1996.

______. Uma análise crítica do sistema "ABC – Activity Based Costing". *Anais da XVII Jornada de Contabilidade, Economia e Administração do Cone Sul.* Santos, out. 1994.

______, SANTOS, Roberto Vatan dos. Mensuração do resultado econômico segundo a ótica da gestão econômica (Gecon). *Anais do III Congresso Brasileiro de Gestão Estratégica de Custos.* Curitiba, out. 1996.

CAVENAGHI, Vagner. *O modelo de gestão econômica aplicado à área de produção*: uma contribuição da controladoria ao novo paradigma da produção. Dissertação (Mestrado) – FEA. São Paulo : USP, 1996.

COOPER, Robin, KAPLAN, Robert S. Measure costs right: make right decisions. *Harvard Business Review*, Boston, set./out. 1988.

GUERREIRO, Reinaldo. *A meta da empresa.* São Paulo : Atlas, 1996.

______. *A teoria das restrições e o sistema de gestão econômica*: uma proposta de integração conceitual. Tese (Livre-docência) – FEA. São Paulo : USP, 1995.

______. Mensuração do resultado econômico. *Caderno de Estudo da Fipecafi.* São Paulo : FEA/USP, set. 1991.

______. *Modelo conceitual de sistema de informação de gestão econômica*: uma contribuição à teoria da comunicação da contabilidade. Tese (Doutoramento) – FEA. São Paulo :USP, 1989.

GUERREIRO, Reinaldo. Os princípios da teoria das restrições sob a ótica da mensuração econômica. *Caderno de Estudos da Fipecafi*. São Paulo : FEA/USP, set. 1996.

______. Os princípios da teoria das restrições sob a ótica da mensuração econômica. *20º Enanpad – Encontro Anual da Associação Nacional dos Programas de Pós-graduação em Administração*, Angra dos Reis, set. 1996.

______. Um modelo de sistema de informação contábil para mensuração do desempenho econômico das atividades empresariais. *Anais da XIX Conferência Interamericana de Contabilidade*. Buenos Aires, out. 1991.

______, CATELLI, Armando, SANTOS, Roberto Vatan dos. As críticas da teoria das restrições à contabilidade de custos: uma resposta. *Anais do XV Congresso Brasileiro de Contabilidade*. Fortaleza, out. 1996.

______. Considerações conceituais sobre o planejamento de preços em empresas de telecomunicações: um enfoque da gestão econômica. *Anais do IV Congresso Internacional de Custos*. Campinas, out. 1995.

______. Uma contribuição para o resgate da relevância da contabilidade de custos para a administração. *Anais do XVII Congreso Argentino de Profesores Universitarios de Costos* – Ias. Jornadas Iberoamericanas de Costos y Contabilidad de Gestión. Argentina, out. 1994.

IUDÍCIBUS, Sérgio de. *Teoria da contabilidade*. 4. ed. São Paulo : Atlas, 1994.

KAPLAN, Robert S. One cost system isn't enough? *Harvard Business Review*, Boston, MA, Jan./Feb. 1988.

MARTINS, Eliseu. *Contabilidade de custos*. 5. ed. São Paulo : Atlas, 1996.

NAKAGAWA, Masayuki. *Estudo de alguns aspectos de controladoria que contribuem para a eficácia empresarial*. Tese (Doutorado) – FEA. São Paulo : USP, 1987.

OLIVEIRA, Antonio Benedito Silva. *Aplicação dos conceitos de gestão econômica aos eventos econômicos de um banco comercial*. Dissertação (Mestrado) – FEA. São Paulo : USP, 1994.

PELEIAS, Ivam Ricardo. *Avaliação de desempenho*: um enfoque de gestão econômica. Dissertação (Mestrado) – FEA. São Paulo : USP, 1992.

PEREIRA, Carlos Alberto. *Estudo de um modelo conceitual de avaliação de desempenhos para gestão econômica*. Dissertação (Mestrado) – FEA. São Paulo : USP, 1993.

VASCONCELOS, Marco Tullio de Castro. *O processo de gestão de finanças sob a ótica da gestão econômica*. Dissertação (Mestrado) – FEA. São Paulo : USP, 1994.

10

Sistema de Informação de Gestão Econômica

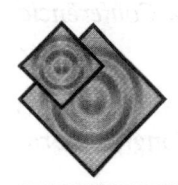

Lauro Brito de Almeida

10.1 INTRODUÇÃO

As evoluções do modo de se olhar as organizações têm sido constantes. Entre as várias maneiras, a mais significativa é abordá-las como um sistema aberto, que interage com seu ambiente. Churchman (1971:50) define: "(...) um sistema é um conjunto de partes coordenadas para realizar um conjunto de finalidades" e, em sua caracterização, devemos considerar: seus objetivos, sua finalidade, seu ambiente, seus elementos, seu planejamento e sua administração.

Thompson (apud Sousa, 1990:16) define organizações "(...) como entidades que surgem para operar tecnologias que são impossíveis ou inviáveis de serem utilizadas por indivíduos ou outras organizações". Há uma variedade de organizações, todas voltadas para a produção de algum tipo de bens e/ou serviços. O ponto comum entre elas é serem compostas por recursos humanos e demais recursos tangíveis e intangíveis, com missão a cumprir e objetivos a alcançar.

Essas organizações, nos dizeres de Catelli (1995),

> *"(...) são reuniões de talentos, cada um com sua especialidade e conhecimentos que devem ser integrados para o atingimento de um objetivo comum que é otimizar o resultado. Esses talentos devem estar trabalhando com um objetivo comum, e administrando os recursos colocados sob a sua responsabilidade pelo dono ou acionistas de forma a otimizar o resultado da organização, seja ela privada, pública ou beneficente, com fins lucrativos ou não".*

As organizações, na condição de instituições sociais, têm sua atuação baseada num processo de trocas de recursos com seu meio ambiente. Nesse universo, as empresas caracterizam-se como um tipo particular de organização e como as demais trocam bens e serviços por bens e serviços. Atividades são executadas para a concretização desse processo, em que os recursos consumidos são processados e transformados em bens e/ou serviços. Constrói-se, assim, uma rede de relacionamentos em que a empresa estará buscando resultados econômicos positivos, visto ser o meio viabilizador para o cumprimento de sua missão e garantidor de sua continuidade.

Para assegurar o cumprimento da missão e sua continuidade, os gestores, na condução das atividades empresariais, o farão de maneira formal, de acordo com estrutura definida pelo processo de gestão – que analiticamente corresponde às fases de planejamento, execução e controle – e cuja característica é demandar uma sucessão de tomadas de decisões. As decisões tomadas, estruturadas num processo de tomada de decisão, devem ser as melhores possíveis e adequadas. Dizem respeito aos diversos eventos, como comprar, estocar, produzir, vender, aplicar, captar, etc. e estarão sendo apoiadas por modelos de decisão aderentes à realidade físico-operacional. Para tanto, devem estar disponíveis dados, informações e dispositivos que permitam a simulação e a escolha da melhor alternativa entre as elencadas.

Nesse processo de intensa troca de recursos entre o sistema empresa e seu meio ambiente, existe um que é vital para viabilizar as melhores decisões possíveis no processo de gestão: a informação. Nesse sentido, é necessário, de maneira estruturada, adquirir, acumular e gerenciar um estoque de conhecimento sobre as variáveis externas e internas, que permeiam o relacionamento entre os ambientes externos e internos.

Destaque-se a característica de a informação, como um produto cuidadosamente planejado, ser um recurso necessário à condução da organização na harmonização de seus ambientes externos e internos. Portanto, evidencia-se a necessidade de disponibilizar ao gestor um instrumento que o apóie no processo de gestão, no fornecimento das informações requeridas: sistema de informações.

Assim, é nosso objetivo nesse texto explorar a questão: Qual o modelo de sistema de informação capaz de suprir as necessidades de informações dos gestores, de forma a assegurar um processo de gestão eficaz?

10.2 ENTENDIMENTO DE GESTÃO ECONÔMICA

Como já observado, o cumprimento da missão e sua continuidade estarão assegurados se resultados positivos forem alcançados. Essa asserção significa que os gestores, por meio do processo de gestão, dado uma situação inicial, estabelecerão uma situação objetivada e buscarão alcançá-la.

O Gecon entende que os resultados econômicos são formados com base nas transações/eventos executados nas diversas atividades empresariais. As transações/eventos acontecem no sistema físico-operacional, com a transformação de recursos em produtos, e cujo objetivo a ser alcançado pelos gestores é, ante uma situação de eficácia atual, atingir uma eficácia maior.

As transações/eventos provocam impactos na riqueza e no patrimônio. Em ambos os casos, o objetivo é atingir uma riqueza/patrimônio maior em relação à atual. Isto pressupõe que os gestores estejam sempre buscando uma eficácia maior. Para a consecução de tais propósitos, o gestor deve buscar a otimização do resultado econômico de cada evento/transação, com vistas a otimizar o todo.

A atuação dos gestores com essa abordagem é gestão econômica e, segundo Cruz (1991:80), caracteriza-se "(...) como a atividade de gestão suportada por um sistema próprio, que consiste em decisões e ações, cujo objetivo máximo é garantir a continuidade da empresa, para que esta possa cumprir sua missão".

A gestão econômica é delineada pelas definições estabelecidas no modelo de gestão, missão, crenças e valores. Para tanto, caracteriza-se a necessidade de um modelo de gestão específico, denominado modelo de gestão econômica, que, conforme Cruz (1991:95-96):

> *"(...) caracteriza-se como um conjunto de definições, conceitos e princípios, cujo objetivo é fornecer a base conceitual para a elaboração do sistema de gestão econômica. Configura-se através dos modelos de decisão, mensuração e informação, orientados por um conjunto de conceitos e princípios de gestão econômica".*

Os princípios estarão estabelecendo as linhas orientadoras pelas quais, amparados em conceitos básicos aplicados à gestão econômica, os gestores conduzirão suas ações no exercício de suas funções. As reflexões de Cruz (1991:97-100) conduzem à identificação do seguinte conjunto de princípios:

> *"(...) 1) estruturação da empresa em áreas de responsabilidade e centros de resultado, 2) todos os gestores são gestores da empresa, porém cada área atua de forma independente, 3) deve haver definição clara e compatibilidade entre autoridade e responsabilidade, 4) deve haver avaliação de resultados (da empresa e das áreas) para identificar a contribuição de cada área na otimização do resultado global, 5) integração entre os modelos de decisão, mensuração e informação, 6) controle exercido por área de responsabilidade, 7) o resultado econômico deve ser segregado entre o resultado das atividades operacionais e financeiras correspondentes ... e 8) o modelo de gestão econômica deve motivar os gestores para a eficácia, através da utilização de critérios lógicos e racionais".*

Dado o estabelecido no conjunto de princípios enunciados, o modelo de gestão econômica para viabilizar a administração por resultados econômicos deverá, ainda, considerar:

- um processo de tomada de decisão que sistematize as decisões entre as várias alternativas sobre dado evento/transação, estabelecendo o modelo de decisão adequado para apoiar as escolhas requeridas;
- sendo as decisões tomadas em função do resultado econômico das várias alternativas de ação apresentadas, o delineamento do modelo de mensuração, que retrate com fidelidade os impactos econômicos decorrentes do processo físico-operacional;
- posto que, para tanto, são necessárias informações, estabelecer o modelo de informação que permita abstrair o conjunto de requisitos necessários à construção do sistema de informações para gestão econômica.

10.2.1 *Modelo de decisão*

Os gestores, no exercício de sua função, conduzem suas áreas de responsabilidade e respectivas atividades, de maneira formalizada e estruturada por um processo de gestão. Para tanto, decisões são demandadas nas etapas de planejamento (estratégico e operacional), execução e controle. Nesse contexto, decisões são tomadas para solucionar problemas ou aproveitar oportunidades.

Bross (1953:1) entende decisão como o ato "(...) de selecionar uma ação entre um número de cursos alternativos de ação...", tais ações dizem respeito às maneiras alternativas de se fazer a mesma coisa. No entanto, entender a real situação e identificar as alternativas de ação antecedem a decisão em si, sendo necessário conduzi-la de maneira estruturada e formalizada num processo de tomada de decisão.

A esse respeito, em suas reflexões, Guerreiro (1989:56-57) entende que:

> *"(...) o processo de tomada de decisões, em nível empresarial, tem uma perfeita correspondência com ciclo gerencial de planejamento, execução e controle. Assim as diversas etapas analíticas do processo de tomada de decisões podem ser identificadas com cada uma das fases do ciclo gerencial:*

Planejamento

- *Caracterização da necessidade de decisão ou definição do problema.*
- *Formulação do objetivo e das alternativas de ação.*
- *Obtenção de informações relevantes, necessárias às alternativas de solução.*

- *Avaliação e classificação das alternativas em termos de contribuição para o alcance do objetivo.*
- *Escolher a melhor alternativa de ação.*

Execução

- *Implementação da alternativa escolhida (ação).*

Controle

- *Avaliação dos resultados.*
- *Implementação de medidas corretivas.*"

Quanto ao modelo de decisão que apoiará o gestor nas decisões requeridas nas várias etapas do processo de gestão, Catelli & Guerreiro (1994:9) asseveram que:

> *"(...) o GECON estabelece uma seqüência de etapas fundamentais do modelo de decisão, aplicadas a qualquer natureza de evento, que se inicia pelo planejamento estratégico (destacando-se um subsistema de informações externas), passa pelas fases de pré-planejamento (simulações), planejamento e programação do planejamento operacional, pela fase de execução e finalmente pela fase do controle gerencial".*

Nesse contexto, são, portanto, necessárias informações que:

- apóiem a obtenção de um conjunto de diretrizes estratégicas de caráter qualitativo;
- apóiem o processo de seleção e escolha das melhores alternativas de ação;
- apóiem o detalhamento dos planos selecionados de acordo com uma perspectiva temporal;
- apóiem a elaboração dos orçamentos originais, os orçamentos corrigidos com preços correntes atualizados, o orçamento ao nível de consumo padrão dos recursos;
- apóiem o processo de controle das ações implementadas, destacando-se o subsistema de informações módulo realizado, que geram informações sobre os desempenhos realizados e variações orçamentárias.

Considerando-se que a gestão econômica deve, a partir do resultado ótimo das partes, conduzir à otimização do todo, é necessário para apoiar os gestores nas decisões requeridas na fase de planejamento operacional a construção de um modelo conceitual de decisão e cujo significado seja o mesmo para todos os usuários. Assim,

> *"(...) um modelo conceitual de decisão aplicado a eventos econômicos, sob a ótica da gestão econômica, como um conjunto de princípios, definições e funções que tem por objetivo apoiar o gestor na escolha da melhor alternativa de ação; pela representação ideal do resultado econômico de um dado evento/transação que otimize o resultado global da empresa". (Almeida, 1996:78-79).*

10.2.2 *Modelo de mensuração*

A gestão econômica induz os gestores a buscarem o resultado econômico ótimo, de cada evento/transação, da(s) atividade(s), do(s) centro(s) de resultado(s) e conseqüentemente da(s) área(s) de responsabilidade, no entanto, sem perder a visão do todo. Numa visão sistêmica, o resultado econômico ótimo das partes deve levar ao ótimo do todo. Assim, é ponto fundamental que o resultado decorrente dos eventos/transações, que se estará configurando como guia mestra das decisões e ações dos gestores, esteja corretamente mensurado.

As atividades empresariais são conduzidas pela ótica da racionalidade, estabelecendo – implicitamente – que as transações/eventos sobre os quais se está decidindo ou executando tenham seus atributos identificados e corretamente mensurados em termos de impactos econômicos.

Mensuração, de acordo com Mock & Grove (1979:3), pode ser entendida como

> *"(...) um conjunto específico de procedimentos para atribuir números a objetos e eventos, com o objetivo de prover informação válida, confiável, relevante e econômica, para os tomadores de decisão".*

A operacionalização dos conceitos de mensuração impõe a necessidade de formular um modelo. Cruz (1991:45) define modelo de mensuração como um conjunto de procedimentos *"(...) cujo objetivo é fornecer a base conceitual adequada para a mensuração de eventos, de acordo com as necessidades do modelo de gestão da empresa".*

Para a correta mensuração, o modelo de mensuração estabelecido sob a ótica de gestão econômica – GECON, de acordo com Catelli et alli (1997:4-5),

> *"(...) emprega o seguinte conjunto de conceitos de mensuração:*
>
> ↳ *resultados tempo-conjunturais;*
>
> ↳ *custos correntes a vista;*
>
> ↳ *valor de mercado;*

- *equivalência de capitais;*
- *reconhecimento de ganhos pela valorização dos ativos;*
- *reconhecimento de receita pela produção de bens e serviços;*
- *depreciação econômica;*
- *moeda constante;*
- *custeio direto;*
- *margem de contribuição;*
- *resultados econômicos operacionais;*
- *resultados econômico-financeiros;*
- *preço de transferência;*
- *custo de oportunidade;*
- *orçamentos (original, corrigido, ajustado);*
- *realizado (ao nível do padrão e efetivo);*
- *variações (inflação, ajuste de plano, volume, eficiência);*
- *custos controláveis x não controláveis;*
- *centro de resultado, centro de investimento;*
- *custos fixos identificáveis;*
- goodwill;
- *controlabilidade".*

Dessa forma, ao possibilitar que um conjunto de atributos heterogêneos de um dado evento/transação seja convertido em um mesmo denominador, o modelo de mensuração estará expressando as explicações necessárias e, portanto, permitindo a formulação e validação de políticas de decisão.

10.2.3 *Modelo de informação*

Guerreiro (1989:105) observa que quanto às literaturas existentes em economia, administração e contabilidade, estas "reconhecem a importância da informação como um recurso da organização, e a teoria da informação tem-se tornado cada vez mais importante". Em geral, a informação afeta todos, mas é, em especial, nas organizações que se busca otimizar o uso do recurso informação e, portanto, as preocupações quanto a sua eficiência e eficácia devem estar presentes. Para tanto, respostas às questões de como a informação deve ser obtida, gerenciada, processada, disponibilizada, quando, em que momento e para quem, conduzem-nos à necessidade da definição de um modelo de informação.

O modelo de informação, nos dizeres de Guerreiro (1995:46), é a *"lógica de elaboração e transmissão da informação"*, que sustentará conceitualmente a construção do sistema de informações, que por sua vez é peça fundamental no processo de gestão ao suportar o gestor com as informações necessárias nas decisões requeridas. O modelo de informação deve refletir as características próprias de cada empresa, que decorrem de sua relação com seu meio ambiente e de suas relações internas.

Sob a ótica do GECON, o modelo de informação deve, também, incorporar todos os atributos e características que atendam aos requisitos dos modelos de decisão e mensuração. Assim, a interação entre os modelos de decisão e informação dá-se em dois momentos:

- no planejamento, execução e controle;
- no equacionamento do resultado.

10.3 MODELO DE SISTEMA DE INFORMAÇÕES PARA GESTÃO ECONÔMICA

10.3.1 *Entendendo o que é informação*

Para o correto entendimento do conceito de informação, é oportuna a distinção entre dado e informação. Conforme Aquino & Santana (1992:5)

> *"(...) resumidamente, assume-se que dado é algo bruto, sem valor ou difícil de ser utilizado. A informação se apresenta como algo útil, ligado a um interesse específico ..."*

No âmbito empresarial, o interesse específico da utilidade da informação é uma função direta do processo de gestão, como variáveis – seja interna ou externa – que serão os *inputs* nos modelos decisórios nas tomadas de decisão requeridas.

A relação entre informação e decisão é estreita, visto que decisões são tomadas no presente sobre eventos que se concretizarão no futuro. O conceito de informação está vinculado a uma mudança de estado a respeito do evento. Assim, a informação configura-se como um conhecimento disponível, para uso imediato, que permite orientar a *ação*, antes cercada de incerteza, possibilitando sua condução a um nível de risco adequado.

Nesse cenário, a tecnologia da informação avança, eliminando distâncias –, virtualmente – num período de "saltos" e "sobressaltos" no ambiente mundial, com reflexos na gestão das empresas. Torna-se, então, cada vez mais necessário um volume maior de informações, levando à criação de especializações (na área de informações), notadamente dentro das empresas, numa tentativa de reduzir essa incerteza.

Por ser a informação um recurso, devem ser estabelecidos mecanismos para tornarem sua utilização mais racional e com maior retorno em relação aos recursos sacrificados em sua produção, o que seria, em outras palavras, a observação da relação custo/benefício para sua obtênção e utilização.

10.3.2 *Entendendo o que é sistema de informação*

Nas organizações empresariais, é necessário estabelecer um conjunto de procedimentos que possibilitem captar as ocorrências internas e externas, nos assuntos relacionados a sua gestão, de maneira estruturada e subsidiando os gestores nas decisões requeridas no processo de gestão.

Nesse sentido, o principal mecanismo existente na atualidade é o Sistema de Informação, que, segundo Davis e Olson (1985:5-6), é:

> *"(...) um integrado sistema máquina-usuário provendo informações para suportar operações às funções de gerenciamento, análises e tomadas de decisões na organização. O sistema utiliza computadores –* hardware *e* software *– manuais de procedimentos, modelos para análises, planejamento, controle e tomadas de decisões e bancos de dados".*

Para a efetivação da informação num plano concreto, conforme Catelli et al. (1977:14),

> *"(...) o sistema GECON pressupõe a utilização de um sistema de processamento eletrônico de dados com as seguintes características: permita que as informações sejam distribuídas aos gestores e acessadas diretamente por eles, conforme suas necessidades; permita facilidade de interação do usuário; seja um banco de dados unificado e estruturado pelo conceito de engenharia de informações; forneça informações com oportunidade para ações gerenciais no momento da ocorrência dos eventos; e que espelhe o que realmente ocorre a nível operacional".*

10.3.3 *Requisitos básicos do modelo*

O sistema de informações suporta o sistema de gestão nos níveis gerencial e de execução das atividades operacionais. As características do sistema de informações dependem do sistema de gestão a quem deve dar o devido suporte, sobretudo no modelo de gestão empresarial. Observamos que no sistema de informações destaca-se o processamento de dados, que diz respeito ao método utilizado pelo sistema na obtenção e transformação dos dados em informações.

O sistema de informações deve atender às necessidades das várias unidades que compõem a organização, atravessando as fronteiras departamentais e viabilizando o inter-relacionamento dessas diversas áreas por meio de um fluxo de informações. Também deve estar compatibilizado com a estrutura de autoridade, de decisões e responsabilidades (centros de custos, centros de responsabilidade, áreas de responsabilidade), e formatado (conteúdo, forma, periodicidade, grau de detalhe) de acordo com os objetivos das unidades organizacionais, comunicando as informações solicitadas em tempo hábil às pessoas certas. As características fundamentais dos relatórios (forma, conteúdo, periodicidade etc.) são definidas pelo modelo de informação que orienta a construção do sistema.

O sistema de informação é impactado por definições do modelo de gestão quanto ao nível de investimentos em sistemas, se as informações requeridas deverão ser obtidas por sistemas formais ou não, próprios ou não. Assim, é necessário conhecermos quais fases do processo e que modelos de decisão deverão ser atendidos, quais conceitos da mensuração deverão ser empregados e, finalmente, qual modelo de informação deverá ser configurado.

Podemos resumir as características dos sistemas de informações, conforme as seguintes afirmações:

- atender o modelo de decisão dos diferentes gestores;
- atender o que foi estabelecido.

Eles devem ser estruturados para:

- depender cada vez mais da informação;
- estimular o gestor a tomar as melhores decisões para a empresa;
- incorporar conceitos, políticas e procedimentos;
- informar, estimulando uma atitude proativa;
- levar em conta os aspectos operacionais, econômicos e financeiros;
- medir os resultados;
- possibilitar a operacionalização;
- possibilitar o controle em nível de áreas operacionais, de administração operacional e da empresa em sua totalidade;
- possuir um banco de dados integrado;
- ser formal e possibilitar interface entre os sistemas operacionais;
- ser proporcional à complexidade operacional, volume *versus* necessidade.

Por fim, apresentam-se os princípios do Sistema de Informações de Gestão Econômica, que, conforme Guerreiro (1989:306), devem orientar o desenvolvimento do sistema de informações. São eles:

1. Princípio do condicionamento sistêmico – o sistema de informação depende do sistema de gestão e este do sistema institucional (crenças e valores).
2. Princípio da coerência do processo do dado – o mesmo sistema que processa o realizado processa o orçado.
3. Princípio da utilidade da informação – a informação só é útil se atende o modelo de decisão do usuário.
4. Princípio da avaliação de desempenho (*accountability*) – os gestores recebem autoridade para decidir sobre os recursos da empresa e devem, portanto, prestar contas de suas ações (avaliação de desempenho das áreas organizacionais).
5. Princípio do controle – as causas dos desvios devem ser segregadas de forma que propiciem e facilitem as ações necessárias.
6. Princípio da avaliação do resultado – todos os bens e serviços gerados pelas diversas atividades da empresa devem ter seus resultados mensurados.
7. Princípio da mensuração econômica – a avaliação de desempenho e a avaliação de resultados devem ser efetuadas com base em conceitos econômicos.
8. Princípio da tridimensionalidade da gestão – todo processo de tomada da decisão envolve os aspectos operacional, financeiro e econômico.
9. Princípio da caracterização dos eventos econômicos – devem ser identificados os eventos econômicos que serão mensurados, reportados pelo sistema de informação.
10. Princípio da motivação das pessoas para a eficácia empresarial – devem ser utilizados conceitos e critérios que sejam lógicos, racionais e imparciais e que estimulem os gestores a implementarem ações que beneficiem a empresa em sua totalidade.
11. Princípio da identificação do modelo de decisão dos gestores – no nível de cada evento econômico, deve ser analisado como os gestores tomam decisões, para que possam ser caracterizadas as informações adequadas.
12. Princípio da otimização do resultado econômico – à luz da tridimensionalidade da gestão, o resultado econômico deve ser otimizado prioritariamente ao resultado operacional e aos resultados financeiros.
13. Princípio do patrimônio líquido como valor de custo da empresa para seus proprietários – a mensuração do patrimônio líquido deve ser efetuada com base em conceitos de forma que o patrimônio líquido da empresa represente o valor de custo para seus proprietários, ou seja, se a empresa fosse vendida por esse valor, o resultado do proprietário seria nulo.

10.4 ARQUITETURA SISTÊMICA DO MODELO

O foco de atenção dos gestores são os eventos/transações afetos a suas áreas de responsabilidades. Para as decisões, ações implementadas e gestão dos eventos/transações pertinentes a suas atividades e áreas de responsabilidades, os gestores demandam informações. Para tanto, o sistema de informações materializa o processo de geração de informações, que, basicamente, consiste nas etapas de recebimento de dados, processamento de dados e geração de informações.

Dado o caráter "holístico" do GECON, a arquitetura do sistema de informações é decorrência dos seguintes pontos:

- os gestores estarão atuando sob a égide de um sistema institucional, em que estão estabelecidos a missão, as crenças e os valores, assim como a definição do modelo de gestão;
- ante o estabelecido, as decisões e ações implementadas serão conduzidas de maneira estruturada por um processo de gestão – analiticamente composta das etapas de planejamento estratégico, planejamento operacional, programação, execução e controle;
- as decisões tomadas serão estruturadas em um processo de tomada de decisão, devidamente apoiado por modelos de decisão;
- os eventos/transações poderão tanto ser induzidos em função da situação objetivada, como ser ocorrência natural do processo físico-operacional;
- para tanto, em todas as etapas do processo de gestão e nas especificações que se fizerem necessárias, o gestor estará sendo suportado (nas informações requeridas) por sistemas de informações;
- estes sistemas suportarão as fases de planejamento estratégico, planejamento operacional, programação, execução e controle. Para tanto, farão parte o sistema de informações sobre os ambientes externo e interno (planejamento estratégico); o sistema de informações operacionais no apoio ao planejamento e controle dos eventos como processo físico-operacional; e o sistema de informações – GECON – composto dos módulos de simulações, planejamento e realizado, devidamente apoiados pelos modelos de mensuração, acumulação e informação.

Considerando a diversidade de eventos econômicos existentes em uma organização, o modelo assume uma configuração própria para cada tipo, tanto ao nível dos dados de entrada quanto do processamento e das informações de saída. Independente do tipo de evento – compra, venda, produção... –, o processamento da informação efetua-se nas dimensões operacional, econômica, financeira e patrimonial.

10.5 CARACTERIZAÇÃO DOS SUBSISTEMAS DO SISTEMA DE INFORMAÇÃO PARA O GECON

O sistema de processamento de dados é um subsistema do sistema de informação, logo, sua concepção é dependente do sistema de gestão a que deve servir como suporte.

Na concepção do sistema de informação, nossas preocupações são com as informações necessárias aos processos de planejamento, execução e controle das operações, bem como com a identificação dos subsistemas que devem gerar as informações requeridas para cada fase.

Conforme apresentado, o Sistema de Informações de Gestão Econômica corresponde a um conjunto de subsistemas em que são processadas informações sobre variáveis ambientais de interesse da organização e a quantificação de seus objetivos, para posterior comparação com os resultados alcançados, visando assim ações corretivas.

Contudo o sistema de informações, conforme apresentado, não tem nenhuma utilidade prática, exceto se for operacionalizado, vinculado ao processo de gestão.

Para melhor entendimento, será apresentado seqüencialmente cada item do processo de gestão com o subsistema que lhe fornece as informações.

10.5.1 *Subsistema de informações sobre variáveis ambientais*

A informação é um dos recursos na definição do planejamento estratégico da organização. O papel desse subsistema é subsidiar os gestores, durante a fase do planejamento estratégico, com informações do ambiente externo. Esse subsistema tem as seguintes características: banco de dados; informações de diversas naturezas sobre o ambiente externo; ser altamente flexível; e ser pouco estruturado (fontes como revistas especializadas, jornais, vídeos, pesquisas de mercado etc.).

10.5.2 *Subsistema de simulações sobre resultado econômico*

O papel desse subsistema é subsidiar os gestores, durante as fases de pré-planejamento, gerando informações sobre os resultados econômicos das alternativas simuladas. Suas principais características são: descentralização; mensuração de receitas, custos e resultados; contemplação das variáveis relevantes; interatividade com o usuário; alta flexibilidade; tempo de resposta adequado às demandas; obediência ao modelo de mensuração da controladoria.

10.5.3 *Subsistema orçamentário*

Seu papel é subsidiar os gestores durante a fase de planejamento operacional de curto, médio e longo prazos, gerando informações detalhadas sobre os eventos planejados. Tem como características: centralização; detalhamento das informações no mesmo nível do realizado; ser altamente estruturado (sistema de informação similar ao de contabilidade de custos); ter compatibilidade com a base do realizado; obediência ao modelo de mensuração da controladoria.

10.5.4 *Subsistema de informações de resultados realizados*

Seu papel é subsidiar os gestores, durante a fase de controle, gerando informações detalhadas sobre os resultados econômicos dos eventos realizados. Como característica desse subsistema, tem-se: centralização; detalhamento das informações no mesmo nível do planejamento; ser altamente estruturado; ter compatibilidade com a base conceitual do planejado; obediência ao modelo de mensuração da controladoria.

10.6 CONCLUSÕES

Para a implantação de um sistema de informações de gestão econômica, há necessidade de se observar alguns pré-requisitos. Inicialmente, que sejam definidos os objetivos e premissas gerenciais, como qual o modelo de gestão, e que seja verificado se estão em harmonia com as crenças, princípios e valores da empresa.

O sistema de informações é o instrumento que estará presente, apoiando o gestor em todas as etapas do processo de gestão. Em sua concepção, é primordial garantir simetria entre o planejado e o realizado e, para que isso ocorra, os seguintes pontos devem ser observados:

- conhecimento do modelo de decisão dos gestores;
- conhecimento do modelo de mensuração com vistas a responder, entre outras, às questões: O que mensurar? Como mensurar? Quando mensurar? Quais os dados necessários? Quais as informações necessárias?;
- conhecimento do modo como deve ser concebido o sistema de dados e as definições dos procedimentos, programas de computador, equipamentos, detalhamentos necessários etc.

Cabe lembrar que, para o sucesso da implementação, não basta apenas atender aos pontos observados. Ressalta-se que o aspecto comportamental deve ser trabalhado, que, por vezes, o modelo de gestão em uso deve ser repensado e que os gestores devem refletir sobre a possibilidade de seus modelos de decisão estarem corretos quanto às premissas de gestão econômica.

REFERÊNCIAS BIBLIOGRÁFICAS

BIO, Sérgio Rodrigues. *Desenvolvimento de sistemas contábeis gerenciais:* um enfoque comportamental e de mudança organizacional. Tese (Doutoramento) – FEA. São Paulo : USP, 1987.

______. *Sistemas de informação:* um enfoque gerencial. São Paulo : Atlas, 1985.

BOGNAR, Sônia Regina. *Contribuição ao processo de determinação de preço sob os aspectos de gestão econômica.* Dissertação (Mestrado) – FEA. São Paulo : USP, 1994.

CATELLI, Armando. *Anotações de aula da disciplina controladoria avançada.* Pós-graduação em Controladoria e Contabilidade. São Paulo : FEA/USP, 1996.

______. (Coord.) *GECON – gestão econômica*: coletânea de trabalhos de pós-graduação. São Paulo : FEA/USP, 1995. (Mimeo).

______. GUERREIRO, Reinaldo. GECON – gestão econômica: administração por resultados econômicos para a otimização da eficiência empresarial. *Anais do XVII Congreso Argentino de profesores universitarios de costos.* 1as Jornadas Iberoamericanas de Costos y Contabilidad de Gestión. São Paulo : Fipecafi, FEA/USP, 1994.

______. O sistema ABC – Activity Based Costing. *Boletim do IBRACON.* São Paulo : n. 202, mar. 1995.

CUSTÓDIO, Isaías. *Avaliação de sistemas de informações.* São Paulo : FEA/USP, 1981. (Mimeo).

GUERREIRO, Reinaldo. *Modelo conceitual de sistemas de informação de gestão econômica*: uma contribuição à teoria da comunicação da contabilidade. Tese (Doutoramento) – FEA. São Paulo : USP, 1989.

______. *Sistemas de custos direto e padrão*: estruturação e processamento integrado com os princípios de contabilidade geralmente aceitos. Dissertação (Mestrado). São Paulo : USP, 1984.

HORNGREN, Charles T. (University of Standford). Contabilidad directiva: este siglo y más adelante. Conferência Inaugural do *3º Congreso Internacional de Costos.* Madri : ICAC, 1993.

11

Modelos de Identificação e Acumulação de Resultados

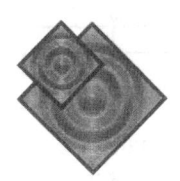

Claudio Parisi
Edgard Bruno Cornachione Júnior
Marco Tullio de Castro Vasconcelos

11.1 INTRODUÇÃO

Durante os anos 80 e início dos 90, os Sistemas de Contabilidade e de Custos foram alvos de críticas, tanto de acadêmicos como de gestores de empresas. Constatou-se a perda da relevância da informação contábil na empresa, em que as medições feitas por tais sistemas não expressavam, em termos econômicos, as ações de seus gestores, não servindo para avaliações de resultado e de desempenho. Alguns autores de obras sobre gestão empresarial consideram estes sistemas como obsoletos.

Verifica-se que, na verdade, a discussão era, implicitamente, entre a apuração de custo ou a de resultado. As empresas sempre acreditaram no **resultado** como indicador do grau de eficácia, faltando, no entanto, a definição correta de seu conteúdo.

Como é demonstrado na Figura 11.1, a apuração de resultado (custos e receitas) decorre da necessidade de refletir economicamente o que ocorre no ambiente operacional. Assim, mensurar somente a "perna" dos custos, sem a preocupação com os benefícios (produtos/serviços), distorce as avaliações de resultado e de desempenho, tornando-as incorretas e injustas.

Particularmente, acredita-se que o **resultado** que todos buscam é o *resultado econômico*, pois é o único que reflete todos os fatores críticos para o sucesso, sendo, então, o melhor de todos os indicadores.

Portanto, verifica-se que a discussão de **custo ou resultado** já está superada. Outrossim, entende-se o mesmo para a discussão sobre método de custeio, não havendo dúvida quanto à validade da utilização/aplicação do *custeio direto* num sistema de informação voltado para a gestão, permitindo, assim, a controlabilidade de custos e receitas.

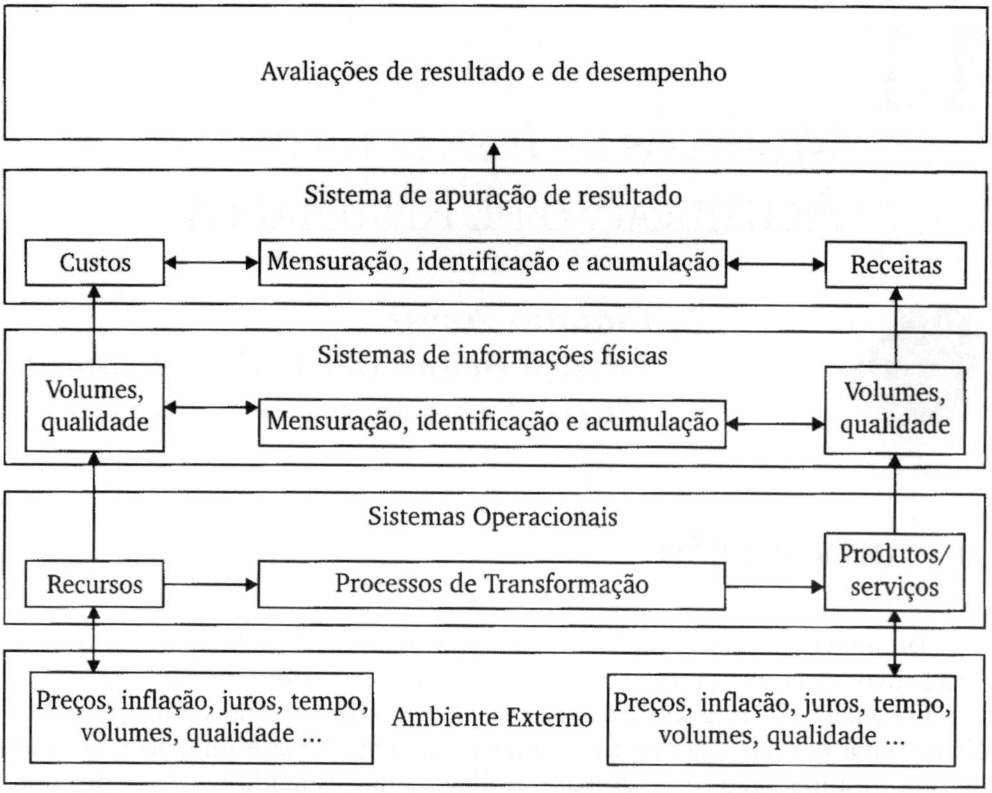

Figura 11.1 *Avaliação de resultados e de desempenho.*

Por fim, resta analisar o modelo de mensuração e o modelo de identificação e acumulação de resultado. Quanto ao primeiro modelo, ele tem sido tratado exaustivamente nos últimos anos. Os estudos iniciais sobre moeda constante, valor presente, custo de oportunidade etc. datam de algumas décadas passadas. Apesar disso, a aplicação desses conceitos, de maneira coerente e consistente, num mesmo sistema, é recente.

Quanto ao modelo de identificação e acumulação de resultado, ele é um assunto inédito em termos acadêmicos. O presente artigo aborda esse tema, dentro do contexto de um sistema de apuração de resultado. Como será demonstrado, a definição do modelo permite ao referido sistema refletir as ocorrências físico-operacionais da empresa, apoiando a apuração do resultado econômico e, conseqüentemente, do valor patrimonial da empresa.

11.2 SISTEMA DE APURAÇÃO DE RESULTADO

Tradicionalmente, o que é denominado *sistema de apuração de resultado* tem a finalidade de apurar informações de custos da produção para a mensuração de estoques e dos custos dos produtos vendidos e é conhecido também como *sistema de custos*. Entretanto, considerando a abordagem de Gestão Econômica – GECON –, o sistema de apuração aqui visualizado deve propiciar a apuração das variações patrimoniais decorrentes dos eventos econômicos planejados e realizados pela empresa.

Tais variações representam as ações empreendidas pelos gestores, as quais são consubstanciadas no resultado econômico. O sistema de apuração torna-se, então, um dos pilares de um sistema de informação contábil que apóie a gerência em todos os estágios do processo de gestão, tendo por escopo a diminuição do grau de incerteza dos gestores na tomada de decisão. Para tanto, ele deve apurar as informações de custos e receitas para toda a empresa.

11.2.1 *Pré-requisitos do sistema*

O sistema de apuração de resultado aqui visualizado observa os seguintes pré-requisitos:

1. **Controlabilidade** – deve permitir o controle dos custos e das receitas pelos gestores, não imputando custos e receitas sobre os quais estes não tenham a efetiva gestão.
2. **Variabilidade** – deve respeitar o comportamento e a identificação natural dos recursos em relação aos produtos e seus volumes, evitando aplicar qualquer processo artificial que venha a mudar essa condição.
3. **Flexibilidade** – deve apurar o resultado econômico considerando a dimensão temporal e o modelo de decisão de cada gestor.
4. **Economicidade** – deve refletir os aspectos econômicos das transações.

Se esses pré-requisitos forem obedecidos na formulação do sistema de apuração de resultado, eles garantirão a qualidade das informações fornecidas por esse sistema, representada pelos seguintes fatores:

a. **Confiabilidade** – não pode restar dúvidas quanto à veracidade da informação;
b. **Oportunidade** – refere-se à informação disponível no momento oportuno para o gestor;

c. **Objetividade** – diz respeito ao poder de evidenciação da informação, que é representado pelo grau de clareza com que o sistema consegue expressar as ações (decisões) dos gestores;
d. **Utilidade** – o benefício gerado pela informação deve ser maior do que o custo para sua disponibilidade.

11.2.2 *Características do sistema*

As características (elementos) do sistema de apuração de resultado são:

- *Quanto à forma de acumulação – sistema de acumulação*: a acumulação dos dados de custo e receita pode ser por ordem, ou por processo, ou híbrido, segundo as características do sistema operacional da área[1] em questão.
- *Quanto ao momento de apuração do resultado – sistema de identificação*: reconhece, por eventos econômicos, as ocorrências que alteram o valor do patrimônio da empresa, segundo o princípio da realização da receita.
- *Quanto à composição dos custos*: o método de custeio direto atende aos pré-requisitos (controlabilidade e variabilidade) do sistema, segregando corretamente os custos dos produtos e os custos de período.
- *Quanto aos conceitos de mensuração dos produtos e recursos – sistema de custeio e mensuração*: diz respeito à aplicação da forma de custeio, sendo o custo-padrão o adotado para avaliação de resultado; e aos conceitos de mensuração como, por exemplo, custo de reposição, moeda constante, valor presente etc., que, quando aplicados, podem refletir corretamente os aspectos econômicos das transações.

Conforme a Figura 11.2, a interação entre esses elementos permite ao sistema de apuração identificar, acumular e mensurar as receitas e custos de um evento, que é o objeto da decisão a ser tomada por um gestor e que ocorre no processo físico consubstanciado no consumo e na transformação de recursos para geração de produtos e serviços.

A seguir serão tratados, conceitualmente e num único modelo, os sistemas de acumulação e de identificação, com a finalidade de atender aos pré-requisitos do sistema de apuração de resultado.

---

1. Considera-se que todas as áreas de uma empresa (Produção, Compras, Vendas, Logística, Finanças) são produtoras de bens e/ou serviços e, portanto, têm "sistemas de produção" bem caracterizados.

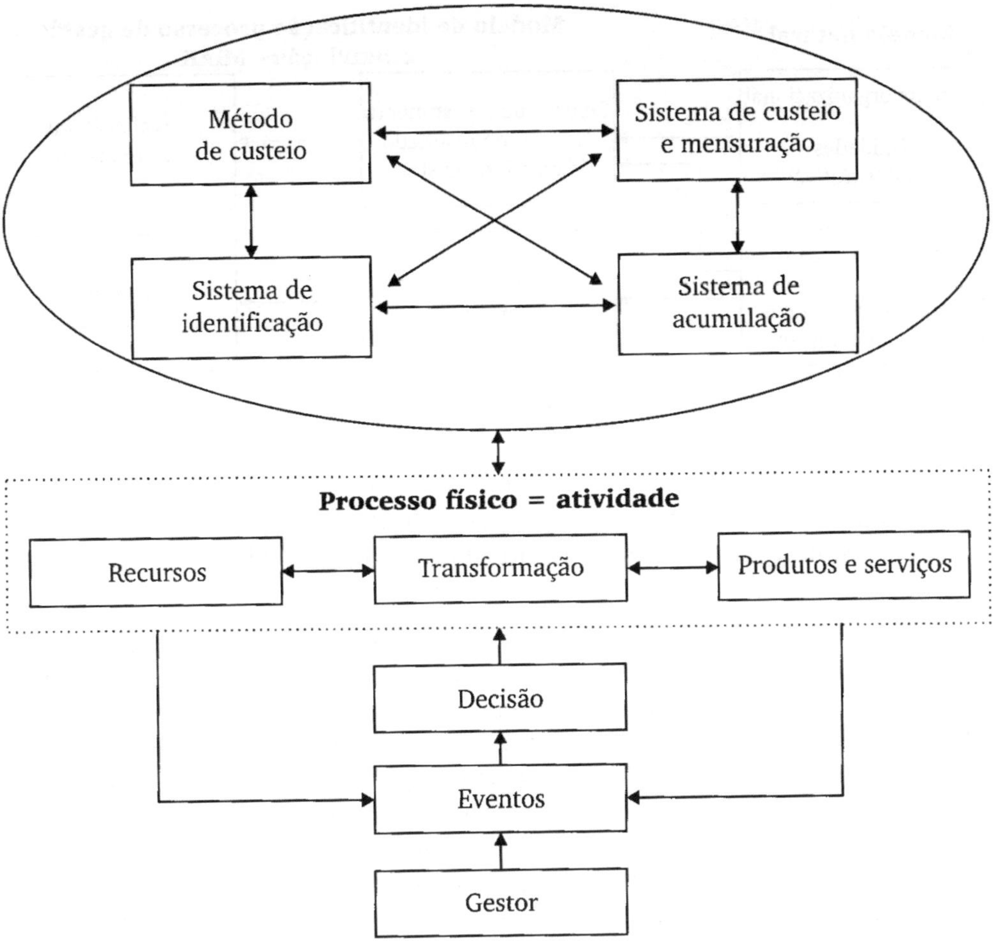

Figura 11.2 *Sistema de apuração de resultado.*

11.3 MODELO DE IDENTIFICAÇÃO E ACUMULAÇÃO DE RESULTADO – MIAR

O Modelo de Identificação e Acumulação de Resultado – MIAR – é um conjunto coordenado de atividades que, dentro de uma estrutura lógica, identifica, coleta e acumula dados dos diversos eventos econômicos de uma organização, compondo as características de um sistema de apuração de resultado.

Toda empresa possui um "modelo natural" para identificação e acumulação de recursos. Esse modelo (Figura 11.3), quando exposto, evidencia a forma como a empresa trabalha para gerar riqueza. Ele é resultado das decisões referentes ao modo de organização (sistema organizacional) e às variáveis físicas do negócio (sistema operacional).

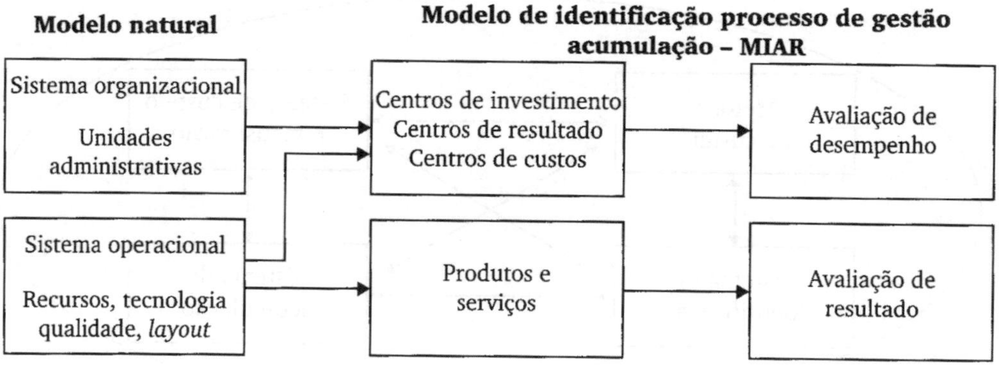

Figura 11.3 *Interação entre o modelo natural e o Miar.*

Sendo assim, o elo entre os sistemas físico, organizacional e de informações deve manifestar-se por meio de um modelo de identificação e acumulação que consiga espelhar, com a maior fidelidade possível, esse "modelo natural", apoiando o processo de gestão.

O modelo tem por origem os sistemas de acumulação de custos tradicionais. Entretanto, eles não atendem a um sistema de apuração de resultado, pelos seguintes fatores: (1) não acumulam receitas (só custos); (2) não abrangem todas as atividades empresariais (só a área de produção); (3) não acumulam dados a partir de eventos (e sim por atividade e departamento); (4) tempestividade não vinculada à dimensão temporal do gestor; (5) classificação restrita a custos diretos e indiretos (tendo o "produto" como único ponto de referência); (6) rígidos quanto à adaptabilidade ao modelo de mensuração (não permitindo a acumulação para a apuração do valor econômico da empresa). Portanto, não atendem plenamente aos pré-requisitos do sistema de apuração de resultado.

Apesar da preocupação em espelhar o "modelo natural", a abrangência e aplicação do modelo proposto também depende da análise das necessidades informativas dos gestores.

Para melhor elucidar os conceitos fundamentais aqui aplicados, o modelo é apresentado em dois subtópicos: Modelo de Identificação e Modelo de Acumulação.

11.3.1 *Modelo de identificação*

A questão da identificação das transações é o ponto crítico do modelo proposto. Hendriksen (1982: 194) afirma que "a mensuração da renda líquida é representada pelo excesso a mais de receitas apuradas durante um período de tempo associadas às despesas reportadas durante o mesmo período". Assim, há a necessidade de se identificar, em primeiro lugar, o momento de ocorrência da receita de uma transação, para depois associá-la aos custos incorridos para obtê-la.

Todavia, o momento do reconhecimento é apenas uma das variáveis. Na realidade, deve-se identificar a "causadora" da transação, bem como sua natureza e o objeto envolvido. Ou seja, para uma transação se manifestar, pelo menos um gestor precisa tomar uma decisão que envolva recursos econômicos da empresa em determinado instante de tempo e, então, ele deve ser responsável por esse ato e ter condições de responder sobre esse feito.

Para tanto, o modelo de identificação deve ser estruturado de uma forma que consiga cumprir todo o processo anteriormente descrito. Assim, o modelo é organizado com as seguintes funções: (1) reconhecimento da transação; (2) classificação da transação; e (3) registro da transação.

A Figura 11.4 evidencia o fluxo de identificação das transações, que é explicado nos próximos tópicos.

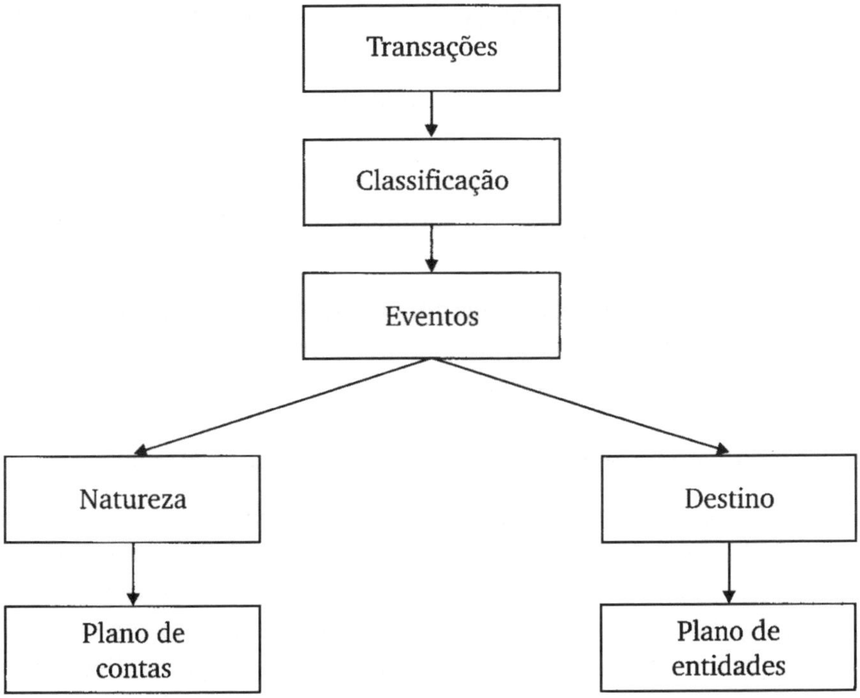

Figura 11.4 *Identificação das transações.*

1ª Função – Reconhecimento da Transação

→ *Princípio da Realização da Receita e Confrontação com os Custos*

Quando se discute o princípio da realização da receita e confrontação com os custos, está sendo abordado o momento de realização da receita para apuração de resultado, a saber, o fator temporal para a identificação e acumulação dos elementos de receitas e custos de determinada transação ocorrida em certa atividade empresarial.

Caso esse princípio seja aplicado de maneira ortodoxa, o modelo e, portanto, o sistema de apuração de resultado só reconhecem a receita e o resultado após a transferência do produto para o cliente externo, ou seja, consideram que o único momento de "ganho" do lucro é o ponto da venda. Dessa forma, o modelo ora proposto atenderá a um sistema para apuração do lucro contábil convencional.

Para um modelo que atenda aos pré-requisitos do sistema de apuração de resultado, deve-se aplicar o princípio considerando que, como afirma Guerreiro (1989: 206), "a empresa, como entidade econômica, tem condição de agregar valor aos fatores de produção e dessa forma aumentar a sua riqueza. Assim, o lucro é ganho durante todo o tempo, abrangendo todas as atividades envolvidas para a geração da riqueza".

Outro aspecto relevante quanto ao reconhecimento de custos diz respeito àqueles recursos que, devido a sua natureza, não são passíveis de associação aos produtos ou serviços e, conseqüentemente, às receitas. Tais custos devem ser identificados com base na competência de períodos e não serem vinculados à realização da receita.

Quanto às informações fornecidas em função do momento de reconhecimento da receita, a diferença entre um sistema de apuração de resultado baseado no modelo MIAR e um sistema de informações gerenciais tradicional, baseado num sistema de acumulação de custos tradicional (SAC), é demonstrada na Figura 12.5, supondo uma empresa com um ciclo operacional de 60 dias.

Nota-se que a utilização ortodoxa do princípio da realização da receita faz com que o resultado só seja apurado quando da realização da venda pela área comercial, como se esta fosse a única responsável pelo resultado da empresa. No sistema de apuração aqui visualizado, o resultado é apurado após a ocorrência de cada evento, que impacta o patrimônio da empresa. Assim, para refletir em termos econômicos o efeito de um evento no sistema operacional, o MIAR identifica e a acumula os custos e as receitas[2] do evento.

No exemplo, o MIAR apóia a apuração de resultado (receitas e custos) dos eventos de: compra, estocagem, manutenção, inspeção, produção e venda, no momento em que eles ocorrem, evidenciando como a empresa agrega valor e, por conseqüência, altera sua riqueza.

---

2. O Modelo GECON adota o conceito de custo de oportunidade para o estabelecimento dos preços de transferências a serem aplicados nas transações internas de uma empresa

	SAC	MIAR
Compras	Despesas departamentais	Resultado econômico "Compras"
Estocagem	Despesas departamentais	Resultado econômico "Estocagem"
Manutenção	Despesas departamentais	Resultado econômico "Manutenção"
Inspeção	Despesas departamentais	Resultado econômico "Inspeção"
Produção	Custos dos produtos (inventário)	Resultado econômico "Produção"
Vendas	Despesas departamentais Resultado contábil	Resultado econômico "Vendas"

0 → 60 *Tempo* (dias)

Figura 11.5 *Dimensão temporal da informação.*

2ª Função – Classificação da Transação

A classificação da transação envolve as questões relacionadas à identificação de determinado evento, à natureza econômica dos recursos (plano de contas) e ao destino (plano de entidades) da transação.

Dessa maneira, para processar a classificação, o modelo deve contemplar três elementos básicos: plano de eventos, plano de entidades e plano de contas.

→ *Plano de Eventos*

Segundo Li (1983: 4), "os eventos que afetam uma organização compreendem seu ambiente". Assim, um recurso econômico consumido ou gerado pela empresa, ou por uma de suas atividades por meio de uma transação, deve estar relacionado a determinado evento, ou seja, a relação de um recurso econômico com a empresa materializa-se através de uma transação que acaba por alterar o patrimônio desta.

Os eventos econômicos possuem as seguintes características:

1. alteram a situação patrimonial da empresa;
2. são previsíveis e, portanto, podem ser estruturados num sistema de informação;
3. dizem respeito ao desempenho da organização e acabam refletindo os modelos de decisão restritos dos gestores;
4. seus efeitos são mensuráveis monetariamente.

Os principais eventos econômicos de uma empresa estão relacionados com os objetivos-fins das atividades empresariais, tais como: venda, produção, finanças, compras etc. Entretanto, uma mesma área realiza mais de um evento, como o exemplo de plano de eventos para uma área de produção demonstra:

- Produção;
- Transferência de Produtos;
- Devoluções de Produtos Acabados;
- Requisições ao Almoxarifado;
- Devoluções ao Almoxarifado;
- Estocagem na Produção;
- Avarias de Produtos.

A planificação correta dos diversos eventos econômicos no modelo de identificação e acumulação de resultado, considerando a relação destes com o sistema organizacional, permite ao sistema de informação contemplar os seguintes aspectos: (a) *processo de simulação* – pois os gestores tomam decisões sobre os eventos econômicos (Figura 11.6); (b) *avaliação de resultado* – é possível apurar com que cada evento econômico de um mesmo centro de resultado contribuiu para a margem total dessa unidade administrativa; assim, em conjunto com a forma de custeio-padrão, são geradas informações sobre as margens de contribuições dos produtos, serviços e eventos para apóiar os gestores na avaliação de resultado.

→ *Plano de Entidades*

O modelo de identificação de custos e receitas deve contemplar, para auxiliar no processo de localização dos eventos descritos no item anterior, a relação entre os recursos econômicos envolvidos numa transação e pelo menos uma entidade da empresa. Em primeiro lugar, deve relacionar o evento com sua unidade causadora e, posteriormente, localizar as variáveis desse evento e os aspectos físicos e funcionais da atividade em questão. Denomina-se o conjunto de unidades causadoras e dos aspectos físicos e funcionais como *plano de entidades*.

Entidade é qualquer unidade da empresa que tem a capacidade de identificar e acumular, segundo seu destino, os custos e receitas. Então, ela pode ser de natureza funcional, conforme o sistema organizacional da empresa, ou um objeto (produto, lote de produtos, projetos, turno de trabalho etc.).

A amplitude do plano de entidades dependerá do nível de informação desejado pelo gestor e do sistema organizacional adotado pela empresa, já que o sistema de apuração deve estar compatibilizado com ele.

A importância da definição do plano está relacionada com a controlabilidade, apoiando a geração de informações para avaliações de desempenho (unidades administrativas) e de resultado (produtos e serviços).

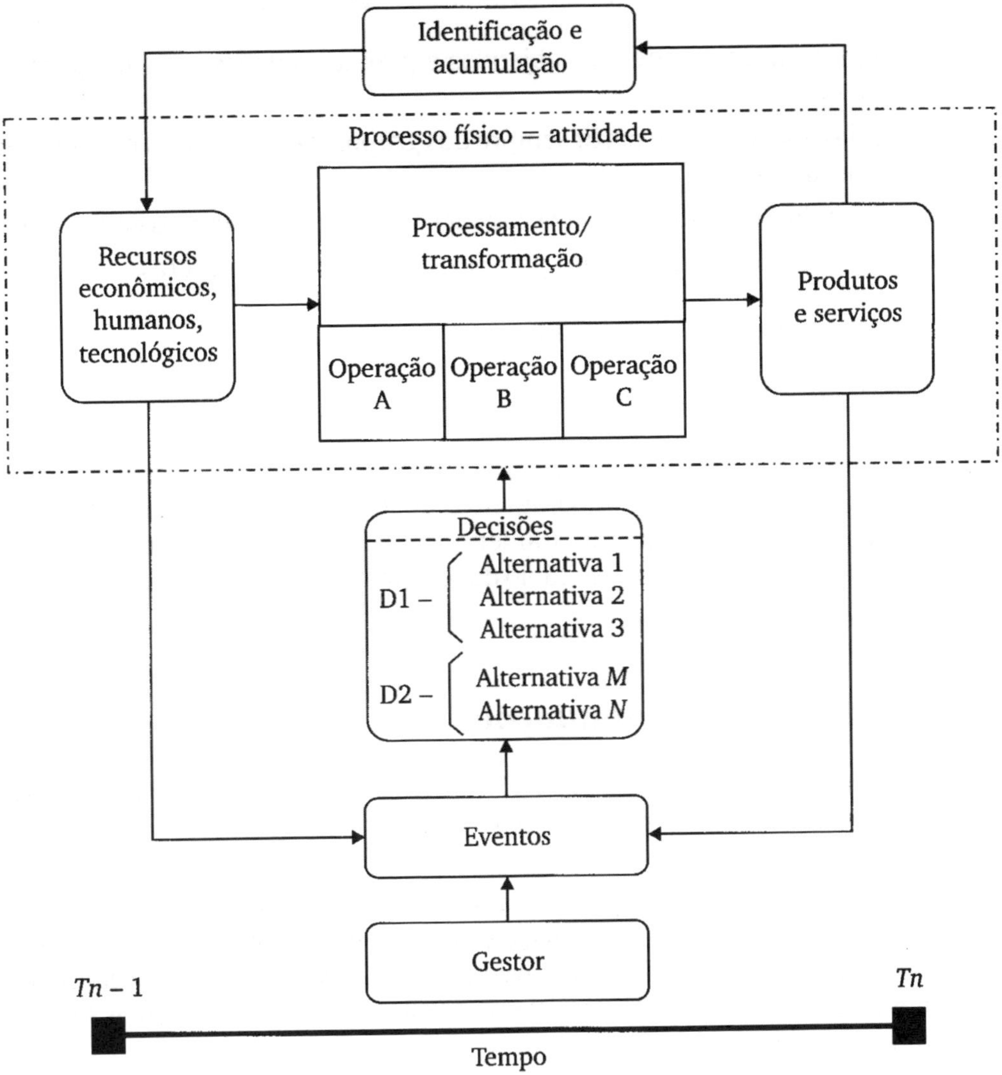

Figura 11.6 *Evento e tomada de decisão.*

→ *Plano de Contas*

Os dados de uma transação devem ser classificados dentro do modelo segundo a natureza econômica dos recursos envolvidos, o que é feito por meio de um plano de contas. Segundo Franco (1979: 67), é "na elaboração prévia de completo elenco de todas as contas necessárias aos registros contábeis da empresa, com a respectiva classificação e codificação", sendo a conta uma unidade identificadora por natureza dos recursos, produtos e serviços.

Para a elaboração de um plano de contas, sugere-se que:

a. o plano deve atender aos objetivos e premissas do sistema de apuração em questão;
b. a classificação deve partir sempre dos grupos mais genéricos para os mais específicos;
c. a terminologia adotada deve indicar com clareza os recursos envolvidos;
d. deve ser flexível suficiente para possíveis alterações futuras.

3ª Função – Registro da Transação

→ *Método de Escrituração*

Após o reconhecimento e a classificação da transação, resta efetuar o registro. A classificação determina os parâmetros de localização dos dados da transação, que são utilizados para o processamento dos registros. Para a correta identificação dos efeitos patrimoniais, o modelo deve adotar o método de escrituração das partidas dobradas.

11.3.2 *Modelo de acumulação*

Basicamente, o modelo de acumulação contempla a forma de acumulação das transações. Existem duas funções básicas no modelo que agem em momentos distintos.

A primeira função diz respeito ao ato de *inserir* os dados das transações, de forma organizada, no modelo. Ou seja, o processo de coleta dos dados, que ocorre antes do processo de identificação, deve ser organizado segundo procedimentos definidos pela empresa, que devem estar coerentes e consistentes com os sistemas de informações envolvidos.

A segunda função contempla a questão do armazenamento dos dados identificados, ou seja, a partir do momento em que a transação é reconhecida, classificada e registrada, seus dados são armazenados junto aos demais dados das transações de mesmo evento, destino, natureza e período de tempo. Decorrem daí cinco agentes acumuladores básicos: evento, conta, unidade causadora, objeto e tempo.

A partir disso, pode-se realizar a seqüência do processo de acumulação de resultado, evidenciando como o resultado econômico é formado, conforme a Figura 11.7 demonstra.

$$\Sigma T = E \Rightarrow \Sigma E = A \Rightarrow \Sigma A = D \Rightarrow \Sigma D = EM$$

onde:	T	=	Transação
	E	=	Evento
	A	=	Atividade
	D	=	Departamento
	EM	=	Empresa.

Figura 11.7 *Processo de acumulação.*

Assim, a soma das margens de contribuição das transações de um evento forma a margem de contribuição do evento; a soma das margens de contribuição dos diversos eventos que ocorrem numa atividade forma sua contribuição; a soma das contribuições das atividades de um departamento forma a contribuição do departamento; e a soma das contribuições dos diversos departamentos de uma empresa forma o resultado econômico da empresa.

Portanto, o modelo completo é capaz de realizar a identificação e acumulação das transações, permitindo a comparabilidade e evidenciando a proporcionalidade das variáveis dos diversos eventos econômicos.

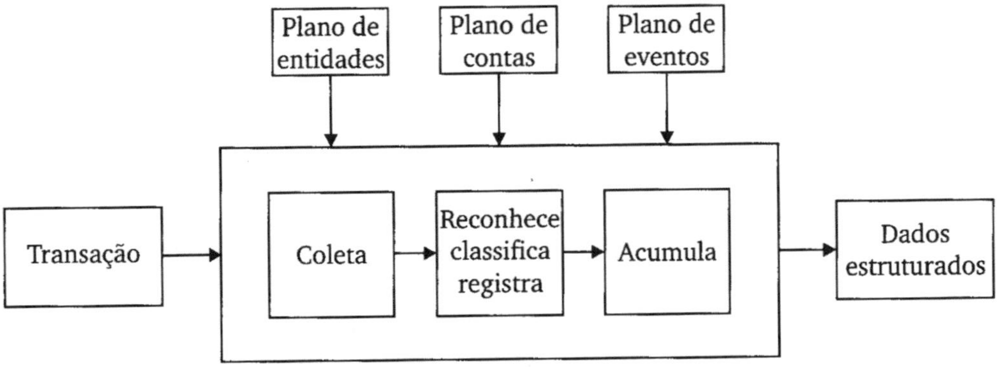

Figura 11.8 *Modelo de Identificação e Acumulação de Resultado – MIAR.*

Em resumo, como a Figura 11.8 demonstra, a sistemática do modelo é a seguinte: *1º passo* – coletar os dados referentes às transações; *2º passo* – reconhecer, classificar e registrar cada transação coletada; e *3º passo* – acumular os dados das transações segundo os parâmetros de identificação. Como produto final, é formado um banco de dados estruturados.

11.3.3 *Matriz do modelo*

A matriz da Figura 11.9 é um exemplo do modelo de identificação e acumulação de resultado definida com base na identificação das necessidades por informações dos gestores.

Transação: *Data:*

	A	B	C	D	E	F	G	H
1		Lote de produto	Turno de produção	Produto	Centro de resultado	Área de responsabilidade	Divisão	Empresa
2	Receita							
3	Custo A							
4	Custo B							
5	Custo C							
6	Custo D							
7	Custo E							

Figura 11.9 *Matriz de modelo.*

Catelli[3] afirma que

> *"a transação é a entidade geradora de resultados. A eficácia empresarial é obtida pela eficácia de cada transação realizada dentro de um evento econômico e cada evento, por possuir um modelo de decisão específico, deve ter um modelo de identificação e acumulação coerente com suas particularidades".*

Com base nas variáveis (recursos) que influenciam o evento, é definida a estrutura de receitas e custos (**coluna A**), ou seja, o plano de contas para classificação dos dados. Essas variáveis são decorrentes dos seguintes fatores: método de custeio, sistema de mensuração e aspectos físicos.

Na **linha 1**, está o plano de entidades do modelo, que é composto, no caso dessa matriz, de lote de produto, produto por turno, produto, centro de resultado, área de responsabilidade, divisão e empresa. O plano deve estar de acordo com os aspectos físicos e organizacionais "causadores" e os "objetos" do evento. A seguir, são tratadas cada uma das entidades exemplificadas:

---

3. Esta afirmação foi extraída de anotações feitas em sala de aula, na disciplina Análise de Custos ministrada pelo Professor Armando Catelli no segundo semestre de 1992.

- **Lote de Produto** – essa entidade pode representar uma ordem de produção de um produto, ou a quantidade de um produto elaborado num período de tempo (lote temporal), dependendo das características da produção da atividade em questão.
- **Produto por Turno** – trata-se de um exemplo da entidade "Tempo" aplicada para identificar e acumular custos e receitas.
- **Produto** – pode ser uma entidade acumuladora dos resultados de todos os lotes de determinado produto, ou simplesmente ser o produto unitário, dependendo do ambiente de produção.
- **Centro de Resultado** – é uma entidade identificadora e acumuladora que representa o local onde ocorrem as ações e atividades que compõem o processo produtivo em sua totalidade ou parte dele.
- **Área de Responsabilidade** – é a entidade que acumula os custos e receitas de todos os centros de resultados que estão sob sua responsabilidade, ou seja, existe um gestor com autoridade e autonomia definidas para ser o responsável pela área.
- **Divisão/Empresa** – são entidades acumuladoras de resultados das diversas áreas de responsabilidade, podendo ou não estar disponíveis para a identificação e acumulação de custos ou receitas comuns.

Máquina, molde, projeto, processo, serviço etc. são outros exemplos de entidades que, dependendo da atividade, podem ser utilizados. Na realidade, a definição do plano de entidades, e das próprias entidades, depende das características físicas da atividade, da qualidade dos sistemas operacionais de planejamento e controle e da necessidade de informações por parte dos gestores. A importância de um plano de entidades é conseguir evidenciar a relação de causa e efeito, isto é, um custo ou uma receita só ocorre com a ocorrência da entidade.

Dessa maneira, a matriz do modelo propicia uma visão completa dos diversos comportamentos de cada elemento de receita ou custo da transação, permitindo a análise de custos e a análise de resultado, em sentido amplo, e a controlabilidade das variáveis de um evento por uma unidade administrativa.

Por fim, entre todos os aspectos abordados referentes ao modelo, cabe destacar, a seguir, os seguintes pontos:

1. Para refletir as mutações ambientais que afetam a empresa, o modelo deve identificar e acumular corretamente (refletir o físico-operacional) as transações que alteram o patrimônio desta, dentro dos limites de sua responsabilidade.
2. Quanto à identificação correta das transações, deve ser considerado que: (a) o momento de realização da receita deve ser o mesmo momento da geração da riqueza; (b) o plano de eventos deve abranger todas as ocorrên-

cias que alterem o patrimônio da empresa; (c) o plano de entidades deve representar com fidelidade os produtos/serviços, os processos físico-operacionais e o sistema organizacional da empresa; (d) o plano de contas deve refletir a natureza dos recursos aplicados ou gerados pela empresa; e (e) o método de escrituração deve ser o sistema de partidas dobradas.

3. No que se refere à acumulação correta, observamos que: (a) a coleta de dados deve obedecer à estrutura determinada pela identificação, equacionando a entrada de dados no sistema; (b) a acumulação dos dados deve ser realizada tendo como agentes os parâmetros definidos pelo modelo de identificação (período, evento, entidade e conta); e (c) o processo de acumulação deve começar a partir da transação, respeitando e refletindo as relações entre eventos e entidades.

Cabe ainda ressaltar que o Modelo de Identificação e Acumulação de Resultado – MIAR proporciona a flexibilidade total do sistema de apuração de resultado para a formatação de relatórios. A utilização de conceitos como: evento, entidade e conta possibilita que o gestor analise determinada situação sob vários ângulos, a partir da combinação dessas variáveis.

11.4 CONCLUSÕES

O quadro comparativo (Quadro 11.1) mostra as principais diferenças entre o sistema de acumulação de custos **tradicional** e o modelo **MIAR**, proposto.

Quadro 11.1 *Quadro comparativo.*

	Tradicional	MIAR
1	Voltado para eficiência do sistema contábil.	Voltado para eficácia do sistema contábil (atende ao princípio da *accountability*).
2	Atende aos princípios e convenções contábeis.	Atende às necessidades informativas do usuário.
3	Adota a dimensão temporal da Contabilidade Financeira.	Adota a dimensão temporal do usuário.
4	Acumula dados por atividades.	Acumula dados enfocando os eventos.
5	Acumula custos.	Acumula custos e receitas.
6	Ênfase no custo do produto.	Ênfase no resultado.
7	É aplicado na produção.	É aplicado em todas as atividades da empresa.
8	Propicia a apuração do resultado contábil.	Propicia a apuração do resultado econômico.
9	Restringe a classificação e a análise de custos.	Propicia a visualização de todos os comportamentos de cada elemento de custo ou receita.
10	Controlabilidade parcial.	Controlabilidade total.
11	Aplicação restrita à finalidade específica.	Aplicação genérica (para qualquer sistema de apuração).

O modelo MIAR é aplicado em trabalhos de consultoria realizados pelo Laboratório do Núcleo GECON da Fipecafi/USP – Fundação Instituto de Pesquisas Contábeis, Atuariais e Financeiras da Universidade de São Paulo, não só em empresas industriais, como também em outros setores econômicos (instituições financeiras e serviços).

REFERÊNCIAS BIBLIOGRÁFICAS

ANTHONY, Robert N., WELSCH, Glenn A. *Fundamentals of management accounting*. Homewood, Ill.: Richard D. Irwin, 1981.

BIO, Sérgio R. *Desenvolvimento de sistemas contábeis-gerenciais*: um enfoque comportamental e de mudança organizacional. Tese (Doutorado) – FEA. São Paulo : USP, 1987.

CATELLI, Armando. *Sistema de contabilidade de custos estândar*. Tese (Doutorado) – FEA. São Paulo : USP, 1972

______, GUERREIRO, Reinaldo. Mensuração de atividades: comparando o ABC X GECON. *Caderno de Estudos*. São Paulo : Fipecafi, n. 8, abr., 1993.

______. Algumas reflexões sobre o sistema "Activity Based Costing" Anais da XVII *Jornada de Contabilidade, Economia e Administração do Cone Sul*. Santos, 1994.

CRUZ, Rosany I. *Uma contribuição à definição de um modelo conceitual para gestão econômica*. Dissertação (Mestrado) – FEA. São Paulo : USP, 1991.

FRANCO, Hilário. *Contabilidade comercial*. 12. ed. São Paulo : Atlas, 1979.

GUERREIRO, Reinaldo. *Modelo conceitual de sistema de informação de gestão econômica*: uma contribuição à teoria da comunicação da contabilidade. Tese (Doutorado) – FEA. São Paulo : USP, 1989.

______. *Sistema de custo direto padrão*: estruturação e processamento integrado com os princípios de contabilidade geralmente aceitos. Dissertação (Mestrado) – FEA. São Paulo : USP, 1984.

HENDRIKSEN, Eldon S. *Accounting theory*. 4. ed. Homewood, Ill.: Richard D. Irwin, 1982.

HORNGREN, Charles T., FOSTER, George. *Cost accounting*: a managerial emphasis. 6. ed. New Jersey : Prentice Hall, 1987.

KAPLAN, Robert, JOHNSON, H Thomas. *Contabilidade gerencial*: a restauração da relevância da contabilidade nas empresas. Rio de Janeiro : Campus, 1993.

LI, David H. *Accounting information systems*: a control emphasis. Homewood, Ill.: Richard D. Irwin, 1983.

MAURO, Carlos A. *Preço de transferência baseado no custo de oportunidade*: um instrumento para a formação da eficácia empresarial. Dissertação (Mestrado) – FEA. São Paulo : USP, 1991.

MOSIMANN, Clara P., ALVES, Osmar, FISCH, Silvio. *Controladoria*: seu papel na administração de empresas. Florianópolis : UFSC, 1993.

PARISI, Claudio. *Uma contribuição ao estudo de modelos de identificação e acumulação de resultado*. Dissertação (Mestrado) – FEA. São Paulo : USP, 1995.

PELEIAS, Ivan R. *Avaliação de desempenho*: um enfoque de gestão econômica. Dissertação (Mestrado) – FEA. São Paulo : USP, 1992.

Parte IV

CONTROLADORIA

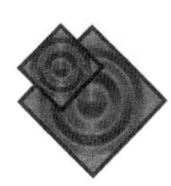

12 CONTROLADORIA

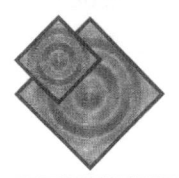

Lauro Brito de Almeida
Claudio Parisi
Carlos Alberto Pereira

12.1 INTRODUÇÃO

O debate e as críticas quanto à ineficiência da Contabilidade tradicional – ortodoxa e enraizada nos princípios fundamentais de contabilidade – enquanto construtora e mantenedora de sistemas de informações, responsável por suprir os gestores com informações úteis e em tempo hábil na condução do processo de gestão das atividades empresariais, já data de algum tempo.

Essas críticas reacenderam-se com mais intensidade a partir da segunda metade dos anos 80, com a obra de Johnson & Kaplan, *Relevance lost*, em que os autores são taxativos ao afirmarem que

> *"os atuais sistemas contábeis para a administração são inadequados para o meio ambiente".* (Johnson & Kaplan, 1987:24)

O quadro, então caracterizado, diante desse "estado de coisas" é tal, que as reflexões de Johnson & Kaplan foram contundentes, motivando alguns pesquisadores a advogarem uma total ruptura com a Contabilidade (Guerreiro Catelli, 1994:3-5). Na verdade, o que está ocorrendo é uma situação em que as ***partes*** são colocadas como representativas do ***todo***.

A Contabilidade tradicional tem-se prestado à mensuração (ainda que conceitualmente falha) de eventos econômicos passados das organizações, na maioria das vezes, em atendimento às necessidades fiscais. Uma gestão com foco na continuidade da organização não se faz extrapolando dados do passado. Para atingir os estados futuros desejados, há que se simular eventos futuros, visto que decisões que se concretizarão no futuro são tomadas no presente.

Assim, a Contabilidade, enquanto ciência, tem uma rica base conceitual da qual devemos nos valer e, interagindo de forma multidisciplinar com os demais ramos do conhecimento, buscar a construção de uma via alternativa à Contabilidade tradicional, cuja base conceitual é inadequada para modelar as informações destinadas ao uso dos gestores.

Como uma evolução natural desta Contabilidade praticada identificamos a Controladoria, cujo campo de atuação são as organizações econômicas, caracterizadas como *sistemas abertos* inseridos e interagindo com outros num dado *ambiente*. Assim, é nossa proposição – objetivo deste texto – discutir a Controladoria sob a ótica da Gestão Econômica – GECON, estando presente uma visão sistêmica de todas as demandas de informação, sejam elas *internas* ou *externas*.

12.2 QUE É CONTROLADORIA

A Controladoria não pode ser vista como um método, voltado ao como fazer. Para uma correta compreensão do todo, devemos cindi-la em dois vértices: o *primeiro* como *ramo do conhecimento* responsável pelo estabelecimento de toda base conceitual, e o *segundo* como *órgão administrativo* respondendo pela disseminação de conhecimento, modelagem e implantação de sistemas de informações.

12.2.1 *Ramo do conhecimento*

A Controladoria enquanto ramo do conhecimento, apoiada na Teoria da Contabilidade e numa visão multidisciplinar, é responsável pelo estabelecimento das bases teóricas e conceituais necessárias para a modelagem, construção e manutenção de Sistemas de Informações e Modelo de Gestão Econômica, que supram adequadamente as necessidades informativas dos Gestores e os induzam durante o processo de gestão, quando requerido, a tomarem decisões ótimas.

As bases de sustentação ao nosso enfoque de Controladoria alicerçam-se no GECON, de cujos princípios, conceitos e metodologia de operacionalização, tendo em vista nossos propósitos, enumeramos as seguintes premissas básicas:

- a empresa é constituída sobre o pressuposto da continuidade;
- a empresa é um sistema em constante interação com seu ambiente;
- o resultado econômico é o melhor indicador da eficácia empresarial;
- o resultado econômico é a base para a tomada de decisões;
- o Modelo de Gestão – derivado das crenças e valores – será a carta magna que corresponde a um conjunto de definições relativas ao processo de gestão empresarial;

- as atividades empresariais são conduzidas, de forma estruturada, por um Processo de Gestão que analiticamente corresponde ao Planejamento, Execução e Controle;
- as informações requeridas pelos Gestores são devidamente suportadas por sistemas de informações.

A Controladoria, por este ângulo, estará voltada para modelar a correta mensuração da riqueza (patrimônio dos agentes econômicos), a estruturação do modelo de gestão – notadamente os relacionados com os aspectos econômicos da entidade, incluindo os modelos de decisão e informação – e do sistema de informações. A interação multidisciplinar é verificada pela agregação de conceitos das áreas de economia, administração e sistema de informação, entre outras.

Enquanto ramo do conhecimento, uma ampla gama de assuntos serão objetos de estudo, dos quais destacamos: modelo de gestão, processo de gestão, modelo organizacional, modelo de decisão (teoria da decisão), modelo de mensuração (teoria da mensuração), modelo de identificação e acumulação e modelo de informação (teoria da informação).

Porém, é paradoxal que a sociedade – com maior intensidade nos dias atuais – seja movida por um grande sentimento de mediatismo, em que o enfoque de valor é por "coisas práticas". Nesta questão, a sociedade esquece, e nós devemos ter um entendimento mais amplo, pois pensar – ***teorias*** – é o grande (e talvez insubstituível) passo que antecede a toda e qualquer *nova tecnologia*.

Verifica-se, por parte dos menos avisados, um "abismo" quanto ao correto entendimento da vinculação que há entre teoria e prática e que só fica claro com a compreensão do que é tecnologia. O entendimento de Galbraith (1967 apud Harrison, 1975:107) de que tecnologia

> *"...significa a sistemática aplicação científica ou outros conhecimentos organizados para tarefas práticas..."*

põe um fim neste "abismo".

Por fim, a Controladoria como ramo do conhecimento é que possibilitou a definição do modelo de gestão econômica e o desenvolvimento e construção dos sistemas de informações num contexto de Tecnologia de Gestão.

12.2.2 *Unidade administrativa*

A Controladoria vista como Unidade Administrativa é responsável pela coordenação e disseminação desta Tecnologia de Gestão – quanto ao conjunto teoria, conceitos, sistemas de informações – e também, como orgão aglutinador e direcionador de esforços dos demais gestores que conduzam à otimização do resultado global da organização.

Assim, materializa uma área de responsabilidade bem definida, responsável pela execução das atividades a seguir identificadas:

- ***desenvolvimento de condições para a realização da gestão econômica***: visto que as decisões tomadas na condução das atividades têm como foco o resultado econômico, significa que os gestores devem estar de posse de instrumentos adequados, bem como devidamente treinados;
- ***subsídio ao processo de gestão com informações em todas as suas fases***: os sistemas de informações devem ser disponibilizados para uso direto do gestor, de modo que as informações sejam oportunas;
- ***gestão dos sistemas de informações econômicas de apoio às decisões***: os sistemas de informações devem propiciar informações que reflitam a realidade físico-operacional. A Controladoria é a responsável pela gestão operacional;
- ***apoio à consolidação, avaliação e harmonização dos planos das áreas***: é a maneira de consistir a otimização do todo, constituindo-se num elemento catalisador da sinergia necessária para a otimização do resultado global.

A Controladoria é por excelência uma área coordenadora das informações sobre gestão econômica; no entanto, ela não substitui a responsabilidade dos gestores por seus resultados obtidos, mas busca induzi-los à otimização do resultado econômico. Portanto, os gestores, além de duas especialidades, devem ter conhecimento adequado sobre gestão econômica, tornando-se gestores do negócio, cuja responsabilidade envolve as gestões operacional, financeira, econômica e patrimonial de suas respectivas áreas.

12.3 MISSÃO DA CONTROLADORIA

A gestão das atividades empresariais sob a égide do Modelo GECON é conduzida sob uma perspectiva sistêmica, visto que a maximização isolada dos resultados das partes não conduz necessariamente à otimização do todo. Cabe, então, à Controladoria, por ser a única área com uma visão ampla e possuidora de instrumentos adequados à promoção da otimização do todo, a responsabilidade pelo cumprimento de uma missão muito especial.

A missão da Controladoria será:

Assegurar a Otimização do Resultado Econômico da Organização.

Para que a missão possa ser cumprida a contento, objetivos claros e viáveis estarão sendo estabelecidos. Os ***objetivos*** da Controladoria, tendo em vista a missão estabelecida, são:

- ✓ promoção da eficácia organizacional;
- ✓ viabilização da gestão econômica;
- ✓ promoção da integração das áreas de responsabilidade.

Atingir este conjunto de objetivos significa a obtenção de resultados econômicos de acordo com as metas e condições estabelecidas, decorrentes de decisões tomadas sob a ótica de gestão econômica num enfoque de abordagem sistêmica. Portanto, é nosso ponto de congruência, se considerarmos a existência de uma hierarquia de objetivos, o objetivo maior da Controladoria é

> *"...a gestão econômica, compreendida pelo conjunto de decisões e ações orientado por resultados desejados e mensurados segundo conceitos econômicos"* (Guerreiro, Catelli e Dornelles, 1997:3).

Sob este ponto de vista, a Controladoria, ao contribuir enquanto área de responsabilidade e conjuntamente com as demais para o cumprimento da missão e continuidade da organização, terá como ***filosofia de atuação***:

- coordenação de esforços visando à sinergia das ações;
- participação ativa do processo de planejamento;
- interação e apoio às áreas operacionais;
- indução às melhores decisões para a empresa como um todo;
- credibilidade, persuasão e motivação.

12.4 RESPONSABILIDADE E AUTORIDADE

A Controladoria, em decorrência da missão e objetivos estabelecidos, e para seu efetivo desempenho, terá responsabilidade e autoridade.

12.4.1 *Responsabilidade*

Conforme a proposta de Modelo de Gestão do GECON, a Controladoria, como qualquer área de responsabilidade de uma organização, tem sua responsabilidade definida claramente, respondendo pelas gestões operacional, financeira, econômica e patrimonial de suas atividades.

Entretanto, por ser uma atividade de coordenação e em decorrência de sua missão, a responsabilidade da Controladoria se diferencia da responsabilidade das áreas operacionais e de apoio. Esta diferença se caracteriza no processo desenvolvido para assegurar a otimização de resultado, conforme descrito a seguir.

É responsabilidade da Controladoria ser a indutora dos gestores, no que diz respeito à melhora das decisões, pois sua atuação envolve implementar um conjunto de ***ações*** cujos produtos materializam-se em ***instrumentos disponibilizados*** aos gestores, conforme Quadro 12.1 a seguir:

Quadro 12.1 *Ação e instrumento disponibilizado.*

Ação	**Instrumento disponibilizado**
• Clarificar como as decisões são ou deveriam ser tomadas	*Modelo de decisão*
• Mensurar corretamente o resultado dos eventos, produtos, atividades e áreas	*Modelo de mensuração*
• Informar adequadamente os gestores	*Modelo de informação*

A quota-parte da contribuição da área de controladoria caracteriza-se por buscar a otimização do resultado econômico da empresa, numa atuação sinérgica junto às demais áreas de responsabilidade, provendo toda a base conceitual e operacional relativa aos sistemas de informações. Desta forma, a otimização é viabilizada ao estabelecer um conjunto de requisitos e respectivos objetivos, conforme Quadro 12.2 a seguir:

Quadro 12.2 *Requisitos para a otimização do resultado e objetivos.*

Requisitos para a otimização do resultado	**Objetivos (obtenção de)**
• Começa no planejamento	*Resultado objetivado*
• Requer integração das áreas e visão de longo prazo	*Resultado assegurado*
• Decorre da otimização do resultado de cada evento/transação	*Resultado efetivado*
• Requer mensuração adequada	*Resultado correto*

12.4.2 *Autoridade*

As organizações empresariais são heterogêneas quanto ao tamanho, à complexidade, à definição das áreas de responsabilidade, entre outras características. Nesta questão, todo o desenho que dará forma a todos os demais subsistemas será em obediência ao estabelecido no Modelo de Gestão.

Independentemente das características das empresas, o grau de autoridade pode ser subdividido em dois níveis – autoridade formal e autoridade informal – e segundo Guerreiro, Catelli e Dornelles (1997:11):

a. *Autoridade Formal* – quando a matéria envolver a instituição de normas, procedimentos e padrões relacionados com suas atividades e funções;
b. *Autoridade Informal* – à medida que os assuntos se refiram a aspectos técnicos e conceituais inerentes ao grau de especialização envolvido nas funções de Controladoria, esta passará a adquirir um grau de autoridade informal, conseqüente do domínio dos conceitos e técnicas funcionais de suas atividades. Esse tipo de autoridade se efetiva através da execução de atividade tipicamente de consultoria e assessoria, como órgão de *staff*.

Ainda, com respeito à autoridade informal, é nosso entendimento que, como órgão de *staff*, a atividade desenvolvida tem uma abrangência e comprometimento muito maior. Em verdade, transmuta-se em um órgão de *coordenação*.

12.5 FUNÇÕES

No entendimento de Jucius & Schelender (1974:196), "*...funções são definidas como atos*". Porém, estes atos não são fortuitos, há uma razão, um imperativo para que aconteçam, pois, de acordo com os autores, "*os propósitos por que as funções ou atos são desempenhados são geralmente referidos como objetivos*".

As empresas têm uma divisão funcional do trabalho, cujo divisor de águas é a vinculação – destas funções – a suas características operacionais, que são definidas em função do produto e/ou serviço produzido. Uma Área de Responsabilidade, independentemente de quantas atividades a compõe, desempenha uma ou um conjunto de funções. No caso da Controladoria, estas funções estão ligadas a um conjunto de ***objetivos***[1] e, quando desempenhadas, viabilizam o processo de gestão econômica. A seguir são discutidas as funções desempenhadas.

---

1. Estes objetivos decorrem da missão, conforme visto no item 13.3 – Missão da Controladoria.

12.5.1 *Subsidiar o processo de gestão*

Esta função envolve ajudar a adequação do processo de gestão à realidade da empresa ante seu meio ambiente. Estará sendo materializada tanto no suporte à estruturação do processo de gestão como pelo efetivo apoio às fases do processo de gestão, por meio de um sistema de informação que permita simulações e projeções sobre eventos econômicos no processo de tomada de decisão.

Estará a Controladoria suprindo os Gestores – das diversas áreas – no processo de gestão com instrumentos gerenciais que fornecem informações sobre desempenhos e resultados econômicos. É inerente a esta função monitorar o processo de elaboração do orçamento – e respectiva consolidação – das diversas áreas de responsabilidade da empresa.

12.5.2 *Apoiar a avaliação de desempenho*

Na avaliação de desempenho, seja dos gestores ou das áreas de responsabilidade, a Controladoria estará:

- ✓ elaborando a análise de desempenho econômico das áreas;
- ✓ elaborando a análise de desempenho dos gestores;
- ✓ elaborando a análise de desempenho econômico da empresa;
- ✓ avaliando o desempenho da própria área.

Ressalta-se que a avaliação de desempenho deve ser feita individualmente por todos os gestores e seus respectivos superiores hierárquicos. A análise elaborada pela Controladoria é mais um subsídio ao processo de avaliação.

12.5.3 *Apoiar a avaliação de resultado*

Ao apoiar a avaliação de resultado, a Controladoria estará:

- ✓ elaborando a análise de resultado econômico dos produtos e serviços;
- ✓ monitorando e orientando o processo de estabelecimento de padrões;
- ✓ avaliando o resultado de seus serviços.

12.5.4 *Gerir os sistemas de informações*

Desempenhando a função de gerir os sistemas de informações, estará a Controladoria:

- ✓ definindo a base de dados que permita a organização da informação necessária à gestão;
- ✓ elaborando modelos de decisão para os diversos eventos econômicos, considerando as características físico-operacionais próprias das áreas, para os gestores;
- ✓ padronizando e harmonizando o conjunto de informações econômicas (Modelo de Informação).

12.5.5 *Atender aos agentes do mercado*

A empresa é um sistema aberto e, conseqüentemente, interage com o meio ambiente, trocando os mais diferentes tipos de recursos/produtos. Ante a esta condição é função da Controladoria atender às demandas externas, da seguinte forma:

- ✓ analisando e mensurando o impacto das legislações no resultado econômico da empresa;
- ✓ atendendo aos diversos agentes do mercado, seja como representante legal formalmente estabelecido, seja apoiando o Gestor responsável.

12.6 INSTRUMENTOS DA CONTROLADORIA

No contexto da gestão econômica, visto que "...a execução das atividades, (...) por sua vez é condição para o desempenho das funções..." (Almeida, 1996:27), a Controladoria, na execução de suas atividades, deve utilizar-se de dois instrumentos fundamentais: *Processo de Gestão* e *Sistemas de Informações*.

12.6.1 *Processo de gestão*

Na gestão das diversas atividades, os gestores devem planejar cuidadosamente suas ações, implementar planos adequados e proceder a uma avaliação sistemática do desempenho realizado ante os planos idealizados. Para tanto, o desempenho de suas funções será em conformidade com um Processo de Gestão estruturado, que analiticamente compõe-se das seguintes etapas:

- ➡ planejamento estratégico, operacional e programação;
- ➡ execução;
- ➡ controle.

A etapa de *planejamento estratégico* é o momento em que cenários futuros são antecipados e oportunidades e ameaças são identificadas. O produto obtido é um conjunto de diretrizes estratégicas de caráter qualitativo que visa orientar a etapa de *planejamento operacional*, que consiste em formular vários planos operacionais alternativos e optar por um.

A *programação* é o momento em que o que foi planejado é adequado às imposições do dia-a-dia, porém sua efetiva realização é o que caracteriza a *execução*. A etapa de *controle* tem múltiplos aspectos (avaliação de desempenho, de resultados, etc.), sendo primordial o enfoque de garantir que as atividades sejam realizadas de acordo com o previamente estabelecido nos planos.

Conforme definido no Modelo de Gestão, o processo de gestão será voltado para a otimização do resultado econômico – das partes e por conseqüência do todo – estruturado, devidamente formalizado e, para tanto, apoiado pelos sistemas de informações.

12.6.2 *Sistemas de informações*

Para suportar o Processo de Gestão com informações adequadas, nas decisões requeridas em suas diversas etapas, a Controladoria estará disponibilizando um sistema de informações gerenciais. Os subsistemas componentes serão modelados e construídos com base em conceitos econômicos. Seus subsistemas são:

- ➡ simulações;
- ➡ orçamentos;
- ➡ padrões;
- ➡ realizado.

Este conjunto de subsistemas, considerando as particularidades de cada um no atendimento a cada etapa do processo de gestão, viabilizarão o seguinte conjunto de ações:

- ✓ induzir os gestores à decisão correta;
- ✓ apurar os resultados econômicos dos produtos, atividades, áreas, empresas etc;
- ✓ refletir o físico-operacional;
- ✓ permitir a avaliação de resultado dos produtos e serviços;
- ✓ permitir a avaliação de desempenho.

Nessa seqüência, os sistemas de informações serão totalmente integrados ao processo de gestão, apoiando-os em todas as fases, conforme identificado no Quadro 12.3.

Quadro 12.3 *Processo de gestão e sistemas de informações.*

Processo de Gestão	**Sistemas de Informações**
Planejamento Estratégico	Sistema de informações sobre variáveis ambientais
Planejamento operacional: Pré-planejamento Planejamento de longo, médio e curto prazos	 Sistema de simulações de resultados econômicos (pré-orçamentário) Sistema de orçamentos (gerenciais)
Execução	Sistema de padrões Sistema de informações de resultados realizados (integrado ao sistema de orçamentos)
Controle	Sistema de informações para avaliação de desempenhos e de resultados

A integração existente entre os subsistemas componentes produzirá informações comparativas entre desempenhos orçados, padrões e realizados, obedecendo a uma mesma base conceitual, não possibilitando discussões estéreis na Avaliação de Desempenhos e Resultados.

O dinamismo do dia-a-dia tem como conseqüência alterações que impõem uma nova realidade às atividades empresariais. Os sistemas de informações estarão captando estas alterações, cujos reflexos devem ser prontamente refletidos nos *orçamentos flexíveis*, e assim permitindo ajustes, identificação e evidenciação das causas de variações entre os desempenhos planejados e realizados. Dessa maneira, o impacto das variáveis externas e internas sobre o desempenho da empresa é evidenciado por meio das *variações orçamentárias.*

12.7 CONCLUSÕES

A Controladoria, para ser eficaz em sua missão, é profundamente dependente da cultura organizacional vigente. Essa cultura organizacional tem sua gênese no Subsistema Institucional e, em função da missão, crenças e valores, será definido o Modelo de Gestão que estabelece a maneira como a empresa será conduzida.

A Controladoria contribuirá com suas crenças e valores na definição do Modelo de Gestão, no estabelecimento, entre outras, das seguintes "regras" para os gestores:

- ✓ grau de autonomia dos gestores;
- ✓ processo de gestão;
- ✓ avaliação de desempenhos;
- ✓ sistema de recompensas/punições.

Dessa forma, ao participar na definição do Modelo de Gestão, divulgar os conceitos de gestão econômica, disponibilizar os instrumentos necessários e zelar pelo pronto atendimento, caracteriza-se a Controladoria como um Agente de Mudanças Comportamentais.

REFERÊNCIAS BIBLIOGRÁFICAS

ALMEIDA, Lauro Brito de. *Estudo de um modelo conceitual de decisão, aplicado a eventos econômicos, sob a ótica da gestão econômica.* Dissertação (Mestrado) – Faculdade de Economia, Administração e Contabilidade (FEA/USP). São Paulo : USP, 1996.

GUERREIRO, Reinaldo. *Modelo conceitual de sistema de informação de gestão econômica:* uma contribuição à teoria da comunicação. Tese (Doutorado) – Faculdade de Economia Administração e Contabilidade. (FEA/USP). São Paulo : USP, 1989.

______, CATELLI, Armando, DORNELLES, João Aldemir. *Uma contribuição para o resgate da relevância da contabilidade de custos para a administração.* Trabalho apresentado no XVI Congreso Argentino de Profesores Universitários de Costos – 1ªs Jornadas Iberoamericanas de Costos y Contabilidad de Gestión, Out. 1994.

______. *A controladoria sob o enfoque GECON – gestão econômica:* A experiência da Caixa Econômica Federal do Brasil. Trabalho apresentado a CONTHAB, Mar. 1997.

HARRISON, E. Frank. *The managerial decision-making process.* Boston : Houghton Mifflin, 1975.

JOHNSON, H. Thomas, KAPLAN, Roberto S. *Relevance lost.* Boston : Harvard Business School Press, 1987.

JUCIUS, Michael J., SCHLENDER, William E. *Introdução à administração.* São Paulo : Atlas, 1971.

OLIVEIRA, Antonio Benedito Silva. *Aplicação dos conceitos de gestão econômica aos eventos econômicos de um banco comercial.* Dissertação (Mestrado) – Faculdade de Economia, Administração e Contabilidade (FEA/USP). São Paulo : USP, 1994.

PARISI, Cláudio. *Uma contribuição ao estudo de modelos de identificação e acumulação de resultado.* Dissertação (Mestrado) – Faculdade de Economia, Administração e Contabilidade (FEA/USP). São Paulo : USP, 1995.

PEREIRA, Carlos Alberto. *Estudo de um modelo conceitual de avaliação de desempenhos para gestão econômica.* Dissertação (Mestrado) – Faculdade de Economia, Administração e Contabilidade (FEA/USP). São Paulo : USP, 1993.

Parte V

APLICAÇÕES DO GECON

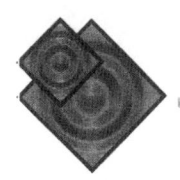

13

Avaliação de Resultados e Desempenhos em Instituições Financeiras

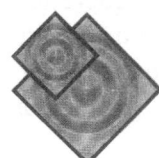

Armando Catelli
Reinaldo Guerreiro
Carlos Alberto Pereira

13.1 INTRODUÇÃO

13.1.1 *O ambiente competitivo das instituições financeiras*

As instituições financeiras, assim caracterizadas aquelas entidades cuja atividade principal consiste na realização de operações de captação e aplicação de recursos financeiros, têm desempenhado importante função na economia da maioria dos países.

Ao longo dos últimos anos, as atividades dessas instituições vêm intensificando-se e extrapolando os limites dos mercados locais. O mercado financeiro assume, hoje, proporções mundiais, apoiado pelos avanços tecnológicos, pelas telecomunicações e pelo processo de eliminação gradual das barreiras aos fluxos financeiros internacionais, promovido por diversos países. O processo de globalização, iniciado na América do Norte, na Europa Ocidental e no Japão, tem-se estendido rapidamente para outras regiões do mundo, nos mais diversos setores econômicos.

Como conseqüência, ou como propulsoras desse processo, têm surgido diversas entidades intermediárias, auxiliares e administradoras de recursos financeiros, aumentando a amplitude dos sistemas financeiros, bem como a diversidade e a complexidade das operações.

As instituições financeiras integrantes desses sistemas, que há bem pouco tempo competiam quase que exclusivamente entre si, concorrem atualmente com diversas outras entidades, que, em alguns casos, são capazes de proporcionar novas alternativas de satisfação das necessidades dos mercados fornecedores e tomadores de capitais, em condições mais interessantes para estes últimos.

Nesse contexto, as instituições financeiras têm promovido mudanças em sua forma de atuação. Temos observado que essas mudanças vão desde pequenos ajustes estruturais até a redução drástica de sua rede de distribuição; desde a redução de custos até a busca de novas fontes de receitas; desde a diversificação de suas atividades, por meio do desenvolvimento de novos produtos e serviços, até a concentração em determinados mercados e segmentos; desde o ajuste de seus planos até mesmo à revisão de sua missão e de seus propósitos básicos.

No Brasil, as instituições financeiras se deparam com uma nova realidade econômica, caracterizada por relativa estabilidade de preços e níveis inflacionários reduzidos. O ajuste à nova realidade econômica brasileira vem requerendo dessas instituições grandes investimentos em tecnologia, revisão de sua rede de agências, desenvolvimento de novos produtos e serviços, seletividade de mercados e clientes. Atualmente, são exploradas novas fontes de receitas, como, por exemplo, a prestação de serviços.

13.1.2 *Papel dos gestores*

Nesse contexto, caracterizado por profundas mudanças ambientais e alto grau de competição entre as empresas, os gestores das instituições financeiras encontram-se diante de novos desafios.

Com vistas a garantir a eficácia dessas entidades, ficam cada vez mais claras as necessidades de:

- revisão do modelo de gestão da instituição, caracterizado pelo conjunto de crenças e valores quanto à forma de gestão de suas atividades;
- postura gerencial mais empreendedora;
- estruturação adequada do processo de gestão de suas atividades, desde a fase de planejamento até o controle oportuno de suas ações;
- adaptabilidade de seus modelos decisórios às novas exigências ambientais; e
- desenvolvimento de sistemas de informações gerenciais que apóiem adequadamente esses modelos decisórios, em todas as fases do processo de gestão.

13.1.3 *Necessidade de novos instrumentos gerenciais*

As novas situações com que deparam os gestores das empresas, no atual ambiente competitivo, tornam cada vez mais evidentes e preocupantes as deficiências dos sistemas tradicionais de custeio e de mensuração de resultados.

Sérias críticas já foram efetuadas aos modelos de custeio baseados no custeio por absorção (Catelli e Guerreiro, 1992; Guerreiro, 1996). Sem a pretensão de retomarmos essa discussão, limitamo-nos a relatar alguns pontos que reforçam a premente necessidade dos gestores de instituições financeiras por instrumentos gerenciais efetivamente voltados à eficácia da empresa.

Conceitos fracos de mensuração de resultados podem levar os gestores da instituição a decisões que não são as melhores para a empresa. Insuficientes para atender às necessidades gerenciais, ou questionáveis quanto aos conceitos utilizados, muitas vezes os "sistemas de informações gerenciais" corporativos não contam com o apoio dos gestores da empresa, caindo no descrédito. Em alguns casos, são desenvolvidos diversos sistemas de "avaliação de resultados" paralelos aos corporativos, cuja falta de uniformidade conceitual torna mesmo impossível o alcance de objetivos comuns.

Observa-se que muitos sistemas chamados "gerenciais" foram concebidos buscando-se soluções imediatas para problemas localizados em áreas operacionais específicas, ou seja, carecem de um planejamento de longo prazo e de estrutura conceitual baseada numa visão sistêmica e econômica da empresa.

Não são raros os casos em que, por meio desses sistemas, os gestores são levados a agir exatamente de forma oposta aos interesses da instituição em sua totalidade, o que requer que essa preocupação não se limite aos gestores das áreas, mas atinja os níveis mais altos da administração, responsáveis pelos sistemas corporativos.

As questões mais comuns da gestão de instituições financeiras, associadas à avaliação de resultados das operações, do desempenho das áreas, do incremento de operações, dos ajustes de estrutura etc. não apenas ficam sem respostas, mas também correm o risco de induzirem a decisões incorretas.

Nesse sentido, apresentaremos, a seguir, o caso do banco ABC, que procura retratar, de forma simplificada, situações que tivemos a oportunidade de observar na realidade de algumas instituições bancárias.

Essas situações se resumem num conjunto de questões que denominamos "questões típicas da gestão de instituições financeiras", as quais nos servem como parâmetros para a análise de alguns conceitos tradicionais de mensuração de resultados em instituições financeiras.

Posteriormente, apresentaremos as proposições do Modelo de Gestão Econômica, no sentido da avaliação de resultados e desempenhos, demonstrando a superioridade dos conceitos utilizados para se obter respostas a essas questões e, desse modo, apoiar adequadamente as decisões dos gestores das instituições.

13.2 QUESTÕES TÍPICAS DA GESTÃO DE INSTITUIÇÕES FINANCEIRAS – O CASO DO BANCO ABC

13.2.1 *Estrutura e forma de atuação*

O banco ABC é uma instituição bancária que opera apenas com um produto de captação, um produto de aplicação e um determinado tipo de serviço. Esses produtos e serviços são distribuídos através de uma rede de três agências, administradas pelos seus respectivos gestores e vinculadas a uma Administração Central.

A agência *A* localiza-se numa região que favorece a captação de recursos; a agência *B* atua numa região eminentemente tomadora de recursos; e a agência *C* caracteriza-se por ser tipicamente prestadora de serviços bancários (recebimentos de contas, transferências de fundos, pagamentos de salários etc.).

A Administração Central coordena as atividades das agências e realiza a gestão financeira do banco, visando garantir a liquidez e a lucratividade da instituição. Enquanto as agências negociam volumes e taxas com seus clientes, responsabilizando-se pelos riscos de créditos concedidos, a Administração Central assume e gerencia riscos de descasamentos de prazos, moedas e taxas das operações realizadas.

No fechamento diário do caixa central, a falta de recursos é suprida pela Administração Central, que recorre a mercados aos quais normalmente as agências não têm acesso, como, por exemplo, o interbancário e o de títulos públicos, onde procura obter recursos nas melhores alternativas de captação. Da mesma forma, eventuais sobras de recursos são aplicadas nas melhores alternativas existentes nesses mercados. Nessas alternativas, as melhores taxas de captação e de aplicação do banco eram, respectivamente, de 8% e 9% ao período.

Não há restrições quanto aos volumes dessas operações. Entretanto, deve ser observado o limite máximo de alavancagem equivalente a 10 vezes o patrimônio líquido do banco, que representa $ 10.000.

13.2.2 *Operações realizadas*

No período foram realizadas as seguintes operações:

Quadro 13.1 *Operações realizadas – Banco ABC.*

Dados	**Agência A**	**Agência B**	**Agência C**	**Adm. central**	**Banco**
Taxas de aplicação	8%	12%	14%	9%	
Volumes de aplicação ($)	10.000	40.000	20.000	30.000	100.000
Taxas de captação	4%	6%	11%	8%	
Volumes de captação ($)	60.000	10.000	20.000	10.000	100.000
Receita de serviços ($)	500	300	2.000		2.800
Custos de serviços ($)	100	50	250		400
Despesas administrativas ($)	1.000	2.000	3.000	1.500	7.500

Esses dados procuram retratar uma situação na qual as diferenças regionais influenciam:

- o volume de captação e aplicação;
- a formação de taxas das operações; e
- a estrutura das agências.

Na região onde atua a agência *A* há sobra de recursos financeiros, o que favorece maior volume de captação a um custo inferior ao praticado por agências localizadas em outras praças. Entretanto, naquela região as taxas de aplicação também são as menores. Na região onde atua a agência *B* há uma maior demanda por recursos, determinando maior volume de aplicações a taxas também maiores. Ali, porém, o custo de captação também é superior ao da agência *A*.

A maior taxa de aplicação foi praticada pela agência *C*, que também possui custo financeiro de captação mais elevado e, desse modo, o menor *spread* (margem) em relação às demais agências. Por ser tipicamente prestadora de serviços, a agência *C* utiliza-se de estrutura mais onerosa, demonstrada pelo montante de despesas administrativas (pessoal, aluguel, utilidades etc.).

Por sua vez, a Administração Central realizou suas operações conforme as melhores taxas identificadas nos mercados aos quais possui acesso. Os resultados do banco ABC foram apurados conforme critérios tradicionais de mensuração.[1]

Os gestores do banco ABC receberam o seguinte demonstrativo relativo ao período em questão, no qual são demonstrados os resultados das agências e do Banco:

Quadro 13.2 *Resultados do Banco ABC apurados conforme critérios tradicionais de mensuração.*

Estrutura de resultados	Agência A	Agência B	Agência C	Adm. central	Banco
Receita financeira	800	4.800	2.800	2.700	11.100
(–) Custo financeiro	(2.400)	(600)	(2.200)	(800)	(6.000)
(=) Res. intermediação financeira	**(1.600)**	**4.200**	**600**	**1.900**	**5.100**
(+) Receita de tarifas	500	300	2.000	–	2.800
(–) Custos de serviços	(100)	(50)	(250)	–	(400)
(–) Despesas administrativas	(1.000)	(2.000)	(3.000)	(1.500)	(7.500)
(=) Resultado 1	(2.200)	2.450	(650)	400	0
(+/–) Rec./desp. transf. internas	2.250	(1.530)	–	(1.020)	-
(=) Resultado 2	**350**	**920**	**(650)**	**(620)**	**0**
(–) Despesas de adm. central	(250)	(500)	(750)	1.500	-
(=) Resultado 3	**100**	**420**	**(1.400)**	**880**	**0**

1. Supondo a correta mensuração do valor dos recursos.

Esses resultados foram apurados com base nos seguintes critérios:

- RESULTADO 1 – conforme padrões contábeis tradicionalmente aceitos (incorporados à legislação societária brasileira);
- RESULTADO 2 – considerando-se, além do Resultado 1, a existência de uma central de recursos, que realiza a compra/venda interna de recursos financeiros faltantes/excedentes entre as unidades, por taxa equivalente ao *spread* médio gerado entre as operações ativas e passivas do Banco em sua totalidade; e
- RESULTADO 3 – considerando-se, além do Resultado 2, a transferência das despesas fixas da Administração Central às agências, proporcionalmente às despesas administrativas de cada unidade.

Esses critérios representam algumas formas tradicionais de apuração de resultados, baseadas nos princípios fundamentais da contabilidade, na legislação societária e no custeio por absorção – e serão analisados quanto a sua capacidade de atenderem às necessidades informativas dos gestores do Banco ABC. Essas necessidades estão representadas num conjunto de questões, apresentadas a seguir (Quadro 13.3), refletindo preocupações reais e permanentes dos gestores de instituições bancárias.

13.2.3 *Como melhorar os resultados do banco?*

Os gestores do Banco ABC desejam melhorar os resultados da instituição e, para isso, estão diante de algumas questões:

Quadro 13.3 *Questões típicas da gestão de instituições financeiras.*

COMO MELHORAR OS RESULTADOS DO BANCO?
1. Fechando agências? Quais? O que fazer com suas despesas fixas?
2. Incentivando a realização de operações? Quais operações? Em qual agência? Em que volume?
3. Melhorando as taxas das operações? De quais operações? Em quanto?
4. Ajustando a estrutura das agências? Ajustando a estrutura da Administração Central? Em quanto ajustar?
5. Melhorando a atuação da Administração Central? Enquanto gestora de agências ou gestora financeira do banco?

13.3 ANÁLISE DE ALGUNS CRITÉRIOS TRADICIONAIS DE MENSURAÇÃO DE RESULTADOS EM INSTITUIÇÕES FINANCEIRAS

No caso apresentado, foram utilizados, de forma simplificada, alguns critérios tradicionais de mensuração de resultados, baseados nos princípios fundamentais da contabilidade, na legislação societária e no custeio por absorção. Neste tópico, esses critérios são analisados de forma sucinta, mas conclusiva quanto a sua capacidade de apoiar os gestores na busca de respostas às questões formuladas.

13.3.1 *Resultado contábil*

O modelo contábil societário procura destacar a margem com a intermediação financeira separadamente do resultado global da instituição. Quando aplicado à mensuração dos resultados das unidades internas da empresa, esse modelo fixa em cada unidade as receitas e os custos financeiros efetivos das operações realizadas. Desse modo, os resultados da intermediação financeira das agências ficam influenciados pelos desequilíbrios entre seus respectivos volumes de captação e aplicação – o que não demonstra a contribuição efetiva de suas operações financeiras tanto para os resultados da unidade quanto para os resultados do Banco em sua totalidade.

No caso do Banco ABC, enquanto a agência *A*, por ser captadora, assume a maior parcela de custos financeiros do Banco, a agência *B*, cujo perfil é de aplicadora, demonstra a maior parcela de receita financeira, não evidenciando a margem financeira das operações realizadas por nenhuma das unidades.

Ao resultado da intermediação financeira são acrescentadas as receitas e os custos dos serviços prestados, bem como as despesas administrativas relativas a cada unidade, apurando-se seu resultado contábil (Resultado 1). Mesmo assumindo a premissa de que esses itens estejam espelhando o valor econômico dos recursos e produtos gerados, e que os mesmos sejam de responsabilidade de cada unidade que realiza a operação, o modelo contábil societário não evidencia a contribuição econômica dessas operações para os resultados das unidades que as realizam, nem a contribuição efetiva dessas unidades para os resultados do Banco.

13.3.2 *Transferência interna de recursos financeiros*

Numa tentativa de aperfeiçoamento do modelo contábil tradicional, algumas instituições têm optado por implementar um mecanismo de transferência interna de recursos financeiros, mediante o estabelecimento de preços de transferência desses recursos.

Em suas atividades financeiras, diversas unidades realizam, de forma descentralizada, operações de aplicação de recursos, sem necessariamente possuí-los antecipadamente, e operações de captação, mesmo sem alternativas próprias de uso dos recursos captados.

Normalmente os recursos gerados ou utilizados por essas unidades são geridos de forma centralizada e repassados de acordo com diretrizes e políticas internas de captação e/ou aplicação de recursos, em conformidade com algum grau de delegação de autoridade aos gestores dessas unidades.

A utilização de preços de transferência de recursos financeiros entre unidades tem sido bastante discutida no contexto das instituições financeiras. Normalmente, essa questão é tratada como um aperfeiçoamento do sistema contábil tradicional, através da criação de uma Central de Recursos, que compra e vende internamente os recursos financeiros gerados ou utilizados nas operações, com o objetivo de evidenciar as margens nelas obtidas.

Existem diversos modelos de preço de transferência, que podem se basear em custos, em preços de mercado ou mesmo em negociações entre gestores. Não discutiremos as vantagens e desvantagens de cada um desses modelos (Pereira e Oliveira, 1996). Trataremos apenas de algumas questões normalmente associadas ao tema, tomando como exemplo o modelo de preço de transferência baseado no *spread* médio das operações. Com base nesse modelo, procura-se definir preços de transferência de recursos financeiros a partir da margem percentual gerada pelas receitas de juros de uma carteira de aplicações, deduzidas das despesas de juros relativos aos recursos captados para financiá-la, em relação ao total de recursos movimentados. Desse modo, chega-se a uma margem percentual, que é utilizada para remunerar as transferências internas de recursos.

No caso do Banco ABC (Quadro 13.2), essa margem foi obtida dividindo-se o resultado da intermediação financeira do Banco ($ 5.100) pelo montante de recursos movimentados ($100.000), ou seja, 5,1%. Esse percentual expressa o *spread* médio das transações financeiras realizadas pelo Banco, pressupondo-se que toda carteira de aplicações é financiada com o mesmo tipo de recurso.

No caso, esse percentual é utilizado para remunerar o excedente de recursos captados pelas unidades captadoras e cobrar as unidades aplicadoras pelos recursos faltantes. Assim, a agência *A* obtém uma receita de $ 2.550, equivalente ao repasse de $ 50.000, à taxa de 5,1% no período, que é adicionada ao seu resultado contábil (Resultado 1) e subtraída do resultado da Administração Central. Por outro lado, a agência *B* assume uma despesa de $ 1.530 pela "compra" de $ 30.000 da Administração Central, à mesma taxa de 5,1% no período.

Destacamos as seguintes deficiências desse modelo:

a. quanto ao modelo de preço de transferência:
   - o preço de transferência não espelha o valor econômico do recurso para o Banco, tendo em vista que não considera o custo das demais oportunidades de captação ou aplicação desprezadas quando da realização de uma transação (custo de oportunidade);
   - é injusto, tendo em vista que gestores são responsabilizados por fatores fora de seu controle, como, por exemplo, ineficiências ou eficiências nas taxas de captação ou aplicação praticadas por outros gestores;
   - não permite simular ou identificar as melhores alternativas de captação e aplicação de recursos para o Banco;
   - não estimula uma atuação eficaz dos gestores, no sentido dos interesses da empresa em sua totalidade.
b. quanto à forma de remuneração que considera apenas os recursos excedentes ou faltantes nas unidades:
   - pressupõe que os gestores das agências possuem alto grau de autonomia, sendo responsáveis por equilibrar os fluxos financeiros de suas agências, o que não corresponde, no exemplo apresentado, ao modelo de gestão adotado pelo Banco;
   - prejudica ou beneficia as unidades conforme sua localização em praças mais captadoras ou aplicadoras, principalmente as mais eficientes, que são "obrigadas" a comprar/vender recursos por preços influenciados pelas ineficiências de outros gestores;
   - não demonstra as contribuições geradas pela Administração Central, que realiza a gestão financeira do Banco;
   - os gestores direcionam os recursos captados em suas agências às alternativas de aplicação ao seu alcance, sem parâmetros que indiquem se estão ou não realizando as melhores alternativas para o Banco em sua totalidade.

Observamos, ainda, que alguns modelos incluem no custo financeiro das operações o "custo" de itens não financeiros, como, por exemplo, serviços prestados ou custos de processamento, sistemas, pessoal etc. Entendemos que, em alguns casos, esses recursos não financeiros possuem preços específicos e não podem ser incluídos na margem financeira. Noutros casos, eles se referem a custos fixos (estruturais) de uma atividade e não podem ser repassados a margens unitárias dos produtos ou a outras atividades e áreas cujos gestores não possuem controle sobre eles. Isso porque, além de distorcerem os resultados das operações, atividades e áreas, os gestores dessas áreas não exercem nenhum tipo de ação sobre esses recursos. Desse modo, não poderiam ser responsabilizados pelos seus efeitos econômicos.

13.3.3 *Rateio de despesas departamentais*

Tendo em vista que grande parcela das despesas de uma instituição financeira é de natureza fixa, defende-se freqüentemente a idéia de que devem ser "alocadas" aos produtos/serviços, sob a crença de que somente dessa forma é possível o controle dessas despesas. Do mesmo modo, despesas da Administração Central são repassadas às agências, com base na premissa de que são essas unidades que realizam as operações e, assim, geram o resultado do banco.

Entendemos que, do ponto de vista gerencial e econômico, essas crenças e idéias carecem de sustentação. Todas as áreas, e não apenas as agências, contribuem para a formação do resultado global de uma instituição. A questão fundamental relaciona-se com a correta identificação e mensuração desses resultados, considerando tanto o processo físico e operacional das atividades, quanto os aspectos de responsabilidade das áreas sobre os recursos envolvidos.

A crença de que somente através da alocação (rateio) de despesas fixas é possível gerenciá-las é totalmente equivocada. Ao se transferir despesas de uma unidade para outras que não detêm controle sobre as mesmas, perde-se a condição de:

- planejamento e controle dos recursos que representam; e
- avaliação de desempenhos tanto das unidades que transferem quanto das que recebem essas despesas.

O método de custeio por absorção, que consiste na alocação de custos departamentais aos produtos ou às áreas, sempre levará a algum grau de distorção, independentemente do critério adotado. A magnitude dessa distorção pode até mesmo induzir os gestores a decisões exatamente opostas às desejáveis para a instituição. Cabe destacar que as despesas estruturais de uma instituição, em alguns casos, superam até mesmo o custo financeiro das operações e, quando rateadas, distorcem completamente seus resultados.

Qualquer tentativa de incorporar uma parcela de despesas estruturais, que normalmente são de natureza fixa, ao custo de um produto ou de um serviço, consiste em contrariar a própria natureza dessas despesas.

No caso do Banco ABC, as despesas fixas da Administração Central ($1.500) foram rateadas às agências, proporcionalmente às despesas administrativas identificadas a cada uma delas. A agência *C* recebeu a maior parcela dessas despesas (50%), tendo em vista que possui o maior montante de despesas administrativas identificadas. Talvez por ser tipicamente prestadora de serviços, a agência *C* necessite de uma estrutura mais onerosa, mas, não por isso, deve ser responsabilizada pela cobertura da maior parte das despesas da Administração Central.

Dessa forma, não ficam evidenciadas as contribuições efetivas das agências para o resultado global do Banco. Também não é mensurada a margem financeira das operações, tendo em vista que o resultado da intermediação financeira, expressa pelo modelo societário, também não reflete a contribuição das operações para as unidades que as realizam. Os artifícios utilizados para determinar o preço de transferência dos recursos financeiros, conforme o exemplo apresentado, além de fundamentarem-se em premissas inconsistentes, não contribuem para a mensuração do impacto econômico das operações quando realizadas.

13.4 AVALIAÇÃO DE RESULTADOS E DESEMPENHOS SOB A ÓTICA DA GESTÃO ECONÔMICA

O Modelo de Gestão Econômica – GECON é um modelo gerencial voltado à administração por **resultados econômicos.** Incorpora um conjunto de conceitos e definições que visam conduzir a empresa à eficácia.

O modelo compreende os seguintes elementos:

- **modelo de gestão**, que corresponde a um conjunto de crenças e valores que orientam o processo de gestão da empresa;
- **processo de gestão**, estruturado nas fases de planejamento estratégico, planejamento operacional, execução e controle;
- **sistema de informações**, voltado ao atendimento das necessidades informativas dos gestores em cada fase do processo de gestão.

O GECON começou a ser estruturado por volta dos anos 70, constituindo, atualmente, área de pesquisas no âmbito do Departamento de Contabilidade da FEA/USP e da Fipecafi – Fundação Instituto de Pesquisas Contábeis, Atuariais e Financeiras. Essa área conta com vários trabalhos publicados (teses, dissertações e artigos) e outros em desenvolvimento, um laboratório de pesquisas e diversos professores e pesquisadores envolvidos.

Apresentaremos, a seguir, alguns conceitos que sustentam o Modelo GECON, e que serão, depois, aplicados ao caso em estudo, em relação aos aspectos de avaliação de resultados e desempenhos.

13.4.1 *Eficácia empresarial e resultado econômico*

A eficácia econômica de qualquer instituição decorre do grau de satisfação que proporciona às diversas entidades com as quais se relaciona, tais como: clientes, acionistas, governo, pessoal, sindicatos, fornecedores etc.

A flexibilidade e a capacidade de adaptação da empresa ao seu ambiente refletem-se diretamente em seus resultados econômicos, que espelham e determinam suas condições de **continuidade** num ambiente essencialmente dinâmico.

Os resultados econômicos, quando corretamente mensurados, caracterizam-se como o melhor indicador da eficácia da empresa. Corresponde à variação patrimonial ou ao valor adicionado ao seu patrimônio pela realização de suas atividades em um determinado período.

13.4.2 *Formação do resultado econômico*

O resultado econômico da empresa é formado pelos resultados econômicos das **áreas** que a compõem. Essas áreas são definidas como "centros de responsabilidade", ou seja, possuem gestor específico com responsabilidade sobre determinadas atividades. Os resultados das áreas, portanto, são formados pelos resultados proporcionados pelas **atividades** que gerenciam.

Essas atividades consistem num processo de transformação, que consome recursos e gera produtos e serviços. Os recursos consumidos, por serem escassos, possuem valor econômico (custos), e os **produtos e serviços** gerados, por atenderem às necessidades ambientais, também o possuem (receitas), dando origem ao resultado econômico da atividade.

O resultado das atividades, por sua vez, é formado pelo resultado dos eventos necessários para realizá-la, como, por exemplo: compras, produção, estocagem, vendas, captação, aplicação etc. Por impactarem na situação patrimonial da empresa, esses eventos são denominados **eventos econômicos**.

Um evento econômico refere-se a um conjunto de transações de mesma natureza, cujo impacto econômico pode ser mensurado da mesma forma (modelo de mensuração econômica dos eventos). A **transação** consiste, portanto, no menor nível em que pode ser identificado o resultado econômico.

Os resultados econômicos das transações podem, portanto, ser acumulados por eventos, produtos, atividades, áreas e empresa, demonstrando onde, quando e como ele é formado e, desse modo, viabilizando a gestão por resultados.

13.4.3 *Papel dos gestores*

Para garantir a continuidade da empresa, essas atividades deveriam ser geridas de forma eficiente e eficaz, gerando um valor que permitisse, pelo menos, a reposição dos recursos consumidos.

Dessa forma, os gestores, por meio de suas decisões, deveriam procurar otimizar as contribuições das atividades sob sua responsabilidade para o resultado global da empresa. Mesmo a decisão de se manter uma atividade deficitária deve levar em conta a necessidade de que as demais atividades gerem resultados suficientes para garantir a continuidade da organização ao longo do tempo.

O papel dos gestores engloba, portanto, duas responsabilidades: uma em relação à área sob seu controle e outra em relação à empresa toda. Ao decidirem sobre os eventos econômicos (compras, produção, estocagem, vendas, captação, aplicação etc.), os gestores devem procurar otimizar seus resultados, de modo que as atividades sob sua responsabilidade contribuam favoravelmente para o resultado global da empresa. Tendo em vista que a maximização das contribuições individuais das áreas não garante os melhores resultados para a empresa em sua totalidade, deve-se trabalhar com a noção de **otimização de resultados**.

13.4.4 *Preços de transferência com base no custo de oportunidade*

A mensuração dos resultados onde, quando e como eles acontecem (áreas, atividades, eventos, transações) requer a utilização de um mecanismo de preços de transferência.

O preço de transferência corresponde ao valor pelo qual são transferidos produtos e serviços entre atividades e centros de resultado de uma organização. No contexto da gestão econômica, a importância da utilização correta do preço de transferência consiste em apoiar as avaliações de resultado e de desempenho, permitindo a mensuração de resultados no momento e no local de sua ocorrência.

Entre os diversos métodos existentes para "precificar" ativos e serviços transferidos entre áreas, o método baseado no **custo de oportunidade**, conforme utilizado no Modelo GECON, atende aos seguintes requisitos:

- reflete o processo físico-operacional da atividade;
- não repassa ineficiências entre atividades;
- identifica como, onde e quando os resultados são formados;
- reconhece a evolução patrimonial da entidade;
- não distorce os resultados das áreas, atividades, eventos e transações;
- não prejudica os negócios da empresa;
- promove o autocontrole.

Desse modo, permite que as decisões dos gestores sejam sempre orientadas para o melhor resultado para a empresa em sua totalidade.

Essencialmente, toda decisão consiste num processo de escolha de alternativas. O custo da melhor alternativa desprezada representa o custo de oportunidade de uma decisão. Esse custo pode ser confrontado com o benefício proporcionado pela alternativa escolhida e, desse modo, obter-se uma idéia clara da efetiva **contribuição econômica** de uma decisão para os resultados da empresa.

O Modelo GECON utiliza o conceito de *custo de oportunidade* para: mensuração do resultado econômico e da remuneração do capital da empresa; seleção de alternativas de investimento; estudo de preços de venda; avaliação de desempenhos das áreas e de resultados dos produtos/serviços gerados internamente.

Neste trabalho, abordamos este último aspecto, ou seja, a aplicação do conceito à avaliação de desempenhos e de resultados, como base para a determinação dos preços de transferência de recursos financeiros entre as unidades internas de uma organização.

13.4.5 *Tratamento dos custos departamentais*

O Modelo GECON utiliza-se do **método de custeio direto e de um sistema de acumulação** que permite identificar receitas e custos apenas com as entidades que são por eles responsáveis, de acordo com o critério de **controlabilidade**.

Desse modo, as despesas estruturais são associadas somente às atividades e às áreas responsáveis pela sua ocorrência. Os custos de produtos referem-se apenas aos custos variáveis que, confrontados com a receita gerada, permitem a identificação de sua margem de contribuição para a cobertura dos custos estruturais da atividade, que normalmente são de natureza fixa.

O resultado econômico dos eventos consiste na soma das seguintes margens:

- **margem operacional** – que demonstra as contribuições decorrentes dos aspectos físicos e operacionais das transações;
- **margem financeira** – que espelha as contribuições decorrentes dos aspectos financeiros envolvidos nas decisões, tais como: volumes, prazos e taxas de captações, aplicações, compras a prazo, vendas a prazo.

Assim, todos os efeitos de uma decisão (operacionais, financeiros e econômicos) podem ser simulados, planejados e controlados pelo próprio gestor responsável.

Da mesma forma, por meio dos preços de transferência, baseados no custo de oportunidade, os produtos e recursos transferidos entre as áreas ficam isentos de qualquer ineficiência porventura ocorrida em segmentos anteriores.

13.4.6 *Processo de gestão e sistemas de informações*

O processo de gestão consiste nas fases em que ocorrem as decisões dos gestores, que são estruturadas pelo Modelo GECON em:

- **planejamento estratégico** – consiste num processo de análise do ambiente externo (oportunidades e ameaças) e interno (pontos fortes e fracos) da empresa, que resulta na definição de diretrizes estratégicas que visam assegurar o cumprimento da missão da empresa;
- **pré-planejamento operacional** – consiste na identificação e na escolha de alternativas operacionais que viabilizem as diretrizes estratégicas;
- **planejamento operacional** – corresponde ao detalhamento das alternativas escolhidas na fase de pré-planejamento, relativamente a recursos, produtos, volumes, preços etc., considerando um determinado horizonte de tempo (curto, médio, longo prazos). O planejamento operacional de curto prazo consiste numa programação efetuada no momento mais próximo da realização dos eventos, à luz de um conhecimento mais seguro das variáveis envolvidas;
- **execução** – corresponde à fase em que os planos são implementados, as ações acontecem e as transações se realizam;
- **controle** – consiste na implementação de ações corretivas, quando os resultados realizados divergem dos planejados, visando assegurar o cumprimento ou a revisão dos planos.

O sistema de informações constitui instrumento para que os gestores atuem com o objetivo de otimizar os resultados e deve, portanto, estar integrado ao processo de gestão, atendendo às necessidades dos gestores em todas suas fases. Nesse sentido, o Sistema GECON é estruturado nos seguintes módulos:

- **módulo de variáveis ambientais** – banco de dados de diversas naturezas sobre ambiente externo, que procura subsidiar os gestores na fase de planejamento estratégico;
- **módulo de simulações** – subsidia os gestores durante a fase de pré-planejamento, gerando informações sobre os resultados econômicos das alternativas simuladas;
- **módulo orçamentário** – oferece suporte aos gestores durante a fase de planejamento operacional de curto, médio e longo prazos, gerando informações sobre os eventos planejados;
- **módulo de resultados realizados** – contempla informações sobre os resultados realizados, subsidiando os gestores nas fase de controle.

Esses módulos são integrados e sustentados numa mesma base conceitual, dada pelos seguintes modelos:

- **modelo de decisão** – refere-se ao processo de tomada de decisões sobre os eventos econômicos, considerando as alternativas existentes.

Como todo processo decisório consiste na escolha de alternativas, o sistema de informações deve permitir a simulação de alternativas, de modo que identifique aquela que proporciona o melhor resultado econômico.

- **modelo de mensuração** – consiste em um conjunto de conceitos de mensuração econômica e acumulação de resultados, que permite a correta mensuração física e monetária dos eventos que decorrem das decisões (simuladas, planejadas e realizadas) dos gestores;
- **modelo de informação** – refere-se ao processo de geração e comunicação de informações gerenciais. Nesse sentido, o modelo de informação utilizado pelo sistema GECON contempla tanto aspectos relacionados com a qualidade da informação (utilidade, oportunidade, confiabilidade, correção etc.), quanto aspectos de lógica do processo decisório. Este último aspecto refere-se à comparação entre alternativas, quando simuladas, e à comparação entre os resultados planejados e realizados, para fins de avaliação de resultados e desempenhos. As informações são entendidas como facilitadoras e indutoras das ações gerenciais para a otimização dos resultados.

13.4.7 *Modelo de informação para avaliação de resultados e desempenhos - GECON*

Os conceitos que integram os modelos de decisão, mensuração e informação materializam-se no Sistema GECON sob a forma de dois conceitos fundamentais, que viabilizam o processo de gestão econômica:

- **avaliação de resultados** – que se refere à avaliação das contribuições das transações, eventos, produtos e serviços; e
- **avaliação de desempenhos** – que se refere à avaliação das contribuições das áreas e das atividades sob responsabilidade dos gestores.

Esses conceitos permeiam todo o processo de gestão, tendo em vista que toda decisão requer um processo de avaliação, em que são comparadas alternativas, visando alcançar os resultados planejados.

Cabe destacar que o **planejamento** não corresponde a "decisões que serão tomadas no futuro", mas a decisões tomadas no presente em relação ao futuro da empresa e que, portanto, requerem controle, visando garantir o alcance dos objetivos almejados. Da fase de controle, podem surgir ações corretivas tanto dos desempenhos que vêm sendo realizados, quanto dos planos estabelecidos.

Os instrumentos gerenciais devem-se ajustar ao processo de gestão, sendo flexíveis o suficiente para contemplar tanto as necessidades de elaboração e acompanhamento dos planos, quanto as necessidades de ajustes e programação dos planos.

Nesse sentido, o Sistema GECON permite a simulação de alternativas e o monitoramento permanente dos desempenhos planejados e realizados. Os desempenhos são, então, avaliados conforme padrões que expressam as diretrizes e as políticas da empresa num determinado período, com base nos seguintes conceitos de orçamentos **flexíveis e padrões**:

- **Orçamento Original** – expressa a quantificação física e monetária dos planos produzidos na fase de planejamento operacional de médio e longo prazos. Corresponde aos volumes planejados, valorizados pelos preços planejados;
- **Orçamento Corrigido** – corresponde aos volumes orçados, originalmente valorizados pelos preços específicos vigentes, quando da realização dos planos;
- **Orçamento Ajustado** – corresponde aos novos volumes orçados, mensurados pelos mesmos preços utilizados no orçamento corrigido;
- **Realizado-Padrão** – corresponde aos volumes realizados, cujos recursos são mensurados por índices-padrão;
- **Realizado Efetivo** – corresponde aos volumes realizados, considerando as quantidades de recursos efetivamente consumidos.

A comparação entre esses orçamentos permite que sejam isolados os fatores que provocam desvios entre desempenhos planejados e realizados, evidenciando o impacto econômico (resultado) de cada um desses fatores:

- **Variação de Inflação** – calculada pela diferença entre o orçamento corrigido e o orçamento original, expressa as divergências de estimativa dos preços vigentes;
- **Variação de Ajuste de Planos** – calculada pela diferença entre o orçamento ajustado e o orçamento corrigido, expressa os desvios ocorridos em razão de alterações nos planos de médio e longo prazos, quando da programação de curto prazo;
- **Variação de Volume** – calculada pela diferença entre os valores do realizado-padrão e do orçamento ajustado, expressa os desvios entre os volumes planejados e os realizados;
- **Variação de Eficiência** – calculada pela diferença entre o desempenho efetivamente realizado e o realizado-padrão, espelhando as diferenças entre as quantidades de recursos utilizados e as que deveriam ter sido consumidas, considerando os padrões previamente estabelecidos.

13.4.8 *Resultados do Banco ABC mensurados com base em conceitos de gestão econômica*

13.4.8.1 **Estrutura de identificação e acumulação de resultados**

Considerando a estrutura e o modelo de gestão do Banco ABC, suas áreas operacionais foram divididas conforme as responsabilidades de seus respectivos gestores em: agência *A*, agência *B*, agência *C*, Administração Central e Banco.

Os resultados das unidades devem expressar suas contribuições efetivas para os resultados do Banco. Em cada área, são acumulados os resultados dos eventos e das transações sob responsabilidade de cada gestor, segmentados conforme sua natureza em produtos de captação, aplicação e prestação de serviços.

Desse modo, temos a margem de contribuição da captação, da aplicação e dos serviços em cada agência, bem como na Administração Central. Cabe destacarmos que essas margens referem-se a cada produto/serviço bancário, tais como: Depósitos a Vista, Depósitos a Prazo, Empréstimos para Capital de Giro, Financiamentos de Bens de Capital etc. No caso em estudo, assumimos a hipótese de que o Banco ABC opera apenas com um produto de captação, um de aplicação e presta apenas um determinado tipo de serviço.

O somatório dessas margens espelha a contribuição operacional total em cada agência para a cobertura de suas despesas estruturais próprias. Da margem operacional são deduzidas as despesas administrativas, demonstrando a contribuição econômica efetiva de cada unidade.

As despesas administrativas da Administração Central não são repassadas às margens com os produtos e nem às agências. Como se referem à estrutura de administração global, essas despesas são deduzidas do resultado das duas atividades principais realizadas pela Administração Central, quais sejam: Gestão das agências e Gestão Financeira do Banco, que apresentam suas próprias contribuições.

Desse modo, são evidenciadas as contribuições econômicas das transações, eventos, produtos, serviços, atividades e áreas para os resultados globais da instituição, bem como o ponto de equilíbrio de cada unidade, permitindo a identificação de problemas e simulações de alternativas visando solucioná-los.

13.4.8.2 **Preço de transferência de recursos financeiros**

Os preços de transferência, conforme preconizados no Modelo GECON, correspondem ao custo de oportunidade de captação e aplicação de recursos, considerando as melhores alternativas existentes para o banco.

Todos os recursos captados pelas agências são, então, repassados a uma taxa de 8%, que corresponde ao custo de oportunidade do banco na melhor alternativa de captação da Administração Central. Da mesma forma, todos os recursos aplicados são "comprados" pelas unidades, a uma taxa de 9%, que corresponde à melhor taxa de aplicação e de recursos pela Administração Central.

13.4.8.3 Contribuições dos eventos

Os custos efetivos de captação de cada agência foram confrontados com o custo de oportunidade do banco, que corresponde à melhor alternativa de obtenção de recursos pela Administração Central, caso não fossem captados recursos das agências, mas do mercado interbancário.

Desse modo, o custo financeiro efetivo de captação da agência *A*, no valor de $ 2.400 (correspondente a uma taxa de 4% no período), é confrontado com uma receita financeira de $ 4.800 (equivalente ao custo de oportunidade de 8%), demonstrando uma margem financeira de 4%, que espelha a contribuição econômica, ou seja, o valor agregado pelo evento de captação.

Na agência *B*, a margem de captação positiva indica que as taxas praticadas também foram inferiores ao custo de oportunidade do banco.

Quadro 13.4 *Resultados do Banco ABC, mensurados com base em conceitos de gestão econômica – GECON.*

Estrutura de resultados	Agência A	Agência B	Agência C	Adm. Central	Banco
Receita financeira captação	4.800	800	1.600		7.200
(–) Custo financeiro captação	(2.400)	(600)	(2.200)		(5.200)
(=) Margem financeira captação	2.400	200	(600)		2.000
Receita financeira aplicação	800	4.800	2.800		8.400
(–) Custo financeiro aplicação	(900)	(3.600)	(1.800)		(6.300)
(=) Margem financeira aplicação	(100)	1.200	1.000		1.100
Receita prestação de serviços	500	300	2.000		2.800
(–) Custo prestação de serviços	(100)	(50)	(250)		(400)
(=) Margem prestação serviços	400	250	1.750		2.400
(=) Margem operacional	2.700	1.650	2.150		6.500
(–) Despesas administrativas	(1.000)	(2.000)	(3.000)		(6.000)
(=) Contribuição das agências	**1.700**	**(350)**	**(850)**		**500**
Receita financeira captação				800	800
(–) Custo financeiro captação				(800)	(800)
(=) Margem financeira captação				–	–

Estrutura de resultados	Agência A	Agência B	Agência C	Adm. Central	Banco
Receita financeira aplicação				2.700	2.700
(–) Custo financeiro aplicação				(2.700)	(2.700)
(=) Margem financeira aplicação				–	–
Receita financeira central recursos				9.000	9.000
(–) Custo financeiro central recursos				(8.000)	(8.000)
(=) Margem financeira central recursos				1.000	1.000
(=) Contribuição da Gestão Financeira				**1.000**	**1.000**
(–) Despesa da administração central				(1.500)	(1.500)
(=) Resultado do Banco					0

Entretanto, o mesmo não ocorre na agência *C*, onde os recursos captados custaram mais do que a melhor alternativa de captação do Banco.

No caso das aplicações, as receitas efetivas são confrontadas com seu custo de oportunidade, que corresponde à melhor alternativa de aplicação de recursos pela Administração Central (9%).

A correta mensuração da contribuição dos eventos evidencia que as operações de aplicação realizadas pelas agências *B* e *C* foram interessantes para o Banco, enquanto a agência *A* aplicou recursos a uma taxa inferior à possível de ser obtida pela Administração Central.

Interessante notar que, caso o gestor da agência *A* tivesse as informações das taxas de oportunidade no momento da realização da operação, simulando seus resultados, talvez não a tivesse concretizado. Se assim o fosse, o resultado de sua área teria sido melhor e, também, o resultado do Banco em sua totalidade, pois a Administração Central certamente teria aplicado tais recursos a uma taxa maior. Desse modo, as agências seriam induzidas a implementar ações que mais interessam ao Banco em sua totalidade.

Em relação aos serviços, todas as unidades apresentaram contribuições positivas, demonstrando que os preços cobrados por esses serviços foram suficientes para a cobertura de seus custos variáveis.

O somatório das margens de captação, de aplicação e de serviços correspondem às margens operacionais de cada agência, demonstrando a capacidade dos eventos/produtos de cobrirem as despesas administrativas identificadas com a própria unidade.

13.4.9 *Contribuições das agências*

Com a correta mensuração das contribuições dos eventos, bem como a correta identificação dessas contribuições e das despesas administrativas com seus respectivos responsáveis, fica clara a contribuição das unidades para o resultado do banco.

Todas as agências apresentaram margem operacional positiva. Entretanto, no caso das agências *B* e *C*, essas margens foram insuficientes para a cobertura de suas despesas estruturais, demonstrando incompatibilidade da estrutura com os volumes e as taxas praticadas.

Essa constatação poderia levar os gestores dessas agências a promoverem mudanças para incrementar o volume de operações, rever as taxas praticadas ou, se por algum motivo isso for impossível, adequar as despesas administrativas ao potencial de contribuições dos eventos.

Cabe destacar que, em qualquer caso, mesmo que a área tenha apresentado contribuição positiva no período, somente a confrontação entre seus desempenhos planejados e realizados podem dizer algo sobre sua eficácia.[2]

13.4.10 *Contribuição da gestão financeira*

A gestão financeira consiste numa atividade realizada de forma centralizada, visando garantir a liquidez da instituição. Desse modo, as áreas gestoras dessas atividades assumem riscos que não são de responsabilidade das agências, como os riscos de descasamentos de prazos, moedas e taxas.

No exemplo, não existem dados suficientes para o tratamento dessas questões. Porém, considerando que as taxas de oportunidade expressam o valor econômico dos recursos financeiros para o banco, com base nos melhores preços de mercado nas mesmas condições de prazos, moedas e taxas – podemos inferir que os preços de transferência desses recursos entre as agências e a Administração Central não incorporam tais fatores. Desse modo, enquanto as agências ficam isentas de responsabilidade sobre riscos de descasamentos, a Administração Central assume-os e procura realizar as operações nas melhores alternativas, considerando, inclusive, os riscos de descasamentos.

As margens financeiras de captação e aplicação da Administração Central, no exemplo, foram "zero", o que equivale a dizer que as taxas praticadas por essa unidade foram iguais às melhores alternativas existentes nos mercados onde atua diretamente. Na prática, essa situação pode não ocorrer, e as margens estariam ex-

2. No tópico seguinte, é apresentado um exemplo de avaliação de resultados e desempenhos, considerando esses aspectos.

pressando também a eficiência da área na realização das melhores operações para o banco.

É importante destacarmos que as operações financeiras realizadas pela Administração Central, a exemplo das realizadas pelas agências, também passam por uma Central de Recursos (ou Tesouraria Central), que acumula os resultados obtidos com as transferências internas de recursos.

Desse modo, é associado ao banco em sua totalidade e não às unidades, o *spread* formado pela diferença de taxas de oportunidade de captação e de aplicação, o qual, em sua essência, refere-se muito mais às características do banco em sua totalidade, e a fatores conjunturais, do que às operações das unidades.

No caso do Banco ABC, esse *spread* foi de 1%. Aplicado sobre o total de recursos movimentados ($ 100.000), equivale a $ 1.000 de margem, que é atribuído ao banco como um todo, em suas atividades financeiras (e não de distribuição/comercialização).

13.4.11 *Resultado do Banco*

As despesas administrativas relativas ao banco são deduzidas do total das contribuições das atividades das agências e da contribuição das atividades da gestão financeira realizada pela Administração Central.

De acordo com o modelo apresentado, o resultado econômico é mensurado e evidenciado por transação, evento, produto, atividade, área, expressando as contribuições econômicas dessas entidades para os resultados do banco.

Para esse propósito, é utilizado o conceito de preço de transferência baseado no custo de oportunidade. Considerando as responsabilidades das áreas e as alternativas de que dispõem nos mercados em que atuam, o preço de transferência dos recursos transferidos induz as ações dos gestores às melhores alternativas econômicas para o banco.

13.4.12 *Respostas às questões dos gestores*

A mensuração dos resultados do Banco ABC com base em conceitos de Gestão Econômica – GECON, conforme apresentados, permitiu que os gestores tivessem uma idéia clara da realidade econômica da empresa.

Ao se evidenciar a formação do resultado econômico do banco, foram identificados alguns problemas e analisadas alternativas voltadas a solucioná-los, conforme a área de responsabilidade de cada gestor.

Nesse sentido, tecemos alguns comentários relacionados às questões elencadas anteriormente (Quadro 13.3), que se resumem em "Como melhorar os resultados do Banco?":

1. **Fechamento de Agências** – a decisão de fechamento de agências não deve considerar apenas o resultado de um período, mas a continuidade dos resultados (retorno) ao longo do tempo. Nesse sentido, o Modelo GECON expressa a contribuição efetiva dessas unidades e demonstra também, no caso de fechamento de unidades deficitárias, qual seria o impacto em relação ao resultado global do banco. Cabe destacar que nem sempre as decisões de fechamento de agências vêm acompanhadas da eliminação de todas suas despesas estruturais, como, por exemplo, com pessoal, instalações – implicando perda de margens operacionais com absorção de parte das despesas fixas pelo banco – o que pode resultar num prejuízo maior.

2. **Incremento de Operações** – são evidenciadas as operações e unidades (e regiões) que oferecem as melhores alternativas de captação e aplicação de recursos, permitindo traçar planos visando ao aproveitamento dessas oportunidades. Nesse sentido, as vantagens do modelo GECON não se limitam à identificação das melhores alternativas somente nas agências e nas regiões. Permite, também, a análise das contribuições por segmento, por mercado, por produto, por *mix* de produtos, por tipo de canal de distribuição etc. – tendo em vista que os resultados das transações podem ser acumulados conforme as necessidades gerenciais.

3. **Melhoria de Taxas das Operações** – o modelo também evidencia quais e em quanto as operações contribuem positiva ou negativamente para os resultados do banco. Os preços de transferência constituem parâmetros para as decisões dos gestores, estimulando uma atuação eficaz.

4. **Ajustes de Estrutura** – por meio da mensuração das contribuições dos eventos, confrontadas com as despesas estruturais de cada unidade, obtém-se claramente uma idéia dos pontos de equilíbrio dessas unidades. Desse modo, ajustes de estrutura podem ser precedidos de ações para tentar retomar o equilíbrio econômico das unidades, por meio do incremento de operações ou da melhoria nas taxas. O confronto entre as margens das operações e as despesas fixas identificadas a cada unidade expressa a capacidade de essas operações cobrirem os custos da estrutura definida para realizá-las.

5. **Melhoria de Desempenhos** – o Modelo permite a identificação das contribuições de cada atividade sob responsabilidade de uma área para seus resultados. Dessa forma, os gestores possuem instrumentos que permitem a otimização dos resultados de todos os segmentos que estão sob sua responsabilidade. Tendo em vista que a maximização dos resultados das partes não conduz necessariamente ao resultado global máximo, a questão da melhoria de desempenhos deve ser analisada sob a ótica do todo.

Cabe lembrar que, como subsídio a todas essas questões, o Modelo GECON permite a simulação de alternativas, evidenciando o resultado econômico de cada uma delas e, desse modo, suportando a escolha das que otimizam os resultados. Destacamos, ainda, que os resultados realizados correspondem a dados históricos. A avaliação desses resultados só é possível a partir de seu confronto com os resultados planejados e os padrões de desempenho relativos ao período.

Nesse sentido, apresentamos a seguir um exemplo que contempla esses aspectos, por meio da aplicação do Modelo GECON de avaliação de resultados e desempenhos, ao caso, de uma agência bancária.

Exemplo da aplicação do modelo de informação para a avaliação de resultados e desempenhos – GECON – ao caso, de uma agência bancária

Após a simulação de alternativas operacionais, o gestor da agência *A* fechou seus orçamentos para o período de nov./X1, considerando os seguintes dados:

Volume de captação Taxa de captação	$ 120.000 5% no período (reais)
Volume de aplicação Taxa de aplicação	$ 150.000 10% no período
Volume de Serviços Tarifa Unitária Custo variável	1.000 (quantidade) $ 5,00 $ 1,00
Despesas administrativas	$ 2.000
Taxa de inflação prevista Custo de oportunidade de aplicação Custo de oportunidade de captação	4% 9% 6%

Os valores originais incorporam a expectativa de inflação, e todas as taxas de juros são reais.

Ao início de nov./X1, verificou-se que a inflação para o período seria de 5% e não de 4%, como prevista inicialmente. Verificou-se, também, que os volumes das operações e dos serviços não ocorreriam conforme planejados originalmente, devido a fatores conjunturais não previstos. Os novos volumes planejados para o período foram:

Captação Aplicação Serviços	$ 110.000 $ 170.000 800 (quantidade)

Ao final de nov./X1, observou-se o seguinte desempenho realizado no período:

Volume de captação:	$ 95.000
Taxa de captação:	4% no período (reais)
Volume de aplicação:	$ 180.000
Taxa de aplicação:	8% no período
Volume de serviços	700 (quantidade)
Tarifa unitária:	$ 6,00
Custo variável:	$ 1,00
Despesas administrativas:	$ 2.500

Considerando que as taxas de inflação e de oportunidade (captação e aplicação na Central de Recursos) permaneceram conforme planejadas originalmente, como poderia ser avaliado o desempenho da agência *A* no período?

Quadro 13.5 *O desempenho da agência* A.

Estrutura de resultados	**Orçamento**			**Realizado**	
	Original	**Corrigido**	**Ajustado**	**Padrão**	**Real**
Captação					
Volume	120.000	121.154	110.000	95.000	95.000
Taxa	5%	5%	5%	5%	4,0%
Aplicação					
Volume	150.000	151.442	170.000	180.000	180.000
Taxa	10%	10%	10%	10%	8%
Serviços					
Volume (quantidade)	1.000	1.000	800	700	700
Tarifa unitária	5,00	5,05	5,05	5,05	6
Custo variável	1,00	1,01	1,01	1,01	1,00
Custos de estrutura					
Despesas administrativas	2.000	2.019	2.019	2.019	2.500
Outros dados					
Inflação prevista	4%	5%	5%	5%	5%
Custo de oportunidade	9%	9%	9%	9%	9%
Aplicação					
Custo de oportunidade captação	6%	6%	6%	6%	6%

Os resultados econômicos, mensurados de acordo com o Modelo GECON, integram o modelo de avaliação de resultados e desempenhos por área, evidenciando as causas de variações entre os desempenhos planejados e realizados num determinado período.

Por meio da aplicação dos conceitos de orçamentos e mensuração de resultados, obtém-se uma idéia clara não apenas das causas que motivaram os desvios, mas também de seus respectivos efeitos econômicos, em termos de receitas e custos. São isolados, para cada componente de receita e de custo, nas margens com captação, aplicação e serviços, bem como nas despesas estruturais, os desvios ocorridos em função de:

- índices de inflação divergentes dos projetados;
- alterações dos planos originalmente estabelecidos;
- variações entre os volumes planejados e os efetivamente realizados de operações;
- nível de eficiência em relação aos padrões estabelecidos (preços, taxas).

A análise dessas variações conduz à identificação das causas dos desvios, que são expressas em termos de seus respectivos impactos econômicos (favoráveis/desfavoráveis), permitindo ações corretivas orientadas aos problemas detectados.

Quadro 13.6 *Modelo de informação para avaliação de resultados e desempenhos – Modelo GECON.*

Área de Responsabilidade	Agência A	Período	Nov./X1

Estrutura de resultados	Orçamento			Realizado		Variação				
	Original	Corrigido	Ajustado	Padrão	Real	Inflação	Ajuste	Volume	Eficiência	Total
Receita de oportunidade	7.200	7.269	6.600	5.700	5.700	69	(669)	(900)	–	(1.500)
(–) Custo financeiro	(6.000)	(6.058)	(5.500)	(4.750)	(3.800)	(58)	558	750	950	2.200
(=) Margem c/captação	1.200	1.212	1.100	950	1.900	12	(112)	(150)	950	700
Receita financeira	15.000	15.144	17.000	18.000	14.400	144	1.856	1.000	(3.600)	(600)
(–) Custo de oportunidade	(13.500)	(13.630)	(15.300)	(16.200)	(16.200)	(130)	(1.670)	(900)	–	(2.700)
(=) Margem c/aplicação	1.500	1.514	1.700	1.800	(1.800)	14	186	100	(3.600)	(3.300)
Receita c/serviços	5.000	5.048	4.038	3.534	4.200	48	(1.010)	(505)	666	(800)
(–) Custos variáveis	(1.000)	(1.010)	(808)	(707)	(700)	(10)	202	101	7	300
(=) Margem c/serviços	4.000	4.038	3.231	2.827	3.500	38	(808)	(404)	673	(500)
(=) Margem operacional	6.700	6.764	6.031	5.577	3.600	64	(734)	(454)	(1.977)	(3.100)
(–) Custos estruturais	(2.000)	(2.019)	(2.019)	(2.019)	(2.500)	(19)	–	–	(481)	(500)
(=) Resultado da área	4.700	4.745	4.012	3.558	1.100	45	(734)	(454)	(2.458)	(3.600)

13.5 CONCLUSÕES

A realidade é única e o que determina a qualidade de um instrumento gerencial é sua capacidade de refleti-la adequadamente, de modo que subsidie as decisões dos gestores, em seus diversos níveis hierárquicos e suas funções na empresa.

Os critérios tradicionalmente adotados para mensuração de resultados distorcem as realidades física, operacional e econômica dos negócios das instituições financeiras. Por outro lado, a mensuração de resultados com base em conceitos econômicos, conforme preconiza o Modelo de Gestão Econômica – GECON, demonstra a efetiva contribuição das operações, das atividades e das áreas para os resultados globais da instituição. Permite, desse modo, que as decisões dos gestores das diversas áreas sejam orientadas para a otimização dos resultados globais da instituição.

Os critérios para avaliação de resultados e desempenhos devem considerar as decisões tomadas nas fases de planejamento, execução e controle, que compõem o processo de gestão. O modelo de gestão econômica evidencia as causas de variações entre os desempenhos planejados e realizados, mensurando economicamente seus respectivos impactos.

Dessa forma, entendemos que o Modelo GECON reúne qualidades necessárias para sustentar as decisões dos gestores de uma organização em todas as fases do processo de gestão, promovendo ações voltadas para a otimização de seus resultados econômicos e, conseqüentemente, de seus níveis de eficácia. Constitui um instrumento consistente e eficaz para apoiar os gestores diante dos desafios que enfrentam no mundo moderno.

As situações retratadas por meio dos exemplos não se limitam ao contexto das instituições financeiras, nem às que atuam especificamente no mercado bancário de varejo. Entendemos que, essencialmente, as questões apresentadas resumem grandes preocupações encontradas no cotidiano de diversas instituições. Também a natureza das operações de captação e aplicação de recursos financeiros, realizadas pelas instituições bancárias, não diverge fundamentalmente da realizada por outros tipos de instituição. Desse modo, entendemos que as proposições apresentadas podem também ser úteis para a gestão de outros tipos de entidades, preocupadas com a gestão eficaz e eficiente de suas atividades.

REFERÊNCIAS BIBLIOGRÁFICAS

ALMEIDA, Lauro Brito de. *Estudo de um modelo conceitual de decisão, aplicado a eventos econômicos, sob a ótica da gestão econômica*. Dissertação (Mestrado) – Faculdade de Economia, Administração e Contabilidade (FEA/USP). São Paulo : USP, 1996.

BEUREN, Ilse Maria. Conceituação e contabilização do custo de oportunidade. *Caderno de Estudos da Fipecafi*. FEA/USP, nº 8, São Paulo, abril, 1993.

______. *Modelo de mensuração do resultado de eventos econômicos empresariais*: um enfoque de sistema de informação de gestão econômica. Tese (Doutorado) – Faculdade de Economia, Administração e Contabilidade (FEA/USP). São Paulo : USP, 1995.

CATELLI, Armando, GUERREIRO, Reinaldo. GECON – Gestão Econômica: administração por resultados econômicos para otimização da eficácia empresarial. *Anais do XVII Congresso Argentino de Profesores Universitarios de Costos* – 1as. Jornadas Iberoamericanas de Costos y Contabilidad de Gestión, Argentina, out. 1994.

______. GECON – sistema de informação de gestão econômica: uma proposta para mensuração contábil do resultado das atividades empresariais. *Boletin Interamericano da Asociación Interamericana de Contabilidad*, nov. 1992.

______. Mensuração de atividades: "ABC" X "GECON". *Anais do XIV Congresso Brasileiro de Contabilidade*, Temário 5, Salvador, nov. 1992.

CORNACHIONE JR., Edgard Bruno. *Das bases de sustentação da contabilidade e da informática.* Dissertação (Mestrado) – Faculdade de Economia, Administração e Contabilidade (FEA/USP). São Paulo : USP, 1994.

CRUZ, Rosany Ipaves. *Uma contribuição à definição de um modelo conceitual para a gestão econômica.* Dissertação (Mestrado) – Faculdade de Economia, Administração e Contabilidade (FEA/USP). São Paulo : USP, 1991.

GUERREIRO, Reinaldo. *A meta da empresa*: seu alcance sem mistérios. São Paulo : Atlas, 1996.

______. *A teoria das restrições e o sistema de gestão econômica*: uma proposta de integração conceitual. Tese (Livre-Docência) – Faculdade de Economia, Administração e Contabiliade (FEA/USP). São Paulo : USP, 1995.

______. *Modelo conceitual de sistema de informação de gestão econômica*: uma contribuição à teoria da comunicação da contabilidade. Tese (Doutorado) – Faculdade de Economia, Administração e Contabilidade (FEA/USP). São Paulo : USP, 1989.

______. Um modelo de sistema de informação contábil para mensuração do desempenho econômico das atividades empresariais. *Anais da XIX Conferência Interamericana de Contabilidade*, Buenos Aires, out. 1991.

______. Uma contribuição para o resgate da relevância da contabilidade de custos para a administração. *Anais do XVII Congreso Argentino de Profesores Universitarios de Costos* – 1as. Jornadas Iberoamericanas de Costos y Contabilidad de Gestión, Argentina, out. 1994.

______, CATELLI, Armando, SANTOS, Roberto Vatan. As críticas da teoria das restrições à contabilidade de custos: uma resposta. *Anais do XV Congresso Brasileiro de Contabilidade*, Fortaleza (CE), out. 96.

MAURO, Carlos Alberto. *Preço de transferência baseado no custo de oportunidade*: um instrumento para a promoção da eficácia empresarial. Dissertação (Mestrado) – Faculdade de Economia, Administração e Contabilidade (FEA/USP). São Paulo : Atlas, 1991.

MUCCILLO NETTO, João. *Contribuição à análise de problemas de utilização de modelos de avaliação de desempenho e de resultados em instituições financeiras.* Tese (Doutorado) – Faculdade de Economia, Administração e Contabilidade (FEA/USP). São Paulo : USP, 1989.

OLIVEIRA, Antonio Benedito Silva. *Aplicação dos conceitos de gestão econômica aos eventos econômicos de um banco comercial.* Dissertação (Mestrado) – Faculdade de Economia, Administração e Contabilidade (FEA/USP). São Paulo : USP, 1994.

______, PEREIRA, Carlos Alberto. Preço de transferência no sistema de gestão econômica: uma aplicação do conceito de custo de oportunidade. *Anais do XV Congresso Brasileiro de Contabilidade,* Fortaleza (CE), out. 96.

PARISI, Claudio. *Uma contribuição ao estudo de modelos de identificação e acumulação de resultados.* Dissertação (Mestrado) – Faculdade de Economia, Administração e Contabilidade (FEA/USP). São Paulo : USP, 1995.

PELEIAS, Ivam Ricardo. *Avaliação de desempenho*: um enfoque de gestão econômica. Dissertação (Mestrado) – Faculdade de Economia, Administração e Contabilidade (FEA/USP). São Paulo : USP, 1992.

PEREIRA, Carlos Alberto. *Estudo de um modelo de avaliação de desempenhos para gestão econômica.* Dissertação (Mestrado) – Faculdade de Economia, Administração e Contabilidade (FEA/USP). São Paulo : USP, 1993.

______, OLIVEIRA, Antonio Benedito Silva. *Preço de transferência no sistema de gestão econômica*: uma aplicação do conceito de custo de oportunidade. *Anais do 20º ENANPAD,* Angra dos Reis (RJ), set. 96.

VASCONCELOS, Marco Tullio de Castro. *O processo de gestão de finanças sob a ótica da gestão econômica.* Dissertação (Mestrado) – Faculdade de Economia, Administração e Contabilidade (FEA/USP). São Paulo : USP, 1994.

14 Preço de Transferência: uma Aplicação do Conceito do Custo de Oportunidade

Carlos Alberto Pereira
Antonio Benedito Silva Oliveira

14.1 INTRODUÇÃO

Derivado da ciência econômica, o conceito de *custo de oportunidade* foi originalmente empregado por Frederich Von Wieser (1851-1926) para mensuração do valor econômico dos fatores de produção.

Na concepção desse autor, o *custo de oportunidade* de um fator de produção representa a renda líquida gerada por esse fator em seu melhor uso alternativo.

Sob esse enfoque, o estudo do conceito tem sido aprofundado nas áreas econômica e contábil, resultando numa ampliação e intensificação de seu uso, principalmente no ambiente decisorial das organizações.

Considerando seu grande potencial para a tomada de decisões nas empresas, o Sistema de Gestão Econômica tem contribuído no sentido da implementação prática do conceito para a área gerencial.

O Sistema de Gestão Econômica incorpora o conceito de *custo de oportunidade* para: mensuração do resultado econômico e do custo de capital da empresa; seleção de alternativas de investimento; estudo de preços de venda; avaliação de desempenhos das áreas e de resultados dos produtos/serviços gerados internamente.

Neste estudo, abordamos este último aspecto, ou seja, a aplicação do conceito à avaliação de desempenhos e de resultados, como base para a determinação dos preços de transferência de produtos e serviços entre as unidades internas de uma organização.

Após a análise do conceito de *custo de oportunidade* e de alguns *modelos de preço de transferência* existentes, apresentamos o *modelo de preço de transferência baseado no custo de oportunidade*, finalizando com algumas conclusões sobre sua utilização no processo de avaliação de desempenhos das áreas e atividades empresariais.

14.2 CUSTO DE OPORTUNIDADE

14.2.1 *Conceito*

O *custo de oportunidade* corresponde ao valor de um determinado recurso em seu melhor uso alternativo. Representa o custo da escolha de uma alternativa em detrimento de outra capaz de proporcionar um maior benefício, ou seja, é o custo da melhor oportunidade a que se renuncia quando da escolha de uma alternativa.

Sob esse enfoque, e considerando que o problema fundamental da tomada de decisão é a escolha de alternativas, o *custo de oportunidade* expressa o benefício efetivamente obtido de uma decisão, considerando o melhor uso alternativo dos recursos envolvidos.

Assim, o resultado de uma decisão decorre do confronto entre o benefício gerado pela alternativa escolhida e o benefício que seria obtido pela escolha da melhor alternativa abandonada (*custo de oportunidade*).

Exemplo

Supondo os seguintes dados num problema de decisão, que consiste na escolha entre as alternativas *A* e *B*:

BENEFÍCIO PROPORCIONADO PELA ALTERNATIVA *A* = 100
BENEFÍCIO PROPORCIONADO PELA ALTERNATIVA *B* = 120

O *custo de oportunidade* da escolha da alternativa *A* corresponde ao benefício que seria obtido pela escolha da alternativa *B* (preterida), proporcionando o seguinte resultado:

RESULTADO DA ESCOLHA DA ALTERNATIVA *A* = 100 – 120 = – 20

Por outro lado, o custo de oportunidade da escolha da alternativa *B* corresponde ao benefício que seria obtido pela escolha da alternativa *A*, gerando o resultado de:

RESULTADO DA ESCOLHA DA ALTERNATIVA *B* = 120 – 100 = + 20

14.2.2 *Noções implícitas*

Os pontos abordados a seguir estão implícitos ao conceito de custo de oportunidade:

- ✓ o custo de oportunidade de um fator representa, economicamente, seu verdadeiro valor;
- ✓ o problema da decisão consiste na escolha de uma entre duas ou mais alternativas viáveis de uso dos recursos;
- ✓ usos alternativos dos mesmos recursos podem propiciar diferentes resultados; e
- ✓ o que é sacrificado quando da opção por uma alternativa é a possibilidade de obtenção de melhores resultados em outras oportunidades.

Esses pontos sustentam algumas definições do Modelo de Gestão Econômica relativamente à adoção do conceito:

- ✓ as alternativas consideradas devem ser viáveis e possíveis diante da estrutura operacional do negócio;
- ✓ a diferença entre o custo de oportunidade dos recursos consumidos no processo de obtenção de produtos/serviços e o custo efetivamente incorrido espelha o valor adicionado pela atividade (resultado econômico);
- ✓ as alternativas devem considerar a natureza, o estado atual e futuro da situação em avaliação;
- ✓ para avaliação de desempenhos das áreas, devem ser consideradas as alternativas que estão dentro dos limites de autoridade e responsabilidade de seus respectivos gestores; e
- ✓ o mercado desempenha importante papel na determinação do custo de oportunidade.

14.3 MODELOS DE PREÇO DE TRANSFERÊNCIA

14.3.1 *Atividades empresariais*

Podemos visualizar uma empresa como um processo de transformação, que consome recursos e gera produtos e serviços, composto de diversos processos menores, hierarquicamente interligados, que são suas atividades.

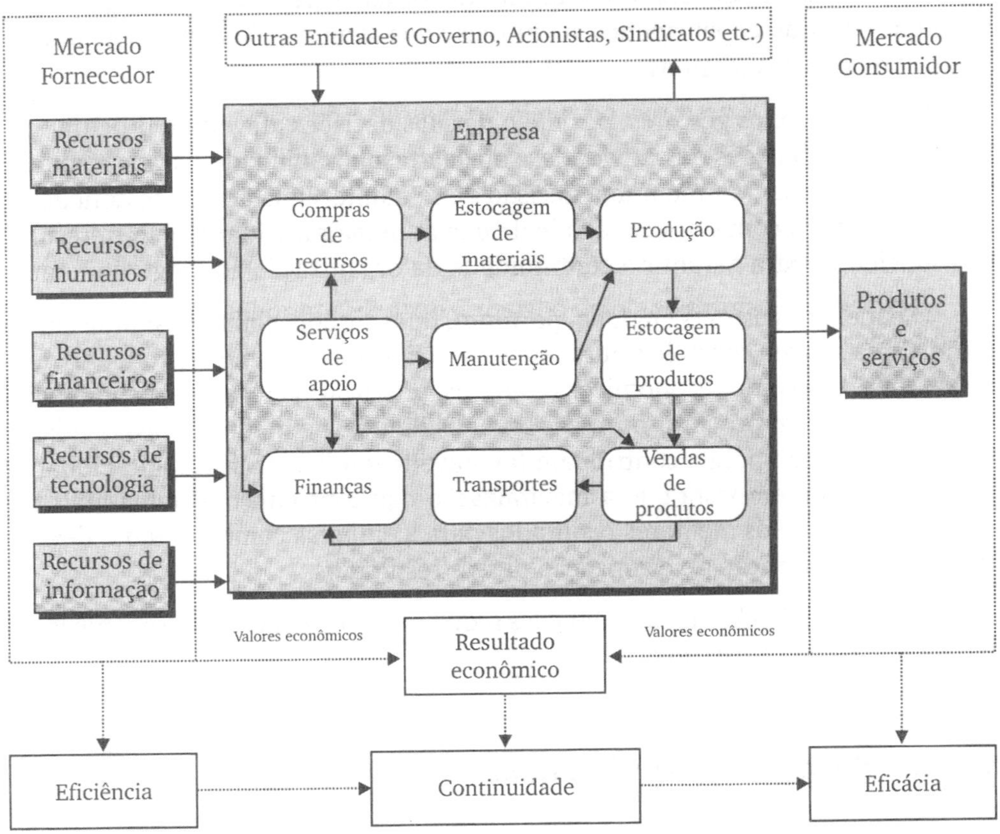

Figura 14.1 *As atividades empresariais.*

Numa empresa industrial, essas atividades poderiam ser, dentre outras: compra de insumos, recebimento e estocagem de materiais, consumo de recursos, transformação, manutenção, vendas, captação e aplicação de recursos financeiros.

A partir da constatação da interdependência entre essas atividades, que são geridas de forma descentralizada em diversas áreas, surge a necessidade da existência de um mecanismo capaz de normalizar a intermediação das relações entre essas áreas, de forma que as avaliações de desempenhos e de resultados sejam o mais justas e corretas possível.

Todas as atividades na empresa possuem um caráter econômico, que se materializa pelo consumo de recursos e geração de produtos e serviços. Os recursos consumidos, por serem escassos, e os produtos e serviços gerados, por atenderem a necessidades ambientais, possuem valor econômico, impactando o resultado econômico da empresa. Para garantir a continuidade da empresa, entendemos que essas atividades deveriam ser geridas de forma eficiente e eficaz, criando um valor que permitisse, pelo menos, a reposição dos recursos consumidos no processo de obtenção dos mesmos.

Dessa forma, os gestores, por meio de suas decisões, deveriam procurar otimizar as contribuições das atividades sob sua responsabilidade para o resultado global da empresa. Mesmo numa decisão de se manter uma atividade deficitária, deve-se levar em conta a necessidade de que as demais atividades gerem resultados suficientes para garantir a continuidade da organização ao longo do tempo.

O papel dos gestores engloba, portanto, duas responsabilidades: uma em relação à área sob seu controle e outra em relação à empresa como um todo. Ao decidirem sobre os eventos econômicos (compras, produção, estocagem, vendas etc.), os gestores devem procurar otimizar seus resultados, de modo que as atividades sob sua responsabilidade contribuam favoravelmente para o resultado global da empresa. Tendo em vista que a maximização das contribuições individuais das áreas não garante os melhores resultados para a empresa como um todo, deve-se trabalhar com a noção de otimização desses resultados.

A mensuração dessas contribuições requer o estabelecimento de um mecanismo de preços de transferência.

14.3.2 *Preço de transferência*

Preço de transferência é definido como o valor pelo qual são transferidos bens e serviços entre as atividades e áreas internas de uma organização.

A gestão econômica dessas áreas, assim como da empresa como um todo, requer o reconhecimento do resultado gerado em cada atividade, de modo que sejam identificadas e otimizadas suas contribuições para os resultados globais da empresa.

Além do aspecto de mensuração dessas contribuições, o conceito de preço de transferência deve incorporar características que estimulem os gestores a buscarem, de forma lúcida e objetiva, o sucesso da empresa como um todo, por meio de sua atuação numa área em particular.

14.3.3 *Premissas*

O conceito de preço de transferência fundamenta-se nas seguintes premissas:

- ✓ toda empresa é um processo de transformação de recursos em produtos/serviços, composto de diversas atividades que interagem entre si;
- ✓ as atividades possuem caráter econômico, que se materializa pelo consumo de recursos e geração de produtos/serviços;
- ✓ os recursos consumidos, por serem escassos, possuem valor econômico (custos), e os produtos/serviços gerados, por satisfazerem necessidades ambientais, também o possuem (receitas); e
- ✓ as atividades contribuem para os resultados econômicos da empresa.

14.3.4 *Noções implícitas*

Implícitas ao conceito estão as seguintes noções:

- ✓ intermediação das relações entre as áreas de responsabilidade organizacionais;
- ✓ reconhecimento do resultado gerado pelas áreas e atividades; e
- ✓ mensuração da evolução do patrimônio da organização, considerando todos os eventos relacionados à formação de seus resultados.

Sob esse enfoque, entendemos que a incorporação do conceito de preço de transferência ao sistema de informações da empresa deve apoiar a gestão no sentido de:

- ✓ permitir uma constante avaliação dos níveis de eficiência e eficácia da empresa, a partir das relações econômicas entre suas atividades;
- ✓ permitir avaliações de desempenhos justas, a partir da correta mensuração da contribuição das atividades e das áreas para o resultado global da empresa;
- ✓ suportar e permitir simulações e avaliação das decisões tomadas na empresa;
- ✓ induzir comportamentos adequados dos gestores;
- ✓ não permitir o repasse de ineficiências entre as áreas;
- ✓ promover a capacidade competitiva da empresa.

Desse modo, entendemos que as avaliações de desempenhos e de resultados requerem o estabelecimento de preços de transferência com base em conceitos racionais, lógicos, justos e capazes de induzir às melhores decisões para a empresa.

Entretanto, a utilidade do conceito no contexto gerencial-informativo está fortemente condicionada ao conjunto de conceitos que lhe dão sustentação, aqui denominado **Modelo de Preço de Transferência.**

14.4 MODELOS DE PREÇO DE TRANSFERÊNCIA

A seguir, são apresentados alguns modelos para determinação de preços de transferência, bem como seus pontos fortes e fracos para assegurar a eficácia gerencial:

Quadro 14.1 *Modelos de preço de transferência baseados em custos.*

Base	Metodologia	Pontos fortes	Pontos fracos
Custo total realizado (*full cost*)	o produto/serviço é transferido pelo valor resultante do somatório dos custos totais incorridos (fixos e variáveis) dividido pelo volume de produção de um determinado período (custeio por absorção)		• permite o repasse de eficiências/ineficiências entre as áreas • distorções causadas pelo rateio de custos fixos às unidades de produtos/serviços • não permite a identificação do resultado gerado nas atividades
Custo variável realizado	o produto/serviço é transferido pelo somatório dos custos variáveis unitários incorridos (custeio variável)	os custos fixos não são transferidos a outras unidades, permanecendo em suas origens	• permite o repasse de eficiências/ineficiências entre as áreas • não permite a identificação do resultado gerado nas atividades
Custo marginal	o produto/serviço é transferido com base em valor estabelecido sob determinadas condições de volume de produção, custos e preços de venda que propiciassem lucro máximo		• são desprezadas condições relevantes de mercado, como variações no atendimento da demanda, por exemplo • pode causar as mesmas distorções do *full cost*
Custo variável padrão	o produto/serviço é transferido pelo custo-padrão, que representa o custo cientificamente predeterminado e que deveria ter ocorrido nas condições presentes (custeio variável)	• os custos fixos não são transferidos a outras unidades • dependendo do conceito de custo-padrão adotado, impede a transferência de ineficiências entre as áreas	• não permite a identificação do resultado gerado nas atividades
Custo mais margem	constitui uma variante entre os métodos baseados no custo (total realizado, variável realizado, marginal, padrão), em que se aplica uma margem (*mark-up*) sobre o custo-base		• induz a resultados ilusórios • incorpora, além das deficiências relativas ao conceito de custo utilizado, a distorção causada pela arbitragem da margem

Quadro 14.2 *Modelos de preço de transferência baseados em negociação entre gestores.*

Base	Metodologia	Pontos fortes	Pontos fracos
Negociação entre gestores	o produto/serviço é transferido com base em valor negociado e aceito pelas partes (gestores) envolvidas na transação, seja ou não a partir de parâmetros de referência (custo, mercado)		• o valor do produto/serviço é influenciado pela habilidade de negociação entre os gestores • valor do produto/serviço é influenciado pelo poder "político" dos gestores

Quadro 14.3 *Modelos de preço de transferência baseados em preços de mercado.*

Base	Metodologia	Pontos fortes	Pontos fracos
Preços correntes de mercado	o produto/serviço é transferido pelo preço vigente no mercado, que pode ser um preço médio	• os custos não exercem influência na determinação do preço	• o preço incorpora elementos nos quais a empresa não incorre, tais como: impostos, comissões, seguros, fretes etc.
Preço de mercado ajustado	constitui um refinamento do critério anterior, em que o produto/serviço é transferido pelo preço vigente no mercado, que pode ser um preço médio, ajustado pela exclusão de eventos que não ocorrem nas transações internas	• o preço não incorpora os elementos nos quais a empresa não incorre, tais como: impostos, juros, comissões, seguros, fretes etc.	• incorporam distorções causadas por variáveis de difícil estimativa, tais como: custos financeiros, custos de pós-venda e previsões de insolvências e políticas próprias de cada empresa

14.5 MODELO DE PREÇO DE TRANSFERÊNCIA BASEADO NO CUSTO DE OPORTUNIDADE

O modelo de preço de transferência, conforme utilizado no Sistema de Gestão Econômica, baseia-se no conceito de custo de oportunidade. Estrutura-se a partir da premissa de que o valor dos produtos e serviços transacionados entre as unidades deveria refletir o valor do benefício possível de ser auferido na melhor alternativa econômica de obtenção dos bens e serviços demandados.

Por melhor alternativa econômica devemos entender aquela que possibilite à organização o maior incremento de resultado econômico possível.

Desse modo, a melhor alternativa será sempre escolhida à luz dos resultados possíveis de ser obtidos, a partir das opções de uso alternativo do produto de uma determinada área, lembrando que o produto de uma área constitui o recurso ou insumo da área que o recebe.

Do ponto de vista da unidade "transferidora", o valor do produto transferido corresponde ao benefício que seria gerado pela melhor alternativa preterida em favor da ação escolhida.

Considerando que cada área:

a. possui a missão de fornecer um determinado produto/serviço para as unidades que dele necessitam; e

b. para atender a sua missão, dispõe de, pelo menos, duas alternativas: produzir internamente ou adquirir o produto/serviço no mercado;

o benefício da decisão de produzir internamente o produto/serviço corresponde ao valor da melhor alternativa desprezada, ou seja, ao menor preço de mercado do produto/serviço transferido.

Esse valor constitui uma receita para a unidade "transferidora" e um custo para a unidade "receptora" do produto ou serviço.

14.5.1 *Um exemplo simplificado da aplicação do modelo*

Suponhamos uma indústria composta de três áreas: Compras, Produção e Vendas. A área de Compras adquire insumos no mercado e os repassa para a área de Produção, a qual, após o desempenho de sua função transformadora, fornece os

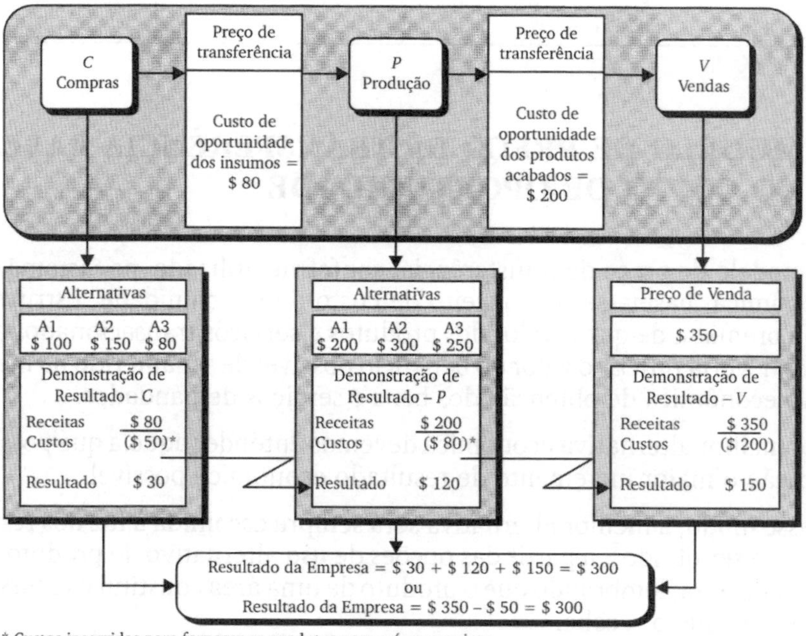

* Custos incorridos para fornecer os produtos para a área seguinte.

Figura 14.2 *Exemplo da aplicação do modelo de preço de transferência baseado no custo de oportunidade.*

produtos acabados para a área de Vendas, que por sua vez os coloca no mercado consumidor.

No exemplo, a unidade *C* optou por incorrer num custo de $ 50 para obter e transferir os recursos para a unidade *P*. A melhor alternativa preterida em favor da sua escolha corresponde ao menor preço de mercado dos insumos, ou seja, ao preço de $ 80.

O custo de oportunidade dos insumos transferidos corresponde, portanto, ao preço de $ 80, e representa:

a. uma receita para a unidade *C* ("transferidora"); e
b. um custo para a unidade *P* ("recebedora").

É preciso considerar, no entanto, que o conceito é válido quando, além de existirem alternativas diferentes para a obtenção de recursos, essas alternativas estejam ao alcance dos gestores, dentro de seus limites de autoridade e responsabilidade.

14.6 CONCLUSÕES

Os modelos baseados em custos apresentam sérias limitações quanto ao seu uso para fins gerenciais, em virtude de não incorporarem as principais noções relacionadas ao conceito de preço de transferência.

Apesar da possibilidade de um gestor ser responsável apenas pelo "custo" de determinados recursos consumidos no processo produtivo, esse custo muito provavelmente estará associado a uma receita, que representa o benefício obtido no processo de produção. A necessidade de mensuração, não apenas dos custos, mas também dos benefícios (receitas) gerados pelas atividades, reforça a superioridade dos modelos baseados em preços de mercado para as finalidades da gestão econômica.

Nesse sentido, entendemos que o emprego do conceito de custo de oportunidade na intermediação das relações econômicas entre as áreas guarda as seguintes conotações:

- o mercado representa a fonte alternativa de obtenção de bens e serviços;
- os efeitos das decisões tomadas pelos gestores são fixados em suas próprias áreas, evitando-se o repasse de ineficiências entre as mesmas;
- orienta os gestores para a tomada das decisões que mais interessam à empresa como um todo e não a sua área específica;
- incorpora um parâmetro de alta qualidade ao processo decisório dos gestores;

- ✗ contempla a noção de valor econômico, consubstanciado pela melhor oportunidade identificada no mercado para obtenção dos produtos, tendo em vista a missão das áreas;
- ✗ restringe a amplitude da noção de preços, visto que a oportunidade (preço) é específica para a entidade em questão, devendo considerar as particulares dificuldades ou facilidades enfrentadas para adquirir ou colocar os bens e serviços demandados, frente à alternativa de produzi-los internamente;
- ✗ permite avaliações corretas da evolução do patrimônio da entidade; e
- ✗ os preços praticados por outras empresas no mercado, ao serem incorporados à estrutura de resultados internos de uma empresa, confrontados com os custos incorridos para produzi-los internamente, fornecem uma idéia da capacidade da atividade interna em suportar condições competitivas.

Considerando a missão das áreas e as alternativas de que dispõem para alcançá-la, entendemos que o preço de transferência dos recursos transferidos entre as mesmas deve corresponder ao seu custo de oportunidade, que se materializa pelo menor preço de mercado desses recursos.

Como o melhor uso alternativo dos recursos pode ser encontrado internamente (produzir) ou externamente à empresa (comprar), o menor preço de mercado desses recursos constitui uma base objetiva, segura e validada pelo mercado para a determinação de preços de transferência.

Dessa forma, o modelo de preço de transferência baseado no custo de oportunidade, dentre os demais, é o que reúne melhores condições para sustentar as transações internas entre as atividades de uma organização, promovendo ações voltadas para a otimização de seus resultados econômicos e, conseqüentemente, de seus níveis de eficácia.

REFERÊNCIAS BIBLIOGRÁFICAS

BEUREN, Ilse Maria. Conceituação e contabilização do custo de oportunidade. *Caderno de Estudos da Fipecafi*. nº 8, São Paulo : FEA/USP, abr. 1993.

_______. *Modelo de mensuração do resultado de eventos econômicos empresariais*: um enfoque de sistema de informação de gestão econômica. Tese (Doutorado) – Faculdade de Economia, Administração e Contabilidade (FEA/USP). São Paulo : USP, 1995.

BOGNAR, Sônia Regina. *Contribuição ao processo de determinação de preço sob os aspectos de gestão econômica*. Dissertação (Mestrado) – Faculdade de Economia, Administração e Contabilidade (FEA/USP). São Paulo : USP, 1991.

CATELLI, Armando. *Sistema de contabilidade de custos estândar*. Tese (Doutorado) – Faculdade de Economia, Administração e Contabilidade (FEA/USP). São Paulo : USP, 1972.

______, GUERREIRO, Reinaldo. GECON – Gestão Econômica: Administração por resultados econômicos para otimização da eficácia empresarial. *Anais do XVII Congreso Argentino de Profesores Universitarios de Costos* – 1ªs Jornadas Iberoamericanas de Costos y Contabilidad de Gestión, Argentina, out. 1994.

______, GUERREIRO, Reinaldo. GECON – sistema de informação de gestão econômica: uma proposta para mensuração contábil do resultado das atividades empresariais. *Boletin Interamericano da Asociación Interamericana de Contabilidad*, nov. 1992.

______, GUERREIRO, Reinaldo. Mensuração de atividades: "ABC" X "GECON". *Anais do XIV Congresso Brasileiro de Contabilidade*, Temário 5, Salvador, nov. 1992.

CORNACHIONE JR., Edgard Bruno. *Das bases de sustentação da contabilidade e da informática*. Dissertação (Mestrado) – Faculdade de Economia, Administração e Contabilidade (FEA/USP). São Paulo : USP, 1994.

CRUZ, Rosany Ipaves. *Uma contribuição à definição de um modelo conceitual para a gestão econômica*. Dissertação (Mestrado) – Faculdade de Economia, Administração e Contabilidade (FEA/USP). São Paulo : USP, 1991.

FERNANDEZ, José Domingues. *Estudo de um modelo integrado de informações econômico-financeiras e sua integração com o processo decisório*. Dissertação (Mestrado) – Faculdade de Economia, Administração e Contabilidade (FEA/USP). São Paulo : USP, 1989.

FIGUEIREDO, Sandra Maria Aguiar de. *Contribuição ao estudo de um sistema de avaliação de desempenho em empresas de seguros*: enfoque da gestão econômica. Dissertação (Mestrado) – Faculdade de Economia, Administração e Contabilidade (FEA/USP). São Paulo : USP, 1991.

GUERREIRO, Reinaldo. *Modelo conceitual de sistema de informação de gestão econômica*: uma contribuição à teoria da comunicação da contabilidade. Tese (Doutorado) – Faculdade de Economia, Administração e Contabilidade (FEA/USP). São Paulo : USP, 1989.

______. Mensuração do resultado econômico. *Caderno de Estudos da Fipecafi*, São Paulo : FEA/USP, set. 1991.

______. *Sistema de custo direto padrão*: estruturação e processamento integrado com os princípios de contabilidade geralmente aceitos. Dissertação (Mestrado) – Faculdade de Economia, Administração e Contabilidade (FEA/USP). São Paulo : USP, 1984.

GUERREIRO, Reinaldo. Um modelo de sistema de informação contábil para mensuração do desempenho econômico das atividades empresariais. *Anais da XIX Conferência Interamericana de Contabilidade*, Buenos Aires, out. 1991.

_______, CATELLI, Armando. Uma contribuição para o resgate da relevância da contabilidade de custos para a administração. *Anais do XVII Congreso Argentino de Profesores Universitarios de Costos* – 1as Jornadas Iberoamericanas de Costos y Contabilidad de Gestión, Argentina, out. 1994.

MAURO, Carlos Alberto. *Preço de transferência baseado no custo de oportunidade*: um instrumento para a promoção da eficácia empresarial. Dissertação (Mestrado) – Faculdade de Economia, Administração e Contabilidade (FEA/USP). São Paulo : USP, 1991.

OLIVEIRA, Antonio Benedito Silva. *Aplicação dos conceitos de gestão econômica aos eventos econômicos de um banco comercial.* Dissertação (Mestrado) – Faculdade de Economia, Administração e Contabilidade (FEA/USP). São Paulo : USP, 1994.

PARISI, Claudio. *Uma contribuição ao estudo de modelos de identificação e acumulação de resultados*. Dissertação (Mestrado) – Faculdade de Economia, Administração e Contabilidade (FEA/USP). São Paulo : USP, 1995.

PELEIAS, Ivam Ricardo. *Avaliação de desempenho*: um enfoque de gestão econômica. Dissertação (Mestrado) – Faculdade de Economia, Administração e Contabilidade (FEA/USP). São Paulo : USP, 1992.

PEREIRA, Carlos Alberto. *Estudo de um modelo de avaliação de desempenhos para gestão econômica*. Dissertação (Mestrado) – Faculdade de Economia, Administração e Contabilidade (FEA/USP). São Paulo : USP, 1993.

VASCONCELOS, Marco Tullio de Castro. *O processo de gestão de finanças sob a ótica da gestão econômica.* Dissertação (Mestrado) – Faculdade de Economia, Administração e Contabilidade (FEA/USP). São Paulo : USP, 1994.

15 Ensaio sobre o Uso de Padrões em Instituições Financeiras

Antonio Benedito Silva Oliveira

15.1 INTRODUÇÃO

O grande problema da Contabilidade é o de evidenciar valores. A missão da Contabilidade é evidenciar/comunicar valores de empreendimentos, atividades, produtos, desempenhos, enfim, de tudo aquilo sobre o qual são tomadas decisões econômicas.

O uso de custos históricos para o planejamento e controle traz dificuldades relacionadas com o fato de tais custos referirem-se ao passado e, apesar do interesse nos resultados de suas decisões passadas, para o planejamento, os administradores estão primordialmente preocupados com a maneira pela qual suas decisões afetarão seu futuro e o de suas organizações.

Para a atividade de Controle, os custos históricos também são de pouco uso. Particularmente em tempos de inflação, os custos históricos, representantes da experiência do passado, não informarão aos administradores se uma operação, uma tarefa ou departamento foram geridos com eficiência. "Sem dúvida, os gestores desejam conhecer qual deveria ser o resultado presente, ao invés de qual foi o resultado passado" (Glautier e Underdown, 1992:598). Uma vez que se determine como estes resultados deveriam se comportar, os resultados obtidos de fato podem ser comparados a eles e às divergências analisadas.

Este estudo de Custo-padrão se desenvolveu no sentido de obter subsídios para a satisfação dessa necessidade. Ela tem por base custos e receitas predeterminados, os quais, se acredita, representam custos e receitas aceitáveis sob determinadas condições operacionais.

15.2 OBJETIVOS DESTE TRABALHO

O objetivo a ser atingido com esse trabalho é o de estudar e obter diretrizes e conceitos sobre como se daria a implantação de um Sistema de Padrões em Instituição Financeira e, também, sobre como deveria ser a interligação desse Sistema de Padrões com o Sistema de Orçamentos.

15.3 CENÁRIOS

A globalização da economia, o processo de privatização e a própria estabilização da moeda deram origem a um novo perfil dos participantes do mercado financeiro, que, hoje, é caracterizado por uma alta competição entre esses agentes na busca ao atendimento das necessidades identificadas no seu ambiente de atuação. Ao lado dessas, outras mudanças têm-se feito notar, como o uso intensivo de tecnologia de informação, possibilitando inclusive o surgimento de novos produtos, impossíveis sem o uso da informática, como ATM, *Home banking*, transferências eletrônicas de fundos, cartões inteligentes etc. Merece destaque, também, a desregulamentação, abrindo o mercado para novos participantes e produtos, até então fora dele.

Em função dessas transformações, as organizações que atuam nesse mercado estão transformando-se, tentando adequar-se à nova realidade negocial e às novas necessidades de seus clientes que, dependendo do enfoque, podem ser entendidas como novas oportunidades ou como ameaças.

Como que transformando em realidade o ensinamento clássico de que a estrutura segue a estratégia, as organizações estão engajadas em processo de reengenharia, buscando redução de custos, terceirizando atividades e, simultaneamente, criando novos produtos e serviços, buscando adaptar-se aos novos tempos.

15.4 EFICIÊNCIA E EFICÁCIA

Os termos eficiência e eficácia são sempre utilizados na literatura técnica com significados distintos. A palavra eficiência é normalmente utilizada na análise de alguma relação entrada-saída, de modo que a eficiência de um recurso, utilizado em um processo produtivo de uma fábrica, refere-se ao grau de habilidade técnica com a qual as entradas dos fatores de produção são transformados em produtos acabados, e ao sucesso com o qual os fatores de produção, avaliados em termos monetários, são transformados em produtos – saídas do processo –, também avaliados em valores monetários, correspondentes às receitas obtidas pelo processo. Por outro lado, o termo eficácia é usado para descrever o sucesso com o qual os objetivos são alcançados.

Eficiência implica consumo adequado de recursos por unidade produzida, ou consumo adequado de recursos para um determinado nível de atividade em um departamento. Uma medida dessa eficiência é o consumo de recursos realizado comparado com o consumo de recursos esperado, para uma unidade produzida ou para um determinado volume de atividades em um departamento.

A eficácia tem de ser calcada em alguns requisitos: eficiência, produtividade, satisfação das pessoas, processo decisório adaptativo (o processo tem de ser de tal ordem que permita a decisão apropriada) e, finalmente, aperfeiçoamento contínuo.

Dentro do Modelo de Gestão Econômica entende-se que a eficácia está diretamente ligada ao resultado econômico obtido, que é seu melhor indicador. Esse resultado econômico liga-se diretamente ao cumprimento da missão pela entidade. Em vista disso, o resultado econômico obtido reflete o grau de eficácia e a eficiência com a qual os objetivos foram atingidos.

Entendemos que, se a organização estiver cumprindo um papel na satisfação de necessidades identificadas no ambiente onde atua, por meio da disponibilização de algum produto ou serviço, ela deverá estar obtendo uma receita e um resultado econômico, na medida da validação do mercado de suas atividades e de sua capacidade de disponibilizar esse produto ou serviço com eficiência, com custos menores do que as receitas geradas; para que ela possa ter continuidade.

Quadro 15.1 *Processo físico e operacional.*

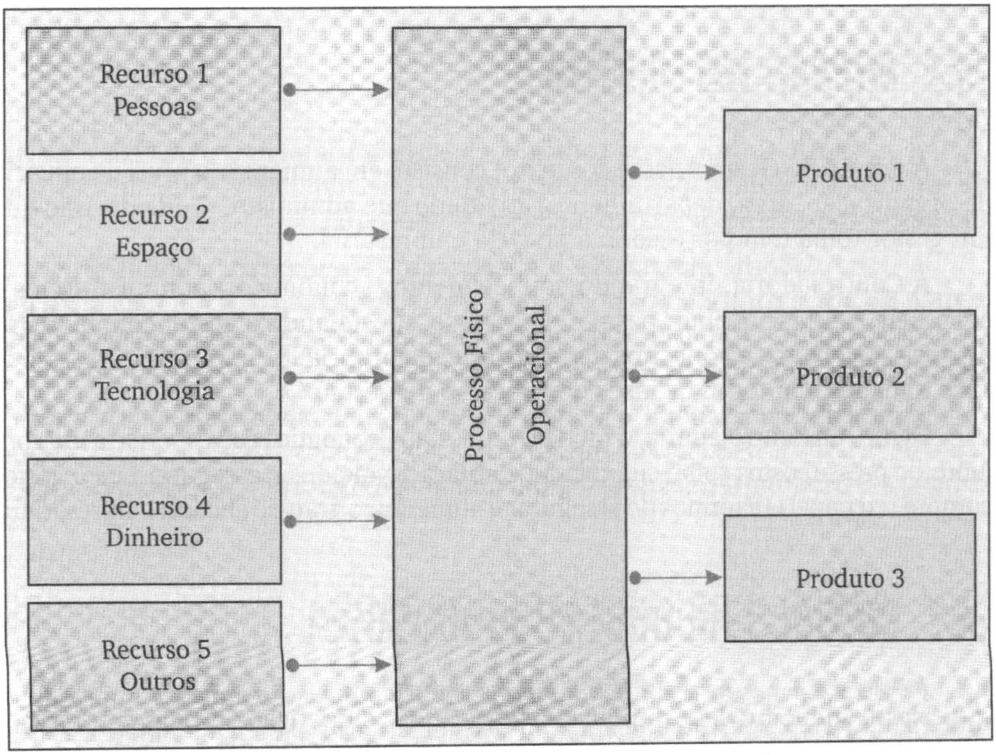

O processo produtivo permite uma expectativa de eficiência, na forma de uma relação entre o volume de produtos gerados e o volume de recursos consumidos. A relação que atende às expectativas de eficiência da empresa está consubstanciada na forma da ficha-padrão a ser utilizada para o produto, operação, serviço, departamento objeto da decisão.

15.5 OBJETIVO DE UM SISTEMA DE INFORMAÇÕES ECONÔMICO-FINANCEIRO

O objetivo de um sistema de informação econômico-financeiro é permitir, àqueles que decidem, otimizar o uso dos recursos sob seu controle e avaliar os resultados alcançados pela implementação de suas decisões passadas, comparando os resultados previstos na época com aqueles que foram de fato obtidos. Uma medida da eficácia desse processo decisório é a verificação de em que medida os resultados realizados coincidem com os resultados ótimos.

Dessa forma, nós podemos falar de eficácia gerencial ao estudarmos a contribuição das decisões gerenciais para o alcance dos objetivos organizacionais. A eficácia de um sistema de informações econômico-financeiro, portanto, surge do grau em que possibilita aos seus usuários a otimização de suas decisões.

15.6 MISSÃO DO GESTOR

A missão do Gestor, nesse contexto, consiste em aumentar o nível de eficácia da organização, área, departamento, atividade que administre. Toda decisão que um gestor toma tem por escopo a eficácia empresarial.

A Controladoria, integrando conhecimentos econômicos, administrativos e contábeis, busca contribuir para este processo, subsidiando o gestor com modelos de decisão corretos e conceitos de mensuração apropriados para as diversas decisões tomadas, em todas as fases do processo de gestão.

Dentro da Controladoria, o Modelo de Gestão Econômica corresponde a um conjunto de pressupostos sobre sua missão e atuação, voltados a assegurar que o gestor cumpra seu papel em termos de assegurar e aumentar o grau de eficácia empresarial.

15.7 MODELO DE GESTÃO ECONÔMICA

Nesse ambiente de turbulências e de grande competição entre as empresas, a única saída para os gestores alcançarem seus objetivos é planejar cuidadosamente as ações que pretendem empreender, reavaliando, de tempos em tempos, o desempenho efetuado contra o desempenho planejado, o que configura um processo de gestão, pela existência do ciclo: planejamento, execução e controle.

Para cumprir sua missão, a empresa se estrutura na forma de um conjunto de atividades, que têm impactos operacionais, financeiros, econômicos e patrimoniais. Essas atividades são mantidas nas empresas com a preocupação de gerar produtos e, assim, obter resultados. Dessa forma, todas as atividades da empresa devem contribuir para seu resultado. Para o processo decisório, o Modelo de Gestão Econômica recomenda que se compare o produto gerado com os recursos consumidos em sua confecção.

O Gestor de uma atividade, portanto, deve agir sobre todos os aspectos de suas atividades: operacionais, financeiros, econômicos e patrimoniais. Essa visão do Modelo de Gestão Econômica leva a uma reformulação do conceito de sua amplitude de atuação.

O fluxo econômico surge do que acontece operacionalmente. Para um administrador é importante ter noção dos fatos no momento em que ocorrem, e não posteriormente. Um gestor só pode ser responsabilizado pelos fatos sobre os quais tenha controle. Propõe-se que, dentro da margem de contribuição de cada Gestor, constem apenas os custos e as receitas controláveis por ele. Dessa forma, o Modelo de Gestão Econômica tem impacto direto no método de custeio utilizado, uma vez que devem ser evitadas as alocações de custos com base em rateios, que, além de arbitrários, tornam as informações menos objetivas e confiáveis.

O administrador deve ter uma visão de dono, fazendo acontecer, assegurando a continuidade de seu departamento, por meio de contribuições efetivas à empresa. Deve, portanto, ter a sua disposição a informação necessária para sua decisão com as características de confiabilidade, oportunidade, objetividade e correção necessárias.

As atividades desenvolvidas pela empresa constituem-se de eventos econômicos, caracterizados como um processo de transformação de recursos em produtos e serviços. Os recursos possuem valores econômicos por serem escassos; por sua vez, os serviços e produtos também possuem valores econômicos porque satisfazem necessidades identificadas na sociedade.

Os Gestores, uma vez que tomam decisões sobre os eventos econômicos, são responsáveis pela gestão econômica de suas atividades.

A mensuração desse resultado econômico deveria ser obtida de acordo com os seguintes conceitos econômicos: Valor de Mercado, Reconhecimento da Receita quando gerada, Custo de Oportunidade, Equivalência de Capitais.

Os Sistemas de Informações Gerenciais devem estar Integrados com os Sistemas de Informação Operacionais. Dessa forma os relatórios atenderão às necessidades dos usuários no tocante ao Modelo de Informação, Modelo de Decisão e Modelo de Mensuração.

15.8 PROCESSO DE GESTÃO

A necessidade de a empresa adaptar-se às transformações ambientais, identificando oportunidades e ameaças, faz com que ela necessite de um processo de gestão flexível apoiado por um sistema de informações econômico-financeiro oportuno, confiável, capaz de medir corretamente as diversas ocorrências que afetem o patrimônio da empresa, tanto no curto quanto no longo prazo, permitindo aos administradores tomarem decisões que contribuam para o incremento da eficácia da organização.

Dentro do modelo de Gestão Econômica esse modelo ganharia a seguinte conformação:

Quadro 15.2 *Fases do processo de gestão no modelo de gestão econômica.*

Planejamento estratégico	1.	Oportunidades
	2.	Ameaças
	3.	Pontos fortes
	4.	Pontos fracos
	5.	Como produto desta fase teríamos as Diretrizes Estratégicas, As políticas e os Macro-objetivos Organizacionais.
Planejamento operacional	1.	Pré-planejamento: onde se estabelecem planos, a partir de alternativas operacionais.
	2.	Planejamento operacional de longo prazo: detalhamento da alternativa escolhida, em termos de volumes, prazos, preços, recursos consumidos e produtos gerados, em termos de impactos patrimoniais, de resultados e financeiros.
	3.	Programa (ajustes no plano): adequação do plano operacional às mudanças que podem ter ocorrido entre o momento do planejamento inicial e o da execução do plano, no período.
Execução	4.	Fase em que o plano é implementado. Os recursos são consumidos e os produtos gerados.
Controle	5.	A fase de controle corresponde à fase em que os desvios do plano são identificados e ações corretivas são empreendidas.

A identificação das oportunidades e ameaças acontece em função do comportamento previsto destas variáveis ambientais e da maneira como elas interagem em termos de: mudanças no comportamento do consumidor, escassez ou abundância nas fontes de abastecimento, nível de atividade econômica, possíveis alterações nos movimentos políticos, desenvolvimentos tecnológicos, movimentos sindicais e ecológicos, restrições ou facilidades quanto ao comércio com outros países.

Estas avaliações permitem à empresa definir que produtos ofertar, de que mercados participar, canais de distribuição, produção, estrutura organizacional e objetivos econômicos e financeiros.

Para os bancos comerciais a análise das oportunidades e ameaças abrange previsões sobre as taxas de juros, taxa de inflação, variação cambial, ramos da economia em crescimento, crescimento econômico ou recessão, salários, impostos, tecnologia, sindicatos, entidades reguladoras, participação no mercado e demais variáveis políticas, psicológicas, culturais e sociais.

Em termos de pontos fortes e fracos pode-se citar preocupações com: imagem na comunidade, qualidade dos ativos, tamanho dos ativos, capital, depósitos, liquidez, capacidade de pessoal, capacidade de oferecer novos produtos que atendam às necessidades dos consumidores, qualidade dos sistemas de informações de apoio à decisão disponíveis, estrutura organizacional, tecnologia disponível, processo de gestão.

Do processo de planejamento estratégico surgem as diretrizes, políticas e objetivos estratégicos, que possibilitam a escolha de alternativas para aproveitamento das oportunidades, evitando as ameaças, tendo em vista os pontos fracos, fortes e neutros elencados.

Esses elementos são utilizados como dados de entrada no processo de planejamento operacional.

Os planos são estabelecidos a partir de alternativas operacionais. O gestor deve escolher entre as várias alternativas tendo por pano de fundo a continuidade da empresa nesse novo ambiente de grande competitividade. Assim, a fase de pré-planejamento corresponde à fixação de objetivos, identificação das alternativas de ação e escolha das melhores alternativas que viabilizem as diretrizes estratégicas. O produto dessa fase do processo gerencial é o conjunto de alternativas de ação selecionadas.

Essa fase do processo de gestão é apoiada pelo Sistema de Pré-orçamentação.

Esse conjunto de alternativas escolhidas, para ser implementado, necessita agora de um maior detalhamento, em termos dos recursos consumidos e produtos gerados, visando programá-los adequadamente, tendo em vista, inclusive, sua distribuição no tempo, seu impacto no fluxo de caixa da empresa e seu impacto no resultado econômico obtido pela organização. Essa fase é a conhecida como Planejamento Operacional e é atendida pelo Sistema de Orçamento.

Entre o momento de planejamento e a execução do plano transcorre um período de tempo, muitas vezes, suficiente para que a situação original (identificada no planejamento estratégico) se modifique. Essas transformações devem estar refletidas nos sistemas de informações para que se possa separar quanto das variações foi devido à ação do gerente e quanto foi devido a modificações ambientais e no próprio plano. O orçamento deve ser flexível, passando a existir os seguintes orçamentos:

- orçamento original;
- orçamento corrigido;
- orçamento ajustado.

O orçamento original diz respeito ao plano operacional conforme concebido em *t*0. Supondo-se uma empresa, que feche o orçamento de X1 em 31-10-X0, esse orçamento original, feito em 31-10-X0, estará em moeda dessa data.

Só que entre o momento de sua confecção e o momento de sua aplicação, por exemplo, março de X1, transcorre um determinado lapso de tempo, durante o qual ocorrem modificações nos preços orçados. Essas modificações estão refletidas no orçamento corrigido.

A habilidade da instituição em lidar com as variações de preços está representada pela diferença entre o orçamento original e o orçamento corrigido.

Além das variações nos preços, podem ser necessárias outras modificações nesse orçamento corrigido, devido aos ajustes no plano; modificações essas que se fazem adaptando-se o plano para o período, no curto prazo. Podem ser ajustes de volume, de eficiência etc. A diferença entre o orçamento corrigido e o orçamento ajustado corresponde a diferença de "ajustes no plano".

Após estabelecido o plano é necessário implementá-lo. Essa é a fase da execução, em que os recursos são consumidos e os produtos e serviços são gerados e postos à disposição do mercado.

A fase correspondente à execução do plano é contemplada, em termos de informações, a valores-padrão e a valores reais.

A diferença entre o realizado a padrão e o realizado a valores reais corresponde a variação de eficiência na realização dos planos em relação à eficiência objetivada pelas políticas da empresa.

Tendo planejado e orçado a alternativa escolhida, urge controlar sua implementação com vistas em assegurar que ela seja de fato alcançada.

Os controles devem estar baseados em planos anteriormente fixados. A fase de controle corresponde à identificação de divergências e implementação de ações corretivas, quando os resultados realizados são diferentes dos planejados, no sentido de assegurar que os objetivos planejados sejam atingidos.

Para isso, os gestores precisam de um sistema de informações que lhes forneça informações sobre o planejado e sobre o real, permitindo-lhes fazer comparações em bases objetivas, em todas as etapas do processo de gestão.

15.9 SISTEMA DE PADRÕES

A utilidade de um sistema de padrões está em auxiliar o aumento da eficiência na condução dos negócios da empresa, com o objetivo de produzir economicamente e em medir os desempenhos, comparando os resultados reais com os desejados, fornecendo dados que sirvam de instrumento para identificação das ineficiências e das tendências para as quais caminha a empresa.

Um padrão normalmente é desenvolvido por meio de um estudo cuidadoso de operações específicas e está expresso por unidade de produto (Horngreen, Foster e Datar, 1994:227). Dentro de um enfoque clássico, o custo-padrão é o custo de uma unidade de produto, elaborado por meio de um desempenho tido como adequado, de acordo com as políticas de eficiência da empresa.

Neste trabalho, falar-se-á também em custo-padrão departamental. A diferença entre um orçamento departamental e o custo-padrão departamental é a de que o padrão departamental está baseado em um estudo cuidadoso sobre as operações específicas da organização e, além disso, enquanto muitos orçamentos baseiam-se em estatísticas de custos passados, o padrão departamental baseia-se em uma análise detalhada de suas atividades.

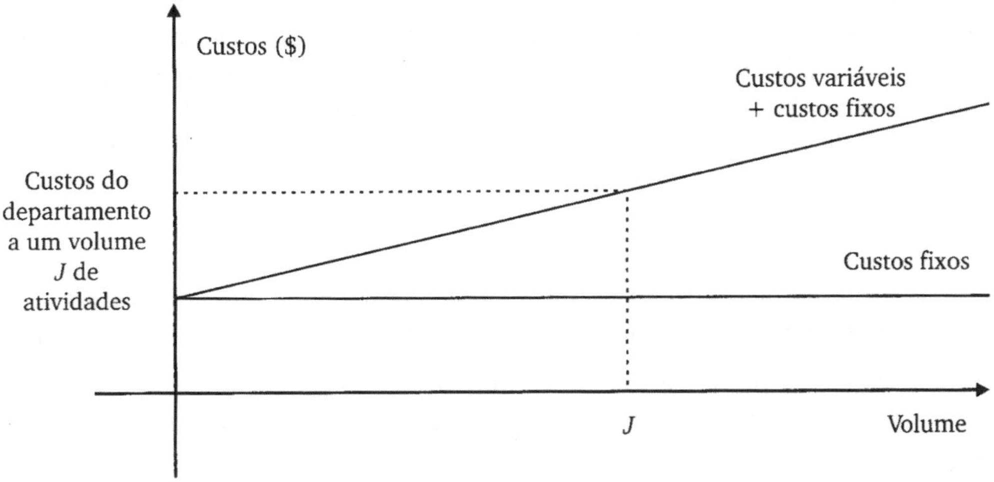

Gráfico 15.1 *Comportamento dos custos do departamento* x *volume de atividades* j.

Este processo consiste em se estruturar a ficha-padrão de cada centro de custos, nas contas próprias, com os custos que lhe forem atribuídos para um período. O registro inclui tanto os custos identificados por meio de operações registradas pela Contabilidade Financeira como os originários de serviços internos recebidos e, portanto, manipulados pela Contabilidade de Custos, desde que identificados diretamente à atividade desempenhada pelo departamento no período. O padrão departamental tratará dos custos identificados do departamento, que poderão ser cobertos pelas margens do *mix* de produtos que fornece, com a utilização do conceito de preço de transferência baseado no custo de oportunidade (Oliveira e Pereira, 1997).

> *"Nesse sentido, um custo-padrão é uma medida de qual valor um item de custo deveria ter, contrastado com o registro de quanto ele, de fato, custou."*
> (Anthony, Glenn e Reece, 1985)

Custos operacionais são custos departamentais identificados ao produto. Existe uma série de custos departamentais em que o consumo acontece por tempo de funcionamento do departamento. Nesses casos, por exemplo, se o produto usar duas horas desse departamento, seus custos departamentais serão absorvidos pelo produto com base nestas duas horas. Por exemplo, energia elétrica jamais será um custo do produto; é um custo variável do departamento. A unidade de consumo é o tempo de utilização.

Já o gerenciamento não seria um custo do produto, por não ser um custo de produção. É um custo que incorre para ter condições de produzir, é um custo do departamento.

No fim do período, os custos realizados dos Centros de Custos são encerrados e o nível de atividades alcançado pelo setor é determinado (horas operacionais, valor dos materiais, área, EE etc.). Em seguida, procede-se à projeção do custo-padrão de cada elemento de custo variável ao nível das atividades do período e à apuração dos previstos, adicionando-se os fixos. Outrossim, comparando-se os custos realizados com os produtos projetados, determina-se a variação de previsão do centro de custo por elemento e total, ou seja, os desvios entre os gastos realizados e os permitidos (orçados).

Finalmente, chega-se à variação de volume operacional pela computação de produto da diferença entre o nível de atividades correspondente à capacidade operacional-padrão (100%) e o alcançado no período pelo custo-padrão fixo por hora.

As variações de previsão e de volume de custos operacionais apuradas evidenciam desempenhos anormais e, se desfavoráveis, indicam a incidência de custos não cobertos pelos preços.

A utilidade de um sistema de custo-padrão depende de quão realistas os padrões sejam.

O sistema de custos-padrão é útil para o controle de várias formas. Em primeiro lugar, por possibilitar o planejamento de acordo com políticas de eficiência preestabelecidas. Depois, por facilitar o trabalho de avaliar se o desempenho de uma operação corrente está acontecendo de forma eficiente ou não, pelo processo de administração por exceção. Poupando aos administradores o trabalho de analisar grandes volumes de dados, procurando descobrir qual informação seria relevante ou não em sua atividade de controle. A administração por exceção soluciona esse problema destacando apenas as informações importantes para controle, ou seja, a variação entre o padrão e o real.

Um sistema de custo-padrão também pode auxiliar na redução de custos. A instalação de tal sistema exige uma reavaliação dos métodos operacionais. Esse exame, geralmente, leva a melhorias nos métodos empregados, as quais acabam por se refletir nos custos dos produtos. Adicionalmente, deve-se destacar a consciência que seu uso gera na organização, sobre os custos incorridos pela mesma.

Por fim, custos-padrão são utilizados como base para estudos para a determinação de preços de venda. Custos-padrão representam na verdade o quanto os produtos deveriam custar, e são um guia muito melhor para decisões de preços do que os custos históricos (os quais podem conter ineficiências de compra ou de fabricação), que não poderiam ser repassados em mercados competitivos.

Reportamo-nos à afirmação anterior de que a missão da contabilidade estaria fundamentalmente ligada à tarefa de evidenciar os valores das atividades, produtos, operações, desempenhos, departamentos e empresas. Todo valor monetário registrado em um sistema de contabilidade surge da multiplicação de quantidades físicas por um preço unitário. Portanto, na confecção de um custo-padrão, é aconselhável considerar-se as quantidades separadamente dos preços unitários e manter essa separação nos registros subjacentes. Essa orientação facilita tanto a verificação das variações entre o desempenho realizado e o desempenho orçado, quanto a revisão dos padrões visando sua adequação às modificações surgidas nas técnicas produtivas ou nos volumes de atividade ou nos preços dos recursos utilizados e produtos gerados.

A atualização dos padrões adotados é de grande importância para que, realmente, se possa avaliar o desempenho efetivo e proceder-se ao controle e conseqüentes correções necessárias. Os padrões devem ser reexaminados periodicamente, a fim de se apurar possíveis alterações ocorridas no processo produtivo, procurando manter sempre um padrão confiável e continuar sendo um objetivo no que se refere a custos e desempenhos.

Mais do que adequado ou ideal, um padrão deve ser realista, fixado em termos objetivos, deve expressar uma probabilidade estatística de realização, refletindo as políticas de eficiência da empresa, sendo estabelecido de acordo com suas condições operacionais – tecnologia usada, competência etc.

Quadro 15.3 *Benefícios gerados pela utilização de padrões.*

1. Valorização de estoques 2. Fixação de preços	a. Possibilita a determinação *a priori* do custo de todos os produtos.
3. Planejamento e controle	b. Comparar os custos-padrões com os reais e apurar as causas explicativas das eventuais variações. c. Analisar a eficiência de cada elemento do custo, como matérias-primas, mão-de-obra e custos indiretos de fabricação. d. Facilitar o controle dos desempenhos realizados com os padrões.

O sistema de padrões aqui discutido acompanharia a ocorrência dos custos, classificando-os e acumulando-os de acordo com sua natureza ou tipo (elemento ou conta de custo) e os atribuiria às atividades ou produtos e serviços responsáveis pela sua efetivação. Identificaria e avaliaria os serviços prestados por setores internos a outros setores internos. Determinaria o resultado dos serviços prestados, apropriando os custos incidentes sobre os mesmos, contra receitas ou custos de oportunidade. Com o uso de padrões na atividade bancária, pretende-se que os custos sejam absorvidos pelas operações que se utilizaram, efetivamente, de seus benefícios e, desta maneira, permitindo que os resultados analíticos (por produtos, região de venda etc.) e a própria estrutura de preços se tornem mais completos e justos.

A elaboração dos padrões, conforme aqui analisado, envolveria o conhecimento pormenorizado da empresa e dos seus planos, objetivos e políticas futuras e o estudo científico da utilização de cada elemento de custo a ser padronizado.

Para que sejam eficazes no processo de controle, os custos-padrão devem refletir objetivos realizáveis em termos de desempenho, sem que deixem de ser desafiadores. Isto faz com que o processo de estabelecimento dos custos-padrão seja de importância crítica, implicando:

a. no estabelecimento de procedimentos para a obtenção de padrões a respeito dos preços pelos quais os recursos serão adquiridos;
b. no estabelecimento de procedimentos que permitam a participação dos gerentes dos centros de resultados na confecção dos padrões de suas áreas dentro de horizontes desafiadores e realistas.

Os padrões de custos são estabelecidos para todos os elementos de custo e para todos os centros de custo. O estabelecimento de custo-padrão para custos diretos, tais como material direto e custo de mão-de-obra direta, se foca em preço e uso desses dois componentes-chaves dos custos.

O estabelecimento de padrões para os custos fixos é mais difícil, uma vez que não há unidade de produto diretamente relacionada. Dessa forma, eles são considerados como relacionados ao nível de atividades, que é expresso de forma padronizada.

15.10 SISTEMA DE PADRÕES E SISTEMA ORÇAMENTÁRIO

Os orçamentos são a expressão, em termos financeiros, dos planos da administração para operação da empresa durante um período específico de tempo.

Funcionam como instrumentos do controle administrativo de três maneiras:

a. como meio de organização e direção de um grande segmento do processo de planejamento administrativo;
b. como uma contínua advertência em procurar desenvolver os planos e programas, guiando a administração no dia-a-dia;
c. Como avaliador da *performance* real.

A definição de um orçamento pode ser sumariada como um plano de ação predeterminado, detalhado, desenvolvido e distribuído como guia para as operações e como base parcial para a subsequente avaliação do desempenho.

Segundo Heckert e Wilson (1959), as razões para se fazer orçamento são as seguintes:

Planejamento	Coordenação	Controle
a. Orientar ação por meio de investigação, estudo e pesquisas. b. Assistência da organização na determinação de operações mais lucrativas. c. Servir como uma definição de políticas. d. Definição de objetivos. e. Estabilizar o quadro de pessoal.	a. Tornar mais efetivo o uso dos equipamentos. b. Coordenação dos esforços humanos dentro da estrutura da empresa. c. Relacionar as atividades da empresa às tendências gerais das condições econômicas. d. Dirigir o capital e os esforços para os canais mais lucrativos, por meio de um balanço e programas. e. Revelar falhas na organização.	a. Controle específico das operações ou dos gastos. b. Evitar desperdícios.

A principal diferença entre custo-padrão e orçamento repousa em seu escopo. Apesar de ambos estarem relacionados com a limitação de custos com objetivos de controle, o orçamento diz respeito a limites totais para os custos da empresa como um todo, para departamentos ou para funções, no período orçado, enquanto os custos-padrão se relacionam aos produtos e processos ou operações de fabricação individuais. Por exemplo, o departamento gestor do produto Empréstimos Diretos ao Consumidor tem uma previsão de operações de empréstimos no valor de $ 100.000, emprestados a um custo-padrão igual ao CDI Prefixado, por unidade, mais custos operacionais, de modo que esse departamento tem uma despesa orçada de $ 400 mil, no total. O custo operacional baseia-se nos custos-padrão estabelecidos com relação ao uso dos demais recursos operacionais.

	Departamento de Análise de Crédito	Departamento de Sistemas	Departamento de Cobrança	Departamento de Produto Empréstimo – Prefixado
É exclusivo (s/n)?	**Não**	**Não**	**Não**	**Sim**
Custo de pessoal	$ 150.000,00	$ 100.000,00	$ 250.000,00	$ 200.000,00
Comunicações	$ 100.000,00	$ 300.000,00	$ 100.000,00	$ 100.000,00
Aluguel	$ 10.000,00	$ 30.000,00	$ 10.000,00	$ 30.000,00
Energia elétrica	$ 10.000,00	$ 50.000,00	$ 10.000,00	$ 20.000,00
Outros	$ 50.000,00	$ 80.000,00	$ 50.000,00	$ 50.000,00
Total	$ 320.000,00	$ 560.000,00	$ 420.000,00	$ 400.000,00

O relacionamento entre custos-padrão e custos orçados é claro: o estabelecimento dos custos-padrão para padrão de desempenho com propósitos de controle implica em que eles devem ser usados como base para o processo orçamentário e o cálculo dos custos orçados, pois de outra forma não haveria confiança em seu uso como base de avaliação de desempenho. O orçamento pode ser estruturado com o mesmo nível de exigência dos padrões, com um nível menor de exigência, ou com o maior nível de exigência dos padrões.

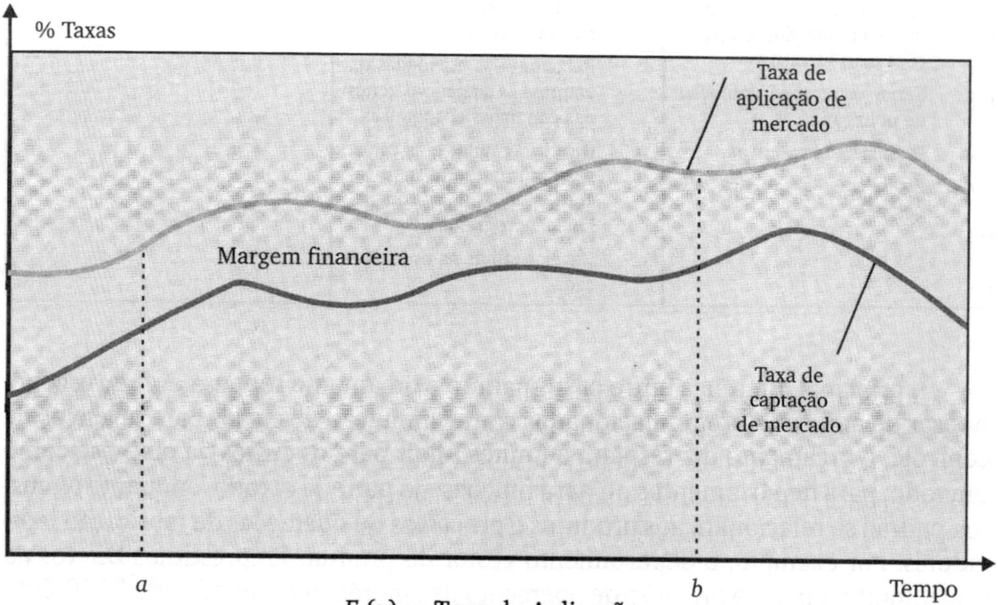

$F(x)$ = Taxa de Aplicação
$G(x)$ = Taxa de Captação

$$\int_a^b f(x)\,dx - \int_a^b g(x)\,dx = \text{Margem Financeira}$$

Gráfico 15.2 *Margem financeira – percentual possível.*

Enquanto o padrão, conforme já dito, se relaciona ao resultado obtido em cada transação pontual ocorrida no intervalo *ab*, o orçamento está relacionado ao comportamento obtido pelo conjunto de transações ocorridas durante todo o intervalo *ab*.

Os orçamentos podem ser classificados como *fixos* e *flexíveis*.

Um orçamento fixo é preparado para um nível de atividade num período de tempo definido. A caracterização principal de um orçamento fixo é de que ele não é ajustado para níveis reais de atividades, quando forem feitas comparações com os resultados reais das operações. Na realidade, em vista desse fato, um orçamento fixo se torna inadequado para revisões de políticas e planos.

Um orçamento fixo pode ser satisfatório quando as atividades da empresa puderem ser estimadas de forma razoavelmente precisa, mas não tem utilidade como instrumento de controle.

Um orçamento flexível (ou variável) é o elaborado de maneira que seja possível determinar o orçamento dos custos para qualquer nível de atividade. O orçamento flexível é o indicado para as funções de controle.

Alguns pontos em comum podem ser observados entre o Orçamento e o Sistema de Custo-padrão:

a. ambos representam esforços para determinar progressão de custos;
b. requerem controle dos custos ao longo de linhas fixadas de supervisão e responsabilidade;
c. requerem revisão comparativa periódica de custos;
d. requerem mensuração de custos.

Pode-se, também, apontar alguns aspectos em que os custos-padrão diferem do orçamento:

Orçamento	**Custo-padrão**
Reporta os custos esperados.	Reporta os custos a serem incorridos se o desempenho desejado for atingido.
Enfatiza não exceder custo-padrão.	Enfatiza redução de custos, deve ser sempre desafiador.
É habitual para toda a empresa.	Freqüentemente utilizado apenas na produção, no entanto é passível de uso em toda a empresa.
Não investiga economias ocorridas.	Qualquer variação é investigada.

Exemplo

Suponhamos, na operação a seguir, que ela corresponda ao padrão de eficiência desejado pela empresa para o período:

Dados de Entrada

Itens/Ocorrências	*Status*	Valores/Taxas/ Volume/Tempo
Valor Emprestado	Orçado	$ 40.000.000,00
Taxa de juros [Mercado]	Custo-padrão	10%
Taxa de Juros	Receita-padrão	12%
Inflação Interna	Padrão	5%
Correção Monetária Cobrada		5%
Prazo	Padrão	1 mês
Quantidade de Operações		20.000
Valor de Cada Operação		$ 2.000,00

Balanço Patrimonial

Ativo		Passivo	
Empréstimo Prefixado	44.800.000,00	Despesas a Pagar	400.000,00
(–) Juros Diferidos	(4.072.727,27)		
(=) Valor Presente	40.727.272,73		
		Patrimônio Líquido	40.327.272,73
		• Capital	40.000.000,00
		• Resultado	327.272,73
Total do Ativo	40.727.272,73	Total do Passivo	40.727.272,73

Demonstração de Resultados

Itens	Valor
Receita de Juros	2.666.666,67
(–) Custo de Oportunidade	(1.939.393,94)
(=) Margem de Contribuição Financeira	727.272,73
(+) Correção Monetária Cobrada	2.133.333,33
(–) Inflação	2.133.333,33
(=) Margem Contribuição com Inflação	0
(–) Custos Fixos Identificados	(400.000,00)
Resultado	327.272,73

O resultado obtido seria suficiente para cobrir os custos do departamento gestor dessa operação e, ainda, contribuir com $ 327.272,73 para o pagamento dos custos fixos do banco.

15.11 CONCLUSÕES

Dessa forma concluímos pela oportunidade do uso de um sistema de padrões também em entidades financeiras, considerando as seguintes vantagens como decorrentes de seu uso: possibilitar a decisão por resultado nos processos de planejamento e controle; possibilitar decisões mais objetivas; servir como instrumento na análise dos problemas de fixação de taxas e de tarifas; possibilitar maior clareza, objetividade e eficácia nos processos de redução de custo; permear a organização, com a consciência do impacto de operações não eficientes no resultado da organização; e permitir simulações.

REFERÊNCIAS BIBLIOGRÁFICAS

ACKOFF, R. et al. *A guide to controlling your corporation's future*. New York : John Wiley & Sons, 1984.

ALOU, Susan, ROEMMICH, Roger. Responsability accounting for banks. *Management Accounting*, p. 35-38, May 1977.

ANSOFF, H. Igor. *Estratégia empresarial*. São Paulo : McGraw-Hill, 1977.

ANTHONY, R. N, GLENN, A. W., REECE, J. S. *Fundamentals of management accounting*. 4. ed. Homewood, Illinois : Irwin, 1985.

AUBREY C. A. II, ZIMBLER D. A. Quality costs and improvement. *Quality Progress*, 16-20, Dec. 1983.

BENBASAT, I., DEXTER, Albert S. Value and events approaches to accounting: an experimental evaluation. *The Accounting Review*. v. LIV, nº 4, p. 735-749. Oct. 1979.

BERRY, B., CRUM R. WARING, Amanda. Corporate appraisal by banks. *Management Accounting*, p. 29-32, Nov. 1991.

BETHLEM, Agrícola de Souza. *Política e estratégia de empresas*. Rio de Janeiro : Guanabara Dois, 1981.

BEUREN, Ilse Maria. *Modelo de mensuração do resultado de eventos econômicos empresariais*: um enfoque de sistema de informação de gestão econômica. Tese (Doutorado) – Faculdade de Economia, Administração e Contabilidade (FEA/USP). São Paulo : USP, 1995.

BOGNAR, Sônia Regina. *Contribuição ao processo de determinação de preço sob os aspectos de gestão econômica.* Dissertação (Mestrado) – Faculdade de Economia, Administração e Contabilidade (FEA/USP). São Paulo : USP, 1991.

BRISOLA, Josué. *Uma contribuição ao estudo do controle aplicado às organizações.* Dissertação (Mestrado) – Faculdade de Economia, Administração e Contabilidade (FEA/USP). São Paulo : USP, 1990.

CARVALHO, Sílvio Aparecido. *Desenvolvimento de novas técnicas para a gestão bancária no Brasil.* Tese (Doutorado) – Faculdade de Economia, Administração e Contabilidade (FEA/USP). São Paulo : USP, 1993.

CATELLI, Armando. *Sistema de contabilidade de custos estândar.* Tese (Doutorado) – Faculdade de Economia, Administração e Contabilidade (FEA/USP). São Paulo : USP, 1972.

______, GUERREIRO, Reinaldo. GECON – Gestão Econômica: Administração por resultados econômicos para otimização da eficácia empresarial. *Anais do XVII Congreso Argentino de Profesores Universitarios de Costos* – 1as Jornadas Iberoamericanas de Costos y Contabilidad de Gestión, Argentina, out.1994.

______, GUERREIRO, Reinaldo. GECON – sistema de informação de gestão econômica: uma proposta para mensuração contábil do resultado das atividades empresariais. *Boletin Interamericano da Asociación Interamericana de Contabilidad,* nov. 1992.

____, GUERREIRO, Reinaldo. Mensuração de atividades: "ABC" X "GECON". *Anais do XIV Congresso Brasileiro de Contabilidade,* Temário 5, Salvador, nov. 1992.

______, GUERREIRO, Reinaldo. GECON – Sistema de informação de gestão econômica: uma proposta para a mensuração contábil do resultado das atividades empresariais. *Boletim do Conselho Regional de Contabilidade do Estado de São Paulo,* nº 98, ano XXX. Editado pelo Conselho Regional de Contabilidade, set. 1992.

______, GUERREIRO, Reinaldo. Mensuração de atividades: comparando "ABC" x "Modelo de Gestão Econômica". *Caderno de Estudos,* nº 8. Editado pela Fipecafi, abr. 1993.

CHAMBERS J., DOXEY B. L. Making the most of bank information systems. *Management Accounting,* p. 58-61, Feb. 1983.

CORNACHIONE JR., Edgard Bruno. *Das bases de sustentação da contabilidade e da informática.* Dissertação (Mestrado) – Faculdade de Economia, Administração e Contabilidade (FEA/USP). São Paulo : USP, 1994.

CRUZ, Rozany Ipaves. *Uma contribuição à definição de um modelo conceitual para a gestão econômica.* Dissertação (Mestrado) – Faculdade de Economia, Administração e Contabilidade (FEA/USP). São Paulo : USP, 1991.

FERNANDEZ, José Domingues. *Estudo de um modelo integrado de informações econômico-financeiras e sua integração com o processo decisório*. Dissertação (Mestrado) – Faculdade de Economia, Administração e Contabilidade (FEA/USP). São Paulo : USP, 1989.

FORTUNA, Eduardo. *Mercado financeiro*: produtos e serviços. 2. ed. Rio de Janeiro : Qualitymark, 1993.

GIARDINI, Valerie. *Internal transfer pricing of bank funds*. Rolling, Meadows, Illinois : Bank Administration Institute, 1983.

GLAUTIER, M. W. E., UNDERDOWN, B. *Accounting theory and practice*. 4. ed. London : Pitmann, 1991.

GUERREIRO, Reinaldo. Mensuração do resultado econômico. *Caderno de Estudos*, nº 3, Fipecafi, set. 1991.

______. *Modelo conceitual de sistema de informação de gestão econômica*: uma contribuição à teoria da comunicação da contabilidade. Tese (Doutorado) – Faculdade de Economia, Administração e Contabilidade (FEA/USP). São Paulo, 1989.

______. *Sistema de custo direto padrão*: estruturação e processamento integrado com os princípios de contabilidade geralmente aceitos. Dissertação (Mestrado) – Faculdade de Economia, Administração e Contabilidade (FEA/USP). São Paulo, 1984.

______. Um modelo de sistema de informação contábil para mensuração do desempenho econômico das atividades empresariais. *Caderno de Estudos*, nº 4, Fipecafi, mar. 1992.

______, CATELLI, Armando. Uma contribuição para o resgate da relevância da contabilidade de custos para a administração. *Anais do XVII Congreso Argentino de Profesores Universitarios de Costos* – 1ª Jornadas Iberoamericanas de Costos y Contabilidad de Gestión, Argentina, out. 1994.

HECKERT, J.B., WILLSON, J. D. *Budgeting:* principles and practice. New York : The Ronald Press, 1959.

HENDRIKSEN, Eldon S. *Accounting theory*. 4. ed. Illinois : Irwin, 1982.

HORNGREEN, C. T., FOSTER, G., DATAR, S. M. *COST ACCOUNTING:* a managerial emphasis. 8. ed. Englewood Cliffs : Prentice Hall, 1994.

JOHNSON, O. Toward an "Events": theory of accounting. *The Accounting Review*, p. 641-653, oct. 1970.

KAPLAN, Robert S., ATKINSON, Anthony A. *Advanced management accounting*. Englewood Cliffs : Prentice Hall, 1989.

MARTINS, Eliseu. *Contabilidade de custos.* 3. ed. São Paulo : Atlas, 1987.

MAURO, Carlos Alberto. *Preço de transferência baseado no custo de oportunidade:* um instrumento para a promoção da eficácia empresarial. Dissertação (Mestrado) – Faculdade de Economia, Administração e Contabilidade (FEA/USP). São Paulo : USP, 1991.

MECIMORE Charles D., CORNICK, Michael F. Banks should use management accounting models. *Management Accounting.* p. 13-18, Fev. 1982.

NAKAGAWA, Massayuki. *Estudo de alguns aspectos de controladoria que contribuem para a eficácia gerencial.* Tese (Doutorado) – Faculdade de Economia, Administração e Contabilidade (FEA/USP). São Paulo : USP, 1987.

OLIVEIRA, Antonio Benedito Silva. *Aplicação dos conceitos de gestão econômica aos eventos econômicos de um banco comercial.* Dissertação (Mestrado) – Faculdade de Economia, Administração e Contabilidade (FEA/USP). São Paulo : USP, 1994.

PARISI, Claudio. *Uma contribuição ao estudo de modelos de identificação e acumulação de resultados.* Dissertação (Mestrado) – Faculdade de Economia, Administração e Contabilidade (FEA/USP). São Paulo : USP, 1995.

PELEIAS, Ivam Ricardo. *Avaliação de desempenho*: um enfoque de gestão econômica. Dissertação (Mestrado) – Faculdade de Economia, Administração e Contabilidade (FEA/USP). São Paulo : USP, 1992.

PEREIRA, Carlos Alberto. *Estudo de um modelo conceptual de avaliação de desempenhos para gestão econômica.* Dissertação (Mestrado) – Faculdade de Economia, Administração e Contabilidade (FEA/USP). São Paulo : USP, 1993.

REED, Edward W., GILL, Edward K. *Commercial banking.* 4. ed. Englewod Cliffs, New Jersey : Prentice Hall, 1989.

SIAS, R. Pricing bank services. *Management Accounting*, p. 48-59, July 1985.

SIMOFF, Paul L., AUSTIN, Douglas V. *Strategic planning for banks.* Rolling Meadows, Illinois : Bankers Publishing Company, 1990.

SORTER, George H. An "Events" Approach to Basic Accounting Theory. *The Accounting Review*, p. 12-19, Jan. 1969.

SPENCER, Austin H., GRADDY, Duane B. *Managing commercial banks:* community, regional, and global. Englewood Cliffs, New Jersey : Prentice Hall, 1990.

VASCONCELOS, Marco Tullio de Castro. *O processo de gestão de finanças sob a ótica da gestão econômica.* Dissertação (Mestrado) – Faculdade de Economia, Administração e Contabilidade (FEA/USP). São Paulo : USP, 1994.

WELSCH, Glenn A., et al. *Fundamentals of management accounting.* 4. ed. Homewood, Illinois : Irwin, 1985.

16

Gestão Econômica e Teoria das Restrições

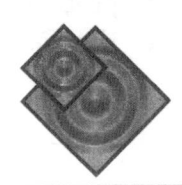

Reinaldo Guerreiro
João Domiracci Paccez

16.1 INTRODUÇÃO

As idéias de Goldratt sobre gestão industrial e o arcabouço de pensamentos sobre a teoria das restrições têm sido difundidos mundialmente. No início dos anos 70, em Israel, enquanto estudante de física, Goldratt desenvolveu uma formulação para o planejamento da fábrica de um amigo que produzia gaiolas para aves. Essa formulação tornou-se a base do *software* OPT (*Optimized Production Technology*), voltado à programação de produção. O *software* foi sofrendo uma série de aperfeiçoamentos a partir da experiência prática proporcionada pela implantação do sistema. Em paralelo à evolução do *software*, Goldratt foi formalizando uma série de princípios, os quais, em seu conjunto, acabaram construindo o pensamento OPT, ou seja, a tecnologia da produção otimizada. Na segunda metade dos anos 80, nos Estados Unidos da América, Goldratt desenvolveu a teoria das restrições (TOC – *Theory of Constraints*). A teoria das restrições pode ser entendida como uma ampliação do pensamento da tecnologia da produção otimizada, pois utiliza-se em grande parte de sua teoria. Em resumo, a ênfase fundamental das idéias do autor é o alcance do que ele denomina meta da organização, ou seja, ganhar mais dinheiro por meio de uma adequada gestão da produção. O ponto focal de sua teoria é que toda empresa, no processo de atingir sua meta, apresenta sempre uma ou mais restrições. Assim, no sentido de atingir a meta da empresa, essa teoria propõe um conjunto de princípios e procedimentos para a otimização da produção, um modelo de decisão fundamentado na noção de resultados econômicos e um conjunto de medidas para a avaliação dos desempenhos.

O sistema GECON – Gestão Econômica é um modelo gerencial utilizado para administração por resultados econômicos que incorpora um conjunto de conhecimentos integrados visando à eficácia empresarial. O GECON é estruturado dentro de uma concepção "holística" e compreende a integração dos seguintes elementos:

- **modelo de gestão** (princípios, crenças e valores que orientam e impactam as diversas variáveis empresariais, notadamente o processo de tomada de decisão);
- **modelo de decisão** (modelo relativo ao processo de tomada de decisão);
- **modelo de mensuração do resultado** (modelo relativo ao processo de mensuração física e monetária dos eventos decorrentes de decisões planejadas e realizadas);
- **modelo de informação** (modelo relativo ao processo de geração de informações gerenciais).

Este sistema começou a ser estruturado pelo prof. Armando Catelli no final dos anos setenta, a partir de suas reflexões sobre as necessidades da gestão empresarial. Já naquela época, o prof. Catelli tinha observado que a contabilidade de custos tradicional tinha pouca relevância para o processo de tomada de decisões empresariais. As diversas oportunidades de reflexão encontradas na execução das atividades profissionais, tanto como executivo, quanto como consultor de empresas, aliadas ao seu pendor de questionamento e investigação, levaram o prof. Catelli a delinear os princípios da gestão econômica. Tendo em vista que nos ambientes das empresas as pessoas estão normalmente presas às "armadilhas do dia-a-dia", sendo difícil encontrar um "clima" adequado às indagações, questionamentos e pensamentos prospectivos, o prof. Catelli optou por colocar suas questões para reflexão e debate no ambiente acadêmico, junto a seus alunos dos cursos de pós-graduação em contabilidade, na USP. Atualmente, o Departamento de Contabilidade da FEA/USP conta com mais de 30 trabalhos apresentados entre dissertações de mestrado e teses de doutorado, cujos temas versam sobre os diversos aspectos do que podemos denominar como Teoria da Gestão Econômica.

O foco central deste trabalho é demonstrar que o GECON atende, com muitas vantagens, às premissas e necessidades da teoria das restrições.

16.2 TEORIA DAS RESTRIÇÕES

16.2.1 *Medidas de desempenho*

No que diz respeito às medidas de desempenho, a teoria das restrições propõe a estrutura conceitual abordada a seguir. Um aspecto interessante a ser observado é que a teoria das restrições condena o uso prioritário de medidas físicas para avaliação do desempenho, insistindo na utilização de medidas "financeiras".

16.2.1.1 **Meta da empresa**

A empresa com finalidade lucrativa deve ser visualizada como uma máquina de fazer dinheiro e sua meta definida pragmaticamente como "ganhar dinheiro", tanto no presente como no futuro. Na teoria das restrições, cada decisão gerencial deveria ser orientada no sentido de ajudar a empresa a atingir sua meta de ganhar dinheiro. Cada decisão de investimento deveria ser baseada no questionamento se o investimento irá ou não ajudar a empresa a atingir sua meta, e, portanto, na opinião dos autores, é preciso implementar um sistema de gerenciamento da produção que incentive cada pessoa na empresa a tomar decisões que contribuam para a meta de ganhar dinheiro.

16.2.1.2 **Medidas do alcance da meta**

A partir da proposição do estabelecimento da meta como o objetivo maior da empresa, a teoria das restrições define os parâmetros que auxiliam a medição do grau de alcance da mesma. Assim, são estabelecidos dois medidores propriamente ditos e uma situação necessária:

- Lucro Líquido
- Retorno sobre o Investimento
- Fluxo de Caixa

O primeiro trata-se de um medidor absoluto. O lucro líquido mede o quanto de dinheiro, em termos absolutos, a empresa está gerando. O lucro líquido definido por Goldratt é diferente do lucro líquido contábil, sendo definido como o Ganho menos a Despesa Operacional. O segundo é um medidor relativo. O retorno sobre o investimento dimensiona o esforço necessário para o alcance de um determinado nível de lucro. O retorno sobre investimento é definido como o Lucro Líquido dividido pelo Inventário. O terceiro indicador, o fluxo de caixa, é considerado como sendo muito mais uma situação necessária para sobrevivência da empresa do que propriamente um medidor do alcance da meta.

16.2.1.3 **Parâmetros norteadores das ações para o alcance da meta**

As medidas de alcance da meta estão voltadas para a medição do desempenho global da empresa. É muito importante, no entanto, estabelecer parâmetros que guiem as ações operacionais no sentido do cumprimento da meta. Goldratt denomina esses parâmetros objetos de ação como medidas operacionais globais. Evidentemente, esses parâmetros operacionais devem ser relacionados e congruentes com as unidades de medidas de alcance da meta estabelecida. Assim, são definidos os seguintes parâmetros operacionais:

Ganho ou Throughput: é definido como o índice pelo qual o sistema gera dinheiro por meio das vendas. Mais especificamente, ganho corresponde ao preço de venda menos o montante de valores pagos a fornecedores pelos itens relacionados como os produtos vendidos, não importando quando foram comprados. Por exemplo: valor dos materiais comprados dos fornecedores, comissões pagas a vendedores externos, taxas alfandegárias, transportes externos.

Inventário: é definido como todo o dinheiro que o sistema investe na compra de coisas que ele pretende vender. Essa definição abrange o conceito clássico de inventário (estoque de matérias-primas, produtos em processo, produtos acabados) e ainda demais ativos, tais como máquinas e construções. O valor atribuído ao inventário corresponde somente a valores que foram pagos aos fornecedores pelos itens caracterizados como inventário. Nenhum valor agregado é atribuído ao inventário, assim, todos os demais gastos existentes no processo de transformação, como a mão-de-obra e energia elétrica e outros recursos, não incorporam o valor do inventário, sendo caracterizados como despesas operacionais. Neste modelo, o inventário de produto acabado é valorizado apenas pelo custo da matéria-prima nele contido pago ao fornecedor. Na teoria das restrições, não se observam proposições de critérios de mensuração dos recursos.

Despesa Operacional: é definida como todo o dinheiro que o sistema gasta para transformar o Inventário em Ganho. Do ponto de vista prático, o modelo considera que todo o dinheiro gasto com algo que não possa ser guardado para um uso futuro faz parte da despesa operacional. Além desses valores, incorporam a despesa operacional os valores de bens que faziam parte do Inventário e foram utilizados ou desgastados no período (como a depreciação de máquinas).

16.2.2 *Modelo de decisão da teoria das restrições*

A partir da premissa da teoria das restrições, de que a empresa opera sempre com algum tipo de restrição, neste tópico é abordado o processo geral de tomada de decisões empresariais proposto pela teoria em estudo. Na teoria das restrições, o processo decisório compreende as etapas a seguir discriminadas:

1. *Identificar as restrições do sistema.*

Nesta primeira etapa, devem ser identificadas as restrições existentes no sistema. Todo o sistema deve ter pelo menos uma restrição, mas normalmente terá um número muito pequeno de restrições.

2. *Decidir como explorar as restrições do sistema.*

Explorar as restrições do sistema significa tirar o máximo proveito delas, em outras palavras, é obter o melhor resultado possível dentro dessa condição. Por exemplo, se a restrição for o mercado, ou seja, existe capacidade suficiente, mas os pedidos são insuficientes, uma forma de explorar essa restrição é entregando 100% dos pedidos pontualmente. Em outro exemplo, vamos supor que a restrição seja o tempo disponível de uma máquina. Explorar essa restrição significa fabricar os produtos que geram o melhor resultado em cada hora trabalhada nessa máquina-gargalo.

3. *Subordinar qualquer outra coisa à decisão anterior.*

Na etapa anterior, ficou estabelecido o que fazer a respeito das restrições. Nesta etapa, fica estabelecido o que fazer com os demais recursos não-restrição. Assim, subordinar qualquer outra coisa à decisão anterior significa que todos os demais recursos não-restrição devem ser utilizados na medida exata demandada pela forma empregada de exploração das restrições.

4. *Elevar as restrições do sistema.*

As etapas dois e três objetivam o funcionamento do sistema com a melhor eficiência, utilizando da melhor forma possível os recursos escassos disponíveis. Se após a terceira etapa permanecer alguma restrição, deve-se elevar ou superar a restrição, acrescentando uma maior quantidade do recurso escasso no sistema. A restrição estará quebrada e o desempenho da empresa subirá até um determinado limite, quando passará a ser limitado por algum outro fator. A restrição foi mudada.

5. *Se, nos passos anteriores, uma restrição for quebrada, volte ao passo 1, mas não deixe que a inércia se torne uma restrição do sistema.*

Tendo em vista que sempre surgirá uma nova restrição após a quarta etapa, o ciclo deve ser reiniciado novamente a partir da primeira. Uma recomendação importante é no sentido de que a inércia não se torne uma restrição do sistema. A inércia dentro das organizações gera restrições políticas, ou seja, em muitas situações podem não existir restrições físicas de capacidade de produção, de volume de materiais, de demanda do mercado, porém, o sistema opera de forma ineficiente em função de políticas internas de produção e logística.

16.2.3 *Otimização da produção na teoria das restrições*

O escopo deste tópico é apresentar as idéias fundamentais da teoria da restrição no que diz respeito à otimização do processo produtivo. É interessante observar que as proposições apresentadas para essa otimização estão "amarradas" com o processo decisório contemplado no tópico anterior e com os conceitos de ganho, inventário e despesas operacionais, e objetivam, fundamentalmente, o alcance da "meta" da empresa.

16.2.3.1 **Restrições do sistema**

No processo de planejamento das atividades, tendo em vista o alcance dos objetivos descritos na seção anterior, a teoria de restrições pressupõe a adequada compreensão do inter-relacionamento entre dois tipos de recursos que estão normalmente presentes em todas as empresas: o recurso-restrição e o recurso não-restrição. Uma restrição é qualquer elemento que limita o sistema no cumprimento de sua meta de ganhar dinheiro. Em outras palavras, o recurso restrição corresponde a qualquer elemento que limita o desempenho da empresa, e o recurso não-restrição, ao elemento que não limita o seu desempenho.

Existem diversas categorias de restrições no ambiente industrial, tais como mercado, capacidade, logística, gerenciamento e restrições comportamentais. As características e necessidades do mercado definem os limites do montante de ganho da empresa. Os problemas relacionados com materiais e capacidade no processo de produção são normalmente visualizados com facilidade, recebendo normalmente muita atenção dos gestores. As restrições de logística, gerenciamento e comportamento também existem no ambiente das empresas, porém não são usualmente reconhecidas como limitadoras do processo.

16.2.3.2 **Princípios da otimização**

No sentido da otimização da produção, a teoria das restrições propõe a máxima "a soma dos ótimos locais não é igual ao ótimo total" e estabelece nove princípios básicos:

1. *Balancear o fluxo e não a capacidade.*

A teoria das restrições advoga contra o balanceamento de capacidade e a favor de um balanceamento do fluxo de produção na fábrica. Assim, a ênfase recai sobre o fluxo de materiais e não sobre a capacidade instalada dos recursos. Isto só é possível por meio da identificação dos gargalos do sistema, ou seja, dos recursos que vão limitar o fluxo do sistema como um todo. A abordagem tradicional preconiza o balanceamento da capacidade dos recursos e, a partir daí, tenta estabelecer um fluxo suave e, se possível, contínuo.

2. *O nível de utilização de um recurso não-gargalo não é determinado pelo seu próprio potencial e sim por uma outra restrição do sistema.*

Esse princípio determina que a utilização de um recurso não-gargalo seja parametrizada em função das restrições existentes no sistema, ou seja, pelos recursos internos com capacidades limitadas ou pela limitação de demanda do mercado.

3. *A utilização e a ativação de um recurso não são sinônimos.*

Esse princípio é estabelecido a partir do emprego de dois conceitos distintos: utilização e ativação. A utilização corresponde ao uso de um recurso não-gargalo de acordo com a capacidade do recurso gargalo. A ativação corresponde ao uso de um recurso não-gargalo em volume superior à requerida pelo recurso gargalo. A ativação de um recurso mais do que suficiente para alimentar um recurso gargalo limitante, segundo o enfoque da teoria das restrições, não contribui com os objetivos da otimização da produção, ao contrário, prejudica a otimização. O fluxo (*throughput*) se mantém constante, limitado pelo recurso gargalo, gerando estoque que aumenta as despesas operacionais.

4. *Uma hora perdida no gargalo é uma hora perdida no sistema inteiro.*

Qualquer tempo perdido no gargalo, seja por meio da preparação de máquinas, da produção de unidades defeituosas, ou da fabricação de produtos não demandados pelo mercado, diminui o tempo total restrito disponível para atender o volume de *throughput*. Tendo em vista que os recursos não-gargalos devem trabalhar de forma balanceada com o fluxo estabelecido pelo gargalo, a diminuição do tempo do gargalo provoca automaticamente uma redução do tempo trabalhado no sistema como um todo. Neste contexto, um pressuposto dos sistemas de programação de produção convencionais é que existe benefício na redução do tempo de preparação (*set-up*) dos recursos de produção, sem considerar se os mesmos são recursos gargalos ou recursos não-gargalos. A teoria das restrições advoga que só existe benefício na redução de *set-ups* nos recursos gargalos da produção. Assim, a programação de produção baseada nessa teoria busca manter os lotes maiores possível nos recursos gargalos, minimizando tempo gasto com a preparação desses recursos e aumentando, assim, a capacidade de fluxo.

5. *Uma hora economizada onde não é gargalo é apenas uma ilusão.*

Conforme já mencionado no item anterior, é importante a economia de tempo com a preparação de máquinas nos recursos gargalos, que pode ser obtida com a diminuição da quantidade total de trocas de ferramentais (processando lotes maiores), ou com a da redução do tempo gasto por preparação (trocas mais rápidas). Tendo em vista que os recursos não-gargalos deverão trabalhar de acordo com o nível do gargalo, não existe nenhum benefício na economia de tempo de preparação desses recursos, ou seja, essa economia simplesmente estaria elevando o montante de tempo ocioso já existente. O raciocínio poderia ser inverso, poderia haver conveniência em usar parte do tempo ocioso para fazer um maior número de preparações produzindo lotes menores. Os lotes menores diminuiriam o estoque em processo e as despesas operacionais, colaborando para a fluidez da produção e aumento do fluxo.

6. *Os gargalos governam o ganho e o inventário.*

A partir das considerações anteriores, é facil observar que os gargalos determinam o fluxo do sistema, ou seja, o *throughput* ou ganho. Além disso, os gargalos determinam também os níveis dos estoques, pois estes são dimensionados e localizados em pontos específicos, de forma que seja possível isolar os gargalos de flutuações estatísticas provocadas pelos recursos não-gargalos que os alimentam. É preciso evitar que qualquer atraso causado pela flutuação estatística ou por eventos aleatórios não cause parada no gargalo, criando-se um *time buffer* antes do recurso gargalo. O *time buffer* corresponde a um tipo de estoque, que pode ser caracterizado como um estoque pulmão por tempo de segurança.

7. *O lote de transferência não pode e, muitas vezes, não deve ser igual ao lote de processamento.*

O lote de processamento diz respeito ao tamanho de lote que vai ser processado completamente em determinado recurso antes que este seja represarado para o processamento de outro item. O lote de transferência corresponde ao tamanho do lote que vai sendo transferido para uma próxima operação. No modelo da teoria das restrições, os lotes de processamento e de transferência não precisam ser iguais. Isso permite que os lotes sejam divididos e o tempo de passagem dos produtos pela fábrica seja reduzido. Muitos sistemas de programação de produção tradicionais (como, por exemplo, o MRP II – Manufacturing Requirements Planning) assumem que o lote de processamento e de transferência são iguais.

8. *O lote de processo deve ser variável e não fixo.*

A maioria dos sistemas tradicionais assume que o tamanho de lote deve ser o mesmo para todas as operações de fabricação do produto. Isso conduz a um problema de escolha do tamanho do lote a ser adotado, uma vez que as características das operações individuais podem conduzir a um cálculo de lote diferente. No modelo em estudo, os lotes de processamento podem variar de uma operação para outra.

9. *Os programas devem ser estabelecidos considerando todas as restrições simultaneamente.*

A programação da produção, ao responder questões do que, quanto e quando produzir, deve levar em consideração o conjunto de restrições existentes. Nesse aspecto da programação da produção deve ser observado o tratamento dado aos *lead times*, que correspondem aos tempos de ressuprimento. Os sistemas tradicionais, inclusive o tipo MRP II, são baseados no pressuposto de que os *lead times* podem ser estabelecidos antes do processo de planejamento. Assim, os *lead times* constituem-se em dados de entrada para alimentar o sistema de planejamento da produção. No modelo da teoria das restrições, os *lead times* serão estabelecidos em função de como a produção é programada, ou seja, os *lead times* são resultado do processo de planejamento da produção.

16.2.3.3 **Sincronização da produção**

A programação da produção na teoria das restrições é baseada nos nove princípios apresentados. Uma premissa que esta teoria abraça é que o desempenho do sistema está intimamente relacionado com os níveis de inventário e que a chave para a redução do inventário, sem que haja perda de *throughput* nem aumento das despesas operacionais, é a manufatura sincronizada. A manufatura sincronizada é definida como qualquer maneira sistemática que tenta movimentar o material rápida e uniformemente por meio dos vários recursos da fábrica, de acordo com a demanda do mercado. Os instrumentos fundamentais para programar a produção no contexto da teoria das restrições são o sistema OPT – *Optimized Production Technology*, e a técnica de sincronização da produção da teoria das restrições, *Drum-Buffer-Rope*, ou seja, tambor-pulmão-corda. O Tambor é entendido como o elemento que dita o ritmo da produção. Os Pulmões são inventários na forma de intervalos de tempo, localizados em posições estratégicas, com o objetivo de proteger o programa de produção contra potenciais interrupções do processo de produção. A Corda é um mecanismo que força todos os elementos do sistema a não ultrapassarem o ritmo definido pelo Tambor, mesmo quando a capacidade não esteja sendo totalmente utilizada.

16.3 CONTABILIDADE DE CUSTOS SOB A ÓTICA DA TEORIA DAS RESTRIÇÕES

Neste tópico são apresentados os argumentos básicos encontrados na teoria das restrições, os quais desqualificam a contabilidade de custos tradicional como um sistema de mensuração e informação eficaz para subsidiar o processo decisório das empresas.

■ *a contabilidade de custos está obsoleta*

Na teoria das restrições, o conceito de custo do produto deixa de existir e, dessa forma, o processo decisório é fundamentado nas medidas operacionais globais. Juntamente com suas proposições conceituais, o mentor da teoria das restrições efetua uma severa crítica à Contabilidade de Custos, mencionando que no passado ela foi uma solução poderosa que permitiu o crescimento das empresas, mas que hoje pode se tornar um desastre.

■ *novo ambiente de produção*

Os propositores da teoria das restrições argumentam que na época em que a contabilidade de custos foi desenvolvida suas informações eram corretas e eficazes porque: (1) o custo de mão-de-obra podia ser identificado com o produto, uma vez que esse valor, na maioria das empresas do começo do século, era pago por peça produzida; (2) todas as demais despesas (*overheads*) que não eram objetivamente identificadas com o produto eram rateadas aos produtos sem provocar grandes distorções, à medida que essas despesas eram de valor muito pequeno comparativamente ao custo de material e de mão-de-obra direta. Os mentores da teoria das restrições advogam que agora a situação é diferente. O avanço da tecnologia mudou as indústrias, ao ponto de ambas as premissas fundamentais de contabilidade de custos não serem mais válidas. A mão-de-obra direta não é mais paga por peça produzida, mas pelo simples fato de os trabalhadores terem a obrigação de ir trabalhar. *Overhead* não representa mais uma pequena fração da despesa operacional.

■ *a despesa operacional não pode ser rateada ao produto*

Outra argumentação muito importante é que na empresa o ganho é efetivamente do produto e a despesa operacional não. Assim, todo processo de identificação da despesa operacional com as unidades individuais de produtos é ilógico, subjetivo e pode conduzir a um processo de tomada de decisão totalmente inadequado. Goldratt afirma que o que se denomina na contabilidade de custos como "despesa operacional de um produto", ou seja, o resultado do processo de rateio de despesas fixas às unidades individuais de produtos é apenas um fantasma matemático. Nessa mesma linha de pensamento, ele afirma que o denominado "lucro líquido de um produto" é também um fantasma matemático. O lucro líquido existe apenas para a empresa e não para o produto.

■ *crítica ao conceito de orçamento*

Na mesma linha das críticas ao custo do produto e ao lucro líquido por produto, Goldratt critica fortemente o conceito de Orçamento, caracterizando-o como apenas uma construção da fórmula original de "lucros e perdas", por meio da aproximação, e uma construção do lucro líquido da fábrica por meio dos lucros líquidos dos produtos individuais.

■ *abandono do conceito de custo de produto*

A partir do momento em que, no modelo da teoria das restrições, é estabelecido o conceito de Ganho como sendo o valor da venda menos o valor da matéria-prima e que a Despesa Operacional não é identificada com o produto, deve ser observado que o conceito de custo do produto desaparece automaticamente e portanto, como conseqüência, a própria contabilidade de custos tradicional perde a razão de existir.

- *o custeio do estoque não tem sentido lógico*

Como decorrência natural da premissa de que a despesa operacional não pode ser alocada ao produto, o idealizador da teoria em estudo entende que o processo de valorização de estoque, por meio da alocação de despesas aos inventários, corresponde apenas a um jogo artificial de números, conduzindo à ridícula noção de lucros e perdas fictícios de Inventário. Argumenta-se que o ponto de vista do valor (custo) agregado ao produto faz com que algumas empresas diminuam, consideravelmente, seus esforços para reduzir o inventário de materiais.

- *ABC* – Activity Based System: *um esforço inútil*

Goldratt critica duramente os "modernos" sistemas de custeio fundamentados no *full cost*, afirmando que direcionadores de custos e custeio baseado em atividade são nomes desses esforços infrutíferos. Em alguns dos trabalhos referenciados, já discutimos exaustivamente esse tema. Concordamos plenamente com o enfoque de Goldratt quanto aos conceitos de direcionadores de custo e custeio baseado em atividades.

- *a comunidade financeira está no caminho errado*

Neste contexto, o mentor da teoria das restrições critica a comunidade financeira, uma vez que a mesma "despertou" para os problemas da contabilidade de custos, mas se encontra totalmente imersa na tentativa de salvar uma solução obsoleta. Goldratt visualiza a comunidade financeira como aquela voltada a oferecer soluções em termos de custos fundamentadas no *full cost* e nos exóticos critérios de rateios. É uma visão limitada de Goldratt a respeito da comunidade financeira. Entendemos que também faz parte da comunidade financeira um grupo de pesquisadores, talvez em menor número e com menor poder de "marketing", preocupado em oferecer soluções eficazes em termos de contabilidade gerencial.

- *a Contabilidade: apesar de tudo necessária*

Um fato extremamente interessante é que, apesar de todas as suas críticas à contabilidade de custos, Goldratt menciona que as medidas financeiras são essenciais e que as empresas não devem abrir mão delas, enquanto a meta for ganhar mais dinheiro agora e no futuro. A eliminação da contabilidade de custos deixaria as empresas sem um caminho numérico para julgar alguns tipos de decisões. Por outro lado, Goldratt alerta para o fato de que isso deixaria a porta escancarada para medidas não financeiras, que já estão se proliferando. Goldratt considera que as medidas não financeiras são equivalentes à anarquia dentro da empresa e que cada medida empregada na empresa, por definição, deve ter o significado de dinheiro. Tendo em vista o paradoxo estabelecido pela teoria das restrições, por um lado criticando os conceitos da contabilidade de custos, e por outro lado advogando que a ausência da contabilidade deixará caminho aberto para a proliferação de medidas físicas com parâmetros básicos do processo decisório, esta situação ressalta, ao nosso ver, a necessidade da integração entre a teoria das restrições e um modelo de contabilidade que atenda às necessidades informativas da gestão empresarial.

16.4 CARACTERIZAÇÃO DAS PREMISSAS DE GESTÃO DA TOC

Com base no desenvolvimento deste trabalho até o tópico anterior, foi estruturado um conjunto de conhecimentos e pressupostos da teoria das restrições, que permitem identificar um conjunto de premissas de gestão dessa teoria. Nosso objetivo é identificar as premissas da TOC e no tópico seguinte confrontá-las com as premissas do GECON, avaliar o grau de integração entre as premissas das duas teorias e identificar a base conceitual produto do processo de integração.

A partir da caracterização e análise dos pressupostos da teoria das restrições efetuada nos tópicos anteriores, identificamos as seguintes definições fundamentais da teoria das restrições:

1. *A gestão deve considerar que a empresa opera sempre de forma limitada por restrições.*

A teoria de restrições tem como premissa fundamental o funcionamento da empresa de forma sempre limitada pelas restrições internas ou externas. À medida que uma restrição é superada, a empresa passa a ser automaticamente limitada por uma nova restrição.

2. *A gestão deve considerar que o desempenho máximo das partes não conduz necessariamente ao resultado máximo do todo.*

Com base no pressuposto de que as restrições limitam o desempenho da empresa, a teoria das restrições advoga que as partes não devem ser otimizadas isoladamente, e sim trabalhar de forma balanceada com as restrições existentes, para que o sistema em sua totalidade seja otimizado.

3. *Deve haver planejamento operacional.*

Um dos pontos fundamentais dentro da teoria das restrições diz respeito ao conjunto de conceitos e procedimentos voltados à programação de produção. Tendo em vista que a produção não pode ser planejada de forma isolada, deve existir na empresa um processo global de planejamento operacional.

4. *Os planos devem ser estabelecidos a partir de uma seleção de alternativas operacionais.*

Os planos devem ser estabelecidos a partir da identificação e escolha das melhores alternativas operacionais disponíveis. A idéia da seleção da melhor alternativa de ação disponível passa pela definição do *mix* ótimo de produção e venda, pela definição dos volumes de atividades de setores não-gargalos até a definição de alternativas com relação aos tamanhos dos lotes de processamento e transferência.

5. *Deve haver controle das atividades.*

Na teoria das restrições, fica evidenciada a preocupação com o "não fazer o que é necessário", que causa uma perda de fluxo (*throughput*), e com o "fazer o que não é necessário", que gera apenas ativação e não utilização de recurso, aumentando os níveis do inventário.

6. *O controle deve ser executado em nível das áreas organizacionais e em nível da empresa em sua totalidade.*

Existe uma preocupação básica na teoria das restrições para que os setores desempenhem suas atividades de forma "sintonizada" com os objetivos globais da empresa.

7. *Os desempenhos devem objetivar a eficácia e a eficiência.*

Nos pensamentos da teoria das restrições, não observamos uma ênfase no conceito clássico de eficiência, qual seja, utilizar de forma adequada as quantidades de recursos necessárias à geração de determinado volume de produção. A explicação para isso é que o sistema de contabilidade de custos tradicional enfatiza esse conceito, que é abominado pela teoria das restrições. Muito embora fique muito claro na TOC que não é relevante a preocupação com a eficiência de recursos não-gargalos, existe a preocupação com a "eficiência" na utilização de recursos materiais, que deve ser administrada via princípios do JIT e da TQM. Por outro lado, o recurso tempo em setor gargalo é muito precioso e sua utilização deve ser cuidadosamente controlada. Sem dúvida, a ênfase da TOC é na eficácia, tanto no questionamento do que está sendo feito com o recurso tempo de um gargalo como na preocupação com o atendimento do volume de *throughput* nos prazos definidos.

8. *A gestão deve estar voltada principalmente para a rentabilidade.*

Conforme já mencionado no decorrer deste trabalho, a meta fundamental da empresa na TOC é ganhar dinheiro, que na terminologia contábil significa obter resultado econômico positivo.

9. *A gestão deve enfatizar as contribuições dos produtos.*

A teoria das restrições, por meio dos pensamentos do "mundo dos ganhos" em substituição ao "mundo dos custos", enfoca os produtos de forma positiva, qual seja, como contribuidores de resultados econômicos para o alcance da meta da empresa. Esse enfoque é totalmente diferente dos propostos por outras correntes, que visualizam os produtos como geradores de custos. Dessa forma, a otimização do resultado global da empresa passa necessariamente pela gestão adequada dos volumes físicos de produção e vendas e contribuições econômicas individuais dos produtos.

10. *As áreas organizacionais devem ser avaliadas prioritariamente por parâmetros econômicos.*

A teoria das restrições, a partir do estabelecimento da meta da empresa como ganhar dinheiro, propõe de forma dedutiva e lógica que as unidades da organização sejam avaliadas por critérios conceitualmente análogos, ou seja, por medidas financeiras e não por medidas físicas.

16.5 DEFINIÇÕES DA TEORIA DAS RESTRIÇÕES EM FACE DAS DEFINIÇÕES DO MODELO DE GESTÃO ECONÔMICA

Neste tópico efetuamos o confronto entre o conjunto de premissas da TOC e o conjunto de definições do modelo GECON. Observamos que a partir desse processo de confronto e análise serão demonstrados os conceitos fundamentais do sistema de gestão econômica.

16.5.1 *Definições do modelo de gestão econômica – GECON*

As definições que incorporam o modelo de gestão e que orientam a caracterização da base conceitual do sistema de gestão econômica são encontradas na tese de doutorado de Guerreiro, *Modelo conceitual de sistema de informação de gestão econômica: uma contribuição à teoria da comunicação da contabilidade*, com exceção de duas definições, que são obtidas de outros trabalhos, quais sejam, "a gestão deve considerar que o desempenho máximo das partes não conduz necessariamente ao resultado máximo do todo" e "a gestão deve considerar que a empresa opera sempre de forma limitada por restrições". Observamos que todas as definições foram identificadas a partir de um conjunto de constatações empíricas que lhes dão o necessário suporte e fundamentação científica.

1. Deve haver planejamento estratégico.
2. Os planos devem ser estabelecidos a partir de uma seleção de alternativas operacionais.
3. Deve haver planejamento operacional.
4. Deve haver controle das atividades.
5. O planejamento deve contemplar o curto e longo prazos.
6. Os desempenhos devem objetivar tanto a eficácia quanto a eficiência.
7. Deve haver revisões e ajustes sempre que ocorrerem mudanças nas variáveis dos ambientes externo e interno que invalidem os planos.
8. Deve haver uma preocupação com a identificação e a avaliação das impactações das variáveis internas e das variáveis ambientais (inflação, alterações/ajustes de planos, volume operacional, eficiência).
9. A gestão deve ser voltada principalmente para a rentabilidade, compreendendo a contribuição dos produtos e das áreas organizacionais.
10. A gestão deve considerar que a empresa opera sempre de forma limitada por restrições.
11. A gestão deve considerar que o desempenho máximo das partes não conduz necessariamente ao resultado máximo do todo.
12. O controle deve ser executado nas áreas operacionais, na administração das áreas operacionais e na empresa como um todo.
13. Devem ser atribuídos às áreas custos e receitas sobre os quais elas tenham efetivo controle.
14. Nas definições de funções, devem ser considerados os aspectos de responsabilidade e autoridade, de forma a facilitar a atuação dos gestores e eliminar "áreas cinzentas".
15. A gestão deve contemplar os aspectos operacionais, financeiros e econômicos dos eventos.
16. Os resultados devem evidenciar, separadamente, as contribuições das gestões operacional e financeira de cada área.
17. Os sistemas de informações gerenciais devem ser formais e devem possibilitar interfaces com os sistemas operacionais, objetivando a integração.

18. O sistema de informação deve ser estruturado sob o conceito de banco de dados.
19. As informações e relatórios devem atender aos conceitos e ao modelo de decisão dos usuários.
20. A mensuração das transações deve ser efetuada com a utilização de conceitos econômicos.
21. Aos recursos, produtos/serviços das diversas atividades devem ser atribuídos, respectivamente, custos e receitas com base em valor de mercado.

16.5.2 *Análise das definições dos modelos de gestão*

Comparando as definições do modelo de gestão da teoria das restrições com as definições do modelo de gestão econômica, podemos observar que todas as definições da teoria das restrições estão contempladas no conjunto de definições do modelo de gestão econômica. O modelo de gestão econômica apresenta-se mais completo, uma vez que várias de suas definições não são objetivamente evidenciadas no conjunto de definições do modelo de gestão da teoria das restrições.

16.5.2.1 **Definições específicas do sistema de gestão econômica**

A seguir, são discriminadas as definições que incorporam o modelo de gestão econômica, mas que não se apresentam no modelo da teoria das restrições.

- Deve haver planejamento estratégico.
- O planejamento deve contemplar o curto e longo prazos.
- Deve haver revisões e ajustes sempre que ocorrerem mudanças nas variáveis dos ambientes externo e interno que invalidem os planos.
- Deve haver uma preocupação com a identificação e a avaliação das impactações das variáveis internas e das variáveis ambientais (inflação, alterações/ajustes de planos, volume operacional, eficiência).
- Devem ser atribuídos custos e receitas às áreas sobre os quais elas tenham efetivo controle.
- Nas definições de funções, devem ser considerados os aspectos de responsabilidade e autoridade, de forma a facilitar a atuação dos gestores e eliminar "áreas cinzentas".
- A gestão deve contemplar os aspectos operacionais, financeiros e econômicos dos eventos.
- Os resultados devem evidenciar, separadamente, as contribuições das gestões operacional e financeira de cada área.

- Os sistemas de informações gerenciais devem ser formais e devem possibilitar interfaces com os sistemas operacionais, objetivando a integração.
- O sistema de informação deve ser estruturado sob o conceito de banco de dados.
- As informações e relatórios devem atender aos conceitos e ao modelo de decisão dos usuários.
- A mensuração das transações deve ser efetuada com a utilização de conceitos econômicos.
- Aos recursos, produtos/serviços das diversas atividades, devem ser atribuídos, respectivamente, custos e receitas com base em valor de mercado.

16.5.2.2 **Definições comuns aos dois modelos**

A seguir, são discriminadas as definições que incorporam tanto o modelo da teoria das restrições como o modelo de gestão econômica.

- Deve haver planejamento operacional.
- Os planos devem ser estabelecidos a partir de uma seleção de alternativas operacionais.
- Deve haver controle das atividades.
- O controle deve ser executado em nível das áreas organizacionais e em nível da empresa como um todo.
- Os desempenhos devem objetivar a eficácia e a eficiência.
- A gestão deve estar voltada principalmente para a rentabilidade.
- A gestão deve enfatizar as contribuições dos produtos.
- A gestão deve considerar que a empresa opera sempre de forma limitada por restrições.
- A gestão deve considerar que o desempenho máximo das partes não conduz necessariamente ao resultado máximo do todo.
- As áreas organizacionais devem ser avaliadas prioritariamente por parâmetros econômicos.

16.6 BASE CONCEITUAL DERIVADA DAS PREMISSAS DE GESTÃO

As definições dos modelos de gestão constituem-se nas premissas fundamentais que orientam a adoção de conceitos no sistema de informação gerencial. Com base no exposto na seção anterior, estamos trabalhando com dois conjuntos de definições:

- definições específicas do GECON;
- definições comuns à TOC e ao GECON.

Conceitos derivados das definições específicas do modelo de gestão econômica:

- Deve haver planejamento estratégico.
  - ➪ SISTEMAS DE INFORMAÇÕES SOBRE VARIÁVEIS EXTERNAS
- O planejamento deve contemplar o curto e longo prazos.
  - ➪ AMPLITUDE DO ORÇAMENTO: CURTO E LONGO PRAZOS
- Deve haver revisões e ajustes sempre que ocorrerem mudanças nas variáveis dos ambientes externo e interno que invalidem os planos.
  - ➪ ORÇAMENTO ORIGINAL
  - ➪ ORÇAMENTO CORRIGIDO
  - ➪ ORÇAMENTO AJUSTADO
  - ➪ DESEMPENHO DO PADRÃO
  - ➪ DESEMPENHO EFETIVAMENTE REALIZADO
- Deve haver uma preocupação com a identificação e a avaliação das impactações das variáveis internas e das variáveis ambientais (inflação, alterações/ajustes de planos, volume operacional, eficiência).
  - ➪ VARIAÇÃO TOTAL
  - ➪ VARIAÇÃO DE PREÇOS
  - ➪ VARIAÇÃO DE AJUSTE DE PLANO
  - ➪ VARIAÇÃO DE VOLUME
  - ➪ VARIAÇÃO DE EFICIÊNCIA
- Devem ser atribuídos custos e receitas às áreas, sobre os quais elas tenham efetivo controle.
  - ➪ CUSTOS CONTROLÁVEIS
  - ➪ CUSTOS NÃO CONTROLÁVEIS
  - ➪ RECEITA INTERNA
  - ➪ COMPETÊNCIA DE PERÍODOS
  - ➪ VALOR A VISTA
- Nas definições de funções, devem ser considerados os aspectos de responsabilidade e autoridade, de forma a facilitar a atuação dos gestores e eliminar "áreas cinzentas".
  - ➪ ÁREAS DE RESPONSABILIDADE

- ➪ CENTROS DE RESULTADOS

■ A gestão deve contemplar os aspectos operacionais, financeiros e econômicos dos eventos.

- ➪ RESULTADO OPERACIONAL
- ➪ RESULTADO FINANCEIRO

■ Os resultados devem evidenciar, separadamente, as contribuições das gestões operacional e financeira de cada área.

- ➪ RESULTADO OPERACIONAL
- ➪ RESULTADO FINANCEIRO

■ Os sistemas de informações gerenciais devem ser formais e devem possibilitar interfaces com os sistemas operacionais, objetivando a integração.

- ➪ INTEGRAÇÃO DO SISTEMA DE INFORMAÇÃO GERENCIAL COM OS SISTEMAS DE INFORMAÇÕES OPERACIONAIS

■ O sistema de informação deve ser estruturado sob o conceito de banco de dados.

- ➪ PLANO DE CONTAS
- ➪ PLANO DE ÁREAS DE RESPONSABILIDADE
- ➪ PLANO DE CENTROS DE RESULTADOS
- ➪ INTEGRAÇÃO ENTRE A CONTABILIDADE FORMAL E A CONTABILIDADE GERENCIAL

■ As informações e relatórios devem atender aos conceitos e ao modelo de decisão dos usuários.

- ➪ MODELO DE INFORMAÇÃO COM BASE NO MODELO DE DECISÃO E NO MODELO DE MENSURAÇÃO

■ A mensuração das transações deve ser efetuada com a utilização de conceitos econômicos.

- ➪ VALOR DE MERCADO
- ➪ RECONHECIMENTO DA RECEITA PELA PRODUÇÃO
- ➪ CUSTO DE OPORTUNIDADE
- ➪ VALOR ATUAL

■ Aos recursos, produtos/serviços das diversas atividades, devem ser atribuídos, respectivamente, custos e receitas com base em valor de mercado.

- ➪ PREÇO DE TRANSFERÊNCIA
- ➪ PREÇOS CORRENTES
- ➪ CUSTOS CORRENTES

Conceitos derivados das definições comuns aos dois modelos:

- Deve haver planejamento operacional.
  - ➪ SISTEMA DE ORÇAMENTO
- Os planos devem ser estabelecidos a partir de uma seleção de alternativas operacionais.
  - ➪ SISTEMA DE SIMULAÇÃO
- Deve haver controle das atividades.
  - ➪ SISTEMA DE CUSTOS
  - ➪ SISTEMA DE CONTABILIDADE
- O controle deve ser executado em nível das áreas organizacionais e em nível da empresa como um todo.
  - ➪ AVALIAÇÃO DE DESEMPENHO ANALÍTICA
  - ➪ AVALIAÇÃO DE DESEMPENHO GLOBAL
- Os desempenhos devem objetivar a eficácia e a eficiência.
  - ➪ PREÇO DE TRANSFERÊNCIA
  - ➪ MÉTODO DE CUSTEIO VARIÁVEL
  - ➪ SISTEMA DE PADRÕES
- A gestão deve estar voltada principalmente para a rentabilidade.
  - ➪ AVALIAÇÃO DE RESULTADO GLOBAL
- A gestão deve enfatizar as contribuições dos produtos.
  - ➪ AVALIAÇÃO DE RESULTADOS ANALÍTICOS
  - ➪ MARGEM DE CONTRIBUIÇÃO
- A gestão deve considerar que a empresa opera sempre de forma limitada por restrições.
  - ➪ SISTEMA DE SIMULAÇÃO
  - ➪ AVALIAÇÃO DE RESULTADOS ANALÍTICOS
  - ➪ AVALIAÇÃO DE RESULTADO GLOBAL
  - ➪ MÉTODO DE CUSTEIO VARIÁVEL
- A gestão deve considerar que o desempenho máximo das partes não conduz necessariamente ao resultado máximo do todo.
  - ➪ SISTEMA DE SIMULAÇÃO
  - ➪ AVALIAÇÃO DE RESULTADOS ANALÍTICOS
  - ➪ AVALIAÇÃO DE RESULTADO GLOBAL
  - ➪ MÉTODO DE CUSTEIO VARIÁVEL
  - ➪ SISTEMA DE ORÇAMENTO

- As áreas organizacionais devem ser avaliadas prioritariamente por parâmetros econômicos.

  ➪ AVALIAÇÃO DE DESEMPENHO ECONÔMICO

16.6.1 *Análise dos conceitos derivados*

Neste tópico, os conjuntos de conceitos derivados dos dois modelos são comparados, analisando-se as semelhanças e divergências entre os mesmos e também, quando necessário, o enfoque e a interpretação que cada teoria objeto de estudo tem sobre o conceito derivado. Objetiva-se, assim, determinar uma base de conceitos comuns que atenda às premissas das duas teorias em estudo.

16.6.2 *Não existem conceitos divergentes*

Analisando-se a base conceitual derivada das definições dos modelos de gestão em estudo, as quais, por sua vez, foram caracterizadas por meio da análise de pressupostos e constatações empíricas, concluímos que não existem divergências entre os conceitos apresentados. Existe, a nosso ver, um enfoque enviesado e uma interpretação equivocada, por parte dos idealizadores da teoria das restrições, a respeito dos seguintes conceitos: Sistema de Orçamento, Sistema de Custos e Sistema de Padrões. É importante observar que esses três conceitos devem compor, de forma clara e inequívoca e com fundamentação obtida por meio de raciocínio dedutivo, a base conceitual da teoria das restrições, uma vez que decorrem das próprias definições do modelo de gestão dessa teoria. As críticas que estes conceitos recebem no âmbito da teoria das restrições são muito mais em função da forma como os mesmos são concebidos e materializados nas empresas, do que em função de sua validade conceitual e prática.

16.6.3 *Conceitos convergentes*

Os conceitos convergentes entre a teoria das restrições e o sistema de gestão econômica são abordados neste tópico. É importante observar que essa convergência conceitual não é uma "questão de ponto de vista", mas está caracterizada a partir de um processo dedutivo de análise das premissas e das definições dos modelos de gestão. Dessa forma, os conceitos convergentes são:

- Sistema de Simulação;
- Sistema de Orçamento;
- Sistema de Custos;

- Sistema de Padrões;
- Método de Custeio Direto ou Variável;
- Avaliação de Resultados Analíticos;
- Margem de Contribuição;
- Avaliação de Resultados Global;
- Preço de Transferência;
- Avaliação de Desempenho Analítico;
- Avaliação de Desempenho Global;
- Avaliação de Desempenho Econômico.

O sistema de simulação é o sistema de informações que apóia a fase de pré-planejamento do planejamento operacional da empresa. No modelo de gestão econômica, esse modelo permite a mensuração econômica das diversas alternativas de ação disponíveis. Trabalha exatamente como defende a teoria das restrições: "no mundo dos ganhos". As alternativas são avaliadas e selecionadas a partir da contribuição para o resultado econômico global da empresa. No que diz respeito ao estabelecimento do *mix* de produção e venda que otimiza o resultado econômico global da empresa, no contexto da existência de restrições internas de recursos, devem ser escolhidos os produtos que geram maior margem de contribuição pelo fator limitativo da produção. As alternativas de ação selecionadas por meio do sistema de simulação são detalhadas no sistema de orçamento.

Conceituamos o sistema de orçamento como um sistema de informação que recebe e processa dados dos eventos futuros definidos por meio do processo de planejamento operacional, gerando informações que subsidiam o processo decisório da empresa. Conforme já abordado, Goldratt critica severamente o conceito de orçamento e de apuração de variações empregado tradicionalmente pela empresa. Observamos que as críticas do mentor da teoria das restrições são válidas à luz de sua interpretação do que venha a ser um sistema de orçamento. A visão do sistema de orçamento, no modelo da teoria das restrições, corresponde ao modelo orçamentário e de análise de variações com base no método do custeio padrão por absorção. Esse modelo, muito utilizado pelas empresas, gera a variação de volume, que demonstra o quanto de custo fixo não foi absorvido no custo dos produtos, devido à não-utilização da capacidade instalada no setor produtivo específico. Concordamos que esse modelo fere os mais elementares princípios da razão e intuição humana, à medida que impulsiona os setores a maximizar seu desempenho individual, ou seja, a produzir mais para reduzir suas variações de volumes desfavoráveis. Nas palavras de Goldratt, esta situação consome recursos para produzir inventários improdutivos não destinados à geração do *throughput* e que não contribuirão com o resultado final global da empresa. Argumentamos que o sistema de orçamento e de apuração de variações que as empresas utilizam, tendo em vista que não são adequados, devem ser substituídos por modelos mais eficazes. Um sistema de planejamento e de orçamento adequadamente estruturado constitui-se em instrumento vital para que a empresa atenda à premissa comum da TOC e do GECON: "a soma dos ótimos locais não é igual ao ótimo total". O planejamento e a quantificação dos planos por meio do orçamento permitem o estabelecimento de objetivos setoriais no sentido de induzir à otimização do desempenho global da empresa. Por outro lado, um modelo de apuração de variações adequadamente concebido é instrumento importantíssimo no sentido de se detectar as causas pelas quais a empresa não está alcançando sua meta. O sistema de orçamento é efetivamente um sistema de informação contábil (contabilidade e custos) que contempla eventos planejados. Para ser eficaz, ele deve ser estruturado por meio da adoção de conceitos de mensuração e critérios de avaliação de desempenho adequados, propostos pelo modelo conceitual da gestão econômica. No modelo de sistema de orçamento do GECON, os gestores não são mais impulsionados a fazer o que não é necessário e tampouco a não fazer o que é necessário. Eles são induzidos e motivados a trabalhar segundo o plano definido para sua área, que decorre do planejamento geral da empresa, o qual, se supõe, seja estabelecido a partir da seleção das melhores alternativas disponíveis (detectadas via sistema de simulação) no sentido da otimização da meta global da empresa.

Conceituamos o sistema de custos como o sistema de informação que recebe dos sistemas operacionais da empresa os dados derivados das transações realizadas, processando-os e gerando informações analíticas sobre custos, receitas e contribuições dos produtos e das áreas da organização. No que diz respeito a esse sistema, ocorre exatamente o mesmo tipo de problema relacionado com o sistema de orçamento. O sistema de custo-padrão e as conseqüentes variações de custos derivadas são fortemente criticadas pelos mentores da teoria das restrições. Alertamos que um sistema de custo-padrão não deve ser necessariamente baseado no método do custeio por absorção. Mais ainda, acreditamos que um sistema de custos eficaz não deveria utilizar método de custeio por absorção e sim utilizar o método de custeio direto. Como é de pleno conhecimento dos militantes da área contábil, pelo método de custeio direto são alocados às unidades individuais de produtos somente os custos variáveis. Uma consideração comumente efetuada pelos diversos autores, seja para defender a idéia de rateio de custos fixos aos produtos (defensores do ABC), seja para defender a idéia do não-rateio de custos fixos aos produtos (defensores da TOC), é que nas empresas modernas os custos variáveis estão diminuindo e os custos fixos estão aumentando, proporcionalmente. Argumentamos que a eficácia da utilização do método de custeio direto independe da magnitude dos custos variáveis. Nosso entendimento é que, mesmo nas modernas fábricas "escuras", onde o nível quase total de automação determina que o único custo variável seja o custo de matéria-prima e, eventualmente, o custo de energia, ou nas empresas de serviços, como, por exemplo, as plantas de telecomunicações, que possuem uma estrutura de custos fixos e conjuntos extremamente relevantes, sempre haverá o custo do produto ou do serviço, mesmo que seu valor seja nulo. Neste ponto, reportamo-nos ao conceito de Ganho da teoria das restrições e propomos que esse conceito seja desmembrado em seus dois componentes básicos: o valor das vendas e o valor dos materiais contidos nos produtos vendidos. Dessa forma, teremos separadamente o elemento receita e o elemento custo. Evidentemente, o custo do produto será formado apenas pelo custo de material. Se os demais custos da empresa forem fixos, ou se os custos variáveis de transformação forem irrelevantes, o custo direto do produto será apenas, mas corretamente, formado pelo custo de matéria-prima. O conceito de Ganho da teoria das restrições corresponde ao conceito de margem de contribuição em um sistema de contabilidade de custos que adota o método de custeio direto ou variável. Tendo em vista que toda empresa desenvolve um ciclo operacional, que, por mais rápido que seja, se inicia na aquisição dos recursos, passando pela transformação desses recursos, e se encerra na entrega dos produtos aos clientes, envolvendo diversos gestores responsáveis e um grande número de eventos econômicos que necessitam ser registrados, mensurados e informados, a contabilidade de custos faz-se automaticamente necessária. Observamos que, apesar da terminologia normalmente empregada "sistema de custo", os elementos custos, receitas e resultados econômicos devem ser contemplados neste sistema, decorrendo daí nossa preferência pela denominação de sistema de informação de gestão econômica. Empregar separadamente os conceitos de custo direto e receita de venda propicia um tratamento mais adequado a esses elementos do que trabalhar com o conceito sintético de ganho. Existem questões de mensuração e informação próprias do custo e outras específicas da receita que devem ser tratadas isoladamente no processo de gerar uma informação eficaz.

O sistema de contabilidade é caracterizado como o sistema responsável pela identificação e mensuração das informações referentes aos eventos econômicos da empresa, bem como pela comunicação das mesmas a todos os usuários. O sistema de padrões é o sistema que apóia tanto o sistema de orçamento quanto o sistema de custos, procedendo às avaliações dos produtos e serviços de acordo com parâmetros de desempenho físico e de preços esperados. À medida que a gestão da empresa se preocupa com a eficiência na utilização de seus recursos, deverá ser utilizado o sistema de padrões tanto para auxiliar o gerenciamento do custo de matéria-prima em nível dos produtos, como o gerenciamento dos custos estruturais em nível das áreas de responsabilidade da empresa.

O método de custeio direto ou variável e os conceitos de margem de contribuição e margem de contribuição por unidade de fator limitativo da produção são os conceitos econômicos fundamentais propostos pela teoria das restrições. No método de custeio direto, são alocados às unidades individuais de produtos apenas os custos variáveis, sendo todos os demais custos fixos levados para o confronto com a receita com vistas à determinação do lucro do período. Lembramos que o conceito de margem de contribuição unitária corresponde ao preço de venda menos os custos variáveis. Todo o processo decisório proposto pela teoria das restrições, denominado de "mundo dos ganhos", fundamenta-se na utilização no conceito de margem de contribuição unitária dos produtos, quando a restrição é o mercado, e na margem de contribuição unitária do produto dividida pela quantidade de fator limitativo empregado na unidade de produto, na ocorrência de restrições internas. A avaliação de resultados analíticos corresponde às contribuições proporcionadas pelos produtos e serviços; e a avaliação de resultados global corresponde à mensuração do resultado econômico global da empresa.

O preço de transferência corresponde ao valor econômico de um bem que uma área transfere para outra, independentemente de sua natureza, seja uma matéria-prima, um produto semi-acabado, um produto em elaboração ou um produto acabado.

A avaliação de desempenho analítico diz respeito à sistemática de avaliar os resultados proporcionados pelas diversas áreas da empresa. A avaliação de desempenho global corresponde à avaliação do desempenho geral da empresa. A avaliação de desempenho econômico orienta as sistemáticas de avaliação de desempenho com base em medidas e conceitos econômicos e não somente por meio de medidas físicas.

16.6.4 *Conceitos do GECON não contemplados na TOC*

É importante considerar que a teoria das restrições não se propõe a estabelecer um novo sistema de informação contábil. O foco de sua atenção está voltado para o planejamento e controle das atividades de produção, à luz de um processo decisório fundamentado na noção de resultados econômicos ("mundo dos ganhos"). Neste contexto, adota um conjunto de medidas básicas de desempenho sintonizadas com o objetivo fundamental da empresa de atingir a meta, que, na terminologia do sistema de gestão econômica, significa otimizar o resultado econômico global da empresa. Esse modelo está voltado com maior ênfase para uma das vertentes informativas da contabilidade gerencial, que caracterizamos como avaliação de resultados. Como pode ser observado, o processo decisório fundamentado na noção de ganhos (margem de contribuição), bem como o estabelecimento da meta da empresa e das medidas de avaliação do cumprimento da meta avaliam, em última instância, os resultados dos produtos finais e o resultado da empresa como um todo, sob a noção de resultado econômico, caracterizando um modelo de avaliação de resultados.

No que diz respeito à avaliação de desempenho econômico das atividades e das áreas de responsabilidade situadas fora do âmbito dos processos fabris, a teoria das restrições não oferece nenhuma proposta concreta. Por outro lado, sua proposta no sentido de avaliação de desempenho dos setores produtivos do "chão de fábrica", embora melhor do que as convencionalmente utilizadas (desempenho físico e variações de custos-padrão por absorção), não é a ideal. As medidas propostas pela TOC, "dólares por dia de inventário" e "dólares por dia de ganho", desviam-se da idéia central dessa teoria, ou seja, de evidenciar as contribuições do mundo dos ganhos.

Finalmente, deve ser observado que a teoria das restrições, embora enfatize a adoção de medidas financeiras, não efetua nenhuma consideração no que diz respeito a critérios para sua mensuração. Assim, sob a ótica do que se espera de respostas de um sistema de informação ao atendimento das múltiplas necessidades informativas gerenciais, o modelo da teoria das restrições não é completo. A seguir, abordaremos os conceitos que são contemplados no sistema de informação de gestão econômica e que não se apresentam no âmbito da teoria das restrições. Observamos que tais conceitos, embora não se apresentem no escopo da teoria das restrições, concorrem fortemente para o alcance de seus objetivos, devendo, portanto, ser adotados pelas empresas que abraçam os princípios da TOC. Classificamos tais conceitos em três grupos: conceitos relativos à mensuração econômica e avaliação de resultados, conceitos relativos ao processo de planejamento, controle e avaliação de desempenho e conceitos relativos à estruturação geral do sistema.

☑ CONCEITOS RELATIVOS À MENSURAÇÃO ECONÔMICA E AVALIAÇÃO DE RESULTADOS

- Preços Correntes
- Custos Correntes
- Valor a Vista
- Valor Atual
- Valor de Mercado
- Resultado Operacional
- Resultado Financeiro
- Reconhecimento da Receita pela Produção

Esse conjunto de conceitos está voltado à mensuração econômica dos eventos, isto é, à atribuição de valores que expressem da melhor forma possível o "valor" dos produtos e serviços gerados e dos recursos consumidos no desempenho das diversas atividades da empresa. Os preços e custos correntes são aqueles vigentes no mercado em uma determinada data. Esses preços devem ser expressos em termos de valor a vista, ou seja, um valor isento da condição de financiamento da aquisição dos bens. Esses valores devem, ainda, refletir o valor de mercado, que, no contexto da gestão econômica corresponde ao "melhor" preço para a empresa, dadas as condições do mercado. No caso de determinados itens patrimoniais caracterizados como ativos e passivos monetários, como, por exemplo, valores a receber e valores a pagar, deve ser utilizado o conceito de valor atual ou valor presente, como a melhor expressão do valor econômico desses elementos.

O conceito de resultado operacional corresponde ao resultado de todas as atividades, isolando-se a influência do fator tempo. No cálculo deste resultado, todos os eventos são computados por seus valores a vista. O resultado financeiro reflete a mensuração das receitas e despesas decorrentes do fator tempo envolvido nas transações. O reconhecimento da receita pela produção estabelece que a receita do bem ou serviço é gerada à medida que o mesmo é produzido e transferido para uma "área cliente".

Em síntese, esses conceitos objetivam demonstrar a riqueza da empresa, ou seja, quanto vale a empresa em determinado momento, considerando os valores de mercado para mensuração dos potenciais de serviços dos ativos que possui e considerando o valor do dinheiro no tempo, onde o lucro de um período corresponde simplesmente ao incremento no estoque de riqueza que ocorreu nesse período.

Todos os conceitos de mensuração relacionados não são contemplados pela teoria das restrições, tendo em vista o próprio escopo dessa teoria. A aplicação desses conceitos concorre fortemente para o alcance dos objetivos da teoria das restrições à medida que desaparecem os artificialismos de mensuração, tais como a utilização de custos históricos e valores nominais, mensuração do custo de produtos com base em critérios arbitrários de rateio de custos, custeio de recursos e produtos distorcidos pela influência de custos financeiros.

Na literatura sobre a teoria das restrições, principalmente no "capítulo" das críticas à contabilidade de custos, identifica-se uma proposição relativa à mensuração que diverge dos conceitos de mensuração do sistema de gestão econômica e diz respeito à valorização dos produtos em processo e produtos acabados.

O sistema de gestão econômica propõe que os estoques sejam valorizados pelos seus valores econômicos, assim o estoque de matérias-primas deve ser valorizado por custos correntes de mercado a vista, que é a melhor expressão do valor econômico dessa natureza de ativo. Os estoques de produtos em processo e acabados devem ser mensurados de maneira que reflitam da forma mais adequada seu verdadeiro valor para a empresa. O valor do produto acabado deve corresponder ao preço de venda de mercado do produto menos o valor dos esforços a serem realizados para sua distribuição. O valor do produto em processo, dependendo de seu estágio de acabamento, estará mais próximo do valor da matéria-prima ou do valor do produto acabado em função do valor a ele agregado.

Um outro conceito de mensuração importante proposto pela teoria das restrições, interligado com o de mensuração dos estoques, diz respeito ao momento de reconhecimento da receita. A teoria em pauta enfatiza o reconhecimento do Ganho (contabilmente igual à margem de contribuição dos produtos) e, portanto, da receita em função dos produtos efetivamente entregues aos clientes. Tendo em vista que, no modelo da TOC, o fluxo de caixa constitui-se em uma "condição necessária" do sistema, existe uma preocupação no sentido de que as ações gerenciais sejam direcionadas ao atendimento dessa premissa.

O sistema de gestão econômica tem como premissa básica que as receitas são geradas ao longo da execução das diversas atividades produtivas da empresa. Atividades produtivas não são somente aquelas que ocorrem na área industrial. Todas as atividades que ocorrem na empresa consomem recursos e geram um determinado benefício, ou seja, possuem um custo e uma receita e, portanto, geram resultados econômicos. Assim, as atividades financeiras, de compras, de estocagem, de produção, de manutenção e também as atividades de vendas geram resultados econômicos. O fato de se reconhecer receitas econômicas nos diversos pontos da cadeia produtiva não significa que o volume de vendas aos clientes não deva ser incentivado ou que os estoques devam ser aumentados. Um sistema de informação contábil-gerencial adequadamente estruturado deve ter a capacidade de expressar corretamente o verdadeiro valor do patrimônio da empresa, mensurar os resultados econômicos analíticos dos produtos e das áreas, bem como o resultado global da empresa e, concomitantemente, estimular o cumprimento das ações gerenciais locais no sentido do cumprimento dos objetivos econômicos da empresa, atendendo à "condição necessária" de equilíbrio de fluxo de caixa.

Observamos que a aplicação dos conceitos discutidos neste tópico no âmbito da teoria das restrições estimulará ainda mais o cumprimento das medidas globais – aumento do lucro líquido e aumento do retorno sobre o investimento – bem como as ações locais no "chão de fábrica" preconizadas pela teoria das restrições.

☑ CONCEITOS RELATIVOS AO PROCESSO DE PLANEJAMENTO, CONTROLE E AVALIAÇÃO DE DESEMPENHO

- Sistemas de Informações sobre Variáveis Externas
- Amplitude do Orçamento: Curto e Longo Prazo
- Orçamento Original
- Orçamento Corrigido
- Orçamento Ajustado
- Desempenho do Padrão
- Desempenho Efetivamente Realizado
- Variação Total
- Variação de Preço
- Variação de Ajuste de Plano
- Variação de Volume
- Variação de Eficiência
- Custos Controláveis
- Custos Não Controláveis
- Custo de Oportunidade
- Receita Interna
- Competência de Períodos

- Áreas de Responsabilidade
- Centros de Resultado

O sistema de informações sobre variáveis externas é o sistema que apóia os gestores com informações sobre o comportamento observado das variáveis externas e suas tendências, na fase do processo de planejamento estratégico. A amplitude do orçamento diz respeito ao horizonte de tempo contemplado pelo orçamento, ou seja, o curto e o longo prazo.

Na seqüência da lista de conceitos enumerados supra são apresentados os conceitos relativos aos planos orçamentários e variações apuradas. O orçamento original corresponde à quantificação dos planos operacionais, sendo estruturado com base em quantidades e preços planejados para um determinado período de tempo. O orçamento corrigido corresponde às mesmas quantidades do orçamento original, com os preços correntes específicos da data da ocorrência dos eventos. O orçamento ajustado corresponde ao orçamento corrigido modificado por alterações dos planos. A utilização do orçamento ajustado pressupõe que as modificações introduzidas não decorrem de alterações significativas no comportamento das variáveis do âmbito externo e, portanto, que ficam mantidas as políticas e diretrizes estratégicas do orçamento original. O desempenho ao nível do padrão corresponde ao desempenho realizado por uma área no período especificado, considerando-se o consumo padrão de recursos. O desempenho efetivamente realizado, conforme a própria nomenclatura demonstra, corresponde ao desempenho de uma área considerando-se todos os elementos efetivamente incorridos.

Com base nesses três tipos de orçamentos é possível identificar as principais causas de desvios do que foi feito efetivamente em relação ao que deveria ser feito. Assim, é apurada a variação total, que corresponde à diferença entre o orçamento original e o desempenho efetivamente realizado. A variação de preços corresponde à diferença entre o orçamento original e o orçamento corrigido. A variação de ajuste de plano corresponde à diferença entre o orçamento corrigido e o orçamento ajustado. A variação de volume corresponde à diferença entre o orçamento ajustado e o desempenho ao padrão. A variação de eficiência corresponde à diferença entre o desempenho ao padrão e o desempenho efetivamente realizado.

O sistema de gestão econômica enfatiza a adoção do conceito de custos controláveis, que são os custos administrados pelos gestores das áreas, isto é, sobre os quais têm responsabilidade, autoridade e, conseqüentemente, possibilidade de influenciar as respectivas ocorrências. Os custos não controláveis são aqueles que os gestores não têm possibilidade de influenciar.

Conceitualmente, o custo de oportunidade corresponde ao valor de um recurso no seu melhor uso alternativo. É um conceito de fundamental importância no modelo da gestão econômica, uma vez que, conjugado com os demais conceitos (preços de transferência, receita interna, método de custeio variável, custos controláveis) no modelo de controle orçamentário apresentado, estabelece as bases mais completas de um sistema de avaliação de desempenho. No modelo GECON, o conceito de custo de oportunidade é operacionalizado de uma primeira forma por meio das mensurações de "receitas de oportunidade" sobre passivos e "custos de oportunidade" sobre ativos, obtidas com base em taxas financeiras de mercado. A receita interna de uma área é apurada pela valorização dos produtos ou serviços gerados e transferidos à área "cliente", com os respectivos preços de transferências. Uma segunda forma de operacionalização do conceito se dá por meio da mensuração do custo de oportunidade de manutenção dos ativos, efetuada com base em taxa de captação de recurso no mercado financeiro. Assim, sempre valerá a pena manter ativos que reconhecidamente, a critério do modelo de decisão do gestor, provocam valorizações de preços específicos acima do custo financeiro de sua manutenção.

Os eventos são mensurados e reportados considerando-se a competência de período, ou seja, de conformidade com o período de incorrência dos fatos geradores das receitas e custos respectivos, por meio dos centros de resultados, que são as unidades menores da estrutura de organização responsáveis pela acumulação de receitas e custos. O modelo de gestão econômica adota também o conceito de área de responsabilidade, definida como uma unidade administrativa que possui um gestor com atribuições, responsabilidades e autoridades formalmente definidas.

A concatenação desses conceitos concorre para o processo de avaliação de desempenho econômico, que diz respeito à atuação das áreas de responsabilidade da organização e, conseqüentemente, dos gestores dessas áreas, no sentido do cumprimento dos objetivos estabelecidos. No escopo da teoria das restrições, o aspecto da avaliação de desempenho é tratado de uma forma muito tímida e limitada, no que diz respeito ao aspecto econômico da avaliação. Entendemos que tanto os custos como as contribuições das áreas operacionais devem ser evidenciados no sistema, ou, em outras palavras, tanto o consumo de recursos (materiais, energia, tempo etc.) como o valor econômico dos produtos e serviços gerados.

Toda atividade e qualquer área da empresa devem existir para contribuir positivamente com o resultado global da organização. Entendemos que a idéia central de contribuições econômicas deve permear todo o âmbito da organização e não se restringir somente aos produtos e à empresa como um todo, mas ser aplicada também nos setores produtivos responsáveis pelos desempenhos das atividades empresariais. Os conceitos apresentados são estruturados no modelo de gestão econômica em um sistema de avaliação de desempenho "amarrado" com o sistema de avaliação de resultados. Esse sistema de avaliação de desempenho utiliza conceitos simples e lógicos e que, em última instância, objetivam demonstrar para os gestores operacionais como os seus desempenhos estão contribuindo para o cumprimento da meta da empresa. O encadeamento sistêmico desse conjunto de conceitos permite assegurar o cumprimento das premissas fundamentais da teoria das restrições: (1) que o sistema induza as ações dos gestores para a otimização do resultado econômico global da empresa; (2) que o sistema utilize medidas "financeiras" e não somente medidas físicas; (3) que o resultado ótimo do todo seja atingido e que não ocorra apenas a otimização setorial de forma isolada.

☑ CONCEITOS RELATIVOS À ESTRUTURAÇÃO GERAL DO SISTEMA

- Modelo de Informação com Base no Modelo de Decisão e Modelo de Mensuração
- Integração do Sistema de Informação Gerencial com os Sistemas de Informações Operacionais
- Plano de Contas
- Plano de Áreas de Responsabilidade
- Plano de Centros de Resultados
- Integração entre a Contabilidade Formal e a Contabilidade Gerencial

Os conceitos supra estão voltados para a estruturação do sistema de informação. O primeiro conceito evidencia a preocupação fundamental com a eficácia da informação gerada. Assim, o modelo de informação deve refletir o modelo de decisão do gestor e o modelo de mensuração dos eventos econômicos. O sistema de informação gerencial deve estar integrado com os sistemas de informações operacionais da empresa, dentre outros motivos, para que possa refletir efetivamente o que ocorre no *shop floor*. Os elementos plano de contas, plano de áreas de responsabilidade e plano de centros de resultados objetivam dar suporte aos registros dos eventos e das responsabilidades envolvidas no desempenho das atividades empresariais.

16.7 CONCLUSÕES

No que diz respeito aos aspectos operacionais da gestão de produção, a teoria das restrições apresenta um enfoque diferenciado, considerando os princípios da otimização da produção, os procedimentos de sincronização da produção e as proposições relativas ao gerenciamento das restrições. Constatamos, por meio do processo de estudo e reflexão sobre as idéias contidas no arcabouço dessa teoria, uma forte consistência metodológica e um conjunto de pressupostos estruturado de forma extremamente lógica e racional.

À luz das considerações que efetuamos neste trabalho, consideramos de fundamental importância o estabelecimento do objetivo econômico da empresa ("a meta") e o estabelecimento de medidas de alcance desse objetivo. A meta da empresa (ganhar dinheiro) proposta no âmbito da TOC integra-se perfeitamente com a idéia de lucro como a melhor medida da eficácia da empresa proposta pelo sistema GECON. No contexto da teoria das restrições, as medidas propostas, lucro líquido, retorno sobre o investimento e seus elementos componentes, inventário, despesa operacional e ganho são conceitos válidos e, conforme demonstrado, equivalem a conceitos há muito tempo disponíveis na teoria e prática da Contabilidade. Os conceitos econômicos da teoria das restrições correspondem a um modelo de contabilidade de custos baseado no método de custeio direto ou variável.

Goldratt, por meio de seu conceito de ganho, resgata um conceito reconhecidamente útil, porém clássico e há muito tempo disponível na contabilidade de custos, e contemplado no âmbito do sistema de gestão econômica: o conceito de margem de contribuição. Todo raciocínio do que na teoria das restrições se denomina "mundo dos ganhos" é fundamentado no conceito de margem de contribuição dos produtos e no conceito de margem de contribuição por fator limitativo da produção, na existência de recursos restritivos internos da empresa. Esse modelo, no que diz respeito à avaliação de resultados dos produtos, em grande parte ao próprio resultado global da empresa, bem como no que diz respeito ao modelo decisório da empresa de atuar no mundo dos ganhos ao invés de no mundo dos custos, é totalmente convergente com as idéias subjacentes à estrutura conceitual do sistema de gestão econômica.

Consideramos que as críticas relativas aos conceitos da contabilidade de custos tradicional encontradas na teoria das restrições são válidas. O método de custeio-padrão por absorção amplamente utilizado pelas empresas e o método de custeio real por absorção, preconizado pelas diversas entidades que orientam ou influenciam a classe contábil mundial, vão contra os dois objetivos básicos de um sistema de informação gerencial, ou seja, a avaliação de resultados e a avaliação de desempenho. Esse procedimento de custeio distorce a verdadeira rentabilidade dos produtos analíticos e, como conseqüência, desvirtua a mensuração do lucro da empresa em termos globais. Por outro lado, esse método de custeio induz fortemente os gestores à otimização local, em prejuízo do alcance do resultado global da empresa. Apesar das severas críticas aos conceitos de custos tradicionais, os mentores da teoria das restrições possuem a lucidez de enfatizarem, contudo, que a Contabilidade, "apesar de tudo, é necessária".

Entendemos que os mentores da teoria das restrições têm um enfoque distorcido sobre o sistema de custos e sistema de orçamento. Eles visualizam os sistemas que as empresas praticam como os únicos sistemas contábeis possíveis de se estruturar. Por outro lado, à medida que a teoria das restrições propõe a substituição da contabilidade de custos tradicional e do sistema de orçamentos pelos seus próprios conceitos, conforme demonstramos no decorrer do trabalho, surge um vácuo no que diz respeito à orientação conceitual para a correta mensuração dos eventos econômicos da empresa, destacando-se, adicionalmente, a necessidade de uma metodologia para avaliação de desempenhos com base em critérios econômicos.

Nesse sentido, o modelo da teoria das restrições mostra-se incompleto. A proposta de integração conceitual entre os princípios da TOC e do sistema de gestão econômica faz-se, então, oportuna e, a nosso ver, consubstancia-se em contribuição relevante para preencher essa lacuna.

REFERÊNCIAS BIBLIOGRÁFICAS

BLACKSTONE JR., John H. *Capacity management*. Cincinnati : South-Western Publishing Co., 1989.

CAMPBELL, Robert J. Steeling time with ABC or TOC. *Management Accounting*, p. 31-36, Jan. 1995.

CATELLI, Armando, GUERREIRO, Reinaldo. GECON – Sistema de informação de gestão econômica: uma proposta para mensuração contábil do resultado das atividades empresariais. *Boletin Interamericano da Asociación Interamericana de Contabilidad*, nov. 1992.

______. Mensuração de atividades: "ABC" x "GECON". *Anais do XIV Congresso Brasileiro de Contabilidade*, Temário 5, Salvador, nov. 1992.

______. Uma análise crítica do sistema "ABC – Activity Based Costing". *Anais do XVII Jornada de Contabilidade, Economia e Administração do Cone Sul*, Santos, out. 1994.

______. GECON – Gestão Econômica: Administração por resultados econômicos para otimização da eficácia empresarial. *Anais do XVII Congreso Argentino de Profesores Universitarios de Costos* – 1$^{\underline{as}}$ Jornadas Iberoamericanas de Costos y Contabilidad de Gestión, Argentina , out. 1994.

SANTOS, Roberto Vatan dos. Mensuração do resultado econômico segundo a ótica da gestão econômica (GECON). *Anais do III Congresso Brasileiro de Gestão Estratégica de Custos*, Curitiba, out. 1996.

______. Mensuração do resultado econômico segundo a ótica da gestão econômica (GECON). *Revista do Conselho Regional de Contabilidade do Estado de São Paulo*, dez. 1996.

CAVENAGHI, Vagner. *O modelo de gestão econômica aplicado à área de produção:* uma contribuição da controladoria ao novo paradigma da produção. Dissertação (Mestrado) – Faculdade de Economia, Administração e Contabilidade (FEA-USP). São Paulo : USP, 1996.

COOPER, Robin, KAPLAN, Robert S. Measure costs right: make right decisions. *Harvard Business Review*, Sept./Oct. 1988.

GOLDRATT, Eliyahu M. *Computerized shop floor scheduling*. Production Research, 1988, p. 221-232.

______. *A síndrome do palheiro:* garimpando informação num oceano de dados. 2. ed. São Paulo : Educator, 1992.

______. *The theory of constraints*. New York : North River, 1990.

GOLDRATT, Eliyahu M., FOX, Robert E. *A corrida pela vantagem competitiva*. 5. ed. São Paulo : Educator, 1994.

______, COX, Jeff. *A meta*. 17. ed. São Paulo : Educator, 1994.

GUERREIRO, Reinaldo. *Modelo conceitual de sistema de informação de gestão econômica:* uma contribuição à teoria da comunicação da contabilidade. Tese (Doutorado) – Faculdade de Economia, Administração e Contabilidade (FEA-USP). São Paulo : USP, 1989.

______. Mensuração do resultado econômico. *Caderno de Estudo da Fipecafi*, FEA/USP, set. 1991.

______. Um modelo de sistema de informação contábil para mensuração do desempenho econômico das atividades empresariais. *Anais da XIX Conferência Interamericana de Contabilidade*, Buenos Aires, out. 1991.

______. *A teoria das restrições e o sistema de gestão econômica:* uma proposta de integração conceitual. Tese (Livre-docência) – Faculdade de Economia, Administração e Contabilidade (FEA-USP). São Paulo : USP, 1995.

______. *A meta da empresa*. São Paulo : Atlas, 1996.

______. Os princípios da teoria das restrições sob a ótica da mensuração econômica. *20º Enanpad – Encontro Anual da Associação Nacional dos Programas de Pós-graduação em Administração*, set. 1996.

______. Os princípios da teoria das restrições sob a ótica da mensuração econômica. *Caderno de Estudos da Fipecafi*, FEA/USP, set. 1996.

______, CATELLI, Armando. Uma contribuição para o resgate da relevância da contabilidade de custos para a administração. *Anais do XVII Congreso Argentino de Profesores Universitarios de Costos* – 1ªs Jornadas Iberoamericanas de Costos y Contabilidad de Gestión, Argentina, out. 1994.

______, CATELLI, Armando. Considerações conceituais sobre o planejamento de preços em empresas de telecomunicações: um enfoque da gestão econômica. *Anais do IV Congresso Internacional de Custos*, Campinas, out. 1995.

______, CATELLI, Armando, SANTOS, Roberto Vatan dos. As críticas da teoria das restrições à contabilidade de custos: uma resposta. *Anais do XV Congresso Brasileiro de Contabilidade*, Fortaleza, out. 1996.

HOLMEN, Jay S. ABC vs. TOC: It's a matter of time. *Management Accounting*, p. 37-40, Jan. 1995.

IUDÍCIBUS, Sérgio de. *Teoria da contabilidade*. 4. ed. São Paulo : Atlas, 1994.

JAYSON, Susan, GOLDRATT, E., Fox, R. E. Revolutionizing the factory floor. *Management Accounting*, p. 18, May 1987.

KAPLAN, Robert S. One cost system isn't enough? *Harvard Business Review*, Jan./Feb. 1988.

KINGCOTT, Timothy. Opportunity based accounting: better than ABC? *Management Accounting*, Oct. 1991.

KOZIOL, D. S. How the constraint theory improved a job-shop operation. *Management Accounting*, v. 69, nº 11, p. 44-49, May 1988.

LIPPA, Victor. Measuring performance with synchronous management. *Management Accounting*, p. 54-59, Feb. 1990.

MARTINS, Eliseu. *Contabilidade de custos*. 5. ed. São Paulo : Atlas, 1996.

MELETON, Marcus P. OPT-Fantaisie ou révolution. *Revue Française de Gestion Industrielle*, nº 3, p. 17, 1986.

NAKAGAWA. Masayuki. *Estudo de alguns aspectos de controladoria que contribuem para a eficácia empresarial*. Tese (Doutorado) – Faculdade de Economia, Administração e Contabilidade (FEA-USP). São Paulo : USP, 1987.

OLIVEIRA, Antonio Benedito Silva. *Aplicação dos conceitos de gestão econômica aos eventos econômicos de um banco comercial*. Dissertação (Mestrado) – Faculdade de Economia, Administração e Contabilidade (FEA-USP). São Paulo : USP, 1994.

PELEIAS, Ivam Ricardo. *Avaliação de desempenho:* um enfoque de gestão econômica. Dissertação (Mestrado) – Faculdade de Economia, Administração e Contabilidade (FEA-USP). São Paulo : USP, 1992.

PEREIRA, Carlos Alberto. *Estudo de um modelo conceitual de avaliação de desempenhos para gestão econômica*. Dissertação (Mestrado) – Faculdade de Economia, Administração e Contabilidade (FEA-USP). São Paulo : USP, 1993.

RODRIGUES, Luís Henrique. *Developing an approach to help companies synchronise manufacturing*. Tese (Doutorado) – Department of Management Sciences, University of Lancaster, July 1994.

SCHRAGENHEIM, E., RONEN, B. Drum-Buffer-Rope shopfloor control. *Production and Inventory Management Journal*, v. 31, nº 3, p. 18-22, 1990.

UMBLE, M. Michael, SRIKANTH, Mokshagundam L. *Synchronous manufacturing:* principles for a world class excellence. Ohio : South-Western Publishing Co., 1990.

VASCONCELOS, Marco Tullio de Castro. *O processo de gestão de finanças sob a ótica da gestão econômica*. Dissertação (Mestrado) – Faculdade de Economia, Administração e Contabilidade (FEA-USP). São Paulo : USP, 1994.

WHEATLEY, Macolm. How to beat the bottlenecks. *Management Today*, Oct. 1986.

17 Gestão Econômica de Empresas Pecuárias

Sirlei Lemes

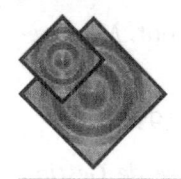

17.1 INTRODUÇÃO

O ambiente mundial tornou-se, nas últimas décadas, palco de profundas e rápidas mudanças. No cenário econômico, o dinamismo no nível de competitividade entre empresas, nos avanços tecnológicos, na geração de incertezas políticas e econômicas e nos questionamentos dos hábitos de vida e dos valores impõe às organizações decisões rápidas, racionais e acertadas, numa visão empresarial que deve ir além da iniciativa de colocar um produto no mercado com retornos imediatos.

A nova ótica exige o uso da percepção dos gestores para analisar o negócio em seu estado presente, em suas interações com as variáveis ambientais, sem perder de vista as expectativas do futuro. Assim, a sociedade espera das empresas a utilização e alocação dos recursos de forma eficiente, concomitantemente à obtenção de resultados cada vez melhores, objetivando a redução crescente dos preços e a perpetuação da empresa no mercado.

A empresa é condicionada a definir e divulgar claramente sua verdadeira missão para que os esforços de todas as áreas e de seus responsáveis sejam direcionados e sintonizados ao seu objetivo maior.

Como conseqüência do dinamismo de atuantes ambientais, as organizações, além de atender à missão a qual se propuseram, precisam fazê-lo buscando sua continuidade, por meio do conhecimento e do domínio de variáveis controláveis e daquelas supostamente incontroláveis.

Acentuam-se tais fatores quando se trata de empresas produtoras de alimentos que, além de variáveis impulsionadas pela competitividade externa e pela sobrevivência no mercado interno, têm seus custos e receitas redimensionados pela escassez de recursos e pelo aumento do consumo em nível mundial.

Parte-se da noção inicial de que é pressuposto básico da empresa pecuária o aumento da produtividade, sendo este obtido por meio de investimentos em tecnologia de produção e de **gestão** que resultem em acréscimo de eficácia. O produto gerado pelas empresas é caracterizado no momento da escolha da alternativa a ser implementada. Desta maneira, o foco de uma **gestão eficaz** deve ser o processo de tomada de decisões, delineado por um modelo de gestão que busque o maior resultado para a empresa como um todo, suportado por modelos de mensuração e de informação que indiquem a melhor decisão. Paralelamente, o processo de gestão surge como operacionalizador do modelo de gestão, identificando, basicamente, as fases de atuação dos gestores por meio do planejamento, da execução e do controle.

Neste contexto, a proposta de avaliação do desempenho dos gestores e do resultado das atividades funciona como *feedback* das decisões implementadas, identificando as atividades que não agregam valor para a empresa e que, portanto, podem não contribuir para o resultado global, devendo ser consideradas as alternativas de sua modificação ou terceirização.

Em contraposição aos investimentos privados realizados e à importância econômica da atividade pecuária no Brasil, o que se percebe nas organizações que se dedicam a essa atividade é uma contabilidade insuficientemente explorada quanto ao seu poder de identificar, registrar, mensurar e possibilitar a análise dos fatos ocorridos e, principalmente, de projetar o resultado de eventos econômicos futuros. Numa área em que uma decisão errada pode comprometer o futuro da empresa (por exemplo, uma decisão sobre qual atividade do negócio tem sido mais rentável, qual merece mais investimentos e qual deve ser abandonada), a informação produzida pela contabilidade para a tomada de decisões tem sido, com freqüência, desprezada.

A partir do conhecimento do processo físico-operacional da empresa pecuária e da premissa de que o Sistema de Gestão Econômica – GECON[1] (desenvolvido na FEA/USP) é um modelo gerencial aplicado a todas as empresas, este trabalho busca apresentar uma contribuição ao desenvolvimento de um modelo de gestão econômica voltado à eficácia da empresa pecuária no desempenho de suas atividades. A partir dos eventos identificados em seu processo produtivo, será apresentado um modelo de mensuração dos mesmos segundo os conceitos do resultado correto gerado por tais eventos.

17.2 ATIVIDADE PECUÁRIA

Fatores como extensão territorial, diversidade de solos, inexistência de adversidades climáticas insuperáveis, acessibilidade a recursos hídricos, grande ex-

1. O Sistema de Informações para Gestão Econômica – GECON foi idealizado pelo Prof. Dr. Armando Catelli e, atualmente, tem sido desenvolvido pela Fipecafi, uma fundação ligada à Faculdade de Economia, Administração e Contabilidade da USP.

tensão do mercado interno, baixo custo de terras no passado e disponibilidade da mão-de-obra determinaram vantagens na produção pecuária brasileira, comparativamente a países do primeiro mundo.

No último censo do IBGE (1994), o Brasil contava com aproximadamente 155 milhões de cabeças, destacando-se as regiões Centro-Oeste e Sudeste como maiores produtoras.

Historicamente, a introdução da bovinocultura no Brasil seguiu o mesmo processo observado na criação de novas áreas mundiais de explorações agropecuárias, conforme os seguintes estágios: no início, monocultura ou pecuária de corte; em seguida, com o natural empobrecimento das terras, predominou a pecuária de corte; posteriormente, com o aumento da população e com o progresso natural, surge a policultura; e, finalmente, aparecimento da pecuária leiteira, consolidação da policultura nela apoiada e fixação da população rural.

Em todo o mundo o gado bovino apresenta valor econômico sempre crescente, devido a:

1. alimentação da população humana em ininterrupto crescimento, reclama proteínas animais, destacando-se, dentre as quais, as derivadas do leite e da carne;
2. produção, pelos bovinos, de grande quantidade de adubos orgânicos para fertilização das terras cultivadas;
3. manutenção de vários tipos de indústrias de expressão econômica como a de calçados, vestuário, botões, sabões, colas, farinhas destinadas à alimentação animal e variados produtos farmacêuticos por meio de diversos produtos secundários e subprodutos da industrialização, como sangue, couros, pêlos, chifres, unhas, ossos, sebo, vísceras e glândulas;
4. os bovinos são produtores de trabalho, notadamente para determinados fins agrícolas.

Na Figura 17.1, observam-se as especializações do gado bovino e os principais produtos originados de cada tipo.

Para melhor delimitação do objeto deste estudo, cabem, inicialmente, algumas definições. Segundo Freire, citado por Marion (1994:23), pecuária é a "arte de criar e tratar gado".

Conforme o *Novo Dicionário da Língua Portuguesa*, bovinocultura é a "criação de animais bovinos, de gado vacum". De acordo com o mesmo dicionário, *vacum* se refere a "gado constituído de vacas, bois e novilhos". Assim, no decorrer deste trabalho, a menção às empresas pecuárias refere-se especificamente àquelas que se dedicam à criação e à comercialização de gado bovino e de seus subprodutos, já que é neste ambiente que a atividade de bovinocultura ocorre.

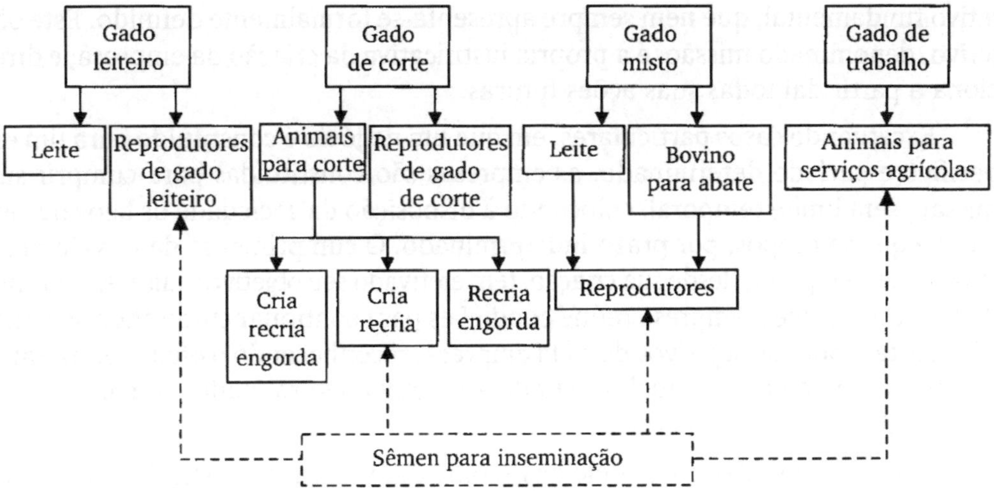

Figura 17.1 *Especialização da bovinocultura e seus produtos.*

Parte-se da premissa de que a empresa pecuária é um ente econômico que agrega valor ao seu produto pelo processo produtivo e como tal deve ser tratada. A atividade pecuária também particulariza-se pela baixa rotatividade de seus estoques, comparada a outros setores, e pelo crescimento natural do gado, que lhe acresce peso e envergadura, não somente pelo agregar de fatores de produção, mas também pela ação do tempo, que, naturalmente, determina seu crescimento. O impacto patrimonial deste crescimento, na busca do resultado corretamente identificado e mensurado, deve ser reconhecido, juntamente com o impacto na empresa das decisões assumidas.

17.3 MISSÃO DA EMPRESA PECUÁRIA

As empresas se caracterizam como sistemas abertos e dinâmicos, conforme conceitos defendidos pela Teoria Geral dos Sistemas.

Um sistema é um conjunto de partes coordenadas com o intuito de cumprir determinadas finalidades. A percepção da empresa de acordo com a teoria dos sistemas impõe aos seus administradores uma visão generalista do empreendimento, oposto à visão especialista, segundo a qual os subsistemas e atividades eram entendidos de forma isolada, gerando a concorrência pela especialização entre as áreas, sem a visão do todo.

Assim, toda empresa possui uma série de objetivos que variam em termos de importância, de tempo (curto ou longo prazos) e por atividades (de marketing, de finanças ou de suprimentos). No entanto, toda empresa determina para si um objetivo fundamental, que nem sempre apresenta-se formalmente definido. Este objetivo, denominado missão, é a própria justificativa da criação da empresa, e direciona a partir daí todas suas ações futuras.

Excetuando casos particulares, em que um negócio é constituído para fim específico e período determinado, as empresas são constituídas para cumprir sua missão, sem limite temporal, colocando à disposição da sociedade os bens ou serviços a que se propôs, por prazo indeterminado. O cumprimento da missão pressupõe que a empresa, desde sua criação, tem efetivado seu objetivo maior. A continuidade presume que a empresa reúne condições para continuar cumprindo sua missão. Deste modo, os objetivos de toda empresa, reconhecendo o efeito temporal, é cumprir a missão para a qual foi criada – objetivo determinado – e garantir sua continuidade – objetivo natural.

A partir da missão, do modelo de gestão e das crenças e valores de seus donos, a empresa define vários objetivos secundários que, se alcançados, colaboram com o atingimento do objetivo principal.

O mercado tem ditado as regras para atuação da empresa, quanto a "o que produzir", "como produzir" e "quanto produzir". Assim, alavancar a produtividade da empresa condiciona-se, em última instância, à satisfação dos agentes com os quais ela se relaciona.

A missão de uma empresa pecuária pode vincular-se a uma especialização de determinada atividade, quando é esta a intenção de seus donos, ou ser amplamente definida em termos de atividade pecuária, quando a empresa deseja dedicar-se a todas as especializações, de maneira geral.

Neste segundo caso, a missão da empresa pecuária poderia ser definida como sendo, por exemplo, de produzir alimentos de origem bovina do setor de *agribusiness*, com qualidade desejável e preço acessível ao mercado consumidor.

17.4 COMPONENTES DA EMPRESA PECUÁRIA

Ao se pensar nos sistemas, deve-se ignorar as linhas tradicionais de separação (departamentos, divisões, repartições e grupos de homens) e voltar-se para a decomposição racional dos seus componentes, de acordo com as missões, tarefas ou atividades que o sistema executa.

A divisão em componentes se faz necessária para se avaliar como o sistema está operando e o que deveria ser feito a respeito, e também para verificar o grau de adequação das medidas de rendimento destes componentes em relação ao rendimento do sistema global.

Guerreiro (1989:165) identifica seis elementos ou subsistemas independentes que compõem o sistema empresa: Subsistema Institucional, Subsistema Físico,

Subsistema Social, Subsistema Formal, Subsistema de Informação e Subsistema de Gestão, que para a empresa pecuária assim se caracterizam:

1. **Subsistema institucional** – *tem sua origem na própria constituição da empresa, quando os donos ou acionistas determinam suas expectativas quanto ao empreendimento e às formas pelas quais tais expectativas serão satisfeitas. A partir das crenças e valores individuais – resultantes da formação moral, social, cultural e religiosa de cada um –, o perfil da empresa, frente aos clientes, fornecedores, funcionários, sindicatos, governo e sociedade, de modo geral, será desenhado.*
2. **Subsistema formal ou organizacional** – *refere-se à forma pela qual a empresa está organizada em termos de agrupamento das atividades em departamentos, de estrutura (vertical ou horizontal) utilizada, de amplitude administrativa, de grau de delegação, de poder e de atribuição de autoridades e responsabilidades.*
3. **Subsistema físico-operacional** – *compreende todo o aparato material existente na empresa, para permitir que os recursos sejam convertidos em produtos e serviços, tais como currais, galpão para ordenha, tratores, terras, pastagens, veículos, estoques de animais, silos, estoque de medicamentos, casas dos vaqueiros etc.*
4. **Subsistema social** – *refere-se ao conjunto de pessoas componentes da empresa e os diversos aspectos comportamentais envolvidos, tais como: necessidades individuais, criatividade, motivação, treinamento etc. No setor pecuário, este subsistema tem muita influência no desempenho do sistema como um todo, por constituir-se, geralmente, de pessoas de nível educacional geralmente baixo, ficando na dependência de investimentos da empresa em sua formação, para que o desejado pela empresa seja atingido.*
5. **Subsistema de gestão** – *reflete as crenças e valores dos donos quanto à forma pela qual estes querem que o empreendimento seja conduzido pelos gestores em direção à missão da empresa. Sua operacionalização se dá pelo processo de planejamento, execução e controle, destacando-se neste processo a importância do subsistema de informação.*
6. **Subsistema de informação** – *constitui-se no sistema capaz de interligar-se com todos os demais subsistemas por meio do recebimento, processamento e geração de informações que subsidiarão o processo de gestão em todas as suas fases.*

Na interação destes subsistemas, destaca-se a influência do subsistema institucional sobre os demais, uma vez que as crenças, os valores e as expectativas dos donos do capital se consubstanciarão em diretrizes que nortearão a condução do negócio.

17.5 EFICÁCIA DA EMPRESA PECUÁRIA

Uma das maneiras de se atestar o objetivo de um sistema é determinar até que ponto o sistema sacrificará conscientemente outras finalidades com o fim de atingir o objetivo principal.

A forma mais efetiva, entretanto, de avaliar a propriedade do objetivo proposto pelo sistema é mensurar de forma precisa e específica o rendimento total do sistema, por mais intangível que este possa parecer. Essa medida do rendimento se traduz, em linhas gerais, pela contagem de pontos que indicaria até onde o sistema estaria funcionando bem, atrelando objetivos a resultados.

Para se definir a medida de rendimento da empresa pecuária, e assim verificar se as atividades por ela desenvolvidas se coadunam com o objetivo declarado, deve-se determinar ao máximo as conseqüências importantes das atividades deste sistema.

Especificamente no caso do sistema empresa, a medida do seu rendimento é dada pela eficácia empresarial, que pode ser conceituada, conforme Catelli e Guerreiro (1994:4), como "a competência da empresa em ter continuidade em um ambiente dinâmico e cumprir sua missão".

A empresa pecuária constitui-se de um agrupamento de recursos naturais, tecnológicos, financeiros e humanos destinados à geração de produtos e serviços que, por determinado valor, satisfarão às necessidades de pessoas e da própria empresa.

Na verdade, o resultado deste agrupamento é maior do que a simples soma das partes. Pode-se dizer que existe uma sinergia entre seus recursos, produzindo reflexos diretamente na qualidade de vida das pessoas na sociedade, que, isoladamente, seus componentes não produziriam.

A empresa tem de ser eficaz, por dentro e por fora, pois a eficácia empresarial é otimizada pela satisfação de todos: donos, clientes, gerentes, funcionários, comunidade, governo etc. De fato, se, com relação a um momento anterior, a empresa apresenta-se mais produtiva, ou eficiente, ou num nível tecnológico maior, ou desenvolveu melhores modelo e processo de gestão, seu resultado também estará maior.

A medida do quanto eficaz está sendo o sistema empresa-pecuária se condiciona à satisfação dos cinco fatores caracterizados a seguir:

- **produtividade**: representado pela maior produção e venda de carne bovina, de leite, de animais para reprodução, de animais para cria-recria-engorda, de animais de trabalho, de sêmen para inseminação artificial, conforme a capacidade instalada e o atendimento ao mercado pretendido. O aumento da produtividade está ligado à absorção deste aumento pelos clientes.

- **eficiência**: se referindo ao consumo ideal de insumos, a baixos custos, de acordo com as unidades geradas (cabeças de gado, quilos de leite, arrobas de carne etc.), uma vez que a eficiência no uso dos recursos agrada a sociedade em geral.
- **satisfação**: envolvendo todas as pessoas que se relacionam com a empresa (empregados, gerentes, fornecedores, clientes), pois assim os esforços são obtidos de forma mais fácil.
- **adaptabilidade do processo decisório**: correspondendo à rápida adequação dos gestores da empresa pecuária às novas circunstâncias, pois, se não decidirem rápido, perdem as oportunidades e não evitam o impacto negativo das ameaças. Uma mudança no preço da arroba do boi deve despertar uma reação instantânea no gestor da área de vendas.
- **desenvolvimento**: compreendendo programas de melhoria de raças e de sistemas de manejo com o uso de novos processos, tecnologias e investimentos na capacitação dos empregados, resultando no aumento do estoque de competência e de conhecimento da empresa pecuária.

Tais fatores, no entanto, são de difícil mensuração e análise de forma isolada. O lucro ou resultado econômico torna-se, assim, o melhor "termômetro" da eficácia empresarial, ao captar e refletir todos esses fatores de forma conjunta, levando em consideração o próprio efeito sinérgico entre eles. O lucro não é a eficácia: é seu melhor indicador. Todavia, não se atribui a uma empresa o conceito de "eficaz" ou de "ineficaz". Estes são os pontos extremos de uma escala. As empresas, em geral, devem acompanhar o grau de eficácia atingido, por meio de comparação entre o resultado planejado e o realizado, observando-se a necessidade de otimização de tal resultado. A eficácia ótima é aquela em que se obtém o máximo dos recursos combinados, considerando as limitações existentes.

17.6 PROCESSO DE GESTÃO DA EMPRESA PECUÁRIA

Para Guerreiro (1989:229), "a gestão se caracteriza pela atuação a nível interno da empresa no sentido de otimizar as relações recursos-operação-produtos/serviços, considerando nestes esforços o comportamento das variáveis dos ambientes externo e interno que impactam as empresas e os atributos dos recursos possuídos."

Segundo Santos e Marion (1993:12), "o sucesso da empresa rural, hoje, depende basicamente de seu grau de gerenciamento, com habilidade técnica e administrativa para o aproveitamento racional dos recursos a sua disposição, tais como: terras, máquinas, implementos, recursos humanos, infra-estrutura da fazenda, animais reprodutores e informações para tomada de decisões a respeito dos fatores internos de produção e os externos, como mercado, perfil climático da região, transporte, preço etc. para garantir o lucro e a continuidade da empresa".

A gestão da empresa pecuária se direciona por modelos fortemente influenciados pelas crenças e valores dos empresários e é subsidiada pelo sistema de informação para atingir o objetivo maior do sistema, que é o cumprimento de sua missão. Assim, os gestores deste sistema são os responsáveis diretos pelo lucro gerado no desempenho da função determinada pelos donos do capital.

Para delimitação dos papéis do dono e do gestor na gestão da empresa, considera-se que o dono ou proprietário é aquele que:

- é o dono do capital;
- contrata os gestores dos escalões superiores;
- pode também ser gestor se participar de decisões mais específicas da empresa.

O gestor, por sua vez, é o que:

- busca conduzir a empresa ao resultado desejado;
- é responsável pela eficácia da empresa.

Intrínseco ao modelo de gestão de cada empresa tem-se aquilo que os donos acreditam (crenças) e, em conseqüência, definem como algo que se pretende atingir (valores), refletindo a vontade destes quanto à forma como a empresa deverá ser gerida.

O modelo de gestão das empresas assume caráter de permanente, já que não se altera com freqüência diante de qualquer mudança de cenário. Entretanto, como este modelo está na dependência do que os donos acreditam, algumas mudanças radicais podem levar tais donos a rever seus valores e aceitar modificações no modelo de gestão.

O processo de gestão, definido no modelo de gestão, identifica as fases de atuação dos gestores, no sentido de coordenar as decisões para que a empresa seja bem-sucedida a longo prazo. Defende-se que uma gestão eficaz se sustenta no tripé planejamento, execução e controle. No entanto, cada empresa definirá para si quais fases comporão seu processo de gestão. Assim é que se encontram empresas que adotam planejamento estratégico, planejamento de longo prazo, anual e de curto prazo, controle concomitante à execução das atividades, e outras empresas com uso de apenas parte deste ciclo.

A missão da empresa, as crenças e valores dos donos e as circunstâncias ambientais, além do próprio modelo de gestão, são os condicionantes na definição do processo de gestão adotado pela empresa. Por exemplo, uma determinada empresa pecuária que se dedica à criação de bovinos para abate em sistema extensivo, com um ciclo produtivo de três anos, deverá, em decorrência, elaborar planejamentos anuais intercalados aos planejamentos de longo prazo, para que os resultados parciais gerados acionem nova motivação nos gestores, além de permitir revisões no planejamento de longo prazo. De modo geral, defende-se que o processo de gestão da empresa pecuária deve contemplar as fases de Planejamento Estratégico, Planejamento Operacional, Programação, Execução e Controle.

17.6.1 *Planejamento da empresa pecuária*

O planejamento da empresa como um todo e específico das áreas exerce papel primordial quando se fala em otimização do resultado global: é por meio dele que se dirimem os conflitos e interagem as partes, ao definir a contribuição ideal das áreas.

O planejamento não é um processo simples e, por outro lado, não existe um manual de como fazê-lo, em função da quantidade e complexidade dos eventos envolvidos, exigindo visão sistêmica das decisões. No setor pecuário, esta complexidade aumenta ainda mais, em função de algumas características peculiares, tais como:

- a terra como fator de produção, e não apenas suporte às atividades produtivas, devendo ser conhecidas e analisadas as particularidades físicas, biológicas, químicas e topográficas deste componente na produção;
- dependência do clima na produção de alimentos para o gado, em seu próprio manejo e na escolha de variedades de espécies animais e vegetais;
- ciclo de produção dependente de condições biológicas, que pode somente ser alterado mediante pesquisas genéticas (aqui não adiantam horas extras ou terceiro turno para aumentar a produção);
- tempo de produção maior que o tempo de trabalho, pois em algumas fases o "produto" desenvolve-se independentemente da existência ou não do trabalho;
- irreversibilidade do ciclo produtivo a curto prazo: não se interrompe de imediato a produção de leite de um rebanho especializado para produzir gado de corte, sem incorrer em queda na produtividade por um certo período;
- perecibilidade dos produtos (leite, por exemplo), havendo necessidade de planejamentos específicos para comercialização e transporte, ponderando-se os custos de armazenamento e conservação comparado ao preço do produto no mercado;

- os riscos assumem maiores proporções nesta atividade, devido a secas, chuvas em excesso, granizo, geadas, ataques de pragas e moléstias, flutuações de preços dos produtos no mercado, entre outros;
- estacionalidade da oferta, ou seja, épocas em que há excesso ou falta de produtos, obrigando o produtor a elaborar cuidadoso planejamento para a produção e comercialização;
- trabalho ao ar livre, disperso e sazonal condiciona, muitas vezes, a uma produtividade menor da mão-de-obra rural;
- não uniformidade da produção: o caráter biológico da produção imputa diferenças nos produtos (animal, leite, sêmen) quanto a tamanho, forma e qualidade, resultando em preocupações adicionais para o empresário rural no tocante à classificação e padronização dos animais e de seus subprodutos;
- especificidade biotecnológica: as espécies animais desenvolvidas de acordo com as condições pesquisadas podem não se adaptar a explorações em situações diferentes;
- alto custo de saída e/ou entrada no negócio pecuário, devido aos elevados investimentos e maquinários específicos determinando que o empresário suporte, a curto prazo, as condições adversas de preço e mercado, quando ponderada à possibilidade de abandono do negócio.

A despeito das adversidades, a definição de expectativas via planejamento não deve ser desprezada, em função do aspecto motivacional acionado com seu estabelecimento, e tendo como conseqüência a busca pelos gestores da aproximação do resultado obtido com o desejado pela empresa.

As pesquisas meteorológicas e genéticas, neste ramo de negócios, também exercem papel importante no momento do planejamento, aliados a todo conhecimento técnico quanto à topografia, fertilidade do solo, nível produtivo do rebanho, disponibilidade de área cultivável, condições de mercado para o produto, sistema de transporte, de armazenamento e de conservação dos produtos e necessidades quanto à alimentação e ao manejo do gado, além de todas os aspectos ambientais envolvidos.

É neste ambiente de variáveis tão distintas que o planejamento flexível confirma sua utilidade, permitindo que determinadas metas sejam revistas, que ajustes sejam implantados ou que o replanejamento reoriente a empresa no caminho dos seus objetivos, de acordo com a nova realidade existente.

Ressaltando a importância do planejamento no confinamento, Ferreira (1994:479) afirma: "o sucesso no confinamento de bovinos de corte no Brasil está estreitamente relacionado à capacidade do produtor em planejar adequadamente as diversas etapas que compõem essa atividade, desde a seleção dos animais a serem confinados, passando por seu manejo e alimentação até, finalmente, conseguir preços vantajosos no momento da venda dos animais terminados".

Como dito, não apenas fatores de custos devem compor o planejamento das empresas, mas, também, o resultado gerado pelos planos aprovados. Portanto, as decisões tomadas nesta fase devem ser suportadas pelo resultado gerado por cada alternativa, considerando o impacto das decisões nas áreas e na empresa como um todo.

Segundo os relacionamentos ambientais da empresa, determinando amplitudes ou níveis de atuação diferentes do planejamento, este subdivide-se em: planejamento estratégico e planejamento operacional.

17.6.1.1 **Planejamento estratégico**

Nesta fase do planejamento, a empresa buscará respostas sobre os fundamentos da própria atividade econômica a que se dedica, ou seja, entender sua missão, quanto ao passado, presente e futuro, ao levantar questões como: Qual é o tipo de negócio da empresa? Qual será o tipo de negócio da empresa? Qual deveria ser o tipo de negócio da empresa?

Na fase de planejamento estratégico, o objetivo centra-se na definição de objetivos e estratégias de caráter qualitativo em nível geral de atuação. O produto do sistema de planejamento estratégico são as diretrizes estratégicas.

Nesta fase, a preocupação da empresa pecuária deve ser com seu ambiente, definindo, em função de sua análise, projetos de expansão de uma ou mais atividades, a aquisição ou arrendamento de novas áreas, a diversificação ou intensificação das atuais atividades, a opção ou não pelo confinamento de animais, a integração de projetos agrícolas à pecuária existente, a obtenção de financiamentos e outros aspectos de âmbito empresarial.

Estratégico para as empresas é tudo aquilo que afeta sua continuidade. Um assunto que sempre deve ser considerado estratégico dentro de qualquer projeto pecuário diz respeito à alimentação dos animais. A composição e forma de obtenção da ração bovina é a base de todo o sistema, a partir da premissa de que não poderá faltar comida durante o período da seca, senão todo o investimento poderá se perder.

Nesta fase, as decisões determinam, de forma geral, o que e quando produzir, considerando as ameaças e oportunidades ambientais e os pontos fracos e fortes da empresa.

As oportunidades e ameaças dizem respeito a variáveis externas que influenciam a empresa, e na atividade pecuária abrangem perspectivas quanto a mercado para o produto, crescimento ou recessão da economia nacional e mundial, níveis salariais, gostos dos consumidores, política tributária, nível de desenvolvimento mundial e nacional da genética bovina, tecnologia, atuação das entidades de proteção ambiental, além das variáveis políticas, econômicas, culturais e sociais.

Os pontos fortes e fracos dizem respeito às características internas da empresa, e devem ser analisados à luz das ameaças e oportunidades identificadas. Para a empresa pecuária poderiam corresponder, isolados ou conjuntamente, a: qualidade do rebanho quanto à produção de carne, leite e sêmen, redução do tempo de engorda, aumento da produção leiteira, competência no manejo do rebanho, eliminação de doenças do rebanho como a febre aftosa, proximidade da propriedade com centros consumidores, propriedade bem abastecida de água e energia e com boas vias de acesso, boa liquidez, imagem da empresa perante à comunidade, eficiência no uso dos recursos, sistemas de informações eficazes, estrutura organizacional adequada, desenvolvimento de novas tecnologias de produção e gestão competente. De maneira geral, nas pequenas empresas pecuárias, é o dono quem toma as decisões em todos os níveis, devido à adoção de estruturas organizacionais muito simples. Assim, a maior parte do seu tempo acaba sendo dedicada às decisões de nível operacional, deixando de aproveitar as inúmeras oportunidades oferecidas pelo ambiente. O ideal é a situação oposta, na qual os gestores comportam-se como verdadeiros "bandeirantes abrindo caminho", utilizando a maior parte de seu tempo olhando o futuro e planejando continuamente, como forma de obter a eficácia da empresa.

O período compreendido pelo planejamento estratégico, para empresas pecuárias com ciclos longos de produção (quatro a cinco anos), deve corresponder, no mínimo, ao seu período operacional, devendo ser revisto quando ocorrer mudanças ambientais significativas ou, pelo menos, anualmente, quando tais variações não acontecerem. Quando a empresa pecuária adota regime de criação intensiva, resultando em ciclo operacional relativamente curto (menor que um ano), o planejamento estratégico deve corresponder, no mínimo, ao período necessário para reposição de determinados aspectos estratégicos, como as matrizes e reprodutores, ou para cumprimento de determinado projeto de melhoramento genético ou cruzamento industrial.

17.6.1.2 **Planejamento operacional**

O planejamento operacional parte das diretrizes estratégicas definidas na fase anterior, juntamente com a missão da empresa e das áreas, com as crenças e valores dos donos, com o modelo de gestão e com as restrições existentes, além de informações de cada área sobre suas especializações, para elaborar planos alternativos. Dentre os planos alternativos moldados, é selecionado o plano operacional. Dentro do planejamento de cada área serão definidos os recursos necessários, os volumes produzidos, os investimentos previstos em termos de tecnologia, recursos humanos e ativos fixos, consubstanciado num plano de lucros.

Uma inversão no processo de planejamento operacional, normalmente verificada, é a definição antecipada dos objetivos que se pretende atingir. Os objetivos e metas, resultantes do plano, se definem a partir do estudo das melhores combinações dos recursos, limitado tal estudo pelo cenário futuro caracterizado no planejamento estratégico.

O processo de planejamento operacional na empresa pecuária deve ser permanente, em consonância com a busca pela otimização do resultado da empresa. A abrangência do plano aprovado deve limitar-se, no máximo, pelo horizonte de tempo do planejamento estratégico e, no mínimo, pelo ciclo operacional da empresa, ou, quando este for longo, pelo período de um ano, já que neste prazo são considerados, praticamente, todos os aspectos cíclicos ou sazonais que afetam a empresa, como as quatro estações do ano ou o período de prenhez da maioria das vacas (estação de monta planejada). As revisões normais do plano devem ocorrer anualmente ou programadas para períodos menores, de acordo com o grau de instabilidade das variáveis envolvidas, como previsão de longos períodos de secas, possibilidade de propagação de doenças animais de outras regiões e instabilidade da moeda, podendo determinar revisões dos planos a cada três meses, por exemplo. Por outro lado, revisões extraordinárias podem ser desencadeadas quando identificadas mudanças drásticas capazes de afetar a otimização do resultado da empresa.

17.6.2 *Programação*

É o ajuste do plano operacional anteriormente acordado, em função do conhecimento de informações mais precisas sobre os eventos que ocorrerão a curto prazo. O resultado da programação é o programa orçamentário, o qual se consubstancia, por meio do sistema de informação, no orçamento.

A partir da premissa de que o plano adotado é o melhor que a empresa poderia escolher, seu cumprimento, inalteradas as variáveis ambientais, conduzirá a empresa à eficácia.

17.6.3 *Execução*

Na fase de execução das atividades, são convertidos em ações físico-operacionais os planos anteriormente aprovados.

A execução das atividades planejadas se reveste de grande importância, pois é pelas decisões sobre os eventos, nesta fase, que o resultado econômico está sendo gerado: é aí que os recursos são consumidos e os produtos gerados. Mesmo que haja um planejamento anterior, o momento da execução das atividades físico-operacionais pode exigir novas decisões, e estas decisões são as responsáveis, em última instância, pelas variações patrimoniais.

É nesta fase que o gado estará sendo alimentado, vacinado, tratado das doenças, inseminado, ordenhado, comprado, vendido, sua alimentação estará sendo ensilada, o plantio e cuidado das pastagens estará sendo feito e, portanto, o resultado global da empresa estará sendo acumulado. Por outro lado, tais ações acionam diversos sistemas para registro dos impactos verificados, tais como: estoques, contas a pagar, contas a receber, caixa, imobilizado, custos e receitas, entre outras.

17.6.4 *Controle*

O controle vem como complemento do planejamento, pois de nada adiantaria um bom planejamento sem um efetivo controle.

O controle pode ser concomitante à realização das atividades, ao final de cada etapa e após a conclusão do processo.

Em certas atividades desempenhadas pela empresa pecuária é fundamental a realização de um controle de orientação, paralelamente à realização das tarefas, devido à irreversibilidade da operação, como, por exemplo, o controle da quantidade de sementes e de adubo que está sendo consumido, no momento do plantio das pastagens.

O controle do desempenho individual ou por lotes de animais semelhantes – conforme o tamanho e estrutura da empresa – é de suma importância na apuração do potencial do gado quanto a ganho de peso, intervalo entre partos, quilos de leite/dia, lotação das pastagens, índices de natalidade e de mortalidade, entre outros. Para o sucesso do controle, o plano aprovado deve identificar e acumular as informações de acordo com as necessidades futuras da empresa quanto ao desempenho de suas atividades e de seus produtos. Tais controles, mensurados economicamente, oferecerão as informações necessárias às decisões futuras do tipo: quais as melhores raças leiteiras ou para corte, quais animais devem ser descartados, quais animais vale a pena confinar, quais touros devem ser mantidos para coleta de sêmen etc.

O controle é exercido por todos os gestores em suas respectivas áreas, conforme a autoridade que lhes foi delegada, sendo de responsabilidade da área de controladoria a coordenação do processo de controle, pois a ela compete assegurar que os resultados globais planejados sejam atingidos.

17.7 IDENTIFICAÇÃO DOS RESULTADOS COM AS ÁREAS

A delegação de autoridade, de forma clara e objetiva, permite que os gestores tomem as medidas necessárias à satisfação das expectativas dos acionistas e donos, expressas nos planos organizacionais.

A responsabilidade pelo resultado gerado em cada evento deve corresponder à autoridade delegada, sendo que ambas, responsabilidade e autoridade, acompanham a estrutura organizacional.

Qualquer que seja o tipo de estrutura organizacional adotado pela empresa, é possível identificar amplas divergências no que diz respeito à distribuição e concentração da autoridade, contemplando desde uma alta centralização das decisões na cúpula da organização até uma total descentralização para os níveis inferiores da estrutura hierárquica.

O grande mérito da definição de uma estrutura organizacional para a empresa é o suporte ao processo de avaliação de desempenho, por meio de uma clara definição de cargos e funções como forma de identificar todas as atividades (e, portanto, custos e receitas) desenvolvidas na empresa, e seu respectivo responsável, evitando as chamadas "áreas cinzentas". Cabe aqui a caracterização de dois conceitos pertinentes à avaliação da eficácia empresarial, no contexto da gestão econômica: avaliação de resultados e avaliação de desempenho. O primeiro diz respeito à análise da rentabilidade dos produtos e serviços gerados. O segundo refere-se à análise dos resultados gerados nas atividades das áreas operacionais e da empresa como um todo.

Os ciclos econômicos representam a primeira subdivisão a que é submetida a empresa, no sentido de identificar os resultados parciais gerados por um conjunto ordenado de áreas de responsabilidade. A soma dos resultados parciais dos ciclos econômicos representa o resultado global da organização. A atividade de uma empresa pecuária de maior porte, normalmente, se apresenta bastante complexa, ensejando a visão do sistema como um todo, para a identificação de seu resultado global. Essas empresas, mesmo que essencialmente pecuaristas, tendem a exercer duas funções: a agrícola e a pecuária.

O ciclo físico-operacional completo da empresa pecuária que se dedica à cria-recria-engorda compreende a concepção do bezerro no útero da vaca, seu nascimento e crescimento até a venda, normalmente quando o animal atinge o peso de 16 a 17 arrobas, já no estado adulto. Para a atividade leiteira, o ciclo termina com o nascimento do bezerro e a comercialização do leite e, paralelamente, se tem o ciclo de formação do gado leiteiro, a partir das bezerras e bezerros nascidos.

Dentro deste ciclo completo, identificam-se os seguintes ciclos menores e suas principais funções, que, isoladas ou conjuntamente, comporão as áreas de responsabilidade:

a. **ciclo de abastecimento e compras**

funções: compras, transporte, recebimento e estocagem de medicamentos, de alimentos, de equipamentos, de animais, de sementes e herbicidas para formação e trato das pastagens e demais culturas.

b. **ciclo de transformação/produção**

funções: alimentação e vacinação do gado, tratamento veterinário, formação e manutenção das pastagens, acompanhamento da "prenhez", ordenha das vacas, controle de processos de cobertura e de inseminação etc.

c. **ciclo de comercialização/vendas**

funções: cotação de preço do gado no mercado, entrega da "mercadoria", venda nas melhores condições de preço e manutenção de relações comerciais com frigoríficos e demais clientes.

d. **ciclo financeiro**

funções: captação de recursos no mercado financeiro, aplicação de recursos captados nas diversas atividades, pagamento dos compromissos da empresa e recebimento dos créditos da empresa.

e. **atividades de suporte**

funções: desenvolvimento de pesquisa genética e de novas combinações alimentares para o gado, divulgação dos produtos da empresa em exposições e para o público consumidor, transporte de materiais adquiridos e produtos vendidos, contratação, treinamento e seleção do recurso humano, manutenção dos equipamentos e instalações, e, ainda, integração dos planos empresariais e coordenação do sistema de informação da empresa pela controladoria.

O resultado econômico, positivo ou negativo, é formado em todas as atividades que processam recursos visando à produção de bens e serviços. Por conseguinte, o lucro torna-se o objetivo de todas as áreas, que devem ser subsidiadas por modelos que propiciem a maior contribuição ao resultado global da empresa. Extensivamente, todas as atividades desenvolvidas devem buscar contribuir positivamente para o resultado da empresa. Do resultado das transações, dos eventos, das atividades e das áreas decorre a continuidade da empresa. A continuidade, por sua vez, só se assegura mediante a obtenção de um valor econômico dos bens gerados maior que o valor de mercado dos recursos consumidos no processo produtivo de tais bens.

O ponto fundamental para caracterização do momento em que o resultado se origina é a identificação dos eventos econômicos que ocorrem nas atividades desenvolvidas pelas áreas. A partir desta identificação, torna-se possível analisar como, quanto e por quem o resultado foi gerado e, a partir daí, avaliar o desempenho dos gestores e da empresa como um todo.

O conceito de área de responsabilidade, além de permitir que custos e receitas sejam registrados e demonstrados de acordo com os níveis de responsabilidade da empresa, também conduz a uma análise adequada do desempenho das áreas e, por conseguinte, dos seus respectivos gestores. O resultado de uma área deve considerar somente as variáveis sobre as quais o gestor possua efetivo controle.

A seguir, apresentam-se os ciclos econômicos da empresa pecuária e, dentro destes, as principais atividades e seus respectivos eventos econômicos.

As concepções básicas assumidas para o modelo apresentado são as seguintes:

- Para transações (ocorrências individuais) com o mesmo impacto patrimonial, ou seja, com modelos de decisão idênticos, tem-se o mesmo evento.
- Cada gestor, além do desempenho das atividades específicas de seu setor, também deve participar da elaboração do planejamento de sua área, da integração deste ao planejamento global da empresa e do controle da execução do plano definido para sua área.
- Todas as áreas são responsáveis pelo resultado financeiro provocado por recursos estocados, além do resultado operacional, econômico e patrimonial de suas decisões.
- É imprescindível a segmentação do ciclo de produção em áreas de responsabilidade, de acordo com as responsabilidades atribuídas, para que o resultado de cada área seja o mais próximo possível do desejado pela empresa.
- A área financeira funciona como um banco interno, captando e aplicando recursos no mercado financeiro, financiando as demais áreas, efetuando pagamentos e recebimentos da empresa e remunerando o capital investido pelos acionistas.
- Dentro de cada atividade, os animais devem ser separados em lotes de acordo com o potencial de ganho de peso e por sexo, este último para evitar cruzamentos indesejáveis. Na atividade de recria, os animais também podem ser definidos de acordo com sua destinação: lotes de novilhas para abate, lotes de novilhos (boi magro) para abate, lotes de novilhas em experimentação (para reprodução) e lotes de garrotes ou tourinhos (para reprodução).
- Os animais terminados são transferidos à área de vendas apenas quando atingirem o peso ideal estabelecido pela empresa no planejamento operacional das áreas. Em função da estrutura existente na área de produção, na prática os animais podem continuar sob o manejo da área de produção, desde que a área de vendas "pague" por tais serviços. A idéia é que a área de produção não pode ser penalizada pela perda de peso dos animais

acabados, caso a área de vendas demore na comercialização dos mesmos. O serviço de manutenção dos animais pela área de produção representa os custos de estocagem da área de vendas, que devem ser contrapostos à receita obtida com a venda por melhores preços. Tal prática também se aplica aos animais descartados.

- O leite e o sêmen produzidos podem ser transferidos para a área de vendas de imediato, já que esta tem condições de manter uma estrutura de estocagem dos produtos.
- As pastagens são formadas ou melhoradas pela área de produção agrícola e, similarmente ao consumo das demais rações formadas na fazenda, a área/atividade que necessitar "paga" a área de produção agrícola pelo seu uso, conforme o custo de oportunidade obtido pelo preço de mercado de pastagens arrendadas na região. Se a área de produção animal não concordar com o preço proposto pela área de produção agrícola, poderá arrendar pastagens de terceiros, caso as duas áreas não consigam acordar no preço.
- Devido ao nível de conhecimento da área de produção animal, neste modelo, é a área responsável pela compra no mercado externo de matrizes e de touros selecionados, por meio da atividade de "cria", além da compra interna, da atividade de recria.
- A conta patrimonial "pagamento a outra atividade/área" se anulará com a conta de "recebimento da área/atividade" correspondente; são contas transitórias, criadas para facilitar a apuração do resultado da unidade que a gerou.
- As transferências e consumo de rações referem-se a toda alimentação fornecida ao gado, sob a forma de volumosos (à base de cana-de-açúcar, silagem de milho etc.) e de concentrados (à base de fubá de milho, farelo de soja, torta de algodão, uréia, sais minerais etc.).
- No modelo apresentado para os eventos da área de produção, o leite é utilizado, em sua maioria, para a alimentação do recém-nascido, sendo seu excedente fornecido aos funcionários na própria fazenda.
- A atividade de manutenção está incluída nas atividades de suporte, já que sua função é manter em boas condições todos os equipamentos, instalações e prédios sob responsabilidade das demais áreas. Entretanto, organizacionalmente, ela se constitui em área com um gestor com autoridade e responsabilidade claramente definidos.
- Os eventos caracterizados como "transferência" referem-se aos produtos de uma atividade "vendidos" às atividades seguintes, sendo o preço acertado baseado no custo de oportunidade.

- Considera-se que as mortes de animais só comporão o resultado da atividade responsável pelos mesmos se o gestor da área tivesse como evitá-las, por meio de controles e tratamentos mais adequados do gado. Se, por outro lado, as mortes foram anormais, de forma que os gestores não tinham como prever e evitar, o custo dessas mortes deve ser atribuído à empresa como um todo, já que não é responsabilidade de um único gestor sua ocorrência. Mesmo assim, se as mortes são causadas por catástrofes da natureza (enchentes, secas prolongadas), os gestores devem se munir de todas as informações no planejamento para que a empresa como um todo não incorra em prejuízos; e como colocado no decorrer do trabalho, a ineficácia da gestão é ruim para todas as pessoas com as quais a empresa se relaciona (interna e externamente).

A idéia predominante no Sistema de Informação para Gestão Econômica é que deve-se perseguir a identificação, acumulação, mensuração e informação de todos os eventos que alteram a situação patrimonial da empresa. Aqui, buscou-se a caracterização dos principais eventos, esclarecendo-se que a empresa deve identificar todos os fatos que resultem em variações no seu patrimônio.

Ciclo de abastecimento e compras

Área de compras e estocagem

Missão: Adquirir e colocar à disposição nas melhores condições econômicas, quanto a preço, prazo e qualidade, os materiais solicitados pelas demais áreas, além de garantir a guarda, proteção e movimentação desses materiais, de acordo com as quantidades necessárias às atividades da empresa.

Planejamento e controle das compras	Desenvolvimento de fornecedores	Aquisição de materiais	Estocagem dos materiais adquiridos
• Contratação e treinamento de pessoas • Manutenção da estrutura	• Contatos com fornecedores • Elaboração/manutenção de cadastro de fornecedores	• Compras, no país, a vista • Compras, no país, a prazo • Compras no exterior	• Realização de investimentos dos estoques • Reconhecimento da valorização ou desvalorização dos estoques • Transferência de mercadorias para as áreas solicitadas

Ciclo de transformação/produção

Área de produção animal

Missão: Atender à demanda da área de vendas, de acordo com o plano estabelecido para a empresa, nas condições mais econômicas possíveis, conforme sua capacidade instalada e os padrões de qualidade e de tecnologia exigidos para o produto.

500 Aplicações do Gecon

Cria

- Morte de matrizes
- Morte de novilhas em experimentação e de bezerros(as)
- Compra a prazo de matrizes no mercado externo
- Compra a vista de matrizes no mercado externo
- Transferência de novilhas da atividade de Recria
- Consumo de pastagens
- Transferência de sêmen da atividade de formação e manutenção de touros reprodutores
- Enxerto de novilhas por inseminação artificial
- Enxerto de novilhas por monta natural
- Descarte de novilhas em experimentação para engorda
- Descarte de matrizes inaptas à reprodução
- Imobilização de matrizes
- Transferência de rações e produtos veterinários da área de compras
- Transferência de rações da área de produção agrícola
- Consumo de rações e produtos veterinários
- Ordenha das vacas
- Nascimento de bezerros(as)
- Atualização do valor das matrizes formadas e adquiridas
- Atualização do valor das novilhas em experimentação
- Transf. de bezerros desmamados para a atividade de Recria
- Consumo de horas/pessoa
- Transf. de esterco para a área de produção agrícola
- Venda de esterco no mercado externo

Recria em confinamento

- Compra a prazo de bezerros(as) no mercado externo
- Compra a vista de bezerros(as) no mercado externo
- Transferência de bezerros(as) da atividade de cria
- Transferência de rações da área de produção agrícola
- Transferência de rações e produtos veterinários da área de compras
- Consumo de rações e produtos veterinários
- Atualização do valor dos animais
- Transferência de novilhos(as) magros(as) para a atividade de engorda em confinamento
- Transferência de novilhos(as) descartados(as) para a área de vendas
- Consumo de horas/pessoa
- Transferência de esterco para a área de produção agrícola
- Venda de esterco no mercado externo
- Morte de animais

Recria em pasto

- Transferência de bezerros(as) inaptos ao confinamento da atividade de Cria
- Consumo de pastagens
- Transferência de rações e produtos veterinários da área de compras
- Transferência de ração da área de produção agrícola
- Consumo de rações e produtos veterinários
- Atualização do valor dos animais
- Transferência de novilhos(as) magros(as) para a atividade de engorda em pasto
- Transferência de novilhos(as) magros(as) para a atividade de engorda em confinamento
- Transferência de novilhos(as) descartados(as) para a área de vendas
- Transferência de novilhas para a atividade de Cria para testes de reprodução
- Transferência de garrotes para a atividade de formação de touros reprodutores
- Consumo de horas/pessoa
- Transferência de esterco para a área de produção agrícola
- Venda de esterco no mercado externo
- Morte de animais

Engorda em confinamento

- Transferência de novilhos(as) magros(as) das atividades de Recria
- Compra a vista de novilhos(as) magros(as) do mercado externo
- Compra a prazo de novilhos(as) magros(as) do mercado externo
- Transferência de rações da área de produção agrícola
- Transferência de rações e produtos veterinários da área de compras
- Consumo de rações e produtos veterinários
- Atualização do valor dos animais
- Transferência de animais acabados para a área de vendas
- Consumo de horas/pessoa
- Transferência de esterco para a área de produção agrícola
- Venda de esterco no mercado externo
- Morte de animais

Engorda em pasto

- Transferência de novilhos(as) magros(as) inaptos ao confinamento das atividades de Recria
- Compra a vista de novilhos(as) magros(as) do mercado externo
- Compra a prazo de novilhos(as) magros(as) do mercado externo
- Consumo de pastagens
- Transferência de rações da área de produção agrícola
- Transferência de rações e produtos veterinários da área de compras
- Consumo de rações e produtos veterinários
- Atualização do valor dos animais
- Transferência de animais acabados para a área de vendas
- Consumo de horas/pessoa
- Transferência de esterco para a área de produção agrícola
- Venda de esterco no mercado externo
- Morte de animais

Formação e manutenção de touros reprodutores

- Transferência de garrotes da atividade de Recria em pasto
- Compra a vista de touros reprodutores no mercado externo
- Compra a prazo de touros reprodutores no mercado externo
- Consumo de pastagens
- Transferência de rações da área de produção agrícola
- Transferência de rações e produtos veterinários da área de compras
- Consumo de rações e produtos veterinários
- Transferência de sêmen para a atividade de Cria
- Recebimento da atividade de Cria pelo uso do touro na monta natural
- Atualização do valor dos garrotes
- Atualização do valor dos touros reprodutores
- Consumo de horas/pessoa
- Transferência de esterco para a área de produção agrícola
- Venda de esterco para o mercado externo
- Morte de garrotes
- Morte de touros reprodutores

Ciclo de produção animal

Área de manutenção

Missão: Manter os equipamentos e veículos em condições adequadas de funcionamento e as instalações em bom estado de conservação.

Manutenção dos equipamentos, veículos e instalações

- Consumo de peças e materiais (lubrificante, arame e madeira)
- Consumo de horas/pessoa

Reforma dos prédios da administração

- Consumo de material para pintura
- Consumo de material elétrico
- Consumo de horas/pessoa

Ciclo financeiro

Área financeira

Missão: Assegurar os recursos financeiros requeridos pelas demais áreas e aplicar da melhor forma possível os recursos liberados pelas áreas.

Captação de recursos

- Tomada de recursos do sistema financeiro
- Receita de recursos à disposição das áreas
- Resgate de aplicações financeiras
- Obtenção de recursos dos acionistas
- Desconto de duplicatas
- Consumo de horas/pessoa

Aplicação de recursos

- Aplicação de recursos no sistema financeiro
- Custo dos recursos tornados disponíveis pelas áreas
- Perdas monetárias no caixa
- Remuneração do capital investido
- Distribuição de lucros e dividendos
- Consumo de horas/pessoa

Pagamentos e recebimentos externos

- Pagamento de fornecedores
- Pagamento de outras contas (pessoal, impostos, arrendamento etc.)
- Pagamento de empréstimos e financiamentos
- Recebimento de clientes
- Recebimento de arrendamento de terras
- Consumo de horas/pessoa

Ciclo de comercialização e vendas

Área de vendas

Missão: Relacionar-se com o mercado no atendimento de suas necessidades de produção e/ou serviços em condições favoráveis à empresa quanto a preço, qualidade, entrega e pagamento.

Estocagem de animais, leite e sêmen produzidos

- Transferência de animais, sêmen e leite das atividades produtoras (compra)
- Pagamento à produção pela manutenção dos animais aguardando venda
- Consumo de horas /homem para manutenção da qualidade dos produtos
- Reconhecimento da valorização/desvalorização dos estoques de produtos acabados
- Transferência dos produtos para consumo interno

Desenvolvimento de clientes

- Comunicação com clientes (telefone, fax, pessoalmente)

Venda efetiva

- Venda de produtos, no país, (animais, leite, sêmen) a vista
- Venda de produtos, no país, a prazo
- Venda de produtos no exterior
- Consumo de horas/pessoa

Serviços pós-venda

- Contatos com clientes pós-venda
- Devoluções de venda
- Consumo de horas/pessoa

Atividades de suporte

Áreas de administração geral

Missão: Coordenar a execução de todas as atividades comuns às demais áreas da empresa.

Desenvolvimento de novas combinações genéticas

- Uso de sêmen de gado europeu
- Contratação de empresa especializada para realização de teste de progênie
- Descoberta de uma raça melhorada (com redução do tempo de abate, por exemplo)

Transporte

- Abastecimento de veículo para transporte de animais e materiais
- Pagamento de serviços de frete por terceiros

Desenvolvimento de novas rações animais

- Consumo de horas/ pessoa em pesquisa
- Descoberta de nova combinação de ração animal

Seleção e treinamento de recursos humanos

- Contratação de pessoal
- Pagamento de técnico para treinamento de mão-de-obra
- Fornecimento de elementos ao pessoal da fazenda
- Pagamento de assistência médica aos funcionários

Marketing

- Consumo de horas/ pessoa em pesquisa e análise de mercado
- Participação em feira agropecuária
- Contratação de serviços para divulgação dos produtos da empresa

Atividades de suporte

Área de controladoria

Missão: Otimizar o resultado global da empresa, por meio da interação e eliminação de conflitos entre as áreas e da criação, implementação e gestão do sistema de informação da empresa.

Criação, implementação e coordenação do sistema de informação	**Coordenação do processo de gestão**
• Aquisição de *software* • Consumo de horas/pessoa • Fornecimento de informações para o processo decisório dos gestores	• Consolidação dos planos da empresa em um plano global • Horas/pessoa para acompanhamento do controle promovido pelas áreas

Concernente com o objetivo de identificação e mensuração do resultado correto, o modelo decisório e, por conseguinte, o resultado econômico da atividade de cria podem ser caracterizados da forma a seguir:

Receita da venda de bezerros(as)
Receita do descarte de novilhas e matrizes
Receita da venda do leite
Receita da venda de esterco
Receita da estocagem de animais
Receita operacional das compras
(–) Custo de formação dos produtos
Sêmen
Ração e produtos veterinários
Consumo de pastagens
Horas/vaqueiro por ordenha
(–) Perdas por morte
(=) Margem de contribuição operacional
Receita financeira de compras
Receita financeira sobre matrizes
(–) Custo financeiro da estocagem de animais
(–) Custo financeiro das compras
(–) Custo financeiro sobre provisão para manutenção
(=) Margem de contribuição financeira
(+) Margem de contribuição operacional
(+) Margem de contribuição financeira
(–) Custos fixos identificados à atividade
Salário do gerente da atividade
Mão-de-obra específica da atividade
Depreciação das instalações
(=) Margem de contribuição da atividade

17.8 MODELO CONTÁBIL DE MENSURAÇÃO DO RESULTADO DE EMPRESAS PECUÁRIAS

O modelo contábil apresentado se desenvolve a partir de eventos exemplificados considerando a observação do processo físico-operacional de empresas pecuárias. Para cada evento será evidenciado o resultado operacional, financeiro, econômico e patrimonial. Paralelamente, tais eventos serão associados à área responsável por cada resultado gerado. A partir da adoção das premissas do Sistema de Informação para Gestão Econômica, o tratamento contábil dos eventos apresentados se sustenta sobre a mesma abordagem conceitual, sendo válido tanto para o planejado como para o realizado nos processos de avaliação de resultados e de desempenho. Por outro lado, enfatizar-se-á, neste exemplo, somente a mensuração do resultado dos eventos como base para a avaliação de resultados, sabendo-se que para a avaliação do desempenho os resultados seriam assumidos pelas áreas de responsabilidade que os gerou, juntamente com os custos fixos correspondentes, desencadeando o processo de análise do desempenho dos gestores diante das expectativas estabelecidas no planejamento.

17.8.1 *Parâmetros básicos do modelo contábil*

O conjunto de parâmetros adotados na mensuração dos eventos, segundo os critérios do modelo de gestão econômica são:

1. Os materiais e animais adquiridos para estoque são registrados pelo seu valor de reposição a vista.
2. Os animais adquiridos para compor o imobilizado (gado reprodutor e leiteiro), bem como os demais ativos fixos da empresa, serão registrados em função dos seus fluxos de benefícios futuros líquidos previstos, sendo ponderado ainda seu valor residual ao fim de sua vida útil.
3. As transferências de recursos/produtos entre atividades e áreas devem corresponder ao custo de oportunidade, ou seja, à melhor alternativa do mercado sob a ótica da unidade compradora.
4. A margem de contribuição dos eventos é determinada a partir do conceito de custeio variável.
5. Os custos e receitas operacionais têm por base de mensuração os custos e preços de mercado a vista.
6. As receitas e custos financeiros decorrem do custo do dinheiro no tempo. As receitas representam os recursos liberados pela opção de diferir pagamentos e, portanto, são determinadas a partir de taxas de aplicação do mercado financeiro. Os custos representam os encargos incorridos pela

decisão de efetuar a transação a prazo, e são calculados em função de taxas de captação do mercado financeiro.

7. Os ativos são considerados pelas taxas de captação do mercado financeiro, pressupondo-se que a área financeira, como banco interno, os torna disponíveis a determinados custos.
8. Os passivos são considerados pelas taxas de aplicação do mercado financeiro sob o pressuposto de que os recursos liberados poderiam estar temporariamente aplicados em outros investimentos.
9. Considerar os custos e as receitas de oportunidade em relação ao capital investido, presumindo que os acionistas colocam os recursos à disposição da área financeira esperando uma remuneração, no mínimo, igual à do mercado. Por sua vez, a área financeira coloca os recursos à disposição das demais áreas, determinando que cada gestor pague aos acionistas pelos ativos que gerencia e receba pelos passivos sob sua jurisdição, com base em um custo de oportunidade.
10. Uma moeda de poder aquisitivo constante, para facilidade de cálculos no desenvolvimento do exemplo.
11. Supõe-se que as taxas previstas de aplicação de 3% e de captação de 5% se confirmaram nos três períodos seguintes.

A limitação do modelo a três períodos justifica-se pela necessidade de identificar e mensurar os eventos mais representativos do sistema de engorda em confinamento, contemplando desde a compra de novilhos magros até a venda dos bois gordos e, em seguida, a aquisição de bovinos para reprodução. A opção por este sistema se deveu somente a fatores didáticos, já que a produção extensiva ensejaria o estudo de eventos ocorridos durante período muito extenso. Entretanto, a base conceitual adotada, no desenvolvimento do exemplo, expressa tanto o modelo de decisão quanto o de mensuração do resultado gerado por todo e qualquer evento econômico.

17.8.2 *Eventos do período de 1º-4-X1 a 1º-5-X1*

a. **1º-4-X1 – Integralização de capital**

A empresa Geconboi S.A. foi constituída em 1º-4-X1. Os sócios, nesta data, integralizaram capital, totalmente em dinheiro, no valor de R$ 1.150.000,00.

Lançamento Contábil – 1

D – Caixa 1.150.000

C – Capital 1.150.000

b. **1º-4-X1 – Aquisição de fazenda com 950 ha de terra**

Pastagens: área de 949 ha a R$ 150,00/ha = R$ 142.350,00

Terra nua: área de 949 ha a R$ 733,364/ha = R$ 695.962,00

Instalações: inclui curral, com área coberta e piso de concreto frisado e cochos para volumoso, sal mineral e água, numa área total de 1 ha, no valor de R$ 15.000,00

Condições de pagamento: a vista

Área responsável pela compra: Produção

Valor nas condições da compra: R$ 853.312,00

Valor de mercado a vista: R$ 910.241,00

As contabilizações e seus respectivos cálculos referentes a tal aquisição são apresentados nos lançamentos contábeis 2 e 3, nas páginas que se seguem.

Plano de Imobilização:

A empresa Geconboi S.A. foi criada com a missão de produzir animais para abate, a partir da cria de bezerros para confinamento. Neste sentido, o plano de distribuição das terras foi o seguinte:

- 1 ha para as instalações de confinamento já existentes;
- 4 ha para confinamento futuro de 800 cabeças (recria e engorda);
- 945 ha para pastagem de 1000 vacas reprodutoras (que produzirão os animais para engorda) e dos animais descartados para engorda a pasto.

Imobilização das instalações:

Os benefícios futuros esperados das instalações destinadas ao confinamento de animais basear-se-ão no custo da melhor alternativa de mercado, aqui considerada como o valor de arrendamento de estrutura similar na região. Considera-se, ainda, que o tempo de vida útil das instalações seja de cinco anos, sem possuir qualquer valor para comercialização ao final deste período. A imobilização das instalações foi feita pressupondo o uso permanente das mesmas, e caso não o seja, o gestor da área de produção deve buscar arrendá-las, para justificar (economicamente) seu investimento. Por outro lado, a decisão de investir/desinvestir deve ser sempre considerada à luz do valor líquido de realização do imobilizado comparado ao valor de mercado. Se o valor de mercado do bem for maior que o fluxo de benefícios futuros líquido esperado, só vale a pena mantê-lo na empresa se caracterizar-se uma situação temporária e os planos da empresa justificarem estrategicamente tal decisão.

Os valores dos benefícios futuros esperados das instalações para confinamento de animais são os seguintes:

1º-4-X1	R$ 18.929
1º-5-X1	R$ 18.876
1º-6-X1	R$ 18.820
1º-7-X1	R$ 18.762

A empresa constitui, ainda, uma provisão para manutenção, a partir de uma estimativa de 10 horas de serviços de manutenção por mês. O preço da hora de trabalho externo é de R$ 10,00, resultando em uma provisão mensal de R$ 100,00. Os valores que a empresa incorrerá para manter as instalações conservadas, seguras e adequadas ao confinamento são:

1º-4-X1	R$ 2.767
1º-5-X1	R$ 2.750
1º-6-X1	R$ 2.733
1º-7-X1	R$ 2.715

Lançamento Contábil – 2

D – Imobilizado – Instalações – Confinamento . .	18.929	
C – Provisão para manutenção das instalações . .	2.767	
C – Caixa	15.000	
C – Resultado (área de Produção).		1.162

Demonstração do resultado – Área de produção

Receita da compra		18.929
Custo da compra		
Aquisição	15.000	
Provisão para manutenção das instalações	2.767	(17.767)
Margem de contribuição da compra.		1.162

Imobilização das pastagens:

A imobilização dos 949 hectares de pastagens basear-se-á no custo de oportunidade correspondente ao arrendamento da área na região em condições similares, já que este representa o benefício da empresa em função do uso de suas próprias pastagens.

A partir da análise técnica e de um plano de lotação das pastagens adquiridas, estimou-se um período de vida útil de cinco anos, desde que as devidas manutenções sejam feitas. Após este período, novas pastagens terão de ser formadas.

A área de quatro hectares será imobilizada juntamente com a área de 945 ha na data de aquisição, devendo ser revisto o plano de imobilização da empresa, após a construção/aquisição das demais instalações destinadas ao confinamento. Os 945 hectares serão usados para pastejo das matrizes e dos animais inadequados ao confinamento.

O arrendamento de pastagens normalmente é estabelecido com base no número de animais no pasto por mês. Para o exemplo proposto, adotou-se os seguintes parâmetros:

- ➡ Vacas reprodutoras: 1.000
- ➡ Taxa de natalidade: 90%
- ➡ Nº de bezerros nascidos/ano: 900
- ➡ Taxa de mortalidade prevista: 2%
- ➡ Nº de sobreviventes: 882
- ➡ Descarte de bezerros para criação em pasto: 132 (15%)
- ➡ Média de animais no pasto/mês: 1000 + 132 = 1.132

O valor do arrendamento das pastagens será calculado a partir do valor líquido de mercado por cabeça, considerando a média de 1.132 animais no pasto.

O valor do arrendamento por período foi definido da seguinte forma:

$$R\$ \ 10{,}00 \ / \ \text{cabeça} \times 1.132 = R\$ \ 11.320{,}00$$

O valor dos benefícios futuros esperados das pastagens são os seguintes:

1º-4-X1	R$ 214.279
1º-5-X1	R$ 213.673
1º-6-X1	R$ 213.037
1º-7-X1	R$ 212.369

A provisão de gastos para manter as pastagens limpas de ervas daninhas e bem cuidadas, oferecendo o potencial de benefícios esperados, é de R$ 2.270,00, considerando a equivalência deste serviço no mercado. Assim, o valor presente do serviço de manutenção para os cinco anos são os que seguem:

1º-4-X1	R$ 62.823
1º-5-X1	R$ 62.438
1º-6-X1	R$ 62.041
1º-7-X1	R$ 61.632

Ao final do período de vida útil das pastagens, a empresa possui a terra nua e considera-se que os benefícios por ela gerados dependem do uso que dela é feito. Desta forma, a terra é tratada isoladamente, pelo seu valor de realização a vista. Os gastos de manutenção das pastagens ou de outras culturas indiretamente também mantêm a capacidade produtiva da terra. Entretanto, na prática, a separação do que é manutenção da pastagem/cultura e o que é manutenção da terra torna-se quase impossível. Os 949 hectares de terra serão imobilizados ao valor de R$ 733,364/ha, no valor total de R$ 695.962,00.

Lançamento Contábil – 3

D – Imobilizado – Pastagens 214.279
C – Provisão para manutenção das pastagens . . . 62.823
D – Terra 695.962
C – Caixa 838.312
C – Resultado (área de Produção) 9.106

Demonstração do resultado – Área de produção

Receita da compra 910.241
Custo da compra
Aquisição 838.312
Provisão para manutenção das pastagens . . . . . 62.823 . . 901.135
Margem de contribuição da compra 9.106

c. **1º-4-X1 – Aquisição de 200 bois de engorda**

A empresa adquiriu nesta data, por meio da área de Compras, 200 cabeças de boi para engorda em confinamento por um período de 90 dias.

Peso médio: 390 kg (13 arrobas)
Preço a vista: R$ 240,00/cab.
Preço de mercado a vista: R$ 250,00/cab.
Condições de pagamento: a vista

Lançamento Contábil – 4

D – Estoque – Bois de engorda 50.000
C – Caixa 48.000
C – Resultado (área de compras) 2.000

Demonstração do resultado – Área de compras

Receita operacional da compra	50.000
Custo operacional da compra	(48.000)
Margem de contribuição da compra	2.000

d. **1º-4-X1 – Aquisição de ração a prazo**

Com o intuito de centralizar-se nos eventos da empresa pecuária, pressupõe-se que a ração fornecida ao gado foi adquirida de terceiros, lembrando que, na prática, a maioria das empresas produzem silagem e concentrados, a partir de culturas de milho, soja, algodão, cana-de-açúcar etc. O sal mineral, geralmente, é adquirido no mercado.

Silagem: Quantidade por cabeça: 2.400 kg (90 dias)
Quantidade total: 2.400 × 200 = 480.000 kg
Preço a vista: R$ 0,02/kg
Preço no prazo de aquisição: R$ 0,04/kg
Preço de mercado a vista: R$ 0,03/kg

Concentrado: Quantidade por cabeça: 480 kg (90 dias)
Quantidade total: 480 × 200 = 96.000 kg
Preço a vista: R$ 0,108/kg
Preço no prazo de aquisição: R$ 0,110/kg
Preço de mercado a vista: R$ 0,109/kg

Sal mineral: Quantidade por cabeça: 12 kg (90 dias)
Quantidade total: 12 × 200 = 2.400 kg ÷ 25 = 96 sacas
Preço a vista: R$ 10,00/saca
Preço no prazo de aquisição: R$ 12,00/saca
Preço de mercado a vista: R$ 11,00/saca

Condições de pagamento das compras: 90 dias
Taxa de aplicação: 3% a. m.

O preço a vista refere-se ao valor que este fornecedor específico oferece à empresa se a compra for efetuada a vista. O preço no prazo de aquisição diz respeito ao valor que o fornecedor negocia nas condições solicitadas pela empresa (90 dias).

O preço de mercado a vista é o preço negociado pelo mercado, que pode ser obtido por meio de cotações realizadas junto a alguns fornecedores ou por preços divulgados em publicações especializadas para determinados produtos. Identificando estas três categorias dos preços dos bens comercializados, torna-se possível apurar e mensura a capacidade de negociação dos gestores das áreas envolvidas.

A receita operacional da compra corresponde ao valor pelo qual o produto será transferido para a área de produção, que, neste caso, corresponde ao preço de reposição (de mercado) a vista na data da compra.

O custo operacional da compra se refere ao custo que a área incorreria se comprasse a vista.

A receita financeira da compra representa a receita gerada pela área ao optar por comprar na condição a prazo, permitindo a aplicação deste valor pela área financeira ou, em situação oposta, evitaria a captação de tal recurso no mercado financeiro. Apura-se seu valor da mesma forma que o Juro Diferido sobre contas a pagar, já que este traduz a receita liberada pela decisão da compra a prazo.

O custo financeiro da compra equivale ao custo incorrido pela área ao comprar a prazo, diante da opção de compra a vista e calcula-se pela diferença entre o valor devido ao fornecedor e o preço a vista.

Compra da silagem:

Lançamento Contábil – 5

D – Estoque – Silagem	14.400	
C – Contas a pagar	19.200	
D – Juros Diferidos sobre contas a pagar	1.629	
D – Resultado (área de compras)		3.171

O valor do estoque é baseado no custo de reposição a vista. Os juros diferidos sobre contas a pagar correspondem ao ajuste a valor presente da conta "Contas a pagar" e calcula-se pela diferença entre o valor devido ao fornecedor e o valor presente da dívida, conforme calculado a seguir:

$$\text{J. Dif.} = VCp - \frac{VCp}{(1+i)^n}$$

$$\text{J. Dif.} = 19.200 - \frac{19.200}{(1{,}03)^3}$$

J. Dif =19.200 – 17.571 = 1.629

Receita operacional = 0,03 × 480.000 = 14.400
Custo operacional = 0,02 × 480.000 = 9.600
Receita financeira = 19.200 – 17.571 = 1.629

Custo financeiro = 19.200 – 9.600 = 9.600

Compra do concentrado:

Lançamento Contábil – 6

D – Estoque – Concentrado	10.464
C – Contas a pagar	10.560
D – Juros Diferidos sobre contas a pagar	896
C – Resultado (área de compras)	800

Cálculos:

Valor presente: $\frac{10.500}{(1{,}03)^3} = 9.664$

Juros Diferidos sobre contas a pagar: 10.560 – 9.664 = 896

Receita operacional:	R$ 0,109 × 96.000 = 10.464
Custo operacional:	R$ 0,108 × 96.000 = 10.368
Receita financeira:	10.560 – 9.664 = 896
Custo financeiro:	10.560 – 10.368 = 192

Compra do sal mineral:

Lançamento Contábil – 7

D – Estoque – Sal mineral	1.056
C – Contas a pagar	1.152
D – Juros Diferidos sobre contas a pagar	98
C – Resultado (área de compras)	2

Cálculos:

Valor presente: $\frac{1.152}{(1{,}03)^3} = 1.054$

Juros Diferidos sobre contas a pagar:	1.152 – 1.054 = 98
Receita operacional:	R$ 11 × 96 = 1.056
Custo operacional:	R$ 10 × 96 = 960
Receita financeira:	1.152 – 1.054 = 98
Custo financeiro:	1.152 – 960 = 192

Demonstração do resultado da compra de ração – Área de Compras (conf. Quadro a seguir)

Receita operacional da compra	25.920
Custo operacional da compra	(20.928)
Margem operacional da compra	4.992

Receita financeira da compra 2.623
Custo financeiro da compra . . . . (9.984)
Margem financeira da compra . . . . (7.361)
(+) Margem operacional da compra 4.992
(+) Margem financeira da compra . . . . (7.361)
(=) Margem de contribuição da compra . . . . . (2.369)

	Silagem	**Concentrado**	**Sal mineral**	**Total**
Quantidade	480.000 kg	96.000 kg	96 sacas	–
Preço a vista	0,02/kg	0,108/kg	10,00/saca	–
Preço no prazo	0,04/kg	0,110/kg	12,00/saca	–
Preço mercado a vista	0,03/kg	0,109/kg	11,00/saca	–
Prazo de pagamento	90 dias	90 dias	90 dias	–
Taxa de aplicação	3% a.m.	3% a.m.	3% a.m.	–
Receita operacional	14.400	10.464	1.056	25.920
Custo operacional	(9.600)	(10.368)	(960)	(20.928)
Receita financeira	1.629	896	98	2.623
Custo financeiro	(9.600)	(192)	(192)	(9.984)
Marg. contribuição por compra	(3.171)	800	2	(2.369)

e. **1º-4-X1 – Aplicação financeira**

Valor: R$ 240.000,00
Data da liquidação: 1º-5-X1
Juros: 4% a. m.

Lançamento Contábil – 8

D – Aplicação financeira 240.000
C – Caixa. 240.000

Balanço Patrimonial em 1º-4-X1 (Final)			
Ativo		**Passivo**	
Ativo Corrente	**324.608**	Exigibilidades Correntes	**28.289**
Caixa	8.688	Contas a pagar	30.912
Aplicação Financeira	240.000	J. Diferidos s/Contas a Pagar	(2.623)
Estoque – Bois de Engorda	50.000		
Estoque – Silagem	14.400		
Estoque – Concentrado	10.464		
Estoque – Sal Mineral	1.056		
Ativo Fixo	**863.580**	Patrimônio Líquido	**1.159.899**
Terra	695.962	Capital	1.150.000
Pastagens	214.279	Resultado	9.899
Prov. p/Manut. das Pastagens	(62.823)		
Instalações	18.929		
Prov. p/Manut. das Intalações	(2.767)		
Total do Ativo	1.188.188	Total do Passivo	1.188.188

f. 1º-4-X1 a 1º-5-X1 – Eventos tempo-conjunturais

Referem-se a resultados gerados em função do custo/receita dos valores no tempo e de mudanças conjunturais que determinam alterações nos ativos e passivos da empresa. A partir do tratamento da área financeira como um banco interno, as áreas a remunerarão pelos ativos que utilizam e receberão dela pelos passivos gerados, além da área financeira remunerar também os acionistas pelo capital investido. Assim, os lançamentos contábeis oriundos destes eventos terão valores diferentes das margens de contribuições apresentadas após os lançamentos. Por se tratar de "negociação" entre as diversas da demonstração de resultado da própria área financeira. A idéia aqui é apurar o resultado correto que cada área gera para a empresa. O resultado da área financeira será demonstrado no final do cálculo dos eventos tempo-conjunturais.

Balanços patrimoniais					
Ativo	**1º-4-X1**	**1º-5-X1**	**Passivo**	**1º-4-X1**	**1º-5-X1**
Ativo corrente	**324.608**	341.408	Exigibilidades correntes	**28.289**	**29.137**
Caixa	8.688	8.688	Contas a pagar	30.912	30.912
Aplicação financeira	240.000	249.600	J. Dif. S/ contas a pagar	(2.623)	(1.775)
Estoque – bois de engorda	50.000	57.200			
Estoque – silagem	14.400	14.400	Patrimônio líquido	1.159.899	**1.219.852**
Estoque – concentrado	10.464	10.464	Capital	1.150.000	1.150.000
Estoque – sal mineral	1.056	1.056	Remuneração cap. investido	–	34.797
				9.899	35.055
Ativo fixo	**863.580**	907.581			
Terra	695.962	740.220			
Pastagens	214.279	213.673			
Prov. p/ manut. das past.	(62.823)	(62.428)			
Instalações	18.929	18.876			
Prov. p/ manutenção das instal.	(2.767)	(2.750)			
Total do ativo	**1.188.188**	**1.248.989**	**Total do passivo**	**1.188.188**	**1.248.989**

Cálculos:

1. **Aplicação financeira**

   Receita: $240.000 \times [(1{,}04)^1 - 1] = 9.600$

Lançamento Contábil – 9

D – Aplicação financeira 9.600

C – Resultado (área de finanças) 9.600

2. **Estoque – Bois de engorda**

   Preço de mercado a vista em 1º-5-X1 = R$ 22,00/arroba
   Estoque: 13 arrobas × 200 × 22 = 57.200
   Variação: 57.200 – 50.000 = 7.200

Lançamento Contábil – 10

D – Estoque – Bois de engorda. 7.200

C – Resultado (área de produção) 7.200

Custo financeiro da estocagem: $50.000 \times [(1{,}05)^1 - 1] = 2.500$

Demonstração de resultado – Área de produção

Ganho de estocagem. 7.200

Custo financeiro da estocagem . . . . (2.500)

Margem de contribuição da estocagem 4.700

3. **Estoques de silagem, concentrado e sal mineral**

Preço de mercado a vista em 1º-5-X1: sem alteração

Custo financeiro da estocagem:

$$25.920 \times [(1{,}05)^1 - 1] = 1.296$$

Demonstração de resultado – Área de produção

Ganho de estocagem	0
Custo financeiro da estocagem	(1.296)
Margem de contribuição da estocagem	(1.296)

4. **Ativo fixo**

Terra

Preço de mercado a vista do hectare em 1º-5-X1 = R$ 780,00
Atualização: 780 × 949 ha = R$ 740.220,00
Variação: 740.220 – 695.962 = 44.258

Lançamento Contábil – 11

D – Terra	44.258
C – Resultado (área de Produção)	44.258

Custo financeiro do imobilizado – Terra:

$$695.962 \times [(1{,}05)^1 - 1] = 34.798$$

Demonstração de resultado – Área de produção

Ganho da imobilização – Terra	44.258
Custo financeiro da imobilização – Terra	(34.798)
Margem de contribuição da imobilização – Terra	9.460

Pastagens e instalações

O ajuste do valor das instalações e das pastagens se calcula pela diferença entre os benefícios futuros esperados em X4 e os realizados em X5, supondo-se aqui que os valores previstos se concretizaram.

Lançamento Contábil – 12

D – Provisão para manutenção das pastagens	385
C – Imobilizado – Pastagens	606
D – Resultado (área de Produção)	221

Lançamento Contábil – 13

D – Prov. p/ manut. das instalações – confinamento 17
C – Imobilizado – Instalações – Confinamento. 53
D – Resultado (área de produção) 36

Realização de juros do ativo fixo

Refere-se aos juros realizados pela aproximação dos benefícios futuros, correspondendo a uma parcela por mês e se calcula pelo valor dos benefícios líquidos esperados em X5 acrescido da parcela realizada e diminuído dos benefícios esperados líquidos. Para pastagens, ter-se-ia:

214.279 – 62.823 = 151.456 (1º-4-X1)
213.673 – 62.438 = 151.235 (1º-5-X1)
151.235 + 11.320 – 151.456 – 2.270 = 8.829

Para as instalações o cálculo seria:

18.929 – 2.767 = 16.162 (1º-4-X1)
18.876 – 2.750 = 16.126 (1º-5-X1)
16.126 + 1.000 – 16.162 – 100 = 864

Custo financeiro das pastagens:

$214.279 \times [(1{,}05)^1 - 1] = 10.714$

Receita financeira da provisão para manutenção das pastagens:

$62.823 \times [(1{,}03)^1 - 1] = 1.885$

Custo financeiro das instalações:

$18.929 \times [(1{,}05)^1 - 1] = 947$

Receita financeira da provisão para manutenção das instalações:

$2.767 \times [(1{,}03)^1 - 1] = 83$

Demonstração do resultado – Área de produção

Realização de juros 9.693
Pastagens 8.829
Instalações 864

Perda de potencial de benefícios futuros	(9.950)
Pastagens (11.320 – 2.270)	9.050
Instalações (1.000 – 100)	900
Custo financeiro líquido	(9.693)
Pastagens (10.714 – 1.885)	8.829
Instalações (947 – 83)	864
Margem contribuição realização do ativo fixo	(9.950)

Obs.: Considerando que se está utilizando neste trabalho a taxa de aplicação para o passivo e para as receitas e a taxa de captação para o ativo e as despesas, os valores de realização de juros e de custo financeiro líquido sempre coincidirão.

5. **Contas a pagar**

Efeito temporal: $30.912 - \frac{30.912}{(1{,}03)^2} = 1.775$

O ajuste do saldo de juros diferidos sobre contas a pagar constitui-se no custo incorrido pela área de compras e calcula-se pela diferença entre os valores em X4 e X5, ou seja: 2.623 – 1.775 = 848

Custo financeiro sobre contas a pagar:

$$28.289 \times [(1{,}03)^1 - 1] = 848$$

Lançamento Contábil – 14

C – Juros Diferidos s/ contas a pagar	848
D – Resultado (área de compras)	848

Demonstração de resultado – Área de compras

Receita operacional	848
Custo operacional	(848)
Margem de contribuição operacional	0

6. **Remuneração do capital investido**

$$1.159.899 \times [(1{,}03)^1 - 1] = 34.797$$

Lançamento Contábil – 15

C – Remuneração capital investido	34.797
D – Resultado (área de finanças)	34.797

Demonstração do resultado – Área de finanças

Receitas

Receita financeira sobre Aplicações	9.600	
Receita financeira sobre Estoques	3.796	
Receita financeira sobre Ativo Fixo – Terra	34.798	
Receita financeira sobre Ativo Fixo – Pastagens	8.829	
Receita financeira sobre Ativo Fixo – Instalações	864	57.887

Custos

Custo financeiro sobre contas a pagar	(848)	
Remuneração do capital investido	(34.797)	(35.645)
Margem de contribuição da área financeira		22.242

g. **Eventos da produção**

Para tornar mais didático o exemplo, considerar-se-á que a "produção" ocorreu em 1º-5-X1, sabendo-se que na prática o consumo de rações, de mão-de-obra e de demais custos incorrem diariamente, assim como a geração de riqueza pelo ganho de peso dos animais. A empresa poderia reconhecer a variação patrimonial em períodos menores do que o mês, ponderando-se os custos envolvidos diante do benefício da informação gerada. Para cotações atualizadas do preço dos animais, não haveria dificuldades, já que alguns órgãos divulgam cotações diárias da arroba do boi.

1º-5-X1 – Consumo de rações

Não houve variação no preço de mercado da silagem, do concentrado e do sal mineral, e supondo-se o consumo da quantidade prevista para o mês (1/3 do total), têm-se:

Silagem: 480.000 kg ÷ 3 = 160.000 kg/mês × R$ 0,03 = R$ 4.800

Concentrado: 96.000 kg ÷ 3 = 32.000 kg/mês × R$ 0,109 = R$ 3.488

Sal mineral: 96 sacas ÷ 3 = 32 sacas × R$ 11,00 = R$ 352,00

1º-5-X1 – Ganho de peso dos animais

Ganho de peso/dia /animal: 1,3 kg

Ganho de peso total: (1,3 kg × 30 dias × 200 cabeças)

= 7.800 kg ÷ 30 = 260 arrobas

Cotação da arroba do boi: R$ 22,00

Variação do estoque: R$ 22,00 × 260 = 5.720

Lançamento Contábil – 16

D – Estoque – Bois de engorda	5.720
C – Estoque – Silagem	4.800
C – Estoque – Concentrado	3.488
C – Estoque – Sal mineral	352
D – Resultado (área de produção)	2.920

1º-5-X1 – Demais custos de produção

a. Custos indiretos de produção, incluindo o pagamento de salário e demais benefícios trabalhistas de gestores, vaqueiros e veterinários, que são remunerados a um valor fixo por mês, independente da produção.

Valor: R$ 2.500,00.

b. Despesas administrativas, incluindo o pagamento de material de limpeza, salário e demais benefícios trabalhistas do pessoal da administração, energia elétrica etc.

Valor: R$ 2.000,00.

Lançamento Contábil – 17

D – Resultado (área de Produção)	2.500
D – Desp. Administrativas (Empresa)	2.000
C – Caixa	4.500

h. **1º-5-X1 – Venda de esterco orgânico a vista**

A venda foi realizada diretamente pela área de produção, uma vez que a área de venda não concordou com o preço proposto pela área "vendedora". Por outro lado, por se tratar de produção conjunta, os custos envolvidos referem-se aos mesmos custos da formação do estoque de animais. Os dados da venda são os que se seguem:

Condições de recebimento: a vista

Preço no prazo da venda: R$ 0,03/kg

Preço de mercado a vista: R$ 0,03/kg

200 bois × 28 kg/dia = 5.600 kg/dia
5.600 kg × 30 dias = 168.000 kg/mês
168.000 kg × R$ 0,03 = R$ 5.040

Lançamento Contábil - 18

D – Caixa 5.040
C – Resultado (área de produção) 5.040

Demonstração do resultado - Área de produção

(+) Receita pelo ganho de peso dos animais 5.720
(+) Receita pela venda de esterco orgânico 5.040
(–) Consumo de ração . . . . (8.640)
(=) Margem de contribuição operacional 2.120
(–) Custos indiretos de produção . . . . (2.500)
(=) Margem de contribuição da produção . . . . (380)

Balanço Patrimonial em 1º-5-X1 (Final)			
Ativo		**Passivo**	
Ativo corrente	**339.028**	**Exigibilidades correntes**	**29.137**
Caixa	9.228	Contas a pagar	30.912
Aplicação financeira	249.600	J. diferidos s/ contas a pagar	(1.775)
Estoque – bois de engorda	62.920		
Estoque – Silagem	9.600	**Patrimônio líquido**	**1.217.472**
Estoque – Concentrado	6.976	Capital	1.150.000
Estoque – Sal mineral	704	Remuneração capital investido	34.797
		Resultado	32.675
Ativo fixo	**907.581**		
Terra	740.220		
Pastagem	213.673		
Prov. p/manutenção das pastagens	(62.438)		
Instalações	18.876		
Prov. p./manutenção das instalações	(2.750)		
Total do ativo	1.246.609	Total do passivo	1.246.609

Resultado da empresa Geconboi de 1º-4-X1 a 1º-5-X1 (Margem de Contribuição)

Evento	Produção	Finanças	Compras	Empresa	Total da empresa
Compra de instalações	1.162	0	0	0	1.162
Compra de terra e pastagens	9.106	0	0	0	9.106
Compra de bois de engorda	0	0	2.000	0	2.000
Compra de ração	0	0	-2.369	0	-2.369
Estocagem de bois de engorda	4.700	0	0	0	4.700
Estocagem de ração	- 1.296	0	0	0	-1.296
Imobilização do ativo terra	9.460	0	0	0	9.460
Realização de juros de ativo fixo	- 9.950	0	0	0	-9.950
Juros diferidos s/contas a pagar	0	0	0	0	0
Eventos tempo-conjunturais	0	22.242	0	0	22.242
Produção	- 380	0	0	0	-380
Despesas administrativas	0	0	0	-2.000	-2.000
Total por área	12.802	22.242	-369	-2.000	32.675

17.8.3 *Eventos do período de 1º-5-X1 a 1º-6-X1*

Nos dois períodos seguintes (1º/5 e 1º/6) a maioria dos eventos se repete e, portanto, serão apresentados de forma sucinta, valendo todos os pressupostos e orientações para cálculos assumidos no exercício 1º/4.

a. **1º-5-X1 – Resgate de aplicação**

Lançamento Contábil – 19

D – Caixa 249.600
C – Aplicação financeira 249.600

b. **1º-5-X1 a 1º-6-X1 – Eventos tempo-conjunturais**

Balanços patrimoniais					
Ativo	**1º-5-X1**	**1º-6-X1**	**Passivo**	**1º-5-X1**	**1º-6-X1**
Ativo corrente	**339.608**	**341.888**	**Exigibilidades correntes**	**29.137**	**30.011**
Caixa	258.828	258.828	Contas a pagar	30.912	30.912
Estoque – Bois de engorda	62.920	65.780	J. dif. s. contas a pagar	(1.775)	(901)
Estoque – Silagem	9.600	9.600			
Estoque – Concentrado	6.976	6.976			
Estoque – Sal mineral	704	704			
Ativo fixo	**907.581**	**907.303**	**Patrimônio líquido**	**1.217.472**	**1.219.180**
Terra	740.220	740.220			
Pastagens	213.673	213.037	Capital	1.150.000	1.150.000
Prov. p/manut. das pastagens	(62.438)	(62.041)	Remun. Capital investido	34.797	71.321
Instalações	18.876	18.820	Resultado	32.675	(2.141)
Prov. p/manut. das instalações	(2.750)	(2.733)			
Total do ativo	**1.246.609**	**1.249.191**	**Total do passivo**	**1.246.609**	**1.249.191**

1. **Estoque – Bois de engorda**

   Preço de mercado a vista em 1º-6-X1 da arroba do boi: R$ 23,00

   Variação: 2.860 arrobas × 23 = 65.780 – 62.920 = 2.860

Lançamento Contábil – 20

D – Estoque – Bois de engorda. 2.860
C – Resultado (área de produção) 2.860

Custo financeiro da estocagem:

$$62.920 \times [(1{,}05)^1 - 1] = 3.146$$

Demonstração do resultado – Área de produção

Ganho de estocagem. 2.860
Custo financeiro da estocagem . . . . (3.146)
Margem de contribuição da estocagem . . . . (286)

2. **Estoques de silagem, concentrado e sal mineral**

   Preço de mercado a vista em 1º-6-X1: sem alteração

   Custo financeiro da estocagem:

$$17.280 \times [(1{,}05)^1 - 1] = 864$$

Demonstração do resultado – Área de produção

Ganho de estocagem 0
Custo financeiro da estocagem . . . . (864)
Margem de contribuição da estocagem. . . . . (864)

3. **Ativo fixo**

Terra

Preço de mercado a vista do hectare: sem alteração

Custo financeiro do imobilizado – Terra:

$$740.220 \times [(1{,}05)^1 - 1] = 37.011$$

Demonstração do resultado – Área de produção

Ganho da imobilização – Terra	0
Custo financeiro da imobilização – Terra	(37.011)
Margem de contribuição da imobilização – Terra	(37.011)

Pastagens e instalações

Lançamento Contábil - 21

D – Provisão para manutenção das pastagens	397
C – Imobilizado – Pastagens	636
D – Resultado (área de produção)	239

Lançamento Contábil - 22

D – Provisão para manutenção das instalações	17
C – Imobilizado – Instalações	56
D – Resultado (área de produção)	39

Juros realizados

Pastagens: 213.673 – 62.438 = 151.235 (1º-5-X1)
213.037 – 62.041 = 150.996 (1º-6-X1)
150.996 + 11.320 – 2.270 – 151.235 = 8.811

Instalações: 18.876 – 2.750 = 16.126 (1º-5-X1)
18.820 – 2.733 = 16.087 (1º-6-X1)
16.087 + 1.000 – 100 – 16.126 = 861

Custo financeiro das pastagens:

$$213.673 \times [(1.05)^1 - 1] = 10.684$$

Receita financeira da provisão para manutenção das pastagens:

$$62.438 \times [(1{,}03)^1 - 1] = 1.873$$

Custo financeiro das instalações:

$$18.876 \times [(1{,}05)^1 - 1] = 943$$

Receita financeira da provisão para manutenção das instalações:

$$2.750 \times [(1{,}03)^1 - 1] = 82$$

Demonstração do resultado – Área de produção

Realização de juros	9.672
Pastagens	8.811
Instalações	861
Perda de potencial de benefícios futuros	(9.950)
Pastagens	9.050
Instalações	900
Custo financeiro líquido	(9.672)
Pastagens	8.811
Instalações	861
Margem contribuição realização do ativo fixo	(9.950)

4. **Contas a pagar**

Efeito temporal: $30.912 - \dfrac{30.912}{1{,}03} = 901$

Ajuste dos juros diferidos: 1.775 – 901 = 874

Custo financeiro sobre contas a pagar: $29.137 \times [(1{,}03)^1 - 1] = 874$

Lançamento Contábil – 23

D – Resultado (área de compras)	874
C – Juros Diferidos sobre contas a pagar	874

Demonstração do resultado – Área de compras

Receita operacional	874
Custo operacional	(874)
Margem de contribuição operacional	0

5. **Remuneração do capital investido**

$$1.217.472 \times [(1{,}03)^1 - 1] = 36.524$$

Lançamento Contábil – 24

D – Resultado (área de finanças)	36.524
C – Remuneração capital investido	36.524

Demonstração do resultado – Área de finanças

Receitas

Receita financeira sobre Estoques	4.010	
Receita financeira sobre Ativo Fixo – Terra	37.011	
Receita financeira sobre Ativo Fixo – Pastagens	8.811	
Receita financeira sobre Ativo Fixo – Instalações	861	50.693

Custos

Custo financeiro sobre contas a pagar	(874)	
Remuneração do capital investido	(36.524)	(37.398)
Margem de contribuição da área financeira		13.295

c. **1º-6-X1 – Eventos da produção**

1º-6-X1 – Consumo de rações

Supondo-se constante os preços de mercado da silagem, do concentrado e do sal mineral e o consumo conforme o planejado, têm-se:

Silagem:	160.000 kg	× R$ 0,03	= R$ 4.800,00
Concentrado:	32.000 kg	× R$ 0,109	= R$ 3.488,00
Sal mineral:	32 sacas	× R$ 11,00	= R$ 352,00

1º-6-X1 – Ganho de peso dos animais

Supondo-se o ganho de peso diário por animal de 1,3 kg, têm-se:

1,3 kg × 30 dias × 200 cabeças = 260 arrobas
Preço de mercado da arroba do boi: R$ 23,00
Variação do estoque: R$ 23,00 × 260 = 5.980

Lançamento Contábil – 24

D – Estoque – Bois de engorda	5.980
C – Estoque – Silagem	4.800
C – Estoque – Concentrado	3.488
C – Estoque – Sal mineral	352
D – Resultado (área de produção)	2.660

1º-6-X1 – Demais custos de produção

Custos indiretos de produção:	R$ 2.000,00
Despesas administrativas:	R$ 2.000,00

Lançamento Contábil – 25

D – Resultado (área de produção) 2.000
D – Despesas administrativas (empresa). 2.000
C – Caixa. 4.000

d. **1º-6-X1 – Venda de esterco orgânico a vista**

Considerando inalteração no preço e na quantidade comercializada, tem-se: 168.000 kg × R$ 0,03 = R$ 5.040

Lançamento Contábil – 26

D – Caixa 5.040
C – Resultado (área de produção) 5.040

Demonstração do resultado – Área de produção

(+) Receita pelo ganho de peso dos animais 5.980
(+) Receita pela venda de esterco orgânico 5.040
(–) Consumo de ração . . . . (8.640)
(=) Margem de contribuição operacional 2.380
(–) Custos indiretos de produção. . . . . (2.000)
(=) Margem de contribuição da produção 380

Balanço patrimonial em 1º-6-X1 (final)			
Ativo		**Passivo**	
Ativo corrente	**340.268**	**Exigibilidades correntes**	**30.011**
Caixa	259.868	Contas a pagar	30.912
Estoque – Bois de engorda	71.760	J. diferidos s. contas a pagar	(901)
Estoque – Silagem	4.800		
Estoque – Concentrado	3.488		
Estoque – Sal mineral	352		
Ativo fixo	**907.303**	**Patrimônio líquido**	**1.217.560**
Terra	740.220		
Pastagens	213.037	Capital	1.150.000
Prov. p/manut. das pastagens	(62.041)	Remun. Capital investido	71.321
Instalações	18.820	Resultado	(3.761)
Prov. p/manut. das instalações	(2.733)		
Total do ativo	**1.247.571**	**Total do passivo**	**1.247.571**

Resultado da empresa Geconboi S.A. de 1º-4-X1 a 1º-6-X1: Margem de contribuição

Evento	Produção	Finanças	Compras	Empresa	Total da empresa
Compra de instalações	1.162	0	0	0	1.162
Compra de terra e pastagens	9.106	0	0	0	9.106
Compra de bois de engorda	0	0	2.000	0	2.000
Compra de ração	0	0	–2.369	0	–2.369
Estocagem de bois de engorda	4.414	0	0	0	4.414
Estocagem de ração	–2.160	0	0	0	–2.160
Imobilização do ativo terra	–27.551	0	0	0	–27.551
Realização juros do ativo fixo	–19.900	0	0	0	–19.900
Juros diferidos s/ contas a pagar	0	0	0	0	0
Eventos tempo-conjunturais	0	35.537	0	0	35.537
Produção	0	0	0	0	0
Despesas administrativas	0	0	0	–4.000	–4.000
Total por área	–34.929	35.537	–369	–4.000	-3.761

17.8.4 *Eventos do período de 1º-6-X1 a 1º-7-X1*

a. 1º-6-X1 a 1º-7-X1 – Eventos tempo-conjunturais

Balanços patrimoniais					
Ativo	**1º-6-X1**	**1º-7-X1**	**Passivo**	**1º-6-X1**	**1º-7-X1**
Ativo corrente	**340.268**	**312.476**	**Exigibilidades Correntes**	**30.011**	**0**
Caixa	259.868	228.956	Contas a Pagar	30.912	0
Estoque – Bois de engorda	71.760	74.880	J. dif. s. Contas a Pagar	(901)	0
Estoque – Silagem	4.800	4.800			
Estoque – Concentrado	3.488	3.488			
Estoque – Sal mineral	352	352			
Ativo fixo	**907.303**	**944.964**	**Patrimônio líquido**	**1.217.560**	**1.257.440**
Terra	740.220	778.180			
Pastagens	213.037	212.369	Capital	1.150.000	1.150.000
Prov. p/Manut. das Pastagens	(62.041)	(61.632)	Remun. Capital Investido	71.321	107.848
Instalações	18.820	18.762	Resultado	(3.761)	(408)
Prov. p/Manut. das instalações	(2.733)	(2.715)			
Total do Ativo	**1.247.571**	**1.257.440**	**Total do passivo**	**1.247.571**	**1.257.440**

1. **Estoque - Bois de engorda**

   Preço de mercado a vista em 1º-7-X1 da arroba do boi:

   R$ 24,00 × 3.120 arrobas = 74.880 – 71.760 = 3.120

Lançamento Contábil - 27

D – Estoque – Bois de engorda	3.120
C – Resultado (área de Produção)	3.120

Custo financeiro da estocagem: 71.760 × $[(1{,}05)^1 - 1]$ = 3.588

Demonstração do resultado - Área de produção

Ganho de estocagem	3.120
Custo financeiro da estocagem	(3.588)
Margem de contribuição da estocagem	(468)

2. **Estoques de silagem, concentrado e sal mineral**

   Preço de mercado a vista em 1º-7-X1: sem alteração

   Custo financeiro da estocagem: 8.640 × $[(1{,}05)^1 - 1]$ = 432

Demonstração do resultado - Área de produção

Ganho de estocagem	0
Custo financeiro da estocagem	(432)
Margem de contribuição da estocagem	(432)

3. **Ativo fixo**

   Terra

   Preço de mercado a vista do hectare em 1º-7-X1: R$ 820,00
   Ajuste: 820 × 949 ha = 778.180
   Variação: 788.180 – 740.220 = 37.960

Lançamento Contábil - 28

D – Imobilizado – Terra	37.960
C – Resultado (área de produção)	37.960

Custo financeiro do imobilizado – Terra: 740.220 × $[(1{,}05)^1 - 1]$ = 37.011

Demonstração do resultado - Área de produção

Ganho da imobilização – Terra	37.960
Custo financeiro da imobilização – Terra	(37.011)
Margem de contribuição da imobilização – Terra	(949)

Pastagens e instalações

Lançamento Contábil – 29

D – Provisão para manutenção das pastagens 408
C – Imobilizado – Pastagens 668
D – Resultado (área de produção) 260

Lançamento Contábil – 30

D – Provisão para manutenção das instalações 18
C – Imobilizado – Instalações 58
D – Resultado (área de produção) 40

Juros realizados

Pastagens: 213.037 – 62.041 = 150.996 (1º-6-X1)
212.369 – 61.632 = 150.737 (1º-7-X1)
150.737 + 11.320 – 2.270 – 150.996 = 8.791

Instalações: 18.819 – 2.733 = 16.086 (1º-6-X1)
18.761 – 2.715 = 16.046 (1º-7-X1)
16.046 + 1.000 – 100 – 16.086 = 860

Custo financeiro das pastagens: 213.037 × $[(1,05)^1 - 1]$ = 10.652

Receita financeira da provisão para manutenção das pastagens:
62.041 × $[(1,03)^1 - 1]$ = 1.861

Custo financeiro das instalações: 18.820 × $[(1,05)^1 - 1]$ = 941

Receita financeira da provisão para manutenção das instalações:
2.733 × $[(1,03)^1 - 1]$ = 81

Demonstração do resultado – Área de produção

Realização de juros	9.651
Pastagens	8.791
Instalações	860
Perda de potencial de benefícios futuros	(9.950)
Custo financeiro líquido	(9.651)
Pastagens	8.791
Instalações	860
Margem de contribuição realização do ativo fixo	(9.950)

4. **Contas a pagar**

Pagamento do fornecedor:

Lançamento Contábil – 31

C – Contas a pagar 30.912
D – Resultado (área de produção) 30.912

Apropriação dos juros diferidos sobre contas a pagar:

Lançamento Contábil – 32

D – Juros Diferidos sobre contas a pagar 901
C – Resultado (área de compras) 901

Custo financeiro sobre contas a pagar: $30.011 \times [(1{,}03)^1 - 1] = 901$

Demonstração do resultado – Área de compras

Receita operacional 901
Custo operacional . . . . (901)
Margem de contribuição operacional. 0

5. **Remuneração do capital investido**

$1.217.560 \times [(1{,}03)^1 - 1] = 36.527$

Lançamento Contábil – 33

C – Remuneração capital investido. 36.527
D – Resultado (área de Finanças) 36.527

Demonstração do resultado – Área de finanças

Receitas

Receita financeira sobre Estoques	4.020	
Receita financeira sobre Ativo Fixo – Terra . .	37.011	
Receita financeira sobre Ativo Fixo – Pastagens.	8.791	
Receita financeira sobre Ativo Fixo – Instalações	860	50.682

Custos

Custo financeiro sobre contas a pagar.	(901)	
Remuneração do capital investido	(36.527)	(37.428)
Margem de contribuição da área financeira		13.254

b. **1º-7-X1 – Eventos da produção**

1º-7-X1 – Consumo de rações

Supondo-se inalteração nos valores de mercado a vista e o consumo pelos animais da quantidade planejada para o período, têm-se os mesmos cálculos de 1º-6-X1.

1º-7-X1 – Ganho de peso dos animais

O ganho de peso dos animais neste período correspondeu a 1,4 kg por animal/dia.

Preço da arroba do boi a vista em 1º-7-X1: R$ 24,00
1,4 kg × 30 dias × 200 cabeças = 8.400 kg = 280 arrobas
R$ 24,00 × 280 = R$ 6.720,00

Lançamento Contábil – 34

D – Estoque – Bois de engorda	6.720
C – Estoque – Silagem	4.800
C – Estoque – Concentrado	3.488
C – Estoque – Sal mineral	352
D – Resultado (área de produção)	1.920

1º-7-X1 – Demais custos de produção

Custos indiretos de produção: R$ 2.000,00
Despesas administrativas: R$ 2.000,00

Lançamento Contábil – 35

D – Resultado (área de produção)	2.000
C – Caixa	2.000
D – Despesas administrativas (empresa)	2.000
C – Caixa	2.000

c) **1º-7-X1 – Venda de esterco orgânico a vista**

Preço de mercado a vista: R$ 0,04
Quantidade vendida: 170.000 kg
Valor da venda: R$ 6.800,00

Lançamento Contábil – 36

D – Caixa	6.800
C – Resultado (área de produção)	6.800

Demonstração do resultado – Área de produção

(+) Receita pelo ganho de peso dos animais 6.720
(+) Receita pela venda de esterco orgânico 6.800
(–) Consumo de ração . . . . (8.640)
(=) Margem de contribuição operacional 4.880
(–) Custos indiretos de produção . . . . (2.000)
(=) Margem de contribuição da produção 2.880

d. **1º-7-X1 – Morte de animais**

A morte de dois bois de 17 arrobas cada um gera um resultado negativo para a área de produção, pois se está admitindo que tais mortes deveram-se à ineficiência no manejo dos animais e que, portanto, poderiam ser evitadas. A baixa do estoque se faz pelos valores de mercado a vista na data das mortes.

R$ 24,00 × 17 arrobas × 2 cabeças = 816

Lançamento Contábil – 37

D – Resultado 816
C – Estoque – Bois de engorda 816

Demonstração do resultado – Área de produção

Custo das mortes . . . . (816)
Margem de contribuição (mortes) . . . . (816)

e. **1º-7-X1 – Transferência de animais terminados para a área de vendas**

A partir da caracterização das áreas da empresa como se fossem mini-empresas, as transferências de produtos entre elas devem ser efetuadas por um preço de transferência interno. No exemplo apresentado elegeu-se o custo de reposição a vista, deduzido o serviço de venda da área de vendas, como o melhor conceito, visando impedir transferência de ineficiências entre áreas e contemplar a real contribuição da área "vendedora" para a empresa. Como o estoque de bois de engorda já se encontra atualizado até a data da venda, a transferência não gera resultado para a área de produção, como se verifica a seguir:

Lançamento Contábil – 38

D – Estoque – Bois para venda 80.784
C – Estoque – Bois de engorda 80.784

Demonstração do resultado – Área de produção

Receita da transferência	80.784
Custo da transferência	(80.784)
Margem de contribuição da transferência	0

f. **1º-7-X1 – Vendas de animais terminados**

Preço da venda por arroba: R$ 24,50
Valor total da venda: 24,50 × 17 arrobas × 198 cabeças = 82.467
Condições de recebimento: a vista

Lançamento Contábil – 39

D – Caixa	82.467
C – Estoque – Bois para venda	(80.784)
C – Resultado (área de vendas)	1.683

Demonstração do resultado – Área de vendas

Receita da venda	82.467
Custo da venda	(80.784)
Margem de contribuição da venda	1.683

g. **1º-7-X1 – Aquisição de matrizes**

A empresa Geconboi S.A. adquiriu nesta data 1.000 novilhas que serão utilizadas para compor o plantel de matrizes, no sentido de atender ao objetivo da empresa de investir também na cria e recria a partir do seu próprio plantel. Tais novilhas, mesmo sem ter tido crias, supostamente têm características físicas e genéticas que atestam suas capacidades reprodutivas.

Pelo tipo e raça dos animais, técnica e economicamente se trabalhou com a hipótese de seis crias por animal (uma a cada ano), sendo que ao final deste período as matrizes serão descartadas. Os custos de manutenção das matrizes referem-se àqueles incorridos para manter a "máquina" funcionando, tais como alimentação e tratamento veterinário. Muitos destes custos dizem respeito tanto à manutenção da matriz quanto à formação dos bezerros, sendo praticamente impossível sua separação. No entanto, a empresa incorrerá também em custos específicos do bezerro em formação como os referentes à inseminação da matriz. Os dados referentes à compra são:

Preço a vista por cabeça:	R$ 270,00
Preço de mercado a vista:	R$ 270,00
Condições de pagamento:	a vista
Taxa de captação prevista:	5%
Taxa de aplicação prevista:	3%

O plano de imobilização baseia-se no fluxo de benefícios futuros líquidos esperado dos animais adquiridos, que, neste caso, refere-se aos bezerros produzidos, expressos em termos da receita de oportunidade gerada pela compra. A área encarregada de tal compra é a área de produção.

Plano de imobilização das matrizes em 1º-7-X1

Data	Bezerro produzido ($)	Total de bezerros ($)	Vr. presente bezerros	Manutenção matrizes ($)	Vr. presente manutenção
1º-7-X2	120	120.000	114.286	30.000	29.126
1º-7-X3	120	120.000	108.843	30.000	28.278
1º-7-X4	120	120.000	103.660	30.000	27.454
1º-7-X5	130	130.000	106.951	30.000	26.655
1º-7-X6	130	130.000	101.858	35.000	30.191
1º-7-X7	130	130.000	97.008	40.000	33.499
Subtotal	–	–	632.606	–	175.203
Vr. residual	240	240.000	179.092	–	–
Total	–	–	**811.698**	–	**175.203**

Lançamento Contábil – 40

D – Imobilizado – Matrizes 811.698
C – Provisão para manutenção – Matrizes 175.203
C – Caixa 270.000
C – Resultado (área de Produção) 366.495

Demonstração do resultado – Área de produção

Receita da compra de matrizes 811.698
Custo da compra de matrizes
Aquisição 270.000
Provisão para manutenção das matrizes . . . 175.203. . . (445.203)
Margem de contribuição da compra 366.495

Balanço patrimonial em 1º-7-X1 (Final)			
Ativo		**Passivo**	
Ativo Corrente	**44.223**		
Caixa	44.223		
Ativo fixo	**1.581.459**		
Terra	778.180		
Pastagens	212.369		
Prov. p/Manutenção das Pastagens	(61.632)		
Instalações	18.762	**Patrimônio Líquido**	**1.625.682**
Prov. p/Manutenção das Instalações	(2.715)	Capital	1.150.000
Matrizes	811.698	Remuneração do Capital Investido	107.848
Prov. p/Manutenção das Matrizes	(175.203)	Resultado	367.834
Total do Ativo	**1.625.682**	**Total do Passivo**	**1.625.682**

Resultado Acumulado por Área até 1º-7-X1

Área de produção

Receita pelo ganho de peso dos animais	18.420	
Receita pela venda de esterco orgânico	16.880	
Consumo de ração	(25.920)	
Margem de contribuição operacional		9.380
Receita das compras	1.740.868	
Custo das compras	(1.364.105)	
Margem de contribuição das compras		376.763
Ganho de estocagem	13.180	
Custo financeiro de estocagem	(11.826)	
Margem de contribuição de estocagem		1.354
Ganho da imobilização – Terra		82.218
Custo financeiro da imobilização – Terra	(108.820)	
Margem de contribuição da imobilização – Terra		(26.602)
Realização de juros s/pastagens e instalações	29.016	
Perda de potencial de benefícios futuros	(29.850)	
Custo financeiro líquido	(29.016)	
Margem de contribuição das pastagens e instalações		(29.850)
Morte de animais		(816)
Margem de contribuição da produção		330.229
Custos indiretos de produção		(6.500)
Resultado da área		323.729

Área de vendas

Receita operacional 82.467
Custo operacional . . . . (80.784)
Margem operacional 1.683

Área de finanças

Receitas

Receita financeira sobre Aplicações 9.600
Receita financeira sobre Estoques 11.826
Receita financeira s/Ativo Fixo – Terra 108.820
Receita financeira s/Ativo Fixo – Pastagens 26.431
Receita financeira s/Ativo Fixo – Instalações. . . . . 2.585. . . .159.262

Custos

Custo financeiro sobre contas a pagar . . . . . (2.623)
Remuneração do capital investido . . . . . . (107.848) . . . 110.471
Margem de contribuição da área financeira 48.791

A demonstração do resultado acumulado das áreas de compras e de vendas mantém-se como apresentada anteriormente.

Resultado da empresa Geconboi de 1º-4-X1 a 1º-7-X1: Margem de contribuição

Evento	Produção	Finanças	Compras	Vendas	Empresa	Total da empresa
Compra de instalações	1.162	0	0	0	0	1.162
Compra de terra e pastagens	9.106	0	0	0	0	9.106
Compra de bois de engorda	0	0	2.000	0	0	2.000
Compra de ração	0	0	–2.369	0	0	–2.369
Estocagem de bois de engorda	3.946	0	0	0	0	3.946
Estocagem de ração	–2.592	0	0	0	0	–2.592
Imobilização do ativo terra	–26.602	0	0	0	0	–26.602
Realização juros do ativo fixo	–29.850	0	0	0	0	–29.850
Juros diferidos s/ contas a pagar	0	0	0	0	0	0
Eventos tempo-conjunturais	0	48.791	0	0	0	48.791
Produção	2.880	0	0	0	0	2.880
Despesas administrativas	0	0	0	–6.000	–6.000	–6.000
Morte de animais	–816	0	0	0	0	–816
Venda de animais terminados	0	0	0	1.683	0	1.683
Aquisição de matrizes	366.495	0	0	0	0	366.495
Total por área	**323.729**	**48.791**	**–369**	**1.683**	**–6.000**	**367.834**

17.8.5 *Análise final dos resultados*

De forma resumida, podemos fazer as seguintes considerações sobre o desempenho econômico da empresa Geconboi S.A. no período de 1º-4-X1 a 1º-7-X1:

a. *A área de produção teve seu resultado econômico influenciado fortemente por um ativo fixo constituído de 945 ha de pastagens e 4 ha para confinamento, ainda inexplorados, resultando em altos custos financeiros sem a correspondente receita. Observa-se que após aquisição de novilhas para compor seu plantel de matrizes, o desempenho da área apresenta-se positivo.*

b. *A área de produção incorreu em altos custos com ração, podendo repensar na possibilidade de continuar adquirindo concentrados e silagem diante da opção de produzi-los internamente por meio do plantio.*

c. *A área de finanças poderia ter um desempenho melhor se buscasse manter aplicados os recursos disponíveis no caixa. Seu resultado foi formado, basicamente, pela receita financeira com os ativos fixos disponibilizados à área de produção, estando incorrendo em altos custos financeiros pelo capital dos acionistas que administra.*

d. *A área de compras que manteve um resultado econômico negativo de R$ 369 ao longo dos três períodos, se analisasse as alternativas à luz do resultado econômico das opções de compra a prazo e a vista, teria apresentado um resultado melhor. Só para se ter uma idéia, se o gestor tivesse decidido por comprar a silagem a vista, mantendo as compras de bois para engorda e a compra de sal mineral sob as mesmas condições, a área apresentaria um resultado econômico positivo de R$ 7.602.*

e. *A área de vendas, provavelmente, apresentaria um resultado maior se negociasse melhor com a área de produção, já que seu esforço de vendas está sendo remunerado à taxa de apenas 2,08%.*

Deteve-se, neste exemplo, na caracterização de alguns dos principais eventos que ocorrem na empresa pecuária, de forma simplificada e restrita a poucos períodos, visando torná-lo didático. Contudo, buscou-se refletir os principais conceitos que fundamentam a gestão econômica. A avaliação dos resultados apresentada por meio dos comentários, ao final de cada período, objetivou elucidar a formação dos resultados demonstrados, esclarecendo-se que a avaliação do desempenho efetiva dos gestores só seria possível mediante a confrontação com os planos globais da empresa, desde que tais planos sejam desenvolvidos sob a mesma base conceitual. Vale ressaltar que, no modelo contábil apresentado, assumiu-se como pressuposto uma moeda de valor constante. Entretanto, quando não existir essa condição, os conceitos de Correção Monetária Integral devem ser considerados.

17.9 CONCLUSÕES

A visão da atividade pecuária, apenas como fonte de renda alternativa, começa a mudar quando a terra passa a se tornar fator escasso e as pastagens se degradam, despertando os proprietários rurais para o fato de que os recursos terra e pastagens não são fatores inesgotáveis: sem recuperação de seus nutrientes, sem sistemas de rodízio de culturas, sem descanso e tratamento das pastagens como cultura, enfim, sem planejamento, o fator terra torna-se limitado.

Por outro lado, o aumento do consumo em nível mundial, a exigência dos consumidores por qualidade e, por conseguinte, a necessidade de aumento da produção diária de leite e a premência na redução do período de engorda dos animais pedem maiores investimentos no manejo, nos cuidados veterinários, na alimentação e na reprodução do animal, e, principalmente, em formas mais efetivas e eficazes de gestão.

Nesse ambiente, o dono do negócio percebe que sozinho não poderá estar em todas as partes e no momento certo em que as decisões são exigidas. Assim, ele passa a descentralizar sua autoridade, exigindo a responsabilidade pelo cumprimento dos objetivos da empresa. Configurou-se, portanto, como objetivo deste trabalho, a proposição de um modelo que pudesse atender às necessidades de gestão das empresas que se dedicam à atividade de bovinocultura.

O papel da contabilidade, desta forma, assume especial relevância como instrumento de informação e de mensuração que possa suportar o processo decisório dos gestores, de forma a refletir com fidedignidade o processo físico-operacional da empresa e a real parcela de lucro gerado por suas decisões.

O sistema de gestão econômica operacionaliza-se por um processo de gestão que contempla as fases de planejamento estratégico, planejamento operacional, programação, execução e controle, no qual todos os gestores devem se envolver no sentido de comprometer-se com os planos aprovados. Por outro lado, o princípio de controlabilidade deve sustentar os processos de avaliação de resultado e de avaliação de desempenho, para que os gestores sejam realmente cobrados pelas decisões que tomaram.

Uma preocupação básica do sistema é espelhar em termos econômico-financeiros o que ocorre em nível das atividades operacionais da empresa.

Neste sentido, buscou-se a identificação do resultado da empresa pecuária por meio da caracterização das áreas de responsabilidade e, dentro destas, das atividades e dos eventos, partindo-se do estabelecimento dos ciclos econômicos do sistema pecuário.

Pelo exposto supra, conclui-se pela pertinência na aplicação do modelo de gestão econômica também às empresas pecuárias, confirmando a hipótese de que tal modelo é adequado à realidade operacional da atividade de bovinocultura. Espera-se que este trabalho possa oferecer uma pequena contribuição aos estudos destinados aos sistemas gerenciais da empresa pecuária, ao contemplar os aspectos relacionados ao seu modelo de gestão, ao seu processo de avaliação de desempenho e à definição de sistemas de informações mais coerentes com o processo decisório dos gestores destas empresas.

REFERÊNCIAS BIBLIOGRÁFICAS

BALDE BRANCO. *Open Free Stall*: confinamento para quem quer investir pouco. p. 26-28, dez. 1992.

BERTALANFFY, Ludwig von. *Teoria geral dos sistemas*. Petrópolis, Rio de Janeiro : Vozes, 1975.

BIO, Sérgio Rodrigues. *Sistemas de informação*: um enfoque gerencial. São Paulo : Atlas, 1985.

CATELLI, Armando. *Sistema de contabilidade de custos estândar*. Tese (Doutorado) – Faculdade de Economia, Administração e Contabilidade (FEA/USP). São Paulo : USP, 1972.

_____. GECON – Sistema de informação de gestão econômica: uma proposta para mensuração contábil do resultado das atividades empresariais. *Boletin Interamericano da Asociación Interamericana de Contabilidad*, nov. 1992.

_____. Mensuração de atividades: comparando "ABC" × "GECON". *Caderno de Estudos* – Fipecafi/FEA-USP, nº 8, abr. 1993.

_____. GECON – Gestão Econômica: administração por resultados econômicos para otimização da eficácia empresarial. *Anais do XVII Congresso Argentino de Profesores Universitarios de Costos* – Ias. Jornadas Iberoamericanas de Costos y Contabilidad de Gestión, Argentina, out. 1994a.

_____. Uma análise crítica do sistema 'ABC' – Activity Based Costing. *Anais do XVII Jornada de Contabilidade, Economia e Administração do Cone Sul*, Santos, out. 1994b.

_____. GECON – Sistema de gestão econômica. *Apostila do Seminário Gestão Econômica de Empresas – GECON*, set. 1994c.

CHURCHMAN C. West. *Introdução à teoria dos sistemas*. 2. ed. Rio de Janeiro : Vozes, 1972.

FERREIRA, Normano F. Maximizando o lucro no confinamento de bovinos de corte. *Preços Agrícolas*, nº 90, p. 4-9, Piracicaba, abr. 1994.

FIGUEIREDO, Sandra, CAGGIANO, Paulo Cesar. *Controladoria*: teoria e prática. São Paulo : Atlas, 1992.

GLAUTIER, M. W. E., UNDERDOWN, B. *Accounting theory and practice*. 3. ed. London : Pitman Publishing Limited, 1986.

GOMES, Aloísio T., CASTRO, Flávio G., ASSIS, Ardem G. Produção de leite: uma análise técnico-econômica. *Balde Branco*, p. 23-27, fev. 1987.

GRAY, Jack, JOHNSTON, Kenneth S. *Contabilidade e administração*. São Paulo : McGraw-Hill do Brasil, 1977.

GUERREIRO, Reinaldo. *Modelo conceitual de sistema de informação de gestão econômica*: uma contribuição à teoria da comunicação da contabilidade. Tese – Faculdade de Economia, Administração e Contabilidade (FEA/USP). São Paulo : USP, 1989.

______. Mensuração do resultado econômico. *Caderno de Estudo da Fipecafi – FEA/USP*, nº 3, set. 1991.

______. Um modelo de sistema de informação contábil para mensuração do desempenho econômico das atividades empresariais. *Anais da XIX Conferência Interamericana de Contabilidade*, Buenos Aires, out. 1991.

JARDIM, Valter Ramos. *Curso de bovinocultura*. 4. ed. Campinas : Instituto Campineiro de Ensino Agrícola, 1973.

JOSÉ, Moacyr S. Planejamento e produtividade. *Balde Branco*, p. 14-18, abr. 1989.

LEMES, Sirlei. *Aspectos da gestão econômica na atividade de bovinocultura*. Dissertação – Faculdade de Economia, Administração e Contabilidade (FEA/ USP). São Paulo : USP, 1996.

MARION, José Carlos. *Contabilidade da pecuária*: manejo, custo do gado, teoria contábil na pecuária, custo e coleta de dados, contabilidade, imposto de renda na agropecuária, pessoa física e jurídica. 4. ed. São Paulo : Atlas, 1990.

______. *Contabilidade rural*: contabilidade agrícola, contabilidade da pecuária, imposto de renda pessoa jurídica. 4. ed. São Paulo : Atlas, 1994.

MAURO, Carlos Alberto. *Preço de transferência baseada no custo de oportunidade*: um instrumento para promoção da eficácia empresarial. Dissertação – Faculdade de Economia, Administração e Contabilidade (FEA/USP). São Paulo : USP, 1991.

MOSIMANN, Clara Pellegrinello et al. *Controladoria*: seu papel na administração de empresas. Florianópolis : UFSC-ESAG, 1993.

NAKAGAWA, Masayuki. *Introdução à controladoria*: conceitos, sistemas, implementação. São Paulo : Atlas, 1993.

OLIVEIRA, Benedito Silva. *Aplicação dos conceitos de gestão econômica aos eventos econômicos de um banco comercial.* Dissertação – Faculdade de Economia, Administração e Contabilidade (FEA/USP). São Paulo : USP, 1994.

OLIVEIRA, Djalma de Pinho Rebouças de. *Planejamento estratégico*: conceitos, metodologia e práticas. 8. ed. São Paulo : Atlas, 1994.

PEREIRA, Carlos Alberto. *Estudo de um modelo conceitual de avaliação de desempenho para gestão econômica.* Dissertação – Faculdade de Economia, Administração e Contabilidade (FEA/USP). São Paulo : USP, 1993.

PREÇOS AGRÍCOLAS. *A pecuária bovina brasileira na berlinda.* n. 81, p. 2-3, Piracicaba, jul. 1993.

RECH, Arthur. *Contabilidade agrícola e pastoril*: sintética, analítica e de custos. Porto Alegre : Livraria Sulina, 1953.

SANTOS, Gilberto José dos, MARION, José Carlos. *Administração de custos na agropecuária.* São Paulo : Atlas, 1993.

SOCIEDADE BRASILEIRA DE ZOOTECNIA. *Bovinocultura de corte.* Piracicaba : FEALQ, 1990.

_____. *Bovinocultura leiteira.* Piracicaba : FEALQ, 1990.

_____. *Pastagens.* Piracicaba : FEALQ, 1990.

SOUZA, Ricardo de et al. *A administração da fazenda.* São Paulo : Globo, 1990.

UNGER, Thomas Alfred. *Princípios de gestão econômica da empresa.* São Paulo : McGraw-Hill do Brasil, 1976.

WELSCH, Glenn Albert. *Orçamento empresarial.* 4. ed. São Paulo : Atlas, 1989.

18 Contrato de Gestão: uma Solução para as Estatais Brasileiras

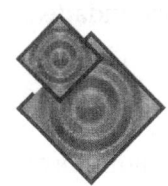

Iran Siqueira Lima
Carlos Alberto Pereira
Claudio Parisi
Antonio Benedito Silva Oliveira

18.1 INTRODUÇÃO

Na tentativa de controlar o desempenho das empresas estatais, o governo acaba, em alguns casos, tirando-lhes a flexibilidade e a autonomia de seus administradores, por meio da imposição de metas físicas e de gastos, a ponto de comprometer sua capacidade de adaptação às várias transformações econômicas, sociais e políticas que caracterizam a realidade contemporânea.

Ao governo interessa instrumentos que garantam que os desempenhos dessas empresas ocorram na direção por ele desejada, tendo por escopo a necessidade de otimização do benefício social gerado pelos recursos públicos investidos nessas empresas.

Numa visão econômica, sob a ótica do acionista, uma decisão de investimento (investir, ampliar, reduzir, continuar ou descontinuar um empreendimento) deve considerar o fluxo de benefícios futuros líquido do ativo em questão.

Dentre as alternativas econômicas a serem examinadas para a tomada de decisão quanto ao futuro de uma estatal, algumas pressupõem sua *continuidade* sob controle governamental, viabilizada por:

a. aporte de capital, quando necessário;
b. intervenção das autoridades governamentais, sob a forma de RAET – Regime de Administração Especial Temporária, no caso de instituições financeiras sob controle acionário de governos estaduais;
c. privatização de sua gestão, como uma preparação para futura privatização da empresa; e
d. redução da empresa, com privatização parcial.

Por outro lado, a descontinuidade da empresa, que se materializaria pela adoção do regime de liquidação ordinária, também deve ser considerada na análise de viabilidade econômica.

Sob a hipótese de *continuidade*, e independentemente da escolha da melhor alternativa econômica, o contrato de gestão consiste numa opção quanto à forma de relacionamento entre o governo (principal acionista) e a empresa estatal. Como uma alternativa de relacionamento entre controladores e gestores da empresa, o contrato de gestão pode coexistir com qualquer das decisões de continuidade da empresa.

Operacionalmente, a viabilização dessa alternativa depende de elaboração pelo governo de legislação específica, a ser submetida ao Poder Legislativo, contendo a especificação de todos os compromissos assumidos tanto pela administração, quanto pelo governo e demais órgãos regulamentadores e fiscalizadores envolvidos, tendo sempre como objetivo final a manutenção ou melhoria da satisfação dos usuários de bens e serviços disponibilizados por essas entidades estatais.

18.2 CONTRATO DE GESTÃO: CONCEITO, CARACTERIZAÇÃO E ANÁLISE

18.2.1 *Conceito*

É uma forma de relacionamento entre o controlador (governo, acionista, investidor) de uma empresa e sua administração, expressa por meio de contrato formal que especifica direitos, obrigações, compromissos e responsabilidades das partes envolvidas, fixando objetivos, metas e indicadores de desempenho para um determinado período, bem como as respectivas conseqüências em termos de cumprimento/descumprimento das condições previstas.

Quadro 18.1 *Componentes do contrato de gestão.*

Componentes	**Definição**
Propósito	Síntese de compromissos, obrigações e deveres contratados. Identificação dos responsáveis, credenciados ou representantes das entidades envolvidas. Evidenciação dos interesses (institucionais, políticos, sociais, econômicos) do Estado. Especificação das atividades que serão geridas.
Diretrizes Operacionais	Especificação de diretrizes, propósitos, posturas administrativas, em termos de: Relacionamentos Planejamento Eficiência e produtividade Administração geral

Componentes	Definição
Resultados Desejados e Prazos (Metas)	Resultados financeiros/período. Aspectos de mensuração. Resultados não-financeiros/período: Imagem Formação e treinamento funcional. Padrões de qualidade.
Estrutura organizacional	Definição das relações hierárquicas entre entidades, administradores e seus colaboradores (organogramas). Definição de responsabilidades, remuneração etc.
Sistema de articulação	Especificação dos recursos (tecnológicos, financeiros, institucionais etc.) necessários para a consecução dos objetivos, bem como dos responsáveis pelo seu fornecimento.
Sistema de avaliação	Forma de acompanhamento e julgamento dos resultados do administrador e da entidade. Desenvolvimento de sistemas de apuração de custos e de resultados, sistemas de informações gerenciais, orçamentos. Modelo de avaliação de desempenho. Indicadores de desempenho. Periodicidade de avaliação
Sistema de conseqüências	Definição das recompensas e punições a serem aplicadas conforme a avaliação de desempenho.
Orçamento	• Expressão física e econômica dos planos aprovados. • Mensuração dos resultados desejados. • Base para a avaliação de desempenhos. • Metas e respectivos prazos
Fatores críticos e de sucesso	• Destaque dos principais problemas e pontos-chave para o sucesso do empreendimento.

18.2.2 *Administração pública*

A administração do Estado, particularmente no Brasil, envolve a participação de representantes da comunidade, de um administrador-chefe (presidente da República, governador de Estado ou prefeito municipal) e de outros administradores públicos em geral.

A atuação desses agentes deve efetivar, de forma integrada, os propósitos da sociedade.

Nesse sentido, ao administrador-chefe cabe o papel de coordenar os esforços dessas entidades e gerir o patrimônio público, de forma a promover o bem-estar social.

A satisfação da sociedade constitui, portanto, o fundamento de sustentação do Estado.

O administrador-chefe deve coordenar a atuação dos demais administradores, alocando recursos às diversas atividades que eles gerenciam, conforme prioridades expressas por meio de planos de ação, voltados ao alcance dos resultados desejados num determinado período.

Esses recursos são fornecidos, direta ou indiretamente, pela sociedade, no pressuposto de que lhe sejam revertidos na forma de benefícios.

Desse modo, ao governo, na figura de seus administradores, cabe a responsabilidade pelos resultados de sua atuação, bem como das entidades e dos recursos (humanos, materiais, tecnológicos etc.) que estão sob seu controle.

Tendo em vista que esses recursos são escassos, devem ser utilizados de forma eficiente e eficaz, visando otimizar os resultados decorrentes de sua utilização.

Enquanto a eficiência se relaciona ao consumo dos recursos, a eficácia do Estado se caracteriza pelo cumprimento de sua missão de promover o bem-estar social, que se materializa pelo alcance dos resultados objetivados.

Desse modo, entende-se que o administrador público estaria atuando em busca da convergência de interesses entre o governo, a entidade que administra e a sociedade, na geração de benefícios que atendam necessidades sociais.

Nesse contexto, o contrato de gestão surge como um instrumento para a implementação de ações orientadas ao cumprimento dos planos estabelecidos, os quais devem expressar, essencialmente, os interesses da sociedade.

18.2.3 *Contrato de gestão na administração pública*

Na administração pública, o contrato de gestão representa uma forma de relacionamento entre o Estado e as entidades estatais, devendo expressar, na sua essência, os interesses da sociedade.

Sob um formato jurídico, expressa um acordo firmado entre o governo e uma empresa Estatal, visando ao alcance de determinados objetivos, num determinado período.

Nesse sentido, são negociados e estabelecidos objetivos, metas e regras de relacionamento entre as partes.

Em contrapartida a uma maior autonomia administrativa, operacional e financeira, concedida pelo governo às empresas estatais, estas assumem explicitamente o compromisso de cumprir determinados objetivos e metas ao longo da vigência do contrato de gestão.

Cria-se, dessa forma, novos mecanismos de acompanhamento, avaliação e controle do desempenho das empresas estatais.

Dependendo do modelo adotado, o contrato de gestão pode evidenciar a contribuição dessas empresas para o atendimento dos interesses do governo e da sociedade.

Além de auxiliar na definição de intenções e obrigações recíprocas entre o Estado e as empresas estatais, o contrato de gestão imprime também uma maior transparência tanto das ações do governo quanto de suas empresas, caracterizando-se como um instrumento de comunicação com a sociedade.

Constitui, ainda, um mecanismo de consolidação e validação das decisões públicas, tanto em nível nacional como nas diversas comunidades e entidades instituídas no país.

Considerando as condições ambientais e de incerteza típicas de qualquer processo decisório, o contrato de gestão deve permitir a flexibilidade necessária à adaptação da empresa a um ambiente essencialmente dinâmico, permitindo ajustes conforme os novos fatos e necessidades identificadas.

Dessa forma, o governo pode manter os programas de atuação de suas empresas continuamente integrados aos seus planos de ação, nas diversas áreas sob sua responsabilidade.

18.2.4 *Contratos de gestão conjunta*

Além dos contratos de gestão firmados entre o governo e uma determinada empresa e/ou administrador público, existem os contratos de gestão conjunta, firmados entre o governo e um grupo de entidades públicas, em busca de um objetivo comum.

Nesse caso, é fundamental a clara definição das competências e responsabilidades de cada entidade, bem como a contribuição de cada uma no processo de obtenção dos resultados desejados.

O contrato de gestão conjunta pode surgir em decorrência da necessidade de articulação entre diversas entidades para alcançar um determinado propósito.

Cabe ressaltar que, embora haja um propósito comum a ser alcançado, a responsabilidade pelos resultados deve ser única, identificada com cada entidade participante.

18.2.5 *Impactos do contrato de gestão na administração pública*

Dependendo do modelo implementado, o contrato de gestão pode propiciar:

✓ *harmonização* entre os desempenhos das empresas estatais e os interesses do governo e da sociedade;

- ✓ clarificação da forma de *relacionamento* entre o governo (acionista) e as empresas estatais;
- ✓ evidenciação de *objetivos e metas*, para um determinado período, bem como dos *responsáveis* pelo seu cumprimento;
- ✓ *transparência* da administração;
- ✓ *formalização jurídica* de direitos, obrigações, compromissos e responsabilidades;
- ✓ maior *autonomia administrativa, operacional e financeira* à entidade e seus administradores;
- ✓ *liberação* de determinadas normas restritivas de atuação e controle da entidade;
- ✓ maior *flexibilidade* às Estatais que operam em mercados altamente dinâmicos e competitivos;
- ✓ implementação de sistemática de *avaliação e controle de desempenhos e de resultados*;
- ✓ evidenciação da *accountability*, que corresponde à obrigação dos gestores de prestarem contas de seus desempenhos e resultados alcançados;
- ✓ evidenciação das *conseqüências* (recompensas/punições) pelo desempenho realizado;
- ✓ possibilidade de *continuidade* dos projetos e planos de ação, mesmo diante de mudanças de governo ou substituição de administradores.

18.2.6 *Dificuldades na implementação*

Não obstante o contrato de gestão possa constituir uma forma viável de administração, alguns fatores têm dificultado seu êxito, especialmente no Brasil, tais como:

- ✓ freqüentes alterações na política econômica, dificultando o estabelecimento de planos de médio e longo prazos;
- ✓ freqüentes descontinuidades da gestão, por questões políticas, estimulando uma falta de compromisso com as metas estabelecidas;
- ✓ dificuldades na determinação de preços ou tarifas de serviços e produtos;
- ✓ ênfase na autonomia da empresa como principal objetivo do contrato, sem vinculação com parâmetros de desempenho;
- ✓ determinação de planos e metas excessivamente ambiciosos e irrealistas;
- ✓ proposição de um grande número de indicadores de desempenho, algumas vezes conflitantes entre si, além de incluírem fatores não controláveis pelos gestores.

18.3 PROPOSIÇÕES PARA A EFICÁCIA DO CONTRATO DE GESTÃO – ENFOQUE DE GESTÃO ECONÔMICA

O Modelo de Gestão Econômica – GECON é um modelo gerencial voltado à administração por resultados econômicos. Incorpora um conjunto de conceitos e definições que visam conduzir a empresa à eficácia.

GECON compreende os seguintes elementos:

- ✓ modelo de gestão, que corresponde a um conjunto de crenças e valores que orientam o processo de gestão da empresa;
- ✓ processo de gestão, estruturado nas fases de planejamento estratégico, planejamento operacional, execução e controle;
- ✓ sistema de informações, voltado ao atendimento das necessidades informativas dos gestores em cada fase do processo de gestão.

O GECON começou a ser estruturado pelo Prof. Dr. Armando Catelli, por volta dos anos 70, constituindo, atualmente, uma área de pesquisas no âmbito do Departamento de Contabilidade da FEA/USP e da Fipecafi – Fundação Instituto de Pesquisas Contábeis, Atuariais e Financeiras. Essa área conta com vários trabalhos publicados (teses, dissertações e artigos) e outros em desenvolvimento, um laboratório de pesquisas e com diversos professores e pesquisadores envolvidos.

Apresentaremos, a seguir, algumas proposições baseadas em conceitos e definições que sustentam o Modelo GECON, que podem contribuir para que contratos de gestão constituam um instrumento efetivamente voltado à melhoria do desempenho das empresas e de seus administradores.

18.3.1 *Eficácia empresarial e contrato de gestão*

A eficácia de uma empresa, seja pública ou privada, refere-se ao grau em que ela cumpre sua missão. A missão constitui o principal objetivo (razão de ser) de uma entidade e se refere ao grau em que satisfaz as necessidades ambientais. Os seus produtos e serviços são os meios pelos quais a empresa procura atender tais necessidades e, portanto, cumprir sua missão.

A eficácia de qualquer instituição decorre, portanto, do grau de satisfação que proporciona às diversas entidades com as quais se relaciona, tais como: clientes, acionistas, governo, pessoal, sindicatos, fornecedores etc. – e determina suas condições de continuidade (desenvolvimento, adaptação, produtividade, eficiência etc.) num ambiente dinâmico.

O objetivo fundamental da adoção do contrato de gestão é assegurar o alcance de um determinado grau de eficácia empresarial, por meio da especificação de compromissos assumidos pelas partes, com base num sistema de avaliação de desempenhos e conseqüências predeterminadas.

Nesse sentido, o contrato de gestão deve ser entendido como um instrumento de gestão. Sob esse enfoque, insere-se no contexto organizacional como um mecanismo voltado a estimular melhores decisões por parte dos administradores.

Além das características intrínsecas ao contrato de gestão, a eficácia desse instrumento depende, em alto grau, do modelo de gestão da empresa, do seu processo de gestão e dos sistemas de informações que apóiam as decisões dos gestores.

18.3.1.1 **Modelo de gestão da empresa**

O modelo de gestão de uma empresa compreende um conjunto de crenças e valores que se referem à forma de administrá-la. Mesmo que não declarado explicitamente, toda empresa possui um modelo de gestão, que normalmente decorre das crenças e valores de seus principais gestores.

Por esse motivo, além de impactar diretamente as decisões que são tomadas na empresa, o modelo de gestão condiciona outros fatores que atuam sobre sua eficácia, tais como: estrutura organizacional, processo de gestão, sistema de informações, critérios de avaliação de desempenhos, postura gerencial etc.

Nesse sentido, por meio do contrato de gestão, deve-se procurar estimular o aperfeiçoamento do modelo de gestão da empresa, incorporando preocupações com a melhoria de seu processo de gestão, sistemas de informações e critérios de avaliação de desempenhos.

O modelo de gestão compreende, ainda, o grau de autoridade e autonomia delegado aos gestores da empresa.

18.3.2 ***Delegação e autonomia planejadas***

A delegação e autonomia planejadas consistem, basicamente, em atribuir a determinado administrador a competência para decidir e agir da forma mais adequada para o cumprimento de uma determinada missão, visando alcançar resultados preestabelecidos, com funções e responsabilidades definidas.

Nesse sentido, pressupõe-se uma clara definição da missão, das responsabilidades, dos resultados desejados e dos instrumentos de avaliação de desempenho.

A missão do administrador público se relaciona ao uso eficiente de recursos públicos visando ao atendimento de necessidades e interesses da sociedade, de tal modo que o valor econômico dos benefícios gerados seja superior ao dos recursos consumidos, contribuindo para o aumento da riqueza social.

Os resultados a serem alcançados devem, portanto, ser fruto de um processo de planejamento, além de mensurados corretamente e de forma justa, considerando-se apenas os fatores sob efetivo controle do administrador.

18.3.3 *Processo de gestão*

A atual conjuntura econômica e social reforça a necessidade das empresas estruturarem adequadamente seu processo de gestão, requerendo, cada vez mais, a incorporação de fatores que lhes permitam um maior grau de flexibilidade e adaptação ao ambiente onde atuam.

No caso das empresas estatais, sua atuação se torna ainda mais complexa, devido principalmente às peculiaridades das empresas públicas, que, além de sujeitas a influências políticas, prestam, muitas vezes, serviços delegados em mercado monopolista e, ao mesmo tempo, concorrem em determinados segmentos de mercados altamente competitivos.

Os bancos estatais, por exemplo, encontram dificuldades de se ajustarem aos mercados em que normalmente atuam, caracterizados basicamente por:

- ✓ alto grau de competição entre as empresas;
- ✓ uso intensivo de tecnologia de informação, possibilitando inclusive o surgimento de novos produtos, impossíveis sem o uso da informática;
- ✓ abertura do mercado para novos participantes e produtos.

Além desses fatores, a globalização da economia, o processo de privatização e a própria estabilização da moeda deram origem a um novo perfil de instituições financeiras, que buscam adequar-se à nova realidade negocial.

Do ponto de vista da gestão empresarial, nesse ambiente de turbulência e de grande competição entre as empresas, são fundamentais:

- ✓ o planejamento cuidadoso de suas ações;
- ✓ a implementação adequada de seus planos;
- ✓ a avaliação sistemática do desempenho realizado em relação aos planos traçados.

Esses aspectos evidenciam a necessidade das empresas por um processo de gestão estruturado, que incorpore as fases de planejamento estratégico, planejamento operacional, execução e controle de suas atividades.

Diretrizes, objetivos e metas especificados no contrato de gestão não podem se dissociar da realidade ambiental e operacional da empresa, devendo estar fundamentados no planejamento estratégico e operacional da organização. Do planejamento resultam os planos, expressos quantitativamente por meio de orçamentos, que servem de base para a avaliação de desempenhos.

O processo de planejamento deve ser dinâmico, contínua e sistematicamente realimentado pelo acompanhamento e a avaliação de desempenhos, de modo que os planos de ação e programas espelhem permanentemente o desempenho desejado, constituindo uma base válida para comparação com o desempenho efetivamente realizado.

A avaliação de desempenhos deve se basear, portanto, na comparação entre os desempenhos previstos e os realizados.

18.3.3.1 Sistemas de informações integrados ao processo de gestão

Em todas as fases do processo de gestão, são tomadas decisões que consistem na escolha de diretrizes e alternativas que guiarão a empresa rumo aos objetivos definidos no contrato de gestão.

Essas decisões requerem um suporte informativo adequado, de modo que sejam escolhidas as melhores alternativas, de acordo com o grau de autonomia conferida aos gestores da empresa.

Desse modo, os sistemas de informações da empresa devem apoiar adequadamente as decisões que são tomadas no processo de planejamento estratégico, planejamento operacional, execução e controle de suas atividades. Devem permitir a simulação de alternativas, a elaboração de orçamentos, a avaliação de desempenhos e de resultados, sempre com base em indicadores de desempenho adequados.

18.3.4 *Indicadores de desempenho adequados*

A implementação do contrato de gestão geralmente implica a imediata mudança do ambiente empresarial, permitindo maior flexibilidade e autonomia na gestão de seus recursos (materiais, humanos, financeiros, tecnológicos etc.) e maior competitividade da empresa.

Entretanto, nem sempre a implantação de um contrato de gestão vem acompanhada da desregulamentação suficiente e necessária para a efetivação dos resultados almejados, gerando conflito com a cobrança contínua de resultados que nem sempre são de inteira responsabilidade dos gestores da empresa.

Diversos contratos de gestão de empresas estatais brasileiras incorporam preocupações com o desempenho da empresa e de seus administradores. Essas preocupações normalmente se materializam na forma de:

- Indicadores de desempenhos: físicos, qualitativos, organizacionais, financeiros e contábeis;

- Ponderação dos indicadores: de forma a determinar uma "nota", que objetiva expressar o grau de eficácia empresarial;
- Sistema de conseqüências: que expressam recompensas/punições conforme o alcance de determinados níveis de desempenho.

A principal crítica sobre os modelos mais tradicionais de contratos de gestão diz respeito ao processo de apuração da "nota", que constitui um indicador formado a partir da ponderação de diversos outros indicadores. O alto grau de arbitrariedade na definição dos pesos atribuídos aos diversos indicadores torna a avaliação passível de questionamentos, especialmente quanto ao seu grau de justiça e correção, desvirtuando o contrato de seus reais propósitos.

Constata-se que a habilidade de negociação dos participantes acaba influenciando significativamente a definição dos indicadores e metas de desempenho, apesar dessas pessoas nem sempre possuírem um conhecimento profundo e homogêneo do negócio.

Os indicadores de desempenho podem se referir aos aspectos:

- físico-operacionais (quantidades físicas de recursos consumidos e produtos gerados);
- financeiros (volumes e prazos de recursos financeiros envolvidos nas transações); e
- econômicos (receitas e custos) das atividades.

Freqüentemente, os indicadores incorporados aos contratos de gestão referem-se aos aspectos físicos e operacionais (volume de vendas, quantidade de recursos consumidos, eficiência, produtividade, volume de captação, aplicação etc.) das atividades, bem como aos custos a elas associados. Não questionamos a importância desses aspectos, mas observamos que, se considerados isoladamente, não garantem a sobrevivência nem tampouco o sucesso da empresa.

Do mesmo modo, parâmetros financeiros, como volumes e prazos de captação ou aplicação de recursos financeiros, não demonstram a contribuição efetiva das atividades para a eficácia da empresa. O saneamento financeiro de uma atividade sem potencial de geração de lucros não garante sua continuidade, tendo em vista que uma atividade deficitária consome o próprio capital nela investido.

Por outro lado, os indicadores econômicos (resultados, retorno sobre investimentos, retorno sobre ativos etc.) poderiam constituir medidas válidas do desempenho da empresa. Entretanto, observa-se que normalmente esses indicadores são baseados em demonstrativos contábeis tradicionais, que apresentam uma realidade econômica distorcida por imposições legais ou por critérios inadequados de mensuração do lucro.

Cabe destacarmos que, não raramente, dados históricos – sejam operacionais, financeiros ou econômicos – tornam-se base para avaliação de desempenhos atuais. Por se referirem a situações ocorridas sob condições que podem não estar se repetindo no presente, dados históricos não constituem parâmetros válidos e justos para a avaliação de desempenhos.

Dessa forma, os indicadores de desempenho freqüentemente incorporados aos contratos de gestão não expressam a realidade econômica da empresa e nem permitem aos seus gestores conduzirem-na a um maior nível de eficácia – embora sejam utilizados para aferição do grau de sucesso de sua administração.

Como decorrência, surgem dificuldades na definição e implementação de um sistema de conseqüências (recompensas/punições), muitas vezes não superadas.

Nesse contexto, o contrato de gestão se torna mais um elemento da burocracia da empresa, sem que existam, como contrapartida, os benefícios dos impactos aqui tratados. Na prática, as mudanças que deveriam ocorrer na gestão, como conseqüência da adoção desse instrumento, não se materializam. Em muitos casos, o processo de gestão continua baseado na orçamentação de gastos, sem vínculo maior com os reais propósitos do contrato de gestão e, muito menos, com a eficácia empresarial.

Entendemos que a incorporação de indicadores físicos, operacionais e financeiros ao contrato de gestão deve se limitar a alguns fatores críticos de sucesso do plano proposto, expressando problemas específicos. Deve-se evitar, contudo, qualquer ponderação dos mesmos, tendo em vista que qualquer critério de atribuição de pesos incorpora algum grau de arbitrariedade, cujas conseqüências em termos de desempenho são mesmo imprevisíveis. Tanto podem estimular um comportamento eficaz, quanto induzir as decisões dos gestores a rumos exatamente opostos aos desejados.

Em relação aos indicadores econômicos, entendemos que estes devam se sustentar em medições corretas dos resultados e do patrimônio da empresa. Nesse sentido, o Modelo de Gestão Econômica preconiza um conjunto de conceitos e critérios para a correta mensuração do valor dos ativos, passivos e, portanto, do patrimônio da empresa. Desse modo, o desempenho da empresa deve ser avaliado sob a ótica da evolução de seu patrimônio, que se materializa no conceito de resultado econômico.

18.3.5 *Resultado econômico como indicador de desempenho*

Como proposta para estimular um desempenho eficaz, bem como eliminar o problema da arbitrariedade na definição de indicadores de desempenho, apresenta-se o conceito de resultado econômico, conforme utilizado no Modelo de Gestão Econômica – GECON.

O resultado econômico corresponde à variação patrimonial da empresa, mensurada com base em conceitos econômicos, num determinado período. Corresponde à variação da riqueza da empresa e, portanto, a sua capacidade de gerar produtos e serviços cujo valor econômico seja suficiente para repor, no mínimo, os recursos consumidos num determinado período.

A eficácia econômica de qualquer instituição decorre do grau de satisfação que proporciona às diversas entidades com as quais se relaciona, tais como: clientes, acionistas, governo, pessoal, sindicatos, fornecedores etc.

A flexibilidade e a capacidade de adaptação da empresa ao seu ambiente refletem-se diretamente em seus resultados econômicos, que *espelham e determinam* suas condições de continuidade num ambiente essencialmente dinâmico.

Os resultados econômicos, se mensurados corretamente, constituem a *melhor medida da eficácia* da empresa. Além dos níveis de eficácia da empresa, expressam as contribuições de suas áreas, atividades, eventos e transações para os resultados globais. Permitem, desse modo, a implementação de instrumentos gerenciais que possibilitem uma melhor atuação dos gestores.

O resultado econômico da empresa é formado pelos resultados econômicos das áreas que a compõem. Essas áreas são definidas como "centros de responsabilidade", ou seja, possuem um gestor específico com responsabilidade sobre determinadas atividades. Os resultados das áreas, portanto, são formados pelos resultados proporcionados pelas atividades que gerenciam.

Essas atividades consistem num processo de transformação, que consome recursos e gera produtos e serviços. Os recursos consumidos, por serem escassos, possuem valor econômico (custos), e os produtos e serviços gerados, por atenderem às necessidades ambientais, também o possuem (receitas), dando origem ao resultado econômico da atividade.

O resultado da atividade, por sua vez, é formado pelo resultado dos eventos necessários para realizá-la, como, por exemplo: compras, produção, estocagem, vendas, captação, aplicação etc. Por impactarem a situação patrimonial da empresa, esses eventos são denominados eventos econômicos.

Um evento econômico refere-se a um conjunto de transações de mesma natureza, cujo impacto econômico pode ser mensurado da mesma forma (modelo de mensuração econômica dos eventos). A transação consiste, portanto, no menor nível em que pode ser identificado o resultado econômico.

Os resultados econômicos das transações podem ser acumulados por eventos, produtos, atividades, áreas e empresa. Desse modo, evidencia-se onde, quando e como são formados os resultados da empresa, capacitando seus gestores à otimização dos resultados de suas decisões.

Para garantir a continuidade da empresa, essas atividades deveriam ser geridas de forma eficiente e eficaz, gerando um valor que permitisse, pelo menos, a reposição dos recursos consumidos. Dessa forma, os gestores, por meio de suas decisões, deveriam procurar otimizar as contribuições das atividades sob sua responsabilidade para o resultado global da empresa. Mesmo a decisão de se manter uma atividade deficitária deve levar em conta a necessidade de que as demais atividades gerem resultados suficientes para garantir a continuidade da organização ao longo do tempo.

O papel dos gestores engloba, portanto, duas responsabilidades: uma em relação à área sob seu controle e outra em relação à empresa como um todo. Ao decidirem sobre os eventos econômicos (compras, produção, estocagem, vendas, captação, aplicação etc.), os gestores devem identificar as melhores alternativas econômicas para a empresa, de modo que as atividades sob sua responsabilidade contribuam favoravelmente para o resultado global da empresa. Tendo em vista que a maximização das contribuições individuais das áreas não garante os melhores resultados para a empresa como um todo, deve-se trabalhar com a noção de otimização de resultados.

Todas as atividades da empresa devem contribuir positivamente para o seu resultado. A gestão deve ser voltada para rentabilidade, o que requer a existência de sistemas de informações que apóiem adequadamente as decisões dos gestores, com informações sobre resultados econômicos das operações, atividades, clientes e segmentos relacionados à área sob sua responsabilidade, permitindo que atuem permanentemente em busca da eficiência e eficácia de suas atividades.

18.4 CONCLUSÕES

Não apenas a globalização, mas também o próprio processo de privatização em curso no país fazem com que as empresas de controle acionário do governo se voltem para a melhoria da qualidade de sua gestão, proporcionando aos seus quadros de gestores instrumentos adequados e orientados à eficácia empresarial e, conseqüentemente, a um maior grau de competitividade.

Na administração pública, o contrato de gestão representa uma forma de relacionamento entre o Estado e os administradores das entidades estatais, devendo expressar, em sua essência, os interesses da sociedade. Deve-se constituir num instrumento de gestão, capaz de estimular as melhores decisões por parte dos administradores públicos, do ponto de vista da sociedade.

Baseados no Modelo de Gestão Econômica, o contrato de gestão pode constituir um importante instrumento de melhoria contínua da empresa, estimulando:

- ✗ o aperfeiçoamento do modelo de gestão da empresa;
- ✗ o suporte adequado à tomada de decisão;
- ✗ a melhoria do relacionamento com o governo;

- ✗ a adequação do processo de gestão à nova realidade econômica; e
- ✗ o autocontrole dos gestores.

Estruturado com o objetivo de garantir a eficácia das empresas, o Modelo de Gestão Econômica compreende definições que podem contribuir para que o contrato de gestão alcance seus reais propósitos, incorporando preocupações com:

- ✗ o modelo de gestão da empresa;
- ✗ o planejamento do grau de autonomia e delegação aos gestores;
- ✗ a estruturação do processo de gestão da empresa;
- ✗ os sistemas de informações que suportam o processo de gestão;
- ✗ os indicadores de desempenho adequados.

Em relação a este último aspecto, o resultado econômico é o *melhor indicador de eficácia* de uma empresa. Deve constituir, portanto, o principal indicador de desempenho do contrato de gestão. Dessa forma, elimina-se o processo de apuração de "nota" baseada na ponderação de indicadores, tornando mais objetiva a avaliação de desempenhos, além de contribuir com a melhoria do processo de gestão da empresa, orientando-a à eficácia empresarial.

Enquanto indicadores não econômicos (físicos, operacionais, financeiros) podem ser utilizados para expressar problemas específicos, o resultado econômico consegue expressar todos os efeitos (positivos e negativos) dos demais indicadores e, também, da sinergia das ações implementadas.

O planejamento de resultados requer o estabelecimento de cenários (atual e futuros) que sustentem as metas propostas no curto, médio e longo prazos.

Desse modo, um sistema de conseqüências deve se basear no cumprimento dessas metas, por meio da comparação entre os resultados econômicos desejados e os efetivamente realizados.

O contrato de gestão, quando bem aplicado, pode constituir um instrumento importante para a mudança organizacional, visando atender aos anseios do governo, dos demais acionistas e da sociedade, bem como dos gestores de entidades públicas – por maior autonomia administrativa, operacional e financeira – e, em especial, dos usuários dos bens e serviços disponibilizados por essas entidades.

REFERÊNCIAS BIBLIOGRÁFICAS

CATELLI, Armando, GUERREIRO, Reinaldo. GECON – Gestão Econômica: Administração por resultados econômicos para otimização da eficácia empresarial. *Anais do XVII Congreso Argentino de Profesores Universitarios de Costos* – las. Jornadas Iberoamericanas de Costos y Contabilidad de Gestión, Argentina, out. 1994.

CATELLI, Armando, GUERREIRO, Reinaldo. GECON – Sistema de informação de gestão econômica: uma proposta para mensuração contábil do resultado das atividades empresariais. *Boletin Interamericano da Asociación Interamericana de Contabilidad*, nov. 1992.

FARIAS NETO, Pedro Sabino de. *Gestão efetiva e privatização*. São Paulo : Qualitymark, 1994.

GUERREIRO, Reinaldo. *Modelo conceitual de sistema de informação de gestão econômica*: uma contribuição à teoria da comunicação da contabilidade. Tese (Doutorado) – Faculdade de Economia, Administração e Contabilidade (FEA/USP). São Paulo : USP, 1989.

______. Mensuração do resultado econômico. *Caderno de Estudos da Fipecafi*, FEA/USP, set. 1991.

______. *A meta da empresa*: seu alcance sem mistérios. São Paulo : Atlas, 1996.

OFFICE OF FEDERAL PROCUREMENT POLICY. *A guide to best practices for contract administration*. Washington : National Academy of Public Administration Foundation, 1995.

______. *Public Procurement Glossary of Terms*. Washington : National Academy of Public Administration Foundation, 1995.

______. *Performance based service contraction*. Washington : National Academy of Public Administration Foundation, 1995.

19 Análise Econômica das Iniciativas da Qualidade

Helvécio Luíz Reis

19.1 INTRODUÇÃO

Em alguns mercados, qualidade tem-se constituído numa importante arma competitiva, um fator crítico de sucesso para empresas que pretendem conquistar ou consolidar uma posição de liderança. Todavia, os resultados das iniciativas da qualidade até então implementadas colocam em dúvida sua eficácia. É o caso da análise realizada pela *Business Week* (1993:8) com os números de dez empresas ganhadora do Malcolm Baldrige (prêmio de qualidade norte-americano). Somente três delas conseguiram justificar a seus acionistas os investimentos realizados em qualidade. Os investidores em ações da IBM e a Westinghouse, por exemplo, não teriam recuperado nem mesmo o capital investido. E as ações das demais empresas valorizaram-se menos que o custo de oportunidade dos investidores.

Outras pesquisas revelam a mesma preocupação. Numa delas, efetuada pelo Boston Consulting, somente um terço das empresas creditou às iniciativas da qualidade a significante melhoria que tiveram em sua competitividade (Schaffer e Thomson, 1992:80-89). Noutra promovida pela McKsinsey, cerca de dois terços das trinta iniciativas da qualidade estudadas, se não tiveram seu desenvolvimento interrompido pelas empresas implementadoras, mostraram-se deficientes para gerar as melhorias desejadas. As iniciativas da qualidade não conseguiram atender nem a seus propósitos mais elementares: o de reduzir o número de produtos defeituosos no processo. (Boyett et al., 1992:10-14).

Uma das razões que explicam tal fenômeno é a de que as empresas estejam implementando programas da qualidade com foco exagerado no processo interno. É o cliente quem define qualidade, quem a percebe e lhe atribui valor, a partir dos benefícios que puder obter dos produtos e serviços que consumir.[1]

1. O sistema GECON procura diferenciar o cliente do consumidor. O cliente, para ele, seria o intermediário entre o fabricante e o consumidor, podendo ser empresas atacadistas e/ou varejistas. O consumidor seria o indivíduo que usufrui do bem e serviço ao final da cadeia de valor. Entretanto, neste trabalho, o termo cliente ou clientes será utilizado, invariavelmente, como referência aos clientes propriamente ditos e consumidores.

Outra razão para tal situação é que os sistemas de informação existentes, baseados na contabilidade tradicional e em modelos de avaliação dos custos da qualidade, alguns segundo o *activity-based costs* (ABC), revelam-se limitados como instrumento de apoio às decisões dos gestores. Neste caso, não estariam conseguindo medir adequadamente os gastos efetuados com as iniciativas da qualidade, nem justificá-los em termos de benefícios para as empresas.

Num estudo divulgado pela Target (1992:37), apenas um terço das empresas entrevistadas mediam os resultados das iniciativas da qualidade implementadas. Tais iniciativas da qualidade em muitas empresas renderam tanto para os resultados operacionais e financeiros quanto o rito indígena da dança da chuva tem feito para o tempo. Os gestores destas empresas confundiram processos com resultados e fins com meios. A justificativa para este comportamento baseia-se na falsa crença de que os resultados da qualidade são óbvios e falam por si mesmos.

A contabilidade tradicional não avalia adequadamente os eventos não mensuráveis financeiramente. Ela está mais voltada para finalidades fiscais e societárias que para a gestão empresarial. Os princípios contábeis determinam, por exemplo, a escrituração de bens mensuráveis financeiramente, segundo a objetividade dos fatos. Esta definição é empecilho, por exemplo, para o reconhecimento de ativos que têm merecido pesados investimentos, grande esforço para manutenção e muita atenção por parte dos gestores, tais como o são os clientes. Hoje, mais que nunca, devido à *expertise*, competência e ao estoque cumulativo de conhecimento (*learning*), os recursos humanos, o capital humano das empresas, seriam outro item importante do patrimônio, no caso omitido pela contabilidade tradicional. Normalmente, estes ativos intangíveis são lembrados como *goodwill* somente em processos de avaliação, quando o objetivo é determinar o valor econômico para fins de fusão ou venda da empresa.

Algumas melhorias provenientes das iniciativas da qualidade decorrem do emprego de avançadas tecnologias de processo. Esta é uma das práticas que, conforme Catelli & Guerreiro (1992:438), chamam a atenção, têm contribuído para o crescimento dos custos fixos e para a preponderância destes custos no custo total. Não haveria problema algum nisto se não fosse o rateio usado pela contabilidade tradicional para a alocação dos custos fixos aos produtos e serviços. Inúmeros artigos mostram que o rateio é um artifício matemático que não assegura precisão na distribuição dos custos fixos, distorce o resultado correto da empresa e confunde os gestores quanto aos reais benefícios proporcionados pelas iniciativas da qualidade.

O *activity-based costs* (ABC) emprega o mesmo método de rateio, de forma mais sofisticada, é verdade, quando se utiliza de direcionadores (*cost drivers*) para a identificação dos custos às atividades. Nem mesmo este aparato resolve o problema da arbitrariedade do rateio dos custos fixos. Por causa disto, o ABC pode induzir a resultados igualmente errados aos apurados segundo os métodos recomendados pela contabilidade tradicional. Os custos fixos são custos do período e, como tal, deveriam ser descarregados diretamente no resultado do gestor responsável por eles.

Outra limitação do ABC é que ele se concentra nos aspectos de custos e se esquece das receitas. Muito embora seus adeptos tenham consenso a respeito de uma metodologia para a monitoração dos custos da qualidade, as empresas que implementaram programas da qualidade contemplaram somente os custos, ou melhor, a redução de custos que adviria das iniciativas tomadas, uma das distorções do conceito de valor agregado. Estas empresas não enfocaram os investimentos realizados e gastos adicionais para a manutenção de tais programas e, muitas vezes, a redução de custos obtida não chegou a compensar os recursos desembolsados.

Mesmo nestes trabalhos, que se preocupam com os custos, os custos da qualidade tendem a ser definidos restritivamente em termos de produtos defeituosos, freqüentemente subdivididos em prevenção, avaliação e falhas (internas e externas). Esta classificação omite, por exemplo, os impactos que certas iniciativas poderiam proporcionar direta ou indiretamente em relação a outras modalidades de desperdícios (não-qualidade), tais como produção excessiva, estoques supérfluos, processamento inútil, tempo de espera, excesso de transporte e movimentação desnecessária, assim como menospreza a existência de outros custos da qualidade, como, por exemplo, o custo da perda de clientes insatisfeitos.

A melhor medida de desempenho de uma empresa é a que considera tanto as receitas como os custos. Pensando desta forma, autores como Rust et al. (1995) e Tatikonda & Tatikonda (1996) desenvolveram modelos de avaliação financeira das iniciativas da qualidade, fundamentados no resultado financeiro ou no retorno sobre investimentos (*return on quality*).

Todavia, estes modelos são importantes ferramentas para quem precisa decidir se deve ou não investir em alguma das iniciativas da qualidade, e, na hipótese de alternativas, qual produz maior valor presente líquido (NPV). Isto parece pouco para empresas que desejam assegurar-se de que haverá controle dos resultados, a partir do momento que decidirem por implementar esta ou aquela opção. É importante que haja um sistema de informação capaz de fornecer informações para auxiliar o processo decisório dos gestores, informações que a decisão por esta ou aquela iniciativa da qualidade afetou a área do gestor, demais áreas de responsabilidade e resultado global da empresa, bem como possibilite o acompanhamento (*follow-up*) das iniciativas tomadas de modo que o resultado previsto possa ser atingido.

O que agrega valor a uma empresa é o resultado. Entretanto, não é qualquer resultado um indicador confiável para a avaliação da eficácia das iniciativas da qualidade. O resultado econômico é o resultado correto. Neste caso, enquanto sistema de informação de gestão econômica, o GECON é adequado por:

a. estar voltado para a mensuração dos resultados econômicos;
b. entender que as atividades não geram somente custos, mas resultados (receitas menos custos);

c. preconizar que os responsáveis pela eficácia da empresa são os gestores, responsáveis pelas atividades e pelas ações que geram resultados;
d. fundamentar-se no recurso informação como importante matéria-prima para a tomada de decisões;
e. acreditar que a informação deva estar num sistema compartilhado por todos os gestores da empresa;
f. servir de instrumento de simulação de resultados a partir das alternativas disponíveis e de monitoração do desempenho no momento em que as decisões forem tomadas;
g. embasar-se na premissa de que o resultado global da empresa deva prevalecer ao resultado individual do gestor (a soma das partes é igual ao todo); e
h. defender a aplicação de conceitos que resolvam as deficiências da contabilidade tradicional, dentre as quais o custo de oportunidade, o valor econômico (em vez do custo histórico) para a mensuração de ativos e o reconhecimento de ativos intangíveis (*goodwill*) quando forem criados.

Em alguns segmentos, as iniciativas da qualidade são estrategicamente vitais para a continuidade dos negócios. As pressões por mais segurança, por mais limpeza e por produtos mais confiáveis estão-se intensificando a cada ano. Nestes casos, é necessário diagnosticar os caminhos para ajustar as empresas às demandas crescentes, mantendo-as competitivas e ainda lucrativas.

Este trabalho esforça-se no sentido de apresentar um modelo de gestão econômica aplicável à avaliação das iniciativas da qualidade. Decerto, os gestores procurarão implementar aqueles programas que ofereçam benefícios aos clientes, porque este é, talvez, o maior atributo da missão da empresa;[2] daí o porquê de se desenvolver um modelo econômico de mensuração do valor do cliente como um ativo das empresas.[3] Ainda estarão preocupados em proporcionar benefícios para sua empresa, visto que isto pode ser fator decisivo para a continuidade dos negócios.

19.2 QUALIDADE

O conceito de qualidade não encontra consenso na literatura. Há quem defenda qualidade como sendo um conceito objetivo. Outros a definem como sendo subjetiva, por depender de percepções, seja do cliente em relação aos produtos e

---

2. Os benefícios de que se fala aqui são os resultados econômicos obtidos pela empresa e clientes como conseqüência das transações.
3. Os recursos humanos ficam para outra ocasião.

serviços, seja do gestor no momento que capta as exigências de qualidade do cliente. Apesar desta divergência, as percepções do gestor acerca da qualidade exigida pelo cliente precisam ser objetivadas em nível de projeto e, posteriormente, em nível de manufatura. Sem isto, não se conseguirá assegurar um mínimo de variabilidade entre uma unidade de produto e outra.

Um trabalho de Garvin (1984:26) é importante marco na definição de qualidade. Este autor conseguiu distinguir em relação ao tema cinco diferentes abordagens: transcendental, de produto, de manufatura, do usuário e de valor. A abordagem transcendental vê qualidade como uma concepção filosófica, uma questão de princípios, um valor cultuado pelo povo, a exemplo das empresas japonesas.

Qualidade de produto está relacionada com as caraterísticas do próprio produto e seus componentes. Uma mudança nestas características ou em um de seus componentes representaria um produto novo. Por exemplo, um comprimido de novalgina contém 500 mg de dipirona sódica. Uma variação nesta composição ou o acréscimo de um sal diferente resultaria num produto diferente, a exemplo do buscopan composto, que tem 250 mg de dipirona sódica e 10 mg de brometo de n-butilescopolamina.

Qualidade é adequação ao uso (Juran, 1974:2) ou é o grau em que um produto satisfaz as necessidades dos clientes (Gilmore, 1974:16). Estas definições são uma evolução ao conceito de produto e uma das mais importantes contribuições do *marketing* para a qualidade. Para os autores que concordam com esta linha de pensamento, qualidade é definida pelo cliente, enquanto a definição de qualidade baseada no produto é uma miopia daqueles que acreditam que o produto vende por si.

Crosby (1979:15) foi o precursor do conceito de qualidade segundo a manufatura. Para ele, qualidade é definida como conformidade aos requisitos traduzidos em projeto e especificações de produtos e serviços. Este entendimento procurou resolver, principalmente, os problemas de variabilidade no processo de manufatura, estimulando o uso de técnicas estatísticas que pudessem controlar os desvios e de iniciativas da qualidade que visassem prevenir a produção de unidades defeituosas, minimizando, por conseguinte, os custos do retrabalho e refugo de produtos. Além disto, era uma noção que procurava homogeneizar, internamente à empresa, as diferentes percepções de qualidade por parte do cliente.

Finalmente, uma última corrente é a que define qualidade em função do valor que o cliente percebe e atribui aos produtos e serviços que adquire. Feigenbaum (1961:1) é um dos autores que defendem esta tese. Para ele, qualidade é a melhor forma de se atender às exigências dos clientes; estas condições são o uso de fato e o preço de venda do produto.

Qualquer destes conceitos individualmente pode ser limitado para definir qualidade em toda sua extensão. Qualidade é um conceito complexo e multifacetado. Isto pode ser fonte de inúmeros problemas para os gestores que, às vezes, poderão definir qualidade contrariando as expectativas dos clientes. Há vários casos ilustrativos a este respeito, tais como:

1. As diferenças entre as percepções de qualidade dos gestores *vis-à-vis* as expectativas dos clientes de companhias aéreas (Kloppenberg e Gourdin, 1992:31).
2. A desatenção da Eastman Christensen para com as embalagens de seus produtos (Harari, 1992:8).
3. O erro de interpretação da United Parcel Service, que achava que seus clientes gostavam da rapidez com que seus motoristas entregavam as encomendas, quando, na verdade, eles queriam um pouco mais de tempo para conversar com os motoristas da empresa. Outros exemplos, como da AT&T, Federal Express, GTE, Varian Associates e Sebra Technologies, podem ser encontrados em Greising, 1994:57-8.

Todos estes exemplos são importantes, por mostrarem que uma visão distorcida da qualidade pode significar, inclusive, a aplicação ineficaz de vultosas somas de recursos.

Associando-se serviços aos produtos, a definição de qualidade pode ganhar ainda mais amplitude. E pior: à medida que se considera a premissa de que as expectativas dos clientes são crescentes, dificilmente os atributos de qualidade permaneceriam constantes no tempo. Ou seja, o cliente pode exigir coisas diferentes em tempos diferentes, dependendo do seu estoque de informação, do aumento da concorrência, esforços promocionais e mudanças de expectativa (entendam-se gostos e preferências).

Para o GECON, especificamente, não importa fechar questão em torno de um único conceito de qualidade. Pelo contrário, dependendo do ramo de negócios, o entendimento do conceito mais próximo da satisfação do cliente intervém na formulação da missão e no modelo de gestão da empresa. Neste caso, o GECON, como um subsistema de apoio, ajusta-se às diferentes concepções, fornecendo aos gestores informação para que, em nível de processo de gestão, este entendimento seja traduzido em estratégias, políticas e instrumentos de controle e, mais efetivamente, em nível físico-operacional desencadeie ações e desempenho.

19.3 VALOR E QUALIDADE

Zeithaml (1988:13), em um importante estudo exploratório sobre o conceito de valor percebido, procurou agrupar as respostas dos entrevistados em quatro distintas definições:

a. valor é preço baixo;
b. valor é qualquer coisa que se quer de um produto;
c. valor é a qualidade que se obtém pelo preço que se paga; e
d. valor é o que se obtém pelo que se dá.

Esta diversidade de definições dá a correta dimensão da dificuldade de se conceituar e medir o constructo valor. Apesar disto, as quatro expressões apresentadas poderiam ser sintetizadas em uma única, de caráter mais geral, segundo a qual valor seria "uma avaliação geral de utilidade do cliente baseada em suas percepções sobre o que está recebendo em relação ao que está dando" (Zeithaml, 1988:14). Tanto o que se está recebendo (quantidade, qualidade, prazo de entrega, por exemplo) como o que se está dando (dinheiro, tempo, esforço, dentre outros) variam de cliente para cliente. Além disto, o valor percebido pelo cliente pode ser diferente dependendo do contexto em que sua avaliação ocorra, ou seja, o valor percebido pelo cliente no ato da compra pode ser diferente do valor percebido pelo mesmo cliente no ato do consumo.

O valor percebido pode depender da qualidade do produto, mas está condicionado também por outros atributos, como custo (preço, tempo, prazos, e assim por diante), conveniência, reputação pessoal (*status* e prestígio), marca, propaganda, reputação do fabricante, para citar alguns. Num conjunto de alternativas substitutas, um produto Nestlé, por exemplo, pode parecer de melhor qualidade e maior valor para o cliente que seus concorrentes por causa da reputação daquela empresa.

Já qualidade percebida pode ser função do desempenho das funções básicas (por exemplo, a máquina de lavar roupas deve lavar bem as roupas), opcionais disponíveis (tais como o desembaçador de vidro traseiro de um veículo), confiabilidade, conformidade com o projeto, durabilidade, pacote de serviço (rapidez, cortesia, assistência técnica fácil e competente, entre outros), estética (efeito do produto sobre os sentidos da visão, tato, paladar, audição e olfato), marca, reputação, propaganda e preço.[4]

Valor e qualidade são, portanto, conceitos diferentes. A qualidade decorre do julgamento do cliente sobre a superioridade ou excelência de um produto. Isto deixa implícita a idéia de comparação por parte do cliente entre produtos e serviços substitutos. No entanto, embora desejem comprar todos os produtos da mais alta

4. Algumas destas funções estão compreendidas nas oito dimensões da qualidade de Garvin (1984:29). Hill (1993) trata em sua obra sobre fatores ganhadores e qualificadores de pedido. Os primeiros são as razões principais que levam os clientes a comprar um produto em detrimento de outros; quando melhorados, podem resultar aumento de vendas. Os qualificadores diferenciam o produto de uma empresa em relação aos da concorrência; podem não contribuir diretamente para a geração de negócios extras quando melhorados, mas certamente podem influenciar a perda de clientes quando pioram o desempenho destes fatores.

qualidade, nem todos os clientes poderiam fazê-lo o tempo todo. O dinheiro que certo cliente possui pode não ser suficiente para comprar o produto da mais alta qualidade e, por esta razão, ele opta por uma alternativa mais barata, mesmo que não tenha qualidade comparável. Por exemplo, um suco natural de fruta é relativamente mais caro e, teoricamente, de melhor qualidade que um refrigerante com sabor artificial de fruta. Há clientes que preferem o suco natural, mas, por alguma restrição orçamentária, compram o refrigerante. Segundo estes clientes, a qualidade do suco de fruta pode não justificar seus gastos.

Por tudo o que foi dito, fica claro que qualidade depende do valor percebido pelo cliente. De nada adiantariam as iniciativas da qualidade se, além de melhorar a qualidade do produto, os clientes de fato não valorizassem tais melhorias. E para se criar valor não bastam investimentos em qualidade. Outros fatores são igualmente importantes, e compete aos gestores identificar qual ou quais fatores são decisivos para os clientes no momento de decidir o que comprar entre as alternativas substitutas de produtos.

Há exemplos disponíveis – e que devem ser apreendidos e evitados – de erros na definição do atributo de qualidade que cria valor para o cliente (Kordupleski et al., 1993:90). Em um deles, uma agência de viagens, procurando melhorar seus serviços de telefone, estabeleceu como medida de desempenho para seus operadores o atendimento à chamada do telefone no máximo até o segundo toque. Esperava-se que quanto mais rapidez no atendimento ao telefone, mais clientes satisfeitos. Todavia, esta medida acabou gerando maior insatisfação entre os clientes, porque, na ânsia de se desocuparem de uma para atender outra ligação, o serviço ficava prejudicado pela velocidade dos operadores. Como moral da história, ficou claro para os gestores dessa empresa que o número de vezes que o telefone toca era só uma medida interna que não criava valor para os clientes.

Se a motivação para a compra está no valor percebido pelo cliente, pode-se dizer que este valor representa os benefícios esperados pelo cliente com a compra. A escolha do cliente recairá sobre o produto ou serviço que ofereça melhores benefícios que seus concorrentes. A Figura 19.1 procura mostrar o processo de percepção da qualidade e valor por parte do cliente, a partir dos atributos que são utilizados para apoiar sua decisão.

A identificação dos atributos de valor e de qualidade corretos, por categoria ou grupo de cliente e para cada cliente individualmente, pode constituir-se em importante massa de informação para os gestores da empresa. Isto se torna crucial quando o objetivo é aproximar-se ao máximo a oferta de produtos, serviços e qualidade aos gostos e preferências dos clientes, a razão de ser dos negócios. Porter (1991:128) denomina por sinais de valor os atributos que os clientes utilizam para julgar ou inferir sobre a qualidade de um produto em relação ao seu concorrente.

19.4 CLIENTE

Um acidente entre dois aviões, que se chocaram nos Estados Unidos, é uma boa ilustração para os equívocos das iniciativas da qualidade (Kordupleski et al, 1993:82). Ninguém conseguia entender o acidente. A tripulação de um dos aviões era extremamente competente, com milhares de horas de vôos acumuladas, e dirigia uma das aeronaves mais modernas do mundo, equipada com a mais sofisticada tecnologia e com os mais avançados instrumentos de navegação. Mesmo assim, estas *capabilities* (competências) todas juntas não foram suficientes para impedir a tragédia. A tripulação não olhou pela "janela" e, por causa disto, não pôde ver o que acontecia fora do avião.

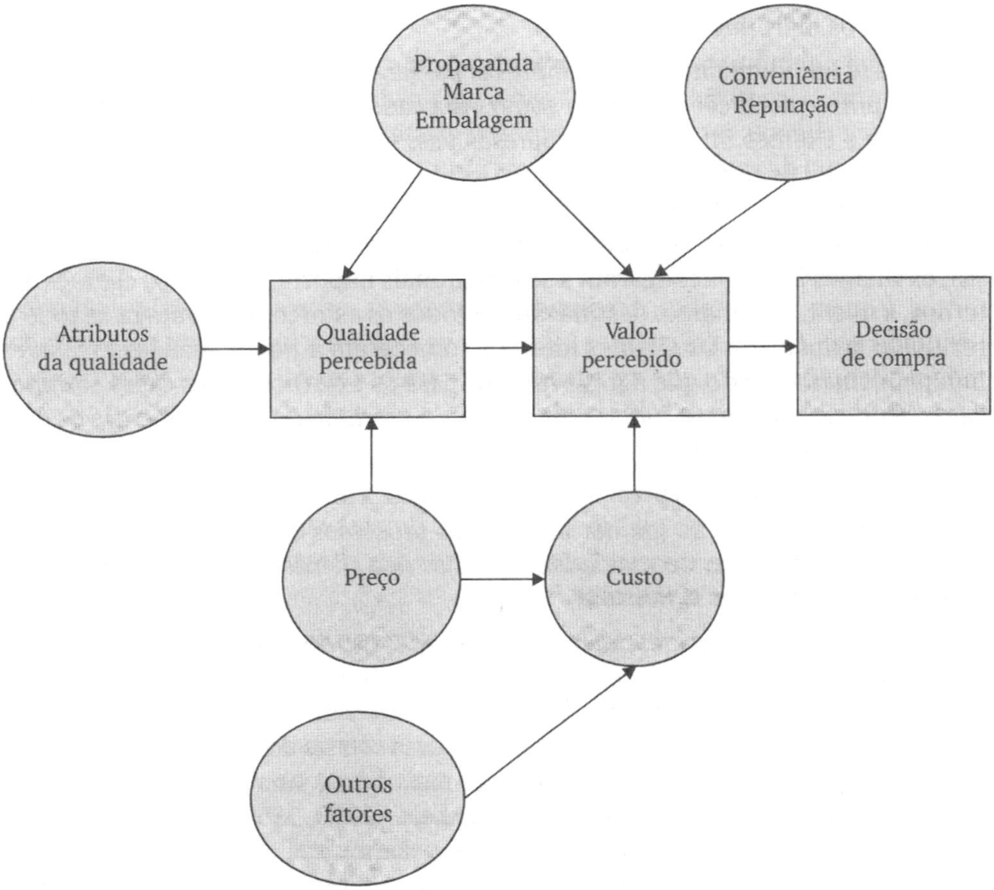

Fonte: Adaptado de Zeithaml (1988:4).

Figura 19.1 *Modelo de decisão de compra baseada no valor percebido da qualidade.*

Dentro das fábricas, aconteceu algo semelhante com as iniciativas da qualidade. Quando não se revelaram demasiadamente onerosas para as empresas que as implementaram, a ponto de os resultados auferidos não justificarem os investimentos, estas iniciativas não chegaram a agregar valor segundo os clientes. Os gestores estavam por demais absorvidos pelos aspectos internos da empresa e esqueceram-se de olhar para fora da empresa. Por causa disto, não enxergaram seus clientes.

As iniciativas da qualidade quase sempre se referem como dirigidas para o cliente ou para o mercado, ou orientadas para o cliente. Aliás, este tem sido um *slogan* comum às iniciativas da qualidade: "qualidade é simplesmente atendimento das exigências do cliente" (Oakland, 1994:15). Esta concepção é um legado do *kaizen* (melhoramento contínuo), segundo o qual os gestores devem reconhecer que a missão da empresa é servir seus clientes, o que os obriga a monitorar constantemente o desempenho dos produtos da empresa segundo os clientes. Os clientes externos são os mais importantes.

Houve um momento que as empresas passaram a tratar o processo do negócio (compras – produção – vendas) como uma cadeia de elos constituídos por fornecedores e clientes internos. As empresas passaram a avaliar o desempenho interno pelo grau de satisfação dos clientes internos em relação a seus fornecedores. Segundo elas, os clientes internos deveriam ser bem servidos como condição *sine qua non* para que os externos pudessem ficar satisfeitos. Em muitas destas empresas, os clientes internos chegaram a se tornar mais importantes que os clientes externos, a quem, finalmente, destinavam-se todos os esforços e imputava-se todo o resultado econômico. Os clientes internos começaram a impor suas necessidades independentemente do que agregava valor para os externos. Estes casos comprovam o equívoco de não se "olhar pela janela", a exemplo do acidente entre os dois aviões nos Estados Unidos.

Mesmo em empresas prestadoras de serviços, a ênfase das iniciativas da qualidade tem-se limitado ao melhoramento dos processos de negócios (visão interna), em vez de focar as necessidades e desejos dos clientes. Os processos são um meio e não um fim em si mesmos.

Recentemente, têm crescido os debates em torno dos clientes externos, de tal forma a recuperar o seu correto *status* para os negócios. Entretanto, nem todos os clientes externos merecem igual atenção dos gestores da empresa. Alguns clientes são oportunistas e deixam-se levar pelas melhores ofertas do mercado, não se mostrando leais a uma única marca. Outros são mais fiéis a uma marca e não deixam de consumi-la nem mesmo pelo preço. Reichheld (1993, 1996a e 1996b), da Bain & Company, tem escrito muitos artigos sobre o cliente leal, conclamando os gestores a identificar os clientes leais e a tratá-los com deferência especial, por toda a vida (*lifetime*), se possível ajustando seu *mix* de produtos à idade destes clientes.

Os clientes valem ouro. São a garantia de vendas – e, por conseguinte, de resultado – indefinidamente. Oferecem fluxos de caixas nos próximos anos; aí, a importância de considerá-los como um ativo, potencializador de resultados econômicos futuros.

Goizueta (1989:42-3) deu uma precisa definição sobre o ativo mais valioso da Coca-Cola em uma de suas palestras. Alguns da platéia achavam que o sistema de produção e distribuição da Coca-Cola fosse seu ativo mais importante. Outros pensavam que fosse a *expertise* dos funcionários de *marketing*, sem a qual a empresa não teria atingido a casa dos US$ 50 bilhões anuais em vendas. Outros defendiam que a marca Coca-Cola era seu ativo mais valioso. Todavia, o que seria da marca, do *marketing*, da produção e distribuição se não existissem os clientes? E mais, o que seria da empresa se estes clientes não se sentissem satisfeitos com o produto, serviço e qualidade oferecidos pela Coca-Cola?[5]

O cliente é um dos mais importantes ativos da empresa. Grandes investimentos, infra-estruturas complexas e caras e muitas despesas estão sendo consumidos no intuito de conquistar novos clientes, recuperar clientes perdidos e manter os clientes do *portfolio*. No entanto, os adeptos da contabilidade tradicional, conformada pelos princípios contábeis geralmente aceitos, têm criado muitos obstáculos para o reconhecimento deste elemento no balanço patrimonial. No máximo, só reconhecem o potencial de lucros futuros decorrentes do *portfolio* de clientes na avaliação econômica de empresas, por motivo de venda de parte ou todo controle acionário.

Iudícibus et al. (1980:28) vêem neste modelo contábil uma limitação: o fato de só lidar com eventos mensuráveis. Hendriksen (1971:114-6) defende esta restrição. Para ele, não seria possível acreditar nos registros contábeis se não houvesse um critério lógico para a mensuração dos ativos. As demonstrações financeiras só poderiam ser afiançadas à medida que se confiasse que seus números se fundamentavam em registros comprováveis por documentos comercialmente – e, por que não, legalmente – aceitos. Iudícibus (1981:75) inclui o *goodwill* no conjunto de ativos intangíveis, desenfatizados pela contabilidade tradicional (Iudícibus, 1981:195). Justificando este comportamento, ele diz que não seria possível, objetivamente, controlar os métodos de avaliação deste itens nas empresas; esforços diferenciados de uma empresa para outra tornariam difícil a comparação dos resultados e poderiam fornecer um quadro diverso para o usuário externo.

A postura destes autores é uma referência implícita ao fisco e aos acionistas, usuários externos a quem os gestores das empresas deveriam prestar contas de suas ações. Para fins gerenciais, a realidade é outra. O GECON preconiza que "as informações devam ser geradas sob medida para os gestores, a fim de subsidiar o processo de tomada de decisão". Assim, podem ser requeridas informações específicas de natureza operacional, econômica e financeira, que interessem ao gestor, no seu dia-a-dia.

---

5. Ficou famosa a revolta dos clientes da Coca-Cola com as mudanças realizadas na formulação do produto por ocasião do lançamento da New Coke. Alguns casos chegaram ao extremo do fanatismo do cliente pelo produto.

Os efeitos de cada decisão (transação) são registrados individualmente como forma de manter o gestor responsável informado sobre o resultado econômico decorrente de seu desempenho, traduzido na margem operacional e margem financeira. A cada decisão, o sistema apresentaria os resultados positivos ou negativos do ponto de vista da carteira de clientes. Ainda poderia demonstrar o impacto das ações realizadas por categoria ou grupo de clientes: uma promoção pode atrair clientes oportunistas que se vão embora tão logo encontrem outras ofertas no mercado; contudo, a empresa – muito provavelmente – não perderia seus clientes leais para promoções realizadas pela concorrência.

Algumas ações dos gestores podem repercutir positiva ou negativamente sobre a carteira de clientes, o que a torna bastante dinâmica. Por exemplo, o valor percebido pelo cliente no aprimoramento da qualidade de um produto pode aumentar o número de clientes que transacionam com a empresa. Por outro lado, a deterioração do atendimento de uma loja pode afugentar seus clientes.

Evidências empíricas em *marketing* mostram que os custos de conquistar um cliente novo chegam a ser de três a cinco vezes mais altos que os custos de manter um cliente existente. Além disto, a propaganda boca-a-boca negativa de um cliente insatisfeito costuma atingir até outros dez clientes, enquanto a positiva alcança até três. Em alguns casos, o cliente insatisfeito é perdido para sempre. Noutros casos, a recuperação de clientes perdidos fica mais cara que a atração de novos.

O sistema de informação deve ter dados suficientes para calcular precisamente o custo de manter clientes, o custo de conquistar novos clientes, o custo de recuperar clientes perdidos e os custos da perda de clientes insatisfeitos, bem como as receitas associadas a cada caso, de modo que todas as iniciativas da qualidade fossem avaliadas sob o prisma do impacto no resultado econômico da empresa. Este foi o caso da Widget Company, que procurou apurar as perdas de receita em função do tipo de reclamação do cliente (Figura 19.2).

Fonte de Insatisfação do Cliente	**Freqüência de Reclamação (a)**	**Intenção de Recompra (b)**	**Perda de Receita c = a x (1 – b)**
Máquina parada	40%	90%	4%
Atraso na resposta	20%	50%	10%
Mecânico incompetente	10%	20%	8%
Falta de demonstração pelo mecânico	5%	40%	3%
Pessoal descortês	25%	80%	5%

Fonte: Tatikonda & Tatikonda (1996:5).

Figura 19.2 *Perda de receita em função do tipo de reclamação.*

Atraso na resposta e mecânico incompetente são os motivos que mais afetam as receitas, muito embora máquina parada apresente maior taxa de reclamação entre os clientes da Widget.

Num outro exemplo, um hotel mediu o impacto do processo na satisfação do cliente, bem como estratificou os atributos de qualidade do banheiro que seus clientes mais valorizavam. As Figuras 19.3 e 19.4 apresentam os resultados destas pesquisas.

Na Figura 19.3, pode-se perceber que o banheiro responde por parcela significativa da satisfação geral dos clientes. Estudando melhor o banheiro (Figura 19.4), observa-se que limpeza é o atributo de qualidade mais valorizado.

Os clientes devem ser avaliados pelo valor econômico, definido pelo valor presente das vendas futuras esperadas dos consumidores. Deduzem-se deste valor os desembolsos futuros esperados para a realização da produção, bem como os gastos para a manutenção, conquista e recuperação de clientes.

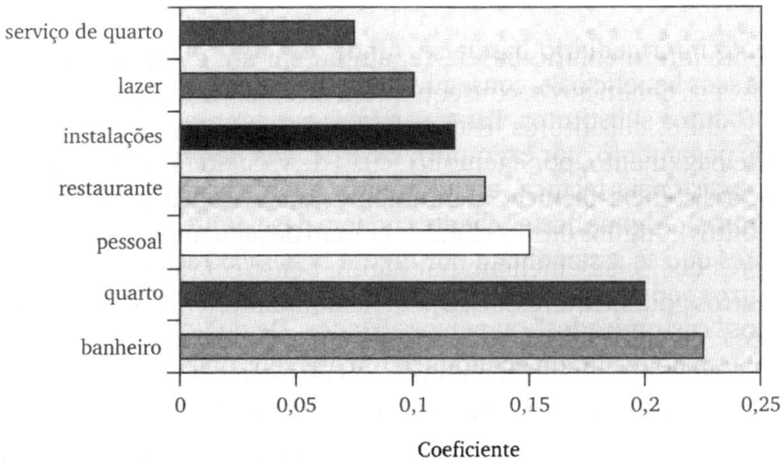

Fonte: Rust et al. (1995:66).

Figura 19.3 *Impacto do processo na satisfação do cliente.*

O GECON classifica os clientes de uma empresa em dois grupos: o cliente propriamente dito, que é o intermediário (atacadista e/ou varejista) entre o fabricante e o consumidor, e o consumidor. O cliente intermediário, por assim dizer, quando compra da fábrica, deve ter em mente os gostos e preferências de seus consumidores. Assim sendo, procurará oferecer um produto com qualidade percebida e valorizada pelo consumidor.

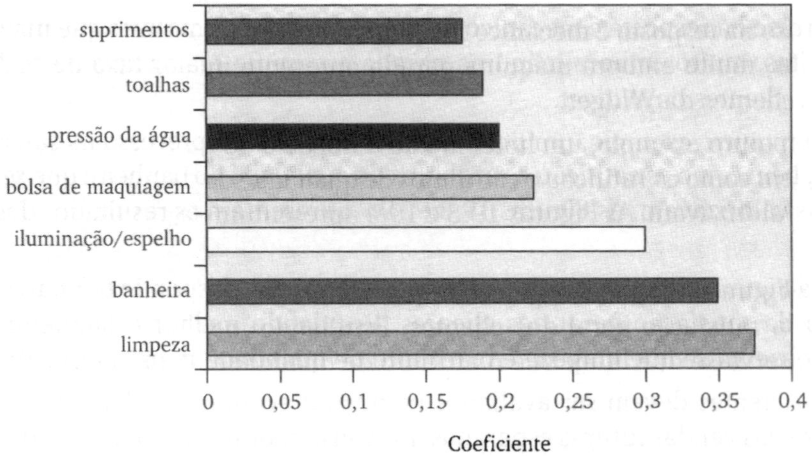

Fonte: Rust et al. (1995:67).

Figura 19.4 *Impacto do atributo de qualidade do banheiro na satisfação do cliente*.

O cliente intermediário baseia-se, ainda, em um conjunto de variáveis que definirão os seus benefícios e, conseqüentemente, servirão de suporte para a escolha entre produtos substitutos. Estas variáveis seriam preço, volume, prazos (de entrega e de pagamento, por exemplo), ciclo de vida do produto e qualidade (durabilidade, assistência técnica, atendimento, qualificação do fabricante, dentre outros atributos). Alguns destes clientes podem desejar atender a um segmento de consumidores que se assemelham por algum benefício racional e/ou psicológico comum. Outros podem interessar-se pela flexibilidade, a fim de oferecerem produtos e serviços "customizados" ou personalizados. De qualquer forma, o cliente intermediário tem no resultado econômico um dos seus mais importantes objetivos, inclusive como garantia para a continuidade dos negócios.

Ressalta-se, ainda, o papel importante do cliente intermediário nesta cadeia que liga fabricante a consumidor. É possível que determinados benefícios oferecidos pela fábrica estejam disponíveis exclusivamente para este cliente. É possível que a fábrica ofereça certos benefícios para o consumidor diretamente. Entretanto, o cliente intermediário poderá servir de nivelador entre o que a fábrica propõe oferecer ao consumidor e o que este realmente deseja. Em alguns casos, precisará complementar o pacote produto-serviço da fábrica, agregando ainda mais valor à compra do consumidor. O sistema GECON do fabricante identificaria para seus gestores os serviços que esta empresa oferece e os serviços que seus clientes intermediários colocam à disposição do consumidor.

O consumidor, por sua vez, tem suas próprias medidas de utilidade, medidas estas que exigem atenção e conhecimento constantes por parte da fábrica e do cliente intermediário. O cliente intermediário compra, normalmente, em função da demanda do consumidor. Isto quer dizer que o volume de vendas do fabricante depende da demanda do consumidor.[6]

Existem diferentes canais que propiciam diferentes conjuntos de benefícios para os consumidores, que podem mudar. O sistema GECON do fabricante poderia fornecer informação que viabilizasse tanto a escolha do canal mais adequado para atender os consumidores como a indicação para os consumidores do canal que lhe é mais apropriado, assim como atualizaria permanentemente os benefícios requisitados pelos consumidores.

Segundo a freqüência de compras, os clientes podem ser classificados, pelo menos, em quatro grupos: clientes leais (compras freqüentes), clientes ocasionais (não leais), clientes novos e clientes perdidos. Outros critérios de segmentação poderiam ser estabelecidos, de acordo com a conveniência de cada empresa e a necessidade de se conhecer com mais detalhes os clientes.[7]

Os clientes leais são os que compram freqüentemente e não dependem de possíveis promoções realizadas pela empresa. São mais lucrativos, segundo defende Reichheld (1996:57). Quanto mais tempo forem clientes, maior será o seu valor: mais eles compram, menos tempo consomem da empresa (resultado da experiência com as políticas e força de vendas) e – o que é melhor – trazem novos clientes (propaganda boca a boca). Os clientes ocasionais são aqueles que compram menos assiduamente e fazem-no, normalmente, atraídos por propagandas e promoções de vendas.[8] Estes clientes são instáveis, porque, da mesma forma que atendem aos apelos promocionais da empresa, vão-se para os concorrentes atrás das mesmas oportunidades.

Os clientes novos incluem os clientes recentemente conquistados, parte dos quais será leal e outra parte ocasional. Os clientes leais compram progressivamente mais com o tempo, porém os existentes não são, por si só, garantia para o crescimento das vendas. Isto é, a manutenção ou a expansão do *market share* pode acontecer de forma mais consolidada com a conquista de novos clientes leais.

Os clientes perdidos representam o conjunto de clientes que compraram no passado e não compram mais, sobre os quais poderão ser desenvolvidos programas de recuperação.

O sistema GECON pode fornecer informação para a conquista de novos clientes leais e a manutenção daqueles considerados mais lucrativos para as empresas.

---

6. A fábrica tem um importante papel de criar demanda pelo seu produto, através da implementação de politicas de promoção. Este esforço pode ser complementado pela atuação e reputação do cliente intermediário.

7. Mckenna (1988:88-95) fala em *marketing* de nicho, visando a aproximação da oferta de produtos e serviços à demanda dos clientes; a tecnologia de informação para este autor poderia ser utilizada para se conhecer as características de consumo de cada cliente. Davidow & Uttal (1990:11-3) fala em segmentação com a mesma preocupação de ajustar os serviços oferecidos às percepções pessoais de cada cliente.

8. A tradução de Reichheld (1996a:87) usa o termo *clientes desleais*.

Esta informação diz respeito a que ações poderiam proporcionar benefícios (criar valor) para os clientes, de modo a aumentar a retenção de clientes. Além desta, seu banco de dados deve conter: nome do cliente, endereço, telefone de contato, produtos que compra, serviços que solicita, atributos de qualidade que percebe e valoriza, freqüência de compras, recentidade (última compra), montante das compras e medidas de satisfação (expectativas, percepções, e assim por diante). Estas informações devem ser compartilhadas pelos gestores de *marketing*, produção e desenvolvimento de produtos. Seria um desperdício se a informação existente no sistema sobre os clientes não alcançasse os processos, que continuariam alienados ao que está acontecendo do "lado de fora da janela" da empresa, produzindo qualidade que não agrada ou que não é percebida e valorizada.

Se não fosse seu esforço de perscrutar, a General Business Systems, divisão da AT&T, não teria conseguido hierarquizar os atributos de qualidade valorizados, por processo do negócio (Figura 20.5). 30% dos problemas com qualidade nesta empresa são explicados pelo produto, 30% pelas vendas, 10% pela instalação, 15% pelo reparo e 15% pela fatura. O diagrama da Figura 20.5 mostra que, no que tange a fatura, os clientes valorizam mais a precisão e o fato de as contas não apresentarem surpresa em relação ao que contrataram. Sabendo manter um banco de dados com informação sobre as exigências dos clientes, evita inúmeros aborrecimentos e – o que é pior – prejuízos. Em alguns casos, a informação pode ajudar a consolidar uma vantagem competitiva.

As iniciativas da qualidade têm maior chance de sucesso à medida que otimizem o resultado econômico da empresa. Sob o prisma dos clientes, isto significaria aumentar o valor dos clientes no balanço patrimonial.

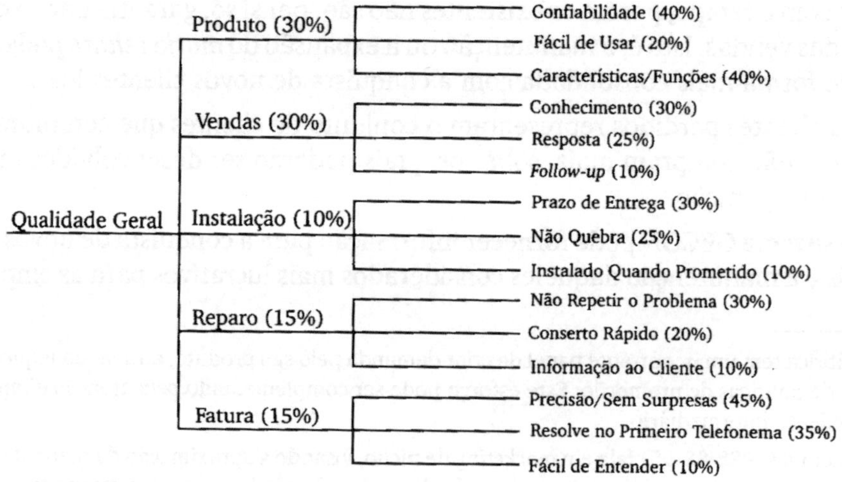

Fonte: Kordupleski et al. (1993:89).

Figura 19.5 *Estratificação dos atributos de qualidade exigidos pelo cliente por processo do negócio.*

19.5 BENEFÍCIOS

Em nível de decisão, surge um *trade-off* entre os benefícios que iniciativas da qualidade poderão proporcionar aos clientes e os benefícios que a empresa poderá obter com tais iniciativas. Seria utopia dizer que as empresas existem só para satisfazer seus clientes. A eficácia da empresa inclui a realização da missão, de cujo escopo entende-se que a satisfação dos clientes faz parte. Entretanto, a continuidade dos negócios é outra condição para a eficácia. Não adianta a melhor qualidade a um custo proibitivo, não sustentável, que poderia colocar em risco a continuidade da empresa. Não adianta, igualmente, uma qualidade que não atenda às exigências dos clientes, pois a perda de clientes e de imagem poderia ameaçar a continuidade dos negócios. Seria recomendável, então, a conciliação de um lado dos benefícios proporcionados aos clientes em relação aos benefícios obtidos pela empresa.

A Figura 19.6 é um esforço no sentido de ilustrar o *trade-off* entre benefícios para o cliente e para a empresa.

As iniciativas da qualidade devem ser desenvolvidas conforme proporcionem, simultaneamente, maiores benefícios para clientes e empresa. Se não produzirem benefícios nem para os clientes nem para as empresas, tais iniciativas devem ser abandonadas. Neste caso, a empresa poderia iniciar um programa de reengenharia para uma grande ruptura.

Há, na Figura 19.6, dois quadrantes que sugerem a busca de alternativas. No caso de os clientes virem a auferir benefícios e a empresa não, programas alternativos devem ser identificados. Por exemplo, o projeto pode estar ficando mais caro para a empresa por usar equipamentos de alta tecnologia, como os controlados numericamente por computador. Nesta situação, antes de partir para estas iniciativas que requerem maior investimento de capital, a empresa pode procurar avaliar os benefícios decorrentes da aplicação de programas de automação de baixo custo, que se baseiem em pequenas melhorias e não demandem recursos maciçamente.

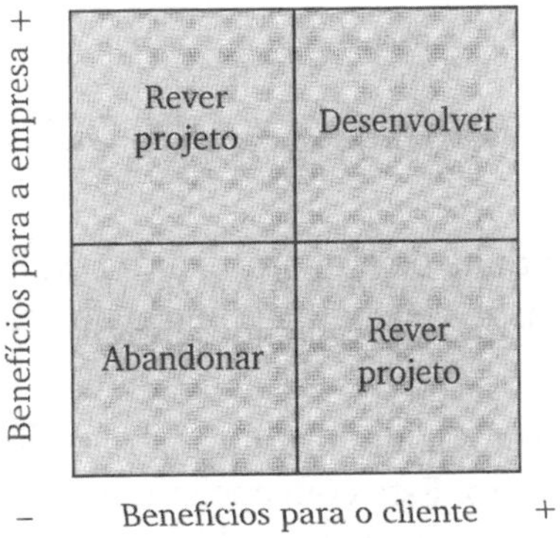

Figura 19.6 Trade-off *entre benefícios para a empresa e para os clientes.*

Se os benefícios são grandes para a empresa, mas não o são do ponto de vista dos clientes, assim mesmo alternativas que incrementem os benefícios para os clientes devem ser procuradas, sob pena de que uma visão de curto prazo do resultado possa comprometer o desempenho da empresa a longo prazo.

De qualquer forma, conclui-se que as melhores iniciativas da qualidade são aquelas que propiciem benefícios para clientes e empresas, simultaneamente. Pode ser que esta regra não valha para todos os negócios. Pode ser que ela funcione neste momento histórico e no futuro, não. O conceito de benefício pode mudar para a empresa e para o cliente, por conta de suas próprias atuações, e também por pressão da concorrência e do *bechmarking* de outros ramos de atividades.

Historicamente, as regras mudaram, e os fabricantes de automóveis tornaram-se um clássico exemplo disto. No início do século, a oferta era menor que a demanda. As opções de produtos eram limitadas. Neste cenário, os gestores puderam oferecer aos clientes aquilo que podiam fabricar, independentemente dos gostos e preferências de quem comprava. A célebre frase de Henry Ford de que sua fábrica estava disposta a atender a qualquer pedido desde que a cor do automóvel fosse preta é uma oportuna demonstração do modelo de decisão que vigia àquela época.

À medida que a oferta foi aumentando e o mercado se saturando, foi preciso criatividade para competir. Num primeiro momento, a General Motors inovou ampliando o número de modelos disponíveis para os clientes, conquistando *market share*. Esta estratégia foi eficaz até o momento em que o mercado acabou por saturar-se de vez. Foi a vez da Toyota Motors tirar proveito com suas iniciativas da qualidade.

Muitas empresas seguiram o exemplo da Toyota e investiram em qualidade. Entretanto, a falta de sistema de informação ou a limitação do existente contribuíram para o insucesso de muitas destas iniciativas. Estas empresas não sabiam o que seus clientes queriam, não sabiam aonde chegariam com seus programas e, ainda mais dramático, os desembolsos de recursos se faziam tendo mais como motivo a moda e menos os resultados econômicos.

19.6 MEDINDO BENEFÍCIOS PARA CLIENTES

As iniciativas da qualidade devem otimizar o resultado econômico dos clientes, seja pela redução do custo, seja pelo aumento do desempenho para o comprador.

Por muito tempo, o custo de um produto para o cliente consistia somente do preço de aquisição do produto. Esta concepção tem mudado e, hoje, alguns autores, dentre os quais Juran e Gryna, já defendem o custo do ciclo de vida do produto, ou seja, o custo de usá-lo, que vai além do seu preço de aquisição.

O custo do ciclo de vida do produto para o cliente inclui o preço de aquisição do produto e o custo do capital investido e de instalação. Este custo se eleva com a adição dos custos de operação e manutenção do produto durante sua vida útil (Gryna, 1972:18 e 1977:10; Juran e Gryna, 1988:3-20).

A empresa estaria proporcionando benefícios para os clientes se reduzisse o custo do ciclo de vida do produto. É o caso do refrigerador que consome menos energia elétrica do que o de seus concorrentes e do aspirador de pó que economiza tempo e reduz esforço de operação. Estes exemplos mostram a importância de não se medir o resultado de uma compra tão-somente pelo preço de aquisição.

Todavia, a metodologia do custo do ciclo de vida do produto encontra dificuldades em sua implementação. Entre os obstáculos citados por Juran & Gryna (1988:3-25), a cultura reinante no mercado é o mais importante. O preço de aquisição do produto tem sido senso comum, há muitos anos. Os compradores, por exemplo, quase não têm informação sobre o custo de operação e manutenção dos produtos. Por estas razões, os gestores devem conhecer o método utilizado pelo cliente para mensuração do custo dos produtos. O sistema GECON, pela sua versatilidade, fornece a informação precisa, de acordo com o modelo de decisão do cliente.

Elevar o desempenho é outra opção para gerar benefícios (valor) para o cliente. Se o que está comprando fosse destinado à revenda ou fosse matéria-prima ou submontagem de outro produto, o aumento de vendas para o cliente seria um benefício racional facilmente mensurável. Há casos em que a mensuração é mais complexa, porque podem estar em jogo benefícios psicológicos como *status* e prestígio. Neste caso, seria recomendável que o cliente dissesse o preço que pagaria pelo produto sob a suposição de que este preço revelaria o valor que ele atribui ao produto. Por trás disto, está a premissa de que os clientes estariam dispostos a pagar um preço-prêmio por produtos que valorizarem.[9]

Um bom exemplo sobre desempenho pode ser encontrado no setor de pneus (Reichheld, 1996a:137-138). No início, alguns fabricantes precipitaram-se contra a tecnologia do pneu radial, porque achavam que este produto apresentava um custo mais alto que os dos pneus de lona. Os clientes, por sua vez, viam naquele produto vantagens, como durabilidade superior, consumo reduzido de combustível e maior segurança, e, por causa disto, sentiram-se satisfeitos mesmo pagando um preço mais alto.

Esta ilustração comprova que as contas das iniciativas da qualidade não podem enviar-se obtusamente pelo lado dos custos apenas. O cliente não pagará mais caro por algo que não gera valor do seu ponto de vista.[10]

---

9. Preço-prêmio é uma terminologia empregada por Porter (1991:122) para expressar o reconhecimento por produtos que se diferenciam dos rivais e, conseqüentemente, agregam maior valor para o cliente. Para Reichheld (1996a:252), o valor de um produto ou serviço para o cliente é, normalmente, mais alto que o que se desembolsa de fato.

10. Para Reichheld (1996a:138), os clientes acabam pagando, normalmente, menos do que o valor do produto para eles. Este fenômeno é conhecido, pelos economistas, por excedente do cliente.

Ainda como fator de medição do desempenho, alguns produtos costumam ter um valor residual ao final de sua vida útil que deve ser adicionado para efeito de apuração do resultado econômico para os clientes. Portanto, melhorar o projeto (*design*), de modo que a vida útil do produto cresça em relação aos concorrentes, e estabelecer conceito de marca, melhorando a "vendabilidade" do produto, são decisões que podem aumentar o desempenho para os clientes e, conseqüentemente, seus benefícios.

Uma vez mensurados o desempenho e o custo para o comprador, ambos devem ser trazidos a valor presente. Otimizar esta relação deve ser um dos objetivos das iniciativas da qualidade, assim como eleva os benefícios dos clientes com a compra de produtos e serviços.

O sistema GECON oferece, ainda, aos gestores, informação que possibilita que a relação custo-desempenho seja comparada com as demais alternativas disponíveis no mercado, segundo o modelo de decisão de cada cliente. Neste caso, pressupõe-se que o cliente consiga interpretar as diferentes alternativas e que escolherá aquela que lhe ofereça maiores benefícios.

19.7 MEDINDO BENEFÍCIOS PARA A EMPRESA

Se os clientes valorizam o produto e estão satisfeitos com a qualidade, novos benefícios podem ser produzidos para a empresa, sob a forma de crescimento nas vendas e atração de novos clientes. Este cliente costuma trazer novos clientes, através de propaganda boca a boca positiva. Tudo se repercute no *market share*.

Estudos confirmam uma correlação positiva entre qualidade e *market share*.[11] Num destes estudos, as empresas que melhoraram a qualidade de seus produtos na década de 70 aumentaram seu *market share* cinco a seis vezes mais rápido que aquelas que pioraram, e três vezes mais que as que não mudaram. Assim sendo, preço-prêmio, ganhos de escala (otimização do uso da capacidade) e aumento da clientela, individualmente ou combinados, contribuem para o aumento do resultado econômico da empresa.

Nem sempre os melhoramentos promovidos por iniciativas da qualidade são notados imediatamente no resultado e no *market share*. A Federal Express, por exemplo, batizou-se como um negócio de 48 horas; bastava não atender bem às necessidades de seus clientes para que em 48 horas começasse a perder mercado. Há negócios que levam bem mais tempo para perceber os efeitos das iniciativas da qualidade. Numa das divisões da AT&T, o impacto pode levar seis meses (Figura 20.7).

11. *Market share* não significa lucro. Muitas empresas ganharam mercado, mas à custa de prejuízos. Para maiores informações sobre a correlação entre qualidade e *market share* pode-se ler Buzzell & Wiersema (1981:140).

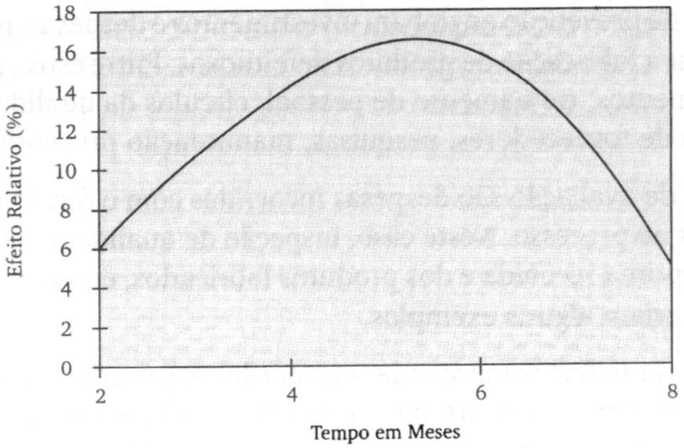

Fonte: Kordupleski et al (1993:94).

Figura 19.7 *Tempo para que as melhorias da qualidade sejam percebidas no* market share.

Há, também, evidências de que as iniciativas da qualidade possibilitem a redução dos custos, principalmente devido à queda nos custos de retrabalhos, refugos e garantia. De um modo geral, a implementação de programas da qualidade pode representar maior eficiência e maior produtividade. A Figura 20.8 mostra bem a associação entre qualidade, redução de custos e resultado.

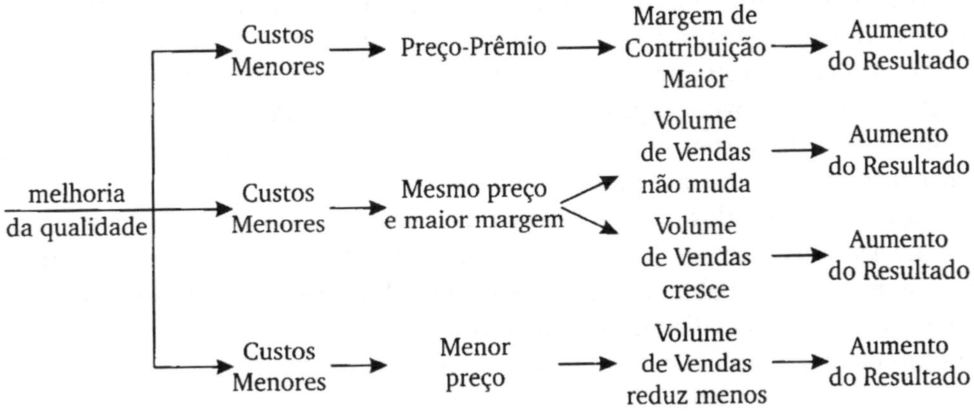

Fonte: Morse et al. (1987:14).

Figura 19.8 *Efeitos da melhoria da qualidade sobre o resultado.*

Tradicionalmente, os custos da qualidade são classificados em três grupos: prevenção, avaliação e falhas (Robles Jr., 1994:63-66). Os custos das falhas subdividem-se em internas e externas.

Os custos de prevenção englobam investimentos e despesas, realizados com o intuito de evitar a fabricação de produtos defeituosos. Entre estes, poderiam ser citados: equipamentos, treinamento de pessoal, círculos da qualidade (CCQs), desenvolvimento de fornecedores, pesquisas, manutenção preventiva.

Os custos de avaliação são despesas incorridas com o fim de detectar produtos defeituosos no processo. Neste caso, inspeção de qualidade, testes de qualidade da matéria-prima recebida e dos produtos fabricados, equipamentos, analistas da qualidade seriam alguns exemplos.

Os custos de falhas compreendem as perdas associadas com a produção de defeituosos. As falhas seriam internas, se inerentes ao processo fabril e externas, se os problemas fossem detectados depois da entrega dos produtos aos clientes. Entre os exemplos de custos de falhas internas, há retrabalhos, refugos e sucatas, manutenção corretiva e custo financeiro do estoque-pulmão (*buffer*) para suprir eventuais falhas. Vendas perdidas, custos da garantia, multas, perda de imagem, dentre outros, podem ilustrar os custos de falhas externas.

Embora a mensuração e registro dos custos da qualidade sejam críticos para o sucesso das iniciativas da qualidade, a contabilidade tradicional omite o verdadeiro custo da qualidade: o custo do cliente insatisfeito que, mesmo não se refletindo no razão das empresas, afeta o lucro das empresas.

De qualquer forma, a fabricação de unidades defeituosas foi sempre tratada como um fato inoxorável, conforme a Lei de Murphy.[12] Esta crença foi incorporada nas programações de produção e camuflou os reais problemas das empresas: produção excessiva e estoques-pulmão garantiam o funcionamento ininterrupto da fábrica, numa convivência passiva com o inevitável. Todavia, a produção de unidades defeituosas tornou-se causa de outros problemas: estoques-pulmão viraram lixo com o obsoletismo ou a descontinuidade da produção;[13] investimentos adicionais foram requisitados com o propósito de construir galpões onde deveriam ser armazenados os excessos de produção; estoques cresceram e com eles os custos de manutenção (principalmente os financeiros); fábricas expandiram-se horizontalmente, estendendo as distâncias entre o chão de fábrica e as áreas de apoio (almoxarifado, por exemplo); multiplicaram-se os movimentos desnecessários, os custos evitáveis com transporte interno (uso de empilhadeiras, correias transportadoras) e o processamento inútil em setores que pareciam valorizar os desperdícios, como é o caso dos laboratórios da qualidade; sucatas foram guardadas pelos gestores, que pensavam poder recuperar parte do elevado custo que embutiam; *lead*

---

12. Segundo a Lei de Murphy, se algo pode dar errado, dará.

13. Reis (1994:138) cita o caso da Marcopolo em referência a este desperdício: o lançamento da geração IV de ônibus por volta de 1983 culminou com uma cena lamentável: balaios e mais balaios de peças obsoletas foram jogadas na "lata do lixo", com significativa perda de recursos.

time (tempo de produção) aumentou em decorrência do excesso necessário para atender os pedidos, já que os produtos defeituosos seriam excluídos no final do processo.[14]

Outros fatos contribuíram para a consolidação do tratamento tradicional dos produtos defeituosos (Reis, 1994:83-84). Um deles é o conceito de otimização dos custos da qualidade: se os custos das falhas tendem a zero, os custos de prevenção e avaliação crescem assintoticamente. Existiria, portanto, um nível de defeituosos aceitável que minimizaria custos.

A manutenção precária de máquinas, a preparação de máquinas (*set-up*) malfeita, as compras visando a preços melhores sem preocupação com a qualidade dos materiais (se lixo entra, lixo sai) e os fornecedores não confiáveis, pois praticavam as mesmas concepções tradicionais de fábrica e asseguravam preços acessíveis, podem ser apontados como outras causas para a produção de desperdícios com unidades defeituosas, que incluíam materiais, mão-de-obra e tempo de equipamento. Estes desperdícios, por fim, eram transferidos para os preços e pagos pelos clientes.

Apesar de todo cuidado com o controle da qualidade, as empresas não conseguiram impedir a fabricação de unidades defeituosas. E ainda mais grave: produtos defeituosos conseguiram sair das fábricas, chegaram às lojas e alcançaram os clientes, apesar da inspeção da qualidade. As empresas verificavam lotes de produtos selecionados aleatoriamente e, desde que o número de defeituosos encontrados estivesse dentro do nível aceitável de qualidade (AQL), aprovava-se toda a produção. Isto não garantia a venda de produtos inteiramente bons para os clientes, então, os índices de falhas externas eram elevados, os custos de garantia, altos, as reclamações, intensas, ocasionando perdas de imagem e de vendas, e prejuízos.

A classificação tradicional dos custos da qualidade em prevenção, avaliação e falhas não é suficientemente completa e não se concentra nos resultados. Além disto, os custos da qualidade não são a única forma plausível de se medir as melhorias proporcionadas por iniciativas da qualidade, nem são os mais importantes. Outros dados precisam ser considerados, tais como tempo de produção, tempo de resposta e perdas de clientes. Melhores produtos não significam gastos desnecessários transferíveis para os clientes via preços mais altos.

Outra faceta da análise dos benefícios para a empresa é a receita decorrente das melhorias proporcionadas pelas iniciativas da qualidade. As receitas dependem da carteira de clientes (os existentes, mais os novos conquistados menos as perdas de clientes não leais e insatisfeitos) e do que ela pode vir a comprar no futuro. Os clientes leais existentes podem ficar mais satisfeitos com os produtos, repe-

---

14. A produção era definida de modo a embutir a taxa normal de defeituosos. Ou seja, se fossem necessárias 900 unidades boas com 10% de perda por refugo, a empresa daria entrada no processo para a fabricação de 1.000 unidades. A taxa real poderia ser maior ou menor que os 10% historicamente normais. Quando menor, sobravam estoques. Se maior, atrasos nas entregas aos clientes e perdas de vendas poderiam acontecer.

tem compras e tendem a comprar mais que os novos, assim como o custo das vendas para estes clientes pode ser menor que o das vendas para novos, porque aqueles já conhecem a empresa, sua política, seus funcionários e seus produtos, tornando mais ágeis as operações. Por exemplo, os prêmios médios para clientes leais aumentam 8% ao ano no setor de seguros pessoais. Num outro caso, uma empresa de vendas por catálogo descobriu que o custo do processamento de pedidos de clientes novos era duas vezes mais caro que o de clientes antigos. Esta empresa atribuía tais diferenças a três motivos basicamente: primeiro, os clientes novos costumavam pedir mercadorias fora do padrão, por falta de conhecimento; segundo, era mais cara a avaliação de crédito para o cliente novo; e terceiro, os clientes novos tinham o hábito de fazer seus pedidos nos horários de maior movimento na empresa, o que acabava sobrecarregando o sistema e aumentando a incidência de falhas.

Por tudo isto é que alguns autores, tais como Reichheld, têm concluído que pequenos aumentos ou redução nos índices de retenção dos clientes leais existentes podem ter grandes efeitos sobre o resultado econômico da empresa.

Em um ambiente de GECON, espera-se que cada real gasto sob a forma de investimentos e despesas operacionais produza um resultado econômico positivo para cada área de responsabilidade envolvida, de modo a contribuir com a otimização do resultado econômico global da empresa.

Qualquer projeto de qualidade é aprovado se justificar por si os investimentos e recursos consumidos com sua implementação e manutenção, respectivamente. Isto seria de particular interesse para acionistas e gestores. Baatz (1992:61) estima que de 30 a 50% das despesas operacionais de uma empresa de serviços são custos da qualidade. Destes, cerca de 70% são alocados como custos de falhas. Há muitas alternativas para a qualidade e muito a obter em termos de resultado econômico.

O fluxo futuro de resultados é o maior benefício que as iniciativas da qualidade poderão gerar para a empresa. Assim sendo, estes programas precisam ser analisados pelo valor presente líquido deste fluxo. De um lado, pode haver investimentos e custos operacionais para a manutenção das iniciativas. Por outro lado, têm as receitas e redução de custos. Para muitos casos em que não se deu a devida atenção para a mensuração dos benefícios, as receitas e economias de custos decorrentes das iniciativas da qualidade não teriam justificado os gastos realizados.

19.8 GECON: UM MODELO PARA A OTIMIZAÇÃO DOS BENEFÍCIOS DE CLIENTES E EMPRESA

Até o presente momento, tem-se mencionado o GECON como um sistema de informações pelo qual seria possível diagnosticar e mensurar continuamente os benefícios pretendidos pelos clientes e pela empresa, como dois fluxos interconexos que devem buscar o equilíbrio. O primeiro fluxo seria analisado pelo valor que as iniciativas da qualidade estariam agregando para os clientes, de modo que clientes satisfeitos tenderiam a comprar mais e seriam mais leais à empresa. Isto sem contar o fato de que tais clientes se constituiriam em importante veículo de divulgação dos produtos e serviços, propiciando a conquista de novos clientes e, conseqüentemente, o aumento das expectativas futuras de receitas.

O valor dos clientes é o cerne desta questão. Como este valor depende, entre outras variáveis, do tamanho da carteira de clientes – e esta carteira é muito dinâmica, pois admite-se movimentos em função do nível de satisfação pelo valor ou benefícios percebidos –, a simulação dos impactos das decisões dos gestores sobre o resultado global da empresa poderia fornecer indispensáveis subsídios gerenciais quanto a implementar ou não um programa de qualidade. Além disto, uma vez tomada a decisão de se desenvolver um programa, o GECON possibilitaria ao gestor acompanhar as conseqüências de suas decisões sobre o resultado econômico de sua área de responsabilidade e da empresa como um todo, facilitando assim os ajustes no curso das ações em relação ao planejado ou mesmo a interrupção do programa.

O segundo fluxo poderia ser medido pelos benefícios que a empresa obtém com as iniciativas da qualidade. Falando assim, poderia parecer que é possível isolar um fluxo do outro, mas esta tentativa é meramente prática. Na verdade, os dois fluxos se comunicam continuamente. As iniciativas da qualidade afetam simultaneamente o fluxo dos clientes e da empresa, até porque, na relação entre clientes e empresas, os dois fluxos são um só, regulados por "torneiras" em suas extremidades pelos benefícios que se propiciam.

Segundo esta concepção, a maximização do resultado pode implicar prejuízos: por exemplo, o aumento de preços pode não ser bem aceito pelos clientes, que fechariam a " torneira" de sua extremidade, e abririam a " torneira" que lhes dá acesso ao fluxo dos concorrentes. Neste caso, o objetivo dos gestores é buscar a otimização do resultado, adotando iniciativas da qualidade que se revelem benéfica para a empresa e clientes.

A Figura 19.9 procura ilustrar o relacionamento empresa-cliente sob a perspectiva dos benefícios (valor).

A linha cheia superior, da Figura 19.9, representa o preço a partir do qual os clientes começariam a " desertar", por acharem que estariam alcançado menos benefícios que o custo do produto ou serviço.[15] A linha magenta representa o preço cobrado pela empresa pelo produto ou serviço vendido ao cliente. Na Figura, estão, ainda, representados os custos de manutenção e operação que cabem ao cliente durante a vida útil do produto, que com o preço pago compõem o custo do ciclo de vida do produto ou serviço. Este deveria ser o parâmetro de comparação do clien-

15. Reichheld (1996b:60) utiliza o termo *defection*. No Brasil, " deserção", embora não tenha a mesma precisão, dá o mesmo sentido, que é a saída de clientes da empresa por insatisfação.

te para a mensuração dos seus benefícios, contudo, como se disse antes, o preço pago tem sido, habitualmente, a base de comparação em tais situações. A diferença entre o valor percebido e o custo do ciclo de vida constitui os benefícios (resultado econômico) dos clientes.

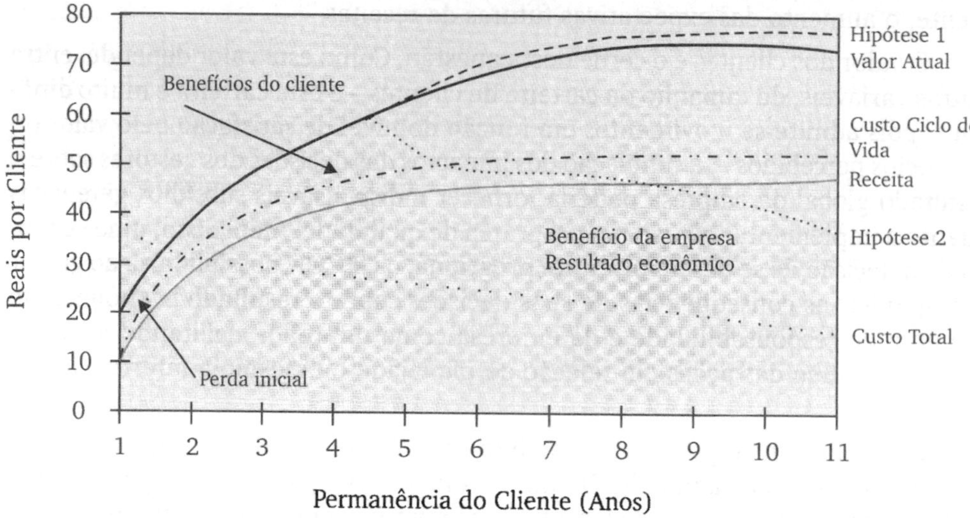

Fonte: Adaptado de Reichheld (1996:252).

Figura 19.9 *Relacionamento cliente-empresa sob a ótica do resultado econômico.*

Do lado da empresa, a receita tende a aumentar com o tempo em decorrência da maior freqüência de compras dos clientes leais existentes e da entrada de novos clientes. O custo total da empresa, por sua vez, tende a diminuir, conseqüência da otimização do uso da capacidade instalada (produtividade) da empresa e racionalização dos custos fixos (eficiência) devido, neste caso, ao estoque cumulativo de experiência e conhecimento dos clientes, entre outros. Os benefícios para a empresa, medidos pelo resultado econômico, decorrem do confronto entre receitas e custos totais.

A Figura 19.9 apresenta, ainda, duas hipóteses de alteração na curva do valor percebido pelo cliente a partir do quarto ano, como reflexo de iniciativas da qualidade. Numa primeira hipótese, a empresa acerta quanto às melhorias pretendidas e o cliente percebe maior valor no produto ou serviço. A segunda hipótese é um exemplo de que as melhorias realizadas não são percebidas, mostrando, inclusive, uma tendência de queda no valor atribuído pelo cliente. Esta hipótese é economicamente inviável para a empresa, porque se adicionam aos prejuízo, relativos a perdas de clientes e de receitas futuras, os investimentos e gastos de manutenção das iniciativas da qualidade que não estão demonstrados no gráfico.

Ressalta-se, porém, que a hipótese 1 deve ser verificada, ainda, sob o ponto de vista do resultado econômico agregável aos benefícios atuais. Se os investimentos e gastos com manutenção das iniciativas da qualidade forem maiores que a repercussão nas receitas e reduções de custos, não haverá motivo econômico para implementar este programa de melhoria.

A Figura 19.10 procura sintetizar todo o fluxo de equilíbrio na relação entre os clientes e a empresa, identificando os benefícios medidos pelo resultado econômico.

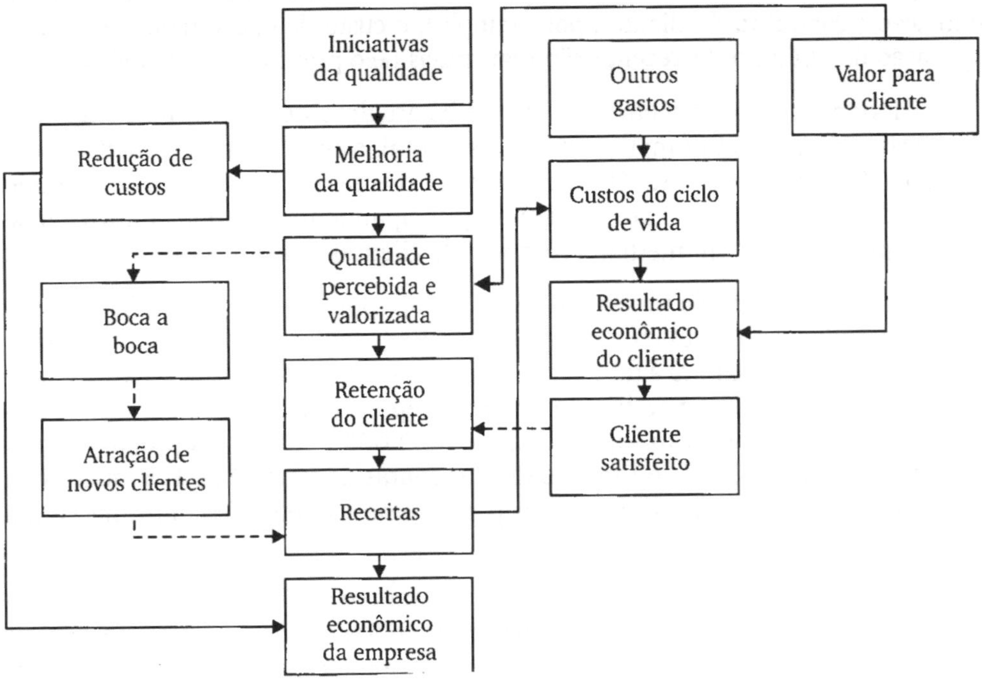

Figura 19.10 *Fluxo de equilíbrio dos benefícios entre clientes e empresa.*

Internamente, a empresa pode avaliar as iniciativas da qualidade por área de responsabilidade, por tipo de cliente que mais afeta, e assim por diante. Em programas de caráter geral, cada área é convocada para apresentar projetos de melhorias. Estes programas poderiam impor às diferentes áreas de responsabilidade investimentos e gastos, bem como gerar receitas (aumento da carteira de clientes) e economias de custos. Prevalecerá sempre o efeito do programa sobre o resultado econômico global da empresa. Por exemplo, uma área pode mostrar-se deficitária; todavia, as demais áreas compensam com resultados econômicos individuais os números adversos daquela outra.

Para efeito de simular uma situação que propicie a ilustração dos conceitos do GECON aplicados especificamente às iniciativas da qualidade, é preciso, ainda, lembrar que o GECON considera os custos fixos como custos do período e, portanto, são descarregados diretamente no resultado. Esta metodologia corrige as distorções causadas pelo método do rateio, na contabilidade tradicional. Neste assunto, o ABC representa um modelo mais sofisticado que não resolveu o problema da arbitrariedade do rateio.

Além disto, os valores futuros de ativos e as retificadoras de passivo (juros diferidos da conta fornecedores, por exemplo) são trazidos a valor presente pelo custo de captação do dinheiro. No caso de passivos e retificadoras de ativo (custo futuro de manutenção e conquista de clientes, por exemplo), o custo de oportunidade é taxa de aplicação do dinheiro. As receitas são registradas pelo preço de venda a vista.

Suponha, então, uma empresa que tenha atualmente uma carteira média de 2.000 clientes que compram todo mês. Deste total, a empresa perde, mensalmente, cerca de 20% da carteira. Ultimamente, a carteira de clientes tem-se mantido estável devido a atração de novos clientes, principalmente por uma política agressiva de propaganda. Em média, o *turnover* de clientes é de cinco meses.

O preço de venda do produto é de R$ 100,00 por unidade; cada cliente compra uma unidade em média por compra. O custo da matéria-prima e de outros beneficiamentos diretos para a fabricação é de R$ 64,00. O preço do serviço de venda para a área de marketing embutido no preço representa 20% deste preço. A empresa paga 5% de comissão sobre vendas e R$ 2.000 por mês em propaganda. A taxa de captação (custo de oportunidade das contas de ativo) é de 10% ao mês e a de aplicação, 5%. O valor dos clientes para a empresa em *T*0, conforme Figura 20.11, é de R$ 100.374.

O Balanço Patrimonial desta empresa no tempo 0 (*T*0) e ao final do 1º mês (*T*1) consta da Figura 19.11. A Demonstração do Resultado do Exercício relativa ao primeiro mês está na Figura 19.12. Além da venda e custos, cabe registrar um evento "tempo conjuntural" no período *T*1.

	T0	**T1**
Caixa		58.554
Clientela – Produção	636.130	636.130
(–) Custo de Produção	567.858	567.858
Clientela – Marketing	795.162	795.162
(–) Custo de Vendas	763.060	763.060
Total do Ativo	100.374	158.928
Patrimônio Líquido Inicial	100.374	100.374
Remuneração Investimento		13.518
Resultado do Período		45.036
Total do Passivo	100.374	158.928

Figura 19.11 *Balanço Patrimonial em* T0 *e* T1

O Balanço Patrimonial em *T0* e *T1* mostra o valor dos clientes para a empresa, em termos de valor presente das vendas esperadas no tempo que se consegue reter este cliente, isto é, cinco meses. Os gastos necessários para a produção, venda e manutenção da carteira de clientes (propaganda), projetados para os próximos cinco meses, foram igualmente trazidos a valor presente e descontados das vendas. O resultado econômico da empresa (Figura 19.12) decorre, principalmente, da atuação dos gestores no sentido de manter os níveis iniciais da carteira de clientes. Se esta carteira não se refaz, o resultado econômico poderia ser menor ou até mesmo negativo.

Continuando a simulação, ao final do tempo 1, os gestores de produção e marketing estão decidindo, em conjunto, implementar um programa de qualidade que requer da área de produção um investimento inicial de R$ 50.000 e gastos mensais de R$ 5.000 para a sua manutenção pelos próximos doze meses. Esta medida possibilitaria uma redução nos custos de produção da ordem de 15% em decorrência da eliminação de desperdícios. Além disto, a empresa poderia aumentar em 5% o preço final do produto, porque o cliente perceberia e valorizaria as melhorias (novos atributos de qualidade que se incorporarão ao produto). O preço do serviço de venda seria mantido nos atuais R$ 80,00.

	Produção	**Marketing**	**Resultado Global**
Receita de Produção	104.196		104.196
Receita de Venda		130.246	130.246
(–) Custo de Produção	102.768		102.768
(–) Custo da Venda		128.460	128.460
(–) Comissão s/ Vendas		8.029	8.029
(–) Propaganda		1.606	1.606
(=) Margem Operacional	1.428	–7.849	–6.421
(–) Custo Capital Próprio			13.518
(+) Tempo Conjuntural			64.975
(=) Resultado Econômico			45.036

Figura 19.12 *Demonstração do resultado do período* T1.

Atualmente, a empresa perde 20% dos seus clientes, mas consegue manter sua carteira devido a esforços publicitários. Com o programa de qualidade, a retenção de clientes aumentará para 90%; a carteira de clientes crescerá para 2.200 clientes, devido a conquista de novos clientes; e o *turnover* se elevará para 8 meses. A propaganda boca a boca positiva dos clientes existentes permitirá diminuir à metade os gastos com propaganda. Nas Figuras 19.13 e 19.14, acham-se o Balanço Patrimonial e a Demonstração do Resultado, após os registros do evento " investimento em programa de qualidade" no final do período *T1*.

	T1
Caixa	58.554
Clientela – Produção	984.776
(–) Custo de Produção	792.619
(–) Custo de Manutenção do Programa de Qualidade	45.411
Clientela – Marketing	1.292.518
(–) Custo de Vendas	1.248.733
Total do Ativo	249.085
Exigibilidades	50.000
Patrimônio Líquido Inicial	100.374
Remuneração do Investimento	13.518
Resultado do Período	85.193
Total do Passivo	249.085

Figura 19.13 *Balanço patrimonial em* T1 *após evento do investimento em qualidade.*

Analisando o resultado decorrente desta iniciativa da qualidade nas Figuras 19.13 e 19.14, vê-se que o resultado econômico das áreas melhor ou consideravelmente em relação à situação atual. Se houvesse uma outra alternativa de investimento, o sistema GECON simularia tal e qual o seu desempenho, optando-se por aquele que otimizasse o resultado econômico da empresa.

Para os clientes, desenvolveu-se um estudo comparativo dos benefícios por categoria de clientes, antes e com a implementação do programa de qualidade. Na Figura 19.15, estão apresentados os números que comprovam o aumento do resultado econômico para o cliente intermediário, justificando-se, desta forma, o programa de qualidade também para ele. Este cliente tem uma carteira com 500 consumidores, e esta carteira pode chegar a 550, com o desenvolvimento do programa pela fábrica. Incorre, ainda, em R$ 15.000 por mês com propaganda, especialmente para a manutenção da carteira e atração de novos consumidores. Este gasto não será modificado, mesmo com a iniciativa da qualidade da fábrica. Seu preço de venda atual é de R$ 150,00 por unidade e espera-se que este preço alcance R$ 157,50 caso o programa da fábrica seja aprovado. Seus clientes compram, normalmente, todos os meses. Nesta simulação não ocorre o evento " tempo conjuntural". Além disto, o custo das vendas para o cliente intermediário será o preço de mercado do produto (R$ 110,00 por unidade).

	Produção	**Marketing**	**Resultado Global**
Receita de Produção	348.646		348.646
Receita de Venda		497.356	497.356
(–) Custo de Produção	224.761		224.761
(–) Custo da Venda		455.794	455.794
(–) Comissão s/ Vendas		32.129	32.129
(–) Propaganda		(2.250)	(2.250)
(–) Gastos com Manutenção do Programa de Qualidade	45.411		45.411
(–) Investimento em Qualidade	50.000		50.000
(=) Margem Operacional	28.474	11.683	40.157

Figura 19.14 *Demonstração do resultado do período T1 após o evento do investimento em qualidade.*

Pelos resultados apresentados na Figura 19.15, fica clara a vantagem da iniciativa da qualidade também para o cliente intermediário, mesmo considerando o preço de mercado do produto como custo das vendas. Este preço é um pouco mais alto que o que este cliente obtém da fábrica.

	T1	***T1* após evento do investimento em qualidade**
Caixa	30.000	30.000
Clientela	298.186	484.694
(–) Custo das Vendas	244.002	400.681
(–) Custo de Manutenção	33.273	49.671
Total do Ativo	50.911	64.342
Exigibilidades	20.000	20.000
Patrimônio Líquido Inicial	30.911	30.911
Resultado Econômico		13.431
Total do Passivo	50.911	64.342

Figura 19.15 *Balanço patrimonial do cliente intermediário.*

Na Figura 19.16, apresenta-se a mesma análise para o consumidor, sabendo-se que o custo para ele representa, simplificadamente, apenas o preço de compra de mercado do produto, não levando em conta os gastos com operação e manutenção, dentre outros. Ao preço de mercado (R$ 170,00), o consumidor auferirá maiores benefícios (otimiza o resultado econômico) se a iniciativa da qualidade do fabricante for implementada.

	T1	*T1* **após evento do investimento em qualidade**
Valor do Produto	190,00	200,00
(–) Preço de Mercado	170,00	170,00
Resultado Econômico	20,00	30,00

Figura 19.16 *Benefícios para o cliente.*

19.9 CONCLUSÕES

A contabilidade tradicional e o ABC (*activity-based costs*) mostram-se limitados como modelo de apoio à decisão gerencial. Este trabalho procurou mostrar que esta limitação estende-se, também, às decisões que envolvem iniciativas da qualidade. Muitas empresas vêm implementando tais programas sem um sistema que revele informações e simule situações sobre a viabilidade de se investir em qualidade. Não há conhecimento absoluto dos gastos efetuados nestas iniciativas e do resultado que decorre de sua implementação. Por causa disto, grande parte das iniciativas fracassam.

Quando há um sistema apoiando os gestores, as informações costumam restringir-se a custos. O resultado (confronto das receitas com as despesas) é o melhor indicador do desempenho. Este trabalho defende, ainda, que o resultado econômico segundo as premissas do GECON (Gestão Econômica) é o resultado correto e a melhor medida de eficácia para gestores e para toda a empresa.

Outras vezes, os gestores adotam iniciativas da qualidade sem qualquer consideração com o cliente. Os gestores precisam olhar, constantemente, para " fora da janela", sintonizando seus processos (internos) com os atributos de qualidade que os clientes das empresas percebem e, mais do que isto, valorizam. Iniciativas da qualidade que não focam os benefícios propiciados aos clientes e à empresa podem significar desperdício de tempo, de recursos e de esforços. Estes benefícios são traduzidos em resultado econômico.

Do lado dos clientes, mensurar o valor atribuído por eles aos produtos e serviços é crucial para a determinação dos seus benefícios.

De outro lado, a carteira de clientes é de vital importância para as empresas. Até o momento, este potencial de vendas era considerado apenas como *goodwill* em processos de avaliação de empresas. O princípio contábil da objetividade impede o reconhecimento do valor do cliente como um ativo nos balanços patrimoniais. Para o GECON, não só os clientes são um ativo como reconhece-se neles um fundamento para a avaliação dos benefícios da empresa.

REFERÊNCIAS BIBLIOGRÁFICAS

BAATZ, E. D. What is return on quality, and why you should care. Electronic Business, p. 61, Oct. 1992.

BOYETT, J. H. et al. What is wrong with total quality management. *Tapping the Network Journal*, p. 10-4, Sept. 1992.

BUSINESS Week. *Betting to win on the Baldie winners*, nº341, p. 8, 18 Oct. 1993.

BUZZELL, R. D., WIERSEMA, F. D. Modeling changes in market share: a cross-sectional analysis. *Strategic Managemente Journal,* p. 27-42, 1981.

CATELLI, A., GUERREIRO, R. Mensuração de atividades: " ABC" X " GECON". *Anais do XIV Congresso Brasileiro de Contabilidade.* v. 2, temática 5, p. 427-448, Salvador, 1992.

CROSBY, P. B. *Quality is free*. New York: McGraw-Hill, 1979.

DAVIDOW, W. H., UTTAL, B. Why you need service strategy. *Planning Review,* 18(1):10-14, Jan./Feb. 1990.

FEIGENBAUM, A. V. *Total quality control.* New York: McGraw-Hill, 1961.

GARVIN, D. A. What does " product quality" really mean? *Sloan Management Review,* 26(1):25-43, fall 1984.

GILMORE, H. L. Product conformance cost. *Quality Progress,* 7(6):16-19, June 1974.

GOIZUETA, R. C. Quality: beyond customer satisfaction. *Quality Progress,* 22(2): 42-43, Feb. 1989.

GOULD, G. Why it is customer loyalty that counts (and how to measure it). *Managing Service Quality*, 5(1):15-19, 1995.

GREISING, D. Quality: how to make it pay. *Business Week*, nº 384, p. 54-59, 8 Aug. 1994.

GRYNA, F. M. User quality costs. *Quality Progress,* 5(11):18-21, Nov. 1972.

_____. Quality costs: user vs manufacturer. *Quality Progress,* 10(6):10-13, June 1977.

HARARI, O. Quality is a good bit-box. *Management Review.* 81(12):8-9, Dec. 1992.

HENDRIKSEN, E.S. *Acouting Theory*. Homewood, Illinois : Richard D. Irwin, 1971.

HILL, T. *Manufacturing strategy*. New York : Macmillan, 1993.

IUDÍCIBUS, S. *Teoria da contabilidade*. São Paulo : Atlas, 1981.

_____, et al. *Contabilidade introdutória*. São Paulo : Atlas, 1980.

JURAN, J. M. *Quality control handbook*. New York : McGraw-Hill, 1974.

_____, GRYNA, F. M. *Juran's quality control handbook*, 3ª ed. New York : McGraw-Hill, 1988.

KLOPPENBORG, T. J., GOURDIN, K. N. Up in the air about quality. *Quality Progress*, 25(2):31–35, Feb. 1992.

KORDUPLESKI, R. E. et. al. Why improving quality doesn't improve quality (or whatever happened to marketing?) *California Management Review*, 35(3): 82-95, Spring 1993.

MCKENNA, R. Marketing in an age of diversity. *Harvard Business Review*, 66(5): 88-95, Sept./Oct. 1988.

MORSE, W. J. et al. *Measuring, planning, and controlling quality costs*. Montvale, New Jersey : Institute of Management Accountants, 1987.

OAKLAND, J. S. *Gerenciamento da qualidade total:* TQM. São Paulo : Nobel, 1994.

PORTER, M. E. *Vantagem competitiva*: criando e sustentando um desempenho superior. Rio de Janeiro: Campus, 1991.

REICHHELD, F. F. *A estratégia da lealdade:* a força invisível que mantém clientes e funcionários e sustenta crescimento, lucros e valor. Rio de Janeiro : Campus, 1996a.

_____. Learning from customer defections. *Harvard Business Review*. 74(2):56-69, Mar./Apr. 1996b.

_____. Loyalty-based management. *Harvard Business Review*, 71(2):64-73, Mar./Apr. 1993.

REIS, H. L. *Implantação de programas de redução de desperdícios na indústria brasileira*: um estudo de casos. Tese (mestrado) – Universidade Federal do Rio de Janeiro. Rio de Janeiro : COPPEAD/UFRJ, 1994.

ROBLES JR., A. *Custos da qualidade:* uma estratégia para a competição global. São Paulo : Atlas, 1996.

RUST, R. T. et al. Return on quality (ROQ) : making service quality financially accountable. *Journal of Marketing*, 59(2):58-70, Apr. 1995.

SCHAFFER, R. H. THOMSON, H. A. Successful change programs begin with results. *Harvard Business Review*. 70(1):80-91, Jan./Feb. 1992.

TARGET. When the last time you calculated your cost of quality or redefined customer satisfaction? p. 37, Mar./Apr. 1992.

TATIKONDA, L. U., TATIKONDA, R. J. Measuring and reporting the cost of quality. *Production and Inventory Management Journal*. 37(2):1-7, Ap. 1996.

ZEITHAML, V. A. Consumer perceptions of price, quality, and value: a means-end model and synthesis of evidence. *Journal of Marketing*, 52:2-22, July 1988.

LEITURA COMPLEMENTAR

BALAKRISHNAN, R. et al. Financial benefits from JIT adoption: effects of customer concentration and cost structure. *The Accounting Review,* 71(2):183-205, Apr. 1996.

CAMPANELLA, J. (Org.) *Guide for reducing quality costs.* Milwaukee, Wisconsin : Amerciam Society for Quality Control, 1987.

_____. (Org.) *Principles of quality costs.* Milwaukee, Wisconsin : American Society for Quality Control, 1986.

CATELLI, A. (Org.) *GECON – Gestão Econômica*: coletânea de trabalhos de pós-graduação. São Paulo : FEA/USP, 1995.

DAVIDOW, W. H., UTTAL, B. Coming: the customer service decade. *Across The Board.* 26(1):33-37, Nov. 1989.

GRAY, J. Quality costs: a report card on business. *Quality Progress,* 28(4):51-54, Apr. 1995.

GUERREIRO, R. *A meta da empresa*: seu alcance sem mistérios. São Paulo : Atlas, 1996.

_____. *A teoria das restrições e os sistema de gestão econômica*: uma proposta de integração conceitual. Tese (Livre–Docência) – Faculdade de Economia, Administração e Contabilidade (FEA/USP). São Paulo : USP, 1995.

HALL, R. W. *Excelência na manufatura* : just in time, qualidade total, envolvimento total das pessoas. São Paulo: IMAM, 1988.

HAYES, R. H., JAIKUMAR, R. Manufacturing's crisis: new technologies, obsolete organizations. *Creating the new manufacturing organization,* p. 243-57, Sep./Oct. 1988.

_____, PISANO, G. P. Beyond world-class: the new manufacturing strategy. *Strategic Manufacturing:* competing through superior capabilities. Jan./Feb. 1994.

ITTNER, C. D. Exploratory evidence on the behavior of quality costs. *Operations Research.* 44(1):114-130, Jan./Feb. 1996.

KOTLER, P. *Administração de marketing:* análise, planejamento, implementação e controle. São Paulo: Atlas, 1993.

MACKOWSKI, S. J. A question of understanding. *The TQM Magazine,* 6(1):24-25, 1994.

MARK, J. I., SILVERMAN, J. H. How much is a loyal costumer worth? *Across the Board.* 29(5):36-39, May 1992.

MERLI, G. *Comakership*: a nova estratégia para os suprimentos. Rio de Janeiro : QualityMark, 1994.

NAKAGAWA, M. ABC : custeio baseado em atividades. São Paulo : Atlas, 1994.

_____. *Gestão estratégica de custos:* conceito, sistemas e implementação. São Paulo : Atlas, 1991.

_____. *Introdução à controladoria*: conceitos, sistemas, implementação. São Paulo: Atlas, 1993 (Série GECON).

REICHHELD, F. F., SASSER JR., W. E. Zero defections : quality comes to services. *Harvard Business Review,* 68(5):105-111, Sept./Oct. 1990.

REIS, H. L., FIGUEIREDO, K. F. A redução de desperdícios na indústria. *Revista de Administração,* 30(2):39-49, abr./jun. 1995.

SHANK, J. K., GOVINDARAJAN, V. *Gestão estratégica de custos*: a nova ferramenta para a vantagem competitiva. Rio de Janeiro: Campus, 1995.

SHAW, R., STONE, M. *Marketing com banco de dados:* database marketing. São Paulo : Atlas, 1993.

Formato	17 x 24 cm
Papel	Offset 63 g/m^2 (miolo)
	Supremo 250 g/m^2 (capa)
Número de páginas	576
Impressão	Geográfica

aqui Cole aqui

Sim. Quero fazer parte do banco de dados seletivo da Editora Atlas para receber informações sobre lançamentos na(s) área(s) de meu interesse.

Nome: ____

______________ CPF: ______________ Sexo: ○ Masc. ○ Fem.

Data de Nascimento: ______________ Est. Civil: ○ Solteiro ○ Casado

End. Residencial: ____

Cidade: ______________ CEP: ______________

Tel. Res.: ______________ Fax: ______________ E-mail: ______________

End. Comercial: ____

Cidade: ______________ CEP: ______________

Tel. Com.: ______________ Fax: ______________ E-mail: ______________

De que forma tomou conhecimento deste livro?

□ Jornal □ Revista □ Internet □ Rádio □ TV □ Mala Direta

□ Indicação de Professores □ Outros: ______________

Remeter correspondência para o endereço: ○ Residencial ○ Comercial

aqui

Indique sua(s) área(s) de interesse:

○ Administração Geral / Management
○ Produção / Logística / Materiais
○ Recursos Humanos
○ Estratégia Empresarial
○ Marketing / Vendas / Propaganda
○ Qualidade
○ Teoria das Organizações
○ Turismo
○ Contabilidade
○ Finanças
○ Economia
○ Comércio Exterior
○ Matemática / Estatística / P. O.
○ Informática / T. I.
○ Educação
○ Línguas / Literatura
○ Sociologia / Psicologia / Antropologia
○ Comunicação Empresarial
○ Direito
○ Segurança do Trabalho

Corte aqui

CONTROLADORIA / Catelli

Comentários

____

____

____

ISR-40-2373/83

U.P.A.C Bom Retiro

DR / São Paulo

CARTA - RESPOSTA

Não é necessário selar

O selo será pago por:

editora atlas

01216-999 - São Paulo - SP

REMETENTE:

ENDEREÇO: